Fairgrounds Circle
0
300km

Droemer Knaur

Roger G. Kennedy

Die vergessenen Vorfahren

Die Wiederentdeckung der indianischen Hochkulturen Nordamerikas

Aus dem Amerikanischen
von Linda Gränz

Droemer Knaur

Originaltitel: Hidden Cities
Originalverlag: The Free Press/Macmillan, New York

Die Deutsche Bibliothek – CIP-Einheitsaufnahme

Kennedy, Roger G.:
Die vergessenen Vorfahren : die Wiederentdeckung indianischer Hochkulturen Nordamerikas / Roger G. Kennedy. Aus dem Amerikan. von Linda Gränz. – München : Droemer Knaur, 1996
Einheitssacht.: Hidden cities <dt.>
ISBN 3-426-26863-9

Die Folie des Schutzumschlags sowie die Einschweißfolie sind PE-Folien und biologisch abbaubar.
Dieses Buch wurde auf chlor- und säurefreiem Papier gedruckt.

Umschlaggestaltung: Agentur ZERO, München
Umschlagabbildung: Cahokia Mounds State Historic Site painting by Lloyd K. Townsend
Satz: Ventura Publisher im Verlag
Druck und Bindearbeiten: Franz Spiegel Buch GmbH, Ulm
Printed in Germany
ISBN 3-426-26863-9

5 4 3 2 1

Einmal mehr für Frances

Inhalt

Einleitung
Ankunft im Great Valley

Der Pfad führt über eine vom Blitzschlag verbrannte Wiese, auf der wieder erstes Grün zu keimen beginnt; auf der anderen Seite des Bergkamms fällt das mit Nadelwald bestandene Gelände steil ab. Vor uns weitet sich der Himmel, der Himmel über dem Great Valley.*

Man verspürt ein süßes Gefühl der Freude, wenn man den höchsten Punkt des Bergpasses überschreitet, dem Licht entgegen, das durch die letzte dunkle Reihe der Bäume flutet. Das Gepäck wiegt auf einmal nicht mehr so schwer; das Schlimmste ist überstanden; alle Möglichkeiten stehen offen.

Die Pioniere, die im 18. Jahrhundert nach Überquerung der Appalachen das Ohio-Tal erreichten, haben oft dieses Gefühl der Befreiung, des Neubeginns beschrieben. Ihren eigenen Aussagen und denen der Nachwelt zufolge hegten die meisten von ihnen die irrige Vorstellung, daß sie in menschenleere Weiten vordrangen, die für sie allein bestimmt seien.

Tatsächlich trugen sie mehr »Gepäck«, als ihnen bewußt war, denn nur wenigen gelang es, sich von ihren Vorurteilen frei zu machen, und dann auch nur nach ungeheurem Blutvergießen. Die immensen Weiten des Westens waren keineswegs leer. Es lebten dort Hunderttausende von Menschen, die entschlossen waren, sich der Invasion zu widersetzen. Und ebensowenig war dieser gewaltige Raum geschichtslos, wie die Europäer allmählich begriffen, nachdem sie unzählige verfallene Bauwerke von imposanten Ausmaßen entdeckt hatten. Welch paradiesische Gefilde die Neuankömmlinge auch immer erwartet haben mochten, sie mußten erkennen, daß die Indianer des Great Valley nur Überlebende weit größerer Völkerschaften waren.

* »Great Valley« bezeichnet hier das Stromgebiet des Mississippi und seiner Nebenflüsse (Anm. d. Übers.).

Sogar im Quellgebiet des Ohio fanden sich an manchen Gebirgsbächen kleine Grabhügel*, die Zeugnis von einer Besiedelung in alter Zeit ablegten. Je breiter die Flüsse wurden, desto größer fielen auch die an ihren Ufern errichteten Bauwerke aus. Unterhalb von Pittsburgh, in Grave Creek, im heutigen West-Virginia, sieht man heute noch einen kegelförmigen Mound von 21 Metern Höhe und einem Umfang von 251 Metern. Er war von Indianern gebaut worden, als Rom noch in den Kinderschuhen steckte.

Auch anderswo finden sich Überreste von fast ebenso großen Konstruktionen, die die ältere Generation zu Vergleichen mit den Kohle- und Schlackehaufen des *Rust Belt*** veranlaßt. In den Tälern des Ohio und Mississippi wurden seit über sechs Jahrtausenden bis hin zur Ankunft der Europäer Tausende solcher Erdwerke errichtet. Manche davon weisen einen Durchmesser von rund 40 Kilometern auf und erforderten zu ihrer Fertigstellung über drei Millionen Arbeitsstunden.

Zuweilen können wir auch heute noch so überraschende und wunderbare Entdeckungen machen wie die ersten französischen Trapper und britischen Händler, die solche Monumente bestiegen. So suchte ich im Sommer 1991 in einer Höhle in Indiana nach Aragonit, jenem weißen Mineral, das die Indianer im Ohio-Tal im 3. und 4. Jahrhundert mit Vorliebe für ihre Skulpturen verwendeten. Ich hatte mich durch mehrere aufeinanderfolgende Höhlen und schlüpfrige, schmale Durchgänge gearbeitet. Auf einer Strecke von mehr als siebenhundert Metern hatte ich keine Graffiti mehr entdecken können und vermeinte bereits voller Stolz, der erste Mensch zu sein, der bis hierhin vorgedrungen war. Da erblickte ich auf einmal die Reste einer Fackel und Sandalenabdrücke im Staub.

Ich war anderthalb Jahrtausende zu spät gekommen.

* Die künstlichen Hügel, die von den Angehörigen dieser alten Kulturen errichtet wurden, werden als Mounds bezeichnet und dienten sowohl als Grabhügel (*burial mounds*) als auch anderen, meist kultischen Zwecken (Anm. d. Übers.).

** Als *Rust Belt* (»Rostgürtel«) werden jene Staaten im Norden der USA bezeichnet, die sich seit dem Niedergang der dort stark vertretenen Stahl- und Kraftfahrzeugindustrie in einer wirtschaftlichen Krise befinden (Anm. d. Übers.).

Meine Entdeckung hätte mich jedoch nicht überraschen sollen, da ich mich seit fast fünfzig Jahren mit amerikanischer Geschichte befasse. Andere Menschen wußten von der Höhle, und wie die Graffiti, die teilweise über hundert Jahre alt waren, bewiesen, handelte es sich dabei keineswegs um Wissenschaftler. Als ich aber mit Freunden darüber diskutierte, daß die Indianer bereits in den Höhlen Indianas nach Material für ihre Skulpturen gesucht haben könnten, als Kaiser Augustus in den Wäldern Germaniens seine Legionen verlor, stellte ich fest, daß ich nicht der einzige Unwissende war, was Amerikas frühe Geschichte angeht.

Die Entdeckung der Fackel und der Sandalenabdrücke waren von entscheidender Bedeutung für die Entstehung dieses Buches. Sie veranlaßte mich dazu, soviel wie möglich über jene Menschen in Erfahrung zu bringen, die diese Spuren in der Höhle hinterlassen hatten; außerdem begann ich mir die Frage zu stellen, warum nur so wenige Spezialisten über ihre Existenz informiert waren. Was wußten die ersten europäischen Forscher und Siedler über das alte Amerika? Warum wurde dieses Wissen nicht weitervermittelt, erweitert, überprüft und als unerläßlicher Bestandteil der amerikanischen Geschichte begriffen? Die alte Geschichte Mexikos oder Ägyptens ist weit besser erforscht als die von Indiana, Illinois oder Ohio, und dies liegt nicht etwa daran, daß die vorgenannten Länder größer oder intellektuell ambitionierter wären.

Ich bin zu dem Schluß gekommen, daß sich ebensoviel über das fehlende Verständnis der Euroamerikaner für die indianische Geschichte sagen läßt wie über die Indianer selbst.

Die ersten Kolonisatoren, die nach Westen vordrangen, hatten kaum Gelegenheit gehabt, sich auf die Begegnung mit alten Kulturen einzustimmen, als sie zwischen 1770 und 1810 den oberen Teil des Ohio-Tals erreichten. Daniel Boone war des Spanischen nicht mächtig und bezog daher seine Kenntnisse über den Westen nur aus Erzählungen von Franzosen und Händlern aus Charleston, die bereits vor seiner Ankunft auf dem Mississippi in das Gebiet von Kentucky gelangt waren. Sie kamen aus dem südlichen Carolina und waren zu dem großen Strom auf Pfaden vorgestoßen, die fernab der großen Zentren der Moundbuilder-Kulturen verliefen. Obwohl die Franzosen sich bereits Jahrzehnte zuvor in der Region von Nashville festgesetzt hatten, einer an architektonischen Monumenten reichen Gegend, machten sie ihre Konkurrenten aus Carolina oder Kentucky nicht auf die vielen Zeugnisse alter Kulturen in ihrer Umgebung aufmerksam. Sie waren in erster Linie Händler und ließen sich durch nichts von ihren Waren und Geschäftsbüchern ablenken. Keiner von ihnen schien weiter über das, was er sah, nachzudenken; bis in die siebziger Jahre des 18. Jahrhunderts schlummerten die Spuren des alten Amerika vor sich hin, während über sie hinweg neue Handelswege erschlossen wurden.

Dieser Schlummer hatte jedoch – gemessen an den historischen Zeitabläufen im Great Valley – vor noch nicht allzu langer Zeit begonnen. Bis 1539 war das Tal voller Leben gewesen, als ein spanisches Expeditionskorps unter der Führung von Hernando de Soto sich mordend und brandschatzend seinen Weg durch die Moundbuilder-Kulturen gebahnt hatte, die vom Piedmontplateau Georgias bis in die Ebenen von Texas zu finden waren. Und diese Möchtegern-Konquistadoren, die von Florida kommend durch die Appalachen gezogen waren, hinterließen, auch wenn sie keine Kolonien gründeten, ein Vermächtnis: Sie brachten neue Krankheiten mit. Ebenso wie die europäischen Seeleute und Sklavenhändler durch die von ihnen übertragenen Bakterien und Viren die Zerstörung der indianischen Kulturen in den Küstenregionen beschleunigt hatten, wurden durch diese spanische Expedition jahrhundertealte indianische Traditionen vernichtet. Sie gingen also nicht durch Waffengewalt unter – de Sotos *entrada* war letztlich ein Fehlschlag –, sondern durch das lautlose, heimtückische Wirken europäischer Seuchen.

De Soto und sein Trupp waren die ersten Europäer, die in das Stromgebiet des Ohio vordrangen, das später von den Briten als »The Western Waters« bezeichnet werden sollte.[1] Und selbst wenn Daniel Boone fließend Spanisch gesprochen hätte, hätte er nur wenig darüber erfahren können, was ihn im Westen erwartete. Das Interesse der Spanier an der indianischen Kultur beschränkte sich auf die Plünderung von Tempeln und Palästen, und de Soto befaßte sich nur dann mit der indigenen Architektur, wenn er herausfinden wollte, wie er die indianischen Befestigungsanlagen am besten überwinden könnte. Daher verwandten seine Chronisten nur wenig Worte auf

Beschreibungen, die Engländern und Franzosen eine Vorstellung von den architektonischen Zeugnissen im Westen vermittelt hätten. Erst gegen Ende des 18. Jahrhunderts begannen sich manche Euroamerikaner ernsthaft für die Geschichte ihres Landes und seiner Völker zu interessieren.

Manche der europäischen und afrikanischen Neuankömmlinge, die auf dem neuen Kontinent vordrangen, hatten eine rosa Hautfarbe, andere waren eher bronzefarben oder dunkelbraun. Manche waren frei, andere Sklaven, und wieder andere hatten sich vertraglich für befristete Zeit als Sklaven oder Knechte verdungen. Wer eine rosa Hautfarbe hatte, war er nun Herr oder Sklave, glaubte sich sowohl den Menschen mit dunklerer Hautfarbe (egal ob Sklaven oder Freie) als auch der indigenen Bevölkerung des Ohio-Tals überlegen. Man sprach von der weißen, der schwarzen und der roten Rasse – eine willkürliche Einteilung, mit der Menschen der unterschiedlichsten Hautfarbe kategorisiert wurden. Über Belohnung und Bestrafung wurde allein nach der Zugehörigkeit zu einer dieser künstlichen Kategorien entschieden.[2] Eines unserer Hauptthemen wird die Frage sein, wie die Menschen im Great Valley, die Neuankömmlinge ebenso wie jene, die bereits seit Jahrtausenden dort lebten, mit den gegenseitigen Vorurteilen umgingen.

Für die Mehrheit der Gründerväter war das Wort »Afrikaner« ein Synonym für »Sklave« und der Begriff »Indianer« fast gleichbedeutend mit »Wilder«. Aber nicht alle unter ihnen dachten so oder zumindest nicht immer. Viele waren besser gebildet, weniger vorurteilsbeladen und nahmen die Möglichkeiten der »Neuen Welt« weit deutlicher wahr, als die meisten ihrer Biographen behaupteten. Besonders während der »Jim Crow«-Phase* der amerikanischen Geschichte, also von 1880 bis in die vierziger Jahre unseres Jahrhunderts, stellten die Geschichtsschreiber die Auffassungen der Gründerväter zur Rassenproblematik, entsprechend ihren eigenen krausen Ansichten, meist nur verzerrt dar. Dies war möglicherweise darauf zurückzuführen, daß die betreffenden Autoren nur

* »Jim Crow« ist eine abwertende Bezeichnung für Schwarze und wäre etwa mit »Nigger« zu übersetzen. Als Adjektiv wird es zur Umschreibung von Maßnahmen, Institutionen etc. verwendet, durch die Schwarze benachteiligt werden (Anm. d. Übers.).

ungern einräumten, daß die Gründerväter sich gewisser Verpflichtungen und Chancen sehr wohl bewußt waren, aber nicht immer dementsprechend handelten. Überdies schienen die Historiker, die in dieser unglücklichen Phase der amerikanischen Geschichte lebten, zu befürchten, daß ihre Zeitgenossen sich unter Umständen die kühnen Gedanken der Gründerväter zum Vorbild nehmen könnten.

Die neue Ordnung des Universums

Eines müssen wir jedoch anerkennen: Die Gründerväter hatten sich aufgemacht, eine »neue Ordnung des Universums« zu begründen – dies verkündeten sie zumindest auf dem Great Seal.* Sie hatten gehofft, daß ihre neue Nation von den Vorurteilen und dem Aberglauben Europas frei sein würde, doch wurde die Generation der Revolutionäre enttäuscht; die Macht der alten Übel konnte nicht gebrochen werden.[3]

Nach dem Ende der paternalistischen Regierung George Washingtons (1789–1797) mußte sich die Gründergeneration eingestehen (und am bittersten war dies für Washington selbst), daß jene Übel so tief verwurzelt waren, daß sie nicht einfach durch eine neue Regierungsform ausgemerzt werden konnten. Die Sklaverei beispielsweise erschien damals als unausrottbarer Bestandteil des amerikanischen Gesellschaftssystems. Und obwohl der Westen den Neuerungsfreudigen eine zweite Chance bot, war die Gründergeneration nicht mehr so jung wie 1776, als die Dinge noch einfacher erschienen.

Das zweite Thema dieser Arbeit, das sich aus dem ersten ergibt, ist die Tatsache, daß die Gründerväter im Westen eine große Chance vertaten. Und das dritte Thema ist, daß sie dies auch wußten. Ich habe dieses Buch geschrieben, weil ich glaube, daß auch wir eine Chance haben, die wir nicht ungenutzt lassen dürfen. Wir werden weit eher das Richtige tun, wenn wir wissen, was manche unserer Vorfahren anstrebten und warum sie scheiterten. Die Zeit ist gekom-

* Großsiegel der USA, das auf der einen Seite einen Adler und auf der anderen eine Pyramide zeigt (Anm. d. Übers.).

men, noch einmal eine große Anstrengung zu unternehmen, um die höchsten Aspirationen der Gründerväter in jener zentralen Region Nordamerikas zu verwirklichen, wo sich für sie die Möglichkeit zur Wiedergutmachung und Versöhnung auftat.

Eine neue Chance

Sie erlebten den Schock einer plötzlichen Entdeckung. Nur selten in der menschlichen Geschichte hatten architektonische Zeugnisse einen so großen Einfluß darauf, daß ein Volk von anderen Völkern völlig neu eingeschätzt wurde. Die Gründerväter hatten nicht erwartet, im Westen uralte, große und technisch ausgereifte Bauwerke vorzufinden, die von den Vorfahren der dort lebenden Menschen errichtet worden waren.

Solche Beweise konnten nicht einfach übersehen werden. Die neuen Städte im Great Valley – Cincinnati, St. Louis, Marietta, Portsmouth, Lexington, Pittsburgh, Natchez und Nashville – konnten erst gebaut werden, nachdem die Spuren älterer Siedlungen beseitigt worden waren. Auf dem Lande erinnerten Hunderttausende von Erdkonstruktionen an die früheren Bewohner, und auch heute noch sind Zehntausende solcher Monumente zu finden. Aufgrund dieser Entdeckungen mußten sich die Europäer mit der Vorstellung vertraut machen, daß die Indianer keineswegs Wilde waren.[4]

Da die Indianer zwar *anders*, aber offensichtlich dennoch Menschen waren, fiel es manchen Gründervätern, insbesondere George Washington und Albert Gallatin, nicht schwer, auch die Schwarzen in einem anderen Licht zu sehen. Sogar Thomas Jeffersons französische Freunde räumten ein, daß die Schwarzen zwar unfrei, aber in jeder Hinsicht Menschen waren.

Die Gründerväter wußten nichts über das alte Afrika, wenn man von einigen Kenntnissen über Ägypten absieht. Hätten sie zu dem Zeitpunkt, als sie das alte Amerika entdeckten, über eine bessere Kenntnis der afrikanischen Geschichte verfügt, hätten sie möglicherweise den Schwarzen größere Fähigkeiten zugetraut – und damit gleichzeitig auch anderen Menschen mit dunklerer Hautfarbe. Dieses Glück hatten sie jedoch nicht und wohl auch nicht den nötigen Mut. Wir jedoch haben dieses Glück, und vielleicht sind wir auch kühn genug.

Das Wissen um die Vergangenheit kann dazu beitragen, die Gegenwart zu verändern.
Unser Glück ist auch, daß die Gründergeneration uns nicht aller lehrreichen Überraschungen über das alte Amerika beraubt hat. Einige erstaunliche Entdeckungen blieben unserer Zeit vorbehalten. So konnte in den späten achtziger und frühen neunziger Jahren noch viel Neues über die Menschen in Erfahrung gebracht werden, die vor uns im Great Valley lebten, und ein großer Teil davon vermag immer noch die gleiche Begeisterung auszulösen, die die Gründerväter zu jenem Neuanfang ermutigte, den sie sich und der Welt versprachen. Und auch wir können einen Neuanfang versuchen.

1. Kapitel
Die Begründer der alten Architektur Nordamerikas, ihre Kulturen und das große Sterben

Die Architektur im Stromgebiet des Mississippi ist so alt wie die ägyptische. Obwohl die Monumente am Mississippi, anders als die Pyramiden, nicht aus Sandstein errichtet wurden, sind sie von ebensolcher Größe und regelmäßiger Gestalt. Es gehört zu den bemerkenswertesten Eigenschaften der altamerikanischen Architektur, daß manche Bauwerke so genau vermessen waren, daß sie viele Kilometer entfernt exakt nachgebaut werden konnten.

Die ersten wirklich großen Bauwerke auf nordamerikanischem Boden wurden vor etwa sechstausend Jahren errichtet. Sie bestanden zumeist aus Erde, die in Körben aus Pflanzenfasern transportiert wurde. Diese Körbe, die überall im Einzugsgebiet des Mississippi für diesen Zweck Verwendung fanden, waren so groß wie die *wannigans* (Behälter aus Weidengeflecht), die viele Amerikaner im 19. und frühen 20. Jahrhundert auf Kanufahrten mit sich führten – manch einer kann sich heute noch erinnern, wie schwer sie in vollgepacktem Zustand waren. Für jede der Erdkonstruktionen in West Virginia, Louisiana und Illinois wurden mehrere Millionen Körbe schweren Lehms verbaut.

Viele dieser Monumente haben heute ihren imposanten Charakter verloren. Tausende von Wintern, Pflugscharen und Amateurarchäologen haben ihnen zugesetzt; manchmal ist nicht viel mehr als ein Hügelchen übriggeblieben, das einem vom Regen durchweichten Heuhaufen gleicht. Einige wenige jedoch sind immer noch höchst eindrucksvoll.

Durch sorgfältige stratigraphische Untersuchungen wurden die zahlreichen Schichten offenbar, aus denen sich diese Bauten zusammensetzten: braune Erde, oftmals roter Lehm, wieder Erde, manchmal ein oder zwei weitere Lagen oder sogenannte »Linsen« aus verkohlten Resten von Gebäuden – die vermutlich aus rituellen Gründen

verbrannt wurden – und noch mehr Erde, die manchmal so fest zusammengepreßt ist, daß immer noch die Abdrücke der Körbe darauf erkennbar sind.
Die Spanier und Franzosen, die diese Hügel als erste zu Gesicht bekamen, konnten sich nur schwer vorstellen, daß es sich hier um bewußte menschliche Schöpfungen handelte, denn sie waren größer als jedes andere ihnen bekannte Bauwerk. Der gesamte Louvre fände leicht auf der Fläche innerhalb der D-förmigen Erdwälle von Poverty Point in Louisiana Platz, die zur gleichen Zeit wie Stonehenge aufgeschüttet wurden; der Petersdom ließe sich mitsamt dem Petersplatz und den dazugehörigen Parkanlagen in den Ringwall von Watson Brake verpflanzen, der vermutlich noch einmal tausend Jahre älter ist als Poverty Point.

Das Zeitalter der Ringe

Heute läßt sich das Alter der frühesten indianischen Bauten mit Hilfe der Radiokarbonmethode und der Pollenanalyse genauer bestimmen. Über den Zeitpunkt ihrer Erbauung und Nutzung geben uns Aschenreste Auskunft, die aus der Zeit vor der Herrschaft Gilgameschs und Cheops' stammen (um 2800 v. Chr., so wird gemeinhin angenommen), sowie mikroskopisch kleine Pflanzenteilchen aus Speisen, die zubereitet wurden, als man in Mesopotamien zum ersten Mal Keilschriftzeichen in Lehm ritzte.
Der Kalender der Maya beginnt mit einem mythischen Datum, das in das Jahr 3372 v. Chr. fällt; zu dieser Zeit schufen die Menschen im Mississippi-Tal gewaltige architektonische Monumente. Lange bevor in Mexiko und Mittel- und Südamerika derart ehrgeizige Projekte verwirklicht wurden, entstanden entlang der Bayous* und Kanäle in den heutigen Staaten Louisiana und Mississippi geometrisch exakt vermessene Erdwerke von oftmals identischer Größe und Form. Im Mississippi-Delta finden sich nahe der Ortschaft Monroe (Louisiana) zwei der ältesten architektonischen Komplexe, deren Entstehungszeit sich mit einiger Genauigkeit datieren läßt.[1] Gut 30 Kilometer nordwestlich stößt man am Bayou Darbonne auf

* Selbständig ins Meer mündende Nebenarme des Mississippi (Anm. d. Übers.).

die Hedgepeth Mounds, die vermutlich um 4500 v. Chr. errichtet wurden. Etwa tausend Jahre später müssen nach Radiokarbon-Messungen eine Reihe von Mounds entstanden sein, die oberhalb von Frenchman's Bend am Bayou Bartholomew, etwa 25 Kilometer nordöstlich von Monroe, gelegen sind.[2]

Mitten auf dem Campus der Louisiana State University in Baton Rouge steht – an einem für die wissenschaftliche Demonstration idealen Ort – ein weiteres Zeugnis für die architektonischen Leistungen der alten nordamerikanischen Kulturen: zwei kegelförmige Mounds, von denen der größere einen Durchmesser von 40 Metern und eine Höhe von fast 5 Metern aufweist; das fruchtbare Erdreich, aus dem er besteht, wurde 3000 v. Chr. an dieser Stelle aufgeschüttet. Knapp 10 Kilometer weiter nördlich, bei Monte Sano, waren einst zwei noch ältere Erdkegel zu besichtigen, die jedoch 1967 abgetragen wurden. Ihre Spitze war zu einer Plattform abgeflacht, die vermutlich der Einäscherung von Toten diente; außerdem stand darauf ein auf Pfosten errichtetes Gebäude mit einem Grundriß von etwa 6 Quadratmetern, welches möglicherweise das älteste hölzerne Bauwerk darstellt, dessen Konstruktionsplan klar erkennbar ist: Dort, wo einst die heute verrotteten Pfosten standen, finden wir heute Erde, deren Konsistenz von dem umgebenden Erdreich abweicht. Welch ein Schatz! Und all dies lag gnädig verborgen und geschützt, bis Menschen unserer Generation meinten, es zerstören zu müssen.

Glücklicher verlief bisher die Geschichte der fünftausend Jahre alten Mounds von Frenchman's Bend: Ein bemerkenswert verständnisvoller Investor entschied kürzlich, daß das größte der dortigen Monumente nicht zum siebten Abschlag eines Golfkurses werden solle.[3] Ich erinnere mich noch sehr genau an den Tag, an dem er dieses Zugeständnis bekanntgab, und an seine stolze Miene, als er in seinem Landrover davonfuhr. Entlang des Fairways sind noch fünf Mounds zu erkennen; der größte ist ein niedriger, heuhaufenförmiger Kegel von etwa 40 Metern Durchmesser und 3 Metern Höhe. Die Anordnung der fünf Hügel erscheint zufällig, doch könnten sie auf den Mond- oder Sonnenstand ausgerichtet sein oder auf irgendein anderes Ordnungsprinzip, das wir noch nicht verstehen.

Vor etwa fünftausend Jahren wurden in Nordamerika die ersten jener gewaltigen architektonischen Monumente errichtet; sie wiesen die

Form von Kreisen oder Halbkreisen (D-Form) auf, wobei die größten unter ihnen so beeindruckend sind, daß man die folgende, dreitausend Jahre währende Phase der nordamerikanischen Architekturgeschichte als das »Zeitalter der Ringe« bezeichnen kann. Später wurden noch exaktere ringförmige Monumente konstruiert, doch traten nun auch häufig quadratische, sechseckige und achteckige Grundrisse auf.[4]

Das erste gut erhaltene Zeugnis des »Zeitalters der Ringe« befindet sich südwestlich der Kleinstadt Monroe, am anderen Ufer der Quachita River, und 18 Meilen südlich von Frenchman's Bend, bei Watson Brake. Dieses bislang älteste in Nordamerika entdeckte ringförmige Erdwerk wurde vermutlich etwa zur gleichen Zeit wie der architektonische Komplex von Frenchman's Bend errichtet.[5] Es besteht aus einem Ringwall von knapp einem Kilometer Länge, mit einem Durchmesser von 250 bis 200 Metern und einer Höhe von einem Meter. Auf diesem Wall wurden überdies zehn künstliche Hügel aufgeschüttet, von denen der größte noch einmal etwa 8 Meter hoch aufragt. Aufgrund dieser Hügel unterscheidet sich das Erdwerk von Watson Brake von Tausenden anderer ringförmiger Erd- oder Muschelschalenhügel am Golf von Mexiko oder den Flüssen des Südens und Mittleren Westens.[6]

Die sich bereits bei Watson Brake abzeichnende bauliche Kunstfertigkeit und planerische Exaktheit wurde tausend Jahre später und rund 80 Kilometer weiter östlich, in Poverty Point, zu ihrer Vollendung geführt. Dieser gewaltige Komplex von Erdbauten, der heute unter dem Namen einer Pflanzung bekannt ist, auf der diese architektonischen Monumente seit 1840 gleichsam systematisch untergepflügt wurden, liegt an einer Hügelkette namens Macon Ridge. Daß es sich um Hügel handelt, ist ausschließlich für Flachlandbewohner erkennbar, denn wir treffen hier nur auf eine bescheidene Erhebung aus Schwemmland, das vor etwa 30 000 Jahren von Arkansas River bei seinem Eintritt in das Mississippi-Tiefland abgelagert wurde.

Die Menschen, die Poverty Point errichteten, lebten entweder in einer sehr effizient organisierten Gesellschaft oder (was wahrscheinlicher ist) waren von einer gemeinsamen religiösen Überzeugung motiviert. In mehreren ausgedehnten Bauphasen, die sich über fünf

Jahrhunderte erstreckten, konstruierten sie eine Erdwallanlage aus sechs konzentrischen Halbkreisen, deren Länge insgesamt über 11 Kilometer beträgt. Das Ufer des 9 Meter tiefer gelegenen Bayou Macon bildet die offene Basis der Anlage. Am Scheitelpunkt des äußersten Halbkreises, der einen Durchmesser von 1300 Metern aufweist, erhebt sich ein gewaltiger Hügel von 21 Metern Höhe und einer Grundfläche von 215 mal 200 Metern.[7]
Die Kultstätte von Stonehenge, die etwa zur gleichen Zeit errichtet wurde, fände in der Wallanlage von Poverty Point siebenmal Platz. Und kein Monument auf der Ebene von Salisbury ist so groß wie jener zentrale Hügel von Poverty Point, in dem manche das Abbild eines Falken erkennen, während eher prosaische Geister meinen, daß das Gebilde aussieht wie ein riesiger, in sich zusammengesunkener Stuhl. Wahrscheinlich befand sich auf seinem höchsten Punkt eine kleine Plattform; eine zweite, niedrigere Plattform, die knapp vier Meter über der Ebene liegt, ist heute noch erhalten.[8] Diese zweistufige Konstruktion ist ein gemeinsames Merkmal der sehr frühen Hügelbauten.[9] Zehn Millionen Körbe Erde müssen erforderlich gewesen sein, um einen ebenen Untergrund zu bereiten und darauf diese Strukturen zu errichten.[10]
Der Archäologe Joe Saunders, der bei Watson Brake, Hedgepeth und Frenchman's Bend Ausgrabungen durchführte, konnte feststellen, daß die Hügel in diesen architektonischen Anlagen ebenso wie die »Falkenhügel« von Poverty Point und Motley offenbar als »Bühnen« für regelrechte choreographische Inszenierungen dienten: Wenn man vom Bayou oder Fluß auf einem vermutlich stufig angelegten Weg das Ufer hochkletterte, gelangte man auf einen Versammlungsplatz in Inneren der Anlage. Vor dem großen Hügel könnte ein Zeremonienhof gelegen haben, und darüber, auf der ersten Plattform, befand sich möglicherweise ein noch weihevollerer Ort. Auf der höchsten Ebene schließlich könnte ein Besucher, vielleicht neben einem Signalfeuer oder Scheiterhaufen, zu einem höchsten Würdenträger vorgelassen worden sein.
Derartige Kultstätten aus stufenförmig ansteigenden Erdplattformen existieren in der alten Architektur Nordamerikas seit 3000 v. Chr., und diese Tradition setzte sich fort bis zu den gewaltigen Konstruktionen, die in der Zeit zwischen dem 10. Jahrhundert unserer Zeit-

rechnung (u. Z.) und der Ankunft der Europäer entstanden. Zu den markantesten der heute noch erhaltenen Monumente dieses Typs gehören Etowah in Georgia, Emerald in der Nähe von Natchez in Mississippi, Moundville in Alabama und Monks Mound in Cahokia in Illinois. Besonders Monks Mound[11] vermittelt uns allein durch seine Größe und seine zahlreichen Rampen und Plattformen eine Vorstellung davon, wie Stufe um Stufe immer bedeutendere Heiligtümer aufeinanderfolgten – mit dem Allerheiligsten an der Spitze. Die Ausmaße der großen Pyramide von Cahokia übertreffen sogar die der Pyramiden von Gizeh in Ägypten. Noch bis weit ins 18. Jahrhundert hinein bauten Indianer – Natchez, Cherokee, Creek und Caddo – derartige Erdwerke.

Geht man zu Fuß über den weiten, offenen Platz der Anlage von Poverty Point, orientiert man sich automatisch an dem äußeren Ring und dem wuchtigen »Falkenhügel«. Nähert man sich dem Monument jedoch aus der Luft, nachdem man sich zuvor mit anderen archäologischen Fundstätten im Deltagebiet von Louisiana und Mississippi befaßt hat, dann erweckt vor allem der *innerste* Ring Aufmerksamkeit. Sein Durchmesser beträgt 600 Meter, und auf den ersten Blick scheint es sich um einen Halbkreis zu handeln.[12] Praktisch die gleiche Konfiguration in identischen Abmessungen wurde bei mindestens fünf anderen Erdwerken im Mississippi-Tal entdeckt, die auch alle etwa zur gleichen Zeit angelegt wurden.[13] Mit anderen Worten: Die Indianer waren vor viertausend Jahren nicht nur bereits in der Lage, jenen gewaltigen, geometrisch exakten Ringwall von Poverty Point zu konstruieren, sondern sie zeigten sich auch fähig, genau das gleiche Konstrukt an einem weit entfernten Ort zu duplizieren. In Europa fiel zu jener Zeit das Troja des Priamos dem Ansturm der Griechen zum Opfer – sofern Homer ebenso verläßlich ist wie die Dendrochronologie* und die Radiokarbonmethode und sofern Priamos' Troja jenes Troja war, das um 1250 v. Chr. den Höhepunkt seiner Macht erreichte und dann in Schutt und Asche versank.[14]

* Die Dendrochronologie (Baumringdatierung) ist ein Verfahren zur Datierung von Holz unbekannten Alters durch die Untersuchung der Jahresringe und ihren Vergleich mit einem »Baumringkalender« (Anm. d. Übers.).

Glücklicherweise ist Poverty Point für die Öffentlichkeit zugänglich und verfügt über ein kleines, aber sehr informatives Museum, wo Funde ausgestellt sind, die die Stätte als wichtigstes Zentrum skulpturaler Kunst in der Hemisphäre ausweisen. Von 1500 v. Chr. bis über 1000 v. Chr. hinaus schufen die Menschen von Poverty Point kunstfertige Steinplastiken in Gestalt von Muscheln, Falken und insbesondere Eulen. Ihre bevorzugte Farbe scheint ein tiefes Rot gewesen zu sein, das aus Jaspis gewonnen wurde, welcher aus den Ozarks oder Alabama stammte. Obwohl manche jener Völkerschaften, denen sie ihre Skulpturen als Tauschware anboten, Keramikschalen und Kochtöpfe verwendeten, scheinen die Bewohner von Poverty Point zum Backen – zumindest zu kultischen Zwecken – lieber Gefäße aus Steatit benutzt zu haben, welcher aus Alabama, Tennessee und Georgia stammte.

Die Handelswege, auf denen all diese Waren um 1500 v. Chr. nach Louisiana transportiert wurden, erstreckten sich über Tausende von Kilometern nach Norden, Osten und Westen. So fand man in Gräbern in Louisiana Kupferperlen aus Michigan ebenso wie Haifischzähne und Muschelschalen von der Atlantikküste und vom Golf von Mexiko. Von den Großen Seen und aus Ohio und Tennessee wurden Mineralien wie Hämatit, Bleiglanz und Quarz herbeigeschafft. Außerdem entdeckte man in Poverty Point Obsidianstücke, als deren Herkunftsort das Missouri-Tal, und hier wahrscheinlich der Yellowstone Park, ermittelt werden konnte – obwohl die Archäologen aufgrund gewisser Besonderheiten der Fundschicht nicht sicher angeben können, wann dieses Mineral dorthin gelangte.

Bis etwa 1000 v. Chr. hatten sich die indianischen Gemeinwesen in der Region stetig fortentwickelt; die Menschen von Poverty Point hatten kunstvolle Schmuckgehänge und Votivgegenstände angefertigt, hatten Terrassen über den Mäandern der Flüsse und Bayous angelegt und Millionen von Körben voll schwerer Erde aus dem Flußdelta geschleppt, um ihre Erdwälle und Mounds zu errichten. In der Alten Welt flohen damals die Israeliten aus Ägypten nach Palästina, und an den Küsten der Ägäis begann man das Schicksal der homerischen Helden zu besingen.

Dann aber – aus Gründen, die sich unserer Kenntnis entziehen – wurde im Mississippi-Delta und im restlichen Gebiet der heutigen

USA der Bau jeglicher Monumentalarchitektur und die Herstellung kunstvoller Skulpturen eingestellt; die Bewohner von Poverty Point, so dürfen wir vermuten, verstreuten sich in alle Winde. Diese Pause dauerte von 800 bis 400 v. Chr.[15] Genau in jener Phase befand sich das antike Griechenland an der Schwelle zur klassischen Zeit, wurden *Ilias* und *Odyssee* in Schriftform verewigt.

Das Zeitalter der Kegel, Plattformen und prismatischen Umfriedungen[16]

Im Ohio-Tal setzte ab 400 v. Chr. erneut eine rege bauliche Tätigkeit ein, und auch prächtige Keramikwaren und Textilien wurden wieder produziert. Die Indianer begannen nun, ihre Toten in immer größeren Tumuli (Grabhügeln) zu bestatten, die teilweise direkt über kreisförmigen Fundamenten aufgeschüttet wurden und diese nach oben kegelförmig fortsetzten; diesem Typ ist beispielsweise der Grave Creek Mound zuzurechnen. Daß die Indianer der Bestattung eine große Bedeutung zumaßen, wird auch an den Grabbeigaben erkennbar: Töpferwaren, Kupferschmuck, Silber, Perlarbeiten, Glimmer, Blei und Obsidian, außerdem Gegenstände, die rituellen Zwecken dienten wie Pfeifen für den Genuß von Tabak oder anderen milden Halluzinogenen. Im oberen Ohio-Tal, nördlich der Wasserfälle von Louisville, finden sich Tausende solcher Stätten. Manche der Grabhügel waren wie einfache Heuhaufen geformt, doch fast alle waren einst mit runden Holzbauwerken assoziiert gewesen, wie man aus den Spuren von Pfostenlöchern schließen kann, die sich direkt unter den Hügeln oder in ihrer Nachbarschaft fanden. In diesen Holzgebäuden wurden vermutlich die Leichen der Verstorbenen für das Bestattungsritual hergerichtet.[17] In Indiana, Ohio und Kentucky wurden während dieser Phase – etwa um Christi Geburt – einzelne Bergvorsprünge aus einer Hügelkette abgesetzt, indem man Wälle aus Stein und Erde quer über die Grate häufte, die sie mit dem Hauptkamm verbanden.[18]

Etwas später entwickelten andere Indianer in der gleichen Region – häufig an den gleichen Flußterrassen wie beispielsweise in Marietta bei Portsmouth und nördlich von Chillicothe in Ohio – noch kompliziertere Bestattungsbräuche und architektonische Strukturen. In ihren Grabhügeln finden sich exquisite Skulpturen und Keramikgefäße, und die zeremoniellen Zwecken dienenden Umfriedungen sind von größerer geometrischer Raffinesse. Die Archäologen sind sich uneins, welche kulturellen Unterschiede zwischen den beiden Gruppen bestehen, obwohl zumindest darin Übereinstimmung herrscht, daß die einfachere Kultur der komplexeren vorausging und daß beide einander mehrere Jahrhunderte lang überlappten. Ab dem 2. Jahrhundert verwendete die jüngere Gruppe für ihre kunstvollen Plastiken eine größere Vielfalt von Materialien. Ihre Figurenpfeifen, die lebensnahe Abbilder von Bibern und Vögeln darstellen, halten in jeder Hinsicht den Vergleich mit den Kunstwerken aus, die zu jener Zeit in Europa nördlich der Alpen geschaffen wurden; und sie sind beeindruckender als alles, was später – bis zur Mitte des 19. Jahrhunderts – im Mississippi-Tal entstand.

Diese Indianer des 3., 4. und 5. Jahrhunderts hatten einen Blick für ästhetisch wirkungsvolle Materialien. Der weiße Aragonit, den sie aus einer Höhle in Indiana holten, verwandelte sich im Sonnenlicht zu einem durchsichtig schimmernden Stein; der Obsidian aus dem Yellowstone Park wurde zusammen mit dem Kupfer von der Isle Royal oder aus dem nördlichen Michigan, mit Haifischzähnen aus Florida, Silber aus Ontario, Blei aus Wisconsin oder Missouri und Glimmerblatt aus Nord- und Südkarolina verarbeitet.

Die Architektur dieser Indianer unterscheidet sich so grundlegend von der der Kegelhügelbauer, daß sie meiner Auffassung nach von einer priesterlichen Kaste von Architekten-Astronomen – Geomanten – geschaffen wurde. Ihre neuen Konstruktionsweisen unterschieden sich von den alten ebensosehr wie die Gotik von der Romanik. Und ebenso wie diese europäischen Baustile existierten beide über lange Zeit hinweg nebeneinander.

Die Geomanten schufen sehr viel größere und exakter vermessene Rundbauten; außerdem begannen sie Achtecke, Sechsecke und Quadrate zu entwerfen. Der Fairgrounds Circle in Newark (Ohio) weist beispielsweise einen Durchmesser von gut 420 Metern auf und ist drei Stockwerke hoch. Nur selten haben Amerikaner, die die von den Anasazi errichteten Monumente im Chaco Canyon oder Mesa Verde kennen, Gelegenheit, das Werk der Anasazi mit den Leistungen der Indianer des Mississippi-Tals zu vergleichen. Es sei daher darauf hingewiesen, daß Fairgrounds Circle sechsmal so groß ist wie der gewaltige Gebäudekomplex von Pueblo Bonito im Chaco Canyon. Die am leichtesten zugänglichen Beispiele für die architektonischen Komplexe des Mittleren Westens finden sich in Ohio, aber auch in Indiana, Illinois, Iowa und Kentucky sind viele Monumente erhalten.

Im ersten Dreiviertel des 20. Jahrhunderts gebrauchten die Archäologen (Historiker zeigten sich kaum an diesem Thema interessiert) üblicherweise die Begriffe »Adena« und »Hopewell«, um die beiden oben beschriebenen Gruppen von Indianern zu unterscheiden. Die Umstände, unter denen diese Kategorien entstanden, werden in Kapitel 4 beschrieben: Adena ist der Name einer Besitzung bei Chillicothe in Ohio, wo Archäologen im Jahre 1906 eine Anzahl von Grabbeigaben entdeckten, die dort zwischen 300 v. Chr. und dem Jahr 100 u. Z. deponiert worden waren. Captain Hopewell wiederum war ein Farmer, dessen Besitz einige Kilometer von Adena entfernt lag. Auch dort fand man zahlreiche Grabbeigaben, die aber noch aufwendiger waren und vermutlich erst etwas später, um 400, dort vergraben wurden.

Doch ist die Unterscheidung zwischen Hopewell und Adena durch neue archäologische Erkenntnisse fragwürdig geworden, und viele Wissenschaftler vermeiden diese Kategorien heute oder benutzen sie nur noch, um unterschiedliche gesellschaftliche Organisationsformen zu bezeichnen. Physiologisch, so steht heute fest, unterschieden sich die Menschen der Adena- und Hopewellkultur nicht voneinander, und ihre Gesellschaften existierten zur gleichen Zeit. Ihre Bauwerke liegen oftmals so dicht beieinander, daß man vermuten darf, daß sie nebeneinander dieselben Regionen und Orte bewohnten.[19]

Die großen Tage der Kegelhügelbauer waren um das Jahr 200 u. Z. vorbei; die Geometrieexperten hingegen scheinen ihre Bautätigkeit noch drei bis vier Jahrhunderte fortgesetzt zu haben. Im letzten Kapitel dieses Buches werde ich einige Überlegungen darüber anstellen, warum sich die Dinge so entwickelten. Die Schamanentümer, unter denen sich diese Menschen im Ohio-Tal zu Gesellschaften zusammenfanden, existierten zu derselben Zeit, in der (wenn meine Vermutungen zutreffen) König Artus und Merlin lebten, oder (wenn man diesen Vergleich vorzieht) während jener Phase, in der die große Stadt Teotihuacán im Hochtal von Mexiko ihren Aufstieg und Fall erlebte und die Zapoteken in Monte Albán ersten Ruhm erwarben.

Das Zeitalter der Anpassung: 500–1000

Nachdem die Geometriespezialisten ihre Instrumente beiseite gelegt hatten, begannen Pfeil und Bogen die Jagdgründe und Schlachtfelder zu beherrschen, und der Mais, obschon seit längerem bekannt, entwickelte sich zum wichtigsten Wirtschaftsfaktor. Im Norden wurde die Bautätigkeit weitgehend eingestellt; die Menschen im unteren Mississippi-Tal bauten jedoch weiterhin Städte mit großen Plazas, die von Mounds eingefaßt wurden, und gegen Ende dieser Periode begann man abgeflachte Hügel anzulegen, die als Plattformen für Tempel und, so darf man annehmen, für Paläste dienten. Ein typischer Ort dieser Art war Troyville in Louisiana, dessen gewaltige Erdbauten im 19. Jahrhundert das Erstaunen der euroamerikanischen Entdecker hervorriefen. In den fünfziger Jahren unseres Jahrhunderts jedoch setzte das Straßenbauministerium des Staates Louisiana all dem ein Ende, wie wir noch sehen werden.

Vom 6. Jahrhundert an durchlebten die Anasazi-Kulturen im amerikanischen Südwesten eine Reihe von Expansions- und Schrumpfungsprozessen, wobei ihre Bautätigkeit in gewissen Abständen – 800, 1040, 1080, 1200 und 1250 – immer neue Höhepunkte erreichte. In Europa schmückte sich Konstantinopel mit den prächtigen Kathedralen Kaiser Justinians, obwohl die andere Hauptstadt des Römischen Reiches, Rom selbst, mehrmals auf unrühmliche Weise von Angreifern überrannt wurde. Dann folgte das »Mittelalter«, das um 800 die Karolingische Renaissance und die Pfalzkapelle in Aachen hervorbrachte. Der Islam drang nach Afrika vor und faßte auch im äußersten Westen (Spanien) und Osten (Balkan) Europas Fuß. In Kairo ließ Ibn Tulun eine Moschee errichten, die an baulicher Kunstfertigkeit der karolingischen Architektur in nichts nachstand, während die Hohókam in Arizona ihre großen Plattformhügel errichteten und Ballspielplätze anlegten.

Die Maya-Kultur in Belize, Mexiko und Yucatán existierte zur gleichen Zeit wie die der Plattform- und Plazabauer in Louisiana und erlebte ihre Blüte etwa zwischen 300 und 800. Dann setzte der allmähliche Niedergang der Maya ein, bis im 17. Jahrhundert die Spanier dieses Volk schließlich endgültig unterwarfen. Bis heute ist ungeklärt, wie die Maya die aus Europa eingeschleppten Krankheiten überlebten, durch die die Bewohner Louisianas bereits ein Jahrhundert früher zu einem armseligen Häuflein dezimiert worden waren.

Das Zeitalter der Plattformen und Plazas: 1000–1347

Das Jahr 1000 markiert einen der Angelpunkte in der Geschichte der europäischen Kunst, denn als das 10. Jahrhundert endete und die Welt nicht unterging, erhielt das künstlerische Schaffen eine Vielzahl neuer Impulse. Gewaltige Sakralbauten wurden errichtet, zunächst im romanischen und dann im gotischen Stil.

Einen ähnlichen Energieschub erlebte ein Jahrhundert lang das Mississippi-Tal von Wisconsin bis zum Golf von Mexiko, was sich insbesondere in der Entstehung eines großen Siedlungsschwerpunkts um St. Louis und Cahokia niederschlug. Cahokia liegt am Ostufer des Mississippi, nur ein kurzes Stück unterhalb der Einmündungen des Missouri und des Illinois-River. Der Ort stellte vom 10. bis zum 14. Jahrhundert *die* Metropole im nordamerikanischen Raum dar; seine charakteristischen Kennzeichen waren zahlreiche Plazas, umgeben von abgeflachten Pyramiden, die als Unterbauten für Tempel und Paläste dienten.[20] Zur gleichen Zeit lebten in den Dörfern im Dolores-Valley im südwestlichen Colorado und im San Juan Valley in Utah und Neu-Mexiko etwa genauso viele Menschen (maximal etwa 30 000) wie im Siedlungskonglomerat um Cahokia, doch waren sie über ein weit größeres Gebiet verstreut.

Cahokias Hinterland war jene weite Ebene, die heute als American Bottom bezeichnet wird, eine Region mit vielen Seen und sanften Hügeln. Hier entstanden viele kleine stadtähnliche Siedlungen, deren Architektur die erste ihrer Art nördlich von Mexiko war und sich durch ein bauliches Können auszeichnete, das bis zum 19. Jahrhundert unerreicht blieb. Ähnliche, aber kleinere Zentren bildeten sich entlang des Missouri, des unteren Mississippi, des Cumberland, des Tennessee, des Ohio und ihrer Nebenflüsse, in Alabama entlang des Tombigbee und um Moundville sowie in Georgia, dessen Siedlungen 1539 von Hernando de Soto mit Feuer und Schwert heimgesucht wurden.

Das Jahr 1300 ist für die amerikanische und afrikanische Geschichte ebenso bedeutsam wie das Jahr 1000 für die europäische. Cahokia errang eine ebensolche Machtposition wie das Königreich Mali in Afrika. Beide Kulturen, die durch den halben Erdball voneinander getrennt waren, erlebten zur gleichen Zeit einen Aufstieg und fielen nach 1300 gemeinsam dem Niedergang anheim. Ebenfalls um 1300 leerten sich die großen Stadtanlagen Simbabwes, und in Grönland, im äußersten Norden Nordamerikas, verließen die Norweger ihre Siedlungen. Zur gleichen Zeit wurde auch die Bautätigkeit im Chaco Canyon und in den größten Städten des Four-Corners-Gebietes eingestellt, so auch in Yellowjacket und Lowry (alle im Südwesten der USA gelegen). Ebenso wurden deren Vorposten in Mesa Verde und im Canyon de Chellys aufgegeben, und die Menschen wanderten in die Dörfer der Hopi und Zuni in Arizona und zu den Pueblos entlang des oberen Rio Grande ab. Bald entvölkerten sich auch Cahokia und die gesamte Region um den Zusammenfluß von Ohio, Missouri und Mississippi. Was blieb, war ein menschenleerer Landstrich, der von Archäologen als »Vacant Quarter« bezeichnet wird.

Ein großer Teil der Bevölkerung verschwand also aus den genannten Gebieten. Dieses mysteriöse Geschehen mag zum Teil auf die Mutation eines indigenen Krankheitserregers zurückzuführen sein, dem die Menschen aufgrund fehlender Antikörper hilflos ausgeliefert waren, oder auf die Ausbreitung einer Krankheit, die vorher auf ein kleines Gebiet beschränkt war (dies ist möglicherweise in der jüngsten Vergangenheit in Afrika mit dem Aids-Virus geschehen). Ein solches Szenario widerspräche der Auffassung, daß alle Schuld am Verschwinden dieser Kulturen den Europäern zuzuschreiben ist. Und vielleicht gab es auch gar keine Epidemie. Vielleicht wuchs umgekehrt sogar die Bevölkerung so stark an, daß die natürlichen Ressourcen in jenen dicht besiedelten Regionen zur Neige gingen und das Grundwasser verseucht wurde. Dadurch könnten die Menschen gezwungen gewesen sein, fortzugehen. Eine solche Entwicklung hätte nach der Verbreitung des Maisanbaus im 9. oder 10. Jahrhundert und nach der Entstehung von Siedlungskonzentrationen, in denen Menschen lebten, die Mais konsumierten und künstliche Hügelkomplexe bauten, jederzeit eintreten können.

Das große Sterben

In Europa erschütterte in den Jahren 1347–1352 der Schwarze Tod die mittelalterliche Gesellschaft und raffte etwa ein Drittel der Bevölkerung hinweg – nahezu 25 Millionen Menschen. Altbewährte kulturelle Systeme brachen zusammen, der Feudalismus geriet ins Wanken, die Kirche verlor beträchtlich an Autorität, so daß nun der Weg offenlag für Kapitalismus, Renaissance und Reformation. Das Zeitalter der Entdeckungen brachte Europäer und Afrikaner nach Amerika und bescherte der indigenen Bevölkerung Amerikas all jene Krankheiten, die in der Neuen Welt ein großes Sterben verursachten.

30 Millionen eingeborene Amerikaner oder sogar noch mehr kamen im ersten Jahrhundert nach der Invasion der Mikroben und Konquistadoren durch europäische und afrikanische Krankheiten um – das waren *zwei* Drittel der Einwohner des amerikanischen Kontinents. Das große Sterben war das entscheidende Ereignis der amerikanischen Vorgeschichte, und seine Folgen waren weit verheerender als die des Schwarzen Todes in Europa.

Wer großen Schmerz durchlitten hat, weiß, daß man diesen ab einem gewissen Punkt nicht mehr fühlt und sich später zuweilen nicht einmal mehr daran erinnert – man steht unter »Schock«. Zwischen 1500 und 1700 erlebten die indigenen amerikanischen Kulturen durch Schmerz und Schock einen plötzlichen Bruch; die Katastrophe war so ungeheuerlich, daß kaum darüber gesprochen wurde. Andernfalls wäre sie noch heute ein zentrales Thema des Diskurses über die Geschichte der westlichen Hemisphäre. Plymouth Rock* und die Pilgerväter, Columbus und Kapitän John Smith würden zu

* Der Felsen, an dem im Jahre 1620 die Pilgerväter an der amerikanischen Küste angelegt haben sollen (Anm. d. Übers.).

Fußnoten der Geschichte degradiert; sogar die Opfer des amerikanischen Bürgerkriegs von 1861–1865 erschienen unter diesem Blickwinkel belanglos.

Eine Tragödie von solchen Ausmaßen übersteigt unser Vorstellungsvermögen; in der nüchternen Welt der Statistiker kann sie jedoch bis zu einem gewissen Grad erfaßt werden. So haben Demographen in den achtziger Jahren jede Region des Kontinents untersucht, um festzustellen, wie viele Nahrungsmittel dort mit den vor der Ankunft der Europäer verfügbaren Methoden hätten produziert werden können und wie viele Menschen davon hätten leben können. Von diesen geschätzten Bevölkerungszahlen wurden die Prozentsätze abgezogen, um die andere Populationen dezimiert wurden, die denselben Krankheiten ausgesetzt waren wie die Indianer. Und diese Zahlen wurden dann mit historischen Angaben über die tatsächliche Todesrate verglichen. Diese »Nettobilanz« des Grauens ließ sich dann statistisch anhand der Bevölkerungszahlen korrigieren, die durch Zählung der Überlebenden ermittelt wurden.[21]

Nachdem der Computer seine Arbeit getan hatte, wurden recht verläßliche Schätzungen über die Zahl der Menschen möglich, die um 1450 die Neue Welt bevölkerten. So lebten in Nordamerika (nördlich von Mexiko) vermutlich knapp 7 Millionen, in Mexiko und Zentralamerika 26–30 Millionen und in Südamerika 10 Millionen Menschen. Was das Gebiet der heutigen USA angeht, so darf man für die Westküste von einer indigenen Bevölkerung von einer dreiviertel Million ausgehen und für die Atlantikküste einschließlich Floridas und des Piedmontplateaus von 2 Millionen. Über 4 Millionen Menschen lebten im Mississippi-Tal.[22]

Mindestens 80 Prozent der Bevölkerung in der letztgenannten Region starben, noch bevor die Europäer das Tal erreichten; die Krankheiten, die von den Konquistadoren, Seeleuten und Sklaven an die Küsten des neuen Kontinents eingeschleppt worden waren, waren ihnen vorausgeeilt. Um das Jahr 1600 waren bereits viele der vor 1500 existierenden Kulturen zerstört; schon damals fand man in Amerika vermutlich nichts mehr so vor, wie es um 1450 gewesen war. Der Tod hatte allzusehr gewütet.

Damit ist die amerikanische Vorgeschichte vor allem durch einen Begriff gekennzeichnet: Verlust. Die dichtbesiedelten, urbanisierten

Regionen in Zentralmexiko waren besonders anfällig für Epidemien; Städte, die zwischen den Seen des Hochtals von Mexiko Millionen von Menschen beherbergt hatten, wurden fast gänzlich entvölkert. Weniger dicht aufeinander lebende Völkerschaften wurden nicht so stark dezimiert; in manchen Fällen überlebte ein Viertel oder gar ein Drittel der Menschen. Die Bewohner der Insel Hispaniola, Männer, Frauen und Kinder, wurden dagegen vollständig ausgerottet. In den USA »wurden die gesamte Timacuan sprechende Bevölkerung ... und viele Pueblos ... ausgelöscht«, und im »unteren Mississippi-Tal ›verschwanden‹ viele Kleinstaaten ›spurlos‹.«[23]

Durch das große Sterben kamen auch die meisten älteren Menschen um, die normalerweise Hüter der Überlieferungen ihrer Völker sind und jene Art von »Kunde« weitergeben, die wir bei Homer und in den isländischen Sagas finden. Gewiß ging nicht alles verloren, aber doch sehr viel. Der Verlust eines solchen kollektiven Erinnerungsschatzes war eine Katastrophe, die die Indianer spirituell schwächte und sie für eine geistige »Ansteckung« anfällig machte. Verzweiflung machte sich unter ihnen breit, was sich gemeinhin negativ auf die Fortpflanzung auswirkt und die Selbstmordrate in die Höhe treibt. Daher wuchs die indianische Bevölkerung nur sehr langsam wieder an.

Das große Sterben bildet den Hintergrund zu allem, was wir heute sagen und tun. Kein anderer Kontinent, kein anderes Volk hatte an der Schwelle seiner modernen Geschichte ein solches Ereignis zu beklagen. Das große Sterben wird dokumentiert durch Grabfelder von mehreren Hektar Größe wie beispielsweise Golgatha im mittleren Tennessee und die Dying Grounds in Ohio. Die Existenz und das spätere Verschwinden großer Völkerschaften wird durch die verlassenen Ruinen von Cincinnati, Pittsburgh, St. Louis, Natchez und Memphis offenbar.

Die Beweise für den Aufstieg und den Niedergang alter Kulturen, für den Wechsel zwischen Jahrhunderten großer baulicher Leistungen und Zeiten, in denen fast keine architektonischen Monumente entstanden, für Migrationsbewegungen und verlassene Siedlungen im vergangenen Jahrtausend offenbaren die Vergänglichkeit aller menschlichen Werke und der Dinge dieses Lebens. Dies könnte zu dem Schluß führen, daß die Geschichte des Menschen eher zyklisch als fortschreitend verläuft. Doch das Unwiderrufliche, das Verhängnis ist ebenfalls Teil dieser Geschichte. Und das große Sterben war eine Katastrophe. In diesem Buch soll untersucht werden, wie die Menschen, die nach dem Kataklysmus lebten, das erforschten, was die Menschen, die davor existierten, hinterlassen hatten; wie sie versuchten, jene Ruinen im Licht von Vorurteilen zu verstehen, die sie aufgrund ihrer Unkenntnis der Kulturen hegten, die diese Monumente hervorgebracht hatten. Wir müssen uns daher mit der Geschichte dieser Vorurteile ebenso eingehend befassen wie mit der Geschichte der archäologischen Entdeckungen.

2. Kapitel
Albert Gallatin und die Möglichkeit des Verstehens

Albert Gallatin besaß so große Kenntnisse über die Vergangenheit des Great Valley wie kein anderer Mensch seiner Zeit. Und ebenso war sich niemand, außer vielleicht Abraham Lincoln, der sich dort bietenden Möglichkeiten so deutlich bewußt.

Als Gallatin Ende der achtziger Jahre des 18. Jahrhunderts ins Ohio-Tal kam, lebten dort nur noch wenige Indianer; das große Sterben hatte sein Werk getan. Wenig später strömten neue Massen von Europäern in die Region, und als Gallatin ihre Ankunft beobachtete, ermahnte er sie, miteinander und mit den Indianern in Frieden zu leben. Er war ein gelehrter Mann und glaubte, daß alle Rassen und Völker, die in diesem großen Schmelztiegel zusammenkamen, gebührende Achtung vor den Errungenschaften der anderen und daraus folgend gegenseitigen Respekt entwickeln würden. Die architektonischen Monumente, die im Ohio-Tal entdeckt wurden, waren für ihn der Beweis für die Leistungen der Indianer.

Inmitten dieser architektonischen Zeugnisse am Fuß der Westhänge der Appalachen gründete Gallatin eine Siedlung, die, so hoffte er, zum Vorbild für ein neues Gesellschaftsmodell werden würde. Für ihn begann der Westen an den Bergkämmen der Appalachen, und er empfand den Garten Amerikas als Aufforderung, einen Neuanfang zu wagen. Obwohl manche der Gründerväter diese Chance erahnten und einige wenige, wie Gallatin, sie auch ergriffen, entstand im Westen *nicht* jene neue Gesellschaft, in der alle drei großen amerikanischen Völker, die Weißen, die Schwarzen und die Roten, einen würdigen Platz fanden. Hierfür gab es viele Gründe, die in den Vorurteilen wurzelten, welche auf den folgenden Seiten untersucht werden sollen. Gallatin konnte nur wenige Anhänger für seine Auffassungen in Rassenfragen gewinnen, und obwohl er eine bewundernswerte Persönlichkeit war, muß man einräumen, daß er vermutlich mehr Verbündete gefunden hätte, wenn zu seinen außerordentlichen Fähigkeiten auch eine gewisse demagogische Begabung gezählt hätte. Doch vermochte er nur kleine Gruppen zu überzeugen. Obwohl er bei vielen Gelegenheiten heldenhaft handelte, verstand er es immer so aussehen zu lassen, als sei dies ganz selbstverständlich. Kein Amerikaner jener Zeit nahm sowohl im Interesse der Schwarzen als auch der indigenen Amerikaner solche politischen und intellektuellen Risiken auf sich wie Gallatin. Andere mochten sich um eine der beiden Gruppen gekümmert haben, aber er zeigte sich um beide besorgt und machte sich darüber hinaus noch Gedanken, was das Beste für die weißen Amerikaner sei. Diese unparteiische Haltung gegenüber allen Akteuren in diesem Drama würde allein schon rechtfertigen, Gallatin an den Anfang unserer Darstellung zu stellen, doch gebührt ihm diese Ehre noch aus einem anderen Grund: Er war der erste amerikanische Staatsmann, der die Öffentlichkeit auf die alte indianische Architektur aufmerksam machte, um so die Rassenvorurteile in den USA zu bekämpfen.

Ein kurzes Porträt

Albert Gallatin kam kurz nach dem Amerikanischen Unabhängigkeitskrieg ins Ohio-Tal. Er war 1761 in Genf geboren worden, wanderte 1780 in die USA aus, unterrichtete in Harvard Französisch und lernte in Maine Kanufahren. 1793 wurde er zum Senator von Pennsylvania gewählt, 1795 zog er als Abgeordneter in den Kongreß ein und hatte unter den Präsidenten Jefferson und Madison das Amt des Finanzministers inne. Später war er Gesandter, zuerst in Frankreich und dann in England. Er starb 1849, kurz nach dem Mexikanisch-Amerikanischen Krieg.

Obwohl von boshaftem, skeptischem und manchmal gleichgültigem Naturell, zeigte er sich niemals verbittert; er war fähig, Zuneigung auszudrücken und zu empfangen. Dies beweist eine Passage aus einem Brief, den er in mittleren Jahren an seine Ehefrau schrieb:

> Ich rauche und schlafe; nichts ist mir wichtig ..., nichts außer der Hoffnung, Dich zu sehen ... Ob auf dem flachen Land oder in den Hügeln, ob in der Stadt oder in einem abgeschiedenen Winkel, ich kann nicht ohne Dich leben ... Ich tauge für nichts anderes als Dich, und ohne Dich tauge ich für nichts; Du wirst sagen, daß ich ohnehin nicht zu vielem

tauge; das mag sein, aber so wie ich bin, bist Du mein; und Du bist meine Gefährtin, meine Freude und das geliebte Wesen meiner Seele.[1]

Für jeden von uns kommt einmal der Tod, doch könnte kein Ehepaar auf ein besseres Ende hoffen als jenes, das Hannah und Albert Gallatin beschert war. Sie starb am 14. Mai 1849. Nach nur drei Monaten – am 13. August – folgte er ihr nach. Sie hatten fünfundfünfzig Jahre zusammengelebt.

Gallatin konnte sich nicht gut »verkaufen« und wäre wohl niemals ein guter Fernsehmoderator geworden. Trotz seiner geringen Körpergröße von nur 1,55 Meter lief er in gebückter Haltung umher. Er hatte schütteres Haar und eine dunkle, oliv getönte Gesichtsfarbe; seine schwarzbraunen Augen waren in späteren Lebensjahren von jener Art von Falten umgeben, die verrieten, daß er das Leben zwar oft als unfair, aber insgesamt eher als belustigend denn als ärgerlich empfunden hatte, und seine schlechten Zähne verliehen ihm einen sardonischen Gesichtsausdruck. Er vernachlässigte seine äußere Erscheinung, dergestalt, daß er seine Haare an den falschen Stellen zu lang wachsen ließ und oftmals schmutzige Hemden trug. Seine Kleidung konnte man bestenfalls als Mode von gestern bezeichnen. Seine Frau, eine kleine, üppige Person von eleganter, urbaner Erscheinung, entdeckte ihre Liebe zu ihm erst allmählich, nach einem sehr unsicheren Beginn ihrer Ehe. Washington Irving schrieb 1812 über Hannah Gallatin, daß sie »die stilvollste Frau im Salon ... und ... prächtiger gekleidet [sei] als alle anderen Angehörigen der Noblesse«.[2]

Eine solche Frau mußte es als Kreuz empfinden, wenn sich Gallatin morgens ungekämmt und zerstreut verabschiedete, um sich ins Schatzamt zu begeben. Er selbst sagte in aufgeräumter Stimmung von sich, daß er ein »Mann ohne Lebensart« sei, und er erlernte niemals die heuchlerische Kunst der Politik.[3] Obwohl respektiert, war er niemals beliebt, und während seiner politischen Laufbahn mußte er immer wieder den plötzlichen Verlust von Machtpositionen hinnehmen. Seine Unfähigkeit, sich bei den Massen anzubiedern, kostete ihn viermal hohe Ämter, die er aufgrund der Wertschätzung von Gleichgesinnten erhalten hatte. Von diesen gab es jedoch niemals genug.

1793 verlor er seinen Sitz im Senat, was offiziell damit begründet wurde, daß er noch nicht lange genug in Amerika lebte. Der eigentliche Grund war jedoch, daß er nicht britischer oder deutscher Abstammung war und deshalb ohne allzu hohe politische Kosten ausgeschlossen werden konnte. 1798 wurde er ein Opfer der Alien and Sedition Acts, die die politische Macht der jüngsten Einwanderergeneration beschneiden sollten. Zehn Jahre später meinte ein allzu zaghafter Präsident, nämlich James Madison, daß Gallatin im Senat nicht die nötige lautstarke Unterstützung für eine Ernennung zum Minister gefunden hätte; folglich wurde er nicht als Bewerber aufgestellt. 1824 war Gallatin der erste Kandidat für das Amt des Vizepräsidenten, der sich nach der offiziellen Nominierung durch seine Partei aus dem Wahlkampf zurückzog. (Der nächste, der unter solchen Umständen aufgab, war Thomas Eagleton – hundertfünfzig Jahre später.) Gallatin war außerdem eine Belastung für seine Partei, weil seine Gegner die Wählerschaft überzeugen konnten, daß er allzu machthungrig war. Natürlich wurde dies nicht direkt gesagt – man warf ihm statt dessen vor, er sei von »King Caucus« favorisiert worden.*

Gallatin lebte zu einer Zeit, in der kriegerische Ambitionen reich belohnt wurden. Militärisches Können und Schlachtenglück waren weit bessere Garanten für politischen Erfolg als die Fähigkeit, die trockenen Lektionen zu lernen, die das Regieren eines unabhängigen Gemeinwesens erforderte. Er sprach von »bildungslosen Eroberern«, die durch jubelnde Massen zum Weißen Haus ritten, und forderte seine verblendeten Landsleute auf, dem »falschen Ruhm« eine Absage zu erteilen – zu den Vertretern dieses »falschen Ruhms« gehörte auch Andrew Jackson mit seinen Sklaven und der Glorie des siegreichen Indianerkämpfers.[4] Gallatin beschwor seine Mitbürger, auf militärische Abenteuer zu verzichten; statt dessen sollten sie versuchen, »den Zustand der Welt zu verbessern und eine ›Modellrepublik‹ zu schaffen, und zeigen, daß Menschen fähig sind, sich selbst zu regieren, und daß diese einfache und natürliche Form der Regierung auch jene ist, die allen das größtmögliche Glück beschert ...,

* »King Caucus« bezeichnet eine Parteiführung, die eigennützige und undemokratische Entscheidungen trifft (Anm. d. Übers.).

vor allem [jenes Glück], das das höchste Maß an privater und politischer Tugend und Moralität nach sich zieht«.[5] Gallatin nahm also die Vorbildfunktion der USA ernst.

Doch bei aller Ernsthaftigkeit war Gallatin kein mürrischer Mann. Von vielen Seiten, sogar von dem wenig humorvollen John Quincy Adams, wird versichert, daß er sehr witzig sein konnte. In seinen Aufzeichnungen über die Verhandlungen zur Beendigung des Krieges von 1812 berichtet Adams von Gallatins »geschmeidigem Charakter und ... seinem heiteren Naturell ..., [wodurch] er mit einem einfachen Scherz meinen Zorn zu besänftigen wußte«. Wenn eine Diskussion sich zuspitzte, so Adams, dann nahm Gallatin »dem Streit mit einer spaßigen Bemerkung die Schärfe«.[6] Gallatins Feinde gereichten ihm ebenso zur Ehre wie seine Freunde, denn zu seinen unerbittlichen Gegnern zählten die Frömmler (die »Fanatiker«, wie er sie nannte), die Indianerhasser, die Sklaventreiber und jene, die auf Kosten der »unterlegenen Rassen« die Doktrin der *Manifest Destiny** erfüllen wollten.

Doch Gallatin vermochte seine Warmherzigkeit, seinen Humor, seine rasche Auffassungsgabe und seinen grundanständigen Charakter bei seinen öffentlichen Auftritten nicht zu vermitteln. Sein Redestil entsprach seiner äußeren Erscheinung und seinem Auftreten. Es mangelte ihm an jeglichem Pathos und er vertraute ausschließlich auf ungeschminkte Logik. Noch bei seiner letzten öffentlichen Kundgebung im Alter von achtundachtzig Jahren betrug er sich auf dem Rednerpult wie ein Anfänger und verlieh seinen Argumenten durch rhythmisches Schaukeln Nachdruck, was seine Zuhörer entweder hypnotisierte oder ungeduldig machte. Zudem hob er nur selten die Stimme und ebensowenig scherte er sich um seinen franko-schweizerischen Akzent.

Er war ein geistreicher Mensch, aber kein besonders amüsanter Schreiber; die von ihm verfaßten Regierungspapiere und seine ethnologischen und linguistischen Studien sind in ihrer Genauigkeit

* Die Doktrin der *Manifest Destiny* (dt. »offenkundige Bestimmung«) wurde im 19. Jahrhundert formuliert und geht auf den Journalisten John L. O'Sullivan zurück. Sie besagte, daß Gott die USA zur Führungsmacht über Amerika und – so wurde die Lehre später weiterentwickelt – über die ganze Welt bestimmt habe (Anm. d. Übers.).

und logischen Gliederung vorbildhaft, jedoch schwerfällig formuliert. Im Kongreß bestanden seine Stellungnahmen oft aus einem gewaltigen Wust statistischer Daten, die er mit einem leisen Anflug von Spott präsentierte.[7] Der englische Historiker George Dangerfield skizzierte einmal ein schönes Porträt Gallatins und würdigte abschließend seine Fähigkeiten als Vermittler: »Er ... besaß jene seltene Kombination von Qualitäten – einen gut entwickelten Verstand und ein sonniges Gemüt ..., zuverlässig, aber nicht zu steif, fest, aber flexibel.« Gallatins Leistung für die Indianer begann damit, daß er ihre Sprachen und Bräuche studierte. Es war typisch für ihn, daß er dies mit kühnem und doch gleichzeitig nüchternem Geist tat.[8]

Gallatin und die Indianer

Im Sommer 1781 lernte Gallatin die Grundbegriffe der Abanaki-Sprache und den Umgang mit einem Birkenrindenkanu. Auch diente er seiner Wahlheimat an ihren äußersten Grenzen als Milizsoldat. Sein Kanu nutzte er zunächst für abenteuerliche Handelsfahrten, bei denen er die verarmten Siedler im hintersten Maine mit Rum, Tabak und Zucker versorgte[9]; bald aber trieb ihn auch ethnologisches Interesse zu seinen Vorstößen in die Wildnis. Jene Indianerstämme in Maine, die die aus Europa eingeschleppten Krankheiten überlebt hatten, hatten tapfer gegen die Briten gekämpft, waren aber schließlich in die Sümpfe und Berge zurückgedrängt worden. Die wenigen, die der Vertreibung entgangen waren, hatten keinen Anlaß zur Freundlichkeit gegenüber den Weißen. Gallatin ließ sich davon jedoch nicht abschrecken und zog mit seinem Kanu los, um diese letzten Repräsentanten ihrer Völker aufzuspüren. Dabei folgte er aber nicht irgendeinem romantischen Impuls – ein junger Churchill war er nicht[10] –, sondern wollte nur die Lebensweise dieser Indianer kennenlernen.

Durch Zufall erhielt Gallatin bei seinen Erkundungsfahrten im östlichen Maine seine erste geographische Lektion über die fernen Regionen des amerikanischen Nord*westens*, die man ebenfalls nur per Kanu erreichen konnte: Die französische Fregatte *Amazone* lief in den Hafen ein, von dem aus Gallatin zu seinen Kanutouren aufbrach. Der Kapitän, Admiral La Perouse, kehrte gerade von einer militärischen Mission in der Hudson Bay zurück, die die Briten von Aktionen gegen Washingtons Armee im Süden abhalten sollte. Perouse hatte den britischen Vorposten Fort Churchill eingenommen und der Hudson Bay Company einen Schlag versetzt, indem er die Handelsniederlassung York niederbrannte. Zuvor hatte er jedoch aus den Akten der Company eine wichtige Kriegsbeute entwendet – einen handschriftlichen Bericht über eine Reise auf dem Slave und Coppermine River im nördlichen Kanada bis zum Polarmeer, verfaßt von Samuel Hearne, dem ersten Europäer, der den nördlichen Polarkreis vom amerikanischen Festland aus überquerte. Dieser Bericht, von dem Gallatin aus dem Munde des Admirals erfuhr, war für ihn sehr lehrreich.[11]

Zwischen dem Coppermine River und dem Quellgebiet des Ohio lagen tausend Meilen unbekanntes Land; dieses wollte Gallatin, der sich bald darauf in New Geneva niederließ, erkunden. Als 1804 die Forschungsexpedition von Lewis und Clark organisiert wurde, »stellte man plötzlich fest, daß [Gallatin] mehr über die Geographie des Westens wußte als irgendein anderes Regierungsmitglied mit Ausnahme Jeffersons«. Der Präsident hatte mit seinem Minister sehr viel mehr gewonnen als jenen loyalen Parteisoldaten und Finanzexperten, den er erwartet hatte.[12] Gallatin stellte Lewis und Clark Landkarten zur Verfügung; sie wiederum lieferten ihm Informationen über noch größere Ruinen als jene, die er in Ohio entdeckt hatte, denn ihr Winterlager hatten sie auf dem American Bottom, in der Nähe von Cahokia, aufgeschlagen. Gallatin bat die beiden Forscher, weiterzusuchen, und verfolgte später mit Interesse ihre Beschreibungen der alten architektonischen Monumente entlang des Missouri River.

Auch nachdem Gallatin 1817 das Amt des Finanzministers abgegeben hatte, war er immer noch eine mächtige Persönlichkeit in Washington. Als in den Jahren 1825/26 eine Gruppe von Häuptlingen der südlichen Stämme in der Hauptstadt eintraf, drängte er das Kriegsministerium, ihre Sprachen aufzuzeichnen und miteinander zu vergleichen. Zwei Jahre zuvor hatte er seine Forschungen über die Indianer wiederaufgenommen und zunächst eine Reihe von Anfragen an Gelehrte verschickt, in denen er um Informationen bat. Er bewahrte ihre Antworten sorgfältig auf und erhielt 1831 von der

American Antiquarian Society eine Anfrage, ob er außer einigen kurzen Aufsätzen, die in einem französischen Anthropologieatlas erschienen waren, noch weiteres Material vorlegen könne. Und 1836 demonstrierte er, *was* er alles zu bieten hatte – 422 immer noch überaus lesenswerte Seiten mit dem Titel *A Synopsis of the Indian Tribes Within the United States East of the Rocky Mountains, and in the British and Russian Possessions in North America* (»Ein Überblick über die Indianerstämme in den Vereinigten Staaten östlich der Rocky Mountains und in den britischen und russischen Besitzungen Nordamerikas«).

Das in der Bibliothek der Smithsonian Institution archivierte Exemplar dieses Buches enthält unzählige handschriftliche Anmerkungen der verschiedenen Besitzer und Leser des Bandes; sie ergänzen Gallatins Abhandlungen über einundachtzig Indianerstämme, ihren Lebensraum, ihre Vorgeschichte, ihre Beziehungen zu Europäern und Afrikanern und ihre Kulturen. Die zweite Hälfte des Buches liefert eine ausführliche Analyse indianischer Sprachen, die auch heute noch informativ und erstaunlich umfassend ist.

Wissenschaftliche Akribie ist eine Tugend, aber Verstehen ist eine noch größere. Gallatin lenkte den Blick seiner Leser auf den eigentlichen Zweck all dieser Gelehrsamkeit, indem er die Auffassung äußerte, daß die großen Mounds im Great Valley von den Vorfahren der »echten Amerikaner« – der Indianer – konstruiert worden seien, die »ein größeres Volk darstellten als jedes, das heute existiert«. Trotz des damals (und heute noch) verbreiteten Vorurteils, daß alle Indianer Jäger und Sammler gewesen seien, zog er den korrekten Schluß, daß die Erbauer jener Monumente Landwirtschaft – zumindest Gartenbau – betrieben hatten.[13]

1842 gründete Gallatin die American Ethnological Society, als deren erster Präsident er fungierte und der er sein Haus für die monatlichen Sitzungen zur Verfügung stellte. Während dieser Zeit verfaßte er ein weiteres voluminöses Werk mit dem Titel *Notes on the Semi-Civilized Nations of Mexiko, Yucatán and Central America* (»Anmerkungen zu den halbzivilisierten Nationen Mexikos, Yucatáns und Mittel-Amerikas«), in dem er die Schriften von spanischen Historikern des 16. Jahrhunderts sowie unveröffentlichte Arbeiten von spanischsprachigen Gelehrten seiner Zeit auswertete. Das Buch offenbart eine

Fülle erstaunlicher Tatsachen. Unter Gallatins Ägide entstand auch der erste Band der von der Gesellschaft veröffentlichten *Transactions*, der neue Klassifizierungen der indianischen Sprachen Mexikos und Mittelamerikas aufstellte und viele Illustrationen enthielt. Als 1838 die Smithsonian Institution gegründet wurde, sorgte Gallatin dafür, daß sie sich schwerpunktmäßig der Indianerforschung widmete. Zudem stellte er sicher, daß die anfangs umfangreichen Mittel der Stiftung unter anderem dazu verwendet wurden, die Fertigstellung des Werkes *Ancient Monuments of the Mississippi Valley* von Ephraim George Squier und Edwin H. Davis zu sichern. Gallatin hatte die Arbeit dieser beiden Autoren persönlich unterstützt, nachdem das schmale Budget der American Antiquarian Society ausgeschöpft war. Noch im Alter von achtundachtzig Jahren publizierte er selbst Essays – eigentlich sogar Bücher in Essay-Form – über *The Geographical Distribution and Means of Subsistence of the North American Indians at the Time of the Discovery of America* (»Die geographische Verteilung und die Lebensgrundlagen der nordamerikanischen Indianer zur Zeit der Entdeckung Amerikas«) und *On the Ancient Semi-Civilization of New Mexiko and the Great Colorado of the West* (»Über die alte Halb-Zivilisation New Mexikos und des Großen Colorado im Westen«).
Als junger Mann hatte Gallatin George Washington bei der Festlegung der Portage-Wege zwischen dem Potomac und dem Ohio geholfen; er beriet Jefferson bei der Bestimmung der Ziele der Expedition von Lewis und Clark und stellte den beiden Entdeckungsreisenden sein Kartenmaterial zur Verfügung, das alle damals verfügbaren Informationen über die vor ihnen liegende Route enthielt; jede wichtige Unternehmung zur Erforschung der Vorgeschichte des Mississippi-Tals wurde in entscheidender Weise von ihm gefördert. Dreiundsechzig Jahre nach seiner ersten Begegnung mit Washington südlich von Pittsburgh sorgte er dafür, daß John Charles Fremont seine Untersuchung über die indianischen Sprachen und die Geographie des Great Basin von Nevada veröffentlichen konnte.
Gründlich, umfassend und mit großem Respekt prüfte Gallatin jede kleinste Information über das indianische Leben zwischen der Fundy-Bay, dem Golf von Kalifornien und dem nördlichen Polarkreis. Frei von rassistischen Vorurteilen oder Sentimentalitäten begründe-

te er die amerikanische vergleichende Philologie, wobei seine geistige Einstellung viel wichtiger war als jedes Klassifizierungssystem. Seit 1780, fast zwei Jahrhunderte bevor das Wort »Rassismus« zu einem Gemeinplatz der amerikanischen Historiker wurde, war Gallatin bereits damit beschäftigt, die Zusammenhänge zwischen Herrschaft und Furcht, zwischen Furcht und Haß sowie schließlich zwischen Furcht *und* Haß einerseits und der Abwertung der Leistungen anderer Menschen andererseits zu enthüllen. Gallatins Vision von dem, was sich im noch weitgehend unberührten Westen verwirklichen ließe, ging sehr viel weiter als Jeffersons Konzeptionen, denn erstens lehnte er die Sklaverei noch entschiedener ab als der Präsident und zweitens besaß er ein tieferes Verständnis für die Geschichte der Sklaverei und für Entwicklungsökonomie[14] im allgemeinen.

Gallatin, die »Mound Builders« und der Nativismus

Viele von Gallatins Landsleuten taten sich schwer, auch die kunstvollsten, von Menschenhand geschaffenen Objekte im amerikanischen Westen als bedeutsame Artefakte anzuerkennen. Anfangs behaupteten sie, daß die Erdbauten der amerikanischen Ureinwohner keine Architektur seien – weil sie aus Erde bestünden. (Manche Menschen glauben dies heute noch.) Später räumten sie dann ein, daß es sich zwar um architektonische Werke handele, aber daß diese nicht von den amerikanischen Ureinwohnern, sondern von den Hindus, den Walisern, den Ägyptern, den verlorenen Stämmen Israels oder gar den Japanern geschaffen worden seien. Es entstand eine Fülle von Geschichten über fremde Hügelbauer, die sich in ihren einzelnen Elementen unterschieden, aber von ihrer Grundaussage her identisch waren: Die Indianer, deren Kultur im 19. Jahrhundert zerstört wurde, konnten nicht dieselben Menschen sein, die solche Wunderwerke erbaut hatten. Zuweilen wurde auch die Überzeugung laut, daß diese Wilden die Nachfahren jener Barbaren seien, die die friedlichen Hügelbauer vernichtet hätten. Die europäischen Einwanderer würden daher, so diese tröstliche Geschichte weiter, ein altes Unrecht wiedergutmachen und wären gleichsam die Werkzeuge einer späten Vergeltung. Und mehr noch – die Vergeltung lag in den Händen einer Herrenrasse. (Wir werden auf diesen Punkt in Kapitel 10 zurückkommen.)

Es wäre unfair, zu behaupten, daß die amerikanischen Pioniere die einzigen waren, die sich auf den Mythos ihrer rassischen Überlegenheit stützten, um ihre eigennützigen Ziele zu rechtfertigen. Solche Mythen sind schon oft zur Grundlage politischer Weltanschauungen geworden. Sie sind in Peking, Tokio und Madrid ebenso anzutreffen wie in Bagdad, Zimbabwe oder Belfast und waren auch eine der obersten Prämissen der Außenpolitik der Inkas und Azteken, noch bevor irgendein Europäer amerikanischen Boden betreten hatte. Doch um 1830/1840, so erläuterte auch Gallatin, erwies sich der genealogische Unsinn von der Herrenrasse (den Angelsachsen) in dreifacher Hinsicht als verderblich: Er diente dazu, (1) die Sklaverei zu verteidigen, (2) die Vernichtung der Indianer zu rechtfertigen und (3) die Doktrin der *Manifest Destiny* zu stützen. Die hier »offenkundig« werdende »Bestimmung« war die imperiale Expansion des auf Sklavenarbeit aufbauenden Plantagensystems, das zunächst auf die Gebiete der amerikanischen Ureinwohner und dann auf das von Mexiko erbeutete Territorium ausgedehnt wurde.

Der »Nativismus«* erreichte seinen Höhepunkt. Die Know-Nothing-Partei** begann sich zu formieren. In den Städten steckte der Mob die Unterkünfte frisch eingetroffener irischer Einwanderer in Brand. Die harmlosere Seite des Rassismus wurde in den feinen Vororten sichtbar: Dort war infolge der sentimentalen Verherrlichung alles Angelsächsischen ein sprunghafter Anstieg der Nachfrage nach den Romanen Sir Walter Scotts zu verzeichnen, und es wurden Villen im neugotischen Stil errichtet, die möglichst perfekte Abbilder der Landhäuser in Old England darstellen sollten.

* Als *Natives* (»Einheimische«, »Eingeborene«) wurden die in Amerika geborenen Weißen bezeichnet; in Lateinamerika lautet der entsprechende Begriff »Kreole«.

** Populäre Bezeichnung für den antikatholischen und fremdenfeindlichen Geheimbund des »Order of the Star Spangled Banner«. Ihren Spitznamen (»Weißnichts«) verdanken die Mitglieder der Bewegung der Praxis, bei behördlichen Untersuchungen stets die Auskunft zu verweigern (Anm. d. Übers.).

Gallatin stieß mit seinen wissenschaftlichen Berichten über die architektonischen Leistungen der indianischen Ureinwohner auf scharfe Ablehnung. Die angelsächsische Rasse war sehr mit sich zufrieden, aber immer noch nicht genug, um ein unerschütterliches Selbstbewußtsein zu entwickeln. In ihrem ängstlichen Beharren auf ihrer rassischen Überlegenheit mochten sie gelegentlich, wenn auch nur zögernd, einige andere, ausgesuchte Europäer als gleichrangig betrachten; den Indianern jedoch eine große Geschichte zuzugestehen, das brachten sie nicht fertig.

Dreißig Jahre zuvor war Gallatin durch einen versnobten Zeitgenossen, der sich bei ihm einschmeicheln wollte, zum ersten Mal zu einer Äußerung über diese komplexen Zusammenhänge verleitet worden. Als er 1814 bei den Verhandlungen über den Vertrag von Gent als Vertreter seiner Wahlheimat auftrat, machte Henry Goulburn, der Abgesandte Großbritanniens, ihm gegenüber eine als Kompliment gedachte Bemerkung: So meinte er, daß Gallatin immer noch mehr Europäer als Amerikaner sei. Gallatin gab daraufhin aufbrausend zurück, daß die einzigen echten Amerikaner die Indianer seien.[15] Und die zunehmend selbstgefälligen Angelsachsen? Gallatin erklärte diese Bezeichnung für unwissenschaftlich. Die Briten in Amerika seien ebenso »französisierte Normannen, Angeviner und Gascogner« wie Angeln und Sachsen. Auch bezweifelte er den Wert einer »zweifelhaften Abstammung von Menschen, die vor tausend Jahren lebten« und ein barbarischer, eindeutig »den Goten unterlegener« Haufen gewesen seien.[16] Und schließlich fügte er, sich immer mehr über das Thema ereifernd, hinzu: »Die Engländer verdanken ihre überlegenen Institutionen nicht etwa ihrer angelsächsischen Abkunft. Der Fortschritt der Menschheit ist weit mehr auf politische und religiöse Institutionen zurückzuführen als auf die Zugehörigkeit zu einer bestimmten Rasse.«[17]

Gallatin hoffte daher, daß Amerika von solchen Vorstellungen Abschied nehmen und alle Rassen als gleichwertige Partner integrieren würde. Dann »wird keine Spur mehr von der angeblichen Überlegenheit einer dieser Rassen übrigbleiben, ... dieser Anspruch ist nur ein Vorwand zur Vertuschung und Rechtfertigung ungerechtfertigter Machtaneignung und ungezügelter Begierden«.[18]

Im 19. Jahrhundert war ein Wiederaufleben des Protestantismus zu verzeichnen, der im kalten Wind der Aufklärung an Kraft eingebüßt hatte. Es wäre daher tröstlich, wenn wir berichten könnten, daß Gallatin aus religiöser Begeisterung für die Abschaffung der Sklaverei und die Rechte der Indianer eingetreten wäre. Wir werden jedoch im 10. Kapitel sehen, daß die Protestanten in dieser Hinsicht nicht sehr hilfreich waren und daß Albert Gallatins religiöse Auffassungen immer idiosynkratisch waren – wie jede tiefe religiöse Überzeugung es sein sollte. Er war nicht einmal in jenem törichten und selbstgerechten Sinne antiklerikal wie seine deistisch eingestellte Umgebung. Als Gallatin bereits über achtzig Jahre alt war, gerieten die USA in den Sog einer nativistischen und anti-katholischen Bewegung, beschworen die Know-Nothings das, was einer von ihnen als »heiliges Grauen und außergewöhnlichen Eifer gegen die Anhänger des römisch-katholischen Glaubens« bezeichnete, kam die *New York Times* zu dem Schluß, daß die Luft nach »jener alten, unausrottbaren sächsischen Bigotterie stinkt, die in gewissen Abständen gern einen Kreuzzug gegen den Papst führt«. Gallatin aber lehnte jede unkritische Verurteilung des Klerus ab.[19]

Und er war auch nicht streitsüchtig, denn dazu war er ein viel zu praktisch denkender Mensch, der im Laufe seiner langen Karriere im öffentlichen Leben eine Reihe von wichtigen Aufgaben in Angriff nahm. Während der letzten vierzig Jahre dieser Zeit machte er eine Reihe von Vorschlägen für die zukünftige Entwicklung des Great Valley: (1) ein stabiles Bankensystem; (2) ein ausgedehntes Netz von Straßen und Kanälen; (3) die Förderung des lokalen Gewerbes; (4) die Öffnung des Mississippi für die landwirtschaftlichen Erzeugnisse des Ohio-Valley; (5) die Erhaltung der wichtigsten architektonischen Monumente in der Region und (6) die Eindämmung der Sklaverei in diesen Gebieten.

Gallatin, Mexiko und architektonische Einflüsse

Gallatin war praktisch veranlagt, aber er war ein Praktiker mit moralischen Grundsätzen. In dem Maße, wie das Land erstarkte, so hoffte er, würde es sich auch selbst reinigen. Dreißig Jahre lang kämpfte er meist allein gegen jene, die Reformen verhindern wollten und statt dessen lieber zu imperialistischen Abenteuern in der Region jenseits des Great Valley aufriefen. Die Massen bejubelten die Ambitionen der angelsächsischen Amerikaner, die im Namen der *Manifest Destiny* die Herrschaft über Texas und später Kuba und Mexiko erringen wollten. Gallatin hingegen strebte eine Politik an, die in natürlicher Weise aus »dem Prinzip der Demokratie erwuchs, die jegliche ... Vorstellung von ... einer erblichen Überlegenheit von Rassen zurückweist«.[20]

Gallatin prangerte die Doktrin der *Manifest Destiny* als eine »jener Behauptungen an, die die Überlegenheit einer Rasse und einer Bestimmung nahelegen ... [und die] nur Vorwände sind, um Ehrgeiz, Gier oder törichte Eitelkeit zu maskieren«.[21]

Entlang der südlichen und westlichen Grenzen der USA boten sich beste Entfaltungsmöglichkeiten für jene Art von Gier, die darin besteht, andere Menschen unbezahlt für sich arbeiten zu lassen. Die Habsucht der Siedler war zügellos. Sobald im Jahre 1803 der Louisiana Purchase* abgeschlossen war, ermunterten die spanischen Offiziere in den Garnisonen entlang der nicht exakt abgesteckten Grenze zwischen den USA und Texas die amerikanischen Sklaven, ins spanische Texas und damit in die Freiheit zu flüchten. Um das Plantagensystem in den USA auszubluten, boten sie den Sklaven kostenloses Land sowie Unterweisung im katholischen Glauben an. Die amerikanische Regierung reagierte auf diese Strategie mit Protestnoten und Invasionsdrohungen, worauf die spanischen Behörden ihr Angebot wieder zurücknahmen. Nichtsdestoweniger fanden Sklaven aus den USA weiterhin Zuflucht in Texas. Als Mexiko 1820/21 von Spanien unabhängig geworden war, verfügte die mexikanische Regierung als eine ihrer ersten Amtshandlungen die Abschaffung der Sklaverei. Und obwohl zwischen dieser Erklärung und ihrer Verwirklichung noch viele Jahre vergingen, wurde Texas zu einem Sumpf, in dem die auf den US-Plantagen benötigte Arbeitskraft der Sklaven versickerte. Die Furcht vor einem Sklavenaufstand

* Im April 1803 verkaufte Napoleon den USA die Provinz Louisiana zwischen dem Mississippi und Rocky Mountains, die er selbst erst 1800 von den Spaniern erworben hatte. Eine exakte Abgrenzung des Kaufobjekts blieb allerdings aus (Anm. d Übers.).

und die Gier nach Land wurden zu mächtigen Antriebskräften für die Pflanzer im Süden der USA, die nun ihren ganzen Zorn gegen Texas und Mexiko richteten.
1845 erwarben die USA Texas entgegen Gallatins Rat. Er schrieb dazu folgendes:

> Man kann nicht von uns verlangen, daß wir aktiv an der Aufnahme eines fremden Staates, und noch dazu eines fremden Sklavenhalterstaates, in die Union mitwirken; und daß wir unsere Zustimmung geben, daß weitere Staaten zu jenen hinzukommen, deren Repräsentationssystem sich durch Ungleichheit auszeichnet.[22]

Doch kam es trotz des Widerstands von Gallatin, John Quincy Adams, Abraham Lincoln, Henry Clay, John C. Calhoun, Frederick Douglass und Thomas Hart Benton zum Mexikanischen Krieg.[23] Der damalige US-Präsident James K. Polk war ein typischer Vertreter jener kühl kalkulierenden, expansionistischen Pflanzer aus Tennessee, die sich als Sklaventreiber und Indianerhasser hervortaten. Er wollte den Krieg um jeden Preis, und als Mexiko einen Vorstoß über den Rio Grande unternahm, reagierte er mit einem groß angelegten Invasionsfeldzug, der der Öffentlichkeit gegenüber wieder einmal als Kampf gegen ein niedriger stehendes Volk gerechtfertigt wurde. Als der Krieg ausgebrochen war, ließ Gallatin seine linguistischen und archäologischen Studien ruhen und unternahm zusammen mit John Quincy Adams die letzte politische Kampagne seines Lebens. Trotz ihrer unterschiedlichen Parteizugehörigkeit hatten die beiden immer ein gutes Verhältnis zueinander gehabt. Nun zogen sie gemeinsam in die Schlacht, zwei alte Verfechter der Wahrheit, erfüllt von jenem Idealismus, der sich in der harten Realität bewährt hatte. Daraufhin heuerten die Sklavereibefürworter und Expansionisten einen irischen Schläger namens »Mike« Walsh an, der Gallatin bei öffentlichen Veranstaltungen durch Zwischenrufe stören sollte, und brachten Zeitungsverleger und Prediger durch finanzielle Zuwendungen dazu, Rechtfertigungen für die Expansionsbestrebungen zu verbreiten. Es war die Rede von der »Bürde des weißen Mannes«. George Wilkins Kendall schrieb, daß die Mexikaner »wenige der Instinkte [zeigten], die für andere Rassen charakteristisch« seien. Der Historiker Brantz Mayer schmückte diese Vorstellung weiter aus: Die

Mexikaner seien dunkelhäutig, auch wenn sie »spanischer« Herkunft seien. Sie könnten sich zwar als tapfer erweisen, doch sei dies nur die Tapferkeit von Berserkern, bedingt durch einen »mohammedanischen Fatalismus, der in ihrer maurischen Abstammung« wurzele. Die Soldaten der mexikanischen Kavallerie seien die »Araber des amerikanischen Kontinents«.[24]
Gallatin und Adams hielten nichts davon, die Abneigung gegen Schwarze mittels der Mauren auf die Mexikaner zu übertragen. Lauerte vielleicht Othello in den Ruinen Teotihuacans auf die Amerikaner? Die Wahnvorstellung der rassischen Überlegenheit, die die Unterdrückung der Amerikaner afrikanischer Herkunft und die Kriege gegen die amerikanischen Ureinwohner gerechtfertigt hatte, bestimmte nun auch die »Außenpolitik« der USA, das heißt die Beziehungen zu nicht-indianischen Nationen. Die beiden alten Patrioten nannten die Dinge furchtlos beim Namen und zogen damit den Zorn der Chauvinisten auf sich. Sie erklärten den triumphalen Vorstoß gegen Chapultepec zum Sieg der Sklaverei; als das Sternenbanner auf den Palästen Montezumas gehißt wurde, bezeichneten sie es als die »Flagge der Sklaverei«.
Obwohl der Mexikanische Krieg mit dem Argument gerechtfertigt wurde, daß er dem mexikanischen Volk die Freiheit beschere, hatte er letztlich zur Folge, daß ein beträchtlicher Teil des mexikanischen Territoriums einer sklavenhaltenden Pflanzeraristokratie in die Hände fiel. Dies, so beklagte Quincy Adams, sei nur die jüngste Heuchelei. In seinem Buch *Slavery and the War* demaskierte er die Politik der USA: die amerikanische Nation und nicht etwa die mexikanische müsse befreit werden. In der Folge stimmte er gegen Gesetzesvorlagen zur Bewilligung von Geldern für den Krieg und produzierte eine Flut von Entschließungen zur Abschaffung der Sklaverei. Schließlich gelang es ihm, dem Vertrag, der dem Krieg ein Ende setzte und ein Drittel Mexikos zum Staatsgebiet der USA machte, etwas von seinem Jubelton zu nehmen. Als aber die Siegesparaden unter schmetternder Marschmusik am Kapitol vorüberzogen, starb John Quincy Adams an seinem Schreibtisch im Repräsentantenhaus.
Gallatins Vorgehensweise war weniger spektakulär. Er verfaßte während dieser Zeit zwei seiner überzeugendsten Essays, in denen er Frieden mit Mexiko forderte und die aggressive Politik der Regierung

Polk als »unrechtmäßige Expansion durch brutale Gewalt« anprangerte. Sogar noch, als das Land im Siegestaumel gefangen war, machte er sich über Polks Behauptung lustig, daß der Krieg geführt worden sei, um »die zurückgebliebenen Mexikaner aufzuklären«. Was die Indianer betraf, die bereits innerhalb der Grenzen der USA lebten, so forderte Gallatin, daß auch sie ernstgenommen und als Volk anerkannt werden sollten, das großer künstlerischer und architektonischer Leistungen fähig sei.

Gallatin, die Archäologie und die Rassenproblematik

Die Invasion Mexikos im Jahre 1846 war der erste Krieg, der die USA auf das Territorium einer anderen Nation führte, wenn man von einigen unbedeutenden Übergriffen auf kanadisches Gebiet während des Unabhängigkeitskampfes und des Krieges von 1812 absieht. Der Angriff auf Mexiko war auch der erste »Medienkrieg«, was erstaunliche Konsequenzen nach sich zog: Er entwickelte sich insofern zum neuweltlichen Gegenstück zu Napoleons Ägyptenfeldzug, der ein halbes Jahrhundert früher stattgefunden hatte, als er die öffentliche Aufmerksamkeit auf die Existenz alter architektonischer Monumente lenkte. Der Photojournalismus gab sein Debüt mit unhandlichen schwarzen Kästen, Verdunkelungstüchern, Stativen und dem Kommando »Nicht bewegen!«. Es war der erste Krieg, in dem Scharen von Berichterstattern die Öffentlichkeit über die Kampfhandlungen informierten. Zwischen den Gefechten, wenn nichts mehr über die Helden aus der Heimatregion zu sagen war und auch die humoristischen Möglichkeiten des soldatischen Speiseplans ausgeschöpft waren, mußten die Kriegsberichterstatter dennoch weiter »die Spalten füllen«. Und genau das taten sie, was zur Folge hatte, daß über die archäologischen Entdeckungen in Mexiko beinahe ebensoviel Tinte vergossen wurde wie über die militärischen Erfolge.

Die Archäologen lernten, eloquent über ihre Funde zu schreiben, und die beschäftigungslosen Kriegsberichterstatter schrieben eloquent über die Archäologen. Alle schrieben, und fast jeder las. Das Land war so süchtig nach Büchern wie niemals zuvor und nie wieder

danach; die vierziger und fünfziger Jahre des 19. Jahrhunderts waren die große Zeit des Verlagswesens. Massen von Menschen kauften Bücher, lasen Bücher und schienen ihre intensivsten Eindrücke von der Realität aus Büchern zu beziehen.
Mexiko war schon früher von einer Reihe exzellenter Autoren zum Thema erkoren worden. Bereits 1804 war Alexander von Humboldt, der einen Bericht über seinen einjährigen Aufenthalt inmitten der Ruinen und Geheimnisse Mexikos verfaßt hatte, von Thomas Jefferson im Weißen Haus empfangen worden. In der Folge wurden sich einige Menschen bewußt, daß die Neue Welt architektonische Zeugnisse vorzuweisen hatte, die den Monumenten im ägyptischen Tal der Könige in nichts nachstanden, und manche, wie zum Beispiel Albert Gallatin, meinten, daß Humboldts Methode auch im Great Valley anwendbar sei. Humboldt wiederum glaubte, daß Gallatin über Informationen verfüge, die auf eine Verbindung zwischen den indianischen Völkern in Mexiko und im Mississippi-Gebiet hinwiesen. Daher drängte er Gallatin nach der Begegnung im Weißen Haus, alle Erkenntnisse über die Indianer im Westen aufzuzeichnen, die den Berichten John Jacob Astors, Pierre Chouteaus und anderer Pelzhändler zu entnehmen waren. Gallatins Bericht wurde zur Grundlage seiner späteren ethnologischen Schriften, doch muß man einräumen, daß er nicht der Mann war, der ein großes Publikum für ein Thema begeistern konnte. Lebendigere Beispiele für die historiographische Aufarbeitung der Archäologie lieferten William Prescott und John Lloyd Stephens. Prescotts 1843 veröffentlichte Darstellung des Aztekenreichs und seiner Eroberung durch Cortés war immer noch ein Bestseller, als drei Jahre später der Mexikanische Krieg ausbrach. Prescott war fast blind, und um sein Gebrechen zu kompensieren, versorgte er andere mit unglaublich akkuraten Schilderungen von Pyramiden und Palästen, die er selbst niemals mit eigenen Augen hatte sehen können. Auf der Grundlage von achttausend Manuskriptseiten, die er den Beobachtungen anderer verdankte, beschrieb er archäologische Schätze klarer und schöner als irgendein Autor vor oder nach ihm.
Stephens hatte bereits durch seine Forschungsreisen in die Ruinenstadt Petra und die ägyptische Wüste Berühmtheit erlangt, als er Ende der dreißiger Jahre des 19. Jahrhunderts nach New York zu-

rückkehrte. Virtuos verstand er sich zudem darauf, die Gesellschaft der literarischen Prominenz zu suchen. Im vollen Bewußtsein seines Ruhms brach er auf Gallatins Drängen und mit großzügiger Unterstützung seiner Gastgeber und Gastgeberinnen zu einer weiteren Reise auf, die ihn diesmal nach Mexiko führte. Stephens kombinierte archäologische Fakten mit den romantischen Illustrationen seines Mitarbeiters Frederick Catherwood, dessen Malstil dem von Piranesi ähnelte, welcher ein Jahrhundert zuvor den Ruinen Roms geisterhafte Größe verliehen hatte. Nachdem Stephens 1839 in Mexiko eingetroffen war, investierte er all seinen Charme, seine Energie und dramatische Begabung in eine Beschreibung der Überreste der Maya-Kultur. Der erste, luxuriös ausgestattete Band seines Berichts erschien im gleichen Jahr wie Prescotts Werk, und der zweite wurde Präsident Polks Streitkräften zugesandt, als sie Mexiko-City besetzten. Bücher über die Altertümer Mexikos beschwerten die Satteltaschen der Offiziere, füllten die Tornister von Unteroffizieren und Mannschaften und dienten als Wegweiser bei Erkundungsgängen. Mit Hilfe von Übersetzungen lernten amerikanische Gelehrte Spanisch und ihre mexikanischen Kollegen Englisch, und sobald sich der Pulverdampf verzogen hatte, kamen sie zu Symposien zusammen und diskutierten über Prescotts *Conquest of Mexico.*
Nachdem Prescott und Stephens den Boden bereitet hatten, schufen die Kriegsberichterstatter ein neues Publikum für die archäologischen Entdeckungen. Bald konnte man auf der Spitze der Pyramide von Cholula erstaunte angelsächsische Stimmen vernehmen, die fragten, wie solche Wunder von einem *nicht*-angelsächsischen Volk vollbracht worden sein konnten. General Winfield Scott ließ seine Armee in Puebla haltmachen, damit seine Männer die aztekischen Monumente besichtigen konnten. »Bei Mondschein [bieten] ... diese verfallenen Städte ... einen eindrucksvollen Anblick«, schrieb ein Soldat.[25]
Niemals zuvor hatte es eine solche literarische Invasion gegeben, auch nicht bei Napoleons Ägyptenfeldzug. Die Amerikaner zogen natürlich Vergleiche zwischen Scott und Napoleon, zwischen Mexiko und Ägypten, denn ebenso wie die Franzosen waren die Soldaten der USA moderne Männer, die mit einem Altertum konfrontiert wurden, das sich ihnen in Gestalt von Pyramiden präsentierte.

Prescott hatte Cortés als Proto-Napoleon dargestellt – und nun überwältigten Scott und Zachary Taylor die Bezwinger der Montezumas. Als die erste Aufregung verflogen war, hatte man sogleich zwei Erklärungen zur Hand. So wurde zum einen behauptet, daß die mexikanischen Pyramidenformen und die aztekischen Mumien ägyptischen Ursprungs sein mußten. Wie üblich wollten manche das unangenehme Eingeständnis vermeiden, daß die Indianer große Leistungen vollbracht hatten. »Amerika«, so hieß es, sei »für Altertumsforscher ein zweites Ägypten«, welches bezeuge, »daß die Vorfahren der Montezumas am Nil lebten«.[26]
Prescott mochte eine solche Reaktion vorausgeahnt haben, denn er bemühte sich nach Kräften, solche Vermutungen zu zerstreuen. Das Mexiko, das er in unvergeßlichen, lebendigen Farben schilderte, war, anders als Ägypten, kein Wüstenfriedhof. Und auch die Mexikaner des Jahres 1519 (zu Beginn der spanischen Eroberung) beschrieb er ganz anders als die Ägypter, die Napoleon 1798 angetroffen hatte – bemitleidenswerte, ausgebeutete, verarmte Kreaturen, die zwischen den ausgebleichten Knochen der Antike ihr Dasein fristeten. Prescotts Azteken dagegen bauten immer noch Tempel, Paläste, Pyramiden und Gärten, als die spanischen Chronisten in Mittelamerika eintrafen.
Wer die Schilderungen Stephens' gelesen hatte, wußte, daß im Jahre 1847 zwischen den Ruinen Yucatáns Menschen wohnten und Akkerbau trieben, die starke Ähnlichkeit mit den skulpturalen Darstellungen der Maya hatten. Und auch diejenigen, die lediglich die »angelsächsischen Stimmen« gehört hatten, konnten nicht einfach abstreiten, daß die vielgeschmähten Mexikaner jenes Mexiko geschaffen hatten, dessen Wunder sich der US-Kavallerie und Infanterie offenbarten. Zehntausende von anglophonen Zeugen bestätigten, was Prescott und Stephens berichtet hatten. Neue Informationen trafen ein, als die Armeen von Taylor und Scott durch Kavallerieeinheiten verstärkt wurden, die von Nordwesten her nach Mexiko vorrückten, wo geschulte Augen entlang des oberen Rio Grande und später in Sonora weitere indianische Bauwerke vermessen und klassifiziert hatten. Plötzlich bereicherten auch die archäologischen Monumente *Neu*-Mexikos den amerikanischen Wissensschatz. Einige noch von Menschen genutzte Bauwerke Neu-Mexikos wiesen

frappierende Ähnlichkeiten mit den viel größeren Monumenten auf, die Prescott und Stephens in ihren Berichten über die Kultur der Azteken beziehungsweise der Maya beschrieben hatten.
Als Gallatin Ende Achtzig war und schon auf eine sieben Jahrzehnte währende Forschungstätigkeit zurückblicken konnte, nahm er diese Reiseberichte zur Hand und verfaßte mit ihrer Hilfe *On the Ancient Semi-Civilization of Mexico and the Great Colorado of the West.* In diesem Werk, das sein letztes sein sollte, stellte der betagte Gelehrte Verbindungen zwischen den Azteken und den Pueblos wie auch zwischen den Pueblos und dem Mississippi-Tal bis nach Grave Creek in West-Virginia her. (Fünfzig Jahre später diente Gallatins Essay als Anreiz und Leitfaden für die Forschungsreisen John Wesley Powells in das Gila Valley und den Grand Canyon.)
Bereits 1845 hatte Gallatin in *The Ancient Semi-Civilization* seine Auffassung dargelegt, daß Mexiko und Mittelamerika von

> mehreren großen, Ackerbau treibenden Völkern [zivilisiert worden seien], ... mit geordneten Herrschaftsformen, ... Gesetzen für die Bestrafung von Verbrechen sowie für den Schutz und die Vererbung von Eigentum, mit Arbeitsteilung, Handelsbeziehungen und einer Währung. Sie waren in Baumwolltuch gekleidet, lebten in großen Städten, hatten solide und reich geschmückte Tempel und Paläste erbaut und waren nicht nur in Architektur und Bildhauerei weit fortgeschritten, sondern auch in der Goldschmiedekunst und mehreren anderen Fertigkeiten ...
> War diese Zivilisation einheimischen oder fremden Ursprungs? ... Dieses ... hochinteressante Problem ... berührt auch ... die vermutete Unterlegenheit mancher Rassen und [die Frage], ob wilde Stämme von sich aus und ohne fremde Unterstützung den rohesten und niedrigsten Gesellschaftszustand überwinden und schrittweise sogar die höchste uns bekannte Zivilisationsstufe erreichen können.[27]

Gallatin beantwortete diese Frage mit einem lauten »Ja«. Seine geduldige Analyse aller vorliegenden Belege war nur der Auftakt zu seinem abschließenden Angriff gegen jene, die nicht glauben wollten, daß die Indianer aus eigener Kraft eine Zivilisation aufbauen konnten. Obwohl er sich in seinem besagten Buch mit Mexiko befaßte, wollte Gallatin seine Schlußfolgerungen nicht auf den Ursprung der dortigen Monumente beschränken. Als Sohn des Westens, der in der Region jenseits der Appalachen seine neue Heimat gefunden hatte, widmete er seine abschließenden Bemerkungen dem Great Valley:

> Die von diesem Volk [den indianischen Moundbuildern] hinterlassenen Monumente sind meist Erdtumuli oder -gräber sowie ausgedehnte Erdwerke, die offenbar der Verteidigung dienten. Hinzu kommen einige bemerkenswerte Konstruktionen, die nicht zu diesem Zweck allein bestimmt sein konnten ... [wie beispielsweise] Circleville ... [und] der vierseitige Hügel am Mississippi [in Cahokia], ... [der] eine gewisse Ähnlichkeit mit der Pyramide von Cholulla hat [er ist jedoch dreimal so groß] ... [Dies sind] nicht nur Beweise für eine dichtere Besiedelung und damit auch für eine Ackerbau treibende Bevölkerung, sondern ebenso für einen unterschiedlichen gesellschaftlichen Entwicklungsstand.
> Alle modernen indianischen Forts von Florida bis Kanada ... waren palisadenbewehrte Holzkonstruktionen von moderater Größe ... Die alten, von Erdwällen umgebenen Befestigungswerke umfassen manchmal eine sehr viel größere Fläche, als sie von einem modernen Indianerstamm benötigt würde oder verteidigt werden könnte.[28]

Gallatin führte als Beispiele die von Lewis und Clark entdeckten Erdwerke, die Mounds in Cahokia, den Ring und das Quadrat von Circleville und den kegelförmigen Hügel von Grave Creek an. »Monumente« dieser Größe existierten »ausschließlich im Tal des Mississippi ... Nicht ein einziges [sei] jemals östlich der Alleghenies oder westlich der Rocky Mountains gefunden worden«. Wenn sie (wie manche behaupteten) von den Ägyptern, den Hindus oder den verlorenen Stämmen Israels gebaut worden sein sollten, dann »erscheint es unmöglich, daß ... diese keinerlei Spuren ihrer Existenz in den Regionen hinterlassen haben sollen, wo sie an Land gegangen sein müssen«.[29]
Er kam also zu dem Schluß, daß diese Konstruktionen indigene Schöpfungen waren. Vielleicht stamme »ihre Landwirtschaft ... aus Mexiko«, vielleicht seien ihre Baumeister »von den wilden Stämmen, von denen sie umgeben waren, umgebracht oder vertrieben worden«, aber sie seien Amerikaner gewesen. Sie hätten zu der gleichen Rasse gehört wie jene »Wilden«, und zwar in dem Sinne, wie die Griechen der klassischen Antike der gleichen Herkunft gewesen seien wie die Barbarenstämme, von denen sie überrannt wurden, und die Römer ebenso indoeuropäischer Abstammung wie die Goten und Vandalen.[30]

Es mag überflüssig erscheinen, sich mit diesem für uns so selbstverständlichen Punkt zu befassen. In Gallatins Tagen war diese Frage aber noch keineswegs geklärt, und daran hatte sich auch fünfzig Jahre nach seinem Tod wenig geändert, als die Smithsonian Institution erdrückende Beweise für seine Ansichten vorlegte. Sogar die intelligentesten unter Gallatins Zeitgenossen waren so sehr von Vorurteilen geblendet, daß sie Schwarzen und Indianern nur äußerst zögerlich die Fähigkeit zuerkannten, künstlerische und architektonische Werke zu schaffen. Daran änderte auch die Fülle von archäologischem Material nichts, das zum Teil durch die Pflüge und Schaufeln der Farmer im Mittleren Westen zutage gefördert wurde. Nur wenige von Gallatins Landsleuten, ob im Norden oder Süden, waren so wenig mit Rassenvorurteilen belastet wie er, und auch für die meisten Nordstaatler war das Nichtvorhandensein von Sklaverei gleichbedeutend mit der Abwesenheit von Schwarzen. Gleichwohl stand Gallatin mit seinen Auffassungen nicht ganz allein, und er hätte über den engeren Bereich seines Finanzressorts hinaus eine politische Gefolgschaft gewinnen können, wenn er nur ein etwas begabterer Redner und Selbstdarsteller gewesen wäre. Der amerikanische Westen wurde zu einer Zeit von europäischstämmigen Siedlern in Besitz genommen, als die Sklaverei von allen zivilisierten Völkern in Frage gestellt wurde. Fast überall sollte sie abgeschafft werden – obwohl sie in Kuba, Brasilien, dem alten Süden und, aufgrund des Einflusses von Politikern aus den Südstaaten, auch im Westen der USA noch einmal an Boden gewann.

Thomas Jefferson, der für Gallatin eine politische Leitfigur war, unternahm nach 1787 kaum Anstrengungen, die Ausbreitung der Sklaverei zu verhindern, obwohl Gallatin ab 1790 ein eingefleischter Gegner dieser Institution war. Gleichwohl darf nicht verschwiegen werden, daß Gallatin selbst nicht nur Haushaltssklaven beschäftigte, sondern sich auch erst *nach* Jeffersons Abschied vom Präsidentenamt im Jahre 1809 *öffentlich* gegen die Ausweitung dieser speziellen Institution der Südstaaten aussprach. Dennoch gab es überaus bedeutsame Unterschiede zwischen beiden Männern. Gallatin ließe sich wohl am besten als unabhängige Persönlichkeit beschreiben, wenn man seine Auffassungen, die nur wenig Aufmerksamkeit fanden, mit denen Jeffersons vergleicht, über die so viel diskutiert und geschrieben wurde, daß sich damit ganze Bücherregale füllen ließen. Im 7., 8. und 9. Kapitel dieses Buches werden wir uns ausführlich mit Jefferson und seinen Vorurteilen befassen. Dieser faszinierende Mann, der zweifellos zu den größten Geistern zählt, die jemals das Präsidentenamt der USA bekleideten, hatte Vorurteile wie wir alle, und an diesen hielt er besonders zäh fest. Was die Rassenproblematik betraf, so vertrat er Auffassungen, die denen seines Vertrauten und Mitarbeiters Gallatin diametral entgegengesetzt waren – ein Umstand, der beiden einiges Unbehagen bereitete. Und Unbehagen löste dieser Punkt auch bei den Historikern aus, die versuchten, Jeffersons Haltung und seine öffentlichen Stellungnahmen nach 1808 näher an Gallatins Position heranzurücken oder den Beweis zu führen, daß Jefferson als »Mann seiner Zeit« keine anderen Auffassungen vertreten konnte. Diese Vorgehensweise hat sich als verderblich erwiesen. Sie beraubte uns der Möglichkeit, einen vollständigen Eindruck von den vielfältigen Ansichten zur Rassenproblematik und zur altamerikanischen Architektur zu gewinnen, die von den Männern – und Frauen – jener Zeit vertreten wurden.

Dieses Buch möchte einen Überblick über einige der damals verbreiteten Vorstellungen liefern. Die beiden Themen – Rassenfrage und prähistorische Architektur – stehen, wie wir bereits bemerkt haben, in einem engen Zusammenhang. Die Art, wie die Menschen über das eine denken, hat großen Einfluß darauf, wie sie zu dem anderen stehen, wie wir im Falle Gallatins gesehen haben und auch bei George Washington und Thomas Jefferson feststellen werden.

3. Kapitel
Krieg und Archäologie

Weder Albert Gallatin noch Thomas Jefferson griffen jemals selbst zur Schaufel. Obwohl Jefferson in seiner Jugend die Ausgrabungen an einem Mound in Virginia geleitet hatte, nahm er später nie mehr an der Arbeit im Gelände teil. Beide Politiker betrieben eine Archäologie »im großen Stil«, indem sie andere – von denen die wichtigsten, wie der Zufall wollte, Geistliche und Militärs waren – zu Grabungen ermunterten. Wenn dann tatsächlich etwas entdeckt wurde, vermittelten Jefferson, Gallatin und die von ihnen gegründeten wissenschaftlichen Gesellschaften das Gefundene der Öffentlichkeit.

Es mag überraschen, daß die ersten systematischen archäologischen Forschungen so eng mit der Geschichte der Missionierung und militärischen Eroberung der Region jenseits der Appalachen verknüpft sind. Auf genau diesem Wege jedoch erlangten die Politiker Kenntnis von der Existenz der dort vorhandenen Monumente, und die Gründe hierfür werden wir auf den nächsten Seiten erläutern. Ein Leser, der sich ausschließlich für archäologische Fragen interessiert, wird vielleicht die Darstellung der politischen Hintergründe überspringen wollen. Dies ergäbe jedoch ein unvollständiges und recht farbloses Bild, denn die Mounds wurden unter politisch hochdramatischen Umständen entdeckt. 1753 unternahm George Washington seinen ersten Feldzug ins Ohio-Tal; vierzig Jahre später, als Präsident der Vereinigten Staaten, entsandte er ein Heer unter der Führung von Anthony Wayne gegen ein Bündnis indianischer Nationen, das bis dahin erfolgreich alle militärischen Versuche abgewehrt hatte, die Region der Herrschaft der Euroamerikaner zu unterwerfen. Die Geschichte dieser Jahre ist geprägt von Massakern, Plünderungen, verbrannten Ernten und hungernden Menschen, von Gemeinheit und Verwüstung, von seltsamen, plötzlich wechselnden Allianzen und dem launenhaften Wandel des Kriegsglücks; gleichzeitig waren vor diesem düsteren Hintergrund aber auch erstaunliche Beispiele von Anstand und Menschenliebe zu verzeichnen. Gewissenhafte Forschung wurde nicht nur in Friedensphasen, sondern auch inmitten der heftigsten Kampfhandlungen betrieben.

Der erste Intellektuelle aus Genf, der in die Ohio-Region vordrang, war nicht Albert Gallatin, sondern Oberst Henri Bouquet, ein Berufssoldat von gleichwohl umfassender Bildung. Bouquet führte im Sommer 1758 die Vorhut einer polyglotten Truppe aus Kolonisten, Söldnern und Indianern durch die Wildnis des westlichen Pennsylvania.[1] Die Nachhut bildete ein von Oberst George Washington befehligtes Kontingent von Milizsoldaten aus Virginia, von denen einige bereits zum dritten Mal in diesen Teil der Laurel Highlands vorstießen. 1753 hatte Washington eine Aufklärungsmission zur Erkundung der französischen Forts in der Region geleitet. Die stärkste Festung war Fort Duquesne (Pittsburgh), das zwischen zwei reißenden Flüssen lag und strategisch geschickt innerhalb großer, sehr alter indianischer Erdwerke errichtet worden war. 1755 hatte Washington bei seiner zweiten militärischen Expedition mitansehen müssen, wie General James Braddock seine Soldaten in einen Hinterhalt der Franzosen und Indianer führte, weil er den Rat Washingtons (und Benjamin Franklins) mißachtet hatte.

Washington selbst zeigte sich klüger als Braddock. Er machte sich die Taktik der Indianer zunutze, indem er sich mit den Resten seiner Truppe hinter die Erdwälle einer alten indianischen Kultstätte zurückzog; diesen Ort nannte er »Fort Necessity«. Bouquet war indes noch gewiefter und sammelte erst eine überlegene Streitmacht, bevor er sich dem Kampf mit den Franzosen und ihren indianischen Verbündeten stellte. So gelang es ihm, die Feinde zum Rückzug zu zwingen, und er konnte nacheinander alle vier Forts erobern, die Washington 1753 ausgespäht hatte. Nun schienen alle Probleme beseitigt, die Macht der Franzosen in der Region war gebrochen.

Aber die Briten mit ihren Söldnern und Kolonistenmilizen unterschätzten den Widerstandsgeist der Ottawa, Wyandot und anderer mit Frankreich verbündeter Indianerstämme. Nach dem Abzug der blau-weiß uniformierten Truppen König Ludwigs XV. im Jahre 1762 setzten sie gemeinsam den Kampf in eigener Verantwortung fort. Sie unternahmen neue Vorstöße in Ohio und Pennsylvania und eroberten bis auf Pittsburgh alle Forts zurück, die die Franzosen an Bouquet verloren hatten. Im Gebiet um die Großen Seen organisierte der Ottawa-Häuptling Pontiac einen meisterhaften Feldzug, in dessen Verlauf sechs weitere britische Militärposten eingenommen wurden und Detroit monatelang belagert wurde.[2]

Die Seneca vom Genessee-River waren die ersten, die zu den Waffen griffen und Fort Venango (bei Franklin in Pennsylvania) attackierten. Bei ihrem Abzug im Juni 1763 war kein Angehöriger der Garnison mehr am Leben. Diese Lektion nahm sich die Garnison von Fort Le Boeuf (Waterford, Pennsylvania) zu Herzen und ergriff eilends die Flucht. Die Seneca legten das Fort in Schutt und Asche und zogen weiter zu Fort Presque Isle (Erie, Pennsylvania), wo ein Kontingent von Ottawa, Ojibwa und Wyandot zu ihnen stieß, die Pontiac von seinem Feldzug im Westen abkommandiert hatte. Am 20. Juni kapitulierte die Garnison.

Dann wandte sich das indianische Bündnis gegen die Festung von Pittsburgh. Eine Delegation von Delawaren wurde abgesandt, um mit dem Kommandeur zu verhandeln. Dieser sah sich vor die Wahl gestellt, dasselbe Schicksal wie Fort Venango oder Fort Presque Isle zu erleiden oder aber wie der Kommandeur von Detroit in der Hoffnung auf Entsatz auszuharren.[3]

In der Zwischenzeit schlug sich Bouquet in der sengenden Augusthitze mit seinen Truppen nach Pittsburgh durch, ständig von Hinterhalten bedroht.[4] Nach einer zweitägigen offenen Feldschlacht bei Bushy Run errang er den Sieg über das indianische Bündnis, und Pittsburgh war befreit.[5]

Dies sollte jedoch nicht Bouquets letzter Feldzug sein. 1764 führte er eine britische Invasionsstreitmacht nach Ohio. Die Stelle, an der er sich von dem gleichnamigen Fluß abwandte, um nach Westen vorzudringen, liegt in der Nähe der heutigen Stadt East Liverpool, nur wenig nördlich jener großen Ansammlung von kegelförmigen Mounds der Adena-Kultur, die sich von diesem Punkt über ein 240 Kilometer langes Gebiet nach Süden bis zur Grenze zu Kentucky erstreckt. Bald ließ er die Appalachenausläufer des östlichen Ohio hinter sich und stieß in jene liebliche Region vor, die einst das Herzland der Hopewell-Kultur gewesen war.

Die Vorbereitung des Ohio-Feldzugs

Zwölf Jahrhunderte waren seit der Hopewell-Zeit vergangen, und europäische und afrikanische Seuchen hatten in der Region gewütet. Die landwirtschaftliche Tradition, an der auch die Hopewell teilhatten, hatte jedoch überlebt.[6] Die fruchtbaren Niederungen und Terrassen der Flüsse Licking, Muskingum und Miami ernährten immer noch die Bewohner dörflicher Siedlungen, obwohl die Indianer seit fast tausend Jahren keine großen Bauwerke aus Erde oder Stein mehr errichtet hatten. Die Dorfbewohner waren nun Shawnee oder Delawaren, die hier erst seit wenigen Jahrzehnten lebten; sie hatten sich entlang des Scioto River niedergelassen, weil sie sich dort aufgrund der hinter ihnen aufragenden felsigen Bergketten vor räuberischen Überfällen aus dem Osten sicher wähnten.

Diese zentrale, an architektonischen Monumenten reiche Region war zwischen 1740 und 1750, als immer noch die Franzosen Anspruch auf das Gebiet erhoben, regelmäßig von Händlern aus Pittsburgh besucht worden. 1762 hatte Bouquet einen Pfadfinder namens Ensign Thomas Hutchins zu einer Aufklärungsmission dorthin entsandt, einen Mann von der Unerschrockenheit eines Daniel Boone, John Colter oder Jedediah Smith.[7] Die Stämme dieses dichtbesiedelten Landstrichs am mittleren Scioto lebten in Dörfern, die inmitten sanfter Hügel lagen und von Flüssen mit klarem Wasser versorgt wurden. Um die Behausungen der Indianer herum lagen gewaltige Erdwälle in Form von Ringen, Quadraten und Achtecken, und um die Gipfel der umliegenden Hügel waren Steinmauern errichtet worden, die mehrere Kilometer lang waren und über stufig angelegte Pfade erreicht werden konnten.

Aus dieser friedlichen Gegend eilte Thomas Hutchins bald wieder nach Pittsburgh zurück, wobei er bedauerlicherweise versäumte, der Nachwelt seine Eindrücke über die Altertümer dieser Region zu hinterlassen, die er Unterer Shawnee nannte. Er zeichnete jedoch eine erstaunlich präzise Karte seiner Reiserouten, die er alsbald selbst benutzte. Im Frühsommer führte Hutchins Bouquets Soldaten 160 Kilometer weit durch das Hügelland von Ohio. Im Oktober erreichten sie den Oberlauf des Muskingum River – stromabwärts lagen die Mounds von Marietta und nur knapp 50 Kilometer südwestlich die geometrischen Erdwerke von Newark. Hier zwangen sie die Shawnee, einen Waffenstillstand zu akzeptieren. Gefangene wurden befreit, und die Lage beruhigte sich offenbar soweit, daß eine Rückkehr nach Fort Pitt (das an der Stelle des früheren Fort Duquesne erbaut worden war) für den Winter möglich schien.[8]

Nach Bouquets Triumph im Jahre 1764 überredete Sir William Johnson[9] die Seneca zum Rückzug aus dem Irokesen-Bund. Sein diplomatischer Erfolg wurde 1768 durch die Bestätigung der »Proklamations-Linie«* von 1763 und der von Bouquet ausgehandelten Waffenstillstandsbedingungen für das mittlere Ohio gekrönt. In beiden Vereinbarungen wurde den Indianern versprochen, daß die britischen Kolonisten sich von dem Gebiet nördlich des Ohio fernhalten würden. Im April 1769 kam Pontiac durch ein Attentat in Vincennes um, und ein anderer bedeutender Indianerhäuptling der Region, der in Philadelphia ausgebildete Mingo John Logan, wurde im April 1774 von Virginiern umgebracht. Diese Tat war jedoch nur das Vorspiel zu einer großen Offensive, denn im August desselben Jahres brandschatzten vierhundert Milizsoldaten unter Major Angus McDonald vier Shawnee-Siedlungen in der Nähe der Erdwerke von Newark. In der Folge drangen die Shawnee und Mingo auf der Jagd nach den Mördern Logans weit nach Kentucky vor, woraufhin der britische Gouverneur von Virginia, Lord Dunmore, mit einer Armee nach Ohio marschierte. Ein Flügel dieser Streitmacht, die unter dem Befehl von Andrew Lewis stand, schlug bei Point Pleasant, auf dessen Grund Washington eine Siedlung gegründet hatte, eine blutige Schlacht gegen die Shawnee und Mingo – eine Auseinandersetzung, die beiden Seiten den hohen Preis weiterer Feindseligkeiten vor Augen führte.

Im Oktober akzeptierten die Indianer einen neuen Waffenstillstand, als ihnen zugesagt wurde, daß Bouquets Vereinbarungen von 1768 weiterhin Gültigkeit hätten. In Pittsburgh versicherte Lord Dunmore, daß die seiner Regierungsgewalt unterstehenden Personen ihre

* In der »Proklamation König Georgs III.« festgeschriebene Grenzlinie. Sie erklärte die Gebiete um die Großen Seen und deren Hinterland sowie das Gebiet zwischen Appalachen und Mississippi zum Indianerland (Anm. d. Übers.).

Übergriffe auf das Territorium nördlich des Ohio einstellen würden, womit er die Expansionisten unter den Virginiern verärgerte und ihnen einen weiteren Anlaß für Revolutionspläne lieferte. Doch ein neuer Vertrag kostete die Weißen nicht viel, und so wurde im Oktober 1775 in Pittsburgh ein entsprechendes Dokument unterzeichnet. Einmal mehr sicherte man den Indianern zu, daß der Ohio als Grenze respektiert werden würde. Als auch dieses Versprechen nicht eingehalten wurde, schlossen Tuscarora und Irokesen 1777 mit den Shawnee ein neues Bündnis gegen die Amerikaner.
Die herausragende Gestalt dieses Krieges auf amerikanischer Seite war George Rogers Clark, der mit seiner Armee einen Brückenkopf in der Gegend des heutigen Wheeling gebildet hatte. Clarks erster Feldzug im Jahre 1778 diente dem Zweck, die Briten aus Ohio fernzuhalten; anschließend sollte er mit den Spaniern in St. Louis Fühlung aufnehmen. Einer seiner Offiziere, Captain Joseph Bowman, drang von Kaskaskia aus weiter vor und schlug in Cahokia ein Lager auf, wo er Clark bald zu einem ersten Besichtigungsrundgang durch die alte Stadt führen konnte. Wenig später schlugen die französischen Einwohner von St. Louis unter Führung spanischer Offiziere einen Angriff der Briten zurück, die von einer 1000 Mann starken Sioux-Streitmacht unterstützt wurden.
Nachdem nun im Rücken keine Gefahr mehr drohte, griff Clark die Briten und Delawaren in Indiana an. Im August zogen Truppen unter der Führung der Generäle John Sullivan und James Clinton gegen die Siedlungsgebiete der Irokesen in New York und Pennsylvania, während Daniel Brodhead aus Pennsylvania zwölf Seneca- und Delawarendörfer am oberen Allegheny plünderte und niederbrannte. Zur Vergeltung überfielen die Irokesen Grenzsiedlungen in New York und Pennsylvania.
Zwischen 1770 und 1790 wurden zahlreiche Siedlungen zu beiden Seiten von Bouquets ominöser Grenzlinie entlang des Ohio geplündert und zerstört. Auf indianischer Seite war der Schaden allerdings größer als für die weißen Siedler in Kentucky und Pennsylvania, denn die Dörfer der Shawnee, Mingo und Delawaren waren oftmals wohlhabender und einladender als die der Amerikaner. An den Ufern des Scioto, Miami und Muskingum inmitten der Ruinen prähistorischer Siedlungen gelegen, besaßen die indianischen Dörfer

zahlreiche Häuser und Vorratsspeicher sowie fruchtbare Gärten – und das mit Sicherheit seit mehreren Jahrzehnten, vielleicht sogar Jahrhunderten. Diese Ortschaften waren weit »zivilisierter« als die oftmals heruntergekommenen Siedlungen, in denen die Amerikaner lebten.
Auch heute noch gibt es Autoren, die die Indianer als unglückliche Opfer darstellen, welche unbekleidet mit Pfeil und Bogen durch die Wälder streiften. Doch waren die Gesellschaftsstrukturen der Anglo-Amerikaner und der Indianer einander nicht unähnlich, denn beide Gruppen jagten und betrieben Landwirtschaft, wobei sie einander oft Konkurrenz machten. Und diese Konkurrenz führte häufig zu Gewalttätigkeiten. Das Töten ging also weiter: 1780 drang Henry Bird an der Spitze einer Truppe von britischen Rangern und Indianern weit in das Gebiet von Kentucky vor, woraufhin Clarks Kanoniere Birds militärische Stellungen entlang des Großen Miami zerstörten – obwohl Bird die Erdwerke der Hopewell-Kultur als Verteidigungsanlagen nutzte. 1781 folgten die Pennsylvanier Bouquets und Hutchins' Spuren und fielen in das Tal des Muskingum ein. Im Juni des darauffolgenden Jahres wagte sich Washingtons ehemaliger Verwalter William Crawford, der nun Oberst der Revolutionstruppen war, noch weiter vor und griff die Wyandot und Delawaren am oberen Sandusky an.

Die Herrnhuter Brüder und Reverend Jones

David Zeisberger, ein Missionar aus den Reihen der Herrnhuter Brüder, suchte 1772 in Ohio nach einem sicheren Ort, an dem er Siedlungen für die von ihm bekehrten Delawaren und Mohegan gründen konnte.[10] Er hatte mitansehen müssen, was mit denjenigen seiner Konvertiten geschehen war, die in allzu enger Nachbarschaft mit gewalttätigen Weißen lebten, und hatte ebenso erkannt, daß sie der Kombination von europäischen Krankheiten, Alkohol und dem Verlust ihrer traditionellen Lebensgrundlagen nicht gewachsen waren. 1748 war er auf die letzten Überlebenden der Tutelo-Indianer gestoßen, welche 1701 als »hochgewachsene, stattliche Männer« beschrieben worden waren, »die Massen von

Büffeln besaßen«. Doch die wenigen Stammesangehörigen, die Zeisberger noch vorfand, erschienen ihm als »heruntergekommene Diebe und Trunkenbolde«.[11]

Nachdem er endlich einen vermeintlich sicheren Platz gefunden hatte, gründete er am oberen Muskingum, 130 Kilometer oberhalb von Marietta, die Dörfer Schönbrunn und Gnadenhutten. Zehn Jahre lang konnte seine kleine Schar christlicher Indianer in Frieden leben, doch im März 1782 drang Oberst David Williamson mit seiner pennsylvanischen Miliz nach Ohio vor, und mindestens neunzig friedliche, Ackerbau treibende Delawaren und Mohegan bezahlten für ihren Glauben an Christus und ihr Vertrauen in die von den Missionaren gebotene Zuflucht mit dem Leben.[12]

Die Grausamkeiten von Williamsons Truppe dürfen uns jedoch nicht die Weisheit und Menschenliebe solcher Männer wie Zeisberger vergessen machen, der bereit war zu glauben, daß die Indianer in der Vergangenheit große Leistungen vollbracht hatten, und sie als Brüder und Schwestern in Christus annehmen wollte. Als er 1772 nach einem Rückzugsort für seine Schützlinge gesucht hatte, war er auf ring- und rhombenförmige Erdwerke gestoßen, deren Gestalt jenen Befestigungen ähnelte, die die Europäer seit der Bronzezeit zum Schutz ihrer Siedlungen errichtet hatten. Zeisberger hatte in die Gesichter von Männern und Frauen geblickt, die auf ihn und seinen Gott vertraut hatten und dafür von Menschen, die aussahen wie er und seine Sprache sprachen, mißhandelt und umgebracht worden waren, und so dachte er vor allem an Zufluchtsmöglichkeiten. Zufluchtsstätten waren es daher auch, die er in diesen Wallanlagen erblickte.

> ... an vielen Orten ... finden sich immer noch sichtbare Spuren von Erdbefestigungen, die um eine ganze Stadt herum aufgeschüttet waren ... In der Nähe solcher Städte liegen Hügel, keine natürlichen, sondern von Menschen angelegte ... Auf der Spitze dieser Hügel befanden sich heilige Stätten, zu denen die Indianer ihre Frauen und Kinder brachten, wenn sich Feinde näherten ..., während die Männer um den Hügel herum in Verteidigungsstellung gingen ...[13]

Zwar hatte Zeisberger in Mitteleuropa und auf den Britischen Inseln schon ähnliche Erdwerke gesehen, die als Kultstätten dienten, doch betrachtete er die Hopewell-Monumente als Festungsanlagen. In seinem Tagebuch hielt er die erste schriftliche Beschreibung der Hopewell-Erdwerke fest, wobei es sich in diesem Fall um die relativ einfachen Konstruktionen am oberen Muskingum handelte:

> Vor langer Zeit ... müssen hier Indianer gelebt haben, die zum Schutz vor ihren Feinden Festungsanlagen errichteten. Die Wälle sind heute immer noch gut erkennbar. Wir entdeckten drei Forts, die jeweils einige Meilen voneinander entfernt lagen. Die ganze Stadt muß von Schutzwällen umgeben gewesen sein, doch nun ist die Gegend mit dichtem Wald bewachsen.[14]

Die Zeiten waren nicht friedlicher geworden, als Zeisberger 1779 und 1780 seine früheren Eindrücke resümierte; nach wie vor ging er von einer militärischen Nutzung sowohl der geometrischen Hopewell-Konstruktionen auf den Geländeterrassen als auch der mit Steinwällen bewehrten Zitadellen auf den Anhöhen aus.

> Auf den oben erwähnten Hügeln lagen immer große Steinblöcke, die auf die Feinde heruntergerollt werden konnten, falls diese versuchten, die Hänge zu stürmen ... Bei solchen Angriffen verloren beide Seiten viele Männer, die häufig zusammen in einer Grube beerdigt wurden, auf der dann ein großer Erdhügel aufgeschüttet wurde.[15]

Wer einmal einen der wenigen in Kentucky und Ohio noch vorhandenen »Festungshügel« erklommen hat, der kann sich nur wundern, wie Zeisberger auf den Gedanken kam, daß irgend jemand diese gewaltigen, schweren, rechteckigen Steine durch »Rollen« hätte fortbewegen können. Ebenso gut oder schlecht hätten sich die Blöcke rollen lassen, die zum Bau des Hadrianswalls im nördlichen Großbritannien verwendet wurden.
Doch sollten wir nicht einen Missionar bekritteln, der den Mut hatte, diese »Forts« zu untersuchen – denn dabei lief er sowohl Gefahr, von Grenzsiedlern wegen Paktierens mit den Indianern umgebracht zu werden, als auch von Indianern am Marterpfahl verbrannt zu werden, die ihn leicht für einen typischen Grenzsiedler halten konnten.
1772 war ein erfolgreiches Jahr für Geistliche, die sich in Ohio als Forscher betätigten. Etwa 80 Kilometer westlich der Gegend, in der Zeisberger seine Studien betrieb, erkundete Reverend David Jones in der Nähe von Chillicothe und Circleville den Scioto River. Dort

erfuhr er von einem Händler namens John Irwine, daß in Circleville erstaunliche konzentrische Ringwälle und eine daran angrenzende, große quadratische Wallanlage zu finden seien.[16]

Auf Irwines Bericht hin machte sich Jones in jene Gegend auf, in der damals weitgehend friedliche Shawnee lebten. Obwohl er bereits »aus persönlichen Mitteilungen wußte ..., [daß] sich dort eine Reihe solcher Forts befanden«, empfand er keines als so beeindruckend wie dasjenige, das er in Circleville sah: »Ich habe kein [anderes] gesehen, das so groß und vollkommen wie dieses ist.«[17]

Zusammen mit seinem Bericht sandte Jones die erste jemals veröffentlichte kartographische Skizze der Hopewell-Architektur an das *Royal American Magazine*. Der Ringwall und das Quadrat von Circleville wurden als »merkwürdiges Befestigungswerk im Shawnee-Gebiet« beschrieben.[18]

Die Ringwälle und Quadrate der Hopewell-Kultur haben, wie jeder bezeugen kann, der einmal vor Ort gewesen ist, gewaltige Dimensionen. Zu Jones' Zeiten waren sie mit Buschwerk und Bäumen bedeckt, wodurch ihre genauen Ausmaße fast ebenso schwierig zu ermitteln waren wie heute, nachdem unzählige Male über sie hinweggepflügt worden ist.

> Nördlich dieser Stadt [Chillicothe] befinden sich ... die Überreste einer alten Befestigungsanlage, die eine Fläche von etwa 15 Acre [ca. 6 Hektar] umfaßt. Sie liegt nahe bei vier Quadraten und hatte offenbar an jeder Ecke ein Tor ... Bei dem mittleren Tor im Westen beginnt eine ringförmige Verschanzung, die eine Fläche von etwa 10 Acre [4 Hektar] einschließt ... In diesem Ring lag eine Quelle.
>
> Mr. Irwine berichtete, daß eine andere Anlage von exakt derselben Form am Scioto-River zu finden sei, deren Wälle so hoch sind, daß sie sogar Männern zu Pferde die Sicht versperren.
>
> Jene Forts, *oder für welche Zwecke auch immer sie bestimmt gewesen sein mögen* [Hervorhebung durch den Verfasser], sind nicht alle gleich gebaut, sondern teils ringförmig, teils halbmondförmig oder quadratisch, und weisen innerhalb der Wälle eine Fläche von einem halben bis zu 8 oder 10 Acre auf.[19]

Gewiß verfolgten die an ihren Flinten herumfingernden Shawnee und Delawaren mit Belustigung, wie dieser feine geistliche Herr sich schwitzend durch das Gestrüpp und die mückenverseuchten Sümpfe kämpfte, um alte architektonische Monumente zu vermessen.[20]

Die ringförmigen Erdwälle von Circleville waren zu gewaltig, als daß man sie hätte unterpflügen können, und so entstand im frühen 19. Jahrhundert innerhalb der Anlage ein kleines Dorf. Der äußere Ring wurde zur »Stadtmauer«, und nachdem dampfbetriebene Maschinen verfügbar waren, war es nicht mehr schwer, den Wall abzutragen und eine Straße anzulegen; der zerstörte innere Ring wurde zu einer Allee. Zu dieser Zeit hatte man bereits festgestellt, daß der äußere Wall, dessen Durchmesser 365 Meter betrug, die gleichen Maße aufwies wie der rund 65 Kilometer entfernte Fairgrounds Circle in Newark.

Als später die große halbkreisförmige Wallanlage in Pinson, Tennessee, und der Ringgraben von Fort Center, nordwestlich von Fort Okeechobee in Florida, mit wissenschaftlichen Methoden vermessen wurden, stellte man fest, daß ihr Durchmesser ebenfalls 365 Meter betrug. Während jedoch die Konstruktionen von Newark, Circleville und Pinson alle etwa aus der gleichen Zeit stammen, war die Anlage in Florida vermutlich fünfhundert Jahre früher errichtet worden.

Innerhalb des äußeren Ringwalls von Circleville ist ein Graben angelegt sowie ein zweiter, innerer Ring, dessen Durchmesser knapp 323 Meter beträgt. Am Moundbuilders Golf Course in Newark, 65 Kilometer von Circleville und anderthalb Kilometer von den Fairgrounds entfernt, findet sich ein Ringwall mit einem Durchmesser von knapp 322 Metern; südlich von Circleville, in High Banks, das am Scioto in der Nähe von Chillicothe liegt, außerdem ein Ring mit einem Durchmesser von knapp 321 Metern und 30 Kilometer flußabwärts, in Piketon Township bei Seal, ein vierter Ring mit einem Durchmesser von 320 Metern.[21]

Die Geomanten im mittleren Ohio scheinen offenbar bevorzugt mit großen geometrischen Grundrissen von etwa 320 Metern Länge gearbeitet zu haben. Neben den Ringen von Newark, Circleville, High Banks und Seal findet sich bei Marietta ein Quadrat mit einer Seitenlänge von 317 und bei Hopewell eines mit einer Seitenlänge von 323 Metern. Entlang des Paint Creek, der südlich von Chillicothe in den Scioto mündet, gab es zwei Quadrate mit einer Seitenlänge von 320 Metern, eines in Frankfort und ein anderes in Works East. Das Achteck auf dem Golfplatz von Newark umschließt theoretisch ein weiteres Quadrat mit einer Seitenlänge von 317 Metern, dessen Ecken jeden zweiten Scheitelpunkt des Achtecks berühren. Das größere Quadrat in Marietta (460,25 mal 460,25 m) läßt sich konstruieren, wenn man vier Quadrate mit einer Seitenlänge von 317 Metern zusammensetzt und ihre äußeren Schnittpunkte diagonal miteinander verbindet.[22]

Wenn diese Art der Beschreibung des Quadrates von Marietta auch etwas künstlich erscheinen mag, so liegt darin doch möglicherweise genau der Schlüssel zum Verständnis, wie diese miteinander verbundenen geometrischen Formen von den Geomanten geschaffen wurden – dies hat William F. Romain, ein äußerst talentierter Hobbyarchäologe, kürzlich demonstriert. Romain stellte außerdem fest, daß in das große Quadrat von Marietta genau vier kleine Ringwälle hineinpassen würden, die am Paint Creek zu finden sind: Works East (231,6 Meter Durchmesser), Frankfort (219,4 m), Seip (228,6 m) und Baum (231,6 m). Und wie Leser im Besitz von Zirkel und Bleistift vielleicht schon bemerkt haben werden, lassen sich Ringe mit einem Durchmesser von 317–320 Metern zeichnen, wenn man die Mittelpunkte dieser vier kleineren, einen Durchmesser von 219,4 bis 231,6 Metern aufweisenden Ringe miteinander verbindet.[23]

Doch sind 228,6 Meter nicht gleich 243,8 Meter, und 243,8 nicht gleich 259 oder 292,6 Meter. Wir müssen also noch einige weitere Typen mit spezifischen Maßen bilden. Das Quadrat bei Portsmouth in Ohio und das unregelmäßige Quadrat von Dunlap (am Scioto zwischen Chillicothe und Circleville gelegen) haben eine Seitenlänge von 243,8 Metern. Die Quadrate in Seal und Circleville und der Halbkreis von Hopewell sind der Gruppe der 259-Meter-Monumente zuzuordnen. Die Quadrate in Newark und Hopeton messen 292,6 Meter, wie auch der Ring von Hopeton einen Durchmesser von 292,6 Metern aufweist.[24]

Ein Blick auf die Landkarte offenbart eindeutig die Zusammenhänge zwischen diesen geometrischen Konstruktionen, die über 8000 Quadratkilometer im mittleren Ohio verteilt sind. Wer darüber nicht staunen kann, den wird gar nichts mehr verwundern.

Fairgrounds Circle ist bisher weitgehend intakt geblieben, weil im 19. Jahrhundert kreisrunde Pferderennbahnen sehr beliebt waren und die Erdwälle gute Zuschauertribünen abgaben. Ein Begräbnishügel in der Mitte des Kreises, wo die prähistorischen Indianer ihre Toten für die Verbrennung vorbereiteten, diente bis 1920 als Sammelplatz für die Jockeys. Der Ringwall selbst ist etwa 6 Meter hoch und umgibt einen gut 3 Meter tiefen Graben. Vom Grunde dieses Grabens aus war die Wallanlage so hoch wie ein dreistöckiges Gebäude.

Der Observatory Circle und das angrenzende Achteck sind nur deshalb erhalten geblieben, weil sie inmitten des Moundbuilders Golf Course liegen. Trotz Fairways, Sandbunkern und gepflasterten Wegen sind sie immer noch vorhanden. Und obwohl die Pfade, auf denen die Indianer einst zu diesen heiligen Stätten pilgerten, heute nicht mehr existieren, so sind sie doch noch auf Landkarten aus dem 19. Jahrhundert zu finden. Auf diesen können wir verfolgen, wie die Erdanlagen mit ihren Gegenstücken am Scioto verbunden und ihnen geomantisch zugeordnet waren.

Die Große Hopewell-Straße

Im Jahre 1796 wurde Thomas Hutchins' Route erneut benutzt, von einem Mann namens Ebenezer Zane. Zane war vom Kongreß beauftragt worden, eines der ersten Projekte der »internen Verbesserungen« durchzuführen, die Finanzminister Gallatin noch von dem ersten Amtsinhaber Alexander Hamilton übernommen hatte: die Markierung einer neuen Nationalstraße zwischen Wheeling im heutigen West-Virginia und Limestone (heute Maysville) in Kentucky. Zane begann mit seiner Arbeit am Ohio, in jenem Gebiet, in dem das architektonische Können der Adena-Kultur mit der Errichtung des Grave Creek Mound seine höchste Vollendung erreichte, 50 Kilometer südlich des einstigen Lagerplatzes von Bouquet und Hutchins. Vom Fluß aus schlugen Zanes Vermesser in westlicher Richtung eine Schneise durch den Wald, bis sie einen kreuzförmigen Hügelbau mit dem Namen Tarlton Cross erreichten. Dieser diente damals als Geländepunkt, was wohl schon zur Zeit der Hopewell-Kultur so gewesen war. Dort, in der Nähe des heutigen Flughafens von Lancaster (Ohio), kreuzten sie den von Hutchins benutzten Pfad, der sich bis zu den Erdwerken von Newark fortsetzte und vermutlich an einem alten Weg durch einen dichten Wald mit

gewaltigen Bäumen und wenig Unterholz entlangführte. Berichte aus dem 19. Jahrhundert bestätigen, daß die Baumkronen durch ihr Laubwerk und durch Kletterpflanzen so eng miteinander verflochten waren, daß die Sonne nur als trübes Dämmerlicht hindurchdrang.
Südwestlich von Tarlton Cross befindet sich ein Feuchtgebiet, welches Pickaway Plains genannt wird und sich an den nördlichen Ausläufern der Chillicothe Hills entlangzieht. Diese »Plains« bestanden aus offenem, sumpfigem Grasland und lichtem Gehölz; die »Hills« sind Ausläufer des Appalachen-Plateaus, die den direkten Weg nach Südwesten verstellen. Erst im Tal des Scioto eröffnet sich ein Durchgang, wo sich dieses rasch fließende Gewässer auf seinem Weg zum Zusammenfluß mit dem Ohio (bei Portsmouth) seinen Weg durch das Hügelland gegraben hat.[25]
Wo der Scioto im Verlauf von Äonen ebene Terrassen und Talauen geschaffen hatte, konnten Zane und seine Ingenieure leicht nach Süden abschwenken. Anderthalb Kilometer weiter westlich erblickten sie zwei Plattformhügel mit einem rechteckigen Erdwerk (Cedarbank genannt), in einer Entfernung von nur wenigen hundert Metern zogen sie an dem Erdring und Quadrat von Hopeton vorbei[26] und stiegen schließlich in die Talauen hinab, um den Fluß zu überqueren und auf Chillicothe zuzuhalten. An dem Punkt, an dem Zane am Scioto abbog, könnte der Endpunkt der Großen Hopewell-Straße gewesen sein; der Weg könnte aber auch ohne »Kurve« direkt nach Chillicothe geführt haben. Die letztgenannte Version vertritt zumindest der Historiker und Archäologe Bradley Lepper. Lepper ist Kastellan von Fairground Circle und des zu dieser Stätte gehörigen Museums in Newark. Er kombinierte als erster alle Anhaltspunkte für die Existenz eines großen Hauptverkehrswegs, für den er die Bezeichnung »Große Hopewell-Straße« vorschlug.
Lepper räumt ein, daß ein solch gerader, direkter Weg über eine auffällige Bodenerhebung namens Sugarloaf, einen Ausläufer der Chillicothe Hills, geführt hätte und daß es zur Hopewell-Zeit keinen Anlaß gab, einen Berg zu erklimmen, um auf einer geraden Linie nach Chillicothe zu gelangen: Die Stadt existierte damals nämlich noch nicht. Doch auch die Indianer im Südwesten der USA räumten der Linearität Vorrang vor der Topographie ein, und Lepper weist darauf hin, daß die heutige Stadt Chillicothe im Zentrum von über

zwanzig Erdwerk-Komplexen liegt.[27] Diese verteilen sich über eine Zone, die sich rund 48 Kilometer entlang des Scioto erstreckt, von dem Ringwall und Quadrat von Circleville im Norden bis hin zu deren Ebenbildern in Piketon (auch als Seal bekannt) im Süden. Viele von ihnen waren – und sind immer noch – durch Pfade miteinander verbunden, die von Wällen gesäumt sind. Dieses Wegenetz bildet gleichsam ein Gegenstück zu den Straßentrassen der Chaco-Kultur im Südwesten der USA, die mit Steinreihen, niedrigen Hügeln und sogar Schalmauern eingefaßt sind.[28]

Die von uns beschriebenen geometrischen Konstruktionen der Hopewell-Zeit waren also einst alle miteinander verbunden, und die Große Hopewell-Straße war vermutlich der am besten ausgebaute der bisher entdeckten Wege.

Der Hauptvertreter der »Kurven«-Hypothese (im Unterschied zur Linear- oder Chaco-Hypothese) ist William F. Romain. Ob nun Leppers oder Romains Theorie zutrifft, wird sich letztlich erst durch weitere Grabungen und durch »Fernaufklärungstechniken« wie Luftbild- und Infrarotaufnahmen oder Laserstrahlenabtastung erweisen, doch liegen die Endpunkte der jeweiligen Trassen nur wenige Kilometer voneinander entfernt. Die wichtigste Entdeckung ist die Straße selbst. Die noch vorhandenen Überreste der Weganlage sind beeindruckend, und ebenso überraschend ist, daß im 19. Jahrhundert noch weit größere Teile davon sichtbar waren, die heute allerdings zerstört sind.[29]

Der erste Bericht, der über diese Straße veröffentlicht wurde, stammt von Caleb Atwater, dem Postmeister von Circleville, und erschien im Jahre 1820. Atwater beschrieb die »Altertümer« in der Umgebung des Ortes, von denen er viele selbst besichtigt hatte. Über das Achteck von Newark schrieb er folgendes: »Parallel verlaufende Wälle ... erstrecken sich ... über viele Meilen verfolgbar nach Süden, in Richtung des Hohocking River, ein Stück nördlich von Lancaster, [wo sie] ... mit ähnlichen Anlagen zusammentreffen.«[30]

Eine Tatsache, die besonders für die Erforscher des Chaco-Wegesystems im Südwesten interessant war, wurde 1911 durch J. D. Simkins, den gelehrten Schulinspektor von Newark, bekannt. Simkins veröffentlichte eine Landkarte, die auf »Karten und Informationen aus der Zeit vor 1861 zurückging« und »parallele Wallanlagen [zeigte], die sich über 30 Meilen südwestlich [von Newark] erstreckten«. In einer höher gelegenen Region südwestlich von Newark zeigte Simkins' Karte einen kleinen Ringwall, der durch einen kurzen Weg mit diesen parallelen Wallanlagen verbunden war, die etwa 800 Meter vom Golfplatz von Newark entfernt lagen; weitere derartige Anlagen, so erläuterte er in einer Anmerkung, befänden sich weiter im Süden. Simkins kennzeichnete den Platz mit »H«. Dies war genau der richtige Buchstabe: H wie *herradura*, denn *herraduras* sind Wegschreine, von denen es entlang des Chaco-Wegenetzes in Neu-Mexiko sehr viele gab.[31]

Vom Chaco-Canyon ausgehend erstreckten sich die »Great North Road« und die »Great Southwest Road« über eine Distanz von 30 bis 50 Kilometern. (Im Chaco-Straßensystem gab es auch kurze, stufig angelegte Wegabschnitte, die zu einzelnen Siedlungen führten, ähnlich den etwa 800 Meter langen, von Wällen gesäumten Wegen bei Hopeton, Dunlap und Portsmouth.) Sowohl die langen als auch die kurzen Straßenabschnitte waren von niedrigen Stein- und Kieswällen flankiert, und jeweils im Abstand von mehreren Kilometern waren *herraduras* angelegt. Die Haltepunkte entlang der Wege südwestlich von Newark sind in Abständen von etwas mehr als 3 Kilometern zu finden, was etwa der Entfernung zwischen solchen Plätzen an den alten peruanischen Wegenetzen entspricht.[32]

Obwohl in den zwanziger Jahren durch Traktoren und Planierraupen im mittleren Ohio große Flächen eingeebnet wurden, wurde es im gleichen Jahrzehnt durch Luftaufnahmen leichter, noch vorhandene Spuren alter Trassenanlagen zu entdecken. Der Luftfahrtpionier W. S. Weiant Jr. berichtete 1930, daß er aus der Luft neben seiner neuen, 4 Kilometer von Newark entfernten Landebahn langgestreckte Erdkonturen entlang der Großen Hopewell-Straße erkennen konnte.[33]

Weiant fotografierte auch gut 3 Kilometer hinter Simkins' »H« eine andere *herradura*, die er »Flughafen-Ring« nannte und die sich am Ende einer Sackgasse befand. Es erstaunt nicht, daß Weiant dieses Phänomen als sehr verwirrend empfand, und um dieses Gefühl zu bewältigen, überspielte er seine Ehrfurcht mit einem Scherz: Vielleicht, so schrieb er, sei jede dieser Sackgassen »eine Tankstelle oder eine Hot-Dog-Bude« gewesen. Wahrscheinlicher ist jedoch, daß sie

Stationen auf einer Art Kreuzweg darstellten (Weiants Schilderungen wurden durch Luftaufnahmen bestätigt, die sechs Jahre später von Captain Dache M. Reeves von der US-Luftwaffe gemacht wurden).[34]

1991 zeigte sich Bradley Lepper an meiner Kreuzweg-Analogie sehr interessiert und erwähnte diese Vermutung während eines Gesprächs mit Nachbarn in Newark. Daraufhin bat einer von ihnen die anderen Gesprächsteilnehmer in seinen Garten hinter dem Haus, und dort fand sich inmitten eines niedrigen, ringförmigen Walls Simkins' seit langem verlorenes »H«.[35] Mit Hilfe dieses Orientierungspunktes konnte Lepper in der Nähe eine Reihe von parallel angelegten Aufschüttungen ausmachen, die nur rund 30 Zentimeter hoch, aber 120 Meter lang waren und die Trasse der Großen Hopewell-Straße markierten.

Falls es erlaubt ist, archäologische Spuren der Hopewell-Zeit im Lichte von Zeugnissen der Chaco-Kultur in Neu-Mexiko und Utah zu deuten, die aus dem 11. Jahrhundert stammen, dann können wir einige Hypothesen darüber aufstellen, was einst entlang der Großen Hopewell-Straße geschah. Dies verlangt allerdings ein gewisses Vorstellungsvermögen, denn wir haben heute nur noch wenig Erfahrung mit Wallfahrten. Der Pilgerpfad nach Santiago de Compostela wurde mit einer Autobahn überbaut; Chaucers Weg nach Canterbury ging in den südlichen Vororten Londons verloren, und fromme Moslems steigen heutzutage ins Flugzeug, wenn sie nach Mekka wollen. Wer jedoch ins südliche Ohio kommt, wird noch genug Überreste der Hopewell-Architektur finden, um sich eine Vorstellung davon zu machen, was es für die indianischen Pilger bedeutete, am Scioto von einer geheiligten Stätte zur anderen zu ziehen.

Begibt man sich in der Abenddämmerung auf den Moundbuilders Golf Course, wenn keine Bälle mehr geschlagen werden und man von schweigenden Schatten umgeben ist, dann kann man ungestört dem Prozessionspfad folgen. Dieser führt etwa 100 Meter zwischen parallelen Wallanlagen entlang, die so hoch sind, daß sie den direkten Blick auf die Lichter in der Nachbarschaft versperren, und weiter durch ein Achteck und ein Quadrat, deren Fläche jeweils etwas über 8 Hektar beträgt. Wir erlangen nun eine Vorstellung davon, wie die fast 100 Kilometer lange Große Hopewell-Straße ausgesehen haben

könnte, mit all ihren Kultplätzen, die die Pilger in einer bestimmten Reihenfolge passieren sollten.
Man kann sich sogar ausmalen, wie sie auf ihrem Weg die Klänge von Panflöten und Trommeln hörten. In den Hopewell-Gräbern wurden nämlich Kupferobjekte mit drei Röhren gefunden, in denen Rohrflöten steckten – ähnlich jenen Instrumenten, die heute noch von den Indios der Anden gespielt werden, begleitet von Trommeln, die aus mit Häuten bespannten Keramikkörpern bestehen. Die Hopewell waren auch meisterhafte Töpfer, und im alten Ohio gab es Wild in Hülle und Fülle.
Erholung fanden die Pilger möglicherweise in den *herraduras*, wo sie die getrockneten Blätter oder Halme einheimischer Pflanzen (wie zum Beispiel den starken Ohio-Tabak) geraucht haben könnten, die eine leicht bewußtseinsverändernde Wirkung hatten. Rauchen war eine rituelle Handlung; in den Hopewell-Gräbern finden sich viele Pfeifen in Gestalt von Totemtieren, die den Raucher anblicken. Am Schluß der Reise könnte der Pilger durch umfriedete Stätten von immer feierlicherem Charakter gekommen sein und schließlich den Gipfel eines Plattformhügels erklommen haben. Dort erwartete ihn vielleicht ein mit glitzernden Glimmertafeln geschmückter Schamane, der in perlenbestickte Stoffe mit prächtigen Farben und Mustern gehüllt war; an seinen Ohrläppchen hingen große Kupferspulen und seine Brust zierte eine glänzende Kupferplatte.
Neben all diesen Gegenständen wurden in Hopewell-Gräbern auch H-förmige Gerätschaften aus Aragonit gefunden, das im Licht durchscheinend schimmert. Ein Aragonitinstrument kann das Sonnen- oder Mondlicht einfangen, wenn es an einem Lederriemen herumgewirbelt wird. Ich kenne das Geräusch eines wirbelnden »H« aus Aragonit, ein schaurig klagender, dem Ächzen des Nordwindes ähnlicher Ton, der vielleicht auch in den *herraduras* entlang der Großen Hopewell-Straße zu hören gewesen ist.

Die Straßen nach Mound City

Wir wollen uns noch etwas näher mit den verschiedenen Routen befassen, welche die Pilger einschlugen, die von Newark aus auf dem geraden Teilstück der Großen Hopewell-Straße anreisten – eben jenen Pfaden, die Thomas Hutchins und Ebenezer Zane benutzten, als sie sich achtzehn Jahrhunderte später dem Scioto näherten. Wer den Fluß sofort überquerte, könnte eine Abfolge ritueller Reinigungen durchlaufen haben. Zuerst hätte er sich vor einem großen Plattformhügel, der bis Mitte des 19. Jahrhunderts noch existierte, einer solchen Prozedur unterziehen können; dann hätte er den 800 Meter langen, von Wällen gesäumten heiligen Pfad betreten können, der zu der Wallanlage von Dunlap führte (auch diese existiert heute nicht mehr).

Andere Pilger könnten (nach Überquerung eines Feldes, auf dem sich heute ein Autokino befindet) innerhalb der rechteckigen Umfriedung von Cedar Bank empfangen worden sein, die die Größe von sechs Footballfeldern aufwies und in der sich ebenfalls ein Plattformhügel erhob. Dann hätten sie sich direkt zu einer weiteren, etwa 800 Meter weiter südlich gelegenen Plattform begeben (heute ebenfalls nicht mehr vorhanden) und weiter in den Ringwall und das Quadrat von Hopeton.

Obwohl die beiden Umfriedungen von Hopeton bis auf wenige Zentimeter abgetragen wurden, waren sie 1993 immer noch sichtbar, und mit etwas größerem archäologischem Aufwand wurden weitere, etwa 800 Meter lange, von Wällen flankierte Straßen entdeckt, die zu einer anderen alten Furt führten. Auf der anderen Seite des Scioto lag jene große Nekropole, die heute unter dem Namen Mound City National Monument bekannt ist. (Die oben beschriebenen, etwa 800 Meter langen parallelen Wallanlagen, die zu der Umfriedung von Dunlap führten, wiesen, von Dunlap aus gesehen, direkt nach Hopeton, wie auch von Hopeton eine geradlinige Verbindung nach Mound City führte.)[36]

Andere Gruppen von Reisenden könnten aus dem Süden zu diesem von Mound City, Hopeton, Cedar Bank und Dunlap beherrschten Komplex gepilgert sein. Einige durchwateten dabei vermutlich die Furt bei Chillicothe, die auch von Zane benutzt wurde und die heute unter Eisenbahn- und Highwaybrücken verschwunden ist. Sie kamen von einem Komplex aus zahlreichen Ringwällen, die heute unter dem modernen Chillicothe liegen, oder von einem anderen Komplex namens »Works East« (zwei Ringe, die sich mit einem Quadrat überschneiden), der am Ostrand der Stadt gelegen ist.[37]

Eine zweite Schar von Pilgern, die aus dem Süden kamen, könnte am Ostufer des Scioto entlanggezogen sein, auf einer schmalen, trockenen Terrasse zwischen der Uferböschung und den Chillicothe Hills. Dieser Weg begann bei zwei anderen geometrischen Figurengruppen, von denen das Achteck und der Ring von Highbanks (beide heute noch sichtbar) Chillicothe am nächsten liegen. Der Ring stellt, wie wir bereits bemerkt haben, fast das exakte Ebenbild des Ringwalls auf dem Moundbuilders Golf Course von Newark dar, der fast 100 Kilometer entfernt ist; das Achteck umfaßt nur knapp die Hälfte des 18 Hektar großen Achtecks von Newark, aber zwischen den beiden Konstruktionen besteht trotz der Entfernung eindeutig ein Zusammenhang, denn ihre Achsen liegen genau im rechten Winkel zueinander. (Die meisten modernen Gebäude weisen zwar oftmals identische Größe und Form auf, sind aber nicht in solcher Weise einander zugeordnet; eine große Ausnahme bilden natürlich Moscheen, deren Vorderfront immer nach Osten gerichtet ist.) Jenseits von Highbanks, in Liberty Township, befindet sich ein von Form und Größe her sehr ähnliches Gegenstück zu den Ringwällen und dem Quadrat von Works East.[38]

Die prähistorischen Pilger könnten von noch weiter her gekommen sein, vielleicht sogar von einem dritten zentralen Komplex, der knapp 90 Kilometer flußabwärts, am Zusammenfluß von Scioto und Ohio bei Portsmouth liegt.[39] Auch ihren Weg wollen wir, soweit möglich, zurückverfolgen.

Südlich von Liberty Township rücken die Chillicothe Hills eng zusammen, was sowohl die prähistorischen als auch die modernen Konstrukteure zu gewissen Entscheidungen zwang. In den Jahren nach 1830 beschlossen die für den Bau des Ohio-Kanals (der von Chillicothe nach Portsmouth führte) verantwortlichen Ingenieure, daß der Kanal am Westufer des Scioto auf einer relativ niedrigen, flachen Terrasse verlaufen solle. 13 Kilometer unterhalb von Chillicothe konnten die Baumeister das Kanalniveau nur beibehalten, weil sie einen *bereits vorhandenen* Durchbruch durch eine 6 Meter hohe Bodenerhebung namens Switzer's Point nutzten. Die Passage ist etwa 400 Meter lang; die indianischen Erbauer hatten also eine gewaltige Erdmenge bewegt.[40]

Switzer's Point war nicht der letzte Ort am Westufer des Scioto, an

dem die Böschung dicht an den Fluß heranrückt. Etwas weiter flußabwärts waren die Hopewell-Baumeister gezwungen, den Fluß zu überqueren; am Ostufer legten sie dann eine weitere *herradura* an. Gut anderthalb Kilometer weiter finden sich dann der Ringwall und das Quadrat von Seal oder Piketon. Wie wir bereits bemerkt haben, sind sie von der Größe her fast identisch mit denen, die am anderen Ende des Chillicothe-Komplexes, in Circleville, liegen.[41]
Gut anderthalb Kilometer unterhalb von Piketon schufen die indianischen Baumeister auf der Terrasse am Ostufer des Scioto einen weiteren gewaltigen Durchstich. Ihre Arbeit wurde wiederum von Ingenieuren des 19. Jahrhunderts genutzt, die den Chillicothe-Portsmouth-Turnpike anlegten. Beim Bau dieser Straße legten sie die Trasse der Einfachheit halber auf einen bereits bestehenden, etwa sechzig Meter langen, gestuften Weg mit einem Gefälle von 6 Metern. Und auch danach folgten sie beim Bau der Straße noch anderthalb Kilometer weit dem Verlauf der von Wällen flankierten Hopewell-Straße.[42]

Architektur in Kentucky

Etwa 30 Kilometer weiter südlich befindet sich ein weiterer Mound-Komplex, von dem einst parallele Wallanlagen ausgingen, die eine Verbindung mit der Straße am Scioto herstellten. Der Komplex liegt auf dem Gebiet der Stadt Portsmouth und ist heute beinahe vollständig durch Überbauung zerstört. Das hier befindliche Zeremonialzentrum stand denen von Newark und Chillicothe an Größe nicht nach. Aus alten Berichten wissen wir, daß die zu dem Komplex gehörenden Prozessionswege insgesamt eine Länge von mindestens 30 Kilometern aufwiesen und zweimal den Ohio kreuzten. An dem einen Ende dieses Straßennetzes, südlich des Ohio, stand ein großer Kegelhügel, der am Fuß einen Durchmesser von 125 Metern aufwies und in etwa 6 Metern Höhe zu einer Plattform abgeflacht war, die durch einen Stufenpfad an der Seite des Hügels zu erreichen war. Zu dem Kegel führten vier Straßen, die vier konzentrische Erdwerke präzise in vier Quadranten teilten.[43]
Von dem äußersten der um den Kegel gruppierten Ringwälle führte ein Paar paralleler Wallanlagen zum Ohio, mitten durch einen Ring

und ein weiteres, abwechselnd als Achteck oder Sechseck beschriebenes Gebilde hindurch und schließlich auf einem gestuften Weg ein 15 Meter hohes Steilufer hinab.[44]
Dann verlief der Weg über eine Furt, zog sich das nördliche Ufer des Ohio hinauf und führte noch 4 Kilometer weit zu einer Stätte, die heute weitgehend zerstört und deren Bedeutung uns daher nicht bekannt ist. Vorhanden sind nur noch Bruchstücke von zwei konzentrischen Kreisen und einige merkwürdige, hufeisenförmige Erdwerke. Vielleicht handelte es sich hier um eine Siedlung oder um etwas, was man in Europa als Mondsicheln bezeichnen würde. Die beiden Ringwälle wiesen die gleiche Größe auf wie die Ringe, die den Kegel auf der anderen Seite des Ohio umgaben. Zwei Prozessionspfade, die zu den Ringwällen am Nordufer des Ohio führten, liegen in gleichem Abstand zueinander wie zwei der Wege, die in die konzentrischen Ringe südlich des Ohio, in Kentucky, führten.[45]
An diesem zentralen Ort begannen zwei weitere Prozessionswege, von denen einer zum Eingang des Tremper Mound führte. Diese relativ flache Erdkonstruktion mit einer Fläche von rund 120 Quadratmetern beherbergte eine Grablege aus der Hopewell-Zeit mit etwa 375 Brandgräbern, die sich in einer Gruft befanden, welche durch ein hölzernes Gerüst aus sechshundert Pfosten abgestützt wurde.[46]
Kehrt man vom Tremper Mound nach Portsmouth zurück, kann man sich bei den »Mondsicheln« nach Süden wenden und einem anderen, 4 Kilometer langen heiligen Pfad folgen, der zu zwei weiteren konzentrischen Kreisen und – vermutlich – einem Achteck führte.[47]
Nach weiteren anderthalb Kilometern gelangt man auf diesem Weg zum Ohio zurück. Auf der anderen Seite des Flusses beginnt wieder die von Wällen geschützte Straße und führt zu zwei weiteren wallgesäumten Pfaden von 800 Metern Länge, die an einem Quadrat vorbeilaufen.[48]
Bei Portsmouth konnte man den Ohio und den Scioto offenbar problemlos durchwaten, denn der Scioto führte große Mengen Geröll mit sich und beeinträchtigte damit den Lauf des Ohio. So entstanden im Mündungsbereich Untiefen und Sandbänke, die es bei niedrigem Wasserstand erlaubten, den Fluß zu Fuß zu überqueren. Offenbar waren diese Ablagerungen dauerhaft genug, um in die architektoni-

schen Konzepte der Hopewell-Zeit einbezogen zu werden. Doch die weißen Siedler bewirkten auch hier eine Veränderung. Da sie fürchteten, daß die Flußdampfer auf diesen Hindernissen auflaufen könnten, wurden die Anschwemmungen von den US-Pioniertruppen beseitigt.
Allerdings konnten die Weißen bis zur Erfindung der Dampfmaschine ihre zerstörerischen Aktivitäten nur in begrenztem Maße entfalten; daher blieb noch ausreichend Zeit, die Erdwerke von Portsmouth kartographisch zu erfassen. Spitzhacken, Schaufeln und Schubkarren allein waren nicht in der Lage, diese architektonischen Monumente zu vernichten, so daß sie in einer Phase neuerwachten Interesses in den vierziger Jahren des 19. Jahrhunderts eingehend untersucht werden konnten.
Im Zuge der rücksichtslosen Fortschrittsbestrebungen in Kentucky ging jedoch viel verloren, wie Clay Lancaster in seinen *Vestiges of a Venerable City* zeigte, in denen er die traurige Geschichte Lexingtons erzählt: Die neoklassizistische Stadt aus dem frühen 19. Jahrhundert, deren Zerstörung Lancaster der Nachwelt überlieferte, war ihrerseits an einem Ort errichtet worden, an dem zuvor tausend Jahre lang andere, ebenso bedeutsame architektonische Zeugnisse gestanden hatten, bevor sie der Vernichtung anheimfielen.
Lexington ist die Hauptstadt der Bluegrass-Region, die vom Elkhorn Creek bewässert wird; Elkhorn und Bluegrass symbolisieren treffend die Geschichte dieses Gebietes: Das Gras ist, ebenso wie der Neoklassizismus, ein europäischer Import. Die Spanier zogen um 1540 durch Kentucky, doch nahmen sie sich in ihrer raffgierigen Eile nicht die Zeit, das Gesehene zu beschreiben. Die Franzosen, die ein Jahrhundert später in diese Gegend vordrangen, glaubten sich der indigenen Bevölkerung überlegen, weil sie über eine Schriftsprache verfügten, die Indianer aber nicht. Doch auch diese stolzen, des Lesens und Schreibens kundigen Eindringlinge versäumten es, ihre Beobachtungen aufzuzeichnen, denn sie benutzten ihre Fertigkeiten nur, um in Handelsniederlassungen wie French Lick (heute Nashville) ihre Bestandslisten zu führen.
Die ersten schriftlichen Beschreibungen der Elkhorn-Region wurden auf englisch verfaßt und stammen von späten Pionieren wie George Rogers Clark und Daniel Boone. Sie fanden damals eine heitere

Landschaft mit sanften Hügeln vor, ohne zerklüftete und steile Hänge. Das Wetter war und ist für diese zentrale Zone der USA ungewöhnlich mild. Die durchschnittliche Jahrestemperatur in der Bluegrass-Region beträgt 15,5 Grad Celsius, ohne extreme Schwankungen aufzuweisen – was in den USA recht außergewöhnlich ist. Die diagonal östlich der Bluegrass-Region liegenden Berge tragen ebenso zu einem gemäßigten Klima bei wie der Kalksteinuntergrund in diesem Gebiet. Kalkstein wird dazu verwendet, um in Öfen eine möglichst gleichbleibende Temperatur herzustellen, und speichert aufgrund seiner Porosität auch große Mengen Wasser. Von daher erklärt sich der Wasserreichtum Kentuckys, dessen zahlreiche Quellen den Farmern fruchtbares Land und den Jägern prächtiges Wild bescheren.

Das Wahrzeichen dieses freundlichen Landes blüht entlang der Nebenflüsse des Elkhorn Creek, die durch ein im Juni himmelblaues Grasland strömen, wo über Meilen hinweg buschiges, feines europäisches *poa compressa* seine Halme der Sonne entgegenreckt. Die Bluegrass-Prärie ist tatsächlich blau.

Die interessantesten architektonischen Zeugnisse Kentuckys neben dem südlichen Teil des Portsmouth-Komplexes befinden sich im Elkhorn Valley. Hier liegt Kentuckys Kanaan, das über den Kentucky River und den weitverzweigten Elkhorn leicht zugänglich ist. Die meisten Pioniere gelangten auf genau dieser Route nach Kentucky, obwohl das Bild von Daniel Boone, der Planwagen mit verwegenen Pionieren durch Cumberland Gap führte, zum unauslöschlichen Bestandteil amerikanischer Mythen geworden ist.

Das wichtigste unter den Erdwerken der Elkhorn-Region war ein Achteck, das an jeder Seite rund 45 Meter maß und drei stufig angelegte Zugänge aufwies.[49] Jeder dieser Eingänge wurde im Innern des Achtecks durch einen kleinen Mound versperrt, der jeweils nach demselben Muster wie die sehr viel größeren Erdwerke in Newark und am Scioto konstruiert war. Inmitten dieses Zeremonialzentrums bauten Richard Jonathan Shipp und seine Ehefrau Elizabeth Doniphan Shipp in den achtziger Jahren des 18. Jahrhunderts ein Blockhaus. Beide, das Erdwerk und das Haus, nannten sie »Lovedale«.

Alte Festungen

Die Zitadellen auf den Hügeln in Ohio und Kentucky wecken keine friedlichen Assoziationen, und aus den Erfahrungen der europäischen Geschichte heraus könnte man sie als Beweis für den Beginn eines dunklen Zeitalters werten, das auf eine Pax Hopewelliana folgte.

Die wissenschaftliche Archäologie zwingt uns jedoch, jegliche Vorstellungen von Barbaren und Feudalregimen über Bord zu werfen. Die Radiokarbondaten für diese Festungsanlagen deuten auf eine Entstehungszeit zwischen 100 und 400 u. Z. hin, als die Hopewell/Adenakulturen in voller Blüte standen. In diesen »Forts« in Kentucky und Tennessee wurden kupferne Brustplatten, Glimmertafeln, Perlenketten und Figurenpfeifen in Gestalt von Vögeln, Bären oder Bibern entdeckt, die offenbar etwa aus derselben Zeit stammen wie ähnliche Funde in den Erdwerken von Ohio.

Diese Festungsanlagen stehen teils isoliert und teils in der Nähe jener klassischen Achtecke, Ringe und Quadrate, die entlang des Paint Creek und der Flüsse Kentuckys wie auch entlang des Ohio von Cincinnati bis Portsmouth errichtet worden waren. Waren sie zum Schutz jener Stätten bestimmt und dienten militärischen Zwecken? Handelte es sich um befestigte Siedlungen oder um steinbewehrte Kultplätze? Und welche Funktionen hatten andere Wallanlagen, die etwa zur gleichen Zeit an den lehmigen Uferhängen des Mississippi errichtet wurden?

Ich glaube, daß es Antworten auf diese Fragen gibt, doch sind es Antworten, die unserer Imagination entspringen müssen. Sie gehören daher ins 11. Kapitel.

Manche dieser mit Steinmauern bewehrten Festungsanlagen liegen auf den höchsten Geländepunkten entlang der großen Wasserstraßen; andere wachen über die alten Pfade, die zwischen den Wasserstraßen und querfeldein weiter zum Meer verliefen. Die Straße, über der das Old Stone Fort in Tennessee thront, begann offenbar am Scioto River in Ohio, führte dann durch Kentucky zum Nashville-Becken und über den Cumberland River; von da aus über das Hochplateau zum Tennessee-River bei Bridgeport und schließlich durch Georgia zur Atlantikküste bei St. Augustine. Als die Franzosen die Straße 1684 kartographierten, um zu beweisen, daß La Salle

all dies für König Ludwig XIV. erobert hatte, war sie bereits seit mindestens tausend, wenn nicht gar zweitausend Jahren in Gebrauch.
Daß die Route in Florida endete, wird dadurch belegt, daß in Hopewell-Gräbern Schmuck gefunden wurde, der, wie bereits erwähnt, aus Haifisch- und Barrakudazähnen gearbeitet war, die aus Florida stammen; daß in Florida Werkzeuge aus Kieselsäuregestein entdeckt wurden, welches in Ohio abgebaut worden war; daß schließlich ein intellektueller Austausch stattgefunden haben muß, weil die Kreise, die in Fort Center in Florida in die Erde gegraben wurden, ähnliche Abmessungen aufweisen wie die Wallanlagen in Newark und Circleville.
Die ersten Forscher aus den britischen Kolonien, die nach Kentucky und Tennessee vorstießen, stellten fest, daß viele der Berg-»Forts« am Fuße ihrer Wallanlagen Steinpflasterungen aufwiesen und daß Steinplatten gegen die äußere Böschung des Walls gelegt waren, der selbst aus Schotter und festgestampfter Erde bestand; außerdem entdeckten sie auf der Krone der Wälle Pfostenlöcher, die mit Steinen verschlossen und für Palisaden bestimmt waren. Gehörten Gräben und Minenstollen zur prähistorischen Kriegsführung? Offenbar kam es auch zu Belagerungen, denn diese steilen und palisadenbewehrten Schanzen waren immer wieder von Türmen und Vorbauten unterbrochen, von denen aus Angreifer mit einem Flankenfeuer aus *atlatls* (Speerschleudern) empfangen worden sein könnten. Wir erinnern uns, daß Pfeil und Bogen in dieser Region erst um 700 oder 800 u. Z. Verbreitung fanden, während sie im Südwesten bereits zwei Jahrhunderte früher benutzt wurden.
Obwohl die englischen Forscher viele solcher befestigten Plätze vorfanden (die Franzosen hatten die von ihnen selbst errichteten als *bastides* bezeichnet), hielten sie diese aus gutem Grund zunächst nicht für das Werk von Indianern. Denn die Spanier unter de Soto und seinem Nachfolger Juan de Pardo sowie zwei Jahrhunderte später die Engländer unter der Führung James Oglethorpes, des Gründers der Kolonie Georgia, hatten ihre Baumeister in das Tennessee-Tal mitgebracht. Diese Fachleute bauten Forts, deren zerstörte Überreste große Ähnlichkeit mit den Ruinen indianischer Bauten aufwiesen. In den Jahren nach 1680 ließ Pardo einfachere Varianten

der spanischen Küstenfestungen (von denen das Castel San Marco in San Augustin die eindrucksvollste ist) entlang des Tennessee-Oberlaufs errichten – San Pedro, San Pablo und San Juan. (Die von der Tennessee Valley Authority veranlaßte Überflutung dieser Stätten war ihrer archäologischen Erforschung allerdings nicht förderlich.)

In dem vagen Bewußtsein, daß die Spanier bereits vor ihnen in diese Region vorgedrungen waren, bezeichneten die Grenzbewohner bald jedes technisch hochentwickelte militärische Bauwerk als »spanisches Fort«. In Lexington ließ Captain John Todd 1781 auf festgestampften Erdwällen ein quadratisches Palisadenwerk mit Bastionen an den Ecken errichten, das von einem Graben umgeben war. Als guter anglo-amerikanischer Patriot mag er hierbei dem Vorbild der allmählich zerfallenden Aufbauten von Fort Loudon (320 Kilometer entfernt am Tennessee River gelegen) gefolgt sein, welches vierundzwanzig Jahre früher von dem französisch-niederländischen Baumeister Willem Gerard de Brahm für einen britischen Gouverneur errichtet worden war.[50]

Aber Todd konnte sich auch an baulichen Vorbildern in unmittelbarer Nähe orientieren. Zwei davon wurden 1784 von John Filson beschrieben, der von Festungen sprach, die »nahe bei Lexington ... lagen und mit Gräben und Bollwerken ausgestattet« waren. Filson glaubte, daß sie von den Spaniern erbaut worden seien, und setzte damit ihre Entstehungszeit fünfhundert Jahre zu spät an. Wie bei Fort Loudon bestanden ihre Bollwerke aus gestampfter Erde und wiesen Spuren von Palisaden auf. Wie bei vielen der altindianischen Hügelfestungen – und im Unterschied zu den Erdkonstruktionen der Hopewell-Zeremonialzentren auf den Flußterrassen – waren diese »Gräben« echte Wallgräben, das heißt, sie befanden sich außerhalb und nicht innerhalb des Erdwalls und der Palisaden.[51]

Weitere geheimnisvolle Bauten wurden ab dem Jahr 500 u. Z. geschaffen, so zum Beispiel jene gewaltigen Figuren-Hügel, die die Gestalt von Tieren aufweisen wie Opossums (Newark) oder Panther, Vögel und Bären (Wisconsin und Iowa). Der »Serpent Mound« im südlichen Ohio, ein etwa 400 Meter langes Erdwerk in Form einer Schlange, die ein Ei im Rachen hält, entstand nach jüngsten Erkenntnissen ziemlich spät, etwa Mitte des 11. Jahrhunderts. Die Erdskulp-

tur weist gewiße Ähnlichkeiten mit dem geschweiften Kometen auf dem Teppich von Bayeux auf, der die Invasion Englands durch Wilhelm den Eroberer im Jahre 1066 verherrlicht; der besagte Komet war damals sowohl in der Normandie als auch im englischen Hastings und in Ohio am Himmel sichtbar.
Möglicherweise stellt daher der »Serpent-Mound« keine Schlange oder letztlich nicht *nur* eine Schlange dar. Vielleicht wurde er, wie auch andere Erdfiguren, in schwierigen Zeiten geschaffen, um die Harmonie zwischen den Menschen und den anderen Kreaturen auf der Erde wiederherzustellen.[52]

Archäologie in Tennessee

Die westlichen Provinzen der Staaten Tennessee und Kentucky liegen in einem fruchtbaren Landstrich, der von zwei breiten Strömen gesäumt wird, die in entgegengesetzte Richtungen fließen. Während der Mississippi nach Süden zum Golf von Mexiko drängt, zeigt sich der etwa 160 Kilometer entfernte Tennessee äußerst widerspenstig. Zwar strebt er letztlich dem gleichen Ziel zu, fließt jedoch zunächst durch zwei Staaten parallel zum Mississippi nach Norden, zum Ohio. Der Cumberland River tut es beim Austritt aus dem Nashville-Becken dem Tennessee nach und strömt nach Norden, wo er sich nur wenige Kilometer oberhalb der Mündung des Tennessee in den Ohio ergießt.
Der Ohio nimmt, von Osten kommend, beide Flüsse auf und beschreibt einen großen Halbkreis, bevor er in den Mississippi mündet, der sich in der Zwischenzeit mit dem Missouri vereint hat.
Cairo in Illinois und Paducah in Kentucky sind die wichtigsten Städte in diesem Gebiet voller gewaltiger, eigenwilliger Flußwindungen und profitieren von dem fruchtbaren Boden, den die Ströme in dieser zentralen Flußlandschaft Nordamerikas hinterlassen haben – ein Reich, das den Neid eines Pharao wecken könnte und das ebenso heiß ist wie die Nil-Region, allerdings so feucht, daß ein Beduine rasch erschöpft wäre.
Cairo und Paducah liegen auf dem gleichen Breitengrad wie Williamsburgh in Virginia. Beide haben jedoch im Sommer weit höhere Temperaturen zu verzeichnen als Roanoke oder Lynchburg und

vermitteln ein ebenso südliches Flair wie Memphis in Tennessee. Und diese Stadt wiederum liegt gar nicht so viel weiter nördlich als das ägyptische Memphis, welches auf dem 30. Breitengrad zu finden ist und damit nicht weiter südlich als New Orleans. Das stromabwärts von Cairo gelegene Memphis in Tennessee wurde von Andrew Jackson gegründet und überblickt das Mississippi-Delta; Memphis in Ägypten wurde von Pharao Menes erbaut, der von dort aus über das von ihm eroberte Nil-Delta herrschen wollte.

Seit Jackson und sein Vertrauter John Overton im Jahre 1819 Memphis gründeten und der Stadt bewußt einen Namen gaben, der an das Reich der Pharaonen erinnerte, hat die Antike die weißen Siedler nicht mehr losgelassen, die in jenes amerikanische Reich zwischen Memphis und Cairo kamen. Die Flüsse Cumberland, Tennessee, Ohio und Mississippi strömen durch ein Gebiet mit fruchtbarer schwarzer Erde, das viele Menschen über Jahrtausende hinweg ernährt hatte. Sie bewässerten die blühende nördliche Provinz einer Kultur, die vor 1500 v. Chr. mit den Menschen von Poverty Point materielle und, so darf man vermuten, auch geistige Güter austauschte und später – mit einigen kurzen Unterbrechungen – 3500 Jahre lang gewaltige architektonische Werke schuf.

Geometrie in Pinson

In der Gegend von Pinson im westlichen Tennessee windet sich der Forked Deer River an einer Gruppe von Mounds entlang, die von Wallanlagen umgeben und durch ein viele Kilometer überspannendes Ordnungsschema miteinander verbunden waren. Mit Hilfe der Keramikanalyse und der Radiokarbonmethode konnte ihre Entstehungszeit in die Phase zwischen 50 v. Chr. und 300 u. Z. datiert werden, also in die Zeit der Adena- beziehungsweise Hopewellkultur. 1823 berichtete John Haywood, ein Altertumsforscher aus Tennessee, daß er im Zentrum der Mound-Gruppe ein solches Erdwerk vermessen habe, das 26,5 Meter hoch gewesen und an der Spitze zu einer 15 Quadratmeter großen Plattform abgeflacht worden sei[53]. Heute liegt das Monument geschützt auf einem staatlichen Parkgelände; davor wurde es jedoch durch menschliches Einwirken so stark abgetragen, daß es heute nur noch eine Höhe von

22 Metern aufweist. Seine Grundfläche hat jedoch immer noch den gewaltigen Durchmesser von 106 Metern; zu seinem Bau waren 60000 Kubikmeter Erde erforderlich.
Von diesem künstlichen Hügel aus wurden vermutlich Sichtschneisen durch den Wald geschlagen, um eine geometrisch exakte Positionierung anderer Mounds zu ermöglichen, welche wahrscheinlich die äußersten Enden einer Wallanlage darstellten. Zwei dieser mächtigen Erdwerke sind heute noch erhalten und liegen jeweils 960 Meter von dem ersten Hügel entfernt, einer am nordöstlichen und ein anderer am südöstlichen Ende der Anlage. Ein dritter Hügel, der nur wenig näher liegt als die beiden anderen, wurde am Rande des über der Flußniederung aufragenden Steilufers errichtet.
960 Meter sind eine lange Entfernung, wenn man sie in einem unebenen Terrain voller Schluchten und Wasserläufe exakt abmessen will. Wir sind jedoch geometrisch präzise Konstruktionen von der Adena- beziehungsweise Hopewellarchitektur gewohnt, und der Pinson-Komplex ist beinahe ebenso akkurat vermessen. So befindet sich der nordöstliche »Markierungshügel« innerhalb eines Halbkreises mit einem Durchmesser von 365 Metern. Kreise von genau dieser Größe haben, wie wir in Fort Center (Florida), Newark (Ohio) und Circleville bemerkten, eine magische Funktion.[54]
Der Pinson-Komplex hat sehr unter Landwirtschaft und Erosion gelitten. So ist es heute nicht mehr möglich, eine Beschreibung aus dem Jahre 1875 zu überprüfen, der zufolge an diesem Ort zwei weitere Hopewell-Konstruktionen zu finden waren: *ein stufig angelegter Weg* mit sorgfältig geebnetem Untergrund, der über eine lange Strecke hinweg von Wallanlagen flankiert wurde, und *ein heiliger Weg*, der von der Umfriedung zum Flußufer führte und »rundherum gut befestigt war«. Der Stufenpfad von Pinson ist nicht so lang wie die 96 Kilometer lange Hopewell-Straße durch Ohio, doch berichten uns Quellen aus der Mitte des 19. Jahrhunderts, daß in Tennessee »einst eine vielbereiste, aus dem Westen kommende Straße zu dieser Hügelstadt führte«.[55]
Wo aber nahm diese Straße ihren Anfang? Dies ist heute nicht mehr so leicht festzustellen, nachdem 160 Jahre lang darüber hinweggepflügt wurde. Jedoch liegen uns Beschreibungen eines von Wallanlagen gesäumten und gestuften Wegs vor, der von dem etwa vierein-

halb Kilometer entfernten Mound-Komplex von Johnston über denselben Steilhang am Forked Deer River nach Pinson führte.

> [Am südöstlichen Ende des Mound-Komplexes von Johnston befand sich ein] parallel zum Fluß verlaufender Erdwall ... Eine viertel Meile entfernt befindet sich ein anderer Wall von gleicher Höhe und Länge ... Der dem Fluß am nächsten liegende Wall wendet sich nach halber Länge zum Fluß hin; und vom Fluß weg durch einen anderen kurzen, parallelen Wall ... Die beiden kurzen, zum Fluß hinführenden Wälle lassen eine Öffnung in der Umfriedung frei und waren zweifellos einst geschützte Wege.[56]

»Geschützt« in dem Sinne, so könnte ein Bewohner Ohios heute sagen, daß sie wie die heiligen Wege von Newark, Marietta und entlang des Scioto vermutlich auf beiden Seiten von Erdwällen flankiert waren.[57]

Die in diesen frühen Beschreibungen enthaltenen Hinweise auf einen »Bach«, der die Mound-Komplexe von Pinson und Johnston miteinander verband, klingen nicht sehr überzeugend, und zudem hatten die US-Pioniertruppen den ursprünglichen Wasserlauf in einen geraden, schmalen Schleusenkanal verwandelt. Im Jahre 1875 konnten diese Stätten aber noch mit Dampfbooten über den Mississippi und den Ohio erreicht werden, und dies war sicherlich auch schon 1500 Jahre zuvor mit Einbäumen möglich gewesen.

»Rundherum gut befestigt« – was könnte dies bedeuten? Oberst Pickford Jones berichtete, daß er 1840 knapp 10 Kilometer weit durch das Unterholz an dem äußeren Wall dieser »Hügelstadt« entlanggeritten sei, die vermutlich einmal über dreißig Bauwerke umfaßt hatte.[58]

Die Archäologen, die später in Pinson arbeiteten, zeigten sich besonders von den Plattform-Mounds in einem Zeremonialzentrum beeindruckt, das Radiokarbondaten zufolge zwischen 100 v. Chr. und 500 u. Z. regelmäßig genutzt wurde. Die Menschen, die dort ihren Kult praktizierten, verwendeten Keramik, die anderen Funden zufolge aus der Adena/Hopewell-Periode stammte.

Seit 1978 haben die Archäologen, nicht zuletzt aufgrund neuer archäologischer Entdeckungen in Pinson, begonnen, ihre chronologische Einordnung der Plattform-Mounds generell zu überdenken und zu überprüfen. Dabei kamen sie übereinstimmend zu dem

Schluß, daß diese Bauwerke in dieser zentralen Region Nordamerikas bereits zur Zeit um Christi Geburt errichtet wurden. Und das revidiert viele der früheren Vermutungen über die Motive der Konstrukteure der Adena/Hopewell-Zeit, über ihre Gesellschaftsstrukturen und über ihr religiöses Leben.
Plattformen sind Ausdruck von Hierarchien. Seit langem gilt es als unumstritten, daß der Transport von Hunderttausenden von Körben voller Erde zum Bau exakt vermessener Großanlagen eine straffe Organisation erfordert. Gleichwohl hat sich die Theorie von den freudigen, freiwilligen Hopewell-Arbeitern lange Zeit halten können. Die neuen Erkenntnisse widerlegen diesen Mythos nicht, sondern stellen ihn lediglich auf die Probe und geben Anlaß zu der Frage, ab welchem Punkt Freiwilligkeit zu Gehorsam wird.[59]
Plattformen dienen meist als Unterbau für etwas. Was aber stand auf diesen Plattformen? Grabungen in Pyramidenstümpfen, die um 800 oder 900 errichtet wurden, erbrachten keinerlei Beweise für die Existenz von Holzbauten, wie sie auf ähnlichen, fünf oder sechs Jahrhunderte später entstandenen Mounds gefunden wurden – zum Beispiel Pfostenlöcher, Stücke von mit Lehm beworfenem Flechtwerk und Textilreste, die auf Wandbehänge hindeuten. Tatsache ist, daß wir nicht wissen, welchem Zweck die Plattformen der Adena- und Hopewellmenschen dienten.

Eine Architektur des Umbruchs

Am Ufer des Forked Deer River finden sich entlang jenes Abschnitts, der zwischen dem Mississippi und dem Tennessee nach Nordwesten führt, viele andere Mounds, deren Entstehungszeit ungewiß ist.[60] Rätselhaft sind aber auch die Steilufer am Mississippi selbst, an denen sich zahlreiche heilige Stätten befinden, die Ähnlichkeit mit den Kultstätten in Ohio, im östlichen Kentucky und in Tennessee aufweisen, aber gänzlich aus Erde bestehen. Die Steilhänge des Mississippi liefern nur wenig Stein, weshalb die Erbauer das verwendeten, was sie zur Hand hatten, und linear verlaufende Wallanlagen mit Bollwerken errichteten, welche die natürlichen Flußübergänge blockierten und dadurch Sackgassen schufen. Wir werden solchen Konstruktionen noch einmal begegnen, wenn wir Lewis und Clark zu den Quellen des Missouri folgen und im 11. Kapitel die Belege zu analysieren versuchen, die uns Auskunft über Entstehungsanlaß und -zeitraum dieser Bauwerke geben. An dieser Stelle mag es aufschlußreich sein zu erwähnen, daß die Amerikaner in der Mitte des 19. Jahrhunderts auf solchen Anhöhen Landhäuser im neugotischen Stil errichteten, die Kontinuität und Sicherheit ausstrahlten – möglicherweise sollten auch die Bauten der Adena/Hopewell-Zeit ein solches Gefühl vermitteln. In Newark in Ohio sowie auf mehreren Hügeln in Kentucky stehen diese Symbole einer Pseudo-Vergangenheit neben einem Mound, der tausend Jahre älter ist als die Gotik und schon zur Zeit des klassischen Griechenland errichtet wurde.

Das neugotische Landhaus in Newark hätte ebensogut im neugriechischen Stil erbaut werden können; in Marietta hätte es jedoch romanischer Stil sein müssen. Dieser Ort war nämlich eine Gründung des Cincinnatusordens (*Society of the Cincinnati*)*, jener Gemeinschaft von Offizieren, die im Amerikanischen Unabhängigkeitskrieg Ruhm und Ehre erworben hatten. Mit ihnen werden wir uns im 6. Kapitel beschäftigen. Auch wenn in Marietta die Quadrate aus der Hopewell-Zeit verschwunden sind, ist der Adena-Grabhügel noch erhalten, weil er inmitten einer Gruppe von Gräbern liegt, die die Amerikaner auch heute noch in Ehren halten: die Ruhestätten ihrer eigenen Helden, der Mitglieder des Cincinnatusordens, welche Musterbeispiele für die Ideale des nobelsten »Römers« unter ihnen allen waren, des »Founder of Founders«, George Washington.

Mit ihrer Geschichte werden wir uns befassen, nachdem wir Albert Gallatins Vertrauten Thomas Worthington vorgestellt haben, den Herrn von Adena und Hauptgegner der Cincinnati.

* Der Orden wurde benannt nach dem römischen Patrizier Lucius Quinctius Cincinnatus. Er soll im 5. Jahrhundert v. Chr. mehrmals zum Diktator ernannt worden sein und nach erfolgreicher Erfüllung seiner Aufgaben das Amt niedergelegt und sich ins Privatleben zurückgezogen haben. Er verkörperte vorbildhaft die altrömischen Tugenden (Anm. d. Übers.).

4. Kapitel
Die Gallatinianer: Thomas Worthington und Adena

Die moralisch vorbildliche Haltung Albert Gallatins prägte die Vorstellungen, die einige der führenden politischen Persönlichkeiten des Westens hinsichtlich der Gestaltung ihres neu entstehenden Reiches entwickelten. Zudem leistete Gallatin neben diesem ideellen noch einen materiellen Beitrag zur Erschließung des Westens: Aus seiner Fabrik in New Geneva lieferte er diesen Männern per Schiff jene Fensterscheiben, durch die sie in aller Bequemlichkeit den Blick auf ihre privaten kleinen Reiche genießen konnten. Zu jenen, die sowohl von seiner politisch-moralischen Führung als auch von seiner Glasproduktion profitierten, gehörte Thomas Worthington, der Senator (1804–1807 und 1811–1814) und spätere Gouverneur (1814–1818) von Ohio.

1806 wurden die Fenster von Worthingtons Villa »Adena« mit Gallatins Scheiben verglast. Das Haus, das auf einem Hügel oberhalb der Stadt Chillicothe stand, war im Jahr zuvor von Benjamin Henry Latrobe entworfen worden und wurde nach seinen brieflichen Anweisungen in zweijähriger Bauzeit errichtet. Latrobe war damals der berühmteste Architekt des Landes, genoß die Gunst Präsident Jeffersons und Vizepräsident Burrs und zählte zu den engen Freunden von Finanzminister Gallatin. Er hatte die Arbeiten zum Bau des Kapitols in Washington geleitet und den berühmten Säulengang des Weißen Hauses gestaltet.[1]

Worthingtons Haus, das »zur Zeit seiner Errichtung ... als die prächtigste Villa westlich der Alleghenies« bezeichnet wurde, sah sich von anderen und weitaus älteren Prachtbauten umgeben. Die Besitzung lag inmitten der alten Erdmonumente Ohios – der Achtecke, Ringe und Quadrate der Hopewell-Kultur wie auch jener Grabhügel, die von Menschen aufgeschüttet worden waren, denen Worthington unabsichtlich den Namen gab, mit dem sie auch heute noch bezeichnet werden: Der Begriff »Adena«, den er in »einem

Werk über alte Geschichte« entdeckte, beschreibt »Stätten, die aufgrund ihrer ergötzlichen Lage bemerkenswert«[2] sind. Ein Besucher, der aus archäologischem, historischem oder architektonischem Interesse nach Adena kommt, wird feststellen, daß Gallatins Fensterscheiben am besten bei Sonnenaufgang oder -untergang wirken. Dann sind die glatten, honigfarbenen Kalksteinwände des Hauses, die keinerlei Verzierungen oder Vorsprünge aufweisen, in das schräg einfallende Sonnenlicht getaucht, so daß das ganze Gebäude wie ein kompakter Glaskristall leuchtet. Es ist ein Anblick, der gemeinsam von Gallatin und Mies van der Rohe ersonnen worden sein könnte.[3]
Natürlich weisen die Entwürfe Latrobes – des größten architektonischen Genies, das seit 1492 in diesen Breiten tätig war – untereinander viele Ähnlichkeiten auf. Adena ist das beste, heute noch existierende Beispiel für die von Jefferson so bezeichnete kubische Schule: Es besteht aus einem zentralen, langgestreckten Kubus, der von zwei kleineren langgestreckten Kuben flankiert wird; alle drei Kuben zusammen umschließen einen rechteckigen Eingangshof. Das Interessanteste an Adena ist jedoch nicht seine elegante neoklassizistische Formgebung, sondern die Tatsache, daß die Formen und Materialien dieses Hauses auf unheimliche Weise eine sehr viel ältere architektonische Tradition fortführen, und weiterhin, daß es eine gewisse Bedeutung für das Verhältnis zwischen den Rassen in den USA erlangte.
Worthington konnte kaum umhin, das architektonische Können der Indianer anzuerkennen, denn die Zeugnisse ihrer Baukunst mußten ihm ebenso ins Auge springen, wie dies bei den Monumenten am Nilufer oder in der Umgebung von Angkor der Fall gewesen wäre. Überdies lebte er inmitten der Nachfahren dieser Indianer, mit denen er sich als Politiker auseinandersetzen mußte und von denen manche sogar zu Freunden wurden.
Ebenso wie Gallatin war Worthington Mitglied der Partei Jeffersons. Von Gallatin ermuntert, führte er mit Jefferson einen schriftlichen Gedankenaustausch über die Mounds entlang des Scioto-Tals, die zu seinem Besitz gehörten oder zu den Gütern der Familie Washington, für die er als Verwalter tätig war. Möglicherweise vertrat er auch Jefferson und Gallatin, die beide in Ohio mit Grundstücken spekulierten.[4] Am 12. Juni 1808 informierte Worthington Jefferson in

einem Brief über die frühere Nutzung der Steinbrüche, aus denen das Baumaterial für sein Haus stammte. Er hatte Kalksteinmauern entdeckt, die teilweise mehrere Kilometer lang waren und die plattformartigen Spitzen der Hügel über seinen Besitzungen am Paint Creek umgaben. Worthington gab nicht vor zu wissen, wann diese Umfriedungen errichtet worden waren oder welchem Zweck sie ursprünglich dienten. Wie die meisten seiner Zeitgenossen hielt er sie für Festungsanlagen.

Wohl jedermann hätte damals an eine militärische Nutzung gedacht, denn im September 1787 war es bei Chillicothe zu einer großen Schlacht gekommen, in der sich die Indianer gegen einen Angriff der Siedler aus Kentucky zur Wehr gesetzt hatten. Im folgenden Sommer taten sich dieselben Siedler durch weitere Barbareien hervor, die an die Grausamkeiten erinnerten, die David Williamson den vertrauensvollen Indianern der Herrnhuter-Siedlungen angetan hatte. Dieses Mal waren die freundlich gesinnten Piankashaw in Vincennes das Ziel ihrer Gewalttätigkeiten. Worthingtons erste Begegnung mit dieser heiligen Stätte, in deren Nähe er sich niederlassen sollte, fand also zu einem Zeitpunkt statt, als aus den Überresten niedergebrannter Häuser immer noch der Gestank verwesender Leichen drang. Gleichwohl war der von ihm erkundete Teil Ohios reich an indianischer Architektur und hielt für die Europäer viele Überraschungen bereit. Worthington hatte das Glück, daß bereits vor ihm Personen seines Schlages dorthin vorgedrungen waren, die ihn bei seiner Ankunft ermutigten, alles was er sah, genau zu beschreiben.

Die Forschungsarbeiten Major Hearts und der Generäle

1790 zog General Josiah Harmar mit 1420 Soldaten am Maumee River gegen die Shawnee, Miami und Delawaren und wurde zweimal geschlagen. Im November 1791 konnte Arthur St. Clair mit einem Drittel seiner Truppe knapp entkommen, nachdem er im gleichen Gebiet in einen Hinterhalt der Krieger von Little Turtle geraten war. St. Clair hatte seine Soldaten in auffallenden blau-weißen Uniformen in die Wälder geschickt, wo sie ebenso zu

Zielscheiben wurden wie die scharlachroten Truppen Braddocks im Jahre 1755.

1793 veröffentlichten die *Transactions of the American Philosophical Society* einen sehr ausführlichen, posthumen Beitrag von Major Jonathan Heart, der bei St. Clairs Debakel den Tod gefunden hatte. Heart war »ein äußerst vielversprechender junger Mann von glänzender Begabung ..., die seinem Land sicherlich zur Zierde und der Menschheit zum Nutzen gereicht hätte«. Und diese Begabung war die Archäologie, weshalb sein Tod einen großen Verlust bedeutete. Im Columbian Magazine hatte er bereits 1787 eine Darstellung der Erdwerke von Marietta geliefert, die in seinem Bericht an die Philosophical Society durch weitere Ausführungen über die Monumente von Grave Creek, Portsmouth und Marietta sowie die prähistorische Architektur am Miami und bei Chillicothe ergänzt wurde. Er beschrieb überdies eine faszinierende Erkundungstour zu den Monumenten am unteren Mississippi.[5] Gilbert Imlay, der den Nachruf auf Heart verfaßte, betrauerte seinen »jungen Freund«, hielt es aber auch für angebracht, Hearts Bewunderung für die Leistungen der amerikanischen Ureinwohner zu erwähnen sowie seine Auffassung, daß die Menschen, gegen die er Krieg führte, keine herumstreunenden Wilden, sondern ein »heroisches Volk« von »einzigartiger Tapferkeit« im Kampf seien. Seinen letzten Segen erteilte Imlay dem Toten mit einigen Zeilen aus der *Ilias*, in denen zwei Helden in der Schlacht von ihrem Schicksal ereilt werden.[6]

Hätte Imlay neben Heart auch General Richard Butler gekannt, hätte er vielleicht noch mehr homerische Verse zitiert, denn Butler war ein noch beeindruckenderer Held. Er stammte aus Dublin, hatte sieben Jahre lang im Amerikanischen Unabhängigkeitskrieg gekämpft und war 1783 zum General ernannt worden. Danach zog es ihn in die *Frontier*-Region, wo er an den ersten wissenschaftlichen Grabungen in Marietta teilnahm. Er sammelte überdies ethnologische Aufzeichnungen, aus denen ein *Indian Vocabulary* entstand, und handelte Vereinbarungen mit den Indianern aus. Er hielt nicht viel von der Exerzierplatztaktik St. Clairs und Braddocks und fiel in der Schlacht von 1791 an der Seite Jonathan Hearts.

Wüßten wir mehr über Butlers Sicht der Indianer und seine Visionen einer besseren Gesellschaft im Westen, dann könnten wir ihn in unsere Liste der Gallatinianer aufnehmen. Bisher hat sich jedoch kein moderner Biograph mit Butler befaßt, und es wurde ihm zu Ehren auch kein Nachruf geschrieben wie der, den Imlay für Heart verfaßte. Richard Butler verdient aber aus einem anderen Grund an dieser Stelle Erwähnung: Er zeigte sich nämlich von der indianischen Architektur so stark beeindruckt, daß er George Washington um eine Einschätzung jener Monumente bat, die dieser noch gründlicher erforscht hatte als er selbst. Und damit veranlaßte er Washington zu seinem einzigen schriftlich dokumentierten Kommentar über die Bedeutung dieser Architektur, den wir weiter unten im entsprechenden Kontext wiedergeben werden.

Neben General Butler und Major Heart hinterließen auch Oberst Winthrop Sargent und die Generäle »Mad Anthony« Wayne und William Henry Harrison, die alle unter Washingtons Kommando gedient hatten, Aufzeichnungen über die indianische Architektur. Harrison war 1791, im Alter von achtzehn Jahren, auf die Erdwerke von Cincinnati gestoßen, als er unter St. Clair als Leutnant diente. Im August 1793 kannte er sie gut genug, um Wayne auf eine Erkundungstour dorthin zu begleiten – zumindest behauptete er dies vierzig Jahre später. Ebenso könnte auch Sargent den beiden als Führer gedient haben, denn er war es, der 1799 die erste Karte von Cincinnati an die American Philosophical Society sandte. Als Harrison jedoch in den Jahren nach 1820 seine »archäologische Phase« hatte, war Sargent in Vergessenheit geraten, während Wayne als Held galt, der es wert war, den ruhmreichen Harrison zu begleiten.[7]

Wayne hatte 2000 Mann reguläre Truppen (etwa dieselbe Zahl, mit der Washington auf Yorktown zumarschiert war) und eine bunte Schar von Milizsoldaten zusammengezogen, um die Indianerstämme in Ohio anzugreifen. An jenem Sommernachmittag aber fand er Zeit, über die Ebene zu flanieren, »die mit langgestreckten, niedrigen Wällen überzogen war«, und die alte Architektur seiner Gegner zu bewundern. Offenbar handelte es sich um ein weiteres Hopewell-Zentrum, denn zumindest fand sich dort ein unvollständiger Kreisbogen (eine typische Hopewell-Struktur) mit einem direkt anschließenden, leicht elliptischen kleinen Kreis (252 mal 222 Meter), die an die architektonischen Komplexe von Paint Creek erinnerten.[8] Das moderne Cincinnati wurde auf den Ruinen einer alten Stadt erbaut, doch wuchs die neue Siedlung zwischen 1794 und 1830 so viel rascher als Marietta, daß die Bewohner kaum auf dieses Erbe achteten. Als dann schließlich die ersten systematischen Versuche einer Kartographierung der in der Region vorhandenen Monumente unternommen wurden, waren die Spuren der Vergangenheit schon weitgehend zerstört.

Worthingtons Karawane nach Süden

Ende August 1793 unternahm Wayne mit seiner Truppe bei Fallen Timbers einen Überraschungsangriff auf die Indianer und bereitete ihnen eine vernichtende Niederlage. Zwei Jahre später erkundete Thomas Worthington vorsichtig die Lage im Scioto-Tal und befand die Gegend für ausreichend sicher. Daraufhin kehrte er wieder nach Virginia zurück und heiratete kurz vor Weihnachten desselben Jahres Eleanor Swearingen, eine Erbin aus der Nachbarschaft. Im Januar 1797 brach das Paar auf, um in Ohio Land zu erwerben und sich dort niederzulassen.

Allerdings begaben sie sich nicht allein in die Wildnis, denn sie waren wohlhabende Leute. Worthingtons Nachbar, Samuel Washington von Harewood, meinte kurz vor ihrer Hochzeit, Worthington sei »der einzige Mann in unserer Nachbarschaft, der Geld hat«, und durch die Verbindung mit einer Swearingen – oder Van Swearingen – gewann er weiteres Geld und noch einiges mehr hinzu. Die Familie seiner Ehefrau stammte aus Holland und hatte sich frohen Mutes in die *Frontier*-Region aufgemacht. Mehrere Van Swearingens heirateten Indianer.

Im März 1798 konnte man in den Hügeln des westlichen Virginia eine jener typischen Karawanen erspähen, in denen die vornehmen Familien des amerikanischen Südens gen Westen zogen. Wer die Geschichten solcher Familien kennt, mochte erwarten, daß der Zug (und sein Gefolge) sich nach Südwesten wenden würde. Wenn die Reise in den Black Belt* führte, würde man die Hamptons an der

* »Black Belt« (dt. »schwarzer Gürtel«): Region im Südosten der USA, die sich durch fruchtbare dunkle Böden und einen hohen Bevölkerungsanteil von Schwarzen auszeichnet (Anm. d. Übers.).

Spitze der Kolonne wähnen; hielte die Reisegesellschaft auf Natchez zu, könnten möglicherweise die Marshalls den Trupp anführen; zöge sie noch weiter nach Süden, nach Louisiana, würden wahrscheinlich die Skipwiths und die Randolphs den Kopf der Phalanx bilden. Niemals würde man jedoch erwarten, daß ein solches Grüppchen allein in die Wildnis vordringen würde; normalerweise wäre am Schluß der Karawane immer ein Trupp aneinandergeketteter Sklaven zu finden.

Die Chronik über die Reise der Worthingtons nach Westen enthält Passagen, die auch den Geschichten der Hamptons, Marshalls, Skipwiths und Randolphs entnommen sein könnten. Ehrfurchtsvoll wird ihr Hausrat beschrieben, »wozu auch zwei wunderschöne Pfeilerspiegel gehörten, die Eleanor von ihrer Mutter geerbt hatte, ... Familiensilber und Wäsche, landwirtschaftliche Gerätschaften, Töpfe und Pfannen, Hühner, Obstbäume, Strauchwerk [vermutlich sauber zurückgeschnitten] und alle Arten von Saatgut«. Und über das Ehepaar Worthington hinaus waren, wie meist bei solchen Reisen, noch viele weitere Personen mit von der Partie: zwei Brüder von Mrs. Worthington, ihr Arzt und Freund »Dr. Tiffin und seine Familie, zu der seine Frau, seine Eltern, zwei Brüder und zwei Schwestern gehörten«, der Müller der Familie Worthington und seine Söhne sowie eine Gruppe von Schwarzen.[9]

Doch handelte es sich hier nicht um eine gewöhnliche Familie aus dem Süden, und sie hatte auch kein gewöhnliches Reiseziel. Denn diese Karawane, die die Saat der europäischen und afrikanischen Kultur mit sich brachte, zog nach Norden, nach Adena. Und im Gegensatz zu anderen Siedlern führten die Worthingtons keine Sklaven mit in ihre neue Heimat – bevor Thomas Worthington nach Ohio aufbrach, hatte er sie alle freigelassen.[10]

Mit dieser eindeutigen und kostspieligen Stellungnahme gegen die Sklaverei (die Freilassung von Sklaven bedeutete die Aufgabe von Eigentum – zugunsten des Eigentums selbst) bewies Thomas Worthington, daß er vieles mit den Yankee-Cincinnati von Marietta gemein hatte. Gleichwohl war er immer noch Virginier, und nachdem er sich in Ohio niedergelassen hatte, wurde er zu einer der führenden lokalen Persönlichkeiten der Partei Jeffersons und Gallatins. Er teilte ihre Begeisterung für alte Architektur, und zu seiner großen Freude stieß er an seinem neuen Siedlungsort überall auf solche Monumente. In der Umgebung von Chillicothe fanden sich architektonische Zeugnisse, die weit beeindruckender waren als die »recht gefällig eingerichtete Blockhütte«, in der Worthington seine Frau nach ihrer Ankunft zunächst unterbrachte.

Während seiner Erkundungsreise nach Ohio hatte er ihr geschrieben, daß ihre Heimstatt bei einem »indianischen Hügel [liege, der] eine reizende Lage für ein Sommerhaus bietet und aufgrund seiner lotrechten Höhe von 35 Fuß [ca, 10,5 m] einen Blick über die ganze Stadt gewährt«. Dies ist eine treffende Beschreibung des Adena-Mounds, der vermutlich das berühmteste Monument seiner Art in den USA geworden ist. Und wie sich herausstellen sollte, errichtete Worthington auf diesem Mound kein Sommerhaus. Statt dessen kam ihm zu Beginn des 19. Jahrhunderts ein noch geeigneterer Platz in den Sinn, nämlich ein 800 Meter weiter gelegener Hügel. Auf dessen Gipfel, hoch über der Stadt, baute Latrobe fünf Jahre später eine Villa für ihn.[11]

In demselben Brief, in dem Worthington seiner Frau vom Adena-Mound berichtete, schilderte er auch, daß er am vorherigen Tag »dem Begräbnis eines Indianers beigewohnt [habe] – des einzigen Sohnes eines alten Mannes, der aufgrund seiner hervorragenden Eigenschaften hohes Ansehen genoß. Die Indianer stimmten ein großes Wehklagen um ihn an«.[12] 1901 begannen Archäologen, den Adena-Mound zu untersuchen und förderten eine Fülle von prächtigen Kunstgegenständen aus Kupfer, Perlen und Glimmer zutage, die zweitausend Jahre zuvor der Erde anvertraut worden waren, zusammen mit Menschen, »die aufgrund ihrer hervorragenden Eigenschaften hohes Ansehen genossen«. Aber im Jahre 1901 begnügte sich die Archäologie mit der bloßen Bergung dieses Schatzes, und der Adena-Mound wurde zerstört, nachdem er seine Kleinode preisgegeben hatte. Heute weist nichts mehr auf das Monument hin. Hausbesitzer mähen ihren Rasen und Kinder kicken mit Blechdosen, wo zur Zeit Kaiser Augustus' Menschen mit aufwendigen Zeremonien und vermutlich »großem Wehklagen« ihre Toten bestatteten.

Die bemerkenswerte Tatsache, daß die Monumente der Adena- wie auch der Hopewellzeit geometrisch exakt aufeinander ausgerichtet sind, hätte schon vor Jahrzehnten zu einer Neubewertung der Zusammenhänge zwischen den beiden »Kulturen« führen sollen. Das große Bestattungszentrum der Hopewell lag nur 1600 Meter vom Adena-Mound entfernt und zwar exakt in nördlicher Richtung, wie eine Kompaßpeilung ergab. Dieselbe Peilung weist in der Verlängerung wiederum direkt auf die Umfriedung von Dunlap. Einige Mounds dieses Hopewell-Heiligtums, des heutigen Mound City National Monument, wurden mehrmals überbaut, dann von der US-Armee planiert und schließlich wieder rekonstruiert. Jeder dieser Tumuli enthielt eine Fülle von Schätzen, die von Archäologen gerade noch rechtzeitig geborgen werden konnten. Es erscheint angemessen, daß Albert Gallatin, der Gründervater mit dem umfassendsten Wissen über das alte Amerika, am Bau eines Hauses an einer solchen Stätte Anteil haben sollte.

Die Mitgliedschaft in der Partei Gallatins und Jeffersons war Thomas Worthington praktisch in die Wiege gelegt worden, da er während der Revolutionszeit in die Schicht des sklavenhaltenden Geldadels der Piedmont-Region Virginias hineingeboren worden war. Doch Worthington hatte sich nie so leicht festlegen lassen. Nachdem er bereits in früher Kindheit seine Eltern verloren hatte, entfloh er der Obhut seines Vormunds General William Darke und verdingte sich als Matrose. Nach Reisen zu den Westindischen Inseln und in die Ostsee wurde sein Schiff von der britischen Marine aufgebracht, und Worthington entging nur knapp einer Preßpatrouille. Nach diesen Erlebnissen hielt er es für angebracht, wieder in die ländliche Ruhe des westlichen Virginia zurückzukehren, wo er jedoch gerade so lange blieb, bis er einige der von Darke ausgegebenen Landberechtigungsscheine für Ohio erhalten hatte.[13]

Als US-Senator stimmte Worthington für die Abschaffung der Sklaverei in Louisiana und schlug vor, daß alle Sklaven, die in das neuerworbene Louisiana-Territorium gebracht worden seien, nach Ablauf eines Jahres freigelassen werden müßten. Dabei kümmerte es ihn wenig, daß Jefferson ihn drängte, diese Haltung aufzugeben. Worthington war schon bei den Pflanzern in Virginia nicht sonderlich beliebt, und auch in Ohio zog er die Schmähungen all derjenigen auf sich, die glaubten, daß nur ein toter Indianer ein guter Indianer sei.

Eine Abendgesellschaft in Adena

Während des Krieges von 1812 diente Thomas Worthington für kurze Zeit als Milizgeneral. So hören wir, wie er die indianische Streitmacht ausspähte, welche Fort Wayne belagerte, wobei er »zusammen mit acht anderen, als Indianer verkleideten Weißen ... [und] sieben indianischen Führern« loszog. Und man möge uns vergeben, wenn wir uns vorstellen, daß es für acht honorige Gentlemen nicht leicht gewesen sein muß, vorübergehend auf ihre Zigarren und Pfeilerspiegel zu verzichten, um im Unterholz herumzukrauchen.[14]

Obwohl Worthington als General der Ohio-Miliz nur wenig militärische Erfahrung sammeln konnte, so wußte er doch, wie man mit Indianern verhandelt. 1807, kurz nach Fertigstellung seiner Villa in Adena, wurden er und sein Partner Duncan Macarthur vom Gouverneur von Ohio zu den Shawnee-Siedlungen bei Greenville entsandt. Sie sollten deren Kriegshäuptlinge, zu denen unter anderem Tecumseh zählte, überreden, bei einem erneuten Aufflammen des Krieges mit den Briten neutral zu bleiben. Als ihre Mission ein Erfolg zu werden versprach, waren sie so erfreut, daß sie die Häuptlinge einluden, sie nach Chillicothe zurückzubegleiten. Dieses Angebot wurde von Tecumseh, Blue Jacket (der sich mit Worthington besonders gut verstand), Roundhead (ein Hurone) und dem Panther (ein Delaware) bereitwillig angenommen.

Und die Häuptlinge eskortierten die Emissäre des Gouverneurs nicht nur, sondern sie verweilten eine volle Woche in Chillicothe, wo sie von den lokalen Gutsbesitzern gefeiert wurden. Tecumseh ergriff die Gelegenheit, um die Bewohner der Stadt mit einer dreistündigen Rede in seinen Bann zu schlagen. Er erklärte deutlich, daß er seine Krieger nicht aus dem Raum nördlich und westlich der durch den Vertrag von Greenville festgelegten Grenzlinie ausbrechen lassen würde (der Vertrag war 1795 nach Waynes Sieg ohne Tecumsehs Mitsprache geschlossen worden) – sofern die Weißen sich auf das Gebiet südlich und östlich davon beschränkten. Vermutlich war sich Tecumseh sicher, daß die Weißen sich nicht daran halten würden, und so überlegte er während der folgenden drei Jahre, wie er gegen sie vorgehen könnte, sobald sie die Abmachung brachen.[15]

An einem fröhlichen Nachmittag nahmen die vier Häuptlinge die

Einladung Worthingtons zu einer Abendgesellschaft in Adena an. Aus einigen Berichten erfahren wir, daß sie während der ganzen Woche um die Villa herum kampiert und ihre Mahlzeiten im Haus eingenommen hatten. Die Geschichte jenes Tages blieb Worthingtons Tochter in unauslöschlicher Erinnerung, obwohl sie nicht in seiner offiziellen Biographie erscheint. Wir müssen daher einen Blick in Bil Gilberts exzellente Lebensbeschreibung Tecumsehs werfen.

> Exotische Speisen waren aus dem Osten herbeigeschafft worden [wohl eher aus New Orleans], feines Porzellan und das beste Silber wurden aufgelegt, und die ganze Tafel wurde in jenem verschlungenen Pyramidenstil gestaltet, der damals als besonders elegant galt.[16]

Worthingtons Tochter erwähnte die Verhaltensinstruktionen, die alle nicht-indianischen Gäste erhielten: »Wir wurden eindringlich ermahnt, ihre Verschrobenheiten tunlichst zu übersehen.« Welche Anweisungen Tecumseh seinen Begleitern gab, ist *nicht* überliefert, doch waren sie vermutlich etwas subtiler. Schließlich diente dieser Besuch »geschäftlichen« Zwecken, und Gilbert schreibt: »Diese vier Männer hatten vermutlich über hundert Weiße niedergemetzelt, ihnen den Schädel eingeschlagen und ihren Skalp genommen.« Und dennoch betraten sie wohlwollend das Haus und standen in einem von Latrobes sorgfältig ausgestatteten kubischen Salons,

> ... balancierten ihre Tassen, machten Konversation mit der feinen Gesellschaft der Provinz ... Unvermeidlich kam es zu einem Zwischenfall ... Als die Diener die Kaffeetassen herumreichten, wurde einer der Wilden [Gilberts Ausdruck] unabsichtlich übersehen. Sofort begannen die anderen drei aufgeregt auf ihn einzuschnattern, und er antwortete mit zunehmender Erregung und offensichtlichem Ärger. Was sich hier ereignete, war jedoch nur ein *unsoma*-Scherz,[17] bei dem die einen den anderen hänselten, weil sein Totemtier so langsam und dumm sei, daß es keinen Kaffee finden könne. Die weißen Gäste, die überhaupt nicht verstanden, was vor sich ging, hegten die Befürchtung, daß sie die Häuptlinge auf das schlimmste beleidigt hätten und daß die Pyramidentafel sogleich von Blut triefen würde.
> Daraufhin stellte Tekamthi [Tecumseh] seine soziale Kompetenz unter Beweis ... Er erklärte den Worthingtons, daß er und seine Männer Späße machten, die man Außenstehenden nur schwer begreiflich machen kön-

ne. Daraufhin zeigten sich die Weißen ungeheuer erleichtert und überschlugen sich beinahe, damit die Kaffeetassen der Wilden immer wohlgefüllt blieben ... Jahre später stieß Gaynwah, der Shawnee-Historiker und Urgroßenkel von Tekamthi auf einen Bericht über das Abendessen in Adena, und meinte dazu höchst erheitert: »Ich hege keinen Zweifel, daß diese zusätzliche Menge an Kaffee ein weiterer großer Scherz war, der noch einmal wiederholt wurde, als sie nach Greenville zurückgekehrt waren. Ich konnte mir das Lachen nicht verkneifen, als ich dies über den Häuptling las, da ich ja wußte, was folgte.«[18]

Blue Jacket war ein hervorragender Schauspieler. Er und die anderen Häuptlinge wußten ebensogut wie ihre Gastgeber, daß nur eine schlimme Seuche die Weißen davon abhalten würde, die vertraglich festgeschriebene Grenzlinie zu verletzen, wie es mit allen Grenzlinien geschah, die davor und danach ausgehandelt wurden. Doch die Indianer benötigten eine Atempause, um weitere Waffen und Vorräte anzusammeln. Blue Jacket hatte sogar in aller Eile von einer solchen Beschaffungstour zu den Briten in Detroit nach Greenville zurückkehren müssen, um die Gesandtschaft um Worthington zu treffen.
Jene Woche mit ihren Ansprachen und Kaffeestunden in Chillicothe war ein diplomatischer Triumph, denn er verschaffte den Indianern noch eine Galgenfrist. Der Scherz mit dem Kaffee war natürlich riskant, denn er hätte einen Tumult auslösen können. Die Häuptlinge um Tecumseh spielten um Zeit, und ihre Situation war düster: In den britischen Arsenalen konnte es gar nicht soviel Waffen und Munition geben, wie 50 000 Indianer gebraucht hätten, um die bereits in Kentucky befindlichen 400 000 Weißen und weitere 260 000 in Ohio abzuwehren.
In der *Frontier*-Region erzählte man sich eine Geschichte, derzufolge der eigentliche Witz dieser Abendgesellschaft in Chillicothe weder in dem Scheinkampf der Indianer noch in der Kaffeeflut bestand, sondern darin, daß der »wilde« Blue Jacket in Wahrheit gar kein Wilder war, sondern ein Vetter von Mrs. Worthington, ein geborener Van Swearingen, der in seiner Jugend von den Indianern entführt worden sei und dabei eine blaue Jacke trug. Diese Anekdote ist nun leider äußerst unglaubwürdig, denn sie wird allein schon durch chronologische Unstimmigkeiten widerlegt. Gleichwohl muß während dieser Kaffeestunde die machtvolle Präsenz von Geistern, *un-*

soma und anderen Kräften in dem Salon spürbar gewesen sein. Zu keinem anderen Zeitpunkt liefen so viele Fäden unserer Geschichte an einem Ort zusammen und verflochten sich so eng miteinander wie an jenem Abend in Worthingtons Villa.

Worthington hob sich von anderen zeitgenössischen Politikern in der *Frontier*-Region dadurch ab, daß er die Indianer als gleichwertige Mitmenschen betrachtete. Er hatte lange Zeit unter ihnen gelebt und hatte auf beiden Seiten der *Frontier* Verwandte. Vielleicht war dies einer der Gründe, warum er Harrisons Bestreben, Indianer und Weiße in einen Krieg zu treiben, so skeptisch betrachtete. Er mokierte sich über Harrisons Provokationen und nannte den knappen Sieg am Tippecanoe eine traurige Angelegenheit. Wie Washington und Aaron Burr vor ihm drängte Worthington die Regierung, eine gütliche Lösung zu finden, die es erlaubte, die Grenzen der Indianergebiete ohne weiteres Blutvergießen festzusetzen.

Aber das Blutvergießen konnte den Weg zur Macht ebnen. Der Kampf gegen die Indianer war im Westen ein Beruf. Männer, die ihn erfolgreich ausübten, wie Andrew Jackson oder Harrison, errangen das Präsidentenamt oder verfehlten es nur knapp, wie Lewis Cass und Richard Mentor Johnson aus Kentucky.[19] Das Zeitalter Jacksons und Harrisons hatte begonnen.

Dies war keine gastliche Welt mehr für Worthington und Gallatin, die lebenslangen Freunde, deren gutes Verhältnis nur einmal, 1824, durch die gegenseitige Konkurrenz bei der Kandidatur für die Vizepräsidentschaft belastet wurde.[20] Gallatin wurde von den »Republicans«, aus denen später die »Democratic Party« Andrew Jacksons hervorgehen sollte, nominiert, zog seine Kandidatur jedoch zurück, als offenbar wurde, wie wenig Begeisterung man im Land für diesen gewieften Washingtoner Insider empfand. Es war ein »Mißgeschick, das auf einer Fehlkalkulation« beruhte, meinte er später wehmütig.[21] Ähnliches ließe sich über Worthingtons Versuch sagen, erneut einen Sitz im US-Senat zu erringen. Man zählte ebenfalls das Jahr 1824, und Worthington war nur ein alter Milizgeneral, der angesichts der wachsenden Begeisterung für »echte« soldatische Helden, unter denen Andrew Jackson und William Henry Harrison sich besonders hervortaten, keine Chance mehr hatte. Worthington landete hinter seinen Konkurrenten nur abgeschlagen auf dem dritten Platz.

Das Etikett »*Jeffersonian*« würde die tiefgehenden Divergenzen zwischen Worthington und Jefferson verschleiern, denn ersterer ging im Kampf gegen die Sklaverei noch viel entschiedener vor als Gallatin. Er verurteilte die »besondere Einrichtung des Südens« nicht nur in der Theorie, sondern handelte auch nach seinen Überzeugungen. Es waren solche prinzipienfesten Virginier wie er, die gemeinsam mit den Yankee-Zuwanderern im Nordwestterritorium gegen die Sklaverei kämpften. Worthington stand zusammen mit Edward Coles aus Illinois an der Spitze der Bewegung – auch er ein Virginier, der Gouverneur eines aus dem Nordwestterritorium ausgegliederten Staates geworden war.
Es gibt keine Coles-Gedenkstätte in Illinois, aber Adena in Ohio könnte sehr wohl zu einem geweihten Ort für die Virginier werden, zu dem die Menschen pilgern, um über das Leben von Männern wie Coles und Worthington nachzudenken.[22] Adena könnte auch zu einem Ort weitergehender Reflexionen über das Verhältnis zwischen den Rassen in den USA werden, der an die Leistungen nicht-europäischstämmiger Amerikaner erinnert. Worthingtons Villa ist eines der glänzendsten frühen neoklassizistischen Bauwerke westlich der Appalachen, und sie liegt inmitten geheiligter indianischer Stätten. Zudem waren Thomas Worthington und Albert Gallatin (der in Virginia den Eid auf die amerikanische Verfassung abgelegt hatte) den meisten anderen Virginiern in ihren Vorstellungen vom Zusammenleben von Schwarzen, Weißen und Indianern weit voraus. Eine Ausnahme machte hier nur der berühmteste aller Virginier.

5. Kapitel
George Washington: Sein Land, seine Bewohner und die Cincinnati-Lösung

George Washington verfügte über mehr aus eigener Anschauung erworbenes Wissen über den nordamerikanischen Westen und seine Bewohner als jeder andere Präsident der USA vor Andrew Jackson. Er zählte mehr archäologische Stätten zu seinem Besitz als alle Präsidenten vor und nach ihm. Wie Albert Gallatin und Thomas Jefferson setzte er sich für die wissenschaftliche Erforschung der prähistorischen amerikanischen Architektur ein, obwohl er weniger Möglichkeiten als diese beiden Männer hatte, dementsprechende Aktivitäten persönlich zu fördern oder selbst als Forscher tätig zu werden. Seine Politik gegenüber den lebenden Indianern war die eines Mannes, der Freunde unter ihnen hatte, Seite an Seite mit ihnen gekämpft hatte und ihre Lebensweise respektierte. Washington befürwortete weder die Zerstörung der indianischen Kulturen noch ihre Assimilation, sondern trat dafür ein, die inneren Regionen des nordamerikanischen Kontinents in getrennte Territorien für Indianer und Nicht-Indianer aufzuteilen. Für dieses Konzept fand er bei Jefferson und Gallatin kaum Unterstützung, doch wie bei allen anderen Gelegenheiten blieb er in seiner Haltung konsequent; seine Achtung vor den Zeugnissen der Vergangenheit der indigenen Amerikaner war Teil seines Respekts vor ihrer Gegenwart.

Als Landvermesser hatte Washington 1749, 1750 und 1752 die Täler zwischen den Blue Ridge Mountains und dem felsigen Hochplateau erkundet, das die Wasserscheide für diesen Teil des Kontinents bildete. 1753, während seiner ersten militärischen Mission, ließ er das Gebirge hinter sich und drang in den oberen Teil des Ohio-Stromgebiets vor. Als Kundschafter und Bote des Gouverneurs von Virginia überbrachte er den Franzosen die ultimative Aufforderung, daß sie und ihre indianischen Verbündeten alle ihre Militärposten und Siedlungen am Oberlauf des Ohio räumen sollten.

Obwohl er auf viele Ruinen alter indianischer Bauwerke stieß, konnte er sich nicht näher mit solchen Entdeckungen befassen. Er bewegte sich mit einem militärischen Auftrag in Feindesland, und wie gefährlich seine Mission war, wurde im folgenden Jahr deutlich, als er einem französischen Trupp mit einer ähnlichen Mission auflauerte und dessen Anführer tötete. Die Franzosen wollten indessen nicht weichen, und 1754 erlebte Washington bei Fort Necessity seine erste persönliche militärische Niederlage – sein schlimmstes Debakel bis zu der Serie von Rückschlägen beim Kampf um die Stadt New York zu Beginn des Unabhängigkeitskrieges. Der Rückzug aus Fort Necessity war unrühmlich, jedoch nicht so grauenvoll wie das Desaster, das General Braddock im darauffolgenden Jahr erlebte, als er mit seinen Rotröcken in einen Hinterhalt geriet. Washington hatte unter Braddock die virginische Miliz befehligt, und als der General seinen Wunden erlegen war, sammelte Washington, obwohl er selbst unter hohem Fieber litt, die versprengten Überreste der englischen Streitmacht und führte sie aus der Gefahr.

Drei Jahre später war Washington wieder im Westen, wo er einen weiteren englischen General begleitete, der seinen Feldzug nicht überleben sollte. General John Forbes war schwer krank und mußte auf einer Trage seinem Stellvertreter Bouquet folgen, der zusammen mit Washington eine neue Truppe zur Gabelung des Ohio führte, wo auf den Ruinen von Fort Duquesne die Stadt »Pittsbourgh« gegründet wurde.

Das entscheidende politische Ereignis in den für Washingtons Generation prägenden Jahren war die Eroberung Kanadas und des Mississippi-Tals durch Großbritannien. Das vertraglich besiegelte Ende der französischen Herrschaftsansprüche in Nordamerika übertraf die kühnsten Erwartungen der britischen Kolonisten, ähnlich wie der Zusammenbruch des Kommunismus in Osteuropa von den heutigen US-Bürgern als überwältigendes Ereignis empfunden wurde. Erst in zweiter Linie wurde gewürdigt, daß die Amerikaner eine gewisse Rolle bei der Beseitigung der französischen Bedrohung in der *Frontier*-Region gespielt hatten – eine noblere Rolle als viele von denen, die sich ihnen gegenüber als überlegen aufspielten. So erlebten die Amerikaner, wie die Briten besiegt wurden, und sie wußten, daß Braddocks katastrophale Niederlage hätte vermieden werden kön-

nen, wenn er Benjamin Franklins und George Washingtons Rat befolgt hätte. Während Bouquets erfolgreichem Feldzug, der dieses Fiasko wieder wettmachen sollte, bewiesen die Virginier, daß sie sehr gut zu kämpfen verstanden, wenn sie einem vernünftigen Kommandeur unterstellt wurden. Und sie lernten allmählich das Gelände im Westen kennen.
Während des Unabhängigkeitskrieges trugen die amerikanischen Truppen den Krieg bis nach St. Louis und fast bis nach Detroit. Washington bestimmte die militärische Strategie im Westen, und 1784, nicht lange nach dem Erfolg seines Heeres bei Yorktown, war er bereits wieder am Oberlauf des Ohio. Dort fand auch seine erste Begegnung mit Albert Gallatin statt.

Washington und Gallatin

Zum ersten Mal trafen die beiden in einer Blockhütte mit nur einem Raum zusammen, die als Schreibstube und Unterkunft für den obersten Landvermesser Virginias diente, welcher die Interessen dieser Kolonie gegenüber den konkurrierenden Gebietsansprüchen Pennsylvanias vertrat. Gallatin, der das einzige vorhandene Bett belegt hatte, hatte hier sein Hauptquartier aufgeschlagen und nutzte seine bei den Abenaki erworbenen Fertigkeiten, um das Quellgebiet des Ohio mit dem Kanu zu erkunden.
Ein beträchtlicher Teil des umliegenden Gebiets war bereits Washingtons Eigentum. Am Nachmittag des 24. September 1784 konsultierte er eine Gruppe von lokalen Honoratioren, um herauszufinden, auf welchen Wegen Siedler am bequemsten die Berge überqueren könnten, um zu seinen Besitzungen zu gelangen. Dabei befragte er jede Person einzeln, und Gallatin meinte später, er »habe sich immer sehr langsam eine Meinung gebildet«. Plötzlich redete ein fremder junger Mann mit franko-schweizerischem Akzent dazwischen – »Oh, das ist doch ganz offensichtlich« – und deutete auf die ausgebreitete Landkarte.[1]

> Die guten Leute starrten ihn an ..., verwundert über seine Dreistigkeit ... General Washington ... legte seine Feder nieder, sah von seinen Notizen auf und warf Herrn Gallatin einen strengen Blick zu; er war offensichtlich verstimmt ..., sagte aber kein Wort ... Er setzte seine Befragung noch

einige Minuten lang fort, dann hielt er plötzlich inne, ließ seine Feder fallen, wandte sich Herrn Gallatin zu und sagte: »Sie haben recht, Sir.«[2]

Washington war für sein aufbrausendes Temperament berüchtigt. Er erwartete in ebensolchem Maße ehrerbietiges Verhalten wie Dwight D. Eisenhower, der mir in einer ähnlichen Situation auch einmal einen kalten Blick zuwarf. Und das war im 20. Jahrhundert; 1952 wurden auch Generäle, die für das Präsidentenamt kandidierten, gelegentlich unterbrochen. 1784 wurde Washington jedoch von allen Menschen wie ein jähzorniger Fürst behandelt. Genau an dem erwähnten Tag hatte er in seinem Tagebuch vermerkt, daß man ihn »um Entschuldigung gebeten« habe, weil die Hinterwäldler keine angemessenen Abschiedsworte an ihn gerichtet hätten, »als sie meine Pferde gesattelt und mich selbst zum Aufbruch bereit vorfanden«. Doch ebenso wie Eisenhower pflegte Washington jedes Talent zu nutzen, das ihm unterkam, und mochte es auch noch so unscheinbar sein. Und Gallatin war ein echtes Talent. Das hatte der General in jener von der Wildnis umgebenen Blockhütte erkannt, und er lud den ungehörigen Landvermesser ein, mit ihm zu Abend zu speisen.[3] Dann äußerte Washington den Wunsch, bis zum nächsten Morgen in der Hütte Quartier zu nehmen. Nun war es keine Frage, wer das Feldbett bekommen würde; Gallatin wickelte sich in seine Decke und nächtigte auf dem Boden.

Washington, Gallatin und die Archäologie

Washington und Gallatin waren niemals Freunde, aber sie verstanden einander sehr gut. Dieses gute Einvernehmen begann an jenem Septemberabend des Jahres 1784, als Gallatin sein Bett an Washington abtrat; zu diesem Zeitpunkt war der Amerikanische Unabhängigkeitskrieg seit knapp einem Jahr zu Ende.
Washington war damals zweiundfünfzig Jahre alt. Er war der berühmteste Mann in den USA und hatte ein Recht auf das Bett. Und vermutlich war er auch der *größte* Mann am Orte – seinen eigenen Angaben zufolge war er »sechs Fuß [ca. 1,80 Meter] groß und gut gebaut; eher schlank als dick für einen Mann dieser Größe, mit

ziemlich langen Armen und Oberschenkeln«. Von seinen Hemden ist keines mehr erhalten, doch die Kuratoren des American History Museum haben seine Uniform vermessen. Dabei stellten sie fest, daß er die heutige Hosenlänge 38 oder 40 tragen würde, mit einer Taillenweite von 86 Zentimetern; sein Brustumfang betrug 91–96 Zentimeter, die Ärmellänge 83 Zentimeter.[4]

Washington war ein virginischer Großgrundbesitzer und konservativ bis ins Mark, doch wie viele Gutsherren seiner Zeit und auch Gallatin war er Spekulant. Das heißt nicht, daß er seine Zeit mit theoretischen Überlegungen vergeudete; vielmehr war er aufrichtig davon überzeugt, daß Landbesitz im Wert immer nur steigen konnte. Folglich hatte George Washington gewaltige Ländereien in den Flußniederungen Pennsylvanias, des westlichen Virginia und Ohios aufgekauft, auf denen viele archäologisch interessante Stätten zu finden waren.[5]

Eine davon befand sich in der Nähe des Ortes, an dem sich Washington und Gallatin kennengelernt hatten, am Monongahela. Es handelte sich dabei um ein Erdwerk mit einem großen Innenhof. Vermutlich hatte die Stätte einst als Zeremonialzentrum gedient, doch die ersten Europäer, die auf dieses architektonische Zeugnis stießen, glaubten darin bezeichnenderweise eine Verteidigungsanlage zu erkennen. Nach 1770 wurde es unter dem Namen »Old Fort at Redstone« bekannt.[6]

Mit ihrem ausgeprägten Sinn für Pietät nutzten einige Neu-Engländer diese alte Kultstätte 1788 als Ausgangspunkt für die Eroberung indianischen Gebiets. Innerhalb der Erdumfriedung bauten sie eine zweite *Mayflower* und brachen dann flußabwärts auf. Sie beendeten ihre symbolbeladene Reise bei dem nächsten bedeutenden Zeremonialzentrum am nördlichen Ufer des Ohio und gründeten dort eine Kolonie, die sie Marietta nannten.

Bevor die Siedler nach Marietta gelangten, führte ihre Flußfahrt sie am Grave Creek Mound vorbei. Als Washington dort 1770 Station gemacht hatte, hatte er auf dem Gipfel des Hügels Inschriften entdeckt, die Europäer in die Bäume geritzt hatten. Eine stammte sogar aus dem Jahr 1735. Der Ort war also schon seit langem ein beliebter Rastplatz für Reisende. Der Naturkundler Benjamin Barton beschrieb die Stätte später als eine »gewaltige Anhöhe ..., die aus

riesigen Mengen von Erde aufgeschüttet war … Eines der erhabensten Monumente des fernen Altertums.«[7]
1803 rührte der Grave Creek Mound das Dichterherz in Reverend Thaddeus M. Harris:

> Behind me rise huge a reverend pile
> Sole in this desert heath, a place of tombs.
> Waste, Desolate; where Ruin dreary dwell,
> Brooding o'er sightless skulls and crumbling bones.[8]

> Hinter mir erhebt sich riesenhaft ein ehrwürdiger Berg
> Allein in dieser verlassenen Heide, ein Ort der Gräber.
> Unbewohnt, verlassen; wo Ruinen in Trübsal liegen,
> Dumpf brütend über blinden Schädeln und
>   zerfallenden Gebeinen.

Der ehrwürdige Berg existiert heute noch und ist immer noch »riesenhaft«; er stellte das größte Bauwerk am oberen Ohio dar und ragte über einer Landschaft auf, in der die Flüsse aus den Appalachen sich sammeln, um nach Südwesten, zum Mississippi hinzuströmen, wo Namen wie Braddock und Washington, Bouquet und Gist, Duquesne und Legardeur de Saint-Pierre, Pontiac und Tecumseh, Logan, Queen Allaqippa, Little Turtle und Cornstalk Teil der amerikanischen Geschichte wurden. Die Bankhochhäuser aus Stahl und Glas, die in den sechziger, siebziger und achtziger Jahren in Pittsburgh errichtet wurden, mögen höher sein, doch sind sie keineswegs eindrucksvoller – insbesondere, wenn man an die drei Millionen Körbe voll Erde denkt, die vor dem Zeitalter der Dampfmaschine zum Bau jener »gewaltigen Anhöhe« erforderlich waren, wie sie Barton beschrieb.[9]

Naturgeschichte

Ebensowenig wie die Spanier unter de Soto, die als erste Europäer ins Stromgebiet des Ohio vorgedrungen waren, hinterließ der französische Forscher René Robert Cavelier de La Salle Aufzeichnungen über die Landschaft dieser Region und ihre Tierwelt.[10] George Washington war hier mitteilsamer. Als akribischer Protokollant und Naturforscher verfaßte er im Jahre 1770 eine Beschreibung des oberen Ohio-Stromgebiets, bevor diese Gegend zum Rust Belt wurde. Pittsburgh war damals noch Fort Pitt, und sein wichtigstes Wahrzeichen war jener große Mound, der erst in den vierziger Jahren des 19. Jahrhunderts einem Gebäude im klassizistischen Stil weichen mußte.

Washington war kein brillanter Literat, doch entlockten ihm die Fülle und Fruchtbarkeit des Great Valley Adjektive wie »bemerkenswert« und »außergewöhnlich«. Er zeigte sich entzückt von Hochwild und Truthühnern und bewunderte die gewaltigen Taubenschwärme, die den Himmel zu verdunkeln schienen. In den Talauen des Kanawha River, einem Nebenfluß des Ohio, vermaß er zwei gewaltige Platanen, deren eine einen Umfang von knapp vierzehn Metern aufwies, während die andere immerhin noch neuneinhalb Meter maß. Ein Wels, der ihm an die Angel ging, war der größte, den er jemals gesehen hatte, doch meinten seine Begleiter, daß es sich für den Ohio River noch um ein kleines Exemplar handle.

Wörter wie »Fülle« und »üppig« tauchen in Washingtons Tagebucheinträgen über seine Erkundungsreise am Ohio immer wieder auf: Am Flußufer »sieht man eine Fülle von Wildgänsen und verschiedenen Entenarten ..., viele flache Tümpel, von üppigem Gras umstanden, zogen unzählige Wildvögel an; darunter befanden sich auch einige, deren Größe sich zwischen der eines Schwans und einer Gans bewegte; und auch ihre Farbe lag zwischen der Farbe dieser beiden Spezies; sie waren dunkler als junge Schwäne und von eher brauner Farbe: der Ruf dieser Tiere war so ungewöhnlich wie der Vogel selbst, denn nie zuvor hörte ich einen ähnlichen Laut.« (Möglicherweise waren es Reiher, die Washington hier beobachtet hatte.) Und innerhalb weniger Minuten habe er »fünf Truthühner« als Verpflegung geschossen.

Einige Tage später schrieb er, daß »in diesem Land Überfluß an

Büffeln und Wild jeglicher Art wie auch an Wildvögeln jeglicher Art herrscht, da es dort in den Niederungen zahlreiche kleine, grasüberwucherte Tümpel und Seen gibt, die voller Schwäne, Gänse und Enten sind.«[11]
Die Büffel waren in Ohio erst seit ebenso kurzer Zeit heimisch wie die Navajo im Südwesten Nordamerikas. Beide könnten aufgrund des großen Sterbens und der dadurch bedingten Umwälzungen im 16. Jahrhundert aus den Prärien zwischen den Rocky Mountains und dem Mississippi abgewandert sein – wenn auch in entgegengesetzte Richtungen. Wie wir bereits bemerkt haben, gingen die Bevölkerungszahlen im Ohio-Tal zwischen 1500 und 1550 stark zurück. Von dem Massensterben waren natürlich auch die Jäger nicht ausgenommen, so daß Präriebewohner wie die Büffel nun in Gebiete vordringen konnten, die zuvor zu gefährlich für sie waren.
Das Vorhandensein dieser Tiere war daher nicht Ausdruck einer unberührten, paradiesischen Fülle, sondern, im Gegenteil, Folge einer Katastrophe. Die Herausgeber von Washingtons Tagebuch empfanden es, so erklärten sie selbst, als »merkwürdig«, daß »die Indianer, die ihn [Washington] begleiteten, offenbar nichts von den heute berühmten Mounds wußten ..., die an dieser Stelle ganz in der Nähe des Flusses lagen; aller Wahrscheinlichkeit nach erregte das ungewöhnliche Gebilde nicht die Aufmerksamkeit der Wilden.« Dies war aber keineswegs so »merkwürdig«, denn als Washington diese Region 1770 erkundete, bestatteten die Indianer ihre Toten immer noch ehrfurchtsvoll in jenen Mounds.[12] »Aufmerksam« hatten jene Grabgötter zu sein, die die Indianer neben den Menschen, die sie liebten und verloren hatten, aufstellten. Die »Aufmerksamkeit« von Fremden wollten die Indianer aber vermutlich nicht auf ihre heiligen, geheimen Stätten lenken, die aus Bauwerken bestanden, die niemals von »Wilden« hätten erbaut werden können.[13]

Washingtons Landbesitz

Washingtons Erbe bestand aus Land, obwohl es nicht sehr viel und auch kein gutes Land war. Sein Vater, ein Eisenfabrikant, hatte ihm nur wenig vermacht. Erst als weitere ältere Verwandte verstarben, erbte er den 1011 Hektar umfassenden »Little Hunting Creek Tract«, der später zu seinem Landgut Mount Vernon wurde. Zu größerem Besitz an Grund und Boden gelangte er schließlich durch seine Heirat mit der wohlhabenden Witwe Martha Custis – lange nachdem er einzuschätzen gelernt hatte, welche Art von Land er wollte. Er verdankte diese Fähigkeit seinen eigenen Erkundungsreisen und dem Wissen um die schmerzhaften Lektionen, die seine Nachbarn, die Fairfax, hatten lernen müssen. Die Fairfax waren Erben der Culpeppers, die aufgrund der Dienste, die sie der englischen Krone während der Bürgerkriege des 17. Jahrhunderts geleistet hatten, über 20 000 Quadratkilometer nicht näher definiertes Land in Virginia geschenkt bekommen hatten – eine fürstliche Geste Karls II., dem sie so gewissenhaft gedient hatten.

Bevor die Barone Fairfax sich nach Virginia begaben, um ihre Interessen persönlich wahrzunehmen, war dort eine neue Art von Grundherren zu Wohlstand gelangt, bei denen es sich zum Teil um die Verwalter der Fairfax handelte, die eifrig in die eigene Tasche gewirtschaftet hatten. Der reichste von ihnen war Robert Carter, genannt »King« Carter, denn er hatte einen wahrhaft königlichen Besitz erworben, darunter mehrere hunderttausend Hektar bestes Land, die zuvor seinem Dienstherrn gehört hatten. Zu Zeiten George Washingtons hatten dieser »König« und seine Söhne mehr Reichtum angehäuft als die adligen Fairfax, die allzu lange abwesend und desinteressiert gewesen waren.

Washington erwarb im Laufe der Jahre immer umfassendere und gründlichere Kenntnisse über den Westen. Bereits 1748, im Alter von sechzehn Jahren, hatte er begonnen, das Eigentum der Fairfax entlang der Quellflüsse des Potomac zu vermessen.

Zu diesem Zeitpunkt hatte er auch schon viel über den Westen gehört, denn nach dem Tod seines Vaters wurde Washington Mündel seiner älteren Brüder Lawrence und Augustine, beide Mitgründer der Ohio Land Company. Diese besaß rund 80 000 Hektar Land im Westen, und 1749 reiste Lawrence nach England, um der Gesell-

schaft weitere 200 000 Hektar zu sichern. Die Gespräche in der Familie wurden aufgelockert durch Geschichten über Bergpässe, Hochlandwiesen und Flüsse, die nach Westen zum Ohio eilten.
Mit dem Geld, das er von seinem Vermesserhonorar gespart hatte, erwarb Washington sein erstes Stück Land im Westen, 183 Hektar am oberen Potomac, die unter dem Namen »Dutch George's«[14] bekannt waren. Weitere Käufe folgten, und im Alter von zwanzig Jahren besaß er insgesamt bereits 1700 Hektar.
Im zweiten und dritten Jahr seiner Vermessertätigkeit näherte sich Washington immer weiter der Mound-Region, doch drang er erst 1753, während seiner berühmten Aufklärungsmission gegen die französischen Forts um Pittsburgh, in dieses Gebiet vor. Auf diese Weise lernte er das Ohio-Tal kennen und in der Folge auch das Stromgebiet des Mississippi, »das neue Reich« im Westen.[15]
Seine nächsten Erlebnisse jenseits der Appalachen – der unter seinem Befehl stehende Feldzug von 1754 und Braddocks Niederlage – waren nicht besonders glücklich. Als Washington mit dem letztlich siegreichen Bouquet nach Ohio zurückkehrte, hielt er Ausschau nach geeignetem Land und bedrängte die politisch Verantwortlichen seiner Heimatkolonie, Militärstraßen zu bauen, um dieses Gebiet mit Virginia zu verbinden. Wenig später kaufte er Great Meadows, jenen Ort, an dem er 1754 von den Franzosen gefangengenommen worden war, um die Gegend zu erschließen. Seine damalige Verteidigungsposition hatte sich zwischen »zwei natürlichen Verschanzungen« befunden, die zu einem Quadrat umgestaltet werden konnten, wenn man die Enden mit Wägen zustellte oder eine (neue) Palisade baute und »das Buschwerk beseitigte«. Nahe beim Zusammenfluß der beiden Quellflüsse des Ohio, genau nördlich und westlich des französischen Erd- und Palisadenforts, ragte ein noch größeres Erdwerk auf, das etwa 1500 Jahre älter und unter dem Namen McKees Rocks Mounds bekannt war. Dort schlug Washington den Bau eines neuen Forts vor.[16]

In einem Brief, der als Manifest der Westbewegung hätte dienen können, schrieb Washington an seinen Nachbarn Captain John Posey, daß »Vermögen … gemacht wurden, … als man zu sehr niedrigen Preisen das fruchtbare Hinterland aufkaufte, das in jenen Tagen als wertlos angesehen wurde, aber heute das kostbarste Land ist, das wir besitzen.« Und dann folgte eine Hymne, zu deren Takt alle folgenden Generationen von Amerikanern marschierten:

> Ich möchte … fragen, ob es besser wäre, sich dort, wo man ist, unter einer Schuldenlast abzumühen, durch die man unvermeidlich in ständiger Sorge und in der Angst vor seinen Gläubigern lebt …, oder einen festen Entschluß zu fassen … und sich von diesen Belastungen und diesem Verdruß zu lösen … und dorthin zu gehen …, wo sich einem die moralische Gewißheit bietet, daß man für seine Kinder die Grundlagen eines anständigen Vermögens schafft.[17]

Washington wartete nicht auf das Ende der Feindseligkeiten zwischen Briten und Franzosen, bevor er seine Kampagne für eine Eigentümerkolonie im Westen wiederaufnahm. 1760 traf er in Alexandria mit Captain Bullet zusammen, um einen eventuellen Landerwerb am Ohio zu erörtern, und 1763 ersuchte er die Krone zusammen mit der Mississippi Company um das Recht auf den Kauf von einer Million Hektar Land in dem Gebiet zwischen den Flüssen Ohio, Mississippi und Tennessee. In ihrer Bittschrift priesen sie den »ungewöhnlich fruchtbaren Boden«, »das günstige Klima«, und, was von ebensolcher oder sogar noch größerer Bedeutung war, »die hervorragende Schiffbarkeit der Flüsse«. Washington schrieb in sein Tagebuch, daß »das Klima überaus vorteilhaft, der Boden bemerkenswert gut [sei]; das Land von guten Flüssen bewässert [werde] und hinreichend eben für jede Art der Kultivierung [sei] … Wild ist in solcher Fülle vorhanden, daß nicht nur der Transport von Vorräten (mit Ausnahme von Brot) völlig überflüssig wird, sondern sich die Kolonisten auch noch mit Pelzen eindecken können«.[18] Wie wir sehen werden, versprach dieses Gebiet auch reiche Funde an indianischen Skulpturen, denn es lag nicht weit nördlich von Obion.

Washington und das Indianerland

Natürlich mußte man sich auch mit den Indianern auseinandersetzen. Washingtons Indianerpolitik wandelte sich im Verlauf seiner politischen Karriere, als er vom Kundschafter zum Staatsmann avancierte. Er hatte viel von den Indianern zu lernen. Zunächst brachten sie ihm bei, wie man sich in der Wildnis zurechtfindet und ein Kanu steuert. Später sah er insbesondere am Beispiel der Irokesen, wie ein kleines Volk zwischen Großmächten manövrieren kann und auf diese Weise Bündnispolitik zu betreiben lernt.

Um die Mitte des 18. Jahrhunderts war es für einen weißen Grenzer in Virginia lebenswichtig, sich mit den komplizierten, balkanhaften politischen Verhältnissen im Ohio-Tal vertraut zu machen. Der Irokesen-Bund, dessen Machtzentrum im westlichen New York und mittleren Pennsylvania lag, hatte seinen Einflußbereich bis zum Mississippi ausdehnen können, wo seine Krieger auf die mächtigen, zahlenstarken und hochentwickelten Cherokee trafen, die in den südlichen Appalachen heimisch waren. Auch einige der kleineren Stämme spielten eine wichtige Rolle. Zu diesen zählten die Shawnee, die nach einem Jahrhundert voller Krankheiten und Krieg, das ähnliche Zerstörungen hinterlassen hatte wie der Dreißigjährige Krieg in manchen Teilen Deutschlands, wieder weite Teile der Region besiedelten.

Diese Indianervölker waren bereits durch das große Sterben stark dezimiert worden. Die Kriege des 17. Jahrhunderts, die aufgrund der europäischen Waffen besonders viele Tote forderten, hatten ein übriges getan. Im gesamten Gebiet zwischen den Finger Lakes und Duluth, wo einst eine halbe Million oder mehr nordamerikanische Ureinwohner gelebt hatten, gab es nur noch 60 000 bis 70 000 Indianer. Doch diese Überlebenden hatten ihre eigenen Vorstellungen von der Zukunft.

Die mit Bouquet und Dunmore ausgehandelten Vereinbarungen sahen ein großes Reservationssystem nördlich des Ohio und östlich des Mississippi vor. Dies war ein Triumph für die irokesische Diplomatie, die das Land anderer Stämme als Tauschobjekt benutzte, in der Hoffnung, damit den europäischen Vorstoß nach Süden und Westen umzulenken. Die Irokesen selbst durften das obere Susque-

hanna-Tal und ihr angestammtes Land um die Finger Lakes in New York behalten.
Obwohl die Irokesen und Cherokee gezeigt hatten, daß das Herzland und seine östlichen Ränder zusammengehörten, stellten die Appalachen aus der Sicht Whitehalls immer noch eine bedeutsame geopolitische Grenze dar. Für die Strategen des British Empire rangierten die Westindischen Inseln an erster Stelle, während die nordamerikanische Atlantikküste von geringerem Belang war und das Great Valley gar als vollkommen uninteressant galt. Ganz gewiß erschien ihnen dieses Gebiet nicht den ständigen Ärger wert, den die Steuererhebungen zur Finanzierung militärischer Abenteuer im Westen heraufbeschworen. Die amerikanischen Hilfstruppen neigten zu Disziplinlosigkeit, weshalb die Gentlemen aus England 1760 zu dem Schluß kamen, daß eine weitere territoriale Ausbreitung dieser unbotmäßigen Kolonisten nicht wünschenswert sei. Um die Indianer zu beschwichtigen, wurde den Amerikanern durch eine königliche Proklamation untersagt, weiter in die Täler des Ohio und des Tennessee vorzudringen, bis »das künftige Belieben des Königs bekannt« gegeben würde. Damit war die berühmte »Proklamations-Linie« geschaffen.
Die Virginier zeigten sich zunächst äußerst erzürnt; nach einer Weile aber wurden sie erfinderisch. Der König von England hatte eine Grenze gezogen, doch aufgrund geographischer Erfordernisse sahen *sie* sich unweigerlich gezwungen, diese zu überschreiten. Der Westen rief, ebenso wie der Mond einmal vor langer Zeit die Flut herbeigerufen hatte, um die Zehen Knuts des Großen zu überfluten. Washington war nicht bereit, sich dem »Belieben« König Georgs zu fügen, und wies William Crawford an, das Gebiet jenseits der Proklamations-Linie zu erkunden und überall »nach gutem Land Ausschau zu halten«. Gleichwohl bat er Crawford dringend, »die ganze Angelegenheit streng geheim zu halten« und vorzugeben, daß er sich auf einem Jagdausflug befinde.[19]
Fünf Jahre später wurde der Erlaß über die »Proklamations-Linie« aufgehoben, so daß Washington seine Pläne nun offen verfolgen konnte. Er bemühte sich, möglichst viel von den 80 000 Hektar zu erstehen, die Gouverneur Dunmore ihm und den anderen virginischen Milizsoldaten zugesagt hatte, die im Westen gegen die Fran-

zosen und Indianer gekämpft hatten; außerdem hegte er weiterhin die Hoffnung, daß die Krone den Milizoffizieren weiteres Land gewähren würde, und schließlich erwartete er auch, daß der König den Händlern, die durch Plünderungen von Pontiacs Kriegern Verluste erlitten hatten, veräußerliche Landansprüche als Entschädigung anbieten würde.

Nach 1770 begab sich Washington ein weiteres Mal in den Westen, um all diese Pläne voranzutreiben. Crawford beschrieb ihre Taktik ganz offen: »Ein Mann, der stark ist und die anderen einschüchtern kann, scheint die besten Chancen zu haben.« Washington wurde manchmal als phantasielos bezeichnet. Was aber seine Vorhaben im Westen betraf, erwies er sich als erfindungsreicher Unternehmer und meisterhafter Stratege. Ende der sechziger Jahre entdeckte er auch sein Interesse für den unteren Mississippi, wo das Klima noch günstiger schien und die europäischen Märkte über den Golf von Mexiko leicht zu erreichen waren.

1775, kurz bevor er sich in den Dienst der amerikanischen Revolution stellte, plante Washington eine weitere Kampagne zur Schaffung einer Eigentümerkolonie am Ohio, und 1784 schrieb er über seinen Wunsch, zu den Großen Seen bis nach Detroit und dann den Mississippi hinab bis nach New Orleans zu reisen, genau durch das Herz des neuen Reiches. »Ich werde so lange nicht zufrieden sein«, so meinte er, »bis ich das Land im Westen erforscht habe.«[20]

Während des Unabhängigkeitskrieges lernte Washington viel über symbolische Gesten und insbesondere über die Bedeutung bestimmter Farben. 1784 mußte er sich beispielsweise mit vierzehn Squattern auseinandersetzen, »wilden« Siedlern, die sich unter Mißachtung seines Rechtsanspruchs auf seinem Land niedergelassen hatten. Er zog ein blutrotes Taschentuch aus seinem Ärmel, hielt es an einem Zipfel hoch und sagte: »Gentlemen, dieses Land wird ebenso sicher mein sein wie ich dieses Taschentuch besitze.« Prompt entfernten sich die Squatter von seinem Besitz.[21] Ob er nun nach Land suchte oder es verteidigte, immer erwies er sich als harter, zäher Mann. So schrieb er einmal einem alten Waffengefährten, der für ihn im Westen als Verwalter tätig war, daß er »trotz der Freundschaft, die seit langem zwischen uns besteht«, weder Zerstreutheit noch Nachlässigkeit dulden werde. »Jeder falsch genutzte Tag und jede falsch genutzte Stunde bedeutet für mich einen Verlust ... [Keinen] Augenblick Eurer Zeit [dürft Ihr] anderen Geschäften widmen oder Vergnügungen ... [Ihr seid] ein Mann, der sich verpflichtet hat, seine Zeit und seine Dienste zur Wahrung meiner Interessen am Ohio einzusetzen ...«[22]

In den fünfziger und sechziger Jahren unseres Jahrhunderts schrieben Historiker mit Vorliebe über Washingtons skrupellose, heuchlerische und gewalttätige Vorgehensweise während seiner Kampagne zur Gründung einer Eigentümerkolonie im Westen. In ihren Darstellungen ist sicherlich eine Spur Wahrheit enthalten, und ebenso trifft es zu, daß Washington zuweilen persönliche Interessen mit höheren Prinzipien bemäntelte. Als seine Spekulationen am unteren Mississippi vom *britischen* Gouverneur vereitelt wurden, wertete Washington dies verallgemeinernd als »Beweis für [ihre] ... feindselige Haltung gegenüber den Amerikanern«. Als andere *Amerikaner*, in diesem Fall das Parlament von Pennsylvania, ihm durch Verabschiedung eines entsprechenden Gesetzes den Erwerb großer Flächen erstklassigen Landes untersagten, verlangte er, daß ein alter Gefährte im Registraturamt diese Bestimmungen unterlaufe, »falls die Angelegenheit auf diese Weise in Euren Büchern geregelt werden kann«. Und der königliche Gouverneur von Virginia vereitelte seine Pläne in Ohio durch eine Verordnung, die den En-bloc-Erwerb von großen Grundstücken untersagte. Daraufhin beauftragte Washington seinen jüngeren Bruder Charles per Brief, unter seinem eigenen Namen Land für ihn zu kaufen, diesen Schachzug aber unbedingt geheimzuhalten, indem er allen gegenüber »jeden Teil dieses Briefes [leugne], damit Du nicht in Schwierigkeiten gerätst«.[23]

Washingtons Spekulationstätigkeit hatte ihren Höhepunkt erreicht, als er in einem Brief an einen alten Kampfgefährten aus dem Feldzug gegen die Franzosen behauptete – was offensichtlich unzutreffend war –, daß er seine Stellung als ehemaliger Oberst *nicht* dazu ausgenutzt habe, sich selbst von dem Land, das ihm und allen Kameraden zugeteilt worden war, die besten Flächen entlang des Ohio zu sichern.

Im Immobiliengewerbe nennt man so etwas heute »die Rosinen herauspicken«; im Jahre 1770 hatten diejenigen, die sich über Washington beklagten, sich selbst nicht die Mühe gemacht, in den

Westen zu gehen und dort ihre »Rosinen herauszupicken«. Und offenbar sah Washington die Sache genauso:

> Kein Land wurde jemals ohne eine gewisse Unmäßigkeit besiedelt und wird es auch niemals werden. Welchen Anlaß hätten Menschen, in eine unbewohnte Wildnis vorzudringen, außer aufgrund der Hoffnung, in den Besitz fruchtbaren Landes zu gelangen? Würde irgendein Mensch bei einer solchen Suche seine Zeit vergeuden, sein Vermögen, ja sogar sein Leben aufs Spiel setzen, wenn er das Gute und das Schlechte mit denen teilen müßte, die nach ihm kommen?[24]

Kopf und Herz – Die Liebe zu einem Kontinent

Washingtons Erklärung hätte auch von Cortés oder Pizzaro formuliert worden sein können, von Strongbow in Irland oder von Roger I. an den Küsten Siziliens. Dennoch gibt sie Washingtons Einstellung zum Westen nur unvollständig wieder. Der erste Präsident der USA hat bisher alle Biographen, die sich seiner Psyche zu nähern versuchten, zur Verzweiflung getrieben, weil er so wenig über sich persönlich preisgab und man nur aus seinen Handlungen Schlußfolgerungen ziehen kann. Er war kein grüblerischer Mensch und wenn doch, dann hat er dies zu verheimlichen gewußt. Er schrieb hervorragende naturgeschichtliche Abhandlungen, durch die er sich natürlich nicht persönlich exponierte. Seine Briefe und Tagebücher verfaßte er mit Rücksicht auf die Nachwelt, weshalb sie nur das enthüllen, was er einem größeren Publikum zugänglich machen wollte. Dinge, die er für privat hielt, wurden nur angedeutet oder übergangen, auch wenn sie für ihn in keiner Weise diskreditierend waren. Wir wissen, daß der Westen für Washington ein Ort der Wunder und der Verzückung war, reich an Tieren, fremden Völkern und beeindruckenden Ruinen. Er lieferte begeisterte Schilderungen all dessen, berichtete von Gesprächen mit Indianern und änderte die an sie gerichteten Briefe und Ansprachen, die von seinen Mitarbeitern geschrieben wurden, in einer Weise ab, die verrät, daß er ganz anders über die amerikanischen Ureinwohner dachte als die Mitglieder seines Stabes. Er hinterließ jedoch neben seinen Tagebuchaufzeichnungen keinerlei »*Bemerkungen über Virginia*« oder »*Bemerkungen über Ohio*«; sein Selbstbild unterschied sich ebenso von dem des gelehrten Staatsmannes Jefferson wie auch seine Vorstellungen über Schwarze und Indianer mit denen Jeffersons wenig gemein hatten.

Zumindest aber können wir seinen Aufzeichnungen folgendes entnehmen: Er respektierte die indianischen Religionen und Lebensweisen. Er war keineswegs der Auffassung, daß ein »guter« Indianer entweder tot oder assimiliert sein müsse. Über sein Interesse an den zeitgenössischen Indianern hinaus begeisterte er sich auch für die alte indianische Architektur; am Ende seines Lebens äußerte er sein Bedauern, daß ihm die Zeit gefehlt habe, sich näher mit diesen Dingen zu befassen. Und er nahm, ebenfalls in seinen letzten Jahren, zur Sklavenfrage und zu ihrer Bedeutung für die Politik Virginias eine ganz andere Haltung ein als die Anhänger Jeffersons.

Gleichwohl neigte er zu rauschhaften Landkäufen. Nach dem Ende seiner Präsidentschaft im Jahre 1797 war er wie schon in den Jahren nach dem Unabhängigkeitskrieg gezwungen, Teile seines Landes im Westen zu verkaufen. Seine Träume von künftigen Gewinnen zerrannen angesichts der schmerzlichen Notwendigkeiten der Gegenwart. Tief enttäuscht mußte er sich von seinen Besitzungen trennen, was für ihn um so bitterer war, als dies auf Druck seiner Gläubiger geschah. Nach Aufrechnung der Gewinne und Verluste aus seinem Grundbesitz im Westen[25] kommentierte Washington das Ergebnis mit einer kurzen Alliteration, wie Menschen häufig zu Reimen greifen, wenn sie bewegt sind: »*I have found that landed* property *at a distance from the* Proprietor, *is attended with more* plague *than* profit.« (»Ich habe festgestellt, daß Grundeigentum, das sich nicht in der Nähe des Besitzers befindet, eher eine Last als ein Gewinn ist.«)[26]

Doch reicht dieses bittere Eingeständnis über eine nüchterne ökonomische Bestandsaufnahme hinaus – bei George Washingtons würdevollen Stellungnahmen verbirgt sich hinter der unmittelbaren Bedeutung immer noch etwas anderes. James Thomas Flexner, der die beste der mehrbändigen Biographien über Washington verfaßte, äußerte eine Vermutung über Washingtons Charakter, welche von denjenigen nur belächelt wurde, denen Biographen, die ihrem Gegenstand wohlwollend gegenüberstehen, unheimlich sind:

In keinem anderen Bereich legte Washington eine solche Gewinnsucht an den Tag wie in seinem Streben nach Eigentum an Grund und Boden ... Das Verlangen eines kinderlosen Mannes nach Zehntausenden von Acres, von denen viele bereits zu seinen Lebzeiten zu finanziellen Einbußen hätten führen können, könnte sehr wohl ein Ausdruck von Liebe gewesen sein, eine Form der Verehrung für den weiten amerikanischen Kontinent.[27]

Flexner wählte seine Worte mit Bedacht; er meinte tatsächlich »Liebe«. Liebe ist nicht immer großzügig. Obwohl Washington in seiner Liebe zu Frauen bemerkenswert wenig besitzergreifend war (zu *einer* Frau, um genau zu sein, deren Person zudem eng mit dem Westen verbunden war, wie wir noch sehen werden), so galt dies keineswegs für die Zuneigung, die er dem Land im Westen entgegenbrachte. Und das »neue, kommende Reich des Westens« umfaßte für Washington Land mit schiffbaren Flüssen, das reich an fruchtbarem Boden war und ausgezeichnete Ernten versprach. Darüber hinaus war es jedoch noch etwas anderes, eine Gravitationskraft in seiner Psyche, die ihn ins Great Valley zog.

Diese Gravitationskraft wurde noch durch persönliche Erfahrungen verstärkt, denn es gibt viele Arten von Liebe. Seine erste Reise nach Westen unternahm Washington in Begleitung jenes Freundes, der für ihn als junger Mann sein engster Vertrauter gewesen war, George William Fairfax von Belvoir, der Sohn von Oberst William Fairfax von Belvoir und einer schwarzen Frau.[28] Gemeinsam brachen Washington und Fairfax auf, um heroische Abenteuer zu erleben, in einer Lebensphase, in der Männer in den Wald vordringen, um mit Drachen zu kämpfen und ihr Glück zu machen. In Washingtons psychischer Entwicklungsgeschichte verband sich diese archetypisch motivierte Erfahrung mit dem Westen.

Und auf solche Weise entstandene Beziehungen verflüchtigen sich nicht; sie prägen den Charakter eines Menschen, bilden den Rahmen für künftige Erfahrungen. In Washingtons Fall ist es üblich geworden, über George William Fairfax vor allem im Zusammenhang mit seiner Frau Sally zu sprechen. So wird oft süffisant behauptet, daß sie der Hauptgrund für Washingtons regelmäßige Besuche bei Fairfax war. Doch Washington machte weder Fairfax noch später seiner eigenen Frau gegenüber einen Hehl daraus, daß er sich in Sally

verliebt hatte. Wenn der beste Freund eine attraktive Frau heiratet, dann hat man zwei Gründe, ihn zu besuchen. So existiert nicht der Schatten eines Beweises dafür, daß Washington jemals seine Freundschaft mit George William Fairfax verriet, eine Freundschaft, die auf ihren Abenteuern im Westen gründete.
Nach dieser Zeit der gemeinsamen Erkundungen und Entdeckungen kam die Feuertaufe in der Schlacht – das Pfeifen der Kugeln, der Klang von Trommeln und Flöten, die Schmach der Niederlage und schließlich die Erlösung des Sieges. All dies und damit verbunden der Westen selbst grub sich in George Washingtons Gedächtnis ein – eine hoffnungsvolle Zeit mit frohen Kameraden verschiedenster gesellschaftlicher Herkunft, die allmählich Respekt vor den dort lebenden Indianern entwickelten, ein Respekt, der anfangs von Gram und später von Sympathie geprägt war.

Washington und die Sklaverei

An seinem Lebensabend versuchte Washington, der immer auf Gesellschaft aus war, seinen einstigen Adjutanten David Humphreys zu überreden, seinen Botschafterposten in Spanien aufzugeben und sich in Mount Vernon niederzulassen, um »mir in meinen alten Tagen ein Gefährte« zu sein. Humphreys antwortete, daß er im Begriff stehe, sich zu verheiraten, woraufhin Washington antwortete, daß diese Nachricht »jede Hoffnung zunichte machte«, denn er habe sich entschlossen, niemals »mit zwei Frauen in einem Haus zu leben«.[29] Diese Äußerung war ein Eingeständnis seiner Einsamkeit und zugleich ein onkelhafter Scherz. Washington begriff sehr wohl, daß Humphreys das Recht hatte, eigene Pläne zu verfolgen, und nicht verpflichtet war, einem alten Mann Gesellschaft zu leisten, und sei er noch so berühmt. Humphreys war über lange Zeit sein Vertrauter gewesen. Ihr Briefwechsel enthüllt einiges über Washingtons Charakter und die Entwicklung seines Denkens. Es war Humphreys, dem er seine erste ausführliche, öffentliche Stellungnahme zur Frage der Sklaverei offenbarte:

> Die unglückliche Lage der Personen, deren Arbeit ich … mir zunutze machte, war der einzige unvermeidliche Anlaß für mein Bedauern …

Eine Grundlage dafür [zu] schaffen, daß die heranwachsende Generation auf ein anderes Schicksal vorbereitet würde als auf das, in das sie hineingeboren wurde, verschafft mir eine gewisse Genugtuung und konnte, so hoffte ich, der Gerechtigkeit des Schöpfers nicht mißfallen.[30]

Diese Auffassung hatte sich bei Washington nur allmählich über die Jahre hinweg entwickelt. 1774 bezeichnete er die Macht, die die Pflanzer über ihre Sklaven ausübten, als »willkürlich«. Als er 1776 das Kommando über die Kontinentalarmee übernahm, ließ er das heimatliche Virginia hinter sich. Obwohl er bereits zuvor über die Grenzen des Old Dominion* hinausgelangt war, waren seine Erkundungsreisen in den Westen immer nur kurz gewesen, und er hatte sich niemals länger als einige Wochen im Norden aufgehalten. Nun befand er sich jenseits der Mason-Dixon-Linie**, in der Gesellschaft von idealistischen jungen Offizieren, Franzosen wie Amerikanern, denen die Sklaverei ein Greuel war.

Lafayette, Alexander Hamilton und John Laurens wurden gleichsam Washingtons Adoptivsöhne. In ihrem Kreis begann er über Rassenfragen zu reflektieren; vermutlich waren sie es, die in ihm erneut Zweifel an den Auffassungen über die Schwarzen weckten, die von seinesgleichen in Virginia vertreten wurden. Aber auch schon zuvor, in den Jahren seiner intensiven Freundschaft mit Fairfax, mußte ihn dieses Thema doch hin und wieder beschäftigt haben, denn Fairfax war ein lebendes Beispiel dafür, daß Schwarze oder gemischtrassige Menschen Respekt und Zuneigung verdienten.

In den folgenden beiden Jahren fiel Washington bei einigen Feldzügen in Neu-England die Tapferkeit vieler freier Schwarzer auf. Noch bevor Hamilton und Laurens ihn um Unterstützung für die Aufstellung eines schwarzen Armeekorps baten, billigte er die Aufhebung der Rassentrennung bei den Truppen aus Rhode Island und nach 1782 auch die Rekrutierung freier Schwarzer aus dem Süden.

Als er nach dem Krieg zum Präsidenten gewählt worden war, lebte

* »Old Dominion« ist eine andere Bezeichnung für Virginia (Anm. d. Übers.).

** Die Mason-Dixon-Linie bezeichnet die Grenze zwischen den US-Bundesstaaten Maryland und Pennsylvania. Bis zum Ende des amerikanischen Bürgerkrieges verlief hier die Trennlinie zwischen den Sklavenhalterstaaten des Südens und den Nordstaaten (Anm. d. Übers.).

er zum ersten Mal in der Stadt, in der Nachbarschaft von freien Schwarzen, die ausgebildete Handwerker waren. Philadelphia war die Hauptstadt der USA, bis Washingtons Nachfolger John Adams in das neugegründete, nach dem ersten Präsidenten benannte Washington umziehen konnte. Philadelphia war indessen auch das Zentrum der Bewegung für die Sklavenbefreiung. Durch seine Kriegserfahrungen hatten sich Washingtons Ansichten bis zu einem gewissen Grad gewandelt, so daß er freie Schwarze als amerikanische Staatsbürger behandelte. Dennoch war seine Haltung zur Rassenfrage immer noch in der Entwicklung begriffen. So schickte er als erste Reaktion auf die Gesetze Pennsylvanias, die obligatorisch die Freilassung aller Sklaven forderten, alle seine Haushaltssklaven zurück nach Mount Vernon.

Im September 1793 verspürte er jedoch den Wunsch, »eine bestimmte Art von Eigentum freizugeben, dessen Besitz mir zutiefst widerstrebt«. Dieser Plan, den er nur seinem Sekretär mitteilte und über den aus seinen öffentlich zugänglichen Aufzeichnungen nichts zu erfahren ist, bestand darin, Mount Vernon mitsamt seinen Sklaven an britische Investoren zu verkaufen. Sie sollten von den neuen Eigentümern in ebensolcher Weise beschäftigt werden »wie alle anderen Arbeitskräfte«. Washington wollte außerdem die Kosten für die Erziehung der Kinder seiner ehemaligen Sklaven tragen, bis sie sich selbst ernähren konnten.[31] Zu seinem Leidwesen fand er jedoch unter den Engländern keinen Interessenten für seinen Landsitz, denn sie lehnten es ab, mit dem Anführer eines erst so kurze Zeit zurückliegenden Aufstandes Geschäfte zu machen. Zudem sahen die Gesetze des Staates Virginia die Freilassung von Sklaven nicht vor, auch wenn diese nicht offen erfolgte.

Als Washington 1797 seinen Abschied vom Präsidentenamt nahm und Philadelphia verließ, hatte er sich eine andere Vorgehensweise überlegt, um der in Pennsylvania gesetzlich geforderten Freilassung von Sklaven zu genügen. Anstatt seine Haushaltssklaven heimlich fortzuschaffen, würde er sie ganz allmählich an die Freiheit heranführen, so daß dies den Virginiern nicht auffallen würde.[32] Einmal zurück in Mount Vernon, wo die meisten seiner Nachbarn die Sklavenbefreiung strikt ablehnten, ermunterte er seine Sklaven zu heiraten, damit sie nicht voneinander getrennt werden konnten. In seinem Testament legte er fest, daß seine Erbschaftsverwalter die alten und kranken unter seinen Sklaven unterstützen und den jungen die gleiche Bildung zukommen lassen sollten wie den Weißen – bis sie fünfundzwanzig Jahre alt und in der Lage waren, eine Beschäftigung zu finden. Bis dahin, so hoffte er, wäre das Ende der Sklaverei gekommen. Außerdem sollten sie beim Tode seiner Frau alle freigelassen werden. Da viele der Sklaven von ihr mit in die Familie gebracht worden waren und sich sonst niemand in ihren letzten Lebensjahren um sie gekümmert hätte, schien dies eine vernünftige Lösung.

Eine Kluft hatte sich zwischen Washington und den anderen Pflanzern aufgetan. Ende der neunziger Jahre äußerte er gegenüber John Bernard, einem Besucher, sein Urteil über die »besondere Einrichtung« des Südens. »Nur die vollständige Beseitigung der Sklaverei wird unsere Union durch gemeinsame Prinzipien festigen und ihr dadurch dauerhaften Bestand sichern.«[33] Solche Worte hätte man 1864 von Abraham Lincoln oder 1840 von John Quincy Adams erwartet, doch nicht im Jahre 1797 von einem alten Pflanzer aus Virginia.

Zu diesem Zeitpunkt war Washington noch für weitere Überraschungen gut: So erklärte er gegenüber Edmund Randolph, seinem einstigen Justizminister, daß er im Falle einer Spaltung der Union entschlossen sei, »fortzugehen und sich auf die Seite des Nordens zu schlagen«.[34]

Washingtons Kolonie im Westen

Um 1790 war der karge, rote Boden Virginias weitgehend ausgelaugt. Ganze Ortschaften entvölkerten sich und wurden von Ginster und Dornengestrüpp überwuchert, blutrot gefärbte Bäche rissen die Ackerkrume fort und schwemmten im Chesapeake Schlammbänke an. Die Farmer blickten voller Neid auf »das ... weite ... fruchtbare Land zwischen den Blue Ridge Mountains und den Alleghenies« – dies sind Washingtons Worte – und darüber hinaus. Im Shenandoah-Tal initiierten Washington, Mason und Worthington ein Investitionsgprogramm, das bald auch auf das Stromgebiet des Ohio ausgedehnt wurde. Denn »wie unbedeutend« erschien sogar der Shenandoah, wenn man ihn mit »den unermeßlichen Weiten« jenseits der Alleghenies verglich, »die unsere Aufmerksamkeit auf sich ziehen«.[35]

Fünfzig Jahre lang hatte Washington seine ganzen Ersparnisse in den Kauf und die Erschließung von Land im Westen investiert und seine nicht geringe Phantasie der Erarbeitung von Ansiedlungsplänen gewidmet, die Schuldknechten aus dem Rheinland, entmutigten Iren, Hochland-Schotten und Holländern, die vor den Revolutionswirren in ihrem Land geflohen waren, die Chance auf eine neue Heimat verschaffen sollten. Washington schickte Trupps von Sklaven und Schuldknechten von seinen eigenen Ländereien in Virginia in die »Kanawhas« (die beiden Täler der Kanawha-Flüsse im heutigen West Virginia). Diese Siedlergruppen wurden jedoch durch Indianerüberfälle und die Flucht vieler Sklaven und Knechte dezimiert. Er versuchte überdies alle auf dem Markt erhältlichen Büffelkälber aufzukaufen und übergab sie seinen Verwaltern zur Zähmung, so daß die Tiere in die Kanawhas getrieben und dort zur Züchtung einer Herde dienen konnten.

Auf seinen Erkundungsreisen in das obere Ohio-Tal hatte Washington die fruchtbarsten und am besten geschützten Flußterrassen für sich ausgesucht. Das entscheidende Kriterium für seine Wahl war ihre Eignung als Farmland. Da die Landwirtschaft seiner Zeit noch kaum mechanisiert war, ging er bei seiner Suche praktisch nach den gleichen Gesichtspunkten vor wie die Indianer 2000 Jahre zuvor. Infolgedessen erwies sich das von Washington ausgewählte Land später für die Archäologie als besonders wertvoll. Die Angehörigen der Adena/Hopewell-Kultur hatten eine Landwirtschaft betrieben, deren Techniken noch einfacher waren als die der weißen Kolonisten, denn sie benutzten nur Hacken, aber keine Pflüge und bauten auch nur kleinere Mengen Mais an. Ebenso wie die Farmer des 18. Jahrhunderts ergänzten sie ihren Speiseplan mit Wild, doch blieben Bodenqualität und Sonneneinstrahlung die Hauptkriterien bei der Auswahl von Siedlungsplätzen.

Ein Archäologe, der heute nach architektonischen Zeugnissen eines solchen Volkes suchen sollte, könnte keine bessere Strategie wählen, als den Spuren Washingtons zu folgen, insbesondere den Pfaden, die er bei seiner Vermessungstour im Jahre 1770 eingeschlagen hatte. Als erfahrener Pflanzer, der ein Auge für Gebiete mit guter Anbindung an Wassertransportwege hatte, schritt er mit einer Zielsicherheit voran, die nur durch ein beträchtliches Barvermögen verliehen wird.

Ein Gleiches tat Gallatin 1780, was ihm dank finanzieller Unterstützung aus Genf möglich war; er folgte den Spuren Washingtons und profitierte von dessen Vorarbeiten – der Vermessungsexpedition von 1757, von den Kartierungsarbeiten von 1770 und seiner Tour zur Erkundung der Erschließungsmöglichkeiten seines Landbesitzes im Westen –, die den General 1784 an die Ufer des Cheat River zurückgeführt hatten.

Washingtons Mounds

Washingtons archäologische Erkundungstour des Jahres 1770 begann an dem Ort, wo die ersten großen Mounds an den Portage-Pfaden zwischen den Zuflüssen des Potomac und dem Oberlauf des Ohio erschienen. Von dort führten ihn seine Forschungen über den Monongahela zum Ohio, an diesem entlang zum Great Kanawha und den Unterlauf des Kanawha hinauf. 1794 besaß er »am Ohio und am Great Kanawha rund 33 000 Acre [über 13 000 Hektar]«. Seine Vermessungskarte führt »zu den ausgedehntesten und interessantesten alten Bauwerken, die im Staate West Virginia zu finden sind«, schrieb Cyrus Thomas, ein Mitglied der Smithsonian Institution, im Jahre 1894. In »Washington Bottom« sind besonders viele prähistorische Mounds zu entdecken.[36]

Thomas' kartographische Erfassung der Kanawha-Erdwerke und die heutigen geologischen Karten der Region verweisen auf Washingtons Spuren: Bäche, die in den Kanawha-River münden, heißen immer noch »Washington Creek«, »Cabell Creek« (nach einem von Washingtons Partnern) und, als ob wir an seine Rolle als Cincinnatus erinnert werden sollten, »Tiber Creek«.
Washington hätte die Mounds kaum ignorieren können, denn sie waren die weitaus größten architektonischen Werke, die er jemals sehen sollte.
Am 1. November 1770 lagerte er am Fuße des McCullough Mound, dessen Umfang 91 Meter betrug und der weithin sichtbar auf einer Anhöhe lag; am 8. November verließ er sein Boot und wanderte am Flußufer entlang. Von seinem Zelt aus hätte er die »sacra via« und die Mounds von Marietta sehen können, wenn es nicht so heftig geregnet hätte.
Vom 11. bis zum 19. November arbeitete er sich langsam weiter stromaufwärts vor, vorbei an dichtgedrängten Erdwerken. Er verbrachte drei Tage mit der Erkundung der Umgebung des Half Moon Mound und des großen Erdkegels von Grave Creek. Am 15. November hatte er die Mounds von »Indian Town« erreicht und am 16. die Mound-Komplexe von Beech Bottom.

Washingtons Vermögensverhältnisse am Ende seines Lebens

Weder Washington noch Gallatin begnügten sich mit den von Virginia beanspruchten westlichen Provinzen, die sich bis vor die schmuddeligen Hütten des neugegründeten Pittsburgh erstreckten. Washington engagierte sich in Ohio, Kentucky, Indiana und Pennsylvania – und erwarb zusammengenommen über 24 000 Hektar. Gallatin kaufte mit dem Geld, das ihm seine Verwandten aus Genf geschickt hatten, fast 75 000 Hektar im heutigen West Virginia und investierte anschließend noch in anderen Regionen, insbesondere in Ohio. In der Nähe von »Washington land« entstand »Gallatin land«. In der Nähe von »Washington Bottom« am Ohio gründeten Gallatin und seine Partner eine eigene Grenzsiedlung.[37]

In einem Brief an den Marquis de Lafayette hatte Washington seinen Wunsch betont, sich aus der Revolutionsarmee zurückzuziehen, als »Privatmann an die Ufer des Potomac zurückzukehren … [und sich] im Schatten meiner eigenen Weinstöcke und Feigenbäume [zu erholen], fern von der Geschäftigkeit eines Feldlagers und des öffentlichen Lebens«. Doch fand er im Schatten seiner Weinstöcke und Feigenbäume schon bald keine Ruhe mehr, und ebensowenig »ließ er sich gemächlich den Strom des Lebens hinuntertreiben«. Statt dessen paddelte er den Potomac hinauf und widmete sich einmal mehr seinen Interessen im Westen.[38]

Seine diesbezüglichen Vorstellungen legte er in einer anderen Art von Brief dar, der an den Verwalter seiner Ländereien im Westen gerichtet war: »Nachdem ich all meine öffentlichen Geschäfte zum Abschluß gebracht habe, ist es nunmehr meine Pflicht, mich meinen privaten Angelegenheiten zu widmen, von denen keine dringender meine Aufmerksamkeit erfordert als meine Belange mit Euch.«[39]

Washington wollte andere und vermutlich auch sich selbst glauben machen, daß seine Reise in den Westen im Jahre 1784 dazu diene, seinen dortigen Landbesitz abzustoßen. Statt dessen tat er es vielen anderen Spekulanten gleich und verkaufte Land, um besseres dafür einzukaufen. Dazu mußte er seinen Grundbesitz in kleinere, zum Verkauf geeignete Einheiten aufteilen, Squatter vertreiben und feststellen, auf welchen Straßen und Kanälen sein Landbesitz erreichbar war. Bis zu seinem Tode hatte er zu seinen 1891 Hektar in Pennsylvania, den 3943 Hektar entlang des Ohio und den 17 600 Hektar entlang den Kanawhas zusätzlich noch 1234 Hektar in Ohio am Great Miami River und 2023 Hektar in Kentucky erworben. Für das letztgenannte Landstück hatte er 1789 sogar seinen preisgekrönten Hengst »Magnolia« weggegeben.

Der Westen, »the Great West«, war für Washington immer präsent und lockte hinter dem Wildcat Mountain, dem Blue Ridge, dem Massanutten Mountain und den Laurel Highlands. Sogar in Mount Vernon war er unleugbar zu spüren, entzog dem Haus seine Kraft, drängte fort vom Atlantik.

»Mounds« in Mount Vernon

Der Landsitz Mount Vernon besteht aus drei Teilen, dem Potomac-Ufer, dem Haus einschließlich der Nebengebäude und dem Westen. Der berühmte Säulengang gibt den Blick frei auf den breiten Mündungstrichter des Potomac, auf dem in Washingtons Tagen regelmäßig Schiffe von seinem Hafen Alexandria zu den Märkten auf den Westindischen Inseln fuhren.

Wenn er dort im Schatten in seinem Lieblingssessel saß, konnte Washington zufrieden die Augen schließen und sich vorstellen, wie sein Weizen in der Karibik reißenden Absatz fand. Seine Kunden brauchten für ihre Sklaven auf den Zuckerrohrplantagen Nahrungsmittel, die er zu profitablen Preisen liefern konnte, während seine tabakpflanzenden Nachbarn nur schlechte Geschäfte machten. Die einzige Seereise, die Washington jemals unternommen hatte, hatte ihn zusammen mit seinem Bruder nach Barbados geführt, wo dieser seinen schlechten Gesundheitszustand zu verbessern hoffte.

Läßt man den berühmten westindischen Säulengang weg, präsentiert sich der Rest des Hauses im englischen Stil. Washington gestaltete das Gebäude fortwährend um; zuletzt ließ er das Speisezimmer mit Stukkaturen im Adam-Stil* ausstatten, um es ebenso elegant zu gestalten, wie es das benachbarte Belvoir der Familie Fairfax in Washingtons Jugend gewesen war. In architektonischer Hinsicht gehörte Mount Vernon also zum alten Reich.

Der Westen des Hauses war jedoch dem neuen Reich zugewandt, das jenseits der untergehenden Sonne begann. Auf dieser Seite ließ Washington um Haus, Garten und Rasen, die alle im englischen Stil gestaltet waren, eine »Wildnis« anlegen. Wildwachsende Gärten waren in der italienischen, der englischen und der französischen Gartenkunst wohlbekannt, denn sie dienten ursprünglich als Übergangszonen zwischen den sauber gestutzten, exakt ausgemessenen Ziergärten und den landwirtschaftlich genutzten Flächen. Washingtons Wildnis wies jedoch eine amerikanische Eigenart auf: Sie war in zwei großen Bögen angelegt und eröffnete einen »weiten und

* Nach dem schottischen Architekten Robert Adam, der in Großbritannien zahlreiche Häuser und Innenausstattungen im klassizistischen Stil schuf (Anm. d. Übers.).

unverstellten Ausblick auf die Wälder in der Ferne«. Washington legte großen Wert auf diese Herausforderung durch den westlichen Horizont und warf Samuel Vaughn vor, der den Entwurf für Mount Vernon gezeichnet hatte, daß er »die Aussicht versperrt« habe. Vaughn beging jedoch einen noch größeren Fehler: Er vergaß hervorzuheben, daß diese Aussicht von zwei künstlichen Erdhügeln eingerahmt wurde.[40]

Washington begann mit der Aufschüttung dieser Hügel im März 1787, bald nachdem der Boden aufgetaut war. Angeblich hatte er die Idee zu diesem Gestaltungselement Batty Langleys Handbuch *New Principles of Gardening* entnommen. Dieser hatte jedoch lediglich vorgeschlagen, daß beim Bau eines *neuen* Hauses die bei der Ausschachtung der Fundamente ausgehobene Erde ein Stück weit in den Garten geschafft werden sollte, »um dort Hügel aufzuschütten, die unter Umständen einen schönen Ausblick bieten«. Washington stand aber keine Erde aus der Ausschachtung von Fundamenten zur Verfügung; die Erde für seine Hügel war eigens von einem anderen Ort herbeigeschafft worden.[41] Auch lagen die Hügel nicht in der Nähe des Hauses, denn sie waren nicht als Aussichtspunkte gedacht, sondern sollten selbst ein Blickfang sein. Aber warum? Nur »um Trauerweiden darauf zu pflanzen«? Den deutlichsten Hinweis auf Washingtons Absichten liefert eine Äußerung gegenüber Vaughn, in der er erklärt, daß er mit den Hügeln einen Blick nach Westen inszenieren wolle: »Die Bäume schließen mit zwei Erdhügeln ab, an deren Seiten Trauerweiden wachsen, die einen umfassenden Blick auf die Wälder in der Ferne freilassen. Die Hügel liegen sechzig Yards [rund 55 Meter] voneinander entfernt.«[42]

Washingtons offener, U-förmiger Entwurf für die Anlage seines Landsitzes erinnert, wenn man ihn mit dem Konzept des glücklosen Vaughn vergleicht, an zwei andere Grundrisse: Zum einen könnte man an einen nach Westen hin offenen Hufeisenmagneten denken; zum anderen vielleicht an Jeffersons Plan für die Gestaltung des Hügels in Monticello. All diese Grundrisse weisen die gleiche Ausrichtung auf, alle sind sie nach Osten geschlossen, aber offen für die Anziehungskraft des Westens.

Washington und die prähistorische Architektur des Westens

Nach dem Tode George Washingtons wurden manche Seiten seines Tagebuches über die Forschungsreise nach Ohio, die er 1770 unternahm, so stark von Nagetieren zerfressen, daß nur noch Bruchstücke davon entzifferbar sind. Eine noch lesbare Textstelle auf den Seiten, die über die Tage vom 6. bis zum 16. November berichten, schildert, wie Washington im Regen die Marietta Mounds besichtigte. Seine folgenden Lagerplätze lassen sich nur anhand einer Liste auf einer anderen Seite des Tagebuchs erschließen. Daher sind uns seine Eindrücke über Hunderte von indianischen Bauwerken entlang des Ohio und seiner Nebenflüsse, Grapevine Creek, Capeening Creek und Grave Creek, nicht mehr zugänglich, und verloren ist auch, was er über die vielen noch bewohnten indianischen Dörfer schrieb. Auf einigen der erhaltenen Seiten bemerkte Washington, daß ihm immer wieder Gruppen von Irokesen und Shawnee begegnet seien, deren Anführer er noch vom Feldzug der Jahre 1757/58 her kannte, als sie gemeinsam gegen die Franzosen gekämpft hatten.

Der erste lesbare Tagebucheintrag nach der Passage über Marietta bezieht sich offenbar auf den 16. November. Er ist in einem anderen Ton gehalten als die Aufzeichnungen vom 5. des gleichen Monats. Die Abfolge nüchterner, geschäftsmäßiger Bemerkungen über Bodenbeschaffenheit, Baumarten und die Schiffbarkeit der Flüsse wird unterbrochen; die Sprache nimmt einen fast schon familiären Charakter an, was durch das Auftreten einer Person bedingt wurde, die zuvor offenbar keine Rolle gespielt hatte. »Hier sprach der alte Indianer zum ersten Mal von einem guten Stück Land und einem schönen Platz für ein Haus, und um mir eine anschaulichere Vorstellung davon zu vermitteln, skizzierte er den Ort auf seinem Lederumhang.«

Diese Zeichnung des »alten Indianers« und die Situation, in der sie entstand, blieben Washington offenbar unauslöschlich im Gedächtnis haften. »Der alte Indianer« hatte nämlich einen Namen, der übersetzt soviel bedeutet wie »der Fasan«. Und klug, wie dieser alte »Vogel« war, erkannte er den Charakter seines Zuhörers und traf zielsicher, was diesen bewegte: »Der Ort, den er für den Bau eines

Hauses empfiehlt, ist sehr hoch gelegen und bietet einen Ausblick auf das flache Land unten am Bach, dessen Boden sehr fruchtbar ist und wo eine gute Quelle entspringt, an der viele Büffel trinken, die breite Wege getrampelt haben.«[43]

Der Bach, so schrieb Washington, sei nach den Büffeln »Bull Creek« benannt worden. Vielleicht handelt es sich hier um den heutigen »Buffalo Creek«, der etwa 8 Kilometer östlich von Washingtons Lagerplatz bei den Beech Bottom Mounds zu finden ist und, Washingtons Beschreibung entsprechend, »parallel zu dem langen geraden Abschnitt des Ohio verläuft; ... er verfügt über gutes Schwemmland ..., und zu seiner Quelle hin liegen weite Flächen ebenen, fruchtbaren Bodens«.[44]

Der Platz, den »der Fasan« Washington für den Bau eines Hauses vorgeschlagen hatte, war nicht nur landschaftlich schön, sondern garantierte auch eine ausreichende Proteinversorgung. In der Talsenke gab es »eine Fülle ... von Geflügel, ... Büffel und Wild jeder Art«. Und der Ort war auch anderweitig leicht zu versorgen, ohne daß man den ganzen Bach hinaufpaddeln mußte, denn am Ohioufer gab es einen sanft ansteigenden Landeplatz, wo ein Lagerhaus errichtet werden konnte. Solch ein leicht zugänglicher Stapelplatz wäre »bei der Anfahrt auf dem Fluß als Raststation und für die Einlagerung von Waren sehr bedeutsam«.[45]

1773 schrieb Washington an Thomas Lewis, daß er sich seines gesamten Landbesitzes entledigen wolle mit Ausnahme von Round Bottom, wo indessen immer noch kein »Rastplatz« angelegt worden war. Er teilte Lewis mit, daß dieses »das einzige Stück Land« sei, das er »am Ohio zwischen Fort Pitt und den Kanawhas« besitze. Dies entsprach jedoch nicht der Wahrheit. Washington nannte Tausende von Hektar entlang jenes Flußabschnitts sein eigen und hätte unter vielen anderen Plätzen wählen können. Es scheint daher, daß er vermeiden wollte, Lewis den wahren, eher sentimentalen Grund für seine Vorliebe zu nennen – den Vorschlag eines Indianers, dort ein Haus zu bauen.[46]

Am 24. Oktober 1770 hatte Washington an einem Platz Rast gemacht, der sich eher als Standort für ein Haus angeboten hatte. Es handelte sich um eine breite Geländeterrasse an der Mündung des Great Kanawha River, eine Stätte, die durch die Ruinen einer großen, prähistorischen indianischen Siedlung geweiht war. Dieser Ort, von Washingtons Nachkommen Point Pleasant getauft, wurde zum wichtigsten »Versuchsfeld« für die Kolonisierung des Westens, denn man baute dort Kartoffeln, Rüben und Mais an und hegte zweitausend Pfirsichbäume, die auf Washingtons Veranlassung gepflanzt worden waren.

1774 aber wurde der Boden von Point Pleasant mit dem Blut von Indianern und Virginiern getränkt, die dort in einer sinnlosen Schlacht ums Leben kamen. Er wurde überdies vergiftet durch die Erinnerung an jene absichtliche Erniedrigung, die Washington durch Lord Dunmore, den letzten Kolonialgouverneur von Virginia, erlitten hatte. Dunmore hatte die Kolonialmiliz in einen Krieg geführt, der sich gleichermaßen gegen die westlichen Expansionsbestrebungen seiner Konkurrenten richtete – der Familie Penn, den Herren von Pennsylvania – wie auch gegen Cornstalk, den Häuptling der Shawnee.

Dunmore stellte gerade am Ohio seine militärische Stärke zur Schau, als Cornstalk bei Point Pleasant einen Überraschungsangriff auf eine Abteilung von Dunmores Truppen unternahm, bei dem an einem einzigen Tag im Verlauf eines wirren Gefechts auf beiden Seiten 150 Mann ums Leben kamen und viele Skalps genommen wurden. Washington hielt sich zu dieser Zeit in Philadelphia auf, wo er sich an der Revolution beteiligte – oder, so könnte man aus britischer Perspektive sagen, einen Aufruhr anzettelte. Dunmore jagte Washingtons Kolonisten fort und verfügte, daß sein Anspruch auf das Land formell nichtig sei.

Als Washington wieder Nachrichten aus seiner Kolonie erhielt, erfuhr er, daß die Felder verlassen und alle Häuser niedergebrannt waren. Wo er eine wirtschaftlich profitable Modellsiedlung hatte errichten wollen, herrschte nur noch Verzweiflung. Die Washingtons fanden niemals einen Käufer für diesen fluchbeladenen Ort. Noch in den dreißiger Jahren des 19. Jahrhunderts bestritt Washingtons Neffe Samuel dort mühsam seinen Lebensunterhalt und bewahrte sorgsam das »Schlachtschwert« des Generals auf, bis es seinen Weg in das American History Museum fand.

Dunmores Geste der Verachtung gegenüber Washingtons Person hätte bereits ausgereicht, um dessen Zorn zu erregen, doch ließ es der königliche Gouverneur nicht dabei bewenden: Er gab bekannt, daß künftig die Gründung neuer Siedlungen nördlich des Ohio untersagt sei. Einige von Washingtons Waffengefährten des Feldzugs von 1758 hatten sich bereits in dieser Region niedergelassen, und andere standen im Begriff, dasselbe zu tun. Am 5. November 1774 verfaßten sie die berühmte »Fort-Gower-Denkschrift«, in der sie erklärten, daß sie künftig nicht mehr der Krone oder den von ihr ernannten Gouverneuren dienen, sondern nur noch für die Ehre Amerikas und Virginias in den Kampf ziehen würden. Die Revolution hatte begonnen.[47]

Während der unruhigen Jahre zwischen seinem Abschied als Oberkommandierender der Kontinentalarmee Ende 1783 und dem Beginn seiner Präsidentschaft im Jahre 1789 begnügte sich Washington nicht mehr mit Plänen für mögliche Geschäfte im Ohio-Tal, sondern versuchte seine Vorhaben soweit wie möglich zu verwirklichen. 1788 war sein Wunsch, seinen Landbesitz zu verkaufen, so dringlich geworden, so daß er darüber alles andere vergaß. Er befaßte sich nicht einmal mehr mit Themen, die er an sich für wichtig hielt und anhand derer unter anderen Umständen seine Auffassungen vielleicht deutlich geworden wären. Und so könnten wir hier einer der letzten Gelegenheiten beraubt worden sein, zu erfahren, was er über die Architektur der amerikanischen Ureinwohner dachte, die er im Westen gesehen hatte.

Obwohl er seinen Gärtnern Instruktionen für die künstlichen Hügel auf seinem Gut Mount Vernon gab, nahm er sich nicht die Zeit, die Nachwelt darüber aufzuklären, warum er diese Mounds anlegen ließ und zeigte sich auch nicht zu einer Diskussion über die Herkunft der indianischen Hügelbauer bereit. General Richard Butler, ein alter Waffengefährte, der nun den Westen erforschte, sandte ihm ein »Indianisches Wörterverzeichnis«, versehen mit der Randbemerkung, daß er diesen Vokabelschatz nach seinen ausgedehnten Reisen im Westen zusammengestellt habe. Washington bezeichnete es als äußerst ehrenhaft, daß Butler sich soviel Mühe gegeben habe, »Licht in die ursprüngliche Geschichte dieses Landes zu bringen, um die Neugier des Philosophen zu stillen«. Ehrenhaft, so schien er damit sagen zu wollen, wenn man Zeit für die Philosophie habe, was bei ihm nicht der Fall war. Er gab zu, daß er selbst auch schon über solche Fragen nachgedacht habe, da er »die verschiedenen Indianerstämme, die das Land im Westen bewohnten« und »die bei ihnen herrschenden Traditionen« respektiere. Er räumte auch ein, daß Butlers Forschungen sich als »sehr wertvoll [erweisen könnten] und zu einigen nützlichen Entdeckungen [bezüglich] jener Erdwerke am Ohio führen« könnten wie auch hinsichtlich »anderer Spuren, die darauf hinweisen, daß das Land einst von einer Menschenrasse bewohnt gewesen ist, die erfinderischer, wenn nicht gar zivilisierter gewesen ist als jene, die heute hier leben ... Jeder Hinweis, ... der Erkenntnisse über diese verspricht, muß dankbar aufgenommen werden«.[48]

Noch dankbarer hätte Washington jedoch zu jenem Zeitpunkt »Hinweise« anderer Art aufgenommen. Butler »hatte die Gelegenheit, umfangreiche ... Informationen über das Land im Westen ..., seine Flüsse und seine Landschaft zu sammeln«, und Washington konnte mit solchen Informationen das Interesse potentieller Käufer wecken. Ganz ohne philosophischen Anspruch bestürmte er Butler nun mit Fragen über »direkte, brauchbare und leicht passierbare Verbindungswege« zwischen dem Erie-See, dem Ohio und dem Potomac, wobei er sich insbesondere für die Möglichkeit, Kanäle zu bauen, interessierte. Und damit hatte es sich.[49]

Die allerletzte Gelegenheit war verpaßt.

Ein Entwurf für einen Wohnsitz im Westen: Was für ein Haus hätte es werden können?

Washington wäre vielleicht auch mit einem schönen Gasthof, einem Warenlager oder einem Fort am Ohio zufrieden gewesen, oder mit einem Landsitz auf Bull Creek. Obwohl mitten im Rust Belt gelegen, stellt dieser Platz auch heute noch »ein gutes Stück Land« dar. Dort hätte er sich womöglich wieder an die Zeilen erinnert, die er als Junge hatte abschreiben müssen:

> Das sind die Dinge, die, wenn man sie einmal besitzt,
> ein wahrhaft gesegnetes Leben versprechen:
> Ein schöner Besitz mit gesundem Boden,
> Erworben weder durch Laster noch durch Schulden ...[50]

Für George Washington gehörten zu einem ordentlichen Landsitz ordentliche Gebäude. Er vertrat in dieser Hinsicht – wie auch in vielen anderen Bereichen – sehr dezidierte Ansichten und verlangte von seinen Pächtern im Westen, daß die von ihnen errichteten Blockhäuser einen harmonischen Grundriß von 5 auf 5,5 Meter aufwiesen. Die Bauarbeiten an seiner Villa in Mount Vernon leitete er persönlich, wobei er sich stets an Batty Langleys Vorlagen orientierte, und auch die Ansicht und den Bauplan für seine Pfarrkirche in Pohick zeichnete er von eigener Hand.

Das Haus von Mount Vernon war jedoch nicht sein ureigenes Werk, denn er hatte es geerbt. Er konnte es lediglich nach seinen Vorstellungen umgestalten, was zu einem äußerst unbeholfenen Ergebnis führte, mit dem nur die Vertrautheit des Anblicks wieder versöhnen konnte.

Wie hätte die Villa wohl ausgesehen, wenn er sie von Grund auf nach seinen Vorstellungen hätte gestalten können? Washington hätte möglicherweise auf den protzigen Palladianismus von Mount Vernon verzichtet und sich statt dessen an das größte Haus erinnert, das er als junger Mann im Westen gesehen hatte: Greenway Court, Lord Fairfax' Jagdhaus im Shenandoah-Tal, wo er und George William Fairfax bei ihren Entdeckungstouren in den Westen oft Rast gemacht hatten.[51]

Damit sind wir wieder bei den Fairfax und Washingtons Freundschaften im Westen. Die ergreifendste Demonstration von Washingtons Wunsch, in seinen letzten Jahren zusammen mit anderen die gemeinsamen Erinnerungen an das Glück der Jugendzeit wiederzubeleben, bietet ein Brief, den er nicht lange vor seinem Tod an Sally Fairfax schrieb. Sie war nun Witwe und lebte in England.

Der Landsitz Belvoir lag inzwischen verlassen. Einige Virginier behandelten in übertriebenem Patriotismus alle Fairfax als feindliche Ausländer. Dessen ungeachtet schrieb der große alte Mann des Amerikanischen Unabhängigkeitskrieges, der verheiratet war und dessen Handeln immer dem kritischen Auge der Öffentlichkeit ausgesetzt war, jener Frau in England einen Brief; einer Frau, die er in ihrer Jugend geliebt hatte, mit deren Ehemann er befreundet gewesen war und die er nun bat, nach Belvoir zurückzukehren, um den Abend ihres Lebens in seiner Nähe zu verbringen.[52]

> [Keines der] vielen bedeutenden Ereignisse [die in der Zwischenzeit geschehen sind] ... konnte die Erinnerung an jene glücklichen Augenblicke aus meinem Gedächtnis löschen, die glücklichsten meines Lebens, die ich in Eurer Gesellschaft verbracht habe ... Tiefes Bedauern überkommt mich, wenn ich Belvoir betrachte, was ich oft tue, und daran denke, daß seine einstigen Bewohner, mit denen wir in solcher Harmonie und Freundschaft lebten, nicht mehr dort zu Hause sind und daß seine Ruinen nur ein Symbol vergangener Freuden darstellen.

Sally Fairfax kam jedoch nicht. Vielleicht schreckte sie der Zustand von Belvoir ab oder der Gedanke, mit einem Revolutionsführer zu verkehren, oder auch die Gefühle der Gemahlin dieses Revolutionsführers.

6. Kapitel
Die Cincinnati

Dreizehn Jahre nach ihrem gemeinsamen Abendessen am Cheat River im Jahre 1784 speisten Washington und Gallatin wieder zusammen, diesmal im Weißen Haus. Urteilt man danach, was Gallatin seiner Frau über diese Zusammenkunft schrieb, hatte sich ihr Verhältnis in keiner Weise geändert. »Er [der Präsident] wirkte, so fand ich, ernster, abweisender und reservierter als sonst. Mrs. W. fragte nach Dir, weshalb Du davon ausgehen darfst, daß Du immer noch die Gunst unserer gnädigsten Königin genießt, die, nebenbei gesagt, immer noch eine sehr gutmütige und liebenswürdige Frau ist. Nicht so ihr Gatte, ... aber das bleibt zwischen uns, denn ich hasse Verrat ...«[1]

Die letzte Bemerkung spielte auf eine berüchtigte Auseinandersetzung zwischen Gallatin und Washington in den vorangegangenen Jahren an. 1794 stand Gallatin an der Spitze jener »demokratischen Gesellschaften«, die zahlreiche Petitionen zugunsten der whiskybrennenden Grenzsiedler Pennsylvanias eingereicht hatten. Dies war nach Washingtons Auffassung keine bloße Ungehörigkeit mehr, sondern grenzte an Verrat. Der Präsident war durch die Aufstände und Sezessionsdrohungen im Westen beunruhigt und verbrachte viele Tage im Sattel, um eine Armee auszubilden, die gegen die »Whisky-Rebellion« in Maryland und Pennsylvania eingesetzt werden sollte. Erschöpft und gereizt sandte Washington am 19. November 1794 eine Botschaft an den Kongreß, in der er so heftige Worte äußerte wie noch niemals während seiner Präsidentschaft. Er sprach von »gewissen selbsternannten Gesellschaften«, die verräterische Absichten hegten. In ihnen hätten sich Männer zusammengefunden, »die ungeachtet aller Konsequenzen ... Verdächtigungen, Eifersüchteleien und Anschuldigungen gegen die gesamte Regierung verbreitet« hätten – gegen *seine* Regierung.[2]

Thomas Jefferson antwortete nun seinerseits mit Übertreibungen

und bezeichnete Washingtons bittere Anklagen als »Angriff auf die Freiheit der Rede, die Freiheit zu schreiben, zu drucken und zu veröffentlichen«, was einem beliebe. Washington hatte aber keineswegs das Verbot der Gesellschaften gefordert, obwohl er angesichts der Gefahren, die der mühsam errungenen Einheit drohten, schier verzweifelte, und dies vor allem, weil andere Gentlemen die Bevölkerung zum Aufruhr anstachelten. So wußte er, daß sein Außenminister (Edmond Randolph) sich mit dem französischen Gesandten zu beraten pflegte, und möglicherweise war ihm auch bekannt, daß sein Finanzminister (Alexander Hamilton) mit den Briten konspirierte. Und er wußte darüber hinaus, daß sein eigener Grundbesitz im Westen allmählich zur Schleuderware wurde, weil die von ihm geführte Regierung weder Landansprüche sichern noch Steuern eintreiben, noch im Westen dem Gesetz Geltung verschaffen konnte.
Washington stellte die größte Armee auf, die man bis dahin auf amerikanischem Boden gesehen hatte – größer als alle Truppen, die er während des Unabhängigkeitskrieges ausgehoben hatte –, um einen Aufstand in den westlichen Bergen niederzuschlagen. Diese Streitmacht, deren Führung Washington demonstrativ selbst übernahm, sollte mehr erreichen, als die Steuereintreibung sicherzustellen und zu verhindern, daß weitere Steuereinnehmer geteert und gefedert würden. Angetrieben von einem erzürnten Alexander Hamilton, sollte sie die Ehre der Republik wiederherstellen und das Ohio-Tal für die Union erhalten.[3]
Die Ursachen und Folgen der anschließenden Militäraktion am Ohio und seinen Nebenflüssen haben niemals allzuviel von sich reden gemacht. Da gab es keine Fanfarenstöße, keine herausragenden Namen, keine Schlachten, die später berühmt wurden, und keine historischen Daten, an die man sich sofort erinnerte. Gleichwohl spielt die Whisky-Rebellion von 1794/95 in der amerikanischen Geschichte eine besondere Rolle, weil sie von Washington und Hamilton so energisch unterdrückt wurde. Die beiden Männer handelten dabei keineswegs töricht oder aus mangelndem Weitblick. Nein, sie schätzten ganz im Gegenteil richtig ein, welche Bedrohung der Aufstand darstellte. Die Union hätte tatsächlich auseinanderbrechen können, und dies zu verhindern war Washington während seiner Präsidentschaft vor allem anderen bemüht.

Herrscher treten ihr Amt im allgemeinen nicht an, um tatenlos der Liquidierung ihrer Reiche oder Republiken zuzusehen. Washingtons Entschlossenheit entsprang aber weniger dem Willen, den Status quo um jeden Preis zu verteidigen, sondern mehr noch seiner Liebe zum Westen – dieser mußte für die Union erhalten werden, weil er besser zu werden versprach als der Osten. Er verhieß nicht nur Reichtümer, sondern auch Erlösung. Und das ist das Hauptthema dieses Kapitels: Washington und jene, die seine Vision teilten, wollten im Westen eine neue und bessere Gesellschaft begründen. Sie wollten indessen keine neue Regierungsform schaffen; das war eher Jeffersons Sache. Sie waren Konservative, die auf Kontinuität, Erfahrung und Hierarchien hielten. Ihre neue Gesellschaft sollte auf traditionellen Werten aufbauen und von gewissen Neuerungen befreit werden, die sie als übereilt, schändlich und, wie sie es ausdrückten, »unziemlich« ansahen.

Folglich erschienen diese Federalists* und ihr Generalspräsident in den Annalen der Geschichte des Liberalismus als recht einfältige Gestalten; die westlichen Cincinnati tauchten darin so gut wie gar nicht auf.[4] Im 19. Jahrhundert wurde ihr romantischer Konservatismus von den Anhängern anderer Prinzipien, wie sie zum Beispiel Jefferson vertrat, nur verlacht. Doch die Achtung der Federalists vor der Tradition war nur Teil ihrer Achtung vor der Geschichte insgesamt. Als sie in den Westen vorstießen, registrierten sie mit aufmerksamem Blick, was schon vor ihnen dagewesen war, und zeigten sich bereit, von den Zeugnissen der Vergangenheit zu lernen.

Hierin unterschieden sie sich von den rücksichtslosen, aufdringlichen, expansionistischen und anmaßenden Befürwortern der Doktrin des Manifest Destiny und der rastlosen Neuerungen, die ihre Hoffnungen und noch vieles andere mehr zunichte machten.

Und obwohl sie am Ende scheiterten, war es doch dieses von George Washington aufgestellte und ausgebildete Offizierskorps, das nach dem Unabhängigkeitskrieg die Expansion ins Great Valley einleitete

* Die »Partei« Washingtons und Hamiltons, die in den Anfangsjahren der amerikanischen Unabhängigkeit den Kongreß dominierte. Die Federalists hatten ihre Anhängerschaft überwiegend im Norden. Trotz des Namens waren sie keine eigentlichen Föderalisten, sondern vertraten ein zentralistisches und dirigistisches Programm (Anm. d. Übers.).

und viele seiner prähistorischen Bauten entdeckte. Was bei Washington noch pure Neugier war, reifte bei vielen seiner Offiziere zu der Entschlossenheit, diese Zeugnisse für die Nachwelt zu bewahren. So wurde die erste Verordnung der USA, die den Erhalt historischer Monumente sichern sollte, in den Jahren nach 1780 von den Cincinnati in Marietta erlassen.

Die Bewahrung historischer Zeugnisse war der erste Schritt; der zweite war der Respekt vor den noch lebenden Menschen, die sie dort antrafen, gepaart mit der Bereitschaft anzuerkennen, daß diese, obwohl verarmt und von Krankheiten geschwächt, die Nachkommen der Völker sein könnten, die jene Monumente geschaffen hatten. Erstaunlicherweise empfanden viele der westlichen Cincinnati nicht nur für tote Indianer Sympathie, sondern brachten auch den lebenden ernsthafte und ehrfurchtsvolle Aufmerksamkeit entgegen. Die praktische Konsequenz einer solch respektvollen Haltung war, daß sie bereit waren, den Indianern auf einem Gebiet mit klar abgesteckten, kontrollierten Grenzen Souveränität zu gewähren, und sogar vorschlugen, den indianischen Konföderationen innerhalb der USA den Status von Bundesstaaten einzuräumen.

Alexander Hamilton, Aaron Burr und Albert Gallatin vertraten in einem Punkt eine grundlegend andere Auffassung als Thomas Jefferson: Sie räumten die Möglichkeit ein, daß dunkelhäutige Menschen die gleichen wissenschaftlichen und künstlerischen Leistungen vollbringen könnten wie Weiße, wenn sie von der Sklaverei befreit würden. Nach dem Ende von Jeffersons Präsidentschaft war Hamilton aber bereits tot, und Burr hatte seinen Ruf ruiniert und das Land verlassen. Nur Gallatin kämpfte weiter gegen die Sklaverei und fand sich niemals damit ab, daß dieses auf Rassenvorurteilen und Ausbeutung basierende System weiter ausgedehnt wurde.

Gallatin war nicht der erste, der erkannte, daß die Gewalt gegen Schwarze an einer »inneren« Grenze verübt wurde und der gleichen Motivation und Ideologie entsprang wie die Gewalt, die man den Indianern an der »äußeren« Grenze antat. Unausgesprochen lehnten die Cincinnati im Nordwest-Territorium die Sklaverei aus den gleichen moralischen Gründen ab, aus denen sie auch die Souveränität der Indianer respektierten und die Produkte ihrer Arbeit, das heißt die architektonischen Monumente, bewahren wollten.

Was würde aus dem Westen werden? Dies wurde zu einer der zentralen Fragen der amerikanischen Geschichte, als die Region nach 1763 einmal mehr jene zentrale Position einzunehmen begann, die sie bereits im 3. und dann im 13. Jahrhundert ausgefüllt hatte.

Der Westen war das »Alte Ägypten« Amerikas, Ernährer der Menschen seit zweiundzwanzig Jahrtausenden, Mutter der Völker, ein stiller Entscheidungsfaktor dafür, wer die Macht auf dem Kontinent ausübte. Darum mußte die Region den USA erhalten bleiben, und darum war die Whiskey-Rebellion – anders, als manche klugen Köpfe unserer Zeit behauptet haben – keineswegs von »fast entzückender Harmlosigkeit« oder (wie ein anderer moderner Kommentator meinte) ein »Kinderspiel«, ein bloßer Bauernstreich für die neue Republik.[5]

Denn natürlich war man sich damals bewußt, daß der Aufstand und der mögliche Verlust des Westens von großer Bedeutung waren. Zu denjenigen, die dies begriffen hatten und die die Auseinandersetzung alles andere als »entzückend« empfanden, gehörten die Toten und Verkrüppelten der Schlacht von Bower Hill im Jahre 1794, die Gefangenen, die von der Bundeskavallerie zu Eilmärschen angetrieben wurden, und die armen Tröpfe, die umgebracht wurden, weil sie nicht genügend Verstand hatten, sich gegen blutdürstige Ankläger zu verteidigen. Viele Menschen fanden bei diesem Aufstand den Tod. Obwohl der Sezessionsversuch am Ende kläglich scheiterte, hatte er doch eine reale Gefahr dargestellt, eine *Beinahe*-Katastrophe. Washington war überzeugt, daß ihm keine andere Wahl blieb, als die Rebellion rasch und entschlossen niederzuschlagen. Das Land war voll von unzufriedenen Offizieren, von denen sich jeder zum General der Aufständischen hätte aufschwingen können. Und bei all dem schauten feindliche Mächte zu, darunter Frankreich, vertreten durch General Georges Collot, der ein lebhaftes Interesse daran hatte, daß die Abspaltung tatsächlich glückte.

Hier ist Collots nachträgliche Einschätzung der Erfolgsaussichten der Separatisten:

> Wären die Anführer des Aufstands von 1794 Soldaten gewesen oder hätten sie über eine gewisse militärische Kenntnis dieses Gebirges verfügt, dann hätten sie mit den unter ihrem Befehl stehenden Truppen – sie hatten mehr als 8000 Mann zu ihrer Verfügung, ausschließlich her-

> vorragende leichte Infanterie – die Pässe der Alleghenies für die Bundesarmee sperren können, indem sie diese Hohlwege besetzt und ihre Hauptstreitmacht in Bedford stationiert hätten; ... vielleicht hätten sie die Einwohner zwischen den Alleghenies und dem Susquehannah überzeugen können, aktiv an ihrem Widerstand teilzunehmen.[6]

Collots Aufgabe war es, das Feuer der Rebellion zu schüren und, wenn möglich, in den Wirren des Aufruhrs Louisiana für Frankreich zurückzugewinnen. Washingtons Entschlossenheit machte Collots Hoffnungen jedoch zunichte, und er mußte sich damit begnügen, die Architektur der indigenen Bevölkerung zu studieren (siehe Kapitel 8).

Auch Albert Gallatin war in gewissem Sinne mitverantwortlich dafür, daß sich Collots Erwartungen nicht erfüllten, denn es war ihm gelungen, die Aufständischen davon zu überzeugen, nicht die von Collot erhoffte bewaffnete Konfrontation zu provozieren. Denn Washington *verfügte ganz sicher* über eine umfassende »militärische Kenntnis dieses Gebirges«; sein entschiedenes Handeln stellte – zumindest eine Zeitlang – sicher, daß in den USA kein Riß mehr zwischen Ost und West entstand.

Eine Schar von Helden

Washington war General. Das war sein Beruf. Er war zwar auch Pflanzer und Präsident, aber gelernt hatte er das Soldatenhandwerk, und auf dessen Prinzipien griff er auch dann zurück, wenn es um die Bewältigung einer Staatskrise, um die Organisation von Kolonisierungsvorhaben, um Geschichte, Bühnenkunst oder Kameradschaft ging.

Ein Jahr vor seinem Tod, schmerzgeplagt und von geschäftlichen Problemen verfolgt, verließ Washington Mount Vernon ein letztes Mal, um eine Reise zu unternehmen. Er tat dies nicht etwa, weil er mit seinen Gläubigern verhandeln oder seinen Verwalter Clement Biddle drängen wollte, mehr Getreide nach Haiti zu verkaufen. Vielmehr quälte er sich in eine Kutsche und nahm eine holprige Fahrt auf ausgefahrenen, morastigen Straßen auf sich, um in Philadelphia ein letztes Mal an einer Zusammenkunft des Cincinnatusordens teilzunehmen.

Washington hatte eine Schwäche für die alten Römer. Sein liebstes Theaterstück war Addisons *Cato* und seine Lieblingsfigur Cincinnatus, der Prototyp des Bürgersoldaten. Cincinnatus war genaugenommen ein Bürgergeneral, ein Mann von Stand, der sein Feld selbst pflügen mußte, wobei ihm nur ein einziger Sklave half; dennoch bewahrte er sich einen unbeugsamen Stolz. Er wurde zweimal vom Pflug weg zum Diktator berufen, um die Feinde Roms zu besiegen (dem Sklaven überließ er es dann, die Furche weiterzuziehen). Stets betonte er aber, daß er das Feld dem Exerzierplatz vorziehe.

Washingtons Verlangen nach Ruhm war ebenso groß wie sein Verlangen nach Land; es gelang ihm jedoch, ersteres zu zügeln, indem er sich ins Gedächtnis rief, daß letzteres befriedigt war. Wenn er nicht General oder Präsident war, dann konnte er immer noch Gutsherr sein. Ebensolche gemäßigten Aspirationen empfahl er jenen unter seinen Offizieren an, die vielleicht versucht gewesen wären, eine Militärdiktatur zu errichten, wenn ein anderer, ein Mann wie Alexander Hamilton beispielsweise, an ihrer Spitze gestanden hätte. Als Washington nach dem Krieg mit ihnen zusammen eine Kameradschaft mit dem Namen »Society of the Cincinnati« (Cincinnatusorden) gründete, schwor er sie auf sein ureigenes Ideal der Selbstbescheidung ein. »Zurück zum Pflug, Gentlemen«, so schien er zu sagen.

Wir sind schon einigen dieser Gentlemen in der Stadt begegnet, die nach ihnen benannt wurde, nämlich in Cincinnati (Ohio) und flußaufwärts in Marietta: Oberst Winthrop Sargent und General »Mad Anthony« Wayne. Wir werden noch Gelegenheit haben, über die Abenteuer zu berichten, die andere Offiziere, die unter Washington gedient hatten, im Westen erlebten, darunter George und Daniel Morgan, Baron von Steuben, George Rogers Clark, James Wilkinson und Aaron Burr. Manche von diesen Männern hatten wenig Anlaß, ihre fruchtbaren Felder, wohlgenährten Kühe und Sklavenbataillone aufzugeben, um ein neues Leben westlich der Berge zu beginnen. Viele besaßen indes keine Sklaven und auch kein ererbtes Land, auf das sie hätten zurückkehren können; einige waren sogar so arm, daß sie Cincinnatus um seinen einzigen Sklaven und seinen Pflug beneideten. Als sie sich aber in Valley Forge um ihre Lagerfeuer versammelt hatten, hatte Washington ihnen allen beredsam von einer Welt

erzählt, die es hinter den Bergen zu erobern gelte, einer Welt, die eine neue, unverdorbene, offene Chance bot.
Erst galt es sie zu erobern – und dann mußte man ihr eine Struktur geben. Der Cincinnatus-Traum, den er ihnen in ihrem Feldlager präsentierte, war der einer hierarchisch aufgebauten römischen Kolonie – jedoch ohne die verabscheuungswürdige Institution der Sklaverei. Ein Leben in einer solchen Gemeinschaft, umgeben von seinen alten Kameraden, erschien Washington gegen Ende der achtziger Jahre immer noch attraktiv, und der Gedanke begeisterte ihn so sehr, daß er trotz seiner antiklerikalen Einstellung geradezu freikirchliche Konzepte für diese Kolonien entwickelte. Er schlug vor, in Ohio »besondere Gesellschaften oder religiöse Sektierer mit ihren Predigern« anzusiedeln. Solche Gesellschaften könnten auch eine »Möglichkeit [bieten], Freunde in einem kleinen Kreis zusammenzuführen«. Wie wir später sehen werden, wurde Washingtons konventioneller Deismus noch durch einen weiteren, im Westen bedeutsamen Aspekt geprägt, nämlich die Kraft der indianischen Religion; seine politischen Präferenzen blieben jedoch auf beiden Seiten der Berge gleich.[7]
Washingtons Erwartungen erfüllten sich nicht exakt nach seinen Vorstellungen, obwohl im Zuge der Erschließung des Westens zahlreiche religiöse Gemeinschaften gegründet wurden, deren berühmteste vermutlich die von Joseph Smith war. Viele dieser Gruppen interessierten sich für die Mounds, obwohl nur die Mormonen die prähistorische Architektur zu einem zentralen Element ihres Glaubenssystems erkoren. Auch rein säkulare Siedlungen wurden nach den Grundsätzen der Cincinnati gegründet, einige davon erhoben sich auf den Ruinen prähistorischer Stätten, die durch zerfallene Mounds gekennzeichnet waren. Wir werden diese Orte noch näher betrachten: Nirgends allerdings waren Washingtons Kolonisierungsbemühungen so eng mit seinem Studium der Vorgeschichte verknüpft wie in Marietta. Es sollte ein Ort der Zuflucht werden und des Neuanfangs, ein Ort, wo die Erinnerungen an alte Freunde lebendig wurden und an die Plätze, an denen sie ihre Freundschaft intensiv erlebt hatten.
Washingtons Botschaft an die Cincinnati in Marietta, in der er seinen Wunsch ausdrückt, unter ihnen zu weilen, mag nur als kamerad-

schaftliche Geste eines einsamen alten Mannes erscheinen. Aber wie sein von Mäusen zerfressenes Tagebuch nahelegte, gab es *in der Nähe* von Marietta bereits seit längerem einen Ort, an dem er sehr hing. Und obwohl ihn, wie Edmond Randolph wußte, seine Pflichten als Präsident im Osten zurückhielten, besaß Ohio für ihn eine große Anziehungskraft; wie wir schon gesehen haben, spielte er ja mit dem Gedanken, Virginia zu verlassen. Und von den Menschen der Gründergeneration, die im östlichen Teil Virginias geboren worden waren – waren sie nun Sklaven oder frei –, tat auch ein Drittel genau das.

Möglicherweise hatte Washington aber etwas weniger Radikales im Sinn gehabt; vielleicht beabsichtigte er, von Zeit zu Zeit in dem »neuen und aufsteigenden Reich« zu verweilen, ohne sich gänzlich von Mount Vernon loszureißen. Und als ob sie ihn hätten ermutigen wollen, errichteten die Cincinnati ihre Soldatensiedlung an einem Ort, den ihr Oberbefehlshaber für sie ausgekundschaftet hatte. Denn 1770 hatte er auf seinem Weg flußabwärts den künftigen Standort von Marietta ausgewählt und auf dem Weg zurück noch einmal haltgemacht, um einen geeigneten Platz für eine Festung am gegenüberliegenden Ufer des Muskingum zu suchen.[8]

Römer am Muskingum

Noch bevor Oberst Timothy Pickering aus Massachusetts (der spätere Außenminister Pickering) 1783 Nachricht von dem Friedensvertrag mit Großbritannien erhalten hatte, schrieb er über »einen neuen in Erwägung gezogenen Plan – nichts Geringeres als die Gründung eines neuen Staates westlich des Ohio. Einige der ranghöchsten Offiziere der Armee setzen sich leidenschaftlich dafür ein.«[9] 1788 kamen diese Offiziere hinter einer turmbewehrten Palisade in Marietta zusammen, dem von Washington für den Bau einer Siedlung ausgewählten Ort. Hoch über den Köpfen der Helden ragten Erdwerke auf, die sie für Festungen hielten und die weit perfekter konstruiert waren als jene, die sie aus dem gefrorenen Boden von Valley Forge oder selbst aus der leichter formbaren roten Erde Yorktowns hatten errichten können. Ihr neues Lager barg ein Geheimnis aus längst vergangener Zeit: Die Ruinen Mariettas waren, was die Cincinnati damals nicht wußten, ebenso alt wie die Roms.

Als sie sich vom Flußufer her den Ruinen näherten, konnten sie ihre Transportwägen ohne Schwierigkeiten über eine stufig angelegte Rampe von 40 Metern Breite und über 200 Metern Länge hinaufschieben; dabei boten ihnen die hohen Wallanlagen beruhigenden Schutz vor Angriffen der Indianer. Zu Recht nannten sie diesen großzügig angelegten, zeremoniellen Zwecken dienenden Aufstieg »Sacra Via«.

Eine Namensgebung ist niemals ein trivialer Akt; diese klassisch gebildeten Männer verehrten das alte Rom, verharrten dabei jedoch nicht in passiver Bewunderung. Sie versuchten sich vorzustellen, wie man damals lebte, wie sich die Menschen auf einer Sacra Via zu einem befestigten Dorf begaben. Als die Cincinnati ihre Felder inmitten der Erdumfriedungen ihrer prähistorischen Vorgänger anlegten, kam ihnen der Gedanke, daß die Plazas einst als Kultstätten gedient haben könnten. Als sie ihr Fort errichteten, orientierten sie sich einmal mehr an römischen Vorbildern: Sie schufen ein turmbewehrtes, viereckiges Holzbauwerk, ähnlich jenen, von denen aus Varus im Jahre 9 v. Chr. zu seinem unseligen Feldzug in den Teutoburger Wald aufgebrochen war. »Varus, gib mir meine Legionen wieder!« hatte Kaiser Augustus ausgerufen. Und es ist durchaus möglich, daß die Adena/Hopewell zu genau der Zeit, als Varus in den Hinterhalt der Germanen geriet, an dem Kegel, der Sacra Via und den Plazas von Marietta bauten. Die Cincinnati, denen mehr Erfolg beschieden war als Varus, nannten ihre Festung in der Wildnis Ohios ihren Campus Martius.

Und auf diesem neuen Marsfeld begannen Washingtons Kampfgefährten von Valley Forge, die Generäle Samuel Holden Parsons und Rufus Putnam[10] sowie Major Winthrop Sargent, ihre Eindrücke über die prähistorische Architektur aufzuzeichnen, die so übermächtig über ihrer recht bescheidenen Niederlassung aufragte. Die Sacra Via führte direkt zu einer Umfriedung, deren Innenfläche etwa 16 Hektar betrug und die von Erdwällen umschlossen war, welche damals 2 bis 3 Meter hoch und 6 bis 12 Meter dick waren. Darin befanden sich zwei Plattformhügel, von denen einer eine Grundfläche von 36,5 mal 39,5 Metern aufwies, der andere etwas weniger. Ganz in der Nähe war ein anderes Quadrat angelegt, das von seiner Größe her nahezu identisch mit den Quadraten in Newark und am Scioto war. Hinter diesem Quadrat befand sich ein von einem ringförmigen Erdwall umgebener Kegelhügel mit einer Höhe von etwa 15 und einem Umfang von 231 Metern.[11]

Wie wir bereits erwähnt haben, wurden die Erdwerke von Marietta mit Ausnahme des Kegels später alle zerstört. Nachdem die Ehrfurcht vor den prähistorischen Zeugnissen, zwischen denen die Cincinnati sich niedergelassen hatten, verflogen war, verschwand auch alles, was sie zu bewahren versucht hatten. Nur ihre eigenen Gräber wurden von ihren Nachkommen in Ehren gehalten und blieben damit verschont.

Neuanfänge

Die Bürger von Marietta sind heute stolz darauf, daß die Gründer ihrer Stadt soviel Respekt vor der amerikanischen Vorgeschichte hatten, daß sie bei der Anlage von Straßen bemüht waren, die vorhandenen architektonischen Monumente so weit wie möglich zu erhalten und auch die erste Verordnung zum Schutz historischer Stätten in den USA erließen.[12] Dennoch waren sie nicht nach Ohio gekommen, um die Vergangenheit zu erhalten, sondern um einen Neuanfang zu wagen. Wie ihr Chefideologe Manasseh Cutler formulierte, wollten sie die häßlichen Hinterlassenschaften der Vergangenheit abschütteln: »Um einen *richtigen* Neuanfang zu machen, muß man hier keine *falschen* Gewohnheiten bekämpfen, keine eingewurzelten Systeme stürzen – hier ist kein Unrat zu beseitigen, bevor man die Grundlagen schaffen kann.« Mit Unrat meinten sie den Schmutz und die schlechten Gewohnheiten des undisziplinierten Mobs – des Mobs ihrer eigenen Rasse. Keineswegs dachten sie dabei an die Leistungen ihrer indianischen Vorgänger.[13]

Die Cincinnati von Marietta hatten ebenso wie Albert Gallatin, Benjamin Franklin und Washington einen bemerkenswerten Respekt sowohl vor den prähistorischen als auch vor den zeitgenössischen Indianern. Und ebenso bemerkenswert war ihre Entschlossenheit, im Westen Kolonien zu gründen und Festungen und Straßen anzulegen, die lateinische Namen tragen, aber von der schlimmsten

Verirrung Roms frei sein sollten – der Sklaverei. Das heißt nicht, daß sie durch und durch von einem demokratischen Geist beseelt gewesen wären oder eine gemischtrassige Gesellschaft wünschten. Es heißt lediglich, daß sie die Versklavung anderer Menschen oder auch eine »Bestrafung« bestimmter Rassen durch schlechte Lebensbedingungen strikt ablehnten. Die Cincinnati waren gewiß nicht in jeder Hinsicht bewundernswert, doch muß man ihnen zumindest dies zugute halten, was sich nicht von vielen ihrer Zeitgenossen sagen läßt.[14]

Cutler beteiligte sich 1786 an Rufus Putnams Cincinnati-Projekt und spielte eine zentrale Rolle bei dessen Annahme durch den Kongreß. Er sammelte eine Million Dollar, um am Ohio das Land zu kaufen, für das Marietta als Hauptstadt vorgesehen war. Ebenso sorgte er dafür, daß diese gewaltige Summe erst dann zur Tilgung der Schulden aus der Revolution verwendet werden durfte, wenn vertraglich festgelegt worden war, daß die Sklaverei auf dem neu erworbenen Gebiet untersagt sei. Mit Hilfe des Geldes konnte Cutler auch durchsetzen, daß die *Northwest Ordinance* im gesamten Nordwest-Territorium ein Verbot der Sklaverei verfügte; die Versuche der südlichen Bundesstaaten, das System der Pflanzungen auf das Gebiet nördlich des Ohio auszudehnen, scheiterten. Eine geringere Rolle spielte demgegenüber das Kalkül einiger Virginier, die der *Ordinance* gerade deswegen zustimmten, weil sie dem Nordwesten jene Sklaven verweigerte, die er ihrer Auffassung nach benötigt hätte, um landwirtschaftlich mit Virginia konkurrieren zu können.

In der Marietta-Kolonie konzentrierte sich der Idealismus eines stolzen, konservativen Offizierskorps. Die Halsstarrigkeit der Cincinnati gegenüber Regierungen, die »von Demokratie durchdrungen« waren (wie St. Clair es gegenüber Pickering ausdrückte), ging bei diesen Yankees im Westen mit einer ebenso kompromißlosen Ablehnung der Sklaverei einher. Will man einen Eindruck gewinnen, wie der Westen ausgesehen hätte, wenn die Cincinnati dort eine Führungsrolle übernommen hätten, dann sollte man den Verfassungsentwurf betrachten, den Alexander Hamilton für die Haitianische Schwarze Republik von Toussaint Louverture[15] erarbeitet hatte. Hamilton plädierte für eine Militärregierung unter einem von einer Junta unterstützten Führer. In dieser Regierung sollten jedoch

Schwarze (die von Toussaint befreit worden waren), Weiße und Mulatten entsprechend ihrem jeweiligen Bevölkerungsanteil repräsentiert sein. Diese Pläne wurden jedoch zunichte gemacht, als Napoleon die Insel mit Duldung Jeffersons eroberte – siehe Kapitel 7.[16]

Die strenge Disziplin, die die Offiziere aus dem Lager der Federalists verlangten, und das Sklavereiverbot lösten in Ohio eine Reihe von Konflikten mit Jeffersons Anhängern aus. Wir haben darauf bereits in unseren Ausführungen über Thomas Worthington hingewiesen. Die Federalists leisteten Worthingtons Erfolg allerdings selbst Vorschub, indem sie Arthur St. Clair zum Gouverneur des Nordwest-Territoriums ernannten. St. Clairs politische Unfähigkeit wäre vielleicht verzeihlich gewesen, wenn er sich wenigstens als kompetenter General erwiesen hätte. Und sogar seine mangelnden militärischen Qualitäten im Feld, die zu den peinlichsten Niederlagen der amerikanischen Streitkräfte bis zum Krieg von 1812 führten, hätte man ihm möglicherweise nachgesehen, wenn er nicht anmaßend und dumm gewesen wäre. Es war viel Wahres an dem Vorwurf, daß er »britische und aristokratische Vorstellungen« wie die alten Kolonialgouverneure hegte, und Worthington behauptete zu Recht, daß »die gegenwärtige willkürliche Regierung besser für eine englische oder spanische Kolonie geeignet [ist] als für Bürger der Vereinigten Staaten«.[17]

St. Clair benahm sich, als ob er und nicht Washington der wahre Erbe des Cincinnatus sei. Denn trotz seiner bewundernswerten Qualitäten war jener alte Römer für seine Anmaßung und seine grenzenlose Verachtung der Plebejer ebenso berüchtigt, wie er für seine edle Gesinnung berühmt war. Seine Geisteshaltung ließ sich daher gut mit der Einstellung der Cincinnati aus Ohio vereinbaren.

Sklaven im Garten

Washington selbst war um einiges demokratischer eingestellt als Arthur St. Clair; andererseits zeigte er sich im Unterschied zu Jefferson nur wenig geneigt, im Westen die Entstehung eines zweiten, größeren Virginia mit Pflanzungen, Sklaven etc. zuzulassen. Er wird nicht oft als Yankee bezeichnet, aber als er einmal seine Vorstellungen über die Zukunft der Region jenseits der Appalachen äußerte, beschrieb er ein zweites Neu-England mit geschlossenen Siedlungen, in denen freie Kleinfarmer und Handwerker von starken Führern regiert lebten. Dadurch könnten sich »Gesetze, Sitten und Ordnungskräfte« überall im Tal durchsetzen, wodurch jene »verstreuten Ansiedlungen« beseitigt würden, in denen – so klagte Washington offenbar ohne jede Verlegenheit angesichts seines eigenen unersättlichen Verlangens nach Grundbesitz – die Menschen »nur daran denken, noch mehr Land zu ergattern, was mit größter Wahrscheinlichkeit zu Chaos und Blutvergießen führen würde«.[18]

Mit einigem Recht behauptete Jefferson, daß die Cincinnati danach trachteten, sich als »Grenzfürsten« zu etablieren – als Marquis oder Markgrafen, wie diese Männer in Europa genannt worden waren.[19] Die Mitgliedschaft im Cincinnatusorden konnte lediglich ererbt werden, wie es auch heute noch bei den *Daughters of the American Revolution* und den *Colonial Dames* der Fall ist. Jefferson vertrat die Ansicht, daß sie dadurch jeden Anspruch auf politischen Einfluß verwirkt hätten, denn seine Anhänger hatten im Kongreß die Verabschiedung eines Gesetzes durchgesetzt, wonach alle neugegründeten Staaten im Westen »republikanische Strukturen haben und keine Person als Bürger anerkennen [sollten], die einen erblichen Titel« trägt.[20]

Winthrop Sargent, Arthur St. Clair und Rufus Putnam entgegneten daraufhin nüchtern, daß es nicht ihre Aufgabe sei, Staaten zu gründen, sondern Territorien zu verwalten. Sie sprachen sich gegen eine frühe Eigenstaatlichkeit Ohios und Indianas aus, obwohl Pickering von einem *neuen Staat* sprach. Die Aufteilung der westlichen Territorien in Bundesstaaten der Union, wie wir sie heute kennen, war damals noch kein unumstrittenes Prinzip. Bis 1787 – also vier Jahre nachdem Pickering über den geplanten neuen Staat geschrieben hatte – existierte noch kein Verfahren zur Gründung republikanischer Bundesstaaten. Unterdessen wurden mehrere andere Modelle diskutiert, unter anderem Tangentenstaaten, in denen Militärjuntas herrschten.[21]

Das Konzept der Cincinnati sah vor, daß die Territorien im Westen unter der Statthalterschaft militärischer Gentlemen verblieben, welche die kühnen, aber übermütigen Pioniere mit fester Hand regieren sollten. Sargent beschrieb die seiner Regierungsgewalt unterstehenden Siedler Ohios als »sehr zügellos ... und äußerst verkommen«; St. Clair hielt sie für »eine Masse von mittellosem und ignorantem Volk, ... ungeeignet, sich selbst eine Verfassung zu geben und eine Regierung zu bilden«. Die Anhänger Jeffersons im Westen, darunter auch Gallatin, wurden von den Federalists »Jakobiner« oder, in St. Clairs unkonventioneller Schreibweise, »San Culottes« genannt.[22]

Rufus Putnam und Timothy Pickering wollten diesen schmuddeligen Pöbel durch einen »halbmilitärischen Staat« bändigen, »der von Offizieren und Soldaten besiedelt« werden sollte. Ein »Gemeiner sollte 100 Acre [40 Hektar], ein Fähnrich 150 Acre [60 Hektar], ein Oberst 500 [200 Hektar] und ein Generalmajor 1100 Acre [450 Hektar] erhalten«. Diese Offiziere wären, gleich ausgedienten römischen Legionären in der Lage, sowohl das Reich als auch ihre Staaten innerhalb des Reiches zu verteidigen.[23]

Die Federalists behaupteten angesichts der Angriffe auf St. Clair, daß das eilige Bemühen, die Herrschaft jener militärischen Elite zu beenden und Staaten zu gründen, nur dazu dienen sollte, in der Region die Sklaverei einzuführen. Diese war im Nordwest-Territorium verboten, aber jeder *Staat*, der später auf dem Boden dieses Territoriums gegründet wurde, konnte nach seiner Aufnahme in die Union eine eigene Entscheidung in dieser Frage treffen. Falls Ohio die Sklaverei einführte, so sagte ein Farmer, »dann werden wir hier genug Gentlemen und auch ihre Neger haben ... Sie würden uns mit ihren Kutschen über den Haufen fahren«. Resolutionen wurden vorgelegt, die besagten, daß die »freigeborenen Söhne ... [Ohios] niemals erlauben werden, daß der abscheuliche Brauch der Sklaverei sich auf ihrem geheiligten Boden« ausbreitet.[24]

Historiker haben ausdrücklich darauf hingewiesen, daß ein Unterschied bestehe zwischen der Ablehnung der Sklaverei und der Bereitschaft, die Ansiedlung freier Schwarzer in jenen Territorien zu dulden. Daher ist besonders zu erwähnen, daß Männer wie Cutler, Worthington, Hamilton, Washington und Aaron Burr den Wunsch äußerten, freie Schwarze in ihre modellhaften Gemeinwesen zu *integrieren*. Washington und St. John Tucker gehörten zu jenen führenden Politikern Virginias, die *sowohl* die Freilassung von Sklaven *als auch* ihre Auswanderung in den Westen befürworteten. 1816 schlug die Kentucky Abolition Society vor, daß der Kongreß »ausgedehnte Flächen herrenlosen Landes« als »Zufluchtsort für alle Neger und Mulatten« vorsehen sollte, die bisher in den Vereinigten Staaten freigelassen worden waren oder in Zukunft freigelassen würden.[25] Dieses Konzept erinnert in gewisser Weise an die südafrikanischen Homelands, doch darf man die Absichten der Abolition Society nicht allzu geringschätzig betrachten. Im Westen gab es *tatsächlich* jede Menge geeignetes und fruchtbares Land, das sich weder im Besitz von Weißen noch von Schwarzen befand. Und in keinem der anderen Vorschläge wurde die Zuteilung von freiem Land mit Rassentrennung verknüpft; es gibt keinen Hinweis, daß die Cincinnati bei ihrem Experiment in Marietta Schwarze, ob Freie oder Sklaven, ablehnten. Washingtons Angebot an britische Investoren hätte, wenn es akzeptiert worden wäre, dazu geführt, daß freie Schwarze als Farmer auf Mount Vernon lebten.

Jefferson und Madison hingegen erwogen niemals eine Freilassung von Sklaven oder die grundsätzliche Abschaffung der Sklaverei, ohne gleichzeitig darauf zu bestehen, daß die Schwarzen nach Afrika zurückkehrten oder nach Haiti abwanderten. Washington und Cutler jedoch wollten die freien Schwarzen nicht aus den USA vertreiben. Ihr öffentlich ausgesprochener Hauptgrund für das Verbot der Sklaverei im Nordwesten bestand darin, daß in dieser Region dann »Männer ... mit robuster Konstitution [leben würden], die durch Arbeit abgehärtet und frei von den Gewohnheiten des Müßiggangs« seien. Ein solches Ideal schloß sklavenhaltende Pflanzer ebenso aus wie Sklaven, deren Fron ihre Herren von gesunder körperlicher Betätigung abhielt.

Pickerings Argumentation basierte auf der grundsätzlichen Befürwortung einer Eliteherrschaft, wobei er sich jedoch relativ unbelastet von Rassenvorurteilen zeigte. Jeffersons zwiespältige Haltung in Rassenfragen war ihm fremd. Er bestand 1779 auf dem »vollständigen Verbot der Sklaverei« in Marietta und Ohio, fünf Jahre *bevor* Jefferson einen zaghaften und nur teilweise erfolgreichen Versuch unternahm, die Einführung der Sklaverei in der Region westlich der Appalachen zu verhindern. Und während Jefferson danach seine

Bemühungen um ein Verbot der Sklaverei im gesamten Westen einstellte, setzte Pickering seinen Kampf fort.
Weil sie die Einführung demokratischer Strukturen an der *Frontier* strikt ablehnten, weil sie die Sklaverei verabscheuten und sich als gewissenhafte Hüter der Zeugnisse der indianischen Architektur in Ohio hervortaten, wurden die Federalists aus Ohio von Washingtons Nachfolger im Präsidentenamt, John Adams, mit hohen Ämtern belohnt. Sargent wurde der erste Minister für das Nordwest-Territorium und 1798 schließlich Gouverneur des Mississippi-Territoriums.
Als aber Jefferson 1801 Präsident wurde, berief er Sargent, einen unbeugsamen und verschrobenen Mann, von seinem Gouverneurs-Posten ab, obwohl Vizepräsident Burr sich für ihn verwandte. Sargent hatte Jefferson bei Zusammenkünften der Philosophical Society kennengelernt und mit ihm über die Mounds in Ohio diskutiert. Seine Briefe aus dem Jahre 1800 verliehen seiner Hoffnung Ausdruck, daß ihr gemeinsames wissenschaftliches Interesse Jefferson davon abhalten könnte, einen neuen Gouverneur für das Mississippi-Territorium zu ernennen. Doch wurden eitle Hoffnungen dieser Art in jenem Jahr häufig enttäuscht; Jefferson räumte mit den von seinen politischen Gegnern ernannten Amtsträgern ebenso gründlich auf, wie es Andrew Jackson im Jahre 1829 tun sollte.
Sargents alte Kameraden in Ohio harrten »an der Front« aus und verhinderten mit Unterstützung von Worthington, daß 1802 im neugegründeten Staat Ohio die Sklaverei zugelassen wurde. In Indiana erlitten sie zunächst eine Niederlage, als die Jefferson-Anhänger unter Gouverneur William Henry Harrison 1803 und 1805 die »Gesetze über die befristete Dienstbarkeit« erließen, was einer notdürftig kaschierten Einführung der Sklaverei gleichkam. Albert Gallatin konnte jedoch einen vollständigen Triumph Harrisons in Indiana abwenden, und Edward Coles sorgte durch die Anti-Sklaverei-Kampagnen von 1811 und 1819 dafür, daß Illinois von der »besonderen Einrichtung« verschont blieb.

Der Garten der Neuen Welt

Fast dreihundert Jahre lang hatten sich die Europäer Amerika als einen neuen Garten Eden vorstellen können. Bis etwa 1800 hoffte man darauf, im Westen Prosperos Insel zu finden, einen »Neue-Welt-Garten«, in dessen Mitte ein Jungbrunnen sprudelte – ein Jungbrunnen für die Nation, ein Ort der Erneuerung, an dem man sich von allen Fehlschlägen reinwaschen konnte.

Die Cincinnati verbanden diesen Mythos mit einem anderen, ihrer besonderen Situation entsprechenden Bild, nämlich der Vorstellung von einer »sicheren, ehrenvollen Zufluchtsstätte ... [für] die großzügigen, tapferen, unterdrückten Verteidiger ihres Landes«. Der Neue-Welt-Garten sollte zu einem ländlichen Refugium für Helden gemacht werden, und das Great Valley sollte die Kulisse bilden, vor der einmal mehr das Drama der Soldatenhelden aufgeführt wurde, die zwischen Pflug und Sattel hin- und herwechselten.[26]

Das war der ideelle Hintergrund des Vorhabens der Cincinnati; es gab jedoch auch einen sehr konkreten Anlaß. Die Cincinnati hatten nämlich kein glückliches Schicksal. Viele von ihnen versuchten einem politischen System zu entkommen, für das sie große Opfer gebracht hatten und in das sie nun kaum noch Vertrauen setzten. Obwohl manche unter ihnen weiterhin bedeutende Interessen im Osten verfolgten, begannen sie infolge ihrer dahinschwindenden Hoffnungen den Blick nach Westen zu richten. General Henry Knox, ein Artillerist, Förderer des Architekten Charles Bulfinch und bald auch Kriegsminister, schrieb 1788 an General Parsons, daß »wir alle, so glaube ich, nach Ohio gehen müssen«, wenn Massachusetts die Verfassung nicht ratifiziere und die östlichen Staaten in die Anarchie abglitten. Und dabei hatte Knox in Ohio nicht einmal in Land investiert; sein Besitz lag in Maine, das damals noch zu Massachusetts gehörte, und umfaßte rund 400 000 Hektar, die er zu kolonisieren hoffte.[27] Das Ohio-Land im Westen stand vielmehr für einen Neuanfang.

Timothy Pickering unterstützte das Marietta-Vorhaben ebenfalls, obwohl er 12 000 Hektar eigenes Land am Kanawha River besaß und selbst versuchen mußte, Siedler für dieses Gebiet zu gewinnen. Und auch für William Constable stand viel auf dem Spiel, wenn seine Cincinnati-Kameraden sich im Westen durchsetzen sollten, denn er

hatte fast 50 000 Hektar zwischen dem Mohawk River und dem St.-Lorenz-Strom erworben. Dennoch wünschte er seinen Freunden ein gutes Gelingen ihrer Pläne, und einige Jahre später fügte er hinzu, daß er beim Ausbruch eines von allen befürchteten Bürgerkrieges nach Ohio gegangen wäre, wo für ihn und alle seine Kameraden ein Neuanfang möglich schien, sich ein echter »Zufluchtsort« bot.[28]
1788, jenes Jahr, in dem Constable seine guten Wünsche übermittelt hatte, begann die Besiedelung der 126 138 Hektar westlich von Marietta sowie der Besitzungen der Ohio Company, die Oberst John Cleves Symmes hauptsächlich als Kolonie für seine einstigen Kriegskameraden aus New Jersey erworben hatte. Als Arthur St. Clair zum Gouverneur des Nordwest-Territoriums ernannt wurde, gesellte er sich nicht zu den anderen Cincinnati in Marietta, sondern errichtete seine Hauptstadt auf dem Symmes-Land, wo er den Weiler Losantiville in »Cincinnati« umbenannte und begann, indianische Artefakte an Thomas Jefferson zu senden.[29] Winthrop Sargent zog mit in die neue Hauptstadt um und setzte dort seine archäologischen Studien fort. Und als die aufblühende Stadt, die aus der Schweinemast und den Salzvorkommen von West Virginia große Gewinne erzielte, im Jahre 1794 ihre Hauptstraße erweiterte, wurden einer der wichtigsten Mounds zerstört und alte Gräber freigelegt, die vermutlich von den Hopewell stammten.[30]

Zufluchtsorte?

Im 18. Jahrhundert bezeichnete der Begriff *»asylum«* einen ehrbaren Zufluchtsort, ähnlich einer mittelalterlichen Freistätte, wenn auch größer. Sowohl die Cincinnati als auch die französischen Flüchtlinge, die nach 1790 in den Westen kamen, beschrieben mit diesem Ausdruck die Kolonien, die sie für sich und andere zu gründen beabsichtigten. Eine Zeitlang gehörte die Schaffung solcher großen Zufluchtsgebiete – die manchmal größer waren als die damaligen Mitgliedstaaten der Union – zu den Zielen der Indianerpolitik Präsident Washingtons, der Cincinnati und Aaron Burrs.
Der Begriff »Reservation«, der weitgehend synonym mit *»asylum«* verwendet wurde, bezeichnete damals noch nicht ausschließlich

solche Gebiete, die für die Besiedlung durch Weiße ungeeignet schienen oder so klein waren, daß sie faktisch zu Konzentrationslagern wurden. Vielmehr herrschte die Vorstellung, daß sowohl den Weißen als auch den Indianern separate, ausgedehnte Gebiete zur Verfügung gestellt werden sollten, die sich nur an einigen wenigen Punkten überschnitten, um Handel oder kulturellen Austausch zu ermöglichen.

All das war nicht unbedingt neu, obwohl viele daran erinnerten, daß Washington einst der Hauptgegner der von Bouquet, Dunmore und dem britischen König verfügten »Proklamations-Linie« gewesen war. Die Franzosen hatten ebensowenig wie die Briten begriffen, wie entschlossen die Amerikaner eine Expansion ins Great Valley anstrebten. Die französisch-amerikanische Romanze der Revolutionsjahre hatte sich in dem Moment merklich abgekühlt, als in Paris die Friedensverhandlungen begannen. Dort wurde nämlich erkennbar, daß die französische Regierung in Übereinstimmung mit Spanien die Appalachen gern als Westgrenze der USA festgeschrieben hätte und diese möglichst durch indianische Pufferstaaten absichern wollte.

In einigen Verträgen mit den Indianern war sogar der Vorschlag enthalten, daß die Amerikaner jenen Stämmen, die auf ihrem angestammten Land bleiben wollten, eine Eigenstaatlichkeit zuerkennen würden. Der Vertrag von Fort Pitt aus dem Jahre 1778 stellte dies den Delawaren in Aussicht, und der 1785 geschlossene Vertrag von Hopewell sah dasselbe für die Cherokee vor. Zwei Jahre später unterbreitete außerdem der Creek Alexander McGillivray dem Inspektor für indianische Angelegenheiten in der südwestlichen *Frontier*-Region, James White, einen derartigen Vorschlag, der umgehend an Kriegsminister Henry Knox weitergeleitet wurde.[31]

Daß Washington in seiner Eigenschaft als Präsident der USA weitgehend ähnliche Regelungen vorsah wie die Könige von Frankreich, Spanien und Großbritannien, konnte damals niemanden erheitern, denn die Habgier der Grenzsiedler, zu denen Washington in den siebziger Jahren selbst gehört hatte, wütete in den neunziger Jahren unvermindert weiter; daher war das Vorhaben des Präsidenten ebenso undurchführbar wie das von König George.

Undurchführbar, sofern man die Grenzregion nicht Militärgouverneuren aus den Reihen der Cincinnati unterstellte, doch diese Möglichkeit sollte durch den Lauf der Geschichte bald zunichte gemacht werden. Washingtons Pläne für den Westen hatten sich seit 1783 nicht verändert, als er die Auffassung geäußert hatte, daß »die Besiedlung des Landes im Westen und ein Friedensschluß mit den Indianern so untrennbar miteinander verbunden sind«, daß sie eine Friedenspolitik erfordern, die »in unserem dringenden Interesse liegt ... [und] die ein aufgeklärtes Volk einschlagen sollte«. Es sei ratsamer, so sagte er, das Ende jener »Streitigkeiten mit den Wilden und unter uns selbst anzustreben ..., [anstatt zuzulassen, daß] einige wenige habgierige Männer zum Nachteil vieler und zur Verlegenheit der Regierung ihren Reichtum mehren«.[32]

Washingtons Plan sah eine klare Grenzlinie vor, welche Grenzsiedler und Indianer voneinander trennte (die jedoch, so muß man hinzufügen, jenseits seiner eigenen Besitzungen verlief). Diese Linie sollte durch Garnisonen gesichert werden, um Übergriffe von »Banditenhaufen« zu verhindern. Es wäre danach also für Weiße ein Verbrechen gewesen, in die Reservationen einzudringen, und die Truppen hätten dieser Gesetzesvorschrift Geltung verschaffen müssen. Entschlösse man sich nicht zu solchen Maßnahmen, würden diese »Räuber jeder Autorität trotzen«. Washington nahm diese Angelegenheit also sehr ernst und unterbreitete außerdem den Vorschlag, zwei neue Staaten zu gründen, in denen sich Siedler niederlassen konnten, ohne widerrechtlich in die Reservationen einzudringen.[33]

Während der restlichen Zeit seiner Präsidentschaft propagierte Washington weiterhin das Modell der Cincinnati, das heißt Kernsiedlungen unter kompetenter militärischer Aufsicht und absolute Respektierung der Rechte der Indianer. James Flexner gelangte zu dem Schluß, daß Washington sogar noch 1793, als er Waynes Streitmacht ausrüstete, überzeugt war, »daß die Indianer die gleichen Rechte hätten wie die Grenzsiedler ... [Jedoch] brachten jene Siedlergemeinden, die unter den Überfällen skalphungriger Indianer zu leiden hatten, nur wenig Verständnis dafür auf, daß Washington das Militär so lange nicht zum Einsatz brachte, bis [noch einmal ein Verhandlungsversuch unternommen worden war] ... [Und] Jefferson ergriff Partei für die Menschen im Westen.«[34]

Erzürnt zeigten sich auch die Spekulanten auf beiden Seiten der Appalachen, da Washington große Landflächen nicht zum Verkauf freigeben wollte. Nicht nur beabsichtigte er, weite, fruchtbare Gebiete zu Indianerreservationen zu machen, sondern er wollte auch die Kolonien im Nordwest-Territorium mit Hilfe der Armee an einer Ausdehnung hindern. Und tatsächlich stellte Washington noch zusätzliche Truppen auf, um weißen Siedlern Indianerland abzunehmen, das sich diese auf gewaltsame oder betrügerische Weise angeeignet hatten.

Das war keine Politik nach Jeffersons Geschmack. James Flexner zufolge vereitelte der Außenminister mit seinen Argumenten, die »sogar die offenkundigsten Fälle widerrechtlicher Landaneignung für legitim erklärten ..., alle Bemühungen, einen Frieden auf dem Verhandlungsweg zu erreichen. Die Regierung, so betonte Jefferson, würde ihre verfassungsmäßigen Kompetenzen überschreiten, wenn sie irgendein Stück Land, das jemals annektiert worden war [und sei es auf ungesetzliche Weise], abtreten würde [das heißt, wenn sie die indianischen Ansprüche darauf anerkennen würde].«[35]

Obwohl Washington von Hamilton unterstützt wurde, weigerte sich Jefferson, von seiner Haltung abzurücken, und vermutlich hatte er die Mehrheit des Kongresses hinter sich. Washington versuchte nicht, seine Pläne durchzusetzen, und somit war eine weitere Chance vertan.[36]

Washingtons Konzept, welches sowohl Grenzstaaten als auch große, geschützte Indianerreservationen vorsah, wäre möglicherweise realisierbar gewesen, doch wurde es unter jenem Haufen von Zeichnungen »begraben«, auf denen Jefferson das gesamte Indianerland östlich des Mississippi in akkurate, rechteckige Landstücke für Siedler aufgeteilt hatte.

Man darf Washingtons Indianerpolitik nicht als jene wohlüberlegte Zurückhaltung gegenüber einer fremden Kultur deuten, die man von einem anthropologisch bewanderten Staatsmann unserer Zeit erwarten würde (obwohl eine solche Erwartung auch enttäuscht werden könnte). Washington lebte vor der Erfindung der Anthropologie; seine Zeit war noch nicht in der Lage, »zivilisierte« und »wilde« Rassen als gleichwertig zu betrachten. In den letzten Kapiteln dieses Buches werden wir uns der Frage zuwenden, inwieweit dieser Aspekt in die religiösen Konzeptionen der Europäer und Amerikaner integriert werden konnte; dabei werden wir insbesondere jenen kurzen Moment der Offenheit für die indianischen Religionen betrachten, in dem die Gründergeneration es für vorstellbar hielt, daß die Indianer ihre monumentale Architektur zu religiösen Zwecken errichtet hatten. Wir sollten dabei auch an eine Geste Präsident Washingtons denken, zu der sich meines Wissens keiner seiner Amtsnachfolger jemals wieder bereit zeigte. Washington erkannte, daß der Verweis auf seinen christlichen Gott – und er glaubte fest an diesen Gott – eine Beleidigung für die Cherokee sein könnte und daß ihre religiösen Überzeugungen ebensolchen Respekt verdienten wie seine eigenen. Als ihm daher einmal ein Entwurf für eine Botschaft an die Indianer zur Unterschrift vorgelegt wurde, strich er das Wort »Gott« aus und ersetzte es durch »der Große Geist über uns«.[37]

7. Kapitel
Thomas Jefferson und die Hartnäckigkeit von Vorurteilen

Als Peter Jefferson einmal die westlichsten Gebiete der Fairfax-Besitzungen inspizierte, machte er auf der Wasserscheide zwischen Mississippi und Atlantik halt und ritzte seine Initialen in einen Baum. Vielleicht könnte man noch heute auf einem Bergkamm in den Appalachen eine große Buche mit den Buchstaben »P.J.« finden, die einen Punkt markierten, der näher an den großen Strömen im Westen lag, als sein Sohn Thomas jemals vordringen sollte.

Peter Jefferson hätte gerne die Weiten jenseits dieses Bergkammes erkundet, doch war ihm dies nicht mehr vergönnt. Er starb, als sein Sohn Thomas erst vierzehn Jahre alt war. Zusammen mit seinem jüngeren Bruder Randolph, einem düsteren Jungen, der niemals richtig lesen und schreiben lernte, wurde Jefferson der Obhut von Dr. Thomas Walker anvertraut, auch er ein Mann mit Ambitionen im Westen. Der Gutsherr »Walker of Walkerton« lebte auf einem fast 7000 Hektar großen Besitz, den er durch die Ehe mit der Witwe von Nicholas Meriwether erworben hatte. Dieses Land, das sich 16 Kilometer entlang des Mattaponi River erstreckte, bildete den Grundstock für seine gemeinsamen Spekulationen mit Peter Jefferson.

In den vierziger Jahren des 18. Jahrhunderts brach Walker zu einer Erkundungstour nach Kentucky auf, wobei er einen Gebirgspaß benutzte, dem er den Namen Cumberland Gap gab. Sobald er sich westlich der Appalachen befand, nahm er für die Greenbrier Land Company 40 460 Hektar Boden in Besitz. Und bis zu seinem Tode erwarb er durch Spekulationen noch weitere 323 000 Hektar im Westen.

Während Walkers Reisen wurde Thomas Jefferson James Maury anvertraut, einem streitbaren anglikanischen Lehrer, der den Westen lediglich als imperiale Beute für die Briten betrachtete. Das Mississippi-Tal, so sagte er, könne »eine unerschöpfliche Quelle des Reich-

tums werden, die den Potosi und alle anderen südamerikanischen Minen übertrifft!«[1]
Maury meinte über sich selbst, daß er »stets mit Freuden jede sich bietende Möglichkeit ... ins Auge fassen werde, das Reich zu vergrößern, die Macht unserer Mutterinsel [England] zu mehren ... und gleichzeitig diesem Fleck der Erde [Virginia] mehr Ruhm und Reichtum zu verschaffen ...«. Über solche Möglichkeiten dachten auch einige britische Gouverneure in Kanada nach, die bis 1795 die Hoffnung nicht aufgeben wollten, daß das Mississippi-Tal, das »zweite Indien, ... die Kornkammer Amerikas«, vor den Amerikanern gerettet werden könnte.[2]
Maury und Walker starben, bevor die volle Bedeutung des Tales erkannt wurde; erst ihr glanzvoller Schüler lebte lange genug, um zu demonstrieren, daß dieses »aufstrebende Reich« unabhängig war und nicht dazu dienen würde, Englands Macht zu »erweitern«, und daß es ein Reich mit einer eigenen Vergangenheit war, das eine eigenständige Rolle in der Geschichte der Menschheit gespielt hatte.

Jefferson und die einfachen Farmer

Als Jefferson, Gallatin, Washington und ihre Zeitgenossen sich bewußt wurden, daß das Great Valley im gleichen Sinne eine Vergangenheit hatte wie Europa, da war diese Vergangenheit noch unergründlich. Ihr Bewußtsein dafür entwickelte sich entsprechend langsam und war stets von gewissen Erwartungen geprägt, die sowohl ihr Schulbuchwissen als auch ihre unbewußten Vorurteile widerspiegelten. Die Vorurteile waren, wie wir zum Teil bereits gesehen haben, nicht bei allen die gleichen. Wir sollten daher einen Schritt weitergehen, uns von unseren eigenen Vorurteilen freimachen und das vergessen, was wir in der Schule über diese Männer gelernt haben, damit wir begreifen können, wie sie lernten und was sie nicht fähig waren zu lernen.
Wir wollen versuchen, Thomas Jefferson zu verstehen und nachzuvollziehen, wie er seinen herausragenden Verstand einsetzte, um das, was ihn das Great Valley lehrte, zu verarbeiten. Dazu müssen wir zunächst jene Hindernisse beseitigen, die uns sogar die besten Historiker in den Weg gelegt haben, und eindeutig der beste, der über

diese Zeit schrieb, war Henry Adams. Gleichwohl befand er sich im Irrtum, als er äußerte, daß die Pläne Jeffersons und seiner Partei im Hinblick auf die Zukunft des Westens einem Programm folgten, das in ihrer eigenen Vergangenheit wurzelte.

Adams möchte uns glauben machen, daß Jefferson von seinen Mentoren, darunter Walker und Maury, den Wunsch übernommen hatte, der Westen solle zu einem vergrößerten Abbild Virginias werden, geprägt von einem »idyllischen Konservatismus ..., der das einfache und abgeschiedene Leben ihrer Väter auf immer erhalten« würde. Doch welcher Väter? Welche Einfachheit? Der imperial gesinnte Walker of Walkerton mit seinen mehr als 300 000 Hektar Land? Jefferson war weder ein »Gutsbesitzer aus dem Hinterland« noch der Sohn eines einfachen Bauern. Ein Mann, der über die größte Bibliothek der westlichen Hemisphäre verfügt, der sich in seiner Villa mit Möbeln und Gemälden aus Paris umgibt und Bataillone von Sklaven für sich arbeiten läßt, kann wohl kaum als Vorläufer eines Farmers aus Kansas gelten. Jefferson wäre nicht Jefferson gewesen, hätte er nur 65 Hektar Land und einen Maulesel besessen.[3]

Jefferson war ein Magnat und der Sohn und Enkel von Magnaten. Sein Großvater Randolph besaß Hunderte von Sklaven und rund 4800 Hektar Land; sein Schwager nannte etwa 1200 Hektar sein eigen. Sein Vater war ein Gutsbesitzer, der eine Vorliebe für den englischen Schriftsteller Addison hatte und seinem König als Richter, Sheriff (ein hochangesehenes Amt), Milizoberst und Mitglied des Parlaments von Virginia diente. Ein Mann, der wie Peter Jefferson seinen beiden Söhnen viele Sklaven und jeweils 1000 Hektar Land hinterlassen kann, ist gewiß kein kleiner Farmer.[4]

Weder Thomas noch sein Bruder Randolph Jefferson wuchsen als Bauern unter Bauern auf. Thomas nahm bald eine sehr viel wichtigere Position ein als sein weit weniger befähigter Bruder, löste sich aber niemals von ihrem gemeinsamen gesellschaftlichen Hintergrund, denn seine Vertrauten, Berater und politischen Freunde stammten alle aus dem kleinen Kreis der Gutsbesitzer in der Piedmont-Region Virginias. Seine Nachbarn und Freunde, die Carters, besaßen allein im Albemarle County über 4000 Hektar sowie weitere 4000 in Amherst; die Coles verfügten über rund 6000 Hektar, die zur Hälfte ein geschlossenes Gut bildeten, das im Süden direkt an

Jeffersons Besitzungen angrenzte. Jeder aus Jeffersons engerem Bekanntenkreis, zu denen auch die Madisons, Cockes und Barbours gehörten, besaß Tausende von Hektar Land und Hunderte von Sklaven.

Jefferson begann als Großgrundbesitzer aus dem Hinterland. Niemand wußte besser als er, was das bedeutete – welche Stellung die Oberschicht aus der Piedmont-Region in der Gesellschaft Virginias genoß:

> Manche Familien hatten einen glänzenden Aufstieg erlebt, ... einige hatten eine Reihe von begabten Männern hervorgebracht ... Unter diesen Umständen mußte sich die Gesellschaft in mehrere Schichten untergliedern ... Aristokraten, Mischlinge, Möchtegerns, solide, unabhängige Bauern, welche neidisch zu jenen aufblickten, die über ihnen standen, aber nicht wagten, sie zu attackieren, und zuletzt, ganz unten, eine Gruppe von Personen, die Aufseher genannt wurden und die die verworfenste, heruntergekommenste und prinzipienloseste Rasse war.[5]

Möglicherweise wollte Henry Adams mit diesen Worten andeuten, daß Jefferson im Gegensatz zu den anderen Großgrundbesitzern der Piedmont-Region ein Intellektueller war, so als ob er sich von diesen »einfachen« Männern durch den »Instinkt ... eines liberalen europäischen Edelmanns« unterschieden hätte. Gewiß »baute er auf Monticello für sich selbst ein Schloß, das ihn den anderen Menschen entrückte«, aber das taten alle Gutsbesitzer, sofern sie die Mittel dazu hatten. Vielleicht war es der Standort des Hauses auf dem Gipfel eines gerodeten Hügels, der Adams blendete, denn dieser stellte tatsächlich etwas Besonderes dar, und die Pläne, die Jefferson für die Häuser seiner Standesgenossen entwarf, sahen Standorte inmitten von Wildparks und Feldern von mehreren tausend Hektar vor, auf denen Sklaven arbeiteten.[6]

An solchen Orten, für die Jeffersons Landhaus Poplar Forest bei Lynchburg in Virginia ein gutes Beispiel darstellt, lebten die Großgrundbesitzer soweit wie möglich nach dem Vorbild der englischen Whig-Magnaten. Sie umgaben sich mit Mauern, Zäunen und Hecken, die der kabbalistischen Geometrie der Trennung entsprachen und sich an den Festungsstädten der Renaissance orientierten. Das Besondere an Poplar Forest war, wie wir noch sehen werden, daß Jefferson hier die Isolationssymbolik der europäischen Renaissance mit ausdrucksstarken Symbolen einer *Trennung von Europa* verband, die auf die prähistorische Architektur des amerikanischen Westens zurückgingen. Die Tatsache, daß Jefferson letztere in seinen Entwurf für Poplar Forest einbezog, läßt offenbar werden, wie weit er selbst zu einer gelungenen Synthese aus kosmopolitischem Gentleman und vollendetem Amerikaner gereift war.

Niemals war er jedoch ein Bauernführer populären Einschlags. Er war Großgrundbesitzer, Philosoph und Staatsmann. Und nichts in seinem Handeln deutet darauf hin, daß er jemals im Westen Raum für ein »solides und unabhängiges Farmertum« schaffen wollte, Raum für ein Heer von Bauern, die alle auf ihren eigenen, exakt vermessenen, rechteckigen Feldern arbeiteten – so wie es 1920 in Kansas der Fall war.

Allein diese Rechtecke waren tatsächlich Jeffersons Idee. Die übrigen Behauptungen sind jedoch ineinandergreifende Trugschlüsse, die ebensowenig dazu geeignet sind, eine Vorstellung von Jeffersons Westen zu vermitteln wie seine Äußerung, daß »jene, die den Boden bearbeiten, Gottes auserwähltes Volk sind, wenn er jemals ein Volk auserwählt hat«. Hätte Jefferson dies wirklich geglaubt, dann hätten die Negersklaven das Land im Westen zugesprochen erhalten müssen, und das kann wahrhaftig nicht seine Absicht gewesen sein.

Jefferson, hierarchische Strukturen und der Westen

Wie hätte Jeffersons Westen ausgesehen? Zu wessen Gunsten hätte er ihn gestaltet? Vor dem Schlüsseljahr 1784 gab es mehrere Gelegenheiten, bei denen er eine gewisse Bereitschaft zeigte, sich über die Interessen der virginischen Spekulanten im Westen und ihr Vorhaben, Sklaven zu züchten und zu verkaufen, hinwegzusetzen. Nachdem jedoch die Bemühungen der Federalists aus Neu-England gescheitert waren, die Sklaverei jenseits der Appalachen zu verbieten (Jefferson unterstützte diese Bestrebungen 1784, hatte sie jedoch nicht initiiert), ergriff er niemals wieder politische Maßnahmen, die gegen jene »zu Größe aufgestiegenen Familien« Virginias gerichtet gewesen wären, welche den neuen Latifundisten im Westen Sklaven verkauften.[7]

Während der letzten Jahre des Unabhängigkeitskrieges hatte Jefferson als Kriegsgouverneur von Virginia amtiert. Mit der ihm eigenen Intuition erfaßte er, welche wirtschaftlichen Ziele sich die »zu Größe aufgestiegenen« Virginier für die Zeit nach dem Krieg gesteckt hatten, und kämpfte energisch gegen jene, die für sie eine Konkurrenz darstellten, seien sie Briten, Tories oder nur Pennsylvanier. Bemerkenswerterweise betrieb er eine Politik, die weitgehend auf den Vorteil seiner Heimatregion bedacht war, worin er sich von Washington unterschied, der trotz seines Hungers nach Land im Westen nicht versuchte, andere auszuschließen.

Während seiner Zeit als Gouverneur sorgte Jefferson dafür, daß eine virginische Armee unter Führung von George Rogers Clark die Pennsylvanier daran hinderte, ihre vierzig Jahre zuvor geknüpften Handelsbeziehungen zur Ohio-Region wiederaufzunehmen; diese waren Ende der fünfziger Jahre teils von den Franzosen unterbunden, teils von den Briten übernommen worden, die von ihrem Stützpunkt Detroit aus operierten. Das treffendste Urteil über diese Vorgehensweise fällte wohl im Jahre 1948 ein Bewunderer Jeffersons (Anthony Marc Lewis), der einräumte, »daß ein unerläßlicher militärischer Vorteil ... geopfert wurde, vermutlich weil sich Virginia die Freiheit erhalten wollte, ihre westlichen Söhne auf ihre Weise großzuziehen.«[8]

Wenn dies Jeffersons Ziel gewesen sein sollte, so gab er es gegenüber seinem Oberkommandierenden Washington nicht zu, der 1783 eine etwas »kontinentalere« Auffassung vertrat. Zwar waren beide an Kanalbauvorhaben beteiligt, um Virginia über den Potomac an den Handel mit dem Westen anzuschließen, doch unterschied sich Jeffersons Vorstellung von Virginias »eigenem Weg« erheblich von Washingtons Konzeption. Dieser Unterschied wurde deutlich in der Wahl ihrer persönlichen Freunde: Jefferson suchte, wie wir gesehen haben, vor allem die Gesellschaft virginischer Großgrundbesitzer und ihrer Söhne, mit denen er aufgewachsen war. Washingtons Vater war kein Großgrundbesitzer, sondern ein Eisenfabrikant und Unternehmer gewesen, was möglicherweise der Grund dafür war, daß die jungen Männer in seiner Umgebung wie beispielsweise Hamilton, Laurens und Humphreys (siehe Kapitel 5) aus anderen Kreisen stammten als Jeffersons Vertraute.

Gewiß sollte man Washington nicht als Demokraten bezeichnen, doch warb er regelmäßig bei den Bauern für seine politischen Ziele, wobei er, wie im 18. Jahrhundert üblich, jede Menge Rum ausschenken ließ. Jefferson hingegen verabscheute solche Auftritte. Er fühlte sich unter einfachen Farmern nicht wohl und mied auch sonst meist die Gesellschaft der »kleinen Leute«. So bemerkte Henry Adams:

> Als führender Repräsentant der Demokratie wirkte er in eigentümlicher Weise deplaziert. Er hielt sich mit Vertraulichkeiten gegenüber den Massen ebenso zurück wie Präsident Washington und mischte sich niemals unter Menschenmengen, ... tatsächlich bekam man ihn niemals zu Gesicht, außer zu Pferde oder wenn er seine Freunde oder Besucher bei sich zu Hause empfing.[9]

Das heißt nicht, daß die einfachen Farmer für Jefferson unwichtig waren. Er konnte nur an die Macht gelangen, wenn er zu seiner angestammten Wählerschaft unter den Großgrundbesitzern noch die Handwerker in den Städten und diejenigen, die wenige oder gar keine Sklaven besaßen, hinzugewann. Sicherlich hielten sich manche der kleinen Farmer für »frei« und »unabhängig«, und das zu Recht. Aber sogar diejenigen, die faktisch von einem örtlichen Magnaten abhängig waren, hatten Grund zu einem gewissen Stolz, denn nach der Ratifizierung der Verfassung galt ihre Wählerstimme zwei- oder dreimal so viel wie die Stimme eines Nordstaatlers. Wie die Wahl von 1800 zeigte, konnten die weißen Südstaatler, ob sie sich nun zu Fuß oder zu Pferde fortzubewegen pflegten, Thomas Jefferson zum Präsidenten küren, obwohl er weniger Stimmen als sein Konkurrent, der Yankee John Adams, erhielt.[10] Die angeblich demokratische »Revolution von 1800«, wie Jefferson seinen Triumph bezeichnete, war im Grunde der Triumph einer Reihe raffinierter antidemokratischer Manöver, durch die auf den Wählerlisten ein Schattenbataillon von nichtwählenden Drei-Fünftel-Personen erschien, deren »Stimme« ebensoviel wert war wie die eines Weißen. 1774 zeichnete Jefferson in seiner *Summary View of the Rights of British America* ein Bild von freien Bauern, die sich mühsam durch ihrer eigenen Hände Arbeit und im Schweiße ihres Angesichts eine Existenz aufbauten. Jeffersons Biographen haben derartige Äußerungen aus dieser Zeit ebenso hervorgehoben wie seine Kritik am

Handel mit Sklaven. Dabei übersahen sie jedoch, daß er mit allen Mitteln versuchte, den Sklavenhandel *zwischen* den Bundesstaaten zu schützen (Virginia exportierte Sklaven), und sich nur gegen den *internationalen* Sklavenhandel wandte, der eine Konkurrenz für Virginia bedeutete. So erfahren wir beispielsweise aus einem Essay, daß Jefferson »Grundherren, die nicht auf ihrem Besitz residierten, mit all der Leidenschaft attackierte, die man von einem Gentleman-Farmer aus dem Hinterland erwarten« konnte, wobei er die Vorgehensweise von Squattern für legitim erklärte und sich gegen die Spekulanten aus Philadelphia wandte (so wie jene, mit denen Benjamin Franklin in Verbindung stand), um ein schlichteres und edleres Leben im Westen zu fördern.[11]

Eine solche Schlußfolgerung ist aber in jeder Hinsicht absurd: Jefferson war kein »Gentleman-Farmer«, sondern ein Grande, der Tausende Hektar Land von Hunderten von Sklaven bewirtschaften ließ und der ebenso wie seine Freunde selbst seine Güter nur aus der Ferne verwaltete.

Jefferson war auch Wissenschaftler und Philosoph; er erforschte den Westen mit sehr viel umfassenderer wissenschaftlicher Neugier als George Washington, obwohl dieser in der Praxis der bessere Ornithologe und Naturkundler war. Jefferson begann seine Forschungen über das Herz des amerikanischen Kontinents mit dem Studium bereits bestehender archäologischer Erkenntnisse, aufbauend auf der enzyklopädischen Methodik seiner französischen Mentoren. Er erklomm die Blue Ridge Mountains und blickte nach Westen zu den fernen Bergkämmen und Tälern, die sein Vater einst erkundet hatte. George Washington war gerade dabei, den Raum hinter diesen Bergen zu erforschen – aber so, wie ein britischer Großgrundbesitzer vorgehen würde und nicht mit Hilfe der allumfassenden, taxonomischen Methoden von Jeffersons französischen Freunden. Überdies zollte Washington bei seinem Interesse für den Westen seinen vormaligen Bewohnern nur am Rande Aufmerksamkeit, während Jefferson sich durch einen ungeheuren Wissensdurst hinsichtlich der Indianer, seien sie nun lebendig oder tot, auszeichnete. Washington allerdings behandelte die Indianer sehr zum Zorn der Spekulanten und Squatter als Wesen, die ein angestammtes Recht auf ihr eigenes Land hatten; Jefferson tat das nicht – für ihn waren sie keine richtigen

Menschen und hatten daher fast ebensowenig ein Recht auf den Schutz von Leben, Freiheit und Eigentum wie Schwarze, ob Freie oder Sklaven. Er lernte viel über die Vergangenheit der Indianer, wodurch er aber nicht zu der Auffassung gelangte, daß sie Traditionen hatten, die auch für die Zukunft bewahrenswert waren. Niemals rückte er von der Überzeugung ab, daß sie sich entweder anpassen oder weichen müßten. Albert Gallatin und George Washington kamen nach dem Studium der vorliegenden Erkenntnisse zu anderen Schlüssen, doch beharrte Thomas Jefferson hartnäckiger auf seinen Rassenvorurteilen als seine beiden virginischen Landsleute.[12]

Jefferson, die Indianer und die Schwarzen

Jene Indianer, die Thomas Jefferson in seiner Jugend in Virginia kennengelernt hatte, waren die wenigen, demoralisierten Überlebenden vieler mächtiger Stämme, die einst an der Chesapeake Bay beheimatet gewesen waren. Krankheiten und Kriege hatten sie geschwächt; ihre Sozialstruktur und ihre Lebensgrundlagen waren zerstört und ihre Kult- und Begräbnisstätten entweiht worden.

Manchmal machten Indianer, die zu Verhandlungen mit den britischen Gouverneuren in Williamsburg unterwegs waren, in Charlotteville halt, aber dies geschah nur gelegentlich, und die Delegationen hatten immer formellen Charakter. Ansonsten war Jefferson nur von Schwarzen umgeben, denen gegenüber sich seine Haltung von seiner Jugend bis zu seinem Tod kaum änderte. Wie wir bereits erwähnt haben, konnte sich Jefferson niemals zu der Auffassung Albert Gallatins (die in diesem Punkt auch von Benjamin Franklin, Alexander Hamilton und Aaron Burr geteilt wurde) durchringen, daß Schwarze den Weißen ebenbürtig sein könnten.

Indianer, so glaubte er schließlich, könnten dies möglicherweise schon. Sonst wäre er vermutlich auch nicht sehr erfreut darüber gewesen, daß seine Töchter Männer heirateten, die behaupteten, von Pocahontas abzustammen. Ebensowenig hätte er dann 1808 vorgeschlagen, die Spannungen in der *Frontier*-Region durch Heiraten zwischen Indianern und Weißen zu entschärfen. »Euer Blut wird sich mit unserem vermischen«, so sagte er. Dies war damals kein schockierender Gedanke; William Byrd II. und Robert Beverly hatten eine solche Strategie befürwortet und beklagt, daß das »unangebrachte Zartgefühl« der ersten englischen Siedler dem entgegengestanden hätte. Die Franzosen hatten Mischehen zwischen Indianern und weißen Siedlern zur offiziellen Politik erhoben, »damit sie, wenn sie schon ein Gesetz und einen Herrn haben, auch ein Volk und ein Blut sind«.[13]

Einer Vermischung von Schwarzen und Weißen, sei sie nun durch den Ehestand abgesegnet oder nicht, stand mehr als ein solches »unangebrachtes Zartgefühl« entgegen. Jefferson war die Vorstellung ein Graus.[14] Er hatte die Konsequenzen dieser Rassenvermischung in seiner Umgebung zu deutlich vor Augen geführt bekommen, denn die mulattischen Halbbrüder und Halbschwestern seiner Frau wuchsen als Sklaven neben seinen eigenen Kindern auf Monticello auf. In Virginia wie im gesamten Süden kam es in großem Umfang zu einer Rassenvermischung, doch geschah dies meist unter unwürdigen Bedingungen, die ein Mann von Jeffersons Sensibilität als Schande empfinden mußte.[15]

Wie Benjamin Franklin wurde auch Jefferson durch die Grausamkeit der Weißen gegenüber den Indianern zu der Einsicht geführt, daß diese vollwertige menschliche Wesen waren. So bemühte sich Franklin 1783 mit einem Aufgebot von pennsylvanischen Quäkern, die »betenden Indianer« Pennsylvanias vor den Massakern der »Paxton Boys« zu schützen. Jefferson hatte niemals Gelegenheit, zur Verteidigung von Indianern zu den Waffen zu greifen, doch als 1774 die Familie des Mingo-Häuptlings Logan von einem weiteren in der Grenzregion sein Unwesen treibenden Schlägertrupp ermordet worden war, erregte dies seinen tief empfundenen Zorn.

Die Rede, die Logan hielt, nachdem er bei seinem Vergeltungsfeldzug eine Niederlage erlitten hatte, rührte Jefferson so stark an, daß er sie in seinem Notizbuch festhielt. 1782, als er für ein französisches Publikum seine *Notes on Virginia* verfaßte, führte er Logans Beredsamkeit als Beweis für die sprachliche Kultiviertheit eines Volkes »ohne Schrift« an. Das war zwar ein Advokatentrick, aber ein sehr wirkungsvoller, denn Jefferson wußte im Gegensatz zu den Franzosen, daß Logan kein ungebildeter Wilder war. Seine hervorragenden

Englischkenntnisse verdankte er einem mehrjährigen Aufenthalt in Philadelphia. Grundsätzlich wollte Jefferson jedoch auf etwas Richtiges hinaus: Die Indianer waren fähig, sich die Kunst der Rhetorik anzueignen und, wie er später erfahren sollte, monumentale Bauwerke zu errichten.[16]
In seinen *Notes on Virginia* war er zu der letztgenannten Erkenntnis aber noch nicht gelangt:

> Mir ist nichts bekannt, was man als indianisches Monument bezeichnen könnte ... Insgesamt gibt es kein Überbleibsel, das auch nur so beachtenswert wäre wie ein gemeiner Graben zur Bewässerung von Land; es sei denn, die Hügel [die kleinen konischen Mounds in der Region von Monticello], von denen überall in dieser Gegend viele zu finden sind.[17]

Dann schildert er, wie er einen Hügel am Ufer des Rivanna River, in der Nähe von Monticello, untersucht hatte. Dabei sei es ihm um »naturgeschichtliche« (das heißt in diesem Zusammenhang archäologische) Erkenntnisse gegangen. Obwohl er herausragenden indianischen Persönlichkeiten wie Logan Bewunderung, Einfühlungsvermögen und Respekt entgegenbrachte, schrieb Jefferson über die Beredsamkeit der Indianer wie über die Leistungen von besonders begabten Kindern.[18]
Jefferson war nicht das Glück beschieden, einen Indianer zum Freund zu haben. Noch als reifer Mann von vierzig Jahren behandelte er die amerikanischen Ureinwohner als etwas »anderes«. Sie waren für ihn Studienobjekte und nahmen in seinem wissenschaftlichen Denksystem eine Zwischenstellung ein, obwohl sie, wie er einräumte, »sowohl geistig als auch körperlich nach dem gleichen Maß geschaffen [sein könnten] wie der ›Homo Sapiens Europaeus‹«.[19]
Im Jahre 1779 beschloß das College of William and Mary, die Hinterlassenschaft eines Stifters gemäß dessen Wunsch für die Entsendung von Lehrern zu den Indianern zu verwenden, damit diese Unterricht im Lesen, Schreiben und im christlichen Glauben erhielten. Dergleichen hätte das College auch für eine abgelegene Ansiedlung europäischer Kolonisten tun können. Jefferson, ein herausragender Absolvent des College, schlug jedoch vor, einen Gelehrten abzuordnen, der das »Recht, die Sitten, die Religionen, die Traditionen und insbesondere die Sprachen der Indianer« *studieren*, die

Fakultät über seine Tätigkeit auf dem laufenden halten und Berichte für die Bibliothek abfassen solle. Ein wenig »Unterweisung in den Grundsätzen des Christentums« könne nebenbei gewährt werden, um den Verfügungen des Erblassers zu entsprechen, aber die Forschergruppe solle auf jeden Fall kontinuierlich ihrer Arbeit nachgehen.[20]

Die genauen Gründe für Jeffersons Vorschlag sind für uns nicht mehr feststellbar. Er hielt generell wenig von Religionsunterricht; vielleicht sprach er sich schon allein aus diesem Grund dafür aus, die Indianer nicht »im Katechismus und den Grundsätzen des Christentums« zu unterweisen, sondern unvoreingenommen ihre Lebensweise zu untersuchen – eine solche Position war damals weiter verbreitet als die des missionsbestrebten Stifters. Nur die Quäker, die Herrnhuter Brüder und einige wenige Puritaner und Anglikaner maßen einer indianischen Seele ebenso großen Wert zu wie einer europäischen. Die Virginier mochten bereit gewesen sein, die Indianer zum Studienobjekt zu machen, doch waren sie nicht bereit, sie in ihre Kirchen hineinzulassen.[21]

In seinen *Notes* formulierte Jefferson 1782 eine Antwort auf französische Naturkundler, welche die Meinung vertraten, daß vermutlich alle auf dem amerikanischen Doppelkontinent geborenen Tiere und Menschen kleiner als die Tiere und Menschen Europas und Asiens und ihnen auch in anderer Hinsicht unterlegen seien. Der Comte de Buffon hatte behauptet, daß es den Indianern an sexuellem Antrieb und an Verstand fehle (eine merkwürdige Verbindung), was darauf zurückzuführen sei, daß sich ihre für diese Funktionen bestimmten Organe von denen der Europäer unterschieden. Jefferson räumte ein, daß »sich die Menschenrassen in ihren körperlichen und geistigen Fähigkeiten unterscheiden, ... wie ich es bei anderen Säugetierrassen sehe«. Doch bezweifelte er, ob »die Größe und die Fähigkeiten von Lebewesen davon abhängen, auf welcher Seite des Atlantik ihre Nahrung wächst oder von welcher Seite die Elemente stammen, aus denen sie bestehen«. Obwohl Jefferson darauf bestand, daß die amerikanischen Ureinwohner ebenso Menschen seien wie die Franzosen, betrachtete er sie zu diesem Zeitpunkt durch die französische Brille und erkannte den Indianern bestenfalls den Status von »edlen Wilden« zu, mit Betonung auf dem Substantiv und nicht etwa dem

Adjektiv. Auch wenn Logan sich gewählt auszudrücken verstand, konnte man von keinem Indianer erwarten, daß er prächtige Bauwerke schuf.[22]

Erstaunlicherweise war sogar Jeffersons Freund, der französische Philosoph Constantin Volney, der durch seine Reiseberichte mit exakten Beschreibungen der antiken Ruinen im Nahen Osten Berühmtheit erlangte, von Vorurteilen geblendet: In der festen Überzeugung, daß die Indianer »edle Wilde« seien, konnte er nicht zugeben, daß die Mounds, die er später entlang des Ohio zu Gesicht bekam, tatsächlich die Ruinen architektonischer Monumente waren. In seinem einflußreichen Werk *Tableau du climat du sol des Etats Unis d'Amérique* ließ Volney die Welt wissen, daß sogar jene Erdwerke, die sich in der Region von Marietta und Cincinnati befänden, »kein Anzeichen für besonderes Geschick in der Kriegskunst oder irgendeiner anderen Kunst« aufwiesen.[23]

Eine »Aufklärung« der Indianer durch geeignete Unterweisung könne möglich sein, soviel räumten Jefferson und die Franzosen zu diesem Zeitpunkt ein; zu künstlerischen Leistungen, so lautete ihre Theorie weiter, blieben sie jedoch unfähig. In den achtziger Jahren nahm dann die Geschichte eine ironische Wendung und sorgte dafür, daß Jefferson über die indianische Architektur aufgeklärt wurde – und das ausgerechnet in Paris.

Die »Aufklärung« Thomas Jeffersons

Benjamin Henry Latrobe war unfair gegenüber Jefferson, als er schrieb, daß dieser sein gesamtes architektonisches Wissen aus alten französischen Büchern bezogen habe. Jefferson verfügte über mehr praktische Erfahrung in der Konstruktion von Gebäuden als jeder andere Präsident der USA, und er war der einzige, dem man die Ehre erwies, ihn als Architekt zu bezeichnen. Womit Latrobe jedoch recht hatte, war die Behauptung, daß Jeffersons klassischer Geschmack trockener Lektüre entspringe – und dasselbe galt, nachdem er als junger Mann seine Grabungen am Rivanna River in Virginia abgeschlossen hatte, auch für seine archäologischen Forschungen. Jefferson wandte das, was er aus architekturgeschichtlichen Werken lernte und was seine Korrespondenten ihm über archäologische Funde in Amerika mitteilten, durchaus in der Praxis an. Doch die Archäologie muß ebenso wie die Architektur und die Politik durch unmittelbare Erfahrung erlernt werden. Bei all diesen Tätigkeiten macht man sich die Hände schmutzig.

Jefferson gab sich ebensowenig Mühe, die Architektur des amerikanischen Westens persönlich zu erforschen wie einst die Architektur Italiens. Das entsprach nicht seiner Art. Er beschrieb den Ohio als »den schönsten Fluß auf Erden mit ruhigem Lauf, klarem Wasser und sanften Ufern«, womit er die Berichte französischer Reisender zitierte, die einen Ort beschrieben, den er selbst noch nie gesehen hatte. Und obwohl er Palladios Buch über die Villen Venetiens als seine Architekturbibel bezeichnete, brachte er es während einer Reise in diese Region Italiens fertig, zwei Wochen lang die dortigen Reisanbaumethoden zu studieren, ohne auch nur einen Tag der Besichtigung von Palladios Bauten zu widmen, die sich ganz in der Nähe befanden.[24]

Jefferson hatte jedoch bereits genug aus Büchern – und Briefen und Zeitschriften – erfahren, um seine Zweifel an der Fähigkeit der Indianer abzulegen, »Monumente« zu errichten, die größer waren als »Hügel«. Die wissenschaftlichen Belege, die zu seinem Meinungswandel führten, hatten sich sogar schon vor 1781 in seiner Bibliothek angesammelt, dem Jahr, in dem er seine *Notes on Virginia* verfaßte. Wirklich überzeugt von dem architektonischen Können der Indianer wurde er jedoch erst in seiner Zeit als Botschafter in Frankreich (seit 1794) und in den Jahren danach.

In den folgenden fünfundzwanzig Jahren eignete er sich umfassende Kenntnisse über die Ringe, Quadrate und Achtecke der Adena/-Hopewell-Kultur an. Hier ist eine kurze Übersicht, wie dies geschah: Zum erstenmal erfuhr Jefferson von den miteinander verbundenen Ringen und Quadraten der Hopewell vermutlich durch die Beschreibungen von Circleville und Hopeton, die Reverend Davis Jones 1774 verfaßt hatte – siehe Kapitel 3. 1780 besaß Jefferson bereits eine frühe Ausgabe von Jonathan Carvers *Travels*, die erstmals 1778 veröffentlicht worden waren und in denen Carver die winklig gestalteten Verschanzungen am oberen Mississippi als Achteck beschrieb. Diese Darstellung erregte Jeffersons Aufmerksamkeit, denn er hatte großes Interesse an achteckigen Formen.

1789 hielt sich Jefferson als Botschafter am französischen Königshof auf, wo er Benjamin Franklin abgelöst hatte. In diesem Jahr erhielt er einen Brief von Ezra Stiles, dem Direktor des Yale College, der vom 8. Mai 1786 stammte. Das Schreiben enthielt noch einen weiteren Brief, der von Samuel Holden Parsons verfaßt war, sowie eine Skizze, welche die »Umwallungen aus Erdwerken [zeigte], die am Muskingham in Ohio gefunden wurden und kürzlich von General Parsons an Ort und Stelle zeichnerisch festgehalten worden« waren. Stiles hatte Benjamin Franklin dringend um sein Urteil über diese Erdwerke in Ohio gebeten, doch Franklin glaubte nicht, daß sie indianischen Ursprungs seien. Nichtsdestoweniger wußten Ende der achtziger Jahre des 18. Jahrhunderts viele Gelehrte in Paris und den USA, daß sie *existierten.*[25]

1790 hatte sich Jefferson schon ein Stück weit der Auffassung angenähert, daß die Indianer zu etwas fähig sein könnten, was über den Status edler Wilder hinausging; er war jedoch immer noch überzeugt, daß »die Indianer an den Ufern des Ohio ... zwar ... Verschanzungen aus Erde errichten könnten«, sich aber ansonsten im »Jägerstadium« befänden und schon immer befunden hätten. Im April 1789 ließ Charles Thompson aus Philadelphia Jefferson weitere Informationen über die »Altertümer im Westen« zukommen. In seiner Antwort aus Paris riet Jefferson, »daß die Personen, die sich dort hinbegeben ..., sehr genaue Beschreibungen dessen, was sie sehen, anfertigen, ohne irgendwelche Theorien aufzustellen. In dem Augenblick, in dem eine Person eine Theorie aufstellt, sieht ihre Phantasie in jedem Objekt nur jene Spuren, die diese Theorie bestätigen ... Es ist zu früh, Theorien über diese Altertümer aufzustellen«.[26]

Zu dieser Zeit las Jefferson vermutlich die Berichte über die Ohio-Region, die von anderen Wissenschaftlern aus Philadelphia verfaßt worden waren. Der Mathematiker und Astronom David Rittenhouse und der Arzt und Naturforscher Benjamin S. Barton veröffentlichten ihre Darstellungen 1787 in London. In den Jahren nach 1790 lieferten Hunderte von aufmerksamen und schreibgewandten Reisenden, die aus dem Westen zurückkehrten, Berichte über die großartigen Leistungen der prähistorischen Indianer. Ein weiterer Gelehrter aus Philadelphia, der Naturforscher William Bartram, beschrieb 1791

seine Forschungen in den Moundbuilder-Regionen des Südens. Und schließlich wurden bis zum Jahre 1807 noch mindestens fünf weitere Beschreibungen und Landkarten der prähistorischen Stätten von Marietta veröffentlicht.
Jene Ausgabe der *Transactions of the American Philosophical Society*, in der 1793 Jonathan Hearts posthumer Beitrag über die Mounds erschien, enthielt auch einen Artikel Jeffersons. Damit ist zwar nicht gesagt, daß der »Weise von Monticello« Hearts Ausführungen zu den Marietta-Erdwerken kannte; möglicherweise hatte er aber eine frühere Fassung des Beitrags gelesen, der 1787 im *Columbian Magazine* publiziert worden war.
Aller Wahrscheinlichkeit nach war ihm jedoch die ausführlichere Version in den *Transactions* nicht entgangen, denn die Zeitschrift druckte auch Imlays Nachruf auf Heart ab. Imlay war damals der bekannteste Kritiker von Jeffersons Rassenvorurteilen. Berühmt wurde Imlay durch die Erzählung *The Emigrants*, die 1792 in London erschien und einer der beiden ersten Romane ist, die man eindeutig als Western bezeichnen kann.[27] Beinahe gleichzeitig wurde *A Topographical Description of the Western Territory of the United States* (dt. *Nachrichten von dem westlichen Lande der nordamerikanischen Freistaaten*, 1793) veröffentlicht, ein faszinierender Bestseller, der in mehrere Sprachen übersetzt wurde und eine Kombination von Reiseerzählung und politischer Abhandlung darstellte. Imlays blumige Schilderungen der Wunder des Ohio-Tals griffen Benjamin Bartons herausragende Beschreibungen der dortigen Erdwerke auf, und seine politischen Ausführungen waren eine gnadenlose Analyse der *Notes on Virginia*, wobei Imlay sich vor allem mit Jeffersons Vorurteilen gegen Schwarze im allgemeinen und gegen die schwarze Dichterin Phillis Wheatley im besonderen auseinandersetzte.[28]
Und noch ein zweites Mal befaßten sich einige von Jeffersons politischen Gegnern mit den Erdwerken im Ohio-Tal. 1809 wurde in einer in Philadelphia herausgegebenen Zeitschrift mit dem Titel *Port Folio* eine Karte abgedruckt, die den Ring und das Quadrat von Hopeton zeigte. *Port Folio* war ein von den Federalists geprägtes Blatt, das für seine heftigen Attacken gegen Jefferson berüchtigt war. Dieser hatte sich daher nach Kräften bemüht, die Zeitschrift verbie-

ten zu lassen, und war sicherlich sehr erzürnt, als er die Seiten mit dem Beitrag über die indianischen Monumente las.
1805 erschien ein Bericht über die geometrischen Erdwerke Ohios, der (wenn wir davon ausgehen, daß Jefferson Kenntnis davon erlangte) direkten Einfluß auf Jeffersons eigene architektonische Entwürfe, insbesondere für Poplar Forest, gehabt haben könnte. Es handelt sich um eine ausführliche Beschreibung des Ringes, des Quadrats und des Achtecks von Newark, die in dem in Boston erscheinenden *Journal* von Thaddeus Mason Harris abgedruckt war. Zwischen diesem Zeitpunkt und dem Jahr 1820 wurden acht kartographische Darstellungen von Marietta veröffentlicht sowie neue Beschreibungen der Ringe, Quadrate und Achtecke in Newark und in den Tälern des Scioto River. Englische, schweizerische und amerikanische Reiseschriftsteller durchforsteten die Gegend nach romantischen Hügeln.[29]
Nachdem Jefferson 1799 Winthrop Sargents Bericht an die Philosophical Society gelesen hatte, begann er, die Erdarchitektur im Westen als »Monumente« zu bezeichnen. Dies zeigte einen Wandel gegenüber den Auffassungen an, die er noch in den *Notes on Virginia* vertreten hatte. Er wußte nun, daß diese Erdwerke nicht nur größer waren als die Tumuli am Rivanna River, sondern daß sie in noch umfassendere Komplexe integriert waren. Und als noch wichtiger erachtete er, daß sie gemäß den Regeln der Geometrie konstruiert waren, einer Wissenschaft, der er lebhaftes Interesse entgegenbrachte. Schon dieser Punkt allein hatte daher seine Wahrnehmung derjenigen, die sie konstruiert hatten, verändert.
Die American Antiquarian Society wurde 1812 gegründet, und zwar hauptsächlich zu dem Zweck, das Wissen über die Erdmonumente im Westen weiterzuverbreiten. Wenig später ernannte Präsident James Monroe Caleb Atwater zum Postmeister von Circleville. 1820 verfaßte Atwater den ersten Band der *Transactions*, der eine hervorragende Karte des Ringes und Achtecks von Newark enthielt. Das Werk wurde von Dewitt Clinton, John Marshall und Jefferson begeistert aufgenommen. Jefferson schrieb der Society, er hoffe »mit aufrichtiger Freude, daß durch ihre Bemühungen die Monumente, die an das Wesen und die Lebensart der Menschen erinnern, die vor uns dieses große Land bewohnten, vor dem Vergessen bewahrt«

würden. Er versicherte den Mitgliedern der Gesellschaft, daß er für den Erfolg ihrer Archäologen bete und »gerne an ihrer Arbeit teilnehmen« würde, aber die Natur habe seine Dienste auf eine frühere Zeit seines Lebens beschränkt.[30]

Poplar Forest

Zwischen 1805 und 1825 entwarf und baute Jefferson seinen Ruhesitz in Poplar Forest, südlich von Lynchburg. Wie es bei ihm stets der Fall war, hatte er anfangs ein klares Konzept, dann folgte ein jahrzehntelanges Hadern über Detailfragen und ein Ringen um die Beschaffung der finanziellen Mittel zur Fertigstellung des Vorhabens. Noch 1815 riet er einem Freund, er solle nur zu Besuch kommen, wenn er »seine Ohren mit Baumwolle verstopft [habe], um sie gegen den Lärm von Hämmern, Sägen, Hobeln usw. zu wappnen«; erst 1825 war die Innenausstattung des Hauses abgeschlossen.[31]

Jefferson teilte seine zweihundert Sklaven gleichmäßig zwischen den 2000 Hektar seines Besitzes um Monticello und den 1600 Hektar, die zu Poplar Forest gehörten, auf. 1812 behauptete er stolz, daß Poplar Forest »das beste Wohnhaus im Staat [sein werde] mit Ausnahme von Monticello; und möglicherweise diesem vorzuziehen, weil es eher auf die Bedürfnisse einer Privatperson zugeschnitten« sei.[32]

Jefferson hielt sich dreimal im Jahr in Poplar Forest auf. Anfangs schlug er dort lediglich ein provisorisches Quartier für sich allein auf; nachdem er das Haus 1815 endlich für weibliche Bewohner geeignet befand, brachte er seine ganze Familie mit.[33] Poplar Forest war mehr als Jeffersons Modell für den idealen Wohnsitz eines amerikanischen Gentleman: Das Anwesen repräsentierte seine Vorstellung davon, wie sich solch eine geometrisch aufgebaute Villa in eine ideale, geometrisch geordnete amerikanische Landschaft einfügen sollte.[34]

Als Jefferson die Pläne für Poplar Forest ausarbeitete, hatte das öffentliche Interesse für die prähistorische Architektur in Ohio seinen Höhepunkt erreicht, und Jefferson erhielt zahlreiche Berichte über die Erforschung dieser Monumente zugesandt. Bei einem

Mann, der sich für Architektur und Archäologie gleichermaßen begeisterte, mußte die Kombination beider Gebiete größte Aufmerksamkeit erregen. Und als ihm zu Ohren kam, daß diese Monumente auch exakte geometrische Formen – vor allem Achtecke – aufwiesen, begann sich Jefferson intensiv mit diesen Zeugnissen der indianischen Vorgeschichte zu befassen. Er wußte, daß die Grundrisse europäischer Renaissancefestungen öfter die Form miteinander verbundener Ringe und Quadrate aufwiesen. Vermutlich schon um 1780, spätestens aber um 1810 war ihm zur Kenntnis gelangt, daß solche Formen auch bei der alten Architektur Amerikas zu finden waren. Diese Erdbauten – die von monumentalen Ausmaßen und eindeutig amerikanischen Ursprungs waren – boten eine Möglichkeit, die geschichtliche Eigenständigkeit der amerikanischen Kunst zu belegen.[35]

Im 18. Jahrhundert bestanden in Großbritannien viele Villen aus einem großen Zentralgebäude mit einem Flügelbau an jedem Ende, der jeweils zu einem Pavillon führte. In Virginia und seinen Kolonien Kentucky und Tennessee war diese »fünfteilige« Struktur oftmals von Jefferson entworfen oder zumindest beeinflußt worden und wurde daher als »*Jeffersonian*« bezeichnet. Doch Jeffersons Pläne für Monticello und vor allem Poplar Forest machen deutlich, daß er auch an neuen Konzepten und Methoden arbeitete. So ließ er am Ende der Flügelbauten Erdhügel aufschütten, anstatt Pavillons zu errichten – ein außergewöhnliches Detail, ebenso »Jeffersonian« wie durch und durch amerikanisch.

Jeffersons »Mounds«, die einen Durchmesser von etwa dreißig Metern aufwiesen, lagen dreißig Meter vom Hauptgebäude in Poplar Forest entfernt und waren 3,6 Meter hoch. Und als hätte er sichergehen wollen, daß man diese Hügel nicht für natürliche Bodenerhebungen hielt, wies er seine Gärtner an, eine Symmetrie zu dem zentralen Raum des Hauses (der eine quadratische Form mit einer Seitenlänge von 6 Metern aufwies) herzustellen, indem sie auf jedem Hügel vier Trauerweiden pflanzten, die in einem Quadrat mit einer Seitenlänge von ebenfalls 6 Metern angeordnet waren.[36]

Obwohl mit dem Bau des Hauses schon 1806 begonnen worden war und bereits im nächsten Jahr das südliche Parterre errichtet wurde, gestaltete Jefferson seine »Mounds« bis 1812 immer wieder um. In

jenem Jahr wurde auch die American Antiquarian Society gegründet, deren Hauptaufgabe es sein sollte, die prähistorische Architektur Ohios zu erforschen. Der Grundriß der Villa von Poplar Forest stellt ein Quadrat innerhalb eines Achtecks dar. Auf dem Plan für das Gesamtgrundstück liegt das Haus inmitten eines runden Baumgürtels, der eine ringförmige Auffahrt und – vermutlich – einen achteckigen Zaun säumte. Die Bäume und die Straße waren unterbrochen, um einen Ausfall nach Süden zu ermöglichen – eine kurze, gerade Straße, die am Haupteingang des Hauses begann und den großen Kreis mit einem Garten verband. Wir können heute nicht mehr feststellen, ob dieser Garten quadratisch war. Vermutlich war er mit Holzpfählen eingezäunt, und diese hinterlassen wenig archäologisch verwertbare Spuren. Doch waren die Gärten dieser Epoche meist quadratisch, und das Grundstück weist an dieser Stelle dieselbe Form auf.
Bei vielen Erdwerken in Ohio handelte es sich um Quadrate oder Achtecke, die mit einem Ring verbunden waren. Wie weit war Jefferson über diese architektonischen Muster informiert, als er die Umgebung seines Hauses in Poplar Forest gestaltete? Mit einiger Wahrscheinlichkeit waren ihm die Berichte von Harris, Heart und Jones bekannt. Jefferson selbst bestätigte, daß er Briefe mit vollständigen Beschreibungen und mehreren kartographischen Darstellungen des Marietta-Komplexes erhalten habe. Es wäre zudem äußerst merkwürdig, wenn er nicht von all den Publikationen gewußt hätte, die auf Benjamin Bartons Bericht aus dem Jahre 1787 folgten, der eine exzellente graphische Darstellung lieferte, die die geometrische Struktur der Erdwerke besonders deutlich macht. Zudem kann man mit großer Wahrscheinlichkeit davon ausgehen, daß Jefferson den Brief Bartons gelesen hatte, der in Gilbert Imlays *Topographical Description* von 1792/93 abgedruckt war, wie auch Imlays Nachruf auf Heart und *The Portfolio* von 1809.[37]
Poplar Forest war das letzte Projekt, bei dem sich Jefferson mit seinem Lieblingsthema, den Achtecken, beschäftigte; durch die »Mounds« unterschied es sich jedoch von allen seinen bisherigen Vorhaben. Er konzipierte ein achteckiges Haus, das wiederum in mehrere kleine Achtecke unterteilt war; ein Tisch in der Villa, den er vermutlich selbst entworfen hatte, ist ebenfalls achteckig.

Außerdem war Poplar Forest von einem achteckigen Zaun umgeben, der innerhalb der ringförmigen Auffahrt verlief. Und es ist sogar möglich, daß die ursprünglichen Grundrisse der »Mounds« achteckig waren.[38]

Die beruhigende Wirkung der Geometrie

Größe ist wichtig, doch noch wichtiger ist Form: Als ordnungsbedürftige Lebewesen kehren wir immer wieder zu vertrauten Strukturen zurück. Thomas Jefferson war ein Mensch, für den Ordnung, Geometrie (welche vertraute Formen repräsentiert) und Wissenschaft nicht voneinander zu trennen waren und denen er gleichermaßen große Bedeutung zumaß. In allen seinen architektonischen Entwürfen drückt sich die Sehnsucht nach dem beruhigenden Effekt deutlich erkennbarer Ordnungsmuster aus, so als ob er die archetypische Kraft bestimmter geometrischer Formen (vor allem von Achtecken und Kreisen) und der darin enthaltenen mathematischen Gesetzmäßigkeiten als heilsam empfunden hätte.

Jefferson hatte sich schon in seiner Jugend mit Geometrie beschäftigt. In seinen mittleren Jahren hatte er seinem Enkelsohn »Mathematikstunden« gegeben und, wie er sagte, »dieses Studium mit großer Begeisterung wiederaufgenommen. Es war mir immer das Liebste. Es gibt da keine Theorien, keine Ungewißheiten bleiben im Geist zurück; alles ist Beweis und Gewißheit«. Welch eine Sehnsucht spricht aus diesem Satz! Am Ende seines Lebens suchte Jefferson »Gewißheit« in den mathematisch exakten geometrischen Grundrissen von Poplar Forest. Hier gab es keine Zersplitterung, keine Verwirrung, keine »Theorien« mehr.[39]

»Naturgeschichte«, so sagte er einmal im Zuge einiger Ausführungen zur Archäologie, sei seine »Leidenschaft«; die Architektur war für ihn seit seiner Jugend bis ins Alter eine geliebte Begleiterin. Poplar Forest war Jeffersons letztes Werk, in dem er die Früchte der Archäologie, der Geometrie und der Architektur miteinander verband – sein *Falstaff.* »Gewißheit«, so hatte er gesagt, sei eine passende Übersetzung für den Begriff, mit dem Verdi die Gefühle beschrieb, die ihn

beim Komponieren seiner beiden letzten Opern, *Othello* und *Falstaff*, der »Spielzeuge des alten Mannes«, bewegten.
Was aber komponierte Jefferson? Er selbst sagte nur, daß er seine Tage in Poplar Forest »in der Ruhe und Zurückgezogenheit« verbringe, die seinem »Alter« und seiner »Trägheit« angemessen sei. Dort konnte er das vermeiden, was seine Enkelin »lästige Störungen« nannte, die »taktlosen und unpassenden Besuche« der Massen, die ihn in Monticello bedrängten; »die Menge ... der Freunde und Fremden, die länger oder kürzer verweilenden Gäste, das Kommen und Gehen, die unaufhörlichen Bitten um seine Aufmerksamkeit, der Mangel an Muße ...«. Und Jefferson selbst sagte über sein Leben inmitten der Achtecke und Kreise von Poplar Forest: »Ich schlummere ohne Furcht und sehe in meinen Träumen die Wunder des Altertums.«[40]
Was für ein »Altertum« mochte das gewesen sein? Vielleicht ein amerikanisches »Altertum«? Oder ging es ihm nur darum, »ohne Furcht zu schlummern«? 1819, nach einem der vielen Sklavenaufstände jener Zeit, schrieb er von seiner Angst vor der »Feuerglocke in der Nacht«. Im Süden herrschte große Besorgnis; die Nation befand sich in Aufruhr; viele Bürger im Norden zeigten sich erbost, daß der Sklavenhalterstaat Missouri in die Union aufgenommen worden war. Der von den Gründervätern ausgehandelte Kompromiß in der Sklavenfrage drohte zu zerbrechen; von immer neuen Revolten wurde berichtet. Das Ende der sklavenhaltenden Pflanzeraristokratie Virginias rückte immer näher, und Jefferson suchte daher einen Ort, der ihm vor den Alarmrufen und einer zutiefst gespaltenen Gesellschaft Zuflucht bot. Wenn er die Welt auf Abstand hielt, dann konnte er in seinen letzten Lebensjahren vielleicht den Schrecken vor den Toren seines Anwesens ignorieren.
Hinter diesen Toren schuf Jefferson die kreisrunde Promenade, ein uraltes Schutzsymbol, eine *Umgehung* um einen Raum, der ganz privat bleiben sollte – sein *temenos*, seine geheiligte Sphäre. Sicher darin aufgehoben, suchte er Trost in den geometrischen Konstruktionen, die ihn schon immer fasziniert hatten, insbesondere die Kreise. Für ihn wie für uns alle stellen Kreise eine Beschwörung von Ganzheit, Ruhe und Vollendung dar. Wie die Jung-Schülerin Aniela Jaffé einmal schrieb, hat jedes Gebäude, ob Sakral- oder

Profanbau, einen Mandala-Grundplan, der psychische Ganzheit symbolisiert und damit eine besondere Wirkung auf den Menschen ausübt, der sich in diesen Raum begibt oder in ihm lebt.[41] Dies galt auch für Poplar Forest.

Man täte Thomas Jefferson unrecht, würde man behaupten, daß er sein Alter in Selbstsucht und Vergessen verbracht hätte. Er wußte zu viel, um die moralischen Widersprüche nicht zu empfinden, auf die er durch seine französischen Freunde unter den »Amis des Noirs« (»Freunde der Schwarzen«) und durch die Worte von Häuptling Logan gestoßen wurde – auch wenn er die Sklaverei und die gewaltsame »Umsiedlung« der Indianer hinnahm. Zwar war er kein leidenschaftlicher Gegner der Sklaverei mehr wie in seiner Jugend, doch wurde er fortwährend von jüngeren Männern wie Edward Coles und Thomas Worthington daran erinnert, was er einst versprochen und unerfüllt gelassen hatte. Da wundert es nicht, daß er sich selbst mit immer neuen geometrischen Abstraktionen, mit Kreisen, Achtecken und Quadraten umgab. Auf diese Weise versuchte er die ihn verfolgenden Dämonen fernzuhalten.

Gallatin, Jefferson und die Sklaverei

Der »Weise von Monticello« war kein Heiliger, sondern ein Gentlemanpolitiker und -sklavenhalter. Seine Karriere in öffentlichen Ämtern konnte nur so lange währen, wie er alles vermied, was die landbesitzende Oberschicht, die er repräsentierte, verärgern konnte, jene Schicht, die nicht nur mit Hilfe von Sklavenarbeit landwirtschaftliche Erzeugnisse auf den Markt brachte, sondern auch Sklaven als Handelsware produzierte. Die Gentlemen aus dem Old Dominion wußten sich gewählt auszudrücken, waren reich und charmant und kontrollierten den größten geschlossenen Wahlbezirk in der Union. Auf ihren Einfluß war es zum großen Teil zurückzuführen, daß die Sklaverei jeden Aspekt des nationalen Lebens der USA prägte: ihre Verfassung, ihre Wirtschaft, ihre Religion und ihre Psyche.

Jefferson war zugleich Nutznießer der Sklaverei und ihr Opfer. Seine angenehmen, kultivierten Mußestunden, seine Bücher, sein Wein und seine Zigarren waren mit dem Schweiß seiner Sklaven erkauft.

Er wußte das. Und da er ständig an seinen Platz in der Geschichte dachte, wußte er auch, daß die Nachwelt sich dessen ebenfalls immer erinnern würde. Was er auch sonst an Erfolgen errang, sein Ruf war und ist befleckt durch sein Versäumnis, der Schande der Sklaverei ein Ende zu bereiten.

Obwohl diese Unterlassung bis zum Überdruß mit dem Argument beschönigt wurde, er sei ein Mann seiner Zeit und seiner Klasse gewesen, nahmen andere Männer seiner Zeit und seiner Klasse sehr wohl das politische Risiko und die unvermeidlichen finanziellen Verluste auf sich, die die Treue zu ihrer abolitionistischen Haltung mit sich brachte. Zu diesen zählten Benjamin Franklin, George Washington, John Randolph, Alexander Hamilton, Aaron Burr, Edward Coles und Thomas Worthington. Sie handelten entsprechend ihren erklärten Überzeugungen, obwohl Coles, Worthington, Washington und Randolph neben den Konventionen ihrer Epoche und ihres Standes noch ihre geographische Herkunft zur Entschuldigung hätten anführen können – ebenso wie Jefferson stammten sie aus Virginia. Coles und Worthington ließen noch zu ihren Lebzeiten ihre Sklaven frei, Randolph gab seinen mehreren hundert Sklaven bei seinem Tod die Freiheit, und Washington verfügte, daß sie beim Tod seiner Frau frei sein sollten. Jefferson entließ nur einige wenige seiner Sklaven, und dies auch nur, so verfügte er, bei seinem Tod.

Als öffentlicher Amtsträger zeigte sich Jefferson im Einzelfall zwar bemüht, das von allen als solches empfundene Übel zu lindern; die breiteste Anerkennung fanden dabei die Verurteilung des Sklavenhandels in der Unabhängigkeitserklärung und das Verbot des Sklavenhandels, das während seiner Präsidentschaft erlassen wurde. Jedoch wurde Jeffersons Mut in beiden Fällen überschätzt.

Wir wollen zunächst einen näheren Blick auf die Unabhängigkeitserklärung werfen und kommen auf das Verbot des Sklavenhandels noch einmal später, in einem größeren Zusammenhang, zurück. 1776 hatte Jefferson in seinem Entwurf der Unabhängigkeitserklärung den britischen König wegen des *internationalen* Sklavenhandels scharf verurteilt; vor einer Verurteilung der Sklaverei an sich war er jedoch zurückgeschreckt. In seinem Entwurf stand zudem kein Wort über den Sklavenhandel *innerhalb der USA*, über die Käufer genausowenig wie über die Verkäufer von Sklaven, unter denen sich vor allem die Virginier hervortaten. Vor einem internationalen Publikum hatte Jefferson gut reden, doch strichen die Mitautoren der Unabhängigkeitserklärung sogar diese bescheidene und gemäßigte Kritik an der Sklaverei aus der endgültigen Fassung der Deklaration.[42]

Jefferson war insofern mit Sicherheit ein Mann seiner Zeit, als er ein feines Gespür für sich ankündigende Veränderungen besaß. So muß er auch, als er in den frühen achtziger Jahren des 18. Jahrhunderts die nationale und internationale politische Bühne betrat, den in der Luft liegenden Wandel gespürt haben: In den siebziger Jahren war die Sklaverei in Vermont abgeschafft worden, und 1781 kam man in Massachusetts zu dem Schluß, daß sie mit dem in der Unabhängigkeitserklärung niedergelegten Gleichheitsgrundsatz nicht vereinbar sei. Selbst in Virginia wurde Sklavenhaltern 1782 gesetzlich das Recht zugestanden, ihre Sklaven freizulassen, und diese Bestimmung wurde 1785 mit einer Zweidrittelmehrheit durch das House of Delegates bestätigt.[43] Die Sklaverei wurde von allen zivilisierten Völkern in Frage gestellt. Vor diesem Hintergrund formulierte Jefferson in den *Notes on Virginia* seine schärfste Kritik an der Sklaverei, die sich jedoch an die französischen *Philosophen* richtete (Jefferson weigerte sich, die *Notes* in den USA zu veröffentlichen, bis ihm die Verbreitung zahlreicher Raubdrucke keine andere Wahl ließ).

Unser Thema ist die Entdeckung des Great Valley und die Vorurteile, in deren Licht Jefferson und seine Zeitgenossen diese Entdeckung einschätzten. Es ließe sich weit mehr darüber sagen, wie diese Vorurteile durch Jeffersons Handeln auf der weltpolitischen Bühne deutlich wurden. Was das Great Valley betrifft, bleibt jedoch festzuhalten, daß sich dort während Jeffersons Präsidentschaft von 1801 bis 1809 die Sklaverei breitmachte – ungeachtet dessen, was er für ein französisches Publikum geschrieben haben mochte. Und Jefferson hatte wenig unternommen, um ihren Vormarsch in dieser Region, der 1784 eingesetzt hatte, zu verhindern. Das sind gravierende Vorwürfe, die noch schwerer wiegen, weil Jefferson überdies im Westen Gallatins mäßigenden Einfluß schwächte, denn dieser engagierte sich aufgrund seiner Loyalität dem Präsidenten gegenüber nur eingeschränkt für sein Freiheitsideal. Schon 1792 hatte Gallatin einen Ausschuß der gesetzgebenden Versammlung von Pennsylvania zu der Erklärung veranlaßt, daß die Sklaverei »offenkundig den Naturgesetzen, den Geboten der Gerechtigkeit – und dem Naturrecht« widerspreche.[44] 1799 aber hatte er unter Jeffersons Einfluß seine politische Orientierung zum Teil verloren und sprach sich bis zum Ende von dessen Präsidentschaft nie mehr öffentlich gegen die Sklaverei aus.[45]

Das entscheidende Jahr war 1784, als Jefferson in seiner Eigenschaft als Vorsitzender eines Kongreßausschusses mit der Organisation der Territorien im Westen befaßt war. Er stimmte einem Vorschlag von David Hail aus Rhode Island und Timothy Pickering aus Massachusetts zu, demzufolge die Sklaverei per Gesetz auf das Gebiet östlich der Appalachen beschränkt werden sollte. Westlich davon gab es nur sehr wenige Sklaven, und diese sollten nach 1800 freigelassen werden. Obwohl sechs Bundesstaaten Hails Konzept guthießen und sich nur drei dagegen aussprachen, wären doch insgesamt sieben Jastimmen erforderlich gewesen, so daß der Vorschlag scheiterte. Jefferson, der selbst mit »Ja« gestimmt hatte, schrieb James Madison, daß er das Ergebnis des Votums bedauere, doch gibt es keine Anhaltspunkte dafür, daß Jefferson Hails Vorstellungen energisch unterstützt hatte.[46]

Was die Verabschiedung der Northwest Ordinance im Jahre 1787 anging, sahen die Dinge anders aus. Zwar heißt es oft, daß jener Passus, welcher die Sklaverei nördlich des Ohio verbot, auf Jefferson zurückginge; Jefferson war jedoch nur für die Endfassung des Textes verantwortlich, hatte aber nicht den Vorschlag für eine Begrenzung der Sklaverei auf bestimmte Regionen eingebracht. Einmal mehr gebührt diese Ehre den Federalists: Rufus King, Timothy Pickering, Nathan Dane und Manassah Cutler. Die betreffende Bestimmung war von Dane aus Massachusetts formuliert worden und wurde von Cutler im Kongreß durchgesetzt.

Die Southwest Ordinance wurde kurze Zeit später verabschiedet und weit weniger gepriesen, weil sie wahrhaftig keinen Anlaß zum Stolz bot: Sie erlaubte in allen Territorien südlich des Ohio die Einführung der Sklaverei. Die beiden Erlasse zusammen förderten letztlich die Ausbreitung der Sklaverei in jenen Gebieten westlich der Appalachen und südlich des Ohio, die bisher von dieser »Einrichtung« verschont geblieben waren, während sie nur einigen wenigen sklavenhaltenden französischen Siedlern in Illinois Schwierigkeiten bereitete.[47]

All das waren Gesetze der alten Konföderation. Als sie in das erste Gesetzespaket übernommen wurden, das der Kongreß unter der neuen Verfassung verabschiedete, wurden sie zu Bestandteilen eines Konglomerats ineinandergreifender Kompromisse: Die Verfassung selbst garantierte den Sklavenhaltern ihren überproportionalen Anteil an Wählerstimmen, während den Yankees im Gegenzug die Übernahme der Staatsschulden und der Schutz ihrer Schiffe zugesichert wurde – einschließlich derjenigen, die im Sklavenhandel Einsatz fanden, welcher bis 1808 durch die Verfassung geschützt wurde.

Die 1784 so rasch aufgegebenen Stellungen wurden nun überrannt, und die Sklaverei hielt im Westen Einzug. 1792 wurde Kentucky als Sklavenhalterstaat in die Union aufgenommen, trotz des Protests, den viele Bewohner Kentuckys, angeführt von Aaron Burr, laut werden ließen. Dabei wurde ihnen von seiten Jeffersons kein Wort der Unterstützung und Ermutigung zuteil. Auch als Tennessee 1796 dem Beispiel Kentuckys folgte, schwieg er, obwohl die abolitionistisch eingestellten Federalists den Beitritt des Staates so lange wie möglich hinauszuzögern versuchten. 1798 wandten sich die Bürger Mississippis an den Kongreß und beantragten denselben Status wie das Nordwest-Territorium, wobei sie jedoch in einem entscheidenden Punkt eine Sonderstellung wünschten: Das Verbot der Sklaverei sollte in Mississippi nicht gelten. George Thacher aus Massachusetts versuchte, diese Verbotsbestimmung dennoch durchzusetzen, womit er heftige Diskussionen auslöste. Der Süden verfügte jedoch über eine viel zu gewichtige Stellung, und als Georgia und North Carolina ihre westlichen Gebiete an die Union abtraten, machten sie zur Bedingung, daß dort Sklaven gehalten werden durften. Jefferson, der all diese Vorgänge über die Jahre hinweg beobachtet hatte und als Ratgeber aufgetreten war, äußerte seine Zweifel an der Sklaverei niemals mehr öffentlich, wie er es noch 1784 getan hatte.

Jeffersons republikanisches Modell für den Westen kam endgültig auf den Prüfstand, als es um die politische Organisation Louisianas nach dem Purchase von 1803 ging. So sollte Louisiana nicht etwa freien und unabhängigen Farmern vorbehalten bleiben, sondern die dort lebenden Sklaven sollten aufgrund einer ausdrücklichen Abmachung mit Napoleon dem amerikanischen Sklavenhaltersystem unterworfen werden. Laut dem Purchase-Vertrag wurde den Sklavenbesitzern Louisianas zugesichert, daß sie dieselben Vorrechte und Freiheiten genießen würden wie die Bürger der Vereinigten Staaten, worunter Jefferson unter anderem verstand, daß sie ihre Sklaven behalten durften.[48]

Die Diskussion über Jeffersons Deutung des Vertrags in den Jahren 1805/1806 stellt eines der entscheidendsten politischen Ereignisse der amerikanischen Geschichte dar.[49] Sie bestimmte den Verlauf aller folgenden Auseinandersetzungen und Vereinbarungen über die Zukunft des Great Valley, nämlich den Missouri-Kompromiß von 1819, den Kompromiß von 1850 und den Kansas-Nebraska Act. Und als dem Kongreß als erste dieser Vereinbarungen der Missouri-Kompromiß zur Abstimmung vorgelegt wurde, mußte Jefferson sich öffentlich zur Abkehr von seiner Politik des Jahres 1784 bekennen.

Während der Debatte in den Jahren 1805/1806 hatte er seinen Sinneswandel noch nicht so freimütig eingestanden, doch ließen seine engsten Mitarbeiter schon durchsickern, was später als seine »Verteilungstheorie« bekannt wurde: Danach sollten sich die schädlichen Auswirkungen der Sklaverei um so mehr abschwächen, je weiter sie sich verbreitete. Dieses Argument rief die Gegner einer Ausbreitung der Sklaverei auf den Plan, die 1784 an Jeffersons Seite gekämpft hatten, ihren Prinzipien treu geblieben waren und nun, zwei Jahrzehnte später, seine Unterstützung als Präsident erwarteten. Zu ihnen zählten auch einige Südstaatler, die die Sklaverei ablehnten, wie John Randolph aus Roanoke und Jesse Franklin aus North Carolina.

Jefferson ließ sie jedoch im Stich, was Gallatin offenbar völlig überraschte. Er ließ dem Präsidenten eine private Mitteilung zukommen, die eine Entgegnung auf das Argument enthielt, daß der Sklavenbesitz der französischen Bürger Louisianas deshalb geschützt werden müsse, weil Napoleon die Gewährung entsprechender Privilegien und Schutzbestimmungen zugesichert worden sei:

> Sie [die Franzosen in Louisiana] scheinen nur eine Stufe über den französischen Westindiern zu stehen, der ignorantesten und verworfen-

sten Rasse zivilisierter Menschen, die es jemals gab. Gebt ihnen Sklaven und laßt sie Französisch sprechen (denn schreiben können sie es nicht), und sie wären zufrieden. Ersteres ist unzulässig; inwieweit ihre Sprache, wie es ihren Wünschen entspricht, gesetzlich anerkannt werden sollte, ist fraglich; doch von ihren öffentlichen Amtsträgern sollten sie [die Louisiana-Franzosen] zumindest verstanden werden.[50]

Von einer Antwort Jeffersons ist nichts bekannt; offenbar reagierte er nicht. Gallatin, der die ganze Zeit über versucht hatte, ihn zum Umdenken zu bewegen, wahrte seine Loyalität und vermied seinerseits einen Konflikt. Vermutlich war er insgeheim ebenso betrübt wie die anderen Männer aus Jeffersons Freundeskreis in Washington. Zu diesem zählte auch Thomas Paine, der frisch aus Europa zurückgekehrt war. Unverblümt schlug er vor, im unteren Teil des Mississippi-Tals Deutsche anzusiedeln, die als »Gegenmittel« gegen die Sklavenarbeit wirken sollten. Wie viele Bürger an der »German Coast« Louisianas heute bestätigen können, war das keine törichte Idee. Jefferson schien davon jedoch wenig begeistert.
Noch weniger war der Präsident von einer Idee angetan, die Paines Gastgeber in Washington, der Dichter Joel Barlow, in die Diskussion geworfen hatte. Barlow meinte, daß Jeffersons Anhänger den Vorschlag von Senator James Hillhouse aus Connecticut aufgreifen sollten, dem zufolge es in dem neuen Territorium keine Sklaverei geben sollte, ungeachtet dessen, was die Rechtsgelehrten über die Absichten des Vertrages sagen mochten. Hillhouse war einer jener Federalists, die wie Alexander Hamilton glaubten, daß die Vereinigten Staaten Louisiana auch ohne Entschädigung für Napoleon hätten in Besitz nehmen können, da dessen Rechtsanspruch auf das Gebiet zweifelhaft war. Warum, so fragten die Federalists aus dem Norden, sollte sich Jefferson verpflichtet fühlen, den Louisianern das »Vorrecht« zu gewähren, Sklaven zu besitzen? Die meisten Bürger der USA lebten in Regionen, wo ihnen dieses Privileg verwehrt blieb. Wie sollte Napoleon einer solchen Auslegung Geltung verschaffen können? Mit dem fehlgeschlagenen Angriff auf Haiti war deutlich geworden, daß er zu erfolgreichen Flottenoperationen in der westlichen Hemisphäre unfähig war. Was könnte schon geschehen, wenn die USA darauf bestehen würden, die Bestimmungen der Northwest Ordinance auf Louisiana anzuwenden? Napoleon konnte sich das

Gebiet nicht zurückholen. Überdies gehörte es ihm letztlich gar nicht, denn jener Vertrag, durch den er das Land von den Spaniern erworben hatte, verpflichtete ihn zur Rückgabe an die Spanier, wenn er in der Art darüber verfügte, wie er es getan hatte.

Doch Jeffersons Anhänger beherrschten den Senat; sie gestanden lediglich zu, daß in Louisiana selbst keine Sklaven *verkauft* werden durften. Das hielt die Konkurrenz aus dem Ausland fern, während gleichzeitig im benachbarten Mississippi eingekaufte Sklaven über den Fluß gebracht und in Louisiana eingesetzt werden konnten. Wenn der Besitz von Sklaven ein Vorrecht sei, so argumentierten sie, dann gelte dies auch für deren Verkauf.

Durch diesen äußerst dehnbaren Grundsatz legitimiert, begannen Virginia und die beiden Carolinas Sklaven nach Louisiana zu verkaufen. Und so brach das Jahr 1808 an, das für die vielgepriesene Abschaffung des Sklavenhandels steht. Jefferson schuf indessen nur die Möglichkeit, den Sklavenhandel aus *Afrika* auslaufen zu lassen und unterstützte lediglich ein Gesetz, das ausführen sollte, was bereits durch die Verfassung vorgegeben war. Dafür mußte er keine politische Auseinandersetzung in Kauf nehmen; es gab praktisch keinen Widerstand von irgendeiner Seite; bei der Abstimmung im Repräsentantenhaus wurden 113 Jastimmen und nur 5 Neinstimmen gezählt, zwei davon stammten von Abgeordneten aus den nördlichen Staaten. Zu diesem Zeitpunkt bedeutete das »Ende des Sklavenhandels« für jeden Virginier auch das Ende des Preiswettbewerbs mit Afrika. Die Maßnahme war kein politisch mutiger Akt Jeffersons und verdient es nicht, unter seinen Leistungen aufgeführt zu werden. Jefferson *schaffte den Sklavenhandel nicht ab*. Er *schützte vielmehr den Sklavenhandel innerhalb der USA* und beteiligte sich sogar selbst daran. Er frohlockte angesichts der Fruchtbarkeit seiner Negersklavinnen und der lebhaften Nachfrage nach schwarzen Arbeitskräften. Sie waren sein gewinnbringendstes Erzeugnis. Sein Cousin Randolph aus Roanoke hingegen sah mit Grauen, wie Menschen »für den Markt gezüchtet wurden wie Ochsen fürs Schlachthaus«. 300000 Amerikaner wurden in Ketten von den Virginiern an Kunden im Mississippi-Tal verkauft.[51]

Thomas Jefferson war ein europäischer Kolonialherr, der von den Kulturen geprägt war, welche sich um das Mittelmeer und die

nördlichen Randmeere Europas entwickelt hatten. Aber er lebte zufällig in Virginia, welches von mehr afrikanischstämmigen Menschen bevölkert wurde als von Weißen. Sogar als viele schwarze Sklaven nach Westen verkauft worden waren, um dort die schwere Erschließungsarbeit zu leisten, übertrafen sie im Old Dominion die Weißen immer noch an Zahl. Auch lebten in den Vereinigten Staaten um das Jahr 1800 trotz immer neuer Epidemien vermutlich immer noch mehr Indianer als Menschen europäischer Abstammung. Als intelligenter Mann konnte Jefferson daher nicht umhin, sich einige Gedanken über die Natur dieser Menschen zu machen, die sich in ihrer äußeren Erscheinung und ihren Traditionen von ihm unterschieden. Seine Einschätzung der Schwarzen änderte sich im Laufe seines Lebens jedoch kaum, denn seine Vorurteile waren tief verwurzelt: Nichts konnte ihn davon überzeugen, daß die Schwarzen über ebensolche »Talente« verfügen könnten wie »Menschen anderer Hautfarbe«. Es sei unmöglich, so behauptete er, einen Schwarzen zu finden, der »fähig [sei], die Axiome Euklids zu zeichnen und zu verstehen«.[52]
Später zeigte er sich zwar bereit zuzugestehen, daß der schwarze Mathematiker und Vermesser Benjamin Banneker die Trigonometrie beherrschte, doch bezeichnete er Bannekers Briefe abwertend als »äußerst kindisch und trivial«. Obwohl Phillis Wheatleys Gedichte fünf Auflagen erlebten und von Washington und Voltaire als »brillant« gerühmt wurden, konnte Jefferson sich nicht überwinden, sie als Dichterin anzuerkennen. Als der Abbé Grégoire begann, Berichte über Schwarze zu sammeln, die sich beachtlicher geistiger Leistungen fähig gezeigt hatten, verhöhnte Jefferson ihn als leichtgläubig und versuchte in solchen Fällen immer Beweise für den Einfluß weißen Blutes zu finden.[53]
Dennoch war Jefferson ein fähiger Gelehrter, und als er mit den architektonischen Leistungen der Indianer konfrontiert wurde, erwies er sich zur Überwindung von Vorurteilen fähig, wenn die vorhandenen Belege unanzweifelbar waren. Er lebte zu früh, um ausführliche Kenntnisse über die alte Architektur in Simbabwe, Punt, Kusch, Meroe, Kumbi Saleh, Djebel Uri, Saba und auf den Inseln vor der Küste Tansanias erwerben zu können. Erst nach seinem Tode erlangten diese alten afrikanischen Städte bei Ameri-

kanern und Europäern breite Bekanntheit, und ihre gewaltige Bedeutung begann man erst in den sechziger Jahren unseres Jahrhunderts zu ermessen. Gleichwohl mag es Augenblicke gegeben haben, in denen Jefferson bei dem Gedanken an die indianischen Monumente die Möglichkeit erwogen haben könnte, daß die ägyptischen Pyramiden und die Tempel von Karthago von den Vorfahren seiner eigenen Sklaven hätten erbaut worden sein können.[54]

Am Ende der Historie steht die Biographie und am Ende der Politik – manchmal – eine Freundschaft. Albert Gallatin und Thomas Jefferson zeichneten sich durch äußerst unterschiedliche Mentalitäten aus und entwickelten folglich grundlegend verschiedene Sichtweisen der Beziehung zwischen weißen Europäern, wie sie selbst es waren, und Menschen mit dunklerer Hautfarbe. Aber zuerst und zuletzt waren sie Freunde. Ebenso wie James Madison brachte Gallatin Jefferson eine tiefe Zuneigung entgegen, welche den so oft beschriebenen frostigen und distanzierten öffentlichen Umgang der beiden Lügen straft.

Es überrascht nicht, wenn wir lesen, daß Jefferson als alter Mann mit seinen Enkeln herumtollte oder daß er sich mit John Adams versöhnte. Sogar von unzugänglichen Großvätern erwartet man, daß sie mit ihren Enkeln spielen, und das Verhältnis zu Adams basierte auf dem wechselseitigen Respekt zweier großer Geister. Die Freundschaft zu Gallatin ging jedoch sehr viel tiefer.

Im August 1823 zählte Jefferson achtzig Jahre. Gallatin war im Vergleich dazu ein junger Spund von zweiundsechzig, aber bereits gebrechlich. In einem Brief bat Jefferson den Freund um einen letzten Besuch in Monticello, solange sie beide noch am Leben wären:

> Ihr Besuch an diesem Ort wäre wirklich ein Jubeltag; aber Ihr Alter und die Entfernung machen diese Hoffnung zunichte. Sei es, wie es will, ich werde Sie immer lieben und mich an Ihrer Freude freuen und im Unglück mit Ihnen leiden. Gott segne Sie und halte immer seine Hand über Sie![55]

Diesen Brief sollten all diejenigen lesen, die glauben, alles zu verstehen, was es an Jefferson zu verstehen gibt.

8. Kapitel
Jeffersons Archäologen: Erster Teil

1803 machte der große Geometrieexperte Thomas Jefferson seinen Landsleuten das Mississippi-Becken in seiner vollen Breite zum Geschenk. Mit Ausnahme eines kleinen Flecks am östlichen Ufer, der den Freibeuterstützpunkt New Orleans umgab, erwarb Jefferson von Napoleon den ganzen westlichen Teil des Flußtales, das sich bis zu den Rocky Mountains erstreckte. Der Präsident hatte den Mississippi vom Rande der US-amerikanischen Bühne ins Zentrum gerückt.

Auf dieser Bühne ließ er eine Reihe von Figuren auftreten, die sich kein Schriftsteller hätte ausdenken können – ohne Jefferson hätte keine von diesen Personen ihre jeweilige Rolle spielen können, weder im positiven noch im negativen Sinne. Im vorliegenden und im folgenden Kapitel werden wir nacheinander ihre Geschichten erzählen. Jefferson war als Präsident naturgemäß sehr beschäftigt und mußte sich daher auf diese Mittelsmänner verlassen, um sein Wissen über den amerikanischen Westen zu erweitern. So ermunterte er sie, immer neue Erkenntnisse zu sammeln; er überzeugte den Kongreß, ihre Expeditionen zu finanzieren, führte einen regen Briefwechsel mit ihnen und förderte die Publikation ihrer Berichte. Kein US-Präsident und kein Oberhaupt eines anderen Staates hat jemals so viel zu dem Wissen über die Vorgeschichte des eigenen Landes beigetragen.

James Wilkinson

Unter diesen Amateurarchäologen war James Wilkinson, der Oberbefehlshaber der Armeen der Vereinigten Staaten im Mississipi-Tal, derjenige, der am eifrigsten bemüht war, Jeffersons Wünschen zu entsprechen, und gleichzeitig dem Ruf des Präsidenten am meisten schadete. Die peinlichsten Ereignisse in

Jeffersons politischer Laufbahn waren letztlich auf sein Vertrauen in Wilkinson zurückzuführen; indem Jefferson Louisiana in Wilkinsons Hände gab, vertraute er diesem Intriganten sowohl seinen »Nil« als auch seine »Pyramiden« an.[1]
Mit wem könnte man James Wilkinson wohl am ehesten vergleichen? Luzifer? Alkibiades?[2] Keiner, der ihm je begegnete, leugnete seinen Charme, ob nun als schneidiger, aber korrupter junger Offizier, ob als Diktator, der in selbstentworfenen Uniformen durch die Straßen von New Orleans stolzierte, oder als abgerissener Pensionär, der in Mexico-City umherschlurfte. In seiner Jugend war er »umwerfend«, sowohl im wörtlichen wie auch im übertragenen Sinn. Er umwarb und heiratete ein Mädchen aus der angesehenen Biddle-Dynastie in Philadelphia und zerstörte eine Reihe von Karrieren. Wilkinson mag kein schlechter Mensch gewesen sein; vielleicht wußte er gar nicht, was schlecht ist. Manche Menschen sind so ichbezogen, daß sie gar nicht merken, wenn sie jemanden zugrunde richten.
Während einer archäologischen Erkundungstour nahm er einmal an Bord seines geliehenen Flußboots, das ihm als Hauptquartier diente, einen Jungen mit, welcher später als erster Amerikaner eine ausführliche Beschreibung der Hügelstadt Cahokia liefern sollte: Henry Brackenridge. Dieser dachte noch Jahrzehnte später fasziniert an seine erste Begegnung mit Wilkinson zurück, auf einem Flußboot, welches offenbar so luxuriös ausgestattet war wie einst das von Kleopatra.

> Das Gesicht des Generals war fortwährend von einem Lächeln erhellt, und er schien *faire le bonheur* von allem, was ihn umgab – er schien Freude daran zu finden, jedermann glücklich zu machen. Seine Haltung und seine Manieren ... paßten besser an einen Königshof als in eine Republik.[3]

Faire de bonheur! Wilkinson trübte das Glück aller Menschen, denen er begegnete; fast alle seine Verbündeten und Freunde fielen in Ungnade oder endeten im Bankrott. Er beschleunigte den Niedergang Alexander Hamiltons und verleitete Washington zu seinem letzten und gravierendsten politischen Fehler. Auch Aaron Burr gehörte zu den ansonsten vernünftigen Menschen, die sich von ihm täuschen ließen. Wilkinson zeigte eine Vorliebe für das Beste vom

Besten, wenn es um Kochkunst, Wein und die von ihm betrogenen Personen ging: Die Liste all jener, die er zum Narren hielt, weist illustre Namen auf. Auch Thomas Jefferson gehörte vierzig Jahre lang dazu.

Wilkinson war als junger Mann schlank und charmant, sein Gesicht war »freundlich, offen, intelligent ... männlich und ohne Tiefgang ..., er wußte Harmonie herzustellen ... [und] andere für sich einzunehmen«. Er stammte aus Maryland, schloß sich Washingtons Revolutionsarmee an, wurde zum Brigadegeneral ernannt, zettelte eine Verschwörung gegen Washington an, verriet seine Mitverschwörer im Zustand der Trunkenheit, erschlich sich mit seinem Charme erneut Washingtons Vertrauen, wurde aber schließlich wegen Unterschlagung seiner Ämter enthoben. Dennoch gelang es ihm noch einmal, andere durch seine faszinierende Persönlichkeit zu blenden, so daß er als Chef der Truppenversorgung verpflichtet wurde, bevor er ein weiteres Mal wegen Unredlichkeit entlassen wurde.[4]

1784 ging er nach Kentucky. Drei Jahre später belud er ein Flachboot mit landwirtschaftlichen Erzeugnissen und brach nach New Orleans auf, wo seine Waren reißenden Absatz fanden. Gleichzeitig verdingte er sich dort durch die Vermittlung des Gouverneurs von New Orleans gegen ein in Silber oder Gold zu zahlendes, jährliches Honorar als Geheimagent der Spanischen Krone. 1788 schlich er sich in eine Gruppe von Verschwörern ein, die Großbritannien bei der Rückeroberung des Westens helfen wollten, und verriet diese an die USA, was ihn indes nicht hinderte, wenig später eine amerikanische Streitmacht an die Creek-Indianer zu verraten. 1791 wurde Wilkinson wieder als Offizier in die Armee der Vereinigten Staaten aufgenommen, weil man glaubte, daß ihm die Milizen im unruhigen Westen ergeben seien. Präsident George Washington entschloß sich zu diesem Schritt trotz der Tatsache, daß Wilkinson schon seit langem kein Gentleman mehr war, und ließ sich danach auch noch von Alexander Hamilton überzeugen, Wilkinson das Kommando über die Truppen im Louisiana-Territorium zu übertragen. Hamilton hatte auf den gleichen Köder angebissen, der später auch Burr verlocken sollte; beide dachten, daß sie Wilkinson für ihre Zwecke benutzen könnten.

Hier irrte jedoch der eine wie der andere, obwohl Hamilton starb, bevor er herausfinden konnte, wie sehr er sich getäuscht hatte. Wilkinson setzte die Pläne, die er 1799 für Hamilton entwickelt hatte, im Jahre 1805 im Dienste Burrs ein – ein Jahr, nachdem Burr Hamilton getötet hatte. Sogar damals noch war Burr für viele Amerikaner im Westen und im Süden ein Held und daher für Wilkinson von Nutzen. Zunächst schien es, als ob Burr sich lediglich auf den 80 000 Hektar Land, die er in Louisiana erworben hatte, eine neue politische Ausgangsbasis schaffen wollte; auf Drängen Wilkinsons entfaltete er jedoch weitergespannte Ambitionen – eine Invasion Mexikos. Als dieses Vorhaben scheiterte, ließ Wilkinson Burr fallen und wandte sich Jefferson zu. Dieser hatte Burr bereits seit einiger Zeit mit Argwohn beobachtet, denn er war einst sein Rivale um das Präsidentenamt und später sein Vizepräsident gewesen – beide mißtrauten einander, und das zu Recht.
Wilkinson schürte Jeffersons Ängste und überzeugte ihn, daß Burr Verrat trieb – ein Tarnmanöver, mit dem er seine eigenen Intrigen zu verschleiern versuchte. Jefferson ließ in seiner Eigenschaft als Präsident eine Proklamation veröffentlichen, in der er Burr der Verschwörung gegen die Gesetze der Vereinigten Staaten beschuldigte. Außerdem belohnte er Wilkinson, indem er ihn zum Militärdiktator von New Orleans ernannte, wo dieser potentielle Zeugen, die zugunsten Burrs aussagen konnten, mit Jeffersons Billigung gefangensetzen ließ, das Habeas-Corpus-Prinzip außer Kraft setzte, Bundesrichter zu erschießen drohte, mexikanisches Gold von Bankiers zu erpressen versuchte und Bürger der Stadt einschüchterte.[5]
Wilkinsons Aussage in dem folgenden Verratsprozeß gegen Burr stellt ein so bizarres Lügengebäude dar, daß sie in ihrem Einfallsreichtum schon wieder bewundernswert ist: von Wilkinson verfaßte Briefe wurden Burr zugeschrieben; Personen hatten sich angeblich an Orten aufgehalten, die sie noch nie gesehen hatten. Der Oberste Bundesrichter John Marshall, der wenig für seinen Cousin Jefferson und dessen Politik übrig hatte, wies die vom Präsidenten vorgebrachten Anschuldigungen gegen Burr ab, womit er im übrigen das Urteil von vier Schwurgerichten im Westen bestätigte.
Als der Prozeß abgeschlossen und Burr von der Anklage des Verrats freigesprochen war, wandte sich die öffentliche Meinung gegen

Wilkinson. Und so war er der nächste, der wegen Verrats angeklagt wurde, nachdem seine Geschäfte mit Spanien bekannt geworden waren. Einmal mehr verließ er sich auf seine Überzeugungskraft und rettete sich durch eine Falschaussage, da die Geschworenen sich nicht auf einen Schuldspruch einigen konnten. Ein ganzes Heer von Zeugen belastete ihn, doch Wilkinson war immer noch ein überzeugender Lügner. Bis zu dem Zeitpunkt lange nach seinem Tod, als die Akten des spanischen Außenministeriums die gegen ihn erhobenen Anschuldigungen bestätigten, beschlossen jene, die ein Interesse an seiner Aufrichtigkeit hatten, ihm zu glauben. Viele andere glaubten ihm nicht. Obwohl er, von Jefferson protegiert, sein Kommando im Westen behielt, erinnerte man sich in New Orleans sehr wohl an seine Tyrannei und seine Erpressungsversuche. Zu Beginn des Krieges von 1812 drängten daher beide Senatoren aus Louisiana auf seine Abberufung.

Nun aber fiel Präsident Madisons Kriegsminister John Armstrong in Wilkinsons Bann; der Kommandeur im Westen wurde zum Generalmajor ernannt und erhielt den Befehl über eine ganze Armee, die er an der kanadischen Grenze zu mehreren katastrophalen Niederlagen führte.[6]

Auch im Alter bewahrte sich Wilkinson seine einnehmende Persönlichkeit, so daß die mexikanischen Behörden bereit waren, ihm in ihrem Land Zuflucht zu gewähren, als er in New Orleans nicht mehr geduldet wurde. Zwar hätten zu diesem Zeitpunkt *auch* die Mexikaner seiner überdrüssig sein können, doch meinten sie möglicherweise, daß er sich ihren Schutz verdient hatte, weil er die amerikanische Politik bis zu einem gewissen Grad sabotiert und damit das Vordringen der USA ins Great Valley verzögert hatte. In Mexiko verfaßte Wilkinson seine drei Bände umfassenden Memoiren, ein wahrhaft bewundernswertes Phantasieprodukt. Es schien, als ob er nach einem Leben voller Lügen meinte, auch die Nachwelt täuschen zu können. Doch diesmal ging seine Rechnung nicht auf, denn die spanischen Archive fielen niemals den Flammen zum Opfer, und die unwiderlegbare Chronik seines immer neuen Verrats strafte seine blumigen Erfindungen Lügen. Letztlich starb er wie Alkibiades im Exil, aber im Gegensatz zu diesem im Wohlstand.[7]

Während der neunziger Jahre des 18. Jahrhunderts waren immer noch die Federalists an der Macht, und als Günstling Alexander Hamiltons hatte Wilkinson ein sorgenfreies Leben. Aber Jeffersons Stern war im Aufstieg begriffen, und Wilkinson, der zu dieser Zeit Oberbefehlshaber der amerikanischen Truppen westlich der Appalachen war, zeigte sich daher bestrebt, an Forschungsvorhaben teilzunehmen, die die Aufmerksamkeit des »Weisen von Monticello« erregten. Seit 1797 ließ Wilkinson ihm eine Reihe von archäologischen Berichten über die »Wunder« im Westen zukommen und wurde in einen Sonderausschuß der American Philosophical Society aufgenommen, dessen Vorsitzender Jefferson war. Die Zielsetzung dieses Komitees bestand darin,

> präzise Pläne, Zeichnungen und Beschreibungen ... der alten Festungsanlagen, Tumuli und anderer indianischer Kunstwerke [im Westen] anzufertigen, die Materialien zu ermitteln, aus denen sie bestanden, sowie ihren Inhalt, die Zwecke, für die sie vermutlich bestimmt waren, usw. ...; die Länge, Breite und Höhe der Wälle ... [sollten] sorgfältig vermessen [werden].[8]

Im Jahr 1800 erhielt Jefferson von Wilkinson umfassende meteorologische Aufzeichnungen, Artefakte (darunter auch »Versteinerungen«), Werkzeuge und Landkarten; 1802 außerdem Flaschen mit Wasser aus dem Arkansas und dem Mississippi; 1804 eine Sammlung von Landkarten; 1805 weitere Artefakte »zur Zerstreuung in Augenblicken der Muße« sowie einige durchaus ernstzunehmende Informationen, welche die ethnologischen Studien Albert Gallatins vorwegnahmen: »Eine Aufzählung einiger Indianerstämme westlich des Missouri River«. Wilkinson behauptete außerdem salbungsvoll, andere »kleine Dienste« geleistet zu haben, die ihm »die Anerkennung Washingtons, Adams' und Jeffersons« eingebracht hätten.[9]

Wilkinsons »kleine Dienste« bestanden darin, daß er seine Partner bei Landspekulationen dazu drängte, Mr. Jefferson Artefakte zukommen zu lassen, die beim Pflügen aus indianischen Gräbern zutage gefördert worden waren. In Wilkinsons Korrespondenz findet sich kein Hinweis darauf, daß er irgendein Interesse an Altertümern hatte, doch für Jefferson galt dies sehr wohl, und Jefferson war mächtig. Viel Gutes kann auch dann getan werden, wenn die Korrupten von mächtigeren Ehrenhaften angeleitet werden, und einige von Wilkinsons engsten Mitarbeitern und Vertrauten waren ehrenhafte Männer, die sich vermutlich auch dann bemüht hätten, der Wissenschaft zu dienen, wenn Jefferson für sie kein lohnendes Geschäft daraus gemacht hätte. Harry Innes beispielsweise war sowohl Wilkinsons als auch Burrs und Jeffersons Bevollmächtigter in Kentucky. Innes war oberster Richter in einem Gebiet, das nicht nur reich an Zeugnissen prähistorischer Architektur und Kunst war, sondern wo auch ein so glänzender Archäologe wie Constantine Rafinesque-Schmalz wirkte.

Innes schickte Jefferson im Juli 1790 das erste Stück seiner Sammlung indianischer Skulpturen, wobei er die Beschreibung eines »Forts« an der südlichen Gabelung des Elkhorn Creek in der Nähe von Lexington hinzufügte. Innes' Geschenk war eine knapp 25 Zentimeter hohe Statuette, die »ein Farmer beim Pflügen seines Maisfeldes« am Cumberland River gefunden hatte, etwas über 110 Kilometer südwestlich von Lexington. Jefferson schrieb ihm erfreut einen Dankesbrief, in dem er bekräftigte, daß dies »das beste Stück Arbeit ... aus ihrer Hand« sei, daß er jemals zu Gesicht bekommen habe. »Der Künstler ... hat eine sehr treffende Darstellung einer Frau in den ersten Augenblicken des Gebärens geliefert.«[10]

Morgan Brown aus Tennessee, der in der Nähe des Fundortes von Innes' Statuette lebte, wetteiferte mit in der Versendung indianischer Altertümer aus den Siedlungen am Cumberland River. 1799 schrieb Brown an Jefferson, daß er zu der Galerie in Monticello zwei weitere Figuren beizutragen wünsche, »eine männliche und eine weibliche Gestalt, ... die von zwei Arbeitern, die an einem Ort namens Palmyra [in Tennessee] Erde aushoben«, gefunden worden seien. Später hieß es, daß die obere Körperhälfte der beiden Figuren »von nahezu natürlicher Größe« sei; das könnte zutreffen, denn jede wog gut 63 Pfund.[11]

Browns Skulpturen ließen aber in Monticello auf sich warten. Jefferson mußte Wilkinson bitten, den Transport dieser »beiden indianischen Büsten aus Palmyra« zu beaufsichtigen. Die knienden Figuren waren aus Marmor gearbeitet, der aus der Uferregion des Cumberland River bei Palmyra stammte. Sie waren in Werkstätten in der näheren Umgebung angefertigt worden, die sich in dem Dreieck zwischen den heutigen Dörfern Castalian Springs, Sellers und Dixon Creek befanden, etwa 48 Kilometer nordöstlich von Nashville. Sowohl die Figurinen, die Jefferson von Harris erhielt, als auch die von Morgan Brown stammten aus dieser Schule.[12] Wilkinson, der gerade andere, dringendere Angelegenheiten im Sinn hatte, las Jeffersons Brief nur flüchtig und verstand etwa soviel wie »italienische Büsten aus Palmyra in der Alten Welt« (*jenes* Palmyra liegt in Syrien, fünf Tagesreisen – auf dem Kamel – von Damaskus entfernt). Ob italienisch, syrisch *oder* indianisch, Wilkinson konnte die Büsten nicht finden und sandte Jefferson statt dessen die Ergebnisse seiner eigenen archäologischen Forschungen: »Natürliche und künstlerische Erzeugnisse mit mehreren modernen Originalmanuskripten von einigem Interesse« – indianische Messer und mehrere Karten.[13]

Obwohl die Architektur Jeffersons bevorzugte Kunst war, wußte er auch Bildhauerei und Malerei angemessen zu würdigen. Als die Gaben aus dem Westen immer zahlreicher eintrafen, schuf er in Monticello das erste Indianermuseum der USA. Jener mit Balkonen versehene Raum in Monticello, wo heute die Besuchermassen in Gruppen eingeteilt werden und ihren ersten ausführlichen Vortrag über das Haus hören, macht einen etwas nüchternen Eindruck, denn man sieht dort nur noch einige mechanische Geräte wie Flaschenzüge und Uhren sowie ein paar solide, touristenfeste Stühle. Zu der Zeit jedoch, als Jefferson seine Sammlung von Marmor- und Granitskulpturen aus dem Tennessee- und Cumberlandtal vervollständigte und noch die Büffelledermalereien, Bögen, Pfeile, Speere, Pfeifen, Wampume, Kleidungsstücke und Keramik hinzufügte, die Lewis und Clark von ihrer Expedition mitgebracht hatten, herrschte dort ein Durcheinander wie in den bewegtesten Zeiten der Smithsonian Institution.[14]

Nachdem Browns Statuetten endlich in Monticello eingetroffen waren, sahen sich die Besucher veranlaßt, Spekulationen über die Vorgeschichte Tennessees anzustellen und über die Frage zu reflektieren, »ob es sich bei diesen Objekten um Götzenbilder oder nur um die Darstellung hochstehender Persönlichkeiten« handelte. Jefferson antwortete darauf, er sei damit zufrieden, daß diese Fundstücke »neue und überzeugende Beweise dafür lieferten, in welchem Maße die Geduld und Ausdauer der indianischen Künstler ihre sehr beschränkten Mittel wettmachten«. Andererseits ist nichts darüber bekannt, daß diese Kunstwerke die Bewunderung der Europäer erregten, die ja von einer anderen Tradition geprägt waren; der Baron von Montlezun beispielsweise bezeichnete sie als das Werk »von Wilden – sehr abscheulich«.[15]

Währenddessen wurden in der Bluegrass-Region weitere Skulpturen entdeckt. Kein Mensch glaubte im 18. Jahrhundert an die törichte Vorstellung von einem leeren Kontinent: Überall lebten Indianer, die bereit waren, ihr Land im Kampf zu verteidigen; überall waren die Zeugnisse alter indianischer Baukunst zu bewundern, und der wichtigste Förderer der archäologischen Erforschung der indianischen Kultur hielt alle aufstrebenden Politiker dazu an, seinem Beispiel zu folgen.

Andrew Jackson und Richter Overton

Die Cumberland-Bildhauerschule erlebte ihre Blüte zu der Zeit, als in England die Plantagenets herrschten – etwa zwischen 1100 und 1475. Im mittleren Tennessee fanden sich indessen noch weitere Zeugnisse menschlicher Unternehmungen: Reste von Kettenpanzern, die Pardos spanische Truppen um 1560 hier hinterlassen hatten, die Ruinen eines französischen Handelspostens, der etwa 1714 von M. Charleville gebaut worden war, und in der Nähe dieses Postens ein weiteres »altes Fort«, das vermutlich von den Shawnee errichtet worden war, die sich hier die gute Sicht zunutze gemacht hatten, welche sich vom Gipfel eines Mounds aus dem 13. Jahrhundert bot. 29 Kilometer südwestlich, in einer Windung des Harpeth River, liegt ein heute noch erhaltener Tempelmound-Komplex, der unter dem Namen Mound Bottom bekannt ist und der noch 1804 von den Resten einer Palisadenanlage umsäumt wurde. In Mound Bottom finden sich zahlreiche abgeflachte Pyramiden, von denen die größte gut 12 Meter hoch ist und eine Grundfläche von 91 mal 85 Metern aufweist. Eine erhöhte Sacra Via, etwa anderthalb Kilometer lang und 21 Meter breit, führte einst durch die Flußaue zu einer anderen Stätte mit Mounds und Plazas.[16]

1779, fünfhundert Jahre nach Fertigstellung des Komplexes, wurde

Mound Bottom von John Donelson, dem Schwiegervater Andrew Jacksons vermessen. Donelson war ein ebenso begeisterter Sammler indianischer Altertümer wie Thomas Jefferson. Von beiden lernte Jackson viel. Möglicherweise stammt seine eigene Sammlung von Donelson, und die Idee, sie in einer »Indian Hall« in Jacksons Haus (»The Hermitage«) auszustellen, könnte er von Monticello entlehnt haben, wo er Jefferson besucht hatte. Bei einer der ersten Umgestaltungen seines Landhauses orientierte sich Jackson an Entwürfen, die Jefferson gemeinsamen Bekannten in Kentucky zugesandt hatte; der letzte Umbau des Hauses fand vermutlich während seiner Präsidentschaft nach den brieflichen Anweisungen von Robert Mills statt, der in Monticello ausgebildet worden war.

Jacksons Altertümersammlung konnte mit Jeffersons Kollektion nicht konkurrieren, doch gewannen seine Nachbarn den eindeutigen Eindruck, daß er – ebenso wie Jefferson – von Indianern hergestellte Objekte für so wichtig hielt, daß er sie dort aufstellte, wo Europäer gemeinhin die von ihnen gesammelten Schätze oder Kuriositäten aufzustellen pflegten. Obwohl er zum gnadenlosen Gegner aller Indianerstämme wurde, die sich ihm in den Weg stellten, brachte er einzelnen Indianern, die er persönlich kannte, aufrichtige Zuneigung entgegen, und er hatte überdies Respekt vor ihrer aller Geschichte, der Geschichte seiner individuellen Freunde wie auch seiner kollektiven Feinde.

Zwar fehlen uns Aufzeichnungen darüber, wie und wann er seine Sammlung erwarb – Jackson war kein Literat –, doch sollten wir hören, was Gates P. Thruston 1890 in *The Antiquities of Tennessee* schrieb:

> Es ist wahrscheinlich wenig bekannt, daß Präsident Andrew Jackson in seinem Haus »Hermitage« ein hochinteressantes Altertümer-Kabinett beherbergte. Es umfaßte eine Anzahl kunstvoller Steinpfeifen, alter Medaillen und Münzen, altes Porzellan und viele Altertümer von großem historischem und antiquarischem Interesse. Sie sind nun Eigentum der Hermitage Memorial Association. Oberst Andrew Jackson lieh uns aus der Hermitage freundlicherweise diese Pfeife und andere Zeugnisse der Vergangenheit, damit sie photographiert und gedruckt werden konnten.[17]

Die beiden Pfeifen, die von Thruston als die interessantesten Stücke aus Jacksons Sammlung beschrieben wurden, stammten allem Anschein nach aus demselben Gebiet (und wurden etwa zur gleichen Zeit hergestellt) wie die Statuetten Jeffersons.
1799 baute Jacksons Partner, Richter Overton, sein eigenes Haus, dem er den Namen »Traveller's Rest« gab. Der Standort des Gebäudes befand sich inmitten eines Moundkomplexes, in der Nähe von Charlevilles Handelsposten, 6 Meilen südlich von Nashville. Die große Bodenerhebung, auf der Overton das Haus errichten ließ, war zunächst wie ein natürlicher Hügel erschienen, aber als die Grube für das Fundament des Hauses ausgeschachtet wurde, entdeckte man zahlreiche, von Steinplatten eingerahmte alte Gräber. Nachdem fünfunddreißig Schädel in dem für den Keller ausgehobenen Erdreich gefunden worden waren, nannte Overton den Ort »Golgatha« – »Schädelstätte«.
1805 kam Rush Nutt nach Golgatha, der bereits während seiner Studienzeit in Philadelphia Jeffersons Aufmerksamkeit erregt hatte.[18] In Tennessee arbeitete Nutt allerdings nicht im Auftrag des Präsidenten, sondern trat als reisender Gelehrter auf, der sich einen Weg durch Schilfrohr und Giftsumach bahnte, um in Erfahrung zu bringen, wer die Indianer waren und was sie einst gewesen sein könnten.
Dabei stieß Nutt auf Overtons neues Haus, das auf einer kleinen Anhöhe inmitten eines knapp 5 Hektar großen, von einer alten Verschanzung umgebenen Grundstücks stand. Einige von Overtons Sklaven hatten im Keller des Hauses menschliche Schädel entdeckt; weitere kamen zum Vorschein, als sie Pfostenlöcher für einen Zaun gruben. Nutt gewann den Eindruck, als ob »die gesamte umfriedete Fläche als Begräbnisplatz benutzt worden war«. Jüngste Grabungen geben ihm Recht. Overton hatte für seine Pflanzung den ehemaligen Standort eines Dorfes gewählt, das zwischen 1000 und 1300 sehr bevölkerungsreich gewesen war; der heitere Ort, den er für den Bau seines Hauses ausgesucht hatte, war der wichtigste Grabhügel der Siedlung gewesen.[19]
Overtons Freund Thomas Brown Craighead, ein Geistlicher und Antiquitätensammler, suchte sich einen diffizileren Standort für seine Heimstatt aus. Sein Steinhaus, das er Glen Echo nannte, lag bei

einer Bodenerhebung, die heute als Hayesborough Mound bekannt ist. Die Anhöhe war so groß, daß Craighead den Zufahrtsweg zum Haus darum herum führte; dahinter legte er einen rechteckigen Garten an, wodurch eines der bekannten Ring- und Quadratmuster entstand – ähnlich dem von Poplar Forest. In Craigheads Garten, so hören wir, gab es Beete mit allerlei Rosen und »mit Jonquillen, Narzissen und Hahnenfuß«. Es wäre interessant zu wissen, was die Moundbuilder dort gepflanzt hatten.[20]

Das Shiloh-Gebiet

Overton und Craighead lebten in der Bluegrass-Region Tennessees. Wenn wir den Namen dieser edlen Halme hören, denken wir aber eher an Kentucky, an jene Gefilde, die sowohl zur Adena/Hopewell-Zeit als auch im 19. Jahrhundert üppig, lieblich und wasserreich waren. Heute trennen kilometerlange, frisch gestrichene weiße Zäune die Bluegrass-Pferdekoppeln verschiedener Scheichs, Industriemagnaten, millionenschwerer Chicagoer Großschlachter und Investmentbanker, die sich rechtzeitig aus dem Geschäft zurückgezogen haben.

Warum lebten in diesem einladenden Land so wenig Menschen, als George Rogers Clark und Daniel Boone in den siebziger Jahren des 18. Jahrhunderts dorthin vordrangen? Warum war dieses Gebiet trotz seiner offensichtlichen Fruchtbarkeit und seines Wildreichtums so dünn besiedelt? Einen Ansatzpunkt für eine Antwort könnten vielleicht jene Warnungen von Indianern bilden, die Boone und seinen Begleitern prophezeiten, daß sie Kentucky nicht als gastlich erleben würden, daß es »dunkler und blutiger Boden« sei. In Kentucky und Tennessee kam es jedoch nur selten zu Kämpfen mit den Indianern, vor allem deshalb, weil dort kaum Indianer lebten. Die Wendung »dunkel und blutig« ist eine grobe Übersetzung des Namens, den die Indianer selbst diesem sonnigen Stück Erde gegeben hatten. *Dem Anschein nach* war es nicht dunkel, obwohl es dort feierlich anmutende, von Eichen, Ulmen, Ahorn und Buchen überdachte Plätze gab. Der größte Teil des Gebiets war sonnengesprenkelte Savanne, auf der sich Elch und Büffel an edlen Gräsern labten und auf der gerade so viele Bäume wuchsen, daß sie schattige Oasen boten, aber sonst dem

Gras das Licht nicht wegnahmen.Wenn eine solche Gegend als dunkel empfunden wurde, dann mußte sie entsprechende Geheimnisse bergen. Und in der Tat: bevor die Europäer dorthin vordrangen, waren ihnen ihre Krankheiten schon lange vorausgeeilt und hatten die dort lebenden Indianerstämme dezimiert und geschwächt. So konnten sie den Irokesen, die von Nordosten vordrangen, und den Cherokee, die von Süden und Osten her in ihr Siedlungsgebiet drängten, kaum Widerstand entgegenbringen. Und ebensowenig konnten sie sich gegen Pioniere wie Daniel Boone zur Wehr setzen.[21]
Wie wir bereits bemerkt haben, überlebten von vermutlich fünf Millionen Bewohnern des Mississippi-Tals nur wenige hunderttausend das große Sterben. Wahrscheinlich ist auch, daß einige Gebiete besonders schwer getroffen wurden. An solchen Orten, so können wir uns vorstellen, blieb keine Zeit mehr, die Toten zu bestatten; die Leichname wurden von Tieren zerfleischt, und die verstreuten Knochen trockneten aus und zerfielen zu Staub. Vielleicht geschah auch genau das in Kentucky, wo es kaum Begräbnisstätten (»Friedhöfe«, wie die ersten Europäer sie nannten) von der Art gibt, wie sie in Tennessee gefunden wurden. Dort weisen Särge aus Steinplatten darauf hin, daß die Toten von anderen Menschen betrauert wurden, die ihnen ein angemessenes Begräbnis zukommen ließen.[22]
Wenn Menschen durch Krankheiten sterben, sorgt das meist nicht für großes Aufsehen, selbst wenn solche Ereignisse rätselhafte architektonische Zeugnisse hinterlassen; an absichtlich herbeigeführte Tode, entweder durch Mord (Krieg zwischen Individuen) oder durch Krieg, sieht man sich hingegen überall in der Grenzregion zwischen den Nord- und den Südstaaten durch Gedenktafeln und Monumente erinnert. Nur wenige Tafeln weisen dagegen auf die vorgeschichtlichen Ereignisse in dieser Region hin, obwohl an den Flußufern immer noch Hunderte von abgeflachten Pyramiden zu sehen sind – einige hundert von ursprünglich mehreren tausend. Von den größten dieser Monumente wurden viele zerstört; diejenigen bei Shiloh, am Westufer des Tennessee, sind aber bis heute erhalten und lösen bei jenen Touristen Verwirrung aus, die diese Stätte in dem Glauben besuchen, daß die amerikanische Geschichte mit dem Bürgerkrieg begann.
In Shiloh hätte die militärische Laufbahn von Ulysses S. Grant und

William Tecumseh Sherman 1862 beinahe ein Ende gefunden. Am 1. April waren ihre Truppen während des Frühstücks von einer 40000 Mann starken konföderierten Armee unter Albert Sidney Johnston überrascht worden. Die Unions-Truppen konnten gerade noch Aufstellung nehmen und mußten, wie Grant es später ausdrückte, »die härteste Schlacht« bestehen, die jemals im Westen geschlagen wurde. Trotz des ungeheuren Blutbades konnten Grant, Sherman – und die Union – ihren militärischen Ruf retten.

Das Gemetzel fand an einem Ort statt, der den amerikanischen Ureinwohnern heilig war. Der Name »Shiloh« – was soviel bedeutet wie »Tempel auf einer Anhöhe« – ging auf die kleine Methodistenkirche zurück, die hier errichtet worden war. Ebenso hätte sich diese Bezeichnung auch auf die sechzig Erdplattformen und sieben großen, abgeflachten Pyramiden beziehen können, die innerhalb eines mehrere Kilometer langen Palisadenwalls lagen. Die meisten dieser Strukturen sind heute noch erkennbar. Die Pyramiden erweisen sich aufgrund ihrer exakten, quadratischen Grundfläche als besonders interessant. Sie wurden vermutlich im 11. und 12. Jahrhundert errichtet, was durch Skulpturen bestätigt wird, die man in einem Grab entdeckte, sowie durch andere Indizien, die darauf hindeuten, daß die Bewohner von Shiloh enge Kontakte zu Cahokia unterhielten, das rund 480 Kilometer nördlich lag. Doch könnte Shiloh ebenso wie die Anlage von Pinson erheblich früher, in der Adena/Hopewell-Zeit, gebaut worden sein – so wie die Plattform-Mounds auf der Ames-Pflanzung bei Grand Junction, die etwa 72 Kilometer näher bei Memphis lag, und die Anlage von Ingomar, die sich jenseits der Grenze zu Mississippi befand.

Dieser verborgene, fruchtbare Fleck Erde um Shiloh muß den ersten Europäern, die aus dem Norden eintrafen, wie das Land Kanaan erschienen sein, denn sie hatten sich zuvor durch die schaurig anmutende Pennyroyal-Region im südlichen Kentucky kämpfen müssen. Diese von den Indianern verfluchte Gegend ist ein pockennarbiger, baumloser, unfruchtbarer Landstrich, wo die Flüsse in der Erde verschwinden und ihren Lauf unterirdisch durch Gewölbe aus brüchigem, kristallinem Kalkstein fortsetzen. Pferde und Vieh fallen zuweilen durch Löcher in diese Gewölbe, und manchmal kehren Menschen, die sich auf die Suche nach ihren Tieren gemacht haben, nicht zurück. Diejenigen Reisenden, die die Pennyroyal-Route überlebt hatten, mußten sich anschließend einen Weg durch ein schier unüberwindliches Rohrdickicht bahnen, ein dorniges, verfilztes Gewächs, dessen Halme fast 8 Zentimeter dick und bis zu 9 Meter lang werden konnten und das ebenso tückisch wie Stacheldraht war. Spätere Siedler vermieden für gewöhnlich die Pennyroyal-Region und näherten sich dem Gebiet um Shiloh von Nordwesten her, wobei sie gegen die Strömung des zum Ohio eilenden Cumberland River ankämpfen mußten. Wären sie direkt von Osten gekommen, so hätten sie Pässe über die »sehr steinigen und unwegsamen« Berge finden müssen und dann noch auf einer Strecke von 45 Kilometern, die an den oberen Zuflüssen des Ohio entlangführte, elf Furten zu überqueren gehabt.[23] Doch als die Pioniere das Cumberland-Becken erreichten – sei es nun 12000 v. Chr. oder im Jahre 1780, fanden sie ein Gelobtes Land vor. Ein Chronist schrieb von dem schwarzen Lehmboden, der »so fein wie Mehl« und 15 Meter tief sei; es wüchsen dort Zedern, die 1,2 Meter dick sein und deren Äste erst in einer Höhe von zwölf Metern begännen; Walnußbäume mit einem Durchmesser von über 3 Metern, so groß wie englische Ulmen und mitten in einer Parklandschaft voll blühendem Klee – »Clover Bottom« (»Kleegrund«) ist in Tennessee ein häufig anzutreffender Name.[24]

George Rogers Clark und andere verdrossene Helden

Zu den ersten archäologischen Pionieren, die in Tennessee die alte Architektur des Cumberland-Beckens erforschten, gehörten viele Veteranen aus den Revolutionsarmeen. Ihre Siedlungen lagen isoliert auf dem Gebiet von Indianerstämmen, die über ihre Anwesenheit nicht erfreut waren. Da sie nach der Demobilisierung der noch verbliebenen Truppen – die man eigentlich für glühende Patrioten halten würde – von jeder Hilfe abgeschnitten waren, suchten sie in ihrer Furcht den Schutz jeder Militärmacht, die sich gerade anbot. Jeder bedeutende Militärführer, der sich jenseits der Appalachen niedergelassen hatte (mit Ausnahme Andrew Jacksons), bot daher seine Dienste der einen oder anderen europäischen Nation an, die ihn bei der Kolonisierung dieses feindseligen Gebietes unterstützen konnte – sei es Spanien, Frankreich oder Großbritannien. Hierin unterschieden sie sich von den Cincinnati in Marietta, die sich zuweilen reaktionär und launenhaft zeigen mochten, aber loyale Bürger der USA blieben. Dagegen begannen die Veteranen im Süden, nachdem sie nicht mehr als Helden behandelt wurden, »extreme« Positionen einzunehmen – sowohl im wörtlichen Sinne, weil sie sich am äußersten Rand der bekannten Regionen im Westen niederließen, als auch im übertragenen Sinne, da sie nun etwas taten, was sie einige Jahre zuvor für unehrenhaft gehalten hätten.

So boten George Morgan, Daniel Boone, James Wilkinson, George Rogers Clark und Friedrich von Steuben[25], allesamt enttäuschte Offiziere der Kontinentalarmee, dem spanischen König ihren Treueid an. Boone setzte ein frühes Beispiel, als er als Gegenleistung für seine Dienste die Gewährung einer Statthalterschaft auf dem Gebiet der spanischen Besitzungen verlangte, um sie gegen die nächste Welle amerikanischer Eindringlinge zu verteidigen.

George Morgan hatte das Ohio-Tal schon vor dem Unabhängigkeitskrieg erkundet, als er 1768 den Ohio hinab nach Illinois reiste, um dort sein Amt als Richter im Illinois-Territorium zu übernehmen. Er hatte die Gegend um den großen Portsmouth Mound untersucht, um festzustellen, ob die klimatischen und geographischen Gegebenheiten für die Gründung einer Kolonie geeignet wären. Er entschied sich jedoch letztlich gegen diesen Ort, was möglicherweise daran lag, daß sich hier die Überreste einer Indianersiedlung befanden. Diese Siedlung, von den Engländern Lower Shawneetown genannt, war in den dreißiger Jahren aufgeblüht und erst 1758 aufgegeben worden.[26]

Nach der Revolution sammelte Morgan einen Trupp von Männern um sich und fuhr flußabwärts zu den spanischen Besitzungen westlich des Mississippi. Unmittelbar südlich des Zusammenflusses von Mississippi und Ohio legte er nach einem sorgfältig konzipierten Plan eine Stadt an, die »New Madrid« heißen sollte und in der er sich als Kolonisator im Dienste Spaniens niederlassen wollte. New Madrid wurde als Epizentrum der berüchtigten New-Madrid-Erdbeben von 1810/1811 bekannt, die bis Boston, New Orleans und Washington, D. C., spürbar waren.[27] Wer Erdbeben für eine Strafe Gottes hält, der wird möglicherweise mit Genugtuung hören, daß

Morgans Siedlung vor ihrer Zerstörung das Macao oder Tanger des Westens war, wo Intrigen gesponnen und Verschwörungen geplant wurden.[28]

New Madrid wurde aber auch zu einer wichtigen Stätte für die Archäologie. Der Ort, der den Siedlern im Jahre 1811 so einladend erschien, war offenbar schon über 1000 Jahre früher für die Indianer attraktiv gewesen. Wer eher an Vergeltung nach Art Tutenchamuns glaubt, könnte daher die Entweihung der alten indianischen Gräber durch Morgan als Anlaß für die Erdstöße betrachten.[29]

George Rogers Clark wurde allzuoft als rauher Grenzer dargestellt, ein Typus, wie James Fenimore Cooper ihn in seinen Romanen beschrieb. Thomas Marshall Green, ein meist sehr vorsichtig urteilender Historiker, meinte über ihn, daß »seine intuitive Menschenkenntnis seine fehlende Schulbildung mehr als wettmachte«. In Wahrheit war Clark jedoch ein virginischer Gentleman, aufgewachsen in Castle Hill, einige Kilometer vom Wohnsitz der Jefferson-Familie in Shadwell entfernt. Er besuchte Dr. Robertson's Academy in Newtown, die auch für den späteren Präsidenten James Madison, die Richter Edmund Pendleton und Harry Innes und den Agronomen und Philosophen John Taylor aus Carolina gut genug gewesen war.[30]

Clark trank zuviel[31] und mißachtete jegliche Rechtschreibregeln. Gleichwohl gehören seine Schilderungen der von ihm entdeckten altindianischen Architektur zu den ersten und unterhaltsamsten Darstellungen ihrer Art. Er begann mit seinen Forschungen bereits im Alter von knapp zwanzig Jahren, als er am Fuße des Grave Creek Mound campierte. Hier wurde er von dem britischen Händler James Nourse entdeckt, der gerade mit seiner Frau, seinen neun Töchtern und »einer großen Auswahl« an Waren vorbeizog. Clark zeigte sich von Nourse und seiner Familie, die auf dem Weg nach Kentucky waren, sehr angetan. Sie wiederum hielten ihn für einen »intelligenten Mann«, einen offensichtlichen Gentleman, der gleichwohl mit Birkenrindenkanus und Einbäumen umzugehen verstand. Sie setzten ihre Reise gemeinsam fort und gelangten über den Ohio und den Kentucky zu den Bluegrass-Plains.[32]

Ein Grund dafür, daß Clark sich schweren Herzens von der Nourse-Familie trennte, waren seine Verpflichtungen gegenüber George

Washington, dessen Nachbarn George Mason aus Gunstan Hall und anderen virginischen Investoren der Ohio Company, die ihn beauftragt hatten, 80 000 Hektar Land zu vermessen, welche von der Gesellschaft seit den vierziger Jahren des 18. Jahrhunderts in Kentucky beansprucht wurden. Er kannte das Elkhorn-Becken in- und auswendig, und vielleicht war er es, der die Informationen für jene kartographische Darstellung der indianischen Monumente in dieser Region lieferte, die Jefferson 1790 zugesandt wurde.

Clark war eine rastlose Natur, wofür wir heute dankbar sein müssen. Er hielt sich nicht lange in Kentucky auf, sondern zog weiter nach Westen. Er war der erste der Gründerväter, der den Weißen einen Eindruck von den Ruinen Cahokias vermittelte. Er beschrieb sie als die »Bauten am Mississippi in der Nähe des Caw[hokia] River ..., die zu den größten gehören, die wir kennen«. Auf dem Monks Mound, so sagte er, könnte »ein richtiger Palast« gestanden haben. Clark wies auch auf einen geheimnisvollen »kleinen Hügel [hin], ... der von einem Bollwerk umgeben war; auf dem Gipfel befand sich ein Turm, in dem ein Teil der Wachen auf Posten stand«.[33]

Bis 1775 war der Ruinenkomplex von Cahokia trotz seiner Größe außerhalb seiner unmittelbaren Nachbarschaft unbekannt. Die Stadt, die im 14. Jahrhundert aufgegeben wurde, war vom Mississippi aus, der die Hauptverkehrsader darstellte, nicht sichtbar. Im frühen 18. Jahrhundert begannen französische Farmer das fruchtbare Schwemmland zu kultivieren. Auf der untersten Plattform des großen Mounds bauten sie eine Missionskirche, doch ließen sie die restliche Welt nichts über die prähistorischen Monumente in ihrer Umgebung wissen. Und auch die schweigsamen Trappisten, die die Kirche zu einem Kloster ausbauten, hatten kein Interesse daran, diese Entdeckung bekannt zu machen.

In den späten siebziger Jahren entdeckte Clark jene Mounds wieder, als er auf dem American Bottom ein Lager aufgeschlagen hatte, um die spanischen und französischen Bürger von St. Louis und Cahokia auf den Kampf gegen die Briten und Indianer vorzubereiten. Er führte seine archäologischen Untersuchungen in Cahokia durch, als er sich gerade im Triumph seines Winterfeldzuges von 1779 sonnte, der berühmtesten Operation des Unabhängigkeitskrieges im Westen. In meiner Jugend hingen in vielen Klassenzimmern Bilder von

Clarks Soldaten, die sich durch den Morast vom Regen aufgeweichter Prärien nach Vincennes durchkämpften, und man erzählte uns die Geschichte, wie Clark den Befehlshaber dieses britischen Militärpostens, Hamilton, beim Frühstück überraschte und gefangennahm.

Anschließend wurde Clark von Jefferson, der damals Gouverneur von Virginia war, beauftragt, den Überläufer Benedict Arnold gefangenzunehmen, dessen britische Truppen in den frühen achtziger Jahren die Häfen Virginias brandschatzten.

Auch Clark zeichnete sich durch einen recht eigentümlichen Patriotismus aus, obwohl er den USA niemals so schadete wie Arnold. 1775 hatten die Bewohner Kentuckys ihr Gebiet zur Kolonie »Transylvania« erklärt und feierlich bekanntgegeben, daß sie sich an keiner Revolution gegen den König beteiligen würden. Im nächsten Winter änderten einige von ihnen ihre Meinung, doch Virginia weigerte sich, ihnen Waffen und Ausrüstung zur Verfügung zu stellen. Daraufhin drohte Clark, daß er in Kentucky einen unabhängigen Staat gründen werde, wenn sein Heimatstaat sich nicht eines Besseren besinne. Vor diesem Hintergrund sollten wir auch seine berühmte Äußerung sehen, daß »ein Land, das es nicht wert ist, verteidigt zu werden, auch nicht wert ist, beansprucht zu werden«. Das war keine patriotische Stellungnahme, sondern bedeutete etwa soviel wie: »Handelt endlich oder haltet den Mund!« Clarks Loyalität galt niemals in erster Linie den USA. Zuerst kam Transylvania und dann Virginia, und Virginia auch nur dann, wenn es bereit war, Transylvania zu verteidigen.

Die politischen Machenschaften um Kentucky und Tennessee erinnern ein wenig an die politische Situation im heutigen Jugoslawien, sogar wenn man die Aktivitäten der Briten, Spanier, Franzosen und Indianer beiseite läßt. Die Bürger North Carolinas stellten sich an die Spitze der transylvanischen Unabhängigkeitsbewegung, der Clark seine Unterstützung gewährte. Die Virginier aus dem östlichen Teil des Staates, die Washingtons, Masons, Carters und Lees, schufen die Ohio Company und konkurrierten damit mit den Bewohnern der Piedmont-Region, darunter Walker und Peter Jefferson, die mit Hilfe der Loyal Company und Greenbrier Company ihre Bodenspekulationen betrieben. Dann waren da natürlich noch die Interessen der

Pennsylvanier, wobei man nicht mit Sicherheit sagen kann, welche Politik sie hinsichtlich der Sklavenfrage verfolgt hätten; man darf aber annehmen, daß ihnen Gallatins Sichtweise näher war als die Jeffersons und Clarks. Als Clark zu den Franzosen in St. Louis, Cahokia, Kaskaskia und Vincennes kam, traf er dort zahlreiche schwarze Sklaven an. Wie wir bereits bemerkt haben, versicherte er ihren Besitzern sogleich, daß sie diesbezüglich von seiten Virginias nichts zu befürchten hätten.

Sogar nachdem sieben Jahre später die Northwest Ordinance verabschiedet worden war, versprach der Gouverneur des Indiana-Territoriums den Franzosen, daß sie ihre Sklaven behalten dürften. Erst auf Druck der Yankees aus Marietta erklärte der aus Pennsylvania stammende Gouverneur St. Clair alle Schwarzen, die künftig im Nordwest-Territorium geboren würden, für frei.[34]

Sobald 1783 mit den Briten Frieden geschlossen worden war, versuchte Jefferson, Clark zu einer weiteren Erkundungstour zu bewegen, wobei er geeignete Gebiete für eine Vergrößerung Virginias ausmachen sollte. Jefferson bat ihn, nach Cahokia zurückzukehren und dann das Missouri-Tal stromaufwärts zu erforschen – gewissermaßen eine »private« Version der Expedition, die sein Bruder William zehn Jahre später auf Jeffersons Geheiß unternehmen sollte. George Rogers Clark lehnte jedoch ab, denn er hatte sich anderweitig verpflichtet. Er sagte sich von Virginia los, trieb in der Grenzregion als Wegelagerer sein Unwesen und lauerte von seinem Stützpunkt in Vincennes aus den Boten spanischer Händler auf dem Wabash River auf. Die Verfassung der Vereinigten Staaten hatte noch keine Exekutive geschaffen, und der hektische und unbeholfene Kongreß war nicht in der Lage, zu regieren, seine Schulden zu bezahlen, die Grenzen der Union zu verteidigen oder die Schiffahrt zu sichern. Die Briten hatten sich mitten auf amerikanischem Territorium selbstgefällig in zahlreichen Forts festgesetzt. Einige ihrer Stützpunkte lagen auf Gebiet, das Clark persönlich für Virginia erobert und an eine Unionsregierung abgetreten hatte, die sich als unfähig erwies, dieses Land zu verteidigen. In seiner Verbitterung über diese Entwicklung schrieb Clark an die spanischen Behörden, um ihnen seine Dienste und damit implizit auch die Einstellung seiner Raubzüge anzubieten, wobei er beklagte, daß »kein Eigentum und keine Person unter einer ... schwachen und unentschlossenen amerikanischen Regierung sicher« sei. Und damit kam er der Wahrheit recht nahe.[35]

Französische Verschwörungen und die archäologische Forschung

Zu dieser Zeit verfügte ein weniger enger Freund Jeffersons, der Philosoph Brissot de Warwille, in Frankreich über eine einflußreiche Stellung. Er veröffentlichte einen euphorischen Bericht über einen Besuch in den Vereinigten Staaten, in dem er ein Lob auf das Mississippi-Tal anstimmte und verkündete, daß Spanien eines solchen Geschenkes nicht würdig sei. Brissot sandte Edmond-Charles Genêt in die Vereinigten Staaten, um abzuklären, wie man im Westen eine pro-französische, separatistische Bewegung auslösen könne. Ursprünglich war geplant, daß Genêt Ludwig XVI. die Flucht vor der Guillotine ermöglichen und ihn heimlich nach Amerika bringen sollte. Brissot und Genêt wollten auf diese Weise verhindern, daß sich ihr Land mit dem Blut eines Märtyrer-Königs beschmutzte und dadurch die Mißbilligung ihrer amerikanischen Gesinnungsfreunde auf sich zog – wie zum Beispiel Washingtons oder Hamiltons, die zwar Revolutionäre, aber nicht radikal waren. Der Plan zur Rettung des Königs scheiterte. Am 21. Januar 1793 wurde Ludwig XVI. durch die Guillotine hingerichtet. Obwohl die Brissotins gegenüber den Jakobinern und noch radikaleren Gruppen an Macht verloren, reiste Genêt dennoch in die Vereinigten Staaten, nur hatte sich nach dem Tod des Königs sein Auftrag geändert: Er sollte einen Aufruhr anzetteln. In Charleston in South Carolina ging dieser unbesonnene, großsprecherische junge Mann an Land, mit goldenen Epauletten geschmückt und in feines Tuch gekleidet. Er trug eine Ernennungsurkunde bei sich, die ihn gegenüber George Rogers Clark als Generalmajor der Armeen der Französischen Republik auswies. Clark hatte mittlerweile erneut die Seiten gewechselt und stand nun nicht mehr im Dienste Spaniens, sondern Frankreichs. Seine Freunde in Paris hatten bei ihm angefragt, ob er bereit sei, eine Armee von Grenzsiedlern zu befehligen, die New Orleans verteidigen und im Westen einen unabhängigen Staat unter französischem Schutz gründen sollte.

Nach einer triumphalen Reise, die von den Klängen der neuen französischen Nationalhymne, der Marseillaise, begleitet war, traf Genêt schließlich in der Hauptstadt ein. Berauscht von all der Bewunderung und den Schmeicheleien, mit denen er empfangen wurde, offenbarte er seine Pläne Jefferson, der damals noch Außenminister in der Regierung George Washingtons war. Man hätte erwarten können, daß Jefferson die eindeutige Weisung des Präsidenten an seine Minister beachtet hätte, die Invasion in Hoheitsgebiete von Nationen, mit denen sich die USA im Friedenszustand befanden, in keiner Weise zu fördern. Doch hatte Jefferson seine eigenen Pläne für den Westen, die sich besser mit dem Vorhaben Genêts vereinbaren ließen als mit der Politik Washingtons. Er kam mit Genêt überein, daß ihr gemeinsamer Vertrauter, der Botaniker André Michaux, als Emissär zu den Siedlern im Mississippi-Tal entsandt werden sollte. Zu denjenigen, denen Michaux eine Botschaft überbringen sollte, gehörte auch Clark; ihm sollte der konspirative Wissenschaftler seine Ernennung zum Offizier der französischen Kolonialarmee aushändigen. Auf dem Weg zu seinem Bestimmungsort konnte Michaux außerdem seine Forschungen betreiben – jegliche verfassungsrechtlichen Bedenken des Außenministers waren offenbar durch die Aussicht auf wissenschaftliche Erkenntnisse wie weggewischt.[36]

Dem Botaniker und dem General aus der *Frontier*-Region gesellte sich noch ein weiterer Militär hinzu, der sowohl als Gelehrter als auch als Spion agierte, woraus, wie so oft bei Jeffersons Manövern, die Archäologie ihren Nutzen zog. Das Genêt-Michaux-Clark-Vorhaben rief den ersten Ingenieur auf den Plan, der exakte Karten der indianischen Architektur im mittleren Mississippi-Tal zeichnete, General Georges Collot. Er hatte von Genêt den Auftrag bekommen, zu ermitteln, wie unter einer französisch geführten Separatistenbewegung eine gemeinsame Invasion in die spanischen Besitzungen in Mexiko gelingen könnte. Gleichzeitig sollte er eine ausführliche Karte des Ohio- und des Mississippi-Tals anfertigen. Obwohl Collot vorrangig einen Aufstand vorbereiten sollte, ließ er sich gerne durch archäologische Studien ablenken. Und dies war möglicherweise durch eine »Krankheit« Genêts bedingt, die *auch heute noch* unter französischen Diplomaten anzutreffen ist. Ihre Symptome:

1. die Verunglimpfung fremder Völker
2. die Romantisierung bereits seit langem ausgestorbener Bewohner des Territoriums dieser fremden Völker
3. die schwärmerische Verherrlichung des Territoriums dieser Völker, wie sie – ausschließlich – für Franzosen typisch ist.

Nach Collots Auffassung waren die zeitgenössischen Amerikaner schmutzig und unhöflich; ihre militärische Organisation war jämmerlich und ihr mangelnder Respekt vor französischen Offizieren und Gentlemen unbegreiflich. Zu Collots Gunsten ist allerdings zu sagen, daß er ein gutes Auge für indianische Altertümer hatte; zu jener Zeit konnten ihm hierin nur George Rogers Clark und die Cincinnati von Marietta das Wasser reichen.
Als Collot von Pittsburgh aus den Ohio abwärts nach Kentucky reiste, begann er in seinem Tagebuch die architektonischen Leistungen der Indianer festzuhalten. Während er in der Umgebung von Frankfort und Lexington sein separatistisches Vorhaben weiter vorantrieb, nahm er sich gleichwohl die Zeit, ein »unregelmäßiges Achteck« zu bewundern, um mit einer systematischen Erkundung des archäologischen und politischen Potentials des Elkhorn Valley fortzufahren.[37]
Collots Achteck war möglicherweise das »Fort« an der südlichen Gabelung des Elkhorn River, welches im Juli 1790 von Harry Innes und Thomas Jefferson beschrieben worden war, als Innes Jefferson die ersten Skulpturen für seine Altertümersammlung zukommen ließ.[38]
Collot beschrieb »die Wälle hinter dem Graben ..., den Eingang ..., der von zwei kleinen Türmchen auf einer niedrigen Erhebung geschützt war, ... einen kleinen Vorsprung und eine Redoute«. Zu diesem Zeitpunkt war Collot noch nicht willens, diese Leistungen auch jenen zuzuschreiben, die sie vollbracht hatten: Er hege »keinen Zweifel daran, daß diese Bauwerke von Europäern konstruiert worden [seien], und sogar von Personen, die im Festungsbau gut bewandert waren«. Als Standort des Monuments gab Collot »zwischen Lexington und Frankfort [an], 9 Meilen [14,5 Kilometer] von der letztgenannten Stadt entfernt, an einem kleinen Fluß namens Elk River« – heute Elkhorn River.[39]
Als Collot in Cincinnati eintraf, ließ Anthony Wayne nichts unver-

sucht, um ihn an der Ausspähung amerikanischer Militäranlagen zu hindern. Dennoch entdeckte Collot

> ... ein indianisches Bauwerk in Form einer Rotunde. Hier hielten die Indianer ihre Ratsversammlungen ab, brachten ihre Opfer dar und feierten ihre Feste. Der Größe der Bäume nach zu schließen, die seit der Konstruktion [der Anlage] hier gewachsen sind, muß dieses Senatshaus sehr alt sein ... Hätte uns nicht die Verfolgung durch General Wayne gedroht, ... hätten wir einen Plan dieses Bauwerks anfertigen sollen, aber es schien ratsam, ... diesen Ort so rasch wie möglich zu verlassen.[40]

Vermutlich gab es nicht allzu viele Fälle, in denen ein Spion seinen Vorgesetzten gegenüber Bedauern ausdrückte, daß er durch Gegenspionage gezwungen war, auf archäologische Studien zu verzichten. Ebenso ungern verzichtete Collot auf naturkundliche Beobachtungen. Nachdem er vom Locust Creek aufgebrochen war, sah er

> ... eine Fülle von Truthühnern, und in solchen Massen, daß die Bäume buchstäblich grau wurden ... Dieser Vogel in Amerika ist von einzigartiger Größe und Schönheit ... Die Federn am Körper sind von einem feinen Aschgrau und jene im Genick und unter den Flügeln von kupferner Farbe. In der Sonne ... leuchtet das Gefieder wie Gold ... Gegen vier Uhr am Nachmittag erblickten wir am Horizont eine Art weißes Band von beträchtlicher Länge, welches sich als ein Schwarm von Pelikanen herausstellte ... Diese Vögel fliegen immer in Schwärmen; wenn sie an einen großen Fluß kommen, formieren sie sich alle in einer Reihe, ihre Köpfe gegen den Wind, und lassen sich so nach unten tragen: sie schlucken alle Fische, die ihnen in den Weg kommen, und sammeln sie in ihrer großen Tasche.[41]

Collot vergaß seine Aufgabe jedoch nicht immer: Wenn es zu separatistischen Aufständen käme, so meinte er, dann »würde ein bei Red Bank gelegenes Fort äußerst hilfreich sein, um alles, was sich auf dem Ohio stromaufwärts bewegt, abzufangen ... Die Quelle des Wabash ... ist eine hervorragende militärische Stellung, ... die erste, die befestigt werden sollte, wenn sich die nordwestlichen Staaten jemals abspalten.« Und er informierte Paris über den jämmerlichen Zustand von George Rogers Clark. »Oft wurde er betrunken auf der Straße liegend gefunden«, weshalb man kaum von ihm erwarten konnte, eine separatistische Partei zu führen.[42]

Falls hierfür eine geeignetere Persönlichkeit gefunden werden könne, dann, so malte sich Collot aus, ließen sich »Bataillone aus kräftigen Waldbewohnern und robusten Farmern aus den westlichen Staaten« zusammenstellen, die – so dürfen wir vermuten – von tadellos uniformierten französischen Offizieren gegen die »Legionen der Anglo-Unionisten, gegen Sekretäre, Krämer und Grossisten, Notare und Rechtsanwälte, englische Agenten und Verwalter« geführt werden sollten.[43]

Collots Vorurteile waren tief verwurzelt: Obwohl er auf seinen Landkarten »alte indianische Gräber« wie diejenigen südwestlich des französischen Cahokia verzeichnete, gestand er den Indianern niemals herausragende architektonische Leistungen zu und tat solche Vorstellungen als Phantasterei ab. Die Indianer hätten lediglich

> ... Hügel von unterschiedlicher Höhe [geschaffen], die als Festungen dienten ... Diese Hügel sind überall verstreut zu finden ... Sie bauten keine Städte oder irgendwelche öffentlichen Anlagen ... Sie fielen in ... [das Land] nur nach Art von Jägern ein.[44]

Genêts »Krankheit« war damals weit verbreitet und erzürnte sogar den frankophilen Jefferson. Wie aus seinen Gedankengängen in den *Notes on Virginia* hervorgeht, rührte seine gute Meinung über die Indianer zum Teil auch daher, daß die Franzosen alle Amerikaner, ob rot oder weiß, den Europäern gegenüber für minderwertig hielten. Indem Jefferson die Indianer verteidigte, verteidigte er letztlich auch sich selbst.

Dennoch zog Jefferson ein Bündnis mit Frankreich immer noch allen anderen vor und versäumte es daher anfangs, den Torheiten Genêts, Collots und Clarks Einhalt zu gebieten. Zum Entzücken seiner Gefährten reduzierte Clark kurzzeitig seinen Alkoholkonsum; eine Invasion Spanisch-Louisianas barg noch einmal die Hoffnung auf Beute, Ruhm und einiges Ungemach für jene amerikanischen Politiker, die sich alternden Helden gegenüber nicht angemessen dankbar gezeigt hatten. Virginia hatte sich geweigert, Clarks Forderung nach einer Rückerstattung seiner persönlichen Ausgaben während des Unabhängigkeitskrieges zu entsprechen:

> Ich habe den Vereinigten Staaten die Hälfte des Territoriums verschafft, das sie besitzen, und daß sie zulassen, daß ich deswegen nun in Armut lebe, wird ihnen später nicht besonders zur Ehre gereichen.[45]

In einem Brief, der auch von von Steuben oder George Morgan hätte geschrieben werden können, versicherte Clark seinen französischen Förderern:

> Ich kann in diesem westlichen Gebiet eine große Zahl von Männern anwerben, ... die schon mehrfach gekämpft ... und Auszeichnungen erworben haben ... Ich kann allein mit meinem Namen ... 1500 tapfere Männer verpflichten ... Ich kann ganz Louisiana für Frankreich erobern. Wenn sich Frankreich in dieser Angelegenheit energisch und verschwiegen zeigt, dann ist mein Erfolg nahezu gewiß.[46]

Doch Anthony Wayne stürzte sich auf Clarks Werber und zahlte sie aus, während Genêt in Philadelphia vor den Augen Präsident Washingtons die Provokation verübte, die Brigantine *Little Democrat* auszurüsten, die einen Angriff auf New Orleans von der See her anführen sollte. Trotz einer eindeutigen Anordnung Washingtons, dieses Vorhaben zu unterlassen, überfiel Genêt mit amerikanischen Freibeutern britische Schiffe und brachte seine Beute in die Delaware Bay. Washington rief daraufhin sein Kabinett zusammen, und am 15. September 1793 wurde Paris aufgefordert, Genêt nach Frankreich zurückzurufen. George Rogers Clark war um seinen letzten Feldzug gebracht worden.

Lewis und Clark

Thomas Jeffersons imperiale Ambitionen hätten sich bereits 1793 in einer gegen Spanien gerichteten wissenschaftlichen Freibeuteraktion unter der Führung von George Rogers Clark und André Michaux erschöpfen können. Infolge des Eingreifens von Wayne und Washington mußte Jefferson zehn Jahre warten, bis er Clarks jüngeren Bruder William zusammen mit Meriwether Lewis zu seinem nächsten wissenschaftlichen Angriff auf die »Dons« entsenden konnte.

Die Kühnheit, man möchte sogar sagen Unverfrorenheit von Lewis, Clark und Jefferson wird in den amerikanischen Schulbüchern oft unterbewertet. Als die beiden Forscher und Provokateure auf dem Ohio nach St. Louis reisten, war der Louisiana Purchase noch nicht getätigt. Die diesbezüglichen Verhandlungen wurden zwar noch im Laufe ihrer Expedition abgeschlossen, aber auch dann vertrat die spanische Regierung die Auffassung, daß die Grenze des erworbenen Gebietes sehr viel weiter nördlich verlief, als Jefferson meinte und Gallatin kartographisch festhielt. Folglich beklagte Spanien später, daß Mr. Jeffersons Forscher jedesmal widerrechtlich spanisches Territorium betreten hätten, wenn sie sich auf die Schlammzonen am Südufer des Missouri begaben und zwischen den Weiden Rotwild und Antilopen jagten. Jedenfalls entsandten die Spanier einen Indianertrupp, der die beiden Amerikaner aufspüren und beseitigen sollte, sie jedoch verfehlte, denn in den Weiten der Plains sind die kleinen Nebenflüsse leicht miteinander zu verwechseln. Sie verstecken sich in den Senken des leicht welligen Graslandes; nur vereinzelte Pappeln markieren ihren Verlauf.[47]

Jefferson hatte aber noch weitere Expeditionen organisiert, und gegen Ende des Jahres 1806 waren vier Kommandos aus Soldaten und Wissenschaftlern unterwegs, die die spanische Verteidigung auf die Probe stellten. Jeder dieser Trupps hatte vorgeblich die gleichen Forschungsaufgaben wie Lewis und Clark. Gleichzeitig sollten sie jedoch dazu beitragen, den Einflußbereich einer Nation auszudehnen, die Jefferson als brüchige Gemeinschaft vorgefunden hatte und die er in eine imperiale Macht verwandelte.

Auf ihrem Weg nach Westen sollten Lewis und Clark naturkundliche Forschungen anstellen und Erkenntnisse über die Indianer und ihre

»Monumente« sammeln. Am 9. Januar 1804 – in der Nacht zuvor hatte es heftig geschneit, und es blies ein »scharfer Wind« – fand sich William Clark auf einmal inmitten der nördlichen Mound-Gruppe auf dem American Bottom wieder, nicht weit von den Mounds, die sein Bruder in Cahokia erforscht hatte. William versuchte gerade einige Präriehühner und Enten zum Abendessen zu erlegen, als er durch das Eis eines halb zugefrorenen Sumpfes brach. Da entdeckte er »eine indianische Festungsanlage, ... neun Mounds, die einen Kreis bildeten«. Eine Fülle an archäologischem Material war für den Forscher direkt an der Erdoberfläche greifbar: »Große Mengen an Keramik und Feuerstein – etwa eine halbe [Meile nördlich] ... befand sich auf einer Anhöhe ein Grab. Ich kehrte vor Sonnenuntergang zurück und stellte fest, daß meine nassen Füße an meinen Schuhen festgefroren waren ... Der Wind, der aus dem Westen über die Sandinseln blies, ... wirbelte solchen Staub auf, daß ich in dieser Richtung nichts sehen konnte. Es war ein außerordentlich kalter Tag gewesen.«[48]

In den Aufzeichnungen von Lewis und Clark finden sich viele Hinweise auf indianische Dörfer, bewohnte wie verlassene, doch folgt man der oben zitierten Passage, dann beschrieben sie keine »Monumente«, die denen von Cahokia vergleichbar waren. In den Flußniederungen des oberen Missouri stießen sie auf Sand- und Erdwälle, die sie für frühe Festungsanlagen hielten, welche jedoch von verdrießlichen nachfolgenden Forschern zu natürlichen Sandbänken und Schlammablagerungen erklärt wurden.

Lewis und Clark hatten jedoch Gelegenheit, zahlreiche Grabhügel zu untersuchen. Am 12. Juli 1804 hatten sie gerade das Gebiet des heutigen Staates Nebraska erreicht. Clark begab sich auf die Jagd, während seine »äußerst erschöpften« Männer sich ausruhten. Nachdem er »einen hohen künstlichen Hügel« erklommen hatte, bot sich ihm ein »weiter und schöner Blick« auf eine Ebene von »15 000 oder 20 000 Acre, die viereinhalb Fuß [1,4 Meter] hoch mit Gras bewachsen war«. Auf dieser blühenden Prärie sah Clark viele »Mounds oder alte Gräber, was für mich ein überzeugender Beweis ist, daß dieses Land einmal dicht besiedelt war«.[49]

Am 25. August erkundeten Clark und Lewis gemeinsam einen »Berg der bösen Geister« am White Stone Creek (heute Vermillion River), den er ebenfalls als »Mound« bezeichnete und der seiner Aussage nach etwa 21 Meter hoch war. Davor hatte die Expedition zwei auf Hügeln gelegene »Forts« passiert, blieb aber so weit von ihnen entfernt, daß keine nähere Untersuchung möglich war. Es handelte sich um zwei Monumente, die ein Stück abseits des Missouri lagen und später als Utz Site und Old Fort bekannt wurden.[50]

Was hätten Lewis und Clark Präsident Jefferson über diese »Hügelforts« berichtet, wenn sie bei der Verfolgung eines Rehs oder eines Schwarms Truthühner darauf gestoßen wären? Hätten sie diese architektonischen Zeugnisse unter dem Blickwinkel ihrer Kenntnisse über die Eisenzeit auf den Britischen Inseln betrachtet und nach kreisförmig angeordneten Steinen und »Pi«-förmigen Megalithen Ausschau gehalten? Ebenso wie ihre Zeitgenossen, die die Erd- und Steinumfriedungen entlang des Scioto, des Paint Creek, des Elkhorn River, der beiden Miamis und des mittleren Mississippi erforschten, hätten sie sie vermutlich für Verteidigungsanlagen gehalten. Und dieses Vorurteil hielt sich hartnäckig bis in die neunziger Jahre unseres Jahrhunderts.

Seit kurzem jedoch ist eine neue Deutung möglich. Aufgrund einer Kombination von Keramikanalyse und Karbondatierung ist eine Neueinschätzung sowohl des Alters als auch der Nutzung der prähistorischen Stätten im Ohio-Tal unumgänglich geworden (siehe Kapitel 11). Wenn sie zunächst als Zeremonialzentren dienten, dann zu Verteidigungszwecken genutzt wurden und anschließend erneut als Kultstätten fungierten, wie man heute annimmt, und wenn dies alles während der Adena/Hopewell-Zeit geschah und nicht erst in der späteren Übergangsperiode, die früher als »Fort Ancient« bezeichnet wurde, dann wäre die bisherige Datierung von Utz und Old Fort ebenfalls zu überprüfen. Bisher ging man davon aus, daß diese beiden Monumente der sogenannten »Mississippi-Tradition« zuzurechnen sind. Trifft dies zu, dann hätten sich Lewis und Clark, als sie den Missouri stromaufwärts von Cahokia nach Old Fort zogen, nur wenige Jahrhunderte »zurückbewegt«; dann wären diese als Ruheräume dienenden Umfriedungen zur gleichen Zeit geschaffen worden, als die Westeuropäer eine wunderbare politische Einigung bewerkstelligten, welche jene Ruhe schuf, die Voraussetzung für eine Blüte der europäischen Philosophie war. Utz hätte sich dem-

nach vielleicht gerade im Bau befunden, als Karl der Große im Jahre 800 zum Kaiser des Heiligen Römischen Reiches gekrönt wurde, geleitet von seinem weisen Ratgeber Alkuin.
Diese traditionelle zeitliche Einordnung birgt mehr Romantik in sich als die korrigierte Datierung, denn in der Nähe von Old Fort suchten Jeffersons Forscher wiederum ihren eigenen »Weisen«, Daniel Boone, auf. Boone hatte sich hier zur Ruhe gesetzt, war aber nicht zu Hause, als Lewis und Clark eintrafen; von seinen Bediensteten wurden sie jedoch mit Mais und Butter versorgt.[51] Meiner Meinung nach hatten sie vielleicht gehofft, daß der alte Mann selbst ihnen Informationen über prähistorische Architektur liefern könnte. Sie waren diesen Stätten sehr nahe gekommen, hatten aber enttäuschend wenig entdeckt.
Wie wir im Falle Georges Collots bemerkt haben, finden Forscher oft genau das, was sie zu finden gehofft haben, und wenn sie dem Volk, das sie erforschen wollen, mit Herablassung begegnen, dann läßt sie das, womit sie nicht gerechnet hatten, eher gleichgültig, als daß es sie überrascht. Lewis und Clark entdeckten entlang des Missouri nicht so viele Mounds wie erwartet. Ihr Geldgeber, der viel von den Entdeckungen in Ohio gehört hatte, hatte sie gedrängt, nach ähnlichen Monumenten zu suchen. Sie waren von Cahokia aus aufgebrochen, also von jener Region des Mississippi-Tals, in der die spektakulärsten Erdbauten anzutreffen waren. Was ihnen nun bei ihren Forschungen auffiel, war das *Fehlen* dieser Architektur: Als die prähistorischen Indianer den Missouri stromaufwärts gezogen waren und in Gebiete mit geringen Niederschlägen gelangten, wo der Maisanbau ohne Bewässerung nicht mehr die Ernährung großer Völkerschaften sicherstellen konnte, errichteten sie keine großen Bauten mehr. In den Wüstenzonen des Südwestens wurde die Bewässerung zur Schwester der Architektur oder, so könnte man vielleicht sagen, ein Teilbereich davon. Im Mississippi-Tal hingegen ermöglichte das ausreichende Angebot an wasserreichem Land vermutlich eine kontinuierliche, ausreichende Nahrungsmittelversorgung vieler Menschen, was wiederum die Schaffung großer architektonischer Monumente begünstigte.
Und so wurden Lewis und Clark enttäuscht.

Watson Brake bei Monroe in Louisiana – das älteste ringförmige Monument, das bisher in Nordamerika entdeckt wurde. Es ist vermutlich mehr als fünftausend Jahre alt.
(Quelle: Smithsonian Institution)

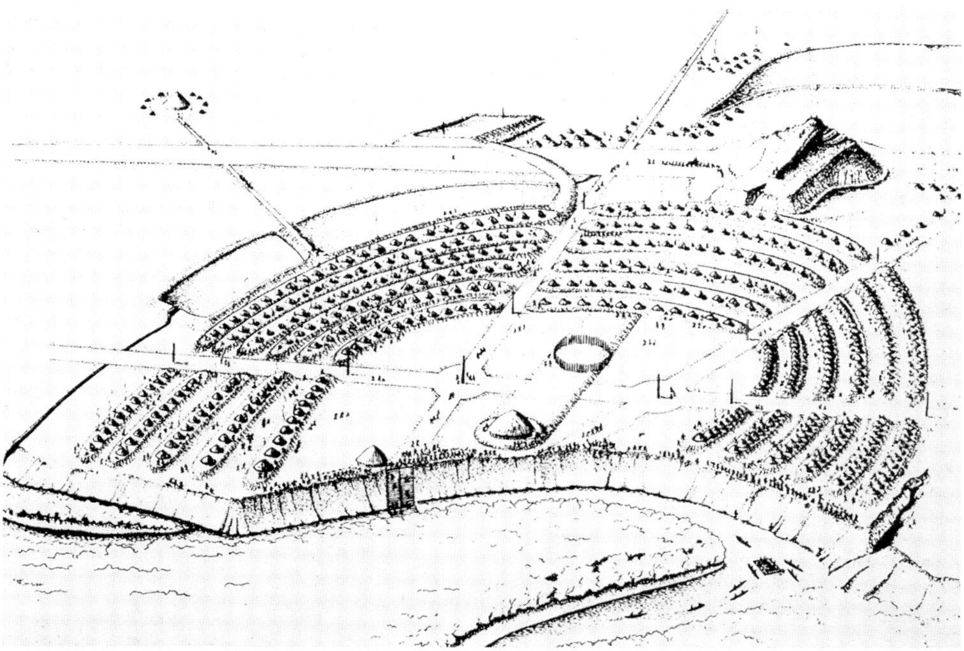

Poverty Point bei Floyd in Louisiana, etwa dreitausend Jahre alt. Der zentrale Hügel oben rechts könnte das Abbild eines Falken dargestellt haben. Er weist eine Plattform auf der Spitze auf, die über eine andere, niedrigere Plattform zu erreichen ist, welche sich 4 Meter über die umliegende Ebene erhebt.

Aus Jaspis gefertigte Eule aus Poverty Point, um 1500 bis 1000 v.Chr.
(Quelle: Smithsonian Institution)

Hopewell-Figurenpfeife mit Biberdarstellung
(Quelle: Gilcrease Museum)

Der am Ohio River gelegene kegelförmige Hügel von Grave Creek, Ohio, ist die älteste erhaltene Grablege eines Volkes, das wir Adena nennen. Er wurde etwa um Christi Geburt errichtet. Die obenstehende Abbildung ist einem der wichtigsten Werke über die altindianische Architektur entnommen, die im 19. Jahrhundert verfaßt wurden: E.G. Squier und E.H. Davis, *Ancient Monuments of the Mississippi Valley* (1848).

Die Hopewell waren nahezu Zeitgenossen der Adena und standen möglicherweise in Konkurrenz zu ihnen, obwohl ihre Kultur die der Adena um einige Jahrhunderte überdauerte. Sie bauten geometrisch exakte Achtecke, Quadrate und Kreise. Der Fairgrounds Circle bei Newark in Ohio weist einen Durchmesser von etwa 400 Metern auf und ist drei Stockwerke hoch. Das Diagramm zeigt, wie die hier im gleichen Maßstab gezeichneten indianischen Bauten von Pueblo Bonito (920–1025 u.Z.) und Pueblo Del Arroyo (1065–1110 u.Z.) in New Mexico in den Kreis von Newark eingefügt werden können.
(Quelle: William N. Morgan)

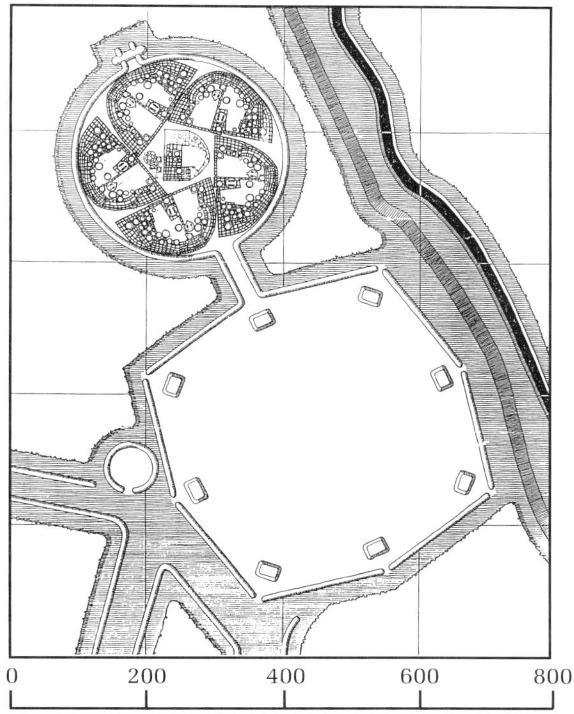

Der Serpent Mound im südlichen Ohio, eine etwa 400 Meter lange Darstellung einer Schlange, die einen Globus im Maul hält; um 1066 angelegt. Möglicherweise nimmt dieses Erdwerk Bezug auf den gleichen Kometen, der auch auf dem Teppich von Bayeux dargestellt ist, welcher die Invasion Englands durch Wilhelm den Eroberer im gleichen Jahr verherrlicht.

(Quelle: Dache M. Reeves Collection, National Anthropological Archives)

Der kegelförmige Mound in Marietta sieht weitgehend noch so aus wie um 1880, um 1780 und möglicherweise auch im 4. Jahrhundert. Ebenso wie ähnliche, aber größere Bauten entstand er vermutlich in der Adena-Zeit.

Seit den neunziger Jahren des 18. Jahrhunderts wurden von den alten Erdwerken, die in Marietta am Muskingum lagen, romantische Ansichten gemalt und gezeichnet. Die Darstellung entstand in den Jahren nach 1830 und zeigt den Campus Martius und die Erdwerke so, wie sie dreißig Jahre früher ausgesehen hatten.

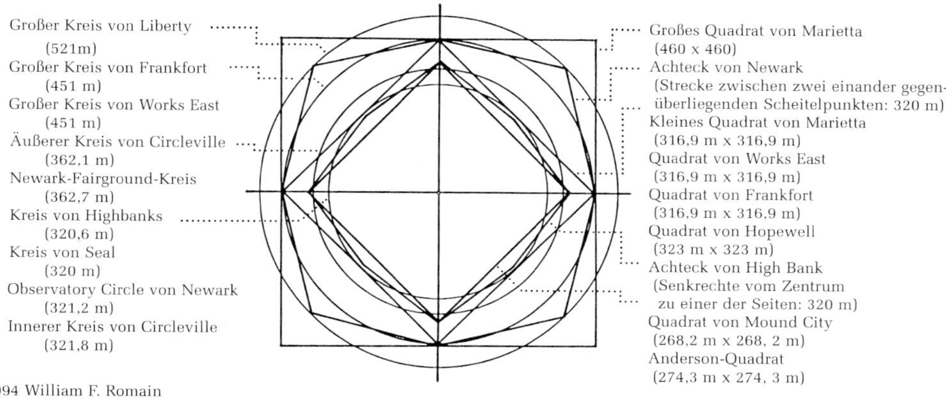

Die folgenden Stätteerscheinen auf der unteren Karte

Kleine Kreise
Works east: 231,6 m
Frankfort: 219,4 m
Seip: 228,6 m
Baum: 231,6 m
Hopeton: 292,6 m

Große Kreise
Baum: 402,3 m
Seip: 228,6 m

Quadrate
Portsmouth: 243,8 m
Dunlap: 243,8 m
Hopeton: 292,6 m
Newark: 292,6 m
Seal: 260,2 m x 259,6 m

Circleville: 256,3 m x 256,3 m
Seip: 337,7 m x 341,3 m
Baum: 337,7 m x 341,3 m
Liberty: 337,7 m x 337,7 m

Größenvergleich der Ohio-Erdwerke (Quelle: William F. Romain)

Übersicht über die altindianischen Stätten im mittleren Ohio, die mit der Großen Hopewell-Straße in Verbindung standen, welche vom Mound-Komplex von Newark zu den Mounds in der Umgebung von Chillicothe verlief. Die heutige Großstadt Columbus liegt nördlich dieser alten Siedlungen am Scioto River. Auch dort gab es Mounds, doch wiesen diese keine solch exakten geometrischen Formen auf wie die Monumente an den weiter südlich gelegenen Stätten.

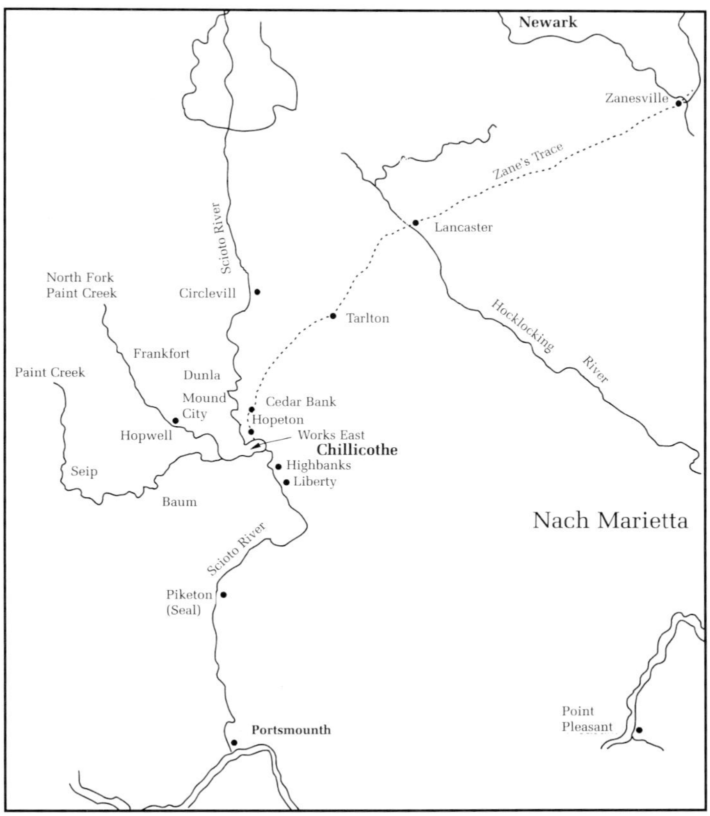

Albert Gallatin, Führer von Jeffersons »Democratic Republicans«, Senator von Pennsylvania, Finanzminister, Botschafter in Frankreich und später England. Er betrieb umfassende Studien, um zu einem besseren Verständnis der indianischen Völker zu gelangen, verfaßte mehrere Bücher über sie und lernte viele indianische Sprachen. Gallatin trug zur Finanzierung der ersten großangelegten Untersuchung der Mounds bei, *Ancient Monuments of the Mississippi Valley* von E.G. Squier und E.H. Davis.
(Quelle: National Portrait Gallery)

George Rogers Clark, älterer Bruder von William Clark und Partner von Meriwether Lewis. Clark war Veteran des Amerikanischen Unabhängigkeitskrieges und als virginischer Gentleman erzogen worden, verfiel jedoch dem Alkohol. Clark war der erste der Gründerväter, der den großen Mound-Komplex von Cahokia entdeckte; auf dem dort befindlichen Monk's Mound, so sagte er, hätte »ein richtiger Palast« Platz gefunden.
(Quelle: National Portrait Gallery)

James Wilkinson, der Washington mehrmals verriet, für Spanien spionierte, Aaron Burr verriet und ein Verfahren wegen Landesverrats überstand, weil die Geschworenen sich nicht auf ein Urteil einigen konnten. Gleichwohl wurde er aufgrund seiner archäologischen Berichte für Jefferson in die American Philosophical Society aufgenommen; er sammelte außerdem zahlreiche Artefakte, darunter auch kniende Figuren der alten Kulturen Tennessees.
(Quelle: National Portrait Gallery)

Henry Brackenridge, der erste *Westerner*, der umfassende Darstellungen über den amerikanischen Westen verfaßte und die literarisch ausgefeiltesten Beschreibungen altindianischer Monumente lieferte, die seine Zeit zu bieten hatte. Er schrieb über die Mounds, daß »all diese Ruinen sich gleichermaßen an den für Städte und Siedlungen geeignetsten Orten finden ... Eine ungeheure Zahl von Menschen konnte sich einst von diesem Land ernähren.«
(Quelle: National Portrait Gallery)

Monk's Mound in Cahokia in Illinois, errichtet zwischen 800 und 1300 u. Z. Die große Pyramide von Cahokia ist größer als die mächtigste Pyramide von Gizeh in Ägypten. Cahokias Bauten und die in seiner unmittelbaren Umgebung stellten vom 10. bis zum 14. Jahrhundert Nordamerikas größte Metrople dar. Ähnliche, aber kleinere städtische Siedlungskonzentrationen enstanden am Missouri, am unteren Mississippi, am Cumberland und am Tennessee River *(Gemälde von Lloyd K. Townsend)*

Thomas Worthington, Gouverneur, Senator, Moundforscher und Freund Albert Gallatins.

Diagramm von Jeffersons Besitz Poplar Forest in Virginia. Mit der Konstruktion des Anwesens wurde 1806 begonnen, und 1812 wurden Mounds mit 30 Meter Durchmesser und 3,6 Metern Höhe angelegt, die 30 Metern vom Haus entfernt und auf der gleichen Achse lagen. Auf jedem Mound wurden vier Trauerweiden gepflanzt, die ein Quadrat mit einer Seitenlänge von 6 Metern markierten, eine Entsprechung zu den Proportionen des zentralen Raums des Hauses, welcher ebenfalls ein Viereck mit einer Seitenlänge von 6 Metern darstellte. Der Grundriß der Villa zeigt ein in einem Achteck gelegenes Quadrat; das Haus liegt inmitten eines Ringes aus Bäumen, die ihrerseits innerhalb einer kreisrunden Auffahrt angeortnet sind. Vermutlich waren diese Kreise mit einem südlich anschließenden quadratischen Garten verbunden. Die Ähnlichkeiten mit den Mound-Formen der Adena- und Hopewell-Monumente in Ohio sind verblüffend; Jefferson war genau über die Gestaltung des Marietta-Komplexes und möglicherweise auch anderer Moundgruppen informiert. 1819 schrieb er über Poplar Forest: »Ich schlummere ohne Furcht und sehe in meinen Träumen die Wunder des Altertums.«

(Quelle: Skizze von Timothy Deal; Entwurf des Plans von C. Allan Brown)

Henry Brackenridge

Als sich das 18. Jahrhundert seinem Ende zuneigte, begann sich im amerikanischen Westen eine Literatur zu entwickeln, die den Westen selbst zum Thema hatte. Der erste *Westerner*, der ausführlich über den Westen schrieb, war Henry Brackenridge. Sein Vater, Hugh Henry Brackenridge, war seinerseits der erste Autor, der westlich der Appalachen ein Buch veröffentlichte.[52] Der ältere Brackenridge war Schriftsteller, Rechtsanwalt, Partner Albert Gallatins und diente George Washington als »Höfling« und »Maskenspieldichter«.[53] Seine Frau starb 1788, als sein Sohn Henry achtzehn Monate alt war, so daß dieser seinen eigenen Worten nach in die Obhut der Ehefrau »eines ehrwürdigen Schusters gegeben wurde, eines Pächters meines Vaters, der in einer benachbarten Blockhütte lebte, wo heute die Bank von Pittsburgh steht und wo es mir so gut erging, wie man erwarten konnte: das heißt, ich war halb verhungert, unzureichend gekleidet und durch die heiße Asche und Glut mit Verbrennungen und Flecken übersät.«

Der Rest seines Lebens verlief aber besser, als dieser Anfang hätte vermuten lassen. Schließlich versöhnte er sich sogar mit dem mürrischen Vater, nachdem er sich selbst einen Ruf als Schriftsteller erworben hatte, der mit großem Können die indianischen Altertümer beschrieb – der beste, bis Mark Twain zur Feder griff, um das überflutete Troyville zu beschreiben.

Wir verdanken Brackenridge die ausführlichsten Berichte über archäologische Entdeckungen, die in den ersten beiden Jahrzehnten des 19. Jahrhunderts verfaßt wurden; einige Passagen aus seinen Werken werden wir im folgenden zitieren. Zum erstenmal erlangte Brackenridge Kenntnis von den indianischen Monumenten, als er auf dem Ohio nach Ste. Geneviève reiste, um dort Französisch zu lernen. Dabei setzte man ihn vorübergehend bei den Soldaten Anthony Waynes zwischen den Mounds von Cincinnati ab, wo er seine Kenntnisse des Militärjargons verbessern sollte. Das Lager von Waynes Truppe befand sich an einem damals Hopson's Choice genannten Ort, ein Stück nördlich von Losantiville, das später ein Teil von Arthur St. Clairs Cincinnati werden sollte.[54] Anschließend begab sich Brackenridge noch etwas weiter nach Westen und lernte in George Morgans New Madrid einige Brocken Spanisch. Dort wurde er mit »grobem schwarzem Brot und einer Art Welssuppe, die stark mit Pfeffer und Knoblauch gewürzt war«, verköstigt – »beinahe die einzige Speise, die sie mir zu essen gaben«.

Als er schließlich in Ste. Geneviève eintraf, verbesserte sich die Bewirtung entschieden, denn »sogar die ärmsten französischen Bauern beherrschen ausgezeichnet die Kunst des Kochens«. Während der nächsten beiden idyllischen Jahre lernte der junge Brackenridge Kochen und zwei weitere Sprachen. Er und die Sprößlinge der französischen Siedler spielten mit den Kindern der letzten Überlebenden des Kickapoo-Stammes, die bei Ste. Geneviéve lebten und ihren Mais anbauten – wie schon ihre Vorfahren (oder vielleicht ein anderes Volk, das von diesen Vorfahren vertrieben worden war) dort seit tausend Jahren Mais angebaut hatten. Unbeabsichtigt hatte der ältere Brackenridge seinem Sohn eine Erfahrung vermittelt, die ihn sein ganzes Leben lang prägte, nämlich die individuelle Bekanntschaft mit Indianern, wodurch diese für ihn ganz selbstverständlich Mitglieder der menschlichen Gemeinschaft wurden. (Sein Vater hatte dagegen die Auffassung vertreten, daß sie, wie er 1782 äußerte, »Tiere [seien], die landläufig als Indianer bezeichnet werden«.)[55]

Dann wurde Brackenridge mit Thomas Power bekanntgemacht, jenem Glücksritter und Geheimagenten, der sich als Archäologe tarnte, sowie mit dem General, dem Power spanische Bestechungsgelder überbrachte, James Wilkinson. Zusammen mit Power erlebte Brakkenridge die prangende Fruchtbarkeit des Tales:

> Die Mitte des Sommers war gekommen, die Luft war köstlich mild und klar, und die Natur hatte ihr prächtigstes Gewand angelegt ... Wir sammelten Wickenranken und bereiteten uns daraus weiche Lager im Schatten der Bäume, die ihre gewaltigen, weinumrankten Äste über den Strom reckten. Häufig zogen Schwärme von kreischenden Sittichen über unsere Köpfe hinweg, und der Kolibri, angezogen von dem nahebei blühenden Geißblatt, flatterte und schwirrte um uns herum und flitzte dann wieder davon.
>
> Mr. Power hatte ein Taschentuch voller Dollars, die ich herausnehmen und auf den Felsen klimpern lassen durfte ...
>
> [Wohl einen Tag später] beobachtete ich ein Phänomen, das ich später nie mehr zu sehen bekam ... Der Tag war außerordentlich heiß und ruhig; plötzlich aber schien der Fluß von Fischen aller Arten zu wimmeln, die aus ihrem Element hochsprangen, in alle Richtungen schossen und das

> Wasser zu Schaum peitschten. Sie drängten sich um unseren Kahn, und bei ihren rasenden Luftsprüngen schlugen sie manchmal gegen das Boot und wären beinahe darin auf dem Trockenen gelandet. Einige wurden mit Gewehren abgeschossen ...[56]

Auf diese rasenden Fische folgte ein anderes Erlebnis, das, obwohl heute schwer vorstellbar, damals alltäglich war; Brackenridge reiste in der Nähe von Louisville auf dem Ohio:

> Auf einem Abschnitt des Flusses, wo man mindestens 10 Meilen weit sehen konnte ... war der ganze Himmel bis zum Horizont von einem Schwarm Wildtauben bedeckt, und dies blieb so für über zwei Stunden ... Den ganzen Tag lang zogen immer neue, gewaltige Schwärme vorbei. Meinen Berechnungen nach war der Hauptschwarm mindestens ... 10 Meilen breit und 120 Meilen lang.[57]

Heute haben sich die Fischbestände im Ohio wieder zu erholen begonnen, aber der Carolina-Sittich und die Wildtaube wurden durch übermäßige Bejagung ausgerottet.

Im Alter von zehn Jahren schloß Brackenridge seine Französischstudien in Gallipolis ab und trat die Heimreise nach Pittsburgh an, in deren Verlauf er von der prächtigen Barkasse Wilkinsons überholt wurde.

> Ich wurde ... als Spielkamerad ... für seinen Sohn Biddle, der in meinem Alter war, an Bord gebracht. Das Schiff ... war ... prächtig ausgestattet ... Es wurde ... von fünfundzwanzig oder dreißig Männern vorwärtsbewegt, manchmal durch Staken ... und häufig auch durch Rudern.
>
> Es gab auch eine Musikkapelle, und das Ganze wirkte wie eine reine Lustpartie. Meine Sinne waren überwältigt – ich glaubte mich in einem Elysium! Die Pracht der Möbel – die Eleganz der Kleidung – und dann die üppigen Tafelfreuden ... Jede Mahlzeit war ein königliches Bankett.[58]

Wilkinsons Bankette waren in der Tat »königlich« – sie wurden aus Mitteln finanziert, die der spanische König dem Oberbefehlshaber der amerikanischen Armee im Westen durch Oberst Power zukommen ließ. Und über all diese Festlichkeiten herrschte die Königin des Ohio, die Dame des Generals:

Eine höchst achtenswerte Person von mildester und sanftester Natur ... Sie sah, wie wir Elritzen mit kleinen Haken fingen, forderte uns auf, dies zu lassen, und erklärte uns dann in freundlichster Weise, wie grausam es sei, auch nur der geringsten Kreatur mutwillig das Leben zu rauben.[59]

In seinem ganzen Leben scheint Wilkinson nur gegenüber dieser Gefährtin Loyalität bewiesen zu haben, und sie hielt trotz aller Kriegsgerichtsverfahren, unehrenhaften Entlassungen und allem Verrat unverbrüchlich zu ihm.

Brackenridge hingegen war ein Mann, der zu tieferer Loyalität fähig war, und seine treueste Neigung galt der Archäologie, die er allerdings erst über Umwege entdeckte. Sein Entzücken über den Roman *Tom Jones* veranlaßte seinen Vater dazu, die Tugenden eines anderen Jones, nämlich des Verfassers von *Jones on Bailments,* zu preisen – ein juristisches Werk, das auch heute noch vielen Jurastudenten zu ihrem Leidwesen gut bekannt ist. Als Belohnung dafür, daß er den gesamten zweiten Jones in perfekter Handschrift abschrieb, durfte der junge Brackenridge zur Erholung Potter's Antiquities lesen.

Nachdem auf diese Weise seine Neugier geweckt war, sah sich Henry Brackenridge in der Umgebung seines Vaterhauses um, »an jenem reizenden Fleck auf Grant's Hill, wo der alte indianische Hügel ... Aussicht ... auf den klaren und schönen Allegheny gewährt, ... auf den lieblichsten Fluß, der jemals im Mondlicht glitzerte. Schnell gleitet er über seine glattgeschliffenen Kiesel, bevor er zum Ohio wird, La Belle Rivière, ... immer noch die Grenze der Zivilisation«.[60]

Und an jener Grenze erhielt Brackenridge sogar Tanzstunden, wobei er selbst einen alten englischen Tanz wie den »Hornpipe« einüben mußte, und ein gewisser M. de Lisle erteilte ihm Unterricht im Fechten. Er lernte überdies, bei Festen als Seiltänzer aufzutreten; einmal sprang er sogar für einen fahrenden Akrobaten ein, der zu spät zu einer Vorstellung erschien.

1810 brach Brackenridge auf einem Kielboot von Pittsburgh aus erneut nach Ste. Geneviève auf, um sich im Westen als Jurist zu versuchen.[61] Ein Jahr später hatte er das Glück, William Clark kennenzulernen, der inzwischen Regierungsbeauftragter für Indianerangelegenheiten geworden war und, wenn man von Jeffersons

Schätzen in Monticello absah, die umfangreichste Sammlung indianischer Altertümer in den USA besaß.
Clark förderte Brackenridges Begeisterung für die archäologische Forschung. Bald begann er »Skizzen« der indianischen Monumente im Mississippi-Becken[62] zu veröffentlichen. Er hätte zur zentralen Figur unter den Literaten und Rechtsgelehrten in St. Louis werden können, wie es sein Vater in Pittsburgh gewesen war, aber seine Wanderjahre waren noch nicht zu Ende. Sein »Schicksal rief [ihn] ins untere Louisiana«, so daß er gegen Ende des Jahres 1811 St. Louis verließ, um nach Natchez, Baton Rouge und New Orleans zu reisen. Seine Energie, sein Geschick und seine Gelehrsamkeit müssen auf die Menschen in Louisiana großen Eindruck gemacht haben, denn sie beauftragten ihn alsbald, einen neuen Gesetzeskodex zu verfassen, der das französische Rechtssystem mit dem englischen, das in den restlichen USA galt, in Übereinstimmung bringen sollte. Seither wird in Louisiana nach dem Brackenridge Code Recht gesprochen. Ende des Jahres 1813 war Henry Brackenridge Richter – genau wie sein Vater.
Das erste von ihm veröffentlichte Buch waren die *Views of Louisiana; Together with a Journal of a Voyage up the Missouri River, in 1811*. Das Werk enthielt eine Fülle übermütiger Abenteuergeschichten, die Washington Irving 1836 teilweise in *Astoria* nacherzählte. Brackenridge wurde allmählich zu einer Berühmtheit.

Brackenridge ließ nichts darüber verlauten, wann er damit begann, Analogien zwischen den archäologischen Funden der Alten Welt und den indianischen Mounds herzustellen. Vielleicht geschah dies schon damals, als er auf Grant's Hill Potters *Antiquities* las; möglicherweise aber auch erst, als er Reverend Dr. Thaddeus Harris' poetische Beschreibungen der Monumente von Grave Creek und Marietta kennenlernte (siehe Kapitel 5 und 7). Brackenridge fehlte es gewiß nicht an Vorbildern: Er hatte Jeffersons Bericht über dessen eigene archäologische Forschungen gelesen, und er war mit Bischof Madisons *Supposed Fortifications of the Western Country* gut vertraut.[63]
Diese geistigen Autoritäten waren ihm ständig präsent, wie er selbst erklärte, als er die in die Hunderte gehenden Mounds untersuchte,

die sich am Mississipi südlich von Ste. Geneviève befanden. Es war genau jene Region, in der er die Indianer als Spielgefährten kennengelernt hatte, und diese Kindheitserfahrung hatte ihn dazu befähigt, die Indianer als menschliche Wesen zu betrachten, die künstlerischer Leistungen fähig waren – und das noch bevor die Lektüre der klassischen Werke der Literatur und Archäologie ihm den Schluß ermöglichte, daß menschliche Siedlungen sowohl in der »alten« Alten Welt als auch in der »neuen« Alten Welt an Orten errichtet wurden, die für den Menschen zuträgliche Bedingungen boten.
In seinen *Views of Louisiana* stellte Brackenridge eine Verbindung her zwischen dem natürlichen Reichtum und der Fruchtbarkeit des Mississippi- und des Ohio-Tals und ihrem Potential, die Versorgung großer Völkerschaften zu sichern, deren Existenz wiederum die Voraussetzung für eine höher entwickelte Architektur bildete:

> All diese Ruinen finden sich stets an den für Städte und Siedlungen geeignetsten Orten; und am Ohio und Mississippi sind sie am zahlreichsten und größten. Es gibt keine im Wachsen begriffene Stadt oder eine Farm an einem günstigen Ort, in deren Nachbarschaft nicht einige davon zu finden wären.
> Ich habe gehört, wie ein öffentlicher Landvermesser bemerkte, daß er immer sicher sein könnte, ein großes Stück fruchtbaren Landes zu finden, wenn er auf solche Ruinen stieß. Eine ungeheure Zahl von Menschen konnte sich einst von diesem Land ernähren.

Brackenridge klassifizierte diese Überreste nach ihrer Form, wobei er mit den kegelförmigen Hügeln begann.

> [Hügel] von der Art, wie sie von Mr. Jefferson beschrieben werden ... [sind] überall im Westen in großer Zahl vorhanden. Immer finden sich in ihrer Nähe die Spuren eines Dorfes, und stets wurden sie als Bestattungs- oder zumindest Ablageort für die Toten verwendet. Ihre Höhe beträgt meist acht oder zehn Fuß [2,4–3 m], und sie weisen wenig oder keine künstlerische Formgebung auf.

Von diesen einfachen Tumuli unterschied Brackenridge die »Mounds oder Pyramiden« mit Plattformen, wie etwa diejenigen innerhalb der Quadrate von Marietta oder jene, die in großer Zahl um St. Louis oder Cahokia zu finden sind. Diese, so sagte er, »gehören zu einer anderen Periode als die übrigen und sind aufgrund ihrer

Größe und ihrer Formgebung leicht von den Hügeln zu unterscheiden«.
Seine Taxonomie der alten Architektur ist heute immer noch nützlich, und wir können noch vieles andere von ihm lernen. Einige charakteristische Abschnitte aus Brackenridges Beschreibungen sind in einem Anhang mit der Überschrift »Mr. Brackenridge kommt selbst zu Wort« abgedruckt. An dieser Stelle wollen wir jedoch mit Brackenridges persönlicher Geschichte fortfahren.

Am 25. Juli 1813 übersandte Henry Brackenridge Thomas Jefferson einen umfangreichen Bericht über seine Forschungen zur alten amerikanischen Architektur. Seine Skizzen waren zuvor in einer Zeitung aus St. Louis und dann in Niles *Weekly Register*, das in Baltimore erschien, abgedruckt worden, so daß er dem Nachdruck zum besseren Verständnis nur noch eine Karte beifügen mußte.[64] Durch den Erfolg seiner Studien ermutigt, wagte Brackenridge in seinem Begleitschreiben an Jefferson auch den Vorschlag, daß er ihm bei der Durchreise »durch Virginia im kommenden Herbst oder im darauffolgenden Frühling ... persönlich in Monticello die Ehre erweisen« könne.[65]
Später schrieb Brackenridge in seinen *Recollections of Persons and Places in the West*, er sei sich nicht sicher gewesen, ob er den »Weisen« darum bitten dürfe, sein Manuskript zu lesen, bis er in »Mr. Jeffersons Erinnerungen« las, daß Jefferson vermutlich um 1798 »durch meinen Vater unterrichtet worden war, welchen Geschäften [Thomas] Power nachging«.[66]
Jefferson hinterließ aber keine »Erinnerungen« zu den neunziger Jahren des 18. Jahrhunderts, und auch in seinem umfangreichen Schriftverkehr fanden sich keine Briefe, in denen von Powers die Rede war. Wie wir jedoch gesehen haben, existieren einige andere in dieser Hinsicht aufschlußreiche Dokumente, darunter die schändliche Empfehlung des älteren Brackenridge, Washington solle jenem Mann mehr Macht zugestehen, der von Power durch Bestechung zum Aufruhr angestiftet worden war, nämlich James Wilkinson.
Vielleicht änderte Brackenridge senior an einem bestimmten Punkt seine Meinung und warnte Jefferson sowohl vor dem Zahlmeister als auch vor seinem Zahlungsempfänger. Wenn das der Fall gewesen

sein sollte, so sind dafür jedenfalls keine Belege mehr vorhanden. Der jüngere Brackenridge könnte gleichwohl richtig gelegen haben, denn Jefferson zollte den Entdeckungen, die der Sohn seines Informanten in Cahokia gemacht hatte, außerordentlich wohlwollende Aufmerksamkeit. Er bedankte sich in einem persönlichen Schreiben vom 20. September 1813 für die Forschungsergebnisse, die ihm Brackenridge zugesandt hatte, und versicherte, daß er mit Vergnügen den »Bericht ... über die alten Festungsanlagen im Westen« gelesen habe, und er räumte ein, daß »er keine Vorstellung davon hatte, daß sie so zahlreich waren«.[67]

Jefferson bestätigte Brackenridge auch, daß er seine Darstellung der American Philosophical Society vorgelegt habe. Dann verfaßte er noch eine etwas formeller gehaltene Antwort, die auf den 16. März 1814 datiert ist und offenbar als Empfehlungsschreiben gedacht war, um Brackenridge die Veröffentlichung seiner Arbeit zu erleichtern. Die feine Würze der präsidialen Billigung lag in seinem Lob »dieses wertvollen Beitrags zur Erweiterung des Wissens über dieses große Land«. Aufgrund solcher Forschungsberichte, so erklärte er, werde das in Entstehung begriffene Reich im Westen »mit Sicherheit der interessanteste Teil der westlichen Welt werden«.[68]

Brackenridge verstand es, den frankophilen »Weisen« für sich einzunehmen: Er betonte, welchen Einfluß Jeffersons Freund Volney auf sein Denken gehabt habe und bestätigte die Richtigkeit der französischen Auffassung, daß Amerikas »Ägypten« ein reiches und altes Land gewesen sei:[69]

> Volney zufolge ... existieren Spuren einer Bevölkerungszahl, die weit über jene hinausreicht, die man in diesem weitläufigen und fruchtbaren Teil des Landes bisher vermutete, und die möglicherweise noch größer war als jene, die mit der sorgsamen Landwirtschaft, wie sie in den volkreichsten Staaten Europas praktiziert wird, ernährt werden könnte ... Es gibt sicherlich Gegenden am Ohio und am Mississippi, die ebenfalls eine zahlenstarke Bevölkerung ernährt haben könnten. Als ich über die Schönheit und Fruchtbarkeit dieser Orte nachdachte, erschien mir kaum glaublich, daß dort niemals eine hohe Bevölkerungsdichte geherrscht haben soll.[70]

Das Land war fruchtbar, das Klima mild, und es erschien offensichtlich, daß der »Treffpunkt all dieser stattlichen Flüsse, mit seinen für

die Gründung von Städten so günstigen Orten und seinen gewaltigen Flächen fruchtbaren Landes« die Ansiedlung einer Bevölkerung erlaubte, nein, verlangte, »die so umfangreich war wie jene, die einst an den Ufern des Nils zu finden war«.[71]
Brackenridge brauchte jedoch nicht viel Phantasie, um sich vorzustellen, was mit dieser Bevölkerung geschehen war, denn ihm und seinen Zeitgenossen waren Seuchen und andere Katastrophen nichts Fremdes. Menschen, die die Hälfte ihrer Nachkommen schon im Kindesalter durch Krankheiten verloren und die der Tod so früh ereilte, daß die meisten niemals das von uns unbekümmert so bezeichnete »mittlere Alter« erreichten – solche Menschen dachten natürlich sofort an Epidemien. Als er durch die verlassene Umgebung Cahokias irrte, erahnte Brackenridge daher sofort jene Ereignisse, die wir das große Sterben genannt haben, und er sprach von einem »erschreckenden Rückgang der Zahl [der Indianer], kurz bevor wir sie kennenlernten«.
»Fast genau gegenüber von St. Louis, ... am Ufer des Cahokia« folgte Brackenridge dem Verlauf eines trägen, morastigen Flusses, der durch eine knapp 80 Kilometer breite Ebene mit tiefbrauner Erde floß. Im Jahre 1810 lebten fast gar keine Menschen auf dieser weiten Fläche, aus der gewaltige Erdplattformen aufragten. Brackenridge berichtete über zwei Komplexe von »nicht weniger als hundert Mounds«.

> Einer der Mounds ist etwas kleiner als die ägyptische Pyramide Mycerius. Als ich ihn 1811 untersuchte, war ich überrascht, daß dieses gewaltige Zeugnis des Altertums von allen Reisenden unbemerkt geblieben sein sollte ... Die Mounds in St. Louis, in New Madrid und im Quellgebiet des Black River sind alle größer als die von Marietta.[72]

Brackenridges Verwunderung war berechtigt. Noch erstaunlicher ist allerdings, daß viele Amerikaner auch dann noch ihrem europäischen Blickwinkel verhaftet blieben, als Brackenridge die Großartigkeit des Cahokia-Komplexes weithin bekannt gemacht hatte. So bemerkte er 1813:

> Wer könnte beanspruchen, sichere Aussagen über das Altertum Amerikas zu machen – über die Menschenrassen, die hier lebten und ver-

schwanden – über die tausend Umwälzungen, die sich hier ebenso wie in anderen Teilen der Erde vollzogen? Die europäischen Philosophen haben in ihrer geistigen Beschränktheit und Selbstbezogenheit alles abgewertet, was damit [mit Amerika] zu tun hat. Sie haben es *Neue Welt* genannt, so als ob es später entstanden sei als der restliche bewohnbare Globus.[73]

Natürlich war die Schuld nicht den europäischen Philosophen des 18. Jahrhunderts zuzuschreiben, gegen die Jefferson in seinen *Notes* zu Felde gezogen war. Der Fehler lag bei den Amerikanern des 19 Jahrhunderts – und auch heute noch sind manche Amerikaner davon nicht frei –, deren mangelndes Vertrauen in den Wert ihrer Vergangenheit und in ihre Identität als Volk die Ursache für ihr offenkundiges, rücksichtsloses Streben nach Reichtum und Macht in einer unsicheren Gegenwart darstellt.

Im Zuge seiner Reisen von Stadt zu Stadt gelangte Brackenridge auch nach Baltimore, wo er sich eine Zeitlang aufhielt und die »Ode to Jacksons's Victory« verfaßte, sowie einen weiteren geschichtlichen Abriß, seine *History of the Late War, Between the United States and Great Britain*, die in nicht einmal zwei Monaten niedergeschrieben und gedruckt wurde. Sein nächstes Buch, *Voyage to South America*, das zwei schöne Bände im Oktavformat umfaßte und gute Kritiken erhielt, war das Ergebnis eines Aufenthalts in Lateinamerika. In der Zwischenzeit hatte er versucht, in Baltimore als Jurist Fuß zu fassen, indem er in die Dienste des Parlaments von Maryland trat. Erneut ließ Jefferson ihm seine Hilfe zuteil werden und verfaßte eine leben-de Rezension der *Voyage to South America*. Das Werk hatte großen Erfolg und wurde auch in London und in einer spanischen Übersetzung veröffentlicht. Brackenridge war zum bekanntesten englischsprachigen Autor avanciert, der über Lateinamerika schrieb; erst 1840 mußte er diese Position an Prescott abtreten.
Literarischer Ruhm ist zwar angenehm, sichert aber nur selten den Lebensunterhalt. 1820 unternahm Brackenridge daher einen weiteren Versuch, zu Ruhm und Reichtum zu gelangen, indem er nach St. Louis aufbrach und dort versuchte, sich als Rechtsgelehrter einen Namen zu machen. Damit machte er jedoch einmal mehr einen Umweg, denn seine nächste Karriere absolvierte er nicht im Westen.

Zufällig hielt sich nämlich zu jener Zeit der Paladin von Missouri, Thomas Hart Benton, in Washington auf, um für die Aufnahme Missouris in die Union zu werben. Er hatte Brackenridges *Views* als beredte Darlegung jenes geographischen Determinismus interpretiert, der später als *Manifest Destiny* bekannt wurde. Benton zeigte sich entzückt über die angebliche Bestimmung Amerikas, das Great Valley in Besitz zu nehmen und nach Westen zum Pazifik vorzustoßen, wo der Handel mit dem Orient blühen und eine neue Kultur entlang des pazifischen Küstensaums entstehen würde. Die Gewinne aus den Geschäften mit China und Japan würden über den Columbia und den Missouri River auch nach Bentons St. Louis fließen – trotz kleinerer Hindernisse wie den Rocky Mountains, den Indianern und dem Pazifischen Ozean. »Zum ersten Mal kam ich auf diesen Gedanken«, so Benton zu Brackenridge, »als ich Ihr Buch über Louisiana las«. Brackenridge möge sich bitte sofort ans Werk machen, damit all diese Wunder Wirklichkeit werden könnten. Er, Benton, sei bereit, »unseren Freunden genehme« Flugschriften und Zeitschriftenbeiträge zu finanzieren, die die Aufnahme Missouris in die Union unterstützten.[74]

Und was Benton »genehm« war, würde gewiß auch General Jackson gefallen.

Jackson hatte bereits auf eigene Faust eine Invasion des spanischen Territoriums in Florida unternommen und damit bewiesen, daß dieses Gebiet nicht von Spanien gehalten werden konnte; es wurde daher 1821 an die Vereinigten Staaten abgetreten. Wie ein Grenzbaron im mittelalterlichen Großbritannien hatte Jackson seine Ernennung zum Gouverneur eines Territoriums durch das Schwert errungen.

Als Brackenridge auf dem Mississippi von St. Louis nach Baton Rouge fuhr, waren zufällig auch General Jackson und seine Gemahlin auf einem anderen Schiff in die gleiche Richtung unterwegs. Nachdem der Dampfer der Jacksons fahruntüchtig geworden war, stiegen sie auf das Schiff um, auf dem Brackenridge reiste. Noch einmal ließ Brackenridge seinen ganzen Charme sprühen, und bald war er Gouverneur Jacksons Sekretär und Übersetzer.

In Florida fungierte er einmal mehr als »Richter Brackenridge« (so wurde er von Jackson genannt), um das dortige fremde Rechtssystem an das der USA anzupassen. Im März 1821 gebärdete sich »Old Hickory« noch als Löwe; im Oktober gab er das Gouverneursamt jedoch – »enttäuscht«, wie seine Frau meinte – wieder auf. Die spanische Oberschicht übte, ermutigt durch andere amerikanische Amtsträger, immer noch entscheidenden Einfluß aus. Diese Amerikaner waren Agenten von John Quincy Adams und James Monroe und sollten Jacksons Autorität untergraben, um zu verhindern, daß er seine politische Basis ausbaute. Schließlich steckte Jackson seinen spanischen Vorgänger ins Gefängnis und teilte Monroe mit, daß er sich nach Hause, auf seinen Landsitz »The Hermitage« begeben werde. Brackenridge diente ihm als Ghostwriter und verfaßte die Abschiedsrede für den scheidenden Gouverneur.[75]

Nach Jacksons Rückzug hing Brackenridge gleichsam in der Luft, denn er hatte in Florida keinen eigenen Wahlkreis. Jackson gab vor, keine weiteren politischen Ambitionen zu verfolgen: »Glauben die etwa, ich wäre ein so verdammter Narr, mich für das Amt des Präsidenten der USA geeignet zu halten? Nein, Sir, ich weiß, wofür ich mich eigne; ich kann einen Trupp Soldaten mit fester Hand führen; aber als Präsident bin ich nicht geeignet.«[76]

Während Jackson sich als Cincinnatus gebärdete und seinen politischen Rückhalt in Tennessee konsolidierte, agierte Brackenridge in Florida unbekümmert immer noch so, als ob Jackson weiterhin Gouverneur wäre. Er wurde Mitglied der gesetzgebenden Versammlung des Territoriums und wurde am 17. Juli 1822 zum US-Bezirksrichter für Westflorida ernannt, nachdem der von Monroe favorisierte Kandidat das Amt abgelehnt hatte. Es schien, als ob Brackenridge den Gipfel seiner Karriere erreicht hätte. Er entschloß sich sogar zu heiraten: »Nun, da die Blüte meiner Jugend verwelkt ist, ... hoffe ich ... auf den Genuß jener Freuden, die ihren Sitz und ihr Zentrum im Herz haben; ... [andernfalls] wird das Leben selbst mir nur kalt und dumpf und trübselig erscheinen.« Am 22. März 1827 ehelichte der einundvierzigjährige Richter die einunddreißigjährige Caroline Marie, die er seit ihrer Geburt in Pittsburgh kannte.[77]

Nachdem er seiner Braut nach Florida vorausgereist war, verschrieb er sich ein rigoroses Programm zur körperlichen Ertüchtigung und lief zwischen 7 und 8 Kilometer pro Tag. Er nutzte die Zeit auch, um sein Pendant zu Jeffersons *Notes on Virginia* zu schreiben, einen langen Beitrag für die *North American Review*, den man *Notes on Florida* hätte betiteln können. Der Tenor dieses Aufsatzes glich dem des jungen Mannes, der erkannt hatte, welche Voraussetzungen für die Gründung einer großen Stadt auf dem fruchtbaren American Bottom erfüllt sein mußten und daß die Mounds von Cahokia Beweis für die Existenz einer alten Zivilisation waren. Um Tallahassee entdeckte Brackenridge größere Bäume und dunkleren Boden als irgendwo anders in Florida sowie »Anzeichen für eine einstige dichte Besiedlung dieses Landes«.[78]

Brackenridge führte seine archäologischen Forschungen in Florida nicht weiter und hielt auch seine Kontakte zu Jackson trotz des gegenteiligen Rats seines alten louisianischen Freundes Edward Livingston nicht aufrecht. Während der Jahre 1831/32 wurden unter Jacksons Präsidentschaft die Anhänger seines zurückgetretenen Vizepräsidenten John C. Calhoun aus Verwaltung und Justiz entfernt. Und als der Präsident sich sogar jener Richter entledigte, die politisch nicht eindeutig Stellung bezogen, befand sich unter ihnen auch Brackenridge. Dieses harte Vorgehen war für Brackenridge ein Schock. Er hatte geglaubt, sich auf ein Versprechen des Präsidenten verlassen zu können, der ihm während eines privaten Abendessens im Weißen Haus zugesagt hatte, seine Amtszeit zu verlängern. Er reagierte mit einer heftigen politischen Attacke gegen Jackson, und dieser revanchierte sich, indem er Brackenridge als »undankbar und niederträchtig« bezeichnete.[79]

Vier Jahre später gab Jackson das Präsidentenamt ab und unterstützte die Kandidatur seines bisherigen Vizepräsidenten Martin Van Buren. Brackenridge setzte sich für den Gegenbewerber William Henry Harrison ein, der ebenfalls durch seine Schriften über indianische Altertümer von sich reden gemacht hatte. Jacksons Prestige war noch groß genug, um Van Buren zum Einzug ins Weiße Haus zu verhelfen, doch im Jahre 1840 kandidierte Harrison erneut und gewann. In seinem Gefolge wurde Brackenridge Mitglied des Repräsentantenhauses. Aber auch als alternder Mann fehlte es ihm an würdevollem Gleichmut, und der Kongreß verlangte mehr Gelassenheit, als er aufbringen konnte. Brackenridge langweilte sich. In altbekannter Rastlosigkeit kehrte er nach Pittsburgh zurück und nahm seine Tätigkeit als Jurist wieder auf.

Als Junge hatte er in der Nähe von Grant's Hill auf einem indianischen Mound gespielt, der 1800 Jahre zuvor errichtet worden war. Im Laufe der Jahre hatte seine Entdeckerlust immer weitere Gebiete erschlossen; der Bericht, den er schließlich an Jefferson schickte, begann folgendermaßen:

> Oft besichtigte ich den Mound und andere Zeugnisse des indianischen Altertums in der Umgebung von Pittsburgh ... Seit dem Jahr 1810 ... habe ich fast alles in dieser Art besichtigt, was am Ohio und Mississippi bemerkenswert ist.[80]

Pittsburgh hatte seinen Mound jedoch mittlerweile verloren, denn er wurde in den dreißiger Jahren des 19. Jahrhunderts abgetragen, weil man Platz für ein neues Gerichtsgebäude im klassizistischen Stil benötigte.

Mrs. Brackenridge hatte am Allegheny River 29 Kilometer oberhalb von Pittsburgh, 800 Hektar Land erworben, auf denen das Paar sich ein komfortables Haus baute und eine kleine Stadt gründete, die sie »Tarentum« nannten. Brackenridge war zum Weisen geworden, nicht so sehr aus Verständigkeit, sondern aus der Hartnäckigkeit der späten Jahre heraus. Und als Mrs. Brackenridges Besitz nach der Panik von 1837 an Wert gewann, war ihr Mann nicht nur an Erfahrungen, sondern auch im materiellen Sinne reich.

1848 äußerten sich Squier und Davis anerkennend über die bahnbrechende Erforschung der architektonischen Monumente von Cahokia, die Brackenridge vier Jahrzehnte zuvor geleistet hatte. Ihnen gleich tat es der Ägyptologe George Glidden, der in eine »Hütte« in der Nähe von Brackenridges Anwesen, am anderen Ufer des Allegheny, zog, wo die beiden Männer »zu unserer vollen Zufriedenheit über *Archäologie* sprachen«.[81]

Brackenridge wandte sich nun erneut der Archäologie zu und richtete den Blick diesmal auf New Mexico. 1850 fand er in einem Washingtoner Archiv Material, welches Peter Force über die Altertümer im oberen Rio-Grande-Tal gesammelt hatte. Er verfaßte über das Thema einen Aufsatz, der sowohl bei dem großen alten Naturforscher Alexander von Humboldt als auch bei Brantz Mayer Beachtung fand. Mayer war Rechtsanwalt, Altertumsforscher und Ethnologe, und ihm unterbreitete Brackenridge eine äußerst einleuchtende

Theorie: daß nämlich die sagenhafte Stadt Quivira, die Coronado in den Jahren 1540/41 gesucht hatte, Cahokia sei. Ein Indianer, den sie »der Türke« nannten, hatte den Spaniern einen »großen Fluß« beschrieben, auf dem Kanus mit Segeln unterwegs waren. Dies war der Mississippi. Als Coronado in die Umgebung des heutigen Lindsborg in Kansas vorgedrungen war, nur wenig südlich des Mound-Komplexes von Salina, hatte er drei Fünftel der Strecke nach Quivira-Cahokia zurückgelegt.

Wie es bei alten Männern üblich ist, begann sich für Brackenridge der Kreis seines Lebens zu schließen. Er edierte den schriftlichen Nachlaß seines Vaters und veröffentlichte eine Neuauflage von *Modern Chivalry*. Er schrieb Louis Philippe, der nun König von Frankreich war, daß er sich, »so als ob es gestern gewesen wäre«, an den König und seine beiden Brüder erinnern könne, die fünfzig Jahre zuvor im Hause der Brackenridges in Pittsburgh Zuflucht gesucht hatten.[82]

Um 1860 war Brackenridge durch die Gewinne, die er im Zuge der Industrialisierung des Allegheny-Tales erzielt hatte, noch reicher geworden. In East Tarentum (der heutigen Kleinstadt Brackenridge), war der größte Komplex der chemischen Industrie westlich der Appalachen entstanden. Und wie es bei alten Männern häufig der Fall ist, wurde er konservativ. 1864 unterstützte Brackenridge die Präsidentschaftskandidatur von George B. McClellan, der gegen Abraham Lincoln antrat. Dabei legte er, wie man leider feststellen muß, eine unpassende Weitschweifigkeit und viel Bitterkeit an den Tag. Seine Reden waren voller Schmähungen gegen den »Dämon des Abolitionismus«: »Onkel Toms Hütte« sei ein »verleumderischer Roman«. In seiner Jugend hatte er einen Sklaven gerettet, nun aber befürwortete er höchstens eine ganz allmähliche Befreiung der Sklaven, und dies auch nur gegen Entschädigungsleistungen.[83]

Brackenridge hatte immer die Neigung gehabt, gegen die jeweiligen Zeitströmungen anzuschwimmen. So zeigte er sich auch entsetzt über »den gegenseitigen Haß ... [und den] blutigen, zerstörerischen Bürgerkrieg«. Während des Wahlkampfes von 1864 absolvierte er seine letzten, größeren öffentlichen Auftritte; er starb am 18. Januar 1871. Sein Grabstein auf dem Prospect-Friedhof beschreibt Henry Brackenridge als Reisenden, Schriftsteller und Rechtsgelehrten –

und als Ehrenmann. Das war er gewiß, obwohl diese Ehrenhaftigkeit in seinen späteren Lebensjahren nicht mehr von einer lebhaften historischen Vorstellungskraft begleitet war. Er vergaß, was er über Menschen gelernt hatte, deren Äußeres oder deren Lebensstil nicht dem der Angelsachsen entsprach. Er war unfähig, seine Vorurteile gegen farbige Menschen aufzugeben. Er war ein Geistesverwandter von Jefferson und kein Gallatinianer.

9. Kapitel
Jeffersons Archäologen: Zweiter Teil

Die Franzosen wußten von Anfang an, daß Natchez unter gesundheitlichen Gesichtspunkten ein sehr viel günstigerer Ort für die Gründung einer Stadt war als New Orleans, wo immer wieder Malariafälle auftraten. Nur hoch über dem Fluß konnte man mit einer frischen Brise rechnen und darauf hoffen, daß die seuchenübertragenden Stechmücken fernblieben. Natchez lag auf jenem Steilhang, auf dem 1716 Fort Rosalie, der wichtigste Vorposten des Bourbonenreiches im Mississippi-Tal, errichtet worden war.[1] Erst zwei Jahre nach Fertigstellung der Festungsanlage unternahmen die Franzosen erste Versuche zur Erschließung des Sumpflandes auf dem Gebiet des heutigen New Orleans. Fünfzig Jahre lang blieb es jedoch bei einigen Hütten zwischen Zwergpalmen und Weidenhecken, von denen sich in der Abenddämmerung Wassermokassinschlangen herabschlängelten, und in den Straßen war man vor Alligatoren ebensowenig sicher wie vor Räubern.

Der »Hügel« von Natchez ist das erste höher gelegene Land, auf das man stößt, wenn man den Mississippi stromaufwärts fährt, ein Komposthaufen aus braunem Löß, 30 Meter hoch und rund 320 Kilometer lang, einer der fruchtbarsten Flecken auf der gesamten Erde. Diese Bodenerhebung liegt 640 Kilometer von der Mündung eines Flusses entfernt, der aus der Luft wie ein blauer Drache (oder eine große Boa) aussieht, welcher hin und wieder die Ruinen einer indianischen Stadt, eine alte französische Siedlung, ein Maisfeld oder eine Pflanzung verschlingt. Auf der Landkarte macht der Fluß keinen so furchterregenden Eindruck, sondern erinnert eher an ein anatomisches Schaubild – an Gedärme, die all die Substanzen zerkleinern und auflösen, welche der Kontinent zum Leben braucht, und jene zum Meer transportieren, deren er nicht bedarf.

Diese Verdauungsprozesse sind seit Zehntausenden von Jahren in Gang. Flüsse, Regen und Wind haben ihr Werk in der ihnen eigenen

Geschwindigkeit getan. Schlammzonen sind entstanden, die sich über Hunderte von Kilometern hinziehen und infolge immer neuer Ablagerungen immer höher über den Fluß aufragen – außer, wenn dieser über die Ufer tritt und die Region überflutet. Auf diesen fruchtbaren Schlammbänken wachsen gewaltige Buchen und amerikanische Pappeln. Seit mindestens 2000 Jahren wurden dort überdies verschiedene Feldfrüchte angebaut, die etwa ab 1820 durch Indigo, Zucker und Baumwolle ersetzt wurden.

Während dieser zwei Jahrtausende entstanden im Mississippi-Tal in einer Zeitspanne von etwa 1000 Jahren monumentale architektonische Komplexe in Form von Plattform-Mounds, die um Plazas herum angeordnet waren, bis in dem zentral gelegenen Tal um Cahokia etwa um 1350 aus unerklärlichen Gründen alle menschlichen Aktivitäten eingestellt wurden. Als die entwurzelten Menschen nach Süden in andere Regionen abwanderten und dadurch andere Völkerschaften bedrängten, die sich vor dieser Bedrohung zu schützen versuchten, kam es offenbar zu einer frenetischen Bautätigkeit und zu heftigen kriegerischen Auseinandersetzungen. In Natchez währte dieser verzweifelte Energieausbruch bis etwa 1500 oder 1540, und in dieser Phase wurde unter anderem in Emerald (16 Kilometer nördlich von Natchez am Natchez-Pfad) ein Löß-Hügel zu einem großen Plattform-Mound mit einer Grundfläche von etwa 71 mal 235 Metern umgestaltet, auf dem sich zwei kleinere, aber noch recht stattliche Bauten erhoben. Der eine diente wohl als Tempel, der andere als Palast für einen Häuptling.[2]

Ungefähr vierzig Jahre nach Abschluß der Arbeiten am Emerald Mound zogen de Sotos Truppen plündernd und brandschatzend durch die damals dicht bevölkerte Region. Die Spanier rieben sich in Angriffen gegen umfriedete Städte auf und kämpften mit den Vorfahren des Natchez-Stammes, die Heere aus Tausenden von Kriegern und Flotten aus Hunderten von Kriegskanus gegen sie aufboten. Nachdem die spanischen Eindringlinge sich wieder zurückgezogen hatten, begannen die von ihnen eingeschleppten Krankheiten ihr Werk zu tun, so daß die Indianer eine Zeitlang fast keine sichtbaren Aktivitäten mehr entfalteten. Dann erschienen die Franzosen, und nach vielen Kämpfen und zahlreichen Opfern auf beiden Seiten versuchten sie 1719 die letzten überlebenden Natchez zu vernichten. Wie so oft bei der europäischen Expansion auf andere Kontinente wurden die Ureinwohner erst umgebracht, später aber romantisiert.[3]

Die romantische Verklärung des beinahe ausgelöschten Volkes besorgte Chateaubriand in seiner Erzählung *Die Natchez*, während inmitten der Ruinen des alten, indianischen Natchez eine elegante Siedlung mit Veranden und Gärten entstand. Das Städtchen auf dem Lößhügel war schon recht vornehm, als Andrew Jackson dort 1789 Handel zu treiben begann; Großgrundbesitzer ließen sich in Natchez nieder, die ihre Hunderttausende von Hektar umfassenden Plantagen in den Bayou-Gebieten nördlich und südlich der Stadt von Aufsehern verwalten ließen.[4]

Im 19. Jahrhundert wurde Natchez zur Operationsbasis einer erfolgreichen Gruppe von Männern, die zugleich Wissenschaftler, Pflanzer und Unternehmer waren und enge finanzielle und geistige Beziehungen zu Philadelphia unterhielten – New Orleans war erst im Aufstieg begriffen, aber Philadelphia war bereits groß. Die Natchez-Clique, wie man sie nannte, konnte es sich leisten, ihre Verbindungen mit der Metropole im Osten aufrechtzuerhalten, ja, sie war sogar dringend darauf angewiesen. Ihr Kapitalbedarf war gewaltig, und das Bankenzentrum der Vereinigten Staaten war nun einmal Philadelphia. Geld benötigten sie alle, und für einige von ihnen – sie sind das Thema dieses Kapitels – spielte Philadelphia noch aus einem anderen Grund eine wichtige Rolle: Es war die Hauptstadt ihres intellektuellen Lebens, das Zentrum von Forschung und Wissenschaft in den Vereinigten Staaten, wo die Zeugnisse des amerikanischen Altertums geordnet, verglichen und bewertet wurden. Von Natchez aus wurden die Kräfte dirigiert, die auf dem großen Forschungsfeld eingesetzt wurden, das Jefferson von Napoleon erworben hatte.

Die wichtigsten Pioniere bei der Erforschung der westlichen Hälfte des Mississippi-Tals südlich der von Lewis und Clark erkundeten Region waren der Naturwissenschaftler, Astronom, Forschungsreisende, Archäologe, Physiokrat, Arzt und Pflanzer William Dunbar und der Freibeuter und Architekt Barthelemy Lafon.

William Dunbar und die Natchez

Wenn man sich die Vielfalt der Persönlichkeiten vergegenwärtigt, die sich zur Zeit des Louisiana Purchase entlang des Mississippi einfanden und die allesamt wenig Sympathie für Jeffersons Regierung zeigten, dann wundert es nicht, daß sich dieser häufig mit bohrenden Kopfschmerzen zu Bett begab.
Im Westen gaben sich glücklose Politiker wie Aaron Burr ein Stelldichein; Agenten fremder Regierungen wie James Wilkinson, George Rogers Clark, Harry Innes und John Sevier; bestechliche Richter und intrigante Generäle; verbitterte Cincinnati, die Jefferson für einen Jakobiner hielten; Anhänger Spaniens, Frankreichs und Großbritanniens; Flüchtlinge aus Irland und Schottland, die grundsätzlich jede Form von Autorität ablehnten; Piraten und Räuber sowie eine Reihe von Völkern, die schon in dieser Region gelebt hatten, lange bevor irgendeiner dieser Europäer hier erschien.
Daneben fanden sich aber auch Absolventen der besten höheren Bildungseinrichtungen Europas, die damals vornehmlich in Schottland beheimatet waren. Diese Männer teilten auch Jeffersons unerschütterliche Treue zu den Vereinigten Staaten und sein Interesse an wissenschaftlicher Forschung. Als erster unter ihnen wäre William Dunbar zu nennen.[5]
Dunbar stammte aus Elgin, dem Schottland der verfallenen Kathedralen, Bischofsresidenzen und Königspaläste, dem Land von Charles Edward, genannt »Bonnie Prince Charlie«, dem letzten Stuartprätendenten auf den britischen Thron. Dort gab es auch ein Fossilienmuseum, welches von der Elgin Society eingerichtet worden war. Obwohl altersgrau und erinnerungsbeladen, war Elgin nicht immer ein ruhiger Ort gewesen. Als jüngster Sohn von Sir Archibald Dunbar wuchs William mit den Legenden über den »Wolf von Badenoch« und seine »*wyld, wykked Helandmen*« auf, mit Geschichten über die »Blutigen Gottesdienste«, bei denen die Clans der Dunbar und Innes sogar in der Kirche miteinander kämpften. »Bonnie Prince Charlie« selbst hatte elf Tage bei den Dunbars in Thunterton House verbracht, kurz bevor die Katastrophe von Culloden geschah, drei Jahre vor Williams Geburt.[6]
William erbte den Familienbesitz beim Tod seines Vaters und seiner Brüder, beschloß jedoch, sein Leben nicht dort zu verbringen. Er ging

nach Glasgow, um klassische Philologie zu studieren, und dann nach London, wo er die Fächer Mathematik und Astronomie belegte. 1771 hatte er bereits den Atlantik überquert und trieb von Fort Pitt aus Handel mit den Indianern; zwei Jahre später kam er nach Baton Rouge und wurde Untertan der spanischen Krone. Dann hatte er eine Pechsträhne: Aus dem *Dictionary of American Biography* erfahren wir, daß »er einige seiner wertvollsten Sklaven bei einem Aufstand verlor«. Diesen hätte man vermutlich als »Revolutionskrieg« bezeichnet, wenn die Sklaven weiß gewesen wären – und wenn er erfolgreich verlaufen wäre.

1792 hatte sich Dunbar jedoch von diesem Rückschlag erholt und ließ sich in seinem Landhaus The Forest nieder. 1798 empfing er dort den neuen Gouverneur des Mississippi-Territoriums, Winthrop Sargent. Trotz Dunbars Gastfreundschaft und einer Reihe indianischer Altertümer, die denen in Marietta und Cincinnati vergleichbar waren, hielt Sargent wenig von Natchez: So schrieb er dem anspruchsvollen James Wilkinson, daß die »Verderbtheit einiger Menschen hier, die Trunkenheit der Indianer und Neger an Sonntagen« Natchez zu »einem abscheulichen Ort« machten.[7]

Dennoch gelang es Dunbar, Sargent bei seinem Interesse für Altertümer und seiner Spekulationslust zu fassen, indem er ihn an den scheinbar phantastischen Möglichkeiten beteiligte, die ein Weiler namens Clarksville eröffnete. Dieser Ort war nach seinem Freund Daniel Clark benannt worden, der damals der mächtigste Händler in New Orleans und ein Partner Wilkinsons war. Clarksville befand sich ganz am Rande des Territoriums der Vereinigten Staaten, dort, wo der spanische Teil Louisianas begann, auf »einer schönen Ebene, der sieben elegante indianische Hügel zur Zierde gereichten«. Dunbar prophezeite, daß Clarksville »eine große Handelsstadt« werden würde, und Wilkinson teilte seine Auffassung: Schon im vorausgegangenen Herbst hatte er die Gelegenheit gewittert und gut 3 Kilometer entfernt, auf Loftus Heights, einen Palisadenbau errichtet, den er Fort Adams nannte.[8]

Wie hätte Sargent bei solchen Aussichten widerstehen können? Der Mound-Komplex von Clarksville war sorgfältiger angelegt und von größerer architektonischer Kunstfertigkeit als der von Marietta. Und wenn Sargent und Dunbar auf ihrem Weg nach Washington (dem

Sitz der Regierung von Mississippi) nördlich von Natchez an Emerald und Anna vorbeiritten, wurde ihnen die Präsenz indianischer Altertümer stets aufs neue vor Augen geführt. In Natchez selbst erregte natürlich ein anderer Mound-Komplex ihre Aufmerksamkeit, der von Indianern bewohnt und benutzt worden war, bis die Franzosen die Natchez auslöschten, weil sie ihren Siedlungsvorhaben im Wege standen.

Zu der Wissenschaftlergemeinde von Natchez gehörten auch Dr. David Ker, ein Absolvent des Trinity College in Dublin, der in Edinburgh Medizin studiert hatte, sowie eine Gruppe von Wissenschaftlern und Ärzten, die nach schottischem Vorbild in Philadelphia ausgebildet worden waren: Kers Schwiegersohn Rush Nutt, von dem bereits in Zusammenhang mit Golgatha die Rede war, und sein Enkel Dr. Hall Nutt sowie Dr. Stephen Duncan und Dr. Frederick Stanton (letzterer könnte ebenfalls in Trinity und Edinburgh studiert haben). Und man sollte wohl noch James Wilkinson hinzufügen – Dr. James Wilkinson, denn auch er hatte eine medizinische Ausbildung genossen.[9]

Dunbar hatte der spanischen Krone als Generallandmesser für den Bezirk von Natchez gedient, wobei er entlang der südwestlichen Grenze der Vereinigten Staaten tätig war. Ihm »gegenüber« war zur gleichen Zeit Andrew Ellicott im Auftrag der amerikanischen Regierung damit beschäftigt, die Grenzen Westfloridas genau festzulegen. Ellicott zeigte sich von Dunbars astronomischen Forschungen tief beeindruckt. Dunbar baute ein technisch hochentwickeltes astronomisches Laboratorium und unternahm die ersten meteorologischen Beobachtungen im Mississippi-Tal seit den großen Tagen der indianischen Sternkunde. Dunbar könnte entweder von Ellicott oder von Daniel Clark mit Jefferson bekannt gemacht worden sein; jedenfalls bestand zwischen den vieren ein reger Briefwechsel über wissenschaftliche und politische Fragen. Es war auch auf Jeffersons Empfehlung hin, daß Dunbar in die American Philosophical Society aufgenommen wurde.

Ihren bedeutendsten Beitrag zum Verständnis der alten indianischen Architektur leisteten Nutt und Dunbar in den Jahren 1804/05, während der Anfangszeit von Burrs »Verschwörung«. Sie begleiteten Sargent bei der Erforschung dieses alten, geschichtsträchtigen Landes, das, wie Nutt es ausdrückte, sich allem Anschein nach einst »in einem höheren Kulturzustand befand als zu der Zeit, als wir es entdeckten, ... und die Kunst der Architektur kannte«.[10]

Die Ouachita-Expedition

Im Winter 1804/05, als William Clark sich in Cahokia aufhielt, führte William Dunbar eine von Jefferson veranlaßte Expedition den Ouachita River hinauf. Sie hatte den gleichen Auftrag wie das Unternehmen von Lewis und Clark, nur, daß es sich diesmal kaum um eine Provokation Spaniens handeln konnte, weil der Ouachita ausschließlich durch Territorium floß, das nach Auffassung der Madrider Bürokratie von den Vereinigten Staaten erworben worden war.Der Ouachita (der manchmal auch »Washita« buchstabiert wird, wenn er im Zusammenhang mit dem gleichnamigen Naturpark erwähnt wird) entspringt in den Ouachita Mountains oberhalb von Hot Springs in Arkansas. Nachdem der Fluß das Gebirge verlassen hat, zieht er parallel zum Mississippi träge nach Süden, wobei er etwa 25 bis 30 Kilometer westlich an Natchez vorbeifließt. Er zeigt sich nicht sehr zielstrebig, macht allerlei Windungen, vereinigt sich mit den ebenso gemächlichen Flüssen Tensas, Red und Catahoula zum Black River (obwohl das Adjektiv »brown« angemessener wäre) und versorgt den Mississippi unterhalb von Angola in Louisiana mit großen Mengen Wasser und Schlamm.

Dunbars Stellvertreter während der Washita-Expedition war Dr. George Hunter, auch er ein Schotte, der jedoch anders als Dunbar der Handwerkerschicht Edinburghs entstammte. Hunter war bei Apothekern in die Lehre gegangen und hatte sich auf diesem Gebiet zu einem herausragenden Experten entwickelt. Er kam 1774 nach Amerika, diente in der Revolutionsarmee als Apotheker, arbeitete sich bis zum Alter von neunundvierzig Jahren durch eine Reihe chemischer Fabriken nach oben und erhielt von Jefferson das Lob, daß ihm »wahrscheinlich in dem praktischen Zweig dieser Wissenschaft ... in den Vereinigten Staaten niemand gleichkommt«. Obschon praktisch veranlagt, war er nach Dunbars Maßstäben kein Gentleman, und vermutlich, weil er ebenfalls Schotte war, legte Dunbar bei ihm besonders strenge Maßstäbe an. In einem Brief an Jefferson bemerkte

Dunbar trocken, daß Hunter »ein sehr hitziges Temperament« an den Tag lege und seine »praktischen« Kenntnisse der Chemie dazu verwende, »Geld zu machen«. Natürlich taten das alle anderen auch, nur schien Hunter hier sehr offen und wenig gentlemanlike vorzugehen.[11]
Die ersten Monumente, an denen Dunbar und Hunter vorbeizogen, gehörten zu einem Mound-Komplex 32 Kilometer westlich von Natchez, an der Stelle der heutigen Stadt Jonesville in Louisiana. Einst hieß die Siedlung Troyville, und ihre altindianische Architektur erregte selbst das Interesse von Menschen, die schon weit herumgekommen waren, wie beispielsweise Mark Twain. Heute existieren die Mounds nicht mehr, denn in den fünfziger Jahren unseres Jahrhunderts wurden auf Veranlassung des Louisiana Highway Departments alle Reste der indianischen Altertümer abgetragen, um einen Damm für eine Schnellstraße aufzuschütten. Die kleine Stadt hat dadurch ihren besonderen Charakter und jegliche Attraktivität für Touristen verloren.[12]
Das kleine Dorf, das im Schatten dieser Monumente entstanden war, war Dunbar und Hunter als Handelsposten von »Monsieur Cadet [bekannt], der sein Haus an einem indianischen Hügel« errichtet hatte und eine Fähre betrieb, im Schatten eines »gewaltigen Turmes, der auf der Rückseite liegt ... [Er] verjüngt sich nach oben hin und wird von einem großen Kegel gekrönt, dessen Spitze abgeschnitten ist. Dieser Erdturm, so wurde bei einer Vermessung festgestellt, wies eine Höhe von 80 Fuß [24 Meter] auf ... [und die Plattform] auf seiner Spitze maß 100 auf 300 Fuß [30 mal 90 Meter].«[13] Der 24 Meter hohe Turm aus Erde[14] war der höchste Mound in den Vereinigten Staaten, wenn man vom Monks Mound in Cahokia absieht (gleich darauf folgt Sauls Mound in Pinson, Tennessee, mit knapp 22 Metern).
Dunbar und Hunter zogen von Cadets Hügel weiter nach Nordwesten, wobei sie sich durch ein Labyrinth von Bayous und dunklem Schwemmland schlugen, das von den vielen Mäandern des Mississippi und seiner Zuflüsse geformt worden war – heute ist das Gebiet als Teil eines Nationalparks, des Upper Washita National Wildlife Refuge, geschützt. Die beiden Forscher drangen nun zu den verborgensten Geheimnissen der prähistorischen Architektur Amerikas vor. Sie zogen in einer Entfernung von wenigen hundert Metern an

jener bescheidenen Bodenerhebung vorbei, auf der die 5000 Jahre alten Erdwerke von Watson Brake stehen, passierten den Bayou, der von Frenchman's Bend in den Ouachita River fließt, und kamen nahe an die großen Erdringe von Poverty Point heran. All diese Monumente entgingen jedoch ihrer Aufmerksamkeit, weil sie nicht direkt am Flußufer lagen und stark erodiert und von Buschwerk überwuchert waren. Erst Mitte des 20. Jahrhunderts wurden sie für Zuckerrohrschneider und Baumwollfarmer leicht zugänglich. Die Ouachita-Expedition zog weiter stromaufwärts, bis sie zu den Ausläufern der Ouachita Mountains gelangte, und kehrte dann, ohne daß sich irgendwelche besonderen Vorkommnisse ereigneten, nach Natchez zurück.

Die Red-River-Expedition

Die Geschichte der zweiten Dunbar-Expedition nimmt sich weit bewegter aus. Nachdem Hunter sich wieder seinen geschäftlichen Unternehmungen in Philadelphia zugewandt hatte, hielt Dunbar nach einem anderen Expeditionsleiter Ausschau, der die Erkundung des spanischen Grenzlandes zum Abschluß bringen konnte. Dunbar und Jefferson wußten beide aufgrund der Landkarten, die ihnen Alexander von Humboldt zur Verfügung gestellt hatte, daß der Red River nach Westen in ein Gebiet führte, daß sowohl von den Spaniern als auch von den streitbaren Resten der indianischen Caddo-Konföderation beansprucht wurde. Nach seiner Rückkehr vom Ouachita war Dunbar monatelang damit beschäftigt, Expeditionsteilnehmer anzuwerben, die archäologische, naturgeschichtliche und andere nützliche Forschungen am Red River durchführen konnten, und im April 1806 war ein Expeditionstrupp zusammengestellt. Zu diesem Zeitpunkt stand es mit Dunbars Gesundheit nicht mehr zum besten, und zur gleichen Zeit hielt sich auch Burr in Natchez auf, der seine eigenen Vorstellungen über die Zukunft des Ouachita und des gesamten Grenzlandes hatte.
Dunbar wurde sich mit wachsender Besorgnis bewußt, daß er die Führung der Red-River-Expedition anderen anvertrauen mußte. So zog er zunächst den alten Mound-Sucher William Bartram in Betracht, der in seinem Werk *Travels* aus dem Jahre 1791 die Intellek-

tuellen in Philadelphia und Natchez über die Plattform-Mounds am Ohio und im amerikanischen Süden informiert hatte. Bartram war jedoch bereits Ende sechzig und verließ nur noch selten seine botanische Studierstube.

Der nächste, an den sich Dunbar wandte, war Benjamin Smith Barton, der sich als Fachmann für die Altertümer im Ohio-Tal und als Naturforscher einen Namen gemacht hatte. Seine *New Views of the Origins of the Tribes and Nations of America* waren 1797 veröffentlicht worden. Barton lehnte ab, empfahl aber den fünfundzwanzigjährigen Peter Custis, ebenfalls ein Wissenschaftler aus Virginia und »ein guter Botaniker«, wie Jefferson Dunbar versicherte.[15] Obwohl Custis sich bei der Expedition als sehr kompetent herausstellte, vergaben Jefferson und Dunbar eine einmalige Chance, als sie die Bewerbung von Constantine Samuel Rafinesque-Schmalz ablehnten, der ein noch interessanterer Mound-Sucher war. Rafinesque war noch keine einundzwanzig Jahre alt, hatte sich aber mit seinen Forschungen zur Ornithologie und zu den indianischen Altertümern in Kentucky bereits einen Namen gemacht. Er war in Konstantinopel als Sohn eines französisch-deutschen Elternpaares geboren und in Italien ausgebildet worden. Er beschrieb sich selbst als

> Botaniker, Naturforscher, Geologe, Historiker, Dichter, Philosoph, Philologe, Ökonom, Philanthrop, ... Reisender, Händler, Fabrikant, Sammler, Verbesserer, Professor ..., Vermesser, Zeichner, Architekt, Ingenieur, Handleser, Schriftsteller, Verleger, Buchhändler, Bibliothekar, Sekretär, ... und ich weiß gar nicht, was ich noch alles werden könnte.[16]

All das traf zu, und besonders als Philologe war Rafinesque exzellent. Seine Theorien über die Übersetzung der Maya-Glyphen stellten eine außerordentliche intellektuelle Leistung dar und nahmen das vorweg, was erst in den achtziger Jahren unseres Jahrhunderts unter Zuhilfenahme der Computertechnologie erreicht werden konnte. Doch obwohl er bereits die Altertümer Kentuckys kartographisch erfaßt hatte, erschien Rafinesque Dunbar als allzu exotische Persönlichkeit, so daß er sein Angebot ablehnte.[17]

Mit der Entscheidung für Thomas Freeman als zweitem Expeditionsführer gaben sich Dunbar und Hunter einmal mehr in die Hand James Wilkinsons, der seine eigenen Pläne für diese Erkundungstour verfolgte. Freeman war ein seit kurzem geheilter Alkoholiker,[18] gebürtiger Ire und von Beruf Vermesser. Er tauchte schon 1797 oder 1798 in der Entourage Wilkinsons auf, als seine Vermessungsarbeiten in der Umgebung von Natchez, die er gemeinsam mit Andrew Ellicott ausführte, in einem heftigen Eklat endeten.[19]

Wilkinson warb Freeman als abhängigen Bediensteten an, wodurch er für ihn und auch für Jefferson besonders nützlich war. Dies erklärt möglicherweise auch, warum »eine sorgfältige Durchsicht der Korrespondenz zwischen Jefferson und verschiedenen einflußreichen Personen ... in der Phase vor der Auswahl Freemans keinerlei Hinweise darauf enthält, warum Jefferson im Sommer 1805 Freeman in Betracht zog«.[20]

In jenem Sommer zettelte Aaron Burr seine »Verschwörung« an. Sie wurde Ende des Jahres 1806 aufgedeckt und bildet lediglich einen Nebenschauplatz in unserer Darstellung der Forschungsaktivitäten jener Zeit. Wilkinson, Burr und Jefferson waren jedoch gleichzeitig in zwei weitere Unternehmungen auf demselben Schauplatz verstrickt. Es handelte sich um eine Reihe provokativer Aktionen an den Grenzen zum spanischen Imperium, die zugleich wissenschaftliche Expeditionen in das westliche Randgebiet des Louisiana Purchase darstellten – ein Gebiet, das gleichermaßen von Wilkinsons spanischen und amerikanischen Auftraggebern beansprucht wurde. Als Agent Spaniens manipulierte Wilkinson beide Regierungen und versuchte die dadurch entstehenden Mißverständnisse zu seinem persönlichen Vorteil zu nutzen. Doch stand hinter all seinen Intrigen offenbar keine bestimmte Strategie, außer der generellen Erwartung, daß sich im Aufruhr irgendwelche Chancen für ihn ergeben könnten. Und dabei war ihm Freeman ebenso von Nutzen wie bei den Forschungsvorhaben.

Auf der anderen Seite der umstrittenen Territoriumsgrenze informierte der spanische Grenzkommissar den spanischen Gouverneur von Texas, daß er – vermutlich durch Wilkinson – von Jeffersons Plänen zur Erforschung des Red River, des Arkansas und des Saint Francis River erfahren habe, und er äußerte die Auffassung, daß es wichtig sei, »diese Expeditionen umzulenken und sogar zu zerschlagen«.[21]

Hätte Wilkinson Jeffersons Stellungnahme gegenüber Gouverneur

Claiborne von Louisiana gelesen, in der der Präsident bekräftigte, daß »jeder Gewaltakt ..., der unserer Seite durch Untertanen Spaniens zugefügt wird, ... ernsthafte Konsequenzen haben wird«, dann hätte er allen Grund zur Freude gehabt. Und mit Sicherheit war Jefferson auf solche Auseinandersetzungen gefaßt; so hatte er Freeman instruiert, nur dann umzukehren, wenn »eine überlegene Macht ... sich Ihrem weiteren Voranschreiten entgegenstellt«.

Während sich diese Wolken zusammenbrauten, stellte William Dunbar, von bösen Ahnungen über die Motive Wilkinsons und damit auch Jeffersons erfüllt, den Expeditionstrupp zusammen, der von Freeman und Custis in das umstrittene Gebiet geführt werden sollte. Aufgrund seiner wissenschaftlichen Neigungen und der Loyalität gegenüber seiner Wahlheimat – oder vielmehr gegenüber dem Land, das ihn durch eine Erweiterung seines Staatsgebiets zu seinem Bürger gemacht hatte – hatte sich Dunbar in Jeffersons Netz verstrickt. Der Präsident hatte ihm 1803 versichert, daß »nur das Scheitern aller friedlichen Abhilfeversuche, nur die äußerste Notwendigkeit uns dazu bringen sollten, vom Pfad des Friedens abzuweichen ... und zu allen möglichen Mitteln zu greifen, um unser Recht wiederzuerlangen«, frei in dem Gebiet jenseits von New Orleans zu verkehren. Sicherlich wäre ein Krieg mit Spanien oder Frankreich schmerzlich, denn »der Mississippi würde ... von einer überlegenen Seemacht abgesperrt und der Handel aller unserer westlichen Staaten würde schwer beeinträchtigt werden, wenn sie sich nicht der Blockademacht unterwarfen.«[22]

Aber nun, zwei Jahre später, verwickelte derselbe Präsident Dunbar in eine Reihe von wissenschaftlichen Expeditionen, die nach Jeffersons und Wilkinsons Plänen gleichzeitig Zusammenstöße mit Spanien herbeiführen sollten. Einige von Dunbars Kollegen in Natchez warnten ihn vor dieser Gefahr und vor Wilkinson, und ihre Befürchtungen wurden von Ellicott und seinem Partner Daniel Clark bestätigt.[23] Dunbars Besorgnis verwandelte sich in Bestürzung, als Freeman und Custis im April 1806 aus Wilkinsons kleiner »Hauptstadt« Wilkinsonbourg im Mississippi-Territorium (einer Ansammlung von Saloons und Marketenderständen rund um Fort Adams) aufbrachen.

Zu dem Forschungstrupp gehörten Dr. Custis, Freeman, zwei Offiziere, zwei Unteroffiziere, siebzehn einfache Soldaten und ein schwarzer Sklave. Währenddessen hatten Captain Edward Turner und 150 Kavalleristen aus Fort Claiborne die alte spanische Hauptstadt von Texas, Las Adaes, angegriffen und José Maria Gonzales und seine achtzehn Männer zum Rückzug über den Sabine River gezwungen. Kriegsminister Henry Dearborn hatte seinen Kommandeuren im Westen durch die Zusendung von *The Articles of War* einen Anreiz geliefert, die Spanier durch Provokationen herauszufordern. Auf der gegnerischen Seite verlangte Gouverneur Antonio Corderoy Bustamente von seiner Regierung mehr Truppen und beschloß, »jeden anglo-amerikanischen Trupp anzugreifen und zu vernichten«. Aaron Burr schrieb seinem Schwiegersohn, daß »alle denkenden Männer einen Krieg mit Spanien für unausweichlich halten«, und auch Freeman und Custis bereiteten sich auf einen solchen Fall vor.[24]
Ihr Forschungstrupp war größer als die Garnison von José Gonzales in Las Adaes. Wenn man von einem entschiedenen spanischen Gegenschlag absah, würde er mit allem zurechtkommen. Zudem waren die Teilnehmer bewandert in Ornithologie, Naturgeschichte, Anthropologie und in gewissem Umfang auch in Archäologie.
Die schriftlichen Anweisungen, die Freeman und Custis von Jefferson erhielten, waren im wesentlichen dieselben wie die für Lewis und Clark. Sie sollten Flora und Fauna erkunden und beschreiben, sollten »die Namen und die Anzahl der Völker in Erfahrung bringen, durch deren Gebiet Ihre Route [führt], ... den Umfang und die Grenzen ihrer Territorien, ihre Beziehungen zu anderen Stämmen und Völkern, ihre Sprache, ihre Traditionen, ihre Monumente ...« erforschen.[25]

Schüsse im Garten Eden

Folgt man dem Lauf des Red River im umgekehrter Richtung, stromaufwärts, gelangt man aus Louisiana zunächst nach Arkansas, bevor das Flußbett eine scharfe Biegung nach Westen macht und die Grenze zwischen den Staaten Oklahoma und Texas markiert. Entlang des *Great Bend* (»Große Biegung«) stießen Hunter und Freeman in das Herzland der Caddo vor, eine Region,

deren Lebensquell jener Fluß ist, den die Indianer *the Mother Red* (»die rote Mutter«) nennen.
Die Caddo waren ein Bündnis von Stämmen, die sich noch nach der Ankunft der Europäer als Moundbuilder betätigten und als Volk auch dann noch überlebten, als die Natchez von den Franzosen vernichtet worden waren. Ihre Sprache gehörte zu einer ebenfalls Caddo genannten Sprachfamilie, die in den Prärien verbreitet war. Sie unterhielten rege Kontakte zu den Spiro-Moundbuildern, die sich zu Händlern entwickelt hatten und den Warenverkehr zwischen den büffeljagenden Stämmen in den Plains und den in Städten lebenden, Mais anbauenden Gruppen um Cahokia sicherten. Die Spiro-Kultur hinterließ einen erstaunlichen Schatz an Skulpturen, Textilien und Schmuckstücken, die in den Grabhügeln des geographischen Zentrums ihrer Kultur, in Spiro, Oklahoma, gefunden wurden. Sie sprachen vermutlich eine Tunica-Sprache.[26] Sowohl die Caddo als auch die Spiro schufen großartige Plattform-Pyramiden aus Erde, die um Plazas herum errichtet worden waren, welche zeremoniellen Zwecken dienten. 1542 konnten die Caddo de Soto durch ihren erbitterten Widerstand an der Nordgrenze ihres Machtbereichs zum Mississippi zurückdrängen; nach de Sotos Tod schlugen sich die Überlebenden seiner Truppe am Rande des Caddo-Gebiets nach Süden zur Küste von Texas durch.
In der Nähe jener Orte, an denen diese Machtprobe stattgefunden hatte, wurden Hunter und Freeman zwei Jahrhunderte später, im Jahre 1806, ebenfalls zur Umkehr gezwungen. Sie hatten den heiligen Medicine Mount der Caddo passiert, einen gut 3 Kilometer langen und 60 Meter hohen Kalkhang mit so steil abfallenden Seiten, daß man ihn, wäre er in New Mexico entdeckt worden, als »Spitzkuppe« bezeichnet hätte. Einige Kilometer weiter südlich steht noch heute einer der größten erhaltenen Caddo-Mounds, der 180 Meter lang, 48 Meter breit und 10 Meter hoch ist. Dieser Ort wird von heutigen Archäologen »Battle Place« genannt. Mit seinen zwei Plattform-Mounds war er vermutlich das wichtigste Zeremonialzentrum jenes Reichs, das die Spanier »Naguatex« nannten, als sie 1542 auf seine Ruinen stießen. Heute heißt der Medicine Mount recht prosaisch Boyds Hill und liegt knapp 10 Kilometer nordwestlich von Lewisville in Lafayette County in Arkansas.

Ein Stück weiter auf ihrer Route trafen Hunter und Freeman auf drei indianische Boten. Sie waren von einem Häuptling ausgesandt worden, der sehr wohl ein Nachfahre des Kaziken von Naguatex gewesen sein könnte, welcher sich einst de Sotos Nachfolger Moscoso entgegengestellt hatte. Die Caddo informierten den anglo-amerikanischen Trupp, daß eine spanische Streitmacht von tausend Mann durch ihr Dorf gezogen sei, um sie abzufangen. Zwei Tage später hörten die Amerikaner flußaufwärts Gewehrschüsse, die sie entweder als Warnschüsse oder als spanische Jagdgesellschaft deuteten. Die Zahl der Wachen und Patrouillen nahm zu, und als sie um eine Flußbiegung steuerten, sahen sie hoch oben auf einem Felsen, der heute »Spanish Bluff« genannt wird, das Lager der Spanier.
Am 29. Juli 1806 ereignete sich laut Freeman folgendes:

> Der Trupp fuhr weiter flußaufwärts, bis es Abendessenszeit war, und dann steuerten die Boote an Land und die Männer wurden angewiesen, Feuer zu machen und so schnell wie möglich ihr Abendessen zu bereiten. Die spanische Wache, die sich eine halbe Meile flußaufwärts befand, war von hier genau zu erkennen. Ein Reitertrupp galoppierte durch das Pappelgehölz zur nächsten Flußbiegung und kehrte dann in der gleichen Geschwindigkeit zur Wache zurück. Sie ritten in kurzen Abständen zwischen Wache und Lager hin und her.
> Etwa eine halbe Stunde, nachdem der Trupp an Land gegangen war, verließ eine große Reiterabteilung mit vier Offizieren an der Spitze das spanische Lager und ritt am Ufer entlang in unsere Richtung. Sobald sie das Wasser erreicht hatten und sich anschickten, auf die Seite des Flusses herüberzureiten, auf der sich die Amerikaner aufhielten, erhielten unsere Männer den Befehl, das Ufer hinaufzuklettern, sich zwischen dem Rohrdickicht und den Büschen zu verstecken und gegebenenfalls zur gleichen Zeit das Feuer zu eröffnen wie die Wachen am Ufer und das Feuer in möglichst wirksamer Weise aufrechtzuerhalten.
> Nachdem die Männer so vor Blicken verborgen waren, Auflagemöglichkeiten für ihre Gewehre hatten und sich in einer Position befanden, in der sie zu Pferde nicht angreifbar waren, hätten sie ohne eigenes Risiko dem Feind einen gebührenden Empfang bereiten können. Ein Unteroffizier und sechs Gemeine wurden so weit das Ufer hinaufgeschickt, daß sie den Spaniern im Rücken lagen, wenn ihr Angriff beginnen sollte. Die spanische Kolonne preschte in voller Geschwindigkeit durch den Fluß auf den Trupp zu. Die Wachen waren etwa 100 Yards [rund 90 Meter] vor den Barkassen in Stellung gegangen und forderten sie entsprechend ihren Befehlen durch Rufe auf, anzuhalten. Die Kolonne ritt jedoch weiter, mit der offensichtlichen Absicht anzugreifen. Die Wachen forder-

ten sie ein zweites Mal zum Halt auf, spannten ihre Gewehre und schickten sich an zu feuern, als die spanische Schwadron anhielt und am Ufer etwa 150 Yards von den Wachen entfernt Aufstellung nahm. Die Offiziere ritten langsam weiter und trafen etwa 50 Yards vor den Wachen mit Hauptmann Sparks zusammen, dem ich mich bald hinzugesellte, woraufhin Unterhandlungen von etwa einer Dreiviertelstunde folgten ...
Während dieser Verhandlungen erklärte der spanische befehlshabende Offizier, er habe die Order, dafür zu sorgen, daß keine bewaffneten Truppen durch das Territorium der spanischen Regierung marschierten; daß er den Forschungstrupp mit Gewalt aufhalten und das Feuer auf sie eröffnen sollte, wenn sie weiter den Fluß stromaufwärts führen, bevor die Grenzen des Territoriums festgelegt wären ...

Die Überlegenheit der spanischen Streitmacht und die Schwierigkeiten, auf die der Trupp aufgrund des seichten Wassers bei der Fahrt flußaufwärts gestoßen war, machten ein weiteres Vordringen unmöglich. Ich antwortete, daß ich an diesem Tag in meiner gegenwärtigen Position bleiben und am folgenden Tag umkehren würde.

Als der Hauptmann der spanischen Truppen zu seinem Dolmetscher etwas über die Entsendung einer Abteilung Fußtruppen sagte, die unterhalb der Amerikaner Stellung beziehen sollten, kam mir die Befürchtung, daß sie meinen Trupp mit Wachen umstellen und uns möglicherweise umzingeln wollten. Daher wies ich Leutnant Duforest an, ihm zu sagen, daß keiner der Amerikaner den Fluß vor dem folgenden Tag überqueren würde und daß wir, falls eine spanische Wache in unserer Nähe postiert würde, sie unter Feuer nehmen würden. Daß diese Absicht bestünde, wurde höflich verneint; er wolle nur die Erlaubnis, daß ein Offizier und ein Trupp an den Wachen vorbeigingen und die flußabwärts postierte spanische Abteilung zurückholten, damit es nicht zu Zwischenfällen käme, weil sie sich über das Ergebnis dieser Verhandlung in Unkenntnis befänden.

Dieser Bitte wurde entsprochen; die Abteilung zog an den Wachen vorbei und kehrte bald mit den Truppen zurück, die weiter flußabwärts postiert worden waren.

Zum Glück wurde unserem Trupp erst die Weiterfahrt verwehrt, als wir fast so weit vorgedrungen waren, wie der Zustand des Flusses es erlaubte; wir befanden uns zu diesem Zeitpunkt knapp 200 Meilen vom Stamm der Panis entfernt. Nur dort hätten wir uns die notwendigen Packpferde beschaffen können, um unseren Weg fortzusetzen, und wir hatten nicht genügend für die Indianer interessante Waren dabei, um welche zu kaufen. Die Erforschbarkeit des Flusses war jedoch bewiesen, und es waren genügend Informationen gesammelt worden, was dem Trupp in Zukunft erlauben würde, diese Erkundung unter besseren Bedingungen durchzuführen, als es zu diesem Zeitpunkt möglich war, und ohne irgendwelchen Widerstand von seiten der Spanier.[27]

Diesmal schauten die letzten Angehörigen der Caddo-Konföderation nur zu, als de Sotos spanische Nachfolger die amerikanische Vorhut zur Umkehr zwangen.

Nach dem Zusammenstoß

1811 schrieb die *Louisiana Gazette*, daß Freeman, »obwohl ein Fremder«, weiterhin »ein Günstling der Regierung« sei, und vermutete daher, daß »Mr. Freeman umfassend über Kabinettsgeheimnisse im Zusammenhang mit der Expedition informiert gewesen sei ... [Das Wissen] über jene geheimen Expeditionen, geheimen Befehle und geheime Pläne steigert in wunderbarer Weise Talente, Respektabilität und Wert«. Freemans Bericht über den Zusammenstoß mit den Spaniern wurde, mit an Sicherheit grenzender Wahrscheinlichkeit auf Wilkinsons Geheiß, von dessen Untergebenen Oberst Cushing abgefangen und der Öffentlichkeit jede Information darüber vorenthalten. Dunbar zeigte sich erzürnt über diesen weiteren Beweis dafür, daß man ihn über den provokativen Zweck der Expedition getäuscht hatte, und legte bei Dearborn Protest ein.[28] Aber auch nach der Unterschlagung der Episode mit den Spaniern enthielt der Expeditionsbericht noch verfängliche Informationen. Laut Dan Flores, dem einzigen Historiker, der herausfand, auf welche Weise Wilkinson und Jefferson sich aus ihrer Verlegenheit befreiten, wurden als nächstes genau diese belastenden Passagen aus dem Text entfernt: Jefferson übergab die Expeditionsberichte Nicholas King, einem seiner wissenschaftlichen Berater, wobei

> ... er King offenbar instruierte, mehrere Bemerkungen aus den Berichten zu streichen, aus denen hervorging, daß die Expedition versuchte, die Indianer auf ihre Seite zu ziehen, und sich auf eine militärische Kraftprobe mit den Spaniern vorbereitete. Während King mit dieser Aufgabe beschäftigt war, hatte Jefferson Gelegenheit, seine jährliche Botschaft an den Kongreß zu richten. Er sprach über die beiden von ihm veranlaßten Louisiana-[Purchase-]Expeditionen, wobei er sich weitschweifig über die Leistungen von Lewis und Clark erging, während er die von Freeman und Custis lediglich mit der kurzen Bemerkung bedachte, daß sie den Red River »fast bis zu den französischen Niederlassungen ... mit Eifer und Umsicht« erkundet hätten, daß aber ihr Unternehmen »nicht so erfolgreich war wie das von Lewis und Clark«.[29]

Aus Wilkinsons Sicht war ihr Unternehmen überhaupt kein Erfolg gewesen. Es war nicht zu jenem militärischen Zusammenstoß gekommen, aus dem er als Held hätte hervorgehen können, oder, so die andere Möglichkeit, mehr Bestechungsgelder hätte einstreichen können, weil er sich nicht als Held gebärdet hatte. Ein unblutiges Zusammentreffen zwischen einer Expedition (die, obwohl von anderen geleitet, unter seiner Verantwortung durchgeführt wurde) und seinen spanischen Geldgebern diente seinen Zielen nicht. Daher erhöhte er seinen Einsatz und lieferte den Spaniern detaillierte Informationen darüber, wie sie die amerikanische Streitmacht unter seinem eigenen Kommando stellen und vernichten könnten, wenn sie nur wollten.

Und der anderen Seite teilte er laut und vernehmlich mit: »Die Spanier kommen!«

Wilkinson schickte Noten an Jefferson und Claiborne, in denen er sie vor einer nicht existenten Bedrohung für Natchitoches (im amerikanischen Louisiana) warnte – während er gleichzeitig seine eigenen Truppen zur Eroberung von Las Adaes, der spanischen Hauptstadt von Texas, und zur Auskundschaftung von Nacogdoches (im spanischen Texas) entsandte. Zudem konnte Wilkinson davon ausgehen, daß in Kürze am Rio Grande die Expedition von Zebulon Pike von den Spaniern aufgespürt werden würde. Die Aggression ging also in Wahrheit von der amerikanischen Seite aus. Nichtsdestoweniger wurde die Inszenierung fortgesetzt, und wie auf Kommando machte sich die anglo-amerikanische und französisch-kreolische Empörung gegen die »Dons« Luft. Gouverneur Claiborne sammelte die Miliz, und Wilkinson, der nun einmal mehr als Held auftreten konnte, setzte sich bei Natchitoches an die Spitze einer Streitmacht von 1500 Mann. Die lange erwartete Auseinandersetzung schien unmittelbar bevorzustehen.

Doch die Geschichte kam Wilkinsons Ambitionen nicht entgegen. Die »blutdürstigen« Spanier hatten offenbar ihren Schneid verloren, seit de Soto seinen indianischen Gefangenen die Hände hatte abhacken lassen, um sie gefügig zu machen. Entsprechend der Order des Gouverneurs von Texas, eine Niederlage durch eine überlegene Streitmacht zu vermeiden, zogen sich die spanischen Truppen am Sabine River (nur rund 160 Kilometer von dem Ort entfernt, an dem

Freeman und Custis zwei Monate zuvor der spanischen Übermacht hatten weichen müssen) an das südliche Ufer des Flusses zurück. Es würde keinen Krieg geben, außer wenn Jefferson ihn befahl.

Dieser dachte jedoch nicht daran, sondern wies Wilkinson statt dessen an, seine Provokationen einzustellen – eine Kursänderung, die durch politische Ereignisse in Paris und London bedingt war: Auf den Rat Talleyrands hin hatte Napoleon plötzlich erklärt, daß Frankreich an der Seite Spaniens in den Krieg ziehen würde, wenn die Amerikaner an der Grenze zwischen Louisiana und Texas eine Auseinandersetzung provozieren würden. Zur gleichen Zeit starb der britische Premierminister Charles James Fox, der in vieler Hinsicht ähnliche politische Auffassungen wie Jefferson vertreten hatte. Mit seinem Tod wurde die Hoffnung auf ein amerikanisch-britisches Bündnis gegen Spanien zunichte gemacht.

Wilkinson hatte zu dieser Zeit bereits aus anderen Gründen seine Friedensliebe entdeckt. Die Spanier hatten in einer plötzlichen energischen Anwandlung 1000 Mann gesammelt und an der Grenze postiert. Unter diesen Umständen hätte Wilkinson keinen leichten Sieg erringen, keine Silberminen auf die Schnelle erobern können. So handelte er nun unter Aufbietung all seiner Redekunst mit den ihm gegenüberstehenden spanischen Streitkräften das »Neutral Ground Agreement« aus.

Damit endeten Jeffersons Forschungsexpeditionen zu den unteren Nebenflüssen des Mississippi, begleitet von einer unrühmlichen Schlußepisode: Auf Bitten von Kriegsminister Dearborn, der im Namen Jeffersons sprach, hatte William Dunbar eine neue Expedition zusammengestellt und ausgerüstet, die einen weiteren Versuch zur Erkundung des Arkansas-Beckens unternehmen sollte, wo mindestens vierzig Mound-Komplexe auf ihre Entdeckung warteten. Sie sollten noch lange unentdeckt bleiben, denn Dunbars geplante Arkansas-Expedition war für Wilkinson oder Jefferson nicht länger von Nutzen und wurde unter mysteriösen Umständen fallengelassen – Dunbar wurde weder von Dearborn noch von Jefferson jemals über die Entscheidung, auf das Vorhaben zu verzichten, informiert.

Vielleicht hatte er zuvor seine Sicht der Ereignisse etwas zu deutlich dargelegt. So schrieb er im Mai 1807, während er pflichtschuldig versuchte, Jeffersons vermeintlichen Wünschen zu entsprechen (wobei er jedoch zunehmend Zweifel an den ausschließlich wissenschaftlichen Interessen der Regierung hegte), in seinem einzigen sicher belegten Brief an Wilkinson, daß er für die Arkansas-Expedition ins spanische Grenzgebiet vollen militärischen Schutz verlange. Amerikanische Soldaten und Wissenschaftler sollten nicht länger unwägbaren Risiken ausgesetzt werden. Das aber entsprach nicht mehr Wilkinsons neuer Strategie: Spanien sei keine Bedrohung mehr, so meinte er; zudem hatte er die Spuren seines Doppelspiels verwischt, indem er lautstark verkündete, daß Burr und nicht Spanien der Feind gewesen sei, und Burr war verhaftet worden. Dunbar schien zu jenen Männern aus dem Westen zu gehören, die die Kontakte des Generals zu Spanien erahnten, denn er konnte nicht widerstehen, seinem Brief eine leicht ironische Note zu geben:

> Ich bin mir vollkommen jener feinen Sensibilitäten bewußt, aufgrund deren die Ehre eines Soldaten sich gezwungen sieht, sich jedem Schatten einer Gefahr entgegenzustellen, doch gibt es Momente, in denen ... das letztliche Wohl unseres Landes nicht aus den Augen verloren werden sollte.[30]

Und danach stellte dieser verratene und erniedrigte alte Mann alle Korrespondenz mit Wilkinson und Jefferson ein.[31]

Custis

Als Freeman im August 1806 zwischen den spanischen Truppen lavierte, wich Peter Custis feindlichen Patrouillen aus, um eine andere Art von Erkundung durchzuführen. Er zeichnete für Jefferson interessante Beobachtungen auf, wozu auch eine Darstellung des Schöpfungsmythos der Caddo gehörte.[32] Für die Archäologie war Custis jedoch nur von marginalem Nutzen, denn obwohl er nebenbei auf natürliche Bodenstrukturen hinwies, bei denen es sich um Mounds hätte handeln können, so war er doch in erster Linie Botaniker, und überdies hatte er es eilig. Wenn er nicht gerade nach spanischen Heckenschützen Ausschau hielt, galt sein Hauptinteresse den Wundern einer botanischen Grenzregion. Das Caddo-Land bestand sowohl aus Flachland mit Laubbaumbestand als auch aus Prärie; es liegt an dem Punkt, an dem die dichtbewaldeten Ozark Highlands zu den Plains abfallen, die ihrerseits hier ihren noch kaum wahrnehmbaren Anstieg beginnen. Mit zunehmender Höhe und abnehmenden Regenfällen erstrecken sich die Staked Plains von Texas und New Mexico zu den schroffen Abhängen der südlichen Rocky Mountains, jenes Gebiet, in das Pike auf dem Weg nach Santa Fé vordrang.

Wo der Red River und der Sabine River durch die Prärie fließen, ist das Klima mild, der Boden fett und schwarz, und der Regen fällt reichlich. Custis hatte den Garten Eden aus Jeffersons Träumen gefunden, der »an Schönheit und Annehmlichkeit und Fruchtbarkeit in Amerika, ja sogar der ganzen Welt seinesgleichen sucht«. Die Menschen, die einst hier lebten, hatten einmal mehr gut gewählt. Custis bemerkte, daß ihre Nachfahren (man kann hier wohl zu Recht von Nachfahren sprechen, weil die Historiker zu dem Schluß gelangt sind, daß diese Region nicht jene Wanderungsbewegungen erlebte, die für die indianischen Stämme im Ohio-Tal und im Nordosten typisch waren) die mit hohem Gras bestandene, wasserreiche Prärie erschlossen hatten, indem sie das immer wieder aufschießende Gestrüpp abbrannten. Damit erhielten sie ein angemessenes Gleichgewicht aufrecht zwischen offenem Land, auf das Büffel- und Wildherden getrieben werden konnten, und den lichten Waldgebieten, in denen sie Mais anbauten, der zusammen mit Bohnen und Kürbissen eine reichhaltige und ausgewogene Ernährung garantierte. Aufgrund der guten Nahrungsversorgung und einer effizienten gesellschaftlichen Organisation waren sie fähig, beträchtliche Energien in die Schaffung architektonischer Werke zu investieren.[33]

Doch schon drohte diesem paradiesischen Ökosystem eine lautlose Gefahr. Custis bemerkte, daß die europäische Winde sich über das Wiesenland zu verbreiten begann; in den indianischen Siedlungen hatten die europäischen Seuchen schon ihr tödliches Werk getan. Andere europäische »Immigranten« waren weniger aggressiv: Knolliger Hahnenfuß, Stockrosen und Schwarzwurz wetteiferten mit den einheimischen *black-eyed Susans*, dem Stechapfel, aus dem die Caddo ein Halluzinogen gewannen, und dem Weißen Andorn, welcher zur Behandlung von Halsentzündungen diente. Es gab auch Weihrauchkiefern, die über 50 Meter groß wurden, noch überragt von Zypressen, von denen manche 1200 Jahre alt waren. Einige der indianischen Monumente auf den darüberliegenden Geländeterrassen waren natürlich viermal älter.

Es ist heute kaum mehr möglich, sich diese Landschaft so vorzustellen, wie sie sich Freeman und Custis präsentierte, denn in Arkansas blieben leider weit weniger alte Baumbestände erhalten als in Staaten, die früher von den Europäern besiedelt wurden. So finden sich am Wabash River in Illinois und Indiana noch große Bestände ausgewachsener Zypressen; in Louisiana und Arkansas sind diese hingegen nur noch selten zu finden, denn das dortige Tiefland wurde trockengelegt, als in der Periode vor dem Bürgerkrieg das Herzland der Caddo von Shreveport bis Texarkana zur Musterprovinz von »King Cotton« wurde.

Die Archäologen in Arkansas, Mississippi und Louisiana haben ihr Bestes getan, um die wenigen Monumente zu retten, die Zeugnis von der Existenz der alten Völker ablegen, die einst ein so opulentes Leben in dieser fruchtbaren Provinz führten. In Toltec bei Little Rock und in Poverty Point wurden ausgedehnte Nationalparks angelegt, und ebenso auf der anderen Seite des Mississippi, in Winterville. Nähert man sich Natchez, so vermittelt Emerald Mound – vernachlässigt und mit keinerlei Erläuterungen für den Besucher versehen, aber wenigstens an einem geschützten Ort – einen Eindruck von der Architektur jener indianischen Reiche, durch welche de Soto und Moscoso sich ihren Weg bahnten und die auch nach dem großen Sterben noch großartig und mächtig waren. Die widersprüchlichen Ziele, die Jefferson mit den von ihm veranlaßten Expeditionen in den Louisiana Purchase verfolgte, und seine fatale Entscheidung, den verachtenswerten Wilkinson mit ihrer Leitung zu betrauen, verwehrten ihm und uns viele archäologische Erkenntnisse: Manches blieb den Forschungsreisenden verborgen, vieles wurde nur hastig untersucht.

Alexander der Große hielt seine Heerführer dazu an, den alten Wundern Aufmerksamkeit zu schenken, auf die sie bei ihren Feldzügen in Asien und Afrika stießen; Napoleon hatte diese Lektion offenbar ebenfalls beherzigt, als er zweitausend Jahre später am Fuße der Pyramiden haltmachte, und auch Thomas Jefferson versuchte, imperiale Bestrebungen mit der Erforschung von Altertümern zu verbinden. Obwohl er von seinem verhaßten Rivalen Burr verhöhnt

und von seinem unwürdigen Agenten James Wilkinson verleumdet wurde und trotz der Behinderungen durch plötzliche geopolitische Verschiebungen, als Großbritannien, Frankreich und Spanien sich seinen Vorhaben entgegenstellten, leistete Jefferson immer noch einen unschätzbaren Beitrag zum Wissensstand seiner Landsleute über ihr Land, dessen Territorium er verdoppelte.
Wir mögen bedauern, daß Wilkinson Jefferson von seinen wissenschaftlichen Bestrebungen ablenkte, indem er seine Befürchtung nährte, daß Burr einen Sklavenaufstand anzetteln könnte. Wir mögen ebenso bedauern, daß die expansionistischen Bestrebungen des Sklavenhalterstaates, der Jeffersons politische Machtbasis darstellte, ihn dreißig Jahre lang zu großen Risiken verleitete, um das Plantagensystem auf Kosten spanischen Territoriums auszuweiten – in den Jahren 1790 bis 1820. Vielleicht hätte der größte Gelehrte unter den amerikanischen Präsidenten der reinen Wissenserweiterung mehr Bedeutung beigemessen, wenn all diese Angelegenheiten seine Aufmerksamkeit nicht so sehr in Anspruch genommen hätten.
Gleichwohl trug kein anderer Mensch seiner Zeit, mit Ausnahme Albert Gallatins, soviel zu unserem Wissen über die Altertümer Nordamerikas bei. Daß er mehr hätte tun können, ist eine Kritik, die nur den Perfekten trifft. Jefferson war jedoch nicht perfekt, er war lediglich der Beste. Und unter seinen Fittichen konnten eine Vielzahl anderer, nicht ganz so bedeutender Forscher ihr Werk tun. Zu diesen gehörte ein Mann, den er in Washington kennengelernt haben mochte, als dieser im Haus seines Architekten Latrobe zu Gast war.

Barthelemy Lafon und die verlorene Stadt Balbansha

Jeder, der sich durch die Verästelungen der Geschichte arbeitet, erlebt Momente, in denen er an einem vermeintlich kahlen Zweig auf eine unerwartete und köstliche Frucht stößt. Dies widerfuhr mir eines Abends, als ich in der Korrespondenz William Dunbars einen Brief von Barthelemy Lafon entdeckte. Dieses Schriftstück vermittelt – aus der Sicht eines Freibeuters – einen Einblick in den Wissensstand über die indianische Architektur im unteren Mississippi-Tal im Jahre 1806.

Bevor wir auf den Inhalt des Briefes zu sprechen kommen, welcher vermutlich der wichtigste ist, der jemals von einem archäologischen Forscher aus Jeffersons Zeit geschrieben wurde, gilt es denjenigen die Person Lafons vorzustellen, die ihn noch nicht aus meinem Buch *Orders from France* kennen. Dort hatte ich beschrieben, wie er Benjamin Henry Latrobe in New Orleans empfing und ihn darüber instruierte, wie man in einer korrupten Stadt Häuser baut. Obwohl für uns gewisse Lücken in seiner Biographie offenbleiben und auch keine bildlichen Darstellungen von ihm überliefert sind, so verfügen wir doch über eine Beschreibung, in der er als kleiner, O-beiniger Mann erscheint, der das Löschen von Kaperschiffen in der Barataria Bay, südwestlich von New Orleans, überwachte. Sein Versorgungsstützpunkt war Sammelplatz für eine Gruppe von Freibeutern unter der Führung von Pierre und Jean Lafitte. Um 1800 hatte Lafon sich ihnen als Architekt, Teilhaber und eine Art Schiedsmann angeschlossen, der zwischen ihren konkurrierenden Interessen vermittelte.[34]

Noch überraschender als all diese Aktivitäten war jedoch Lafons Fähigkeit, über seine Epoche und Kultur hinauszudenken. Immer zeigte er ein waches Interesse für Zeugnisse der amerikanischen Vorgeschichte, obwohl es nicht nur das war, was seine Beziehung zu William Dunbar begründete. Lafon war Vermesser, Kartograph, Militärbaumeister und Wasserbauingenieur, nebenbei auch Architekt, und er verfügte über Kenntnisse in Chemie und Astronomie.

Er stammte aus den Weinbergen um Carcassonne in Südwestfrankreich. In dieser im Niedergang begriffenen, aber malerischen alten Stadt lernte er soviel über das Hüttenwesen, daß er sich nach seiner Emigration im Jahre 1790, noch nicht einmal zwanzig Jahre alt, in New Orleans als Eisenfabrikant niederlassen konnte.

Viele Gebäude im French Quarter gelten als das Werk Lafons, darunter auch das Haus 638 Royal Street, das lange Zeit als der »erste Wolkenkratzer« bezeichnet wurde, obgleich dieses Attribut etwas übertrieben scheint. Mit Bestimmtheit läßt sich sagen, daß er den Rindermarkt und das Entwässerungssystem konzipierte, welches die Qualität des salzigen Brunnenwassers in der Stadt beträchtlich verbesserte.

Lafon wurde Ratsherr und war im Jahre 1811 bereits eine bekannte Persönlichkeit. Sein Ruf als Politiker, Ingenieur und Architekt eilte ihm nach Washington voraus, wo er von Edward Livingston mehreren einflußreichen Persönlichkeiten empfohlen wurde. Livingston war Rechtsanwalt und hatte einst das Amt des Bürgermeisters von New York bekleidet; er stellte jedoch fest, daß New Orleans ihm als Aufenthaltsort eher zusagte, zog dorthin um und zählte bald auch viele Freibeuter zu seinen Klienten. Zu den Adressaten von Livingstons Empfehlungen gehörte auch Latrobe, der damals die Pläne für das Kapitol in Washington entwarf und das Weiße Haus umgestaltete. Lafon präsentierte sich von seiner reizendsten Seite, so daß die Latrobes ihn 1811/12 mehrere Monate lang als Gast in ihrem Haus beherbergten.

Beide Latrobes zeigten sich amüsiert über Lafons Versuche, Hieroglyphen zu entschlüsseln; sein Geschick auf einem verwandten Gebiet hätten sie wahrscheinlich weniger belächelt: der Entschlüsselung des spanischen Militärcodes. Als Mann, der Hebräisch, Spanisch, Französisch, Lateinisch und Englisch in Wort und Schrift beherrschte und auch genügend Kenntnisse der Indianerdialekte besaß, um sich problemlos an den wildesten Bayous zurechtzufinden, konnte Lafon seine Dekodierungskünste anwenden, als er sich seiner anderen Profession widmete, der Freibeuterei in den spanischen Gewässern.

Lafon war bis zum Erscheinen von Daniel Burnham Ende des 19. Jahrhunderts auch der kompetenteste Stadtplaner im Gebiet des Mississippi-Tals. Er konzipierte die Gemeinde Donaldsonville, ein Spekulationsobjekt, und gestaltete die oberen und unteren Garden Districts von New Orleans, für die er auch die Straßennamen erdachte. Sein ehrgeizigstes Vorhaben war ein Komplex aus öffentlichen Bauten; für die Plätze und Straßen wählte er wiederum selbst die Namen aus, die noch heute auf dem Stadtplan von New Orleans erscheinen, was für die von Lafon entworfenen Gebäude bedauerlicherweise nicht gilt. So schlug er den Bau einer Schule vor, die den Namen »Prytaneum« tragen und einen klassischen Lehrplan anbieten sollte – geblieben ist die Prytinee Street. Der Tivoli Circle erinnert an seinen Entwurf für einen Vergnügungspark und die Colossée Street an ein Kolosseum. Es sollten auch prächtige öffentliche Bäder gebaut werden, mit Arkaden aus großen ionischen Säulen, die aus Giacomo da Vignolas klassischem Architekturlehrbuch *Regola delli cinque ordini d'architettura* entlehnt waren. Außerdem bin ich überzeugt, daß Lafon, obwohl uns keine signierten Pläne erhalten sind, sich auch bei einem anderen großen Auftrag an Vignola orientierte, nämlich bei Dunbars Villa »The Forest«, welche erst nach dem Tode sowohl des Architekten als auch des Kunden auf Veranlassung von Dunbars Witwe südlich von Natchez errichtet wurde.

Andere überlieferte Karten und Schriften Lafons legen nahe, daß er weitere Städte in Louisiana und Arkansas konzipierte, wie zum Beispiel Vidalia, das gegenüber von Natchez liegt. Seine Vorstellungen reichten bis zum Yellowstone-Gebiet, und der Aufsatz, den er darüber verfaßte, war die erste Schrift, die dazu beitrug, jener Region eine so große Beachtung zu verschaffen, daß sie später zum ersten Nationalpark der USA erklärt wurde.

Der Beruf des Eisenfabrikanten diente Lafon ebenso als Tarnung wie Jean Lafitte, dem berühmtesten Freibeuter im Golf von Mexiko. Lafon entwarf und baute Lafittes Red House, das prächtigste Gebäude auf Galveston Island, welches als Ausgangspunkt für die Überfälle auf spanische Schiffe diente. In dem Haus wurde auch eine Art Gericht gehalten, bei dem Lafon die Streitigkeiten unter den übrigen Freibeutern schlichtete und ein Bündnis zwischen den Brüdern Lafitte und anderen Abenteurern organisierte. Dieser Zusammenschluß hatte im Golf von Mexiko mehr Macht als die Flotte irgendeiner Nation, nachdem Sir Francis Drake im 16. Jahrhundert abgetreten war und bevor die Briten während des Krieges von 1812 ihre Stärke als Seemacht bewiesen.

Der Krieg beeinträchtigte nicht nur die Operationen der Freibeuter, sondern auch Lafons archäologische Forschungen. Lafon war von seinem vornehmen Aufenthaltsort in Washington, wo er seine Zeit in der Gesellschaft der Latrobes verbracht hatte, direkt in den Süden zurückgekommen, um das Löschen einer geraubten Ladung Silber zu überwachen. Und da er kein gewöhnlicher Mann war, vermaß er bei dieser Gelegenheit auch die tausend Jahre alten Mounds zwischen Barataria und dem Mississippi. Der Ausbruch des Krieges an der Küste veranlaßte Lafon, die Brüder Lafitte und die anderen Freibeuter, ihre Raubzüge und Forschungen vorübergehend einzustellen, um sich in New Orleans am Kampf gegen die britische Invasion von 1814 zu beteiligen.

Nun aber zu dem erwähnten Brief: Das auf den 19. August 1805 datierte Schreiben verleiht Lafon einen herausragenden Platz in der Geschichte der Archäologie. Dunbar und Lafon lernten sich vermutlich an der Grenze zwischen dem spanischen Louisiana und dem amerikanischen Mississippi kennen, etwa zu der Zeit, als Dunbar auch die Bekanntschaft von Thomas Freeman und Andrew Ellicott machte, das heißt vor dem Louisiana Purchase. Dunbar war im Natchez-Distrikt als amerikanischer Generalvermesser tätig, während Lafon in New Orleans den Spaniern in ähnlicher Funktion diente. Lafon überschritt die Grenze jedoch oft genug, um einen Plan von Natchez zu zeichnen, auf dem auch Teile eines Entwurfs für eine Stadt namens Vidalia abgebildet sind, die entlang der Grenzen von Donaldsonville und dem Lower Garden District liegen sollte. Dunbar hatte finanzielle Interessen in Vidalia, und vielleicht sicherte er sich ebenso wie William Donaldson die Dienste des hervorragendsten Stadtplaners im Mississippi-Tal.
In Dunbars Bericht an Jefferson steht bedauerlich wenig über diesen bemerkenswerten Mann von zweifelhaftem Ruf; hätte Dunbar dem Präsidenten mehr über die architektonischen Interessen Lafons mitgeteilt, dann wüßten wir vermutlich auch mehr über seine Person. Dunbar erwähnte lediglich, daß Lafon »eine Karte von Louisiana und die Ansicht von New Orleans« gezeichnet habe, obwohl er nicht glaube, daß er »ein großer Astronom« sei.[35]
Warum eine so laue Empfehlung? Von einem Gentleman-Farmer durfte man nicht unbedingt verlangen, daß er die wissenschaftlichen Leistungen eines bekannten Freibeuters allzu laut rühmt. Überdies wurde Lafon erst später Gast von Jeffersons Freund Latrobe. Um Lafon gegenüber gerecht zu bleiben, müssen wir daher darauf hinweisen, daß Dunbar seine Fähigkeiten sehr wohl kannte – Lafons Leistungen als Astronom waren gleich hinter seinen eigenen zu nennen. Niemand westlich der Appalachen hätte es auf diesem Gebiet mit den beiden Männern aufnehmen können.
Keine Spekulationen sind notwendig, um den Stellenwert von Lafons Brief an Dunbar für die Geschichte der amerikanischen Archäo-

logie zu ermessen: Zum ersten Mal wird hier der Vorschlag einer systematischen Erkundung und Kartographierung der Monumente des amerikanischen Altertums gemacht. Jefferson und Gallatin hatten die Antiquarian Society wie auch die Philosophical Society gedrängt, solche Forschungen durchzuführen, doch nur Lafon war so kühn, einen Atlas des amerikanischen Altertums anzuregen. Das Werk wäre ein Vorgänger des *National Geological Survey* von John Wesley Powell oder des gegenwärtig (1994) in Entstehung begriffenen *National Biological Survey* gewesen.

Dieser Vorschlag eines hervorragenden Architekten und Kartographen war damals ein ebenso sinnvolles Projekt wie heute, und er wurde von einem potenten Apparat gestützt. Dunbar und Lafon verfügten über die beste Ausrüstung, die im Westen für astronomische Forschungen und für Vermessungsarbeiten zur Verfügung stand. James Wilkinson war von den mit Hilfe dieser Ausrüstung erzielten Forschungsergebnissen Dunbars und Lafons abhängig, wenn er seine Reputation bei Jefferson verbessern wollte.

Doch verdienen Dunbar und Lafon nicht nur wegen ihrer exakten Beobachtungen Respekt. Sie waren lernbegierige Männer, die sich mit dem Erkenntnisstand ihrer Zeit nicht zufriedengaben, der insbesondere die Architektur der amerikanischen Ureinwohner nicht in angemessener Weise berücksichtigte. Von daher ist Lafons Brief an Dunbar als ein solch bedeutendes Dokument für die Geschichte der amerikanischen Archäologie zu werten.

> Zur Förderung der Wissenschaften wäre es äußerst wünschenswert, daß eine wissenschaftliche Zeitschrift veröffentlicht würde, in der die Beobachtungen und Entdeckungen im Land aufgezeichnet würden. So wäre es zum Beispiel nicht nur für den Leser interessant, sondern auch nützlich für die Vervollständigung des Wissens über die Epoche, in der große Völker diese weiten Gegenden bewohnten, eine Karte des alten Amerika anzufertigen, das heißt eine Karte, auf der alle alten Monumente, ihre Lage und ihre Größe verzeichnet sind ...
>
> Und wäre [es] nicht möglich, mit Hilfe einer solchen Arbeit auf den Ort, von dem sie herkamen, zu schließen und darauf, wie mächtig diese Völker jeweils waren?
>
> Sie haben zweifellos die Monumente von Catahoula gesehen. Die Pyramide ist aufgrund ihrer Höhe bemerkenswert und weist meiner Meinung nach darauf hin, daß die Völker, die dieses Land einst bewohnten, größer

an Zahl und mächtiger waren als jene, die am unteren Teil des Mississippi lebten.
Eine League* von Pointe a la Hache entfernt finden sich einige dieser Monumente, die über das gesamte Innere Nordamerikas verstreut sind. Sie liegen 130 Fathom** vom Mississippi entfernt. Das erste ist ein 20 Fathom langes, 10 Fathom breites und 9 Fuß*** hohes Parallelogramm mit einem Abhang von 2 Fathom; das zweite ist ein oben abgeflachter Kegel, der an seiner Grundfläche einen Umfang von 36 Fathom, an der Spitze einen Durchmesser von 6 Fathom sowie eine Höhe von 12 Fuß aufweist; das dritte ist ein rechtwinkliges Dreieck, mit einem Lot von 15 Fathom, einer Grundlinie von 12 Fathom, einer Hypotenuse von 20 Fathom, einer Höhe von 2 Fuß an der Grundlinie und einer allmählich abfallenden Hypotenuse.
Diese Monumente sind, wie Sie sehen, weniger weitläufig als diejenigen von Catahoula und gleichen ihnen dennoch, mit Ausnahme der Pyramide.
Bei jenen Monumenten handelte es sich unzweifelhaft um zentrale Versammlungsorte. Ich leite diese Auffassung von dem ab, was Lepage Duprat in seiner Geschichte sagt.
»Bei unserer Ankunft in diesem Land«, so sagt er, »wurde der Fluß bis New Orleans Mississippi genannt, aber der untere Teil wurde Balbansha genannt. Dieses Wort bedeutet Stadt.« Könnte dieser Name nicht von ebendiesen Monumenten herrühren, die tatsächlich eine Stadt darstellten?
Als Lepage, der die Sprache nur unzureichend verstand, hörte, wie »Balbansha« verwendet wurde, um den Ort zu bezeichnen, an dem sich die Stadt befand, und [sic] er hielt vermutlich den Teil für das Ganze.[36]

Da Lafon voraussetzte, daß Dunbar »die Monumente von Catahoula« kannte, muß das Thema zumindest zwischen ihnen erörtert worden sein. Es wäre möglich, daß Lafon Dunbar bei seiner Ouachita-Expedition begleitete, denn von ihm stammte die beste Karte der Region, und er war auch der namhafteste Militärbaumeister im Mississippi-Tal. »Catahoula« war der Name einer Ansammlung von Mounds, die am Zusammenfluß des Ouachita und des Black River lagen und »größer [waren] als die von Marietta«. Heute heißen sie Greenhouse und Marksville, wobei die letztgenannte Stätte nach jener Stadt in

* 1 League = ca. 4,8 Kilometer
** 1 Fathom = ca. 1,83 Meter
*** 1 Fuß = ca. 0,305 Meter (Anm. d. Übers.)

Louisiana benannt ist, bei deren Bau diese Monumente zerstört wurden.[37]
Die meisten Mounds in Marksville/Catahoula lassen sich auf die Adena/Hopewell-Zeit datieren, also etwa in die Mitte der sechstausendjährigen Geschichte der monumentalen Architektur im Delta. In Marksville und anderen in der Nähe liegenden Stätten finden sich keine ringförmigen, quadratischen oder achteckigen Erdwerke im Hopewell-Stil, sondern Plattform-Mounds und kegelförmige Grabhügel wie jene in Pinson und Marietta. Ein Teil des Marksville-Komplexes könnte jedoch schon in der Poverty-Point-Periode entstanden sein, denn es wurden dort Objekte gefunden, die etwa auf 1200 v Chr. datiert werden konnten, und auch die Form und Größe des um den Komplex herum angelegten Walls ist auffällig. Er weist denselben Durchmesser von 600 Metern auf wie der innerste Ring von Poverty Point, der um 1200 v. Chr. errichtet wurde. In der Region finden sich noch weitere D-förmige Erdwerke dieser Größenordnung, die allesamt an Flußbiegungen liegen, so als ob sie die Windungen dieser Gewässer nachbilden wollten. Einige davon liegen im Staat Mississippi, westlich von Yazoo City, etwa 80 Kilometer östlich von Poverty Point. Sie heißen Spanish Fort und Leist. Ein drittes wurde bei Jaketown, weitere 48 Kilometer nordöstlich, entdeckt.
An all diesen Stätten wurden archäologische Zeugnisse in Form von Geschoßspitzen und kartoffelförmigen Gegenständen aus gebrannter Erde, sogenannten »Poverty-Point-Objekten«, zutage gefördert, die auf eine Besiedlung zeitgleich mit Poverty Point hinweisen. Denn während die Konstruktion von Erdwerken allein nur wenig Rückschlüsse auf eine Besiedlung erlaubt, sind Übereinstimmungen bei Funden wie den obengenannten schon aussagekräftiger.[38]

Die Mounds von Catahoula sind äußerst beeindruckend, doch konnte Lafon darüber hinaus noch mit einer alten, verborgenen Stadt unterhalb von New Orleans, bei Pointe a la Hache, aufwarten, dem südlichsten und geheimnisvollsten dieser Komplexe. Er sei, so sagte er, groß genug, um »Balbansha« genannt zu werden, was soviel heißt wie »wirklich eine Stadt«.[39]
Ich habe selbst auch nach Balbansha gesucht. Ein Besucher, der sich heutzutage mit einem Boot und von einem Archäologen begleitet in

dieses Marschland begibt und die Gegend bei Ebbe zu Fuß erkundet, wird da und dort Hügel mit Bäumen finden, die weißgrau von Moos sind und unter deren Wurzeln viele historische Schichten ruhen. Der Highway führt an Erdölraffinerien und heruntergekommenen Fischerdörfern vorbei; herausragende architektonische Leistungen sind rar; die im Missionsstil errichtete moderne Kirche St. Thomas in Pointe a la Hache, die ein aus Muschelzement errichtetes Gebäude von 1820 ersetzt hat, hält tapfer die Stellung. Nachdem ich einige WPA-Reiseführer* durchgearbeitet hatte, benutzte ich den Führer für Louisiana aus dem Jahre 1941, dem zufolge damals »an der Straße bei einer einsamen, moosüberwachsenen Eiche« ein Haus »auf einem indianischen Mound« stand.[40]

Heute sieht man in dieser Gegend fast allerorten Fischereischuppen. Der Mound ist nicht mehr da, genausowenig wie der Graben, von dem in dem Führer ebenfalls die Rede ist. Beide mußten einem anderen Bauwerk weichen, das Lafon ebenso als Ausgangspunkt für seine Forschungen gedient haben soll wie »Lepage« (Antoine Simon Le Page du Pratz, 1718–1758) vor ihm und Georges Collot, der dieses Marschland ebenfalls erkundete. Fort Iberville war der erste europäische Militärposten, der in Louisiana errichtet wurde. Er entstand im Jahre 1700 auf Veranlassung des Sieur d'Iberville, um der Bedrohung der Delta-Region durch die Engländer zu wehren. Seine Truppen hatten damals gerade – höflich, aber bestimmt – eine britische Flotille zur Umkehr veranlaßt, die vorgab, sich in diese französischen Gewässer verfahren zu haben.

Ibervilles Posten befand sich auf einem der letzten Abschnitte trokkenen Landes vor den Marschen. Die besagte einsame Eiche hatte damals Gesellschaft: »Eichen, Eschen, Ulmen, Platanen, Pappeln«. Der WPA-Führer fährt fort mit der Beschreibung »des Hanges, auf dem das alte Fort stand ..., deutlich sichtbar, und die Grenzen des Grabens lassen sich leicht nachverfolgen«. Dies trifft heute nicht mehr zu, wie eine Gruppe von enttäuschten Archäologen in den achtziger Jahren berichtete, die nach Ibervilles Befestigungswerk suchte. Statt dessen entdeckten sie die Überreste von Andrew Jack-

* Berühmte Reihe amerikanischer Reiseführer, die in den dreißiger und vierziger Jahren entstand (Anm. d. Übers.).

sons Verschanzungen, die 1814 errichtet worden und ebenfalls als Schutz gegen die Briten gedacht waren. Im Jahre 1994 ist es nicht schwer, sich hier zurechtzufinden, da später ein weiteres Fort in die flache Graslandschaft gesetzt wurde: eine eigentümliche, kleine Anlage aus Ziegeln mit einem Graben und einem neoklassizistischen Eingang, die 1840 errichtet und später von den Konföderierten benutzt wurde.[41]

Lafon verzeichnete Ibervilles Graben auf einer Karte, sein Zeitgenosse und Landsmann Collot, der ebenfalls ein Schaubild dieser Region anfertigte, jedoch nicht. Keiner von beiden hinterließ der Nachwelt eine Karte, die Balbansha zeigte. Allerdings legte Henry B. Collins der Smithsonian Institution 1927 eine Zusammenfassung von Forschungsarbeiten vor, die einen faszinierenden Hinweis auf eine von Mounds eingegrenzte Plaza enthielt, die 8 oder 9 Kilometer südwestlich von Pointe a la Hache entdeckt wurde. Diese Information scheint mit der von Lafon zitierten Beschreibung von Le Page du Pratz übereinzustimmen und impliziert, daß Collins selbst sie für zutreffend befand. Ich habe in den Archiven der Smithsonian Institution intensiv nach Aufzeichnungen aus dieser Arbeitsphase von Collins gesucht, der an allen möglichen Orten zwischen der Arktis und Mittelamerika forschte, habe jedoch keinerlei Belege gefunden.[42]

Als die Erdlast, die der Mississippi ins Delta schwemmte, den unter den Marschen liegenden Boden zusammendrückte, stieg der Wasserspiegel offenbar stetig an. Er liegt heute vermutlich 6 bis 9 Meter höher als zur Entstehungszeit von Balbansha und mindestens 3 Meter höher als zu der Zeit, als Lepage, Collot und Lafon ihre Forschungen durchführten. Sogar Collins konnte noch mehr von den Plazas und Mounds erkennen, als uns dies heute möglich ist; manches von dem, was er als auf trockenem Land liegend beschrieb, ist mittlerweile im Wasser versunken. Obwohl etwa dort, wo seinen Vermutungen nach Mounds lagen, auch tatsächlich welche gefunden wurden, entdeckte man jedoch niemals einen so großen Komplex, wie er von ihm, Lafon oder Le Page geschildert wurde. Balbansha ist also immer noch Legende.

Lafon kannte jeden Zoll dieser Bayous und Marschen; wenn er nicht gerade den möglichen Grundriß Balbanshas vermaß, war er in der Umgebung mit anderen Dingen beschäftigt. Laut den spanischen

Archiven lag sein Versorgungsstützpunkt für Lafittes Flotte etwa 16 Kilometer entfernt, und der Durchgang zur Barataria-Bay befand sich nur wenig weiter im Westen. Seine Karten des äußersten Mündungsgebietes des Mississippi sind verloren, aber die Historic New Orleans Collection verfügt über Teile seines verlorenen Atlasses, und seine gekonnte Darstellung der Galveston Bay kann in den Archiven Mexico Citys bewundert werden.

Lafon war in vieler Hinsicht ein bemerkenswerter Mann. Aufgrund der Gewinne, die er mit seinen vielfältigen Tätigkeiten erzielte, vermachte er seinen beiden Kindern, die er mit seiner schwarzen Ehefrau hatte, ein stattliches Erbe, womit er ein vorbildliches soziales Verantwortungsbewußtsein zeigte. Nach seinem Tod im Jahre 1820 hinterließ er ein gewaltiges Vermögen, das acht Millionen US-Dollar (nach heutigem Wert) umfaßt haben mochte. Doch noch andere Parteien meldeten ihre Ansprüche auf diese Reichtümer an; aus Frankreich reisten Verwandte an, die einwendeten, daß er doch nicht wirklich beabsichtigt haben konnte, einen so gewaltigen Reichtum mulattischen Abkömmlingen zu hinterlassen. Ihre Klage, die einige Jahrzehnte später vermutlich Erfolg gehabt hätte, wurde jedoch abgewiesen. Lafons respektvolles Verhältnis zu seiner Frau und zu den Indianern wirkte noch nach seinem Tode nach, als sein Sohn »Thomy« Lafon zum bedeutendsten Philanthropen im New Orleans des 19. Jahrhunderts avancierte.[43]

Lafon besaß nicht jene Begabung für öffentlichkeitswirksames Auftreten, durch die Jean Lafitte zu einem Volkshelden geworden war, der seinen Bekannten und Freunden stolz Lord Byrons bewundernde Beschreibung seiner Person als Korsar zur Kenntnis brachte. Doch war Lafon eine weit bedeutendere Persönlichkeit. Wie Gallatin, Washington, Jefferson und Henry Brackenridge leistete er einen wichtigen Beitrag zu unserem Wissen über das Leben der prähistorischen Indianer im Mississippi-Tal. Aber wie sie alle hatte er leider noch vieles andere zu tun. Ansonsten hätte Lafon unser bester Führer zu den verlorenen Städten im Delta werden können.

Doch so bleibt uns nichts anderes übrig, als einzelne Indizien zusammenzustückeln. Zwar verfügen wir über bessere wissenschaftliche Instrumente als Lafon, doch kann dies kaum ein Trost sein, denn er bedurfte ihrer nicht so sehr wie wir. Die folgenden beiden Kapitel wollen versuchen, Teile einer Geschichte zu rekonstruieren, zu der Barthelemy Lafon viele Schlüssel besaß, die später verlorengingen. Was für einen Begleiter hätten wir in diesem schlauen Universalgelehrten gehabt, wenn wir heute in unser eigenes Barataria-Delta aufbrechen, in das soviel hineingeflossen ist, ein Durcheinander von Möglichkeiten, Kanälen und falschen Kanälen, von Bayous und Mäandern – eine Welt aus dem, was hätte sein können.

10. Kapitel
Das Evangelium und der Beginn des Vergessens: Die abenteuerlichen Theorien über die Moundbuilder

Monticello.

Ein weißer Ball auf einem grünen Tisch.
Eine weiße Kuppel auf grünem Rasen.
Eine Villa mit einer weißen Kuppel, die einen italienischen Namen trägt und auf einem Hügel thront.
Ist Ihre Villa venezianisch, Mr. Jefferson?
Oder ist sie englisch, eine Verwandte der kuppelgekrönten Häuser der großen Herren in London, Villen, deren Namen man »Chissik« und »Merrywood« auszusprechen hat, obwohl sie »Chiswick« und »Merewood« geschrieben werden? Wie schnitten Mr. Adams und Sie bei jenem kleinen Test in Sachen Kultiviertheit ab, als Sie die für Kolonisten obligatorische Rundreise durch britische Landhäuser unternahmen, um etwas darüber zu erfahren, wie man solche Häuser baute und ihre Namen aussprach?
Wenn es darauf ankam, konnten Sie natürlich immer behaupten, daß die Engländer selbst vor nicht allzu langer Zeit solche Reisen unternommen hätten, um sich diese Kultiviertheit bei den Venezianern abzuschauen. Und natürlich könnten sie noch hinzufügen, daß auch die Venezianer sich ihrer selbst nicht ganz sicher waren; der Architekt der berühmtesten ihrer Kuppelvillen, Andrea Palladio, hatte den Namen eines römischen Architekten angenommen, als er den Kuppelstil der römischen Architektur übernahm.[1]

In den siebziger Jahren des 18. Jahrhunderts wies der Landedelmann Thomas Jefferson seine Sklaven an, den Gipfel eines von ihm geerbten Hügels abzutragen und die Erde in Schubkarren abzutransportieren. Darauf begann er ein Haus zu bauen, welches der Vorläufer der heute noch existierenden Villa war. Jenes erste Haus, das nach dem abgeflachten Hügel, auf dem es errichtet war, Monticello ge-

nannt wurde, besaß keine Kuppel. Diese wurde erst 1790 konstruiert, als Jefferson das erste Haus fast vollständig abreißen ließ und mit dem Bau eines zweiten begann.
Als klassisch gebildeter Mann wußte Jefferson, daß Hadrian seine kaiserliche Weisheit von einem Thron aus verkündete, der direkt unter dem Kuppeldach des Pantheon stand; zur Mittagsstunde zeigten die Sonne und der Kaiser dann übereinstimmend an, wo sich das Zentrum des Universums befand.
Jefferson nahm sich zwar Hadrians Kuppel in der Neuinterpretation Palladios und der englischen Neo-Palladianer zum Vorbild. Auch schuf er einen großen, zentralen Salon, in dem er direkt unter der Mitte der Kuppel seine Weisheit verkündete. Doch als guter Republikaner zog er eine Zwischendecke zwischen seinem Sessel und dem darüberliegenden Kuppelgewölbe ein. Das verlieh dem Salon die geziemende Bescheidenheit. Der darüberliegende Kuppelraum, der nur für Kunstkenner interessant war, blieb so unzugänglich, daß er bis heute für die Besucher Monticellos geschlossen ist.
Wie wir bereits bemerkt haben, war Jefferson gewiß ein Mann der Widersprüche. Er trat gleichzeitig als Magnat und demokratischer Führer auf; er war einerseits Sklavenbesitzer, Sklavenverkäufer und politischer Repräsentant einer expansionistischen Sklavenhalteraristokratie, setzte sich aber andererseits für die Menschenrechte ein und rühmte die Tugenden der freien Bauern. In Monticello demonstrierte er, wie man in Europa nach der Renaissance die Natur unterwarf, während er in Poplar Forest der amerikanischen Erde und ihren alten, voreuropäischen Völkern huldigte.
In Monticello wird Jeffersons amerikanische Seite offenbar, wenn man die Empfangshalle des Hauses betritt. Dort sind heute, zum ersten Mal seit Jeffersons Tod, dank der Bemühungen von Historikern und Museumsfachleuten wieder die Sammlungsstücke aus Jeffersons »Indian Hall« zu besichtigen, die erste Ausstellung über die nordamerikanischen Ureinwohner, die es jemals in den USA gab. Sie legt einmal mehr Zeugnis ab, wieviel Stolz der einstige amerikanische Präsident über seinen Kontinent empfand und daß er kein europäischer Kolonist mehr war.
So finden sich in der Halle die Mastodon-Knochen aus Kentucky und das Fell eines Elches, die, so hoffte Jefferson, die französischen

Behauptungen über die geringe Größe der amerikanischen Fauna und damit auch der amerikanischen Ureinwohner widerlegen würde. Im Zentrum des Raumes sieht man eine Ledermalerei der Mandan-Indianer, auf der ein Angriff auf eine Siedlung im Missouri-Tal dargestellt ist. Lewis und Clark hatten sie von ihrer Expedition mitgebracht. Neben den Büsten der Philosophen Voltaire und Turgot sowie Benjamin Franklins, eines Mannes mit philosophischen Neigungen, stehen zwei der steinernen Köpfe und eine der Halbfiguren, die Jefferson von Siedlern in Tennessee als Geschenk erhielt. Darüber hinaus ist noch ein Durcheinander von Tierköpfen, Häuten, Waffen und Wampumen ausgestellt, die seine Zeitgenossen in einem naturgeschichtlichen Museum zu sehen erwarteten, bis man in der jüngeren Vergangenheit endlich erkannte, daß Indianer und Tiere nicht zu der gleichen Kategorie von Lebewesen gehören.
Die »Indian Hall« ist genauso hoch wie der dahinterliegende große Salon, der mit Gemälden und Skulpturen dekoriert ist. All der Ruhm und Glanz Englands im 18. Jahrhundert wird in diesem Raum spürbar, in dem Werke von Barockmalern wie Rubens und Carpaccio hängen. Der Raum macht ebensowenig einen privaten Eindruck wie Sir John Vanbrughs vornehme Gemächer in Castle Howard oder Blenheim; kein einfacher Bauer würde jemals inmitten einer solchen Pracht leben.
Jefferson übernahm für diesen Teil des Hauses die Pläne für das Erdgeschoß des ersten Monticello, das er nach seiner Rückkehr aus Frankreich durch das heute noch vorhandene Haus ersetzt hatte. Ebenso übernahm er das Konzept, daß das Gebäude zwei Stockwerke haben sollte, baute jedoch anstelle einer Bibliothek mit einfachem Giebeldach die Kuppel – nach dem Vorbild des faszinierendsten Gebäudes, das er je gesehen hatte, des Kornmarkts in Paris.[2]
Nachdem ein Tourist unserer Tage in der »Indian Hall« mit Amerika Bekanntschaft gemacht hat, betritt er für gewöhnlich den Salon, um Näheres über Jefferson zu erfahren, einen vollendeten kosmopolitischen Gentleman, einen echten, aber dennoch rundherum zivilisierten Amerikaner, der Chiswick und Merewood ebenso korrekt aussprach wie Cherokee und Mandan. Die in der »Indian Hall« ausgestellten indianischen Skulpturen belegen Jeffersons Sammelleidenschaft, eine Begeisterung, die es völlig unwichtig werden ließ, daß

die prähistorischen Künstler einem ganz anderen religiösen Universum angehörten als er selbst. Ihre Kunstwerke mochten ästhetisch ansprechend oder auch nur interessant sein, in erster Linie waren sie für ihn immer wissenschaftliche Untersuchungsgegenstände.
Jefferson war ein Kind der Aufklärung und lebte während einer kurzen, nüchternen, für die Wissenschaft offenen Phase zwischen zwei Epochen voller Aufruhr. Vor der Aufklärung, so schrieb er oft, hätte es »Aberglauben« und »Pfaffenlist« gegeben. Und gegen Ende seines Lebens fürchtete er, daß diese alten Feinde einmal mehr in Gestalt von »Sekten« und religiösen Eiferern auferstehen würden. An die Stelle der »Pfaffenlist« war nun die Verkündigung des Evangeliums getreten, die Jefferson für ebenso fatal hielt.
Daniel Boorstin schrieb vor nicht allzu langer Zeit von »der verlorenen Welt Thomas Jeffersons« – die uns heute *allzu* nüchtern erscheinen mag, *allzu* distanziert in ihrer politischen Moral, *allzu* geneigt, andere Menschen als Objekte zu sehen. Doch hatte diese Distanziertheit auch ihre Vorzüge; sie erlaubte es, Schlußfolgerungen zu ziehen und zu erörtern, ohne aus jeder Begebenheit eine Parabel zu machen und jeden Gegenstand zum Vorwand für eine Predigt zu nehmen.
Diese Phase währte aber nicht lange; sie hatte mit einem unsicheren Sieg über jene Kräfte begonnen, die Jefferson als die »Allianz von Altar und Thron« bezeichnete. Obwohl Jefferson, Franklin, Gallatin und John Adams sich als Christen bekannten, bedauerten sie die »Entstellung« der Gedanken Jesu durch seine »abtrünnigen Jünger, ... die seine einfachen Lehren verfälschten, ... sie in Spitzfindigkeiten zerlegten und durch eine hochtrabende Sprache unverständlich werden ließen, bis es soweit kam, daß anständige Männer sie angewidert ablehnten und Jesus selbst als Schwindler betrachteten«.
Auf Jeffersons Grabstein, auf dem nur jene seiner Leistungen stehen, derentwegen er den Menschen in Erinnerung bleiben wollte, wird man vergeblich nach einem Hinweis auf seine Präsidentschaft oder den Louisiana Purchase suchen. Statt dessen wird er als Verfasser der Unabhängigkeitserklärung und als Gründer der Universität von Virginia erwähnt, gewürdigt wird aber auch seine Rolle als Förderer des Virginia Statute of Religious Freedom, das eine Trennung von Altar und Thron in diesem Staat vorschrieb.[3]
Als in seinen späteren Lebensjahren das Sektierertum an Boden

gewann, nahmen die religiösen Spannungen wieder zu. Zu dieser Zeit schrieb er seinem Vertrauten Dr. Thomas Cooper, daß »es in Richmond ... sehr viel Fanatismus gibt, aber hauptsächlich unter den Frauen. Sie treffen sich bei ihren abendlichen Gebetsversammlungen ..., worin sie von ihren Priestern unterstützt werden, und ... kleiden dabei die Ergüsse ihrer Liebe zu Jesus in Worte, die so sinnlich und fleischlich sind, wie es ihnen ihr Schamgefühl allenfalls einem irdischen Geliebten gegenüber erlauben würde«.[4]
Obwohl Jefferson Ergüsse jeglicher Art vermied, legten er und andere Angehörige seiner Generation ihrerseits eine eigentümliche Form von Leidenschaft an den Tag, die sich in ihrer nüchternen Wissenschaftlichkeit und ihrem vorsichtigen Umgang mit den religiösen Kultgegenständen und der Architektur der amerikanischen Ureinwohner manifestierte. Sie hielten viel auf ihre Form der Erkenntnis, die sich nicht darum kümmerte, welchen Wert die Leistungen von Nicht-Christen besaßen. Ihre Begeisterung rührte vermutlich daher, daß sie selbst von jenen angegriffen wurden, die diese Leistungen abwerteten. Oftmals wurden sie als »Heiden« beschimpft, von Menschen, die künstlerische Werke nur deswegen ablehnten, weil sie heidnischen Ursprungs waren. John Adams schrieb Jefferson, daß er sich seine »Liebe zu Gott und seiner Schöpfung« bewahren werde, sein Entzücken, seine Freude, seinen Triumph, seine Begeisterung an seinem eigenen Leben, gleich was die Priester und Sektierer von ihm sagen würden.[5]

> Heult, knurrt, beißt, wenn ihr wollt, ihr Calvinisten, ihr athanasianischen Theologen; ihr werdet sagen, daß ich kein Christ bin; ich sage, daß ihr keine Christen seid, und dann sind wir quitt.[6]

Ebenso wie Jefferson beklagte Adams das Wiederaufleben eines sektiererischen »Fanatismus«:

> Offenbar haben wir nun eine nationale Bibelgesellschaft, die König James' Bibel verbreiten will ... Wäre es nicht sinnvoller, die frommen Spenden dazu einzusetzen, das Christentum von den Unredlichkeiten der Christenheit zu befreien, anstatt diese Unredlichkeiten in Europa, Asien, Afrika und Amerika zu verbreiten?[7]

Für Adams war die evangelikale Christenheit nur eine weitere Erscheinung jener »Enthusiasmen, Kreuzzüge ... [und] epidemischen und endemischen Krankheiten, für die die Menschheit anfällig ist«. Der Zulauf, den die Sekten erhielten, verstimmte ihn so sehr, daß er seinem alten Freund Jefferson sogar folgende Empfehlung gab: »Schaffen Sie, wenn Sie können, den Pantheismus ... in jeder Form ab, und entziehen Sie, wenn Sie können, jedem Priester, der ihn lehrt, das Amt«.[8]

Im Jahre 1819 aber hatten die Blüten der amerikanischen Aufklärung längst zu welken begonnen, und Vertreter des evangelikalen Gedankens wie John Jay, John Randolph, Noah Webster und Elias Boudinot erlangten große Bekanntheit. Sogar Benjamin Rush, der Erzdeist, gelangte zu der Auffassung, daß »nur das Evangelium Jesu Christi das gewaltige Werk vollbringen wird, die Völker glücklich zu machen«.[9]

Inmitten dieser Ereignisse starb Thomas Jefferson mittellos, und seine Sammlung indianischer Artefakte in Monticello wurde in alle Winde verstreut. Die Skulpturen und Malereien der amerikanischen Ureinwohner wurden von den Sektierern als gefährliches heidnisches Zeug verteufelt, oder sie landeten auf dem Müllhaufen einer Gesellschaft, die von der Gegenwart besessen war und nichts von der Geschichte ihres Kontinents wissen wollte. Erst in unserer Zeit wurden einige Stücke seiner Sammlung wiederentdeckt und sind nun in Jeffersons »Indian Hall« in Monticello zu besichtigen.

Die Wechselfälle dieser Sammlung in der Zeit zwischen Jeffersons Tod am 4. Juli 1826 und ihrer teilweisen Rekonstruktion in der jüngsten Vergangenheit markieren die Etappen einer umfassenderen Geschichte, in deren Verlauf das Neuentdeckte verlorenging, in Vergessenheit geriet und schließlich in spärlichen Resten wiederentdeckt wurde, was Erstaunen und Betretenheit auslöste. Denn was für Jeffersons »heidnische« Kunstwerke galt, traf ebenso auf die architektonischen Monumente zu, aus denen sie stammten. Mit dem Tode Thomas Jeffersons ging auch die Welt unter, für die er gestanden hatte. Es folgte eine intolerante und unreflektierte Zeit, in der Altertümer vor allem im Lichte eines sektiererischen Fanatismus und ethnischer Vorurteile beurteilt wurden. An diese Phase schloß sich eine Zeit der Gleichgültigkeit an, die wiederum gefolgt wurde von einer Epoche, in der sich der Blick auf alles richtete, was in Europa gängig und modern war. Heute hat man sich wieder auf den wissenschaftlichen Geist Jeffersons und seiner Zeitgenossen besonnen, der nun aber von einer tieferen Sympathie begleitet ist, die oftmals erst angesichts eines unwiederbringlichen Verlusts entsteht.

So demonstriert das Schicksal von Jeffersons indianischer Sammlung gleichsam in einem Mikrokosmos, wie europäischstämmige Amerikaner im 19. und 20. Jahrhundert mit den amerikanischen Ureinwohnern und ihren kulturellen Leistungen umgingen. Als die Sammlung verkauft wurde, hatte wieder jene altbekannte, von Jefferson bekämpfte Auffassung an Boden gewonnen, daß die Indianer lediglich Wilde seien. Jeffersons Landsleute vergaßen, was er im Laufe seines Lebens über die indianischen Altertümer gelernt hatte, und betrieben gegenüber den zeitgenössischen Indianern eine Politik, die, so muß man traurigerweise einräumen, Jefferson gegen den Widerstand George Washingtons und der Cincinnati selbst gefördert hatte. Hastig und ohne jedes Bedauern schoben Jeffersons und Jacksons Anhänger die Indianer mit äußerst zweifelhaften Mitteln beiseite, die ihr Gewissen um so weniger belasteten, als sie den Verdrängten jegliche Respekt verdienende Geschichte, Kunst und Religion aberkannten. Zwar sammelten sie ganze Regale indianischer Artefakte, doch hatte dieser Sammlergeist bald kaum mehr etwas mit einer Wertschätzung für die Menschen zu tun, die sie hergestellt hatten.

Die beiden außergewöhnlichen knienden Figuren, die Jefferson von Morgan Brown erhalten hatte, sind verlorengegangen, weil die nächste Generation sie nicht nur als »abscheulich«, sondern sogar als gefährlich, weil »heidnisch« deklarierte. Seit den dreißiger Jahren des 19. Jahrhunderts durfte man »Götzenbilder«, die von »Wilden« angefertigt worden waren, nicht mehr mit unbefangenem Blick betrachten. Folglich wurde die figürliche Kunst der Indianer ins Dunkel verbannt, wo sie keinen Anstoß mehr erregen konnte. Die besagten Statuen wurden zum letzten Mal 1831 gesichtet, als Dr. J. T. Barclay »Dr. Plummer vom Presbyterianischen Missionsausschuß … eine Sammlung heidnischer Darstellungen« [präsentierte], die in Monticello gefunden worden waren, ehe sie »in die Räume des Amerikanischen Ausschusses der Beauftragten für die Auslandsmission in Boston geschafft wurden.« Die dortigen Verantwortlichen hielten sie für unbedeutend und sandten sie an das Andover-Newton-Seminar, wo sie offenbar verlorengingen.[10]

Soviel zu »heidnischen« Statuen. Noch unwürdiger ging man mit den steinernen Votivköpfen um (die vielleicht auch nur die Überreste von dem waren, was die Pflüge der Pioniere von größeren Skulpturen wie den von Morgan Brown entdeckten übriggelassen hatten). Zwei »gemeißelte Steinköpfe, die seiner Meinung nach primitiven Ursprungs waren« und vermutlich aus der gleichen prähistorischen Werkstatt stammten wie die Statuetten, gingen Jeffersons Sammlung etwa zur gleichen Zeit zu, als er die Büffelledermalereien von Lewis und Clark erwarb.[11] Stolz stellte er diese Erwerbungen aus, aber nach seinem Tod wurden die beiden Köpfe versteigert und gingen in den Besitz von Captain Stockton über, einem Nachbarn, der »sie auf seinen Torpfosten befestigte«.[12]

Als die beiden Köpfe 1861 wiedergefunden worden waren, gelangte der eine in die Sammlungen der Smithsonian Institution und der andere in das Valentine Museum in Richmond. Damals tat sich die Smithsonian Institution noch nicht besonders als Sammlerin indianischer Kunst hervor; ihr Sekretär Spencer F. Baird und ihr Stellvertretender Sekretär Alexander Wetmore zogen einige namenlose »Archäologen« zu Rate, die zu dem Schluß gelangten, daß Jefferson betrogen worden sei. Diese Köpfe, so die angeblichen Experten, seien »wahrscheinlich von Negersklaven gemeißelt worden und sollten zur Verzierung von Torpfosten dienen«.[13]

Die Skulpturen wurden somit rasch als »heidnische« Götzenbilder abgetan, die im schlimmsten Falle obszön und im besten unbedeutend waren, so daß die Experten der Smithsonian Institution es nicht einmal für nötig hielten, ein beiliegendes Begleitschreiben zu lesen. Darin wurde ausdrücklich erklärt, daß die beiden Köpfe zwar von Stockton als Torpfostenverzierung verwendet worden waren; jedoch sei dies erst geschehen, nachdem er sie aus Jeffersons Besitz erworben hatte und lange Zeit nachdem Jeffersons Enkel, Oberst T. J. Randolph, zumindest eine der Skulpturen »auf einem Podest in der Halle von Monticello« gesehen habe.[14]

Die Anfänge des Obskurantismus in Amerika

Auf diese Weise tat die Ignoranz, genährt von Vorurteilen und bemüht, die Wahrheit zu verschleiern, ihr unheilvolles Werk. Und das nicht zum ersten Mal. Schon früher hatten Eiferer sich der Vernichtung von Zeugnissen alter Kulturen schuldig gemacht: In den Jahren nach 1530 zerstörte der erste Erzbischof von Mexiko, Juan de Zumarraga, systematisch alle aztekischen Bauten, Kunstwerke und Schriften, deren er habhaft werden konnte, um sich der Konkurrenz zu entledigen, die die Überlieferungen der Indianer für das Alte und das Neue Testament darstellen mochten. Das »alttestamentarische« Zeitalter auf dem amerikanischen Doppelkontinent hatte mit der Ankunft zwölf franziskanischer Missionare in Mexiko begonnen, die Cortés praktisch auf dem Fuß gefolgt waren; es nahm seinen Fortgang, als die Pilgerväter hundert Jahre später in Plymouth an Land gingen, und fand erst in Jeffersons Jugendzeit ein Ende.

Gleichzeitig beriefen sich die Europäer des 16. und 17. Jahrhunderts auf das Alte Testament, um ihre eigenen, erbarmungslosen Bürgerkriege zu rechtfertigen. Begleitet von Psalmen zogen Fürsten und Bauern brandschatzend, plündernd und mordend durch Europa. Als sie nach Amerika kamen, behandelten sie die Indianer ebenso, wie sie miteinander umgegangen waren; ihr religiöser Fanatismus hatte neue Opfer gefunden. In Neu-England und Neu-Spanien wurden Ketzer und Heiden mit gleicher Grausamkeit bestraft. Das Feuer diente der Inquisition ebenso als Sanktionsmittel wie dem General Court.*

Es gab allerdings stets auch Andersdenkende, die sich auf das Neue Testament berufen konnten. Bartolomé de Las Casas setzte sich am spanischen Hof für die Freiheit und Gleichstellung der amerikanischen Ureinwohner ein, und in den britischen Kolonien kämpften Anne Hutchinson, Roger Williams, die Herrnhuter Brüder und die Quäker für die Indianer. Generell war es jedoch so, daß ab 1492 knapp drei Jahrhunderte lang gewalttätige und böswillige Menschen

* Die gesetzgebende Versammlung in Massachusetts und New Hampshire (Anm. d. Übers.).

antike hebräische Texte dazu benutzten, ihre Grausamkeiten gegenüber Menschen zu rechtfertigen, die sich ihren imperialen Bestrebungen widersetzten.
Für die Indianer war es kein Trost, daß die Pilger unter John Winthrop behaupteten, daß »der Gott Israels unter uns ist ... Wir werden wie eine Stadt auf einem Hügel sein«. Die Gnade dieses Gottes schien nämlich nur aus einer rasenden Wut zu bestehen. Einst hatten die Juden diese zu spüren bekommen, und nun wurde sie den Puritanern als Instrument in die Hand gegeben, mit dem sie die von ihnen eroberten Gebiete in ein Neues England verwandeln konnten, das von den Sünden des alten England unberührt war. In all dem fand sich kaum neutestamentliches Gedankengut und auch nur wenig von der mitfühlenden Seite des Judaismus, sondern nur kalter Zorn und bequeme Rechthaberei. Als es den Invasoren gefiel, Vorposten im Gebiet der Pequot-Indianer zu errichten, rüsteten sie sich mit dem Schlagwort von »Davids Krieg«. Dieser würde, so sagten sie, mit »dem Licht von Gottes Wort« geführt werden, welches in diesem Fall das »Wort« des Alten Testaments war, das in den Wäldern der Neuen Welt die Rechtfertigungen lieferte, die schon für die Morde in den Wüsten der Alten Welt bemüht worden waren. Auf diese Weise konnte man angesichts der Greueltaten, die zur Verwirklichung der britischen Ambitionen in Amerika erforderlich waren, sein Gewissen beruhigen. Als im Mai des Jahres 1637 indianische Männer, Frauen und Kinder in einer Festung der Pequot verbrannten, rief John Underhill aus, daß der Herr »sie im Feuer seines Zorns vernichtete; ... es war das Werk des Herrn, und es ist wunderbar in unseren Augen!« Roger Williams hingegen bestand inmitten dieser Ereignisse auf einer anderen Wahrheit, die besagte, daß derjenige, der Indianer töte, »unschuldiges Blut« vergieße.[15]

Die verlorenen Stämme

In seiner Haltung fand Williams seltsame Verbündete, deren Überzeugung sowohl auf ihrem Mitgefühl für die Indianer als auch auf einer unorthodoxen Lesart des Alten Testaments gründete. Sie sahen sich veranlaßt, die Indianer nicht als Untermenschen zu behandeln, sondern als Wesen, die *besondere* Beachtung verdienten: Sie seien nämlich, so besagte die Theorie, Nachfahren der verlorenen Stämme Israels. Zwar konnte man nicht erklären, *wie* diese Juden nach Amerika gelangt sein könnten, aber dessen ungeachtet verbreitete sich diese Lehre von Neu-Spanien aus über Holland und England bis nach Neu-England. Im 16. Jahrhundert hatte ein Dominikanerbruder namens Diego Duran, der vermutlich jüdischer Abstammung war, behauptet, daß auch die Indianer Juden seien. Als Sproß einer Gelehrtenfamilie aus Sevilla, die vertrieben und verfolgt worden war, bot ihm die Vorstellung von den verlorenen Stämmen, die aller Drangsal entkommen waren, einen gewissen Trost. Durans Gedanke wurde von einem anderen Dominikaner namens Gregorio Garcia aufgegriffen, der im Jahr der Gründung Jamestowns durch die Engländer (1607) eine Abhandlung über die »Herkunft der Indianer in der Neuen Welt« *(Origin of the Indians of the New World)* verfaßte. In diesem Werk räumte er außerdem die Möglichkeit ein, daß die Indianer auch aus Karthago, Atlantis oder Ostasien stammen könnten.[16]

Die Jesuiten zeigten sich wenig angetan von Garcias Thesen. So tat José de Acosta die Theorie von den verlorenen Stämmen als Phantasterei ab; statt dessen vertrat er die – von der modernen Wissenschaft bestätigte – Auffassung, daß die Indianer in mehreren Invasionswellen über eine Landbrücke von Asien gekommen seien. Die Sucher nach den verlorenen Stämmen ließen sich aber nicht abschrecken. Mitte des 17. Jahrhunderts schrieb Antonio de Montezinos, ein portugiesischer Jude, daß er bei der Erforschung des Landesinneren von Ecuador auf einige Indianer gestoßen sei, die Reue über die Mißhandlungen zeigten, die sie »einem heiligen Volk« zugefügt hatten. Hätten sie diese Menschen nicht in die Wälder getrieben, wo sie sich »nun versteckt« hielten, dann könnten sie sie nun bitten, sie von der spanischen Herrschaft zu befreien. Damals dachte Montezinos noch nicht daran, daß diese im Verborgenen lebenden Menschen

Juden sein könnten. Nachdem ihn aber die Inquisition in den Kerker geworfen hatte und er um Stärke betete, um ihren Foltern widerstehen zu können, habe er eine plötzliche Offenbarung erlebt: Eine innere Stimme habe ihm gesagt: »Diese Leute waren Juden!«[17]

Nach seiner Freilassung, so berichtete Montezinos weiter, habe er sich noch einmal in den Urwald begeben, habe seine indianischen Gewährsleute auch gefunden und sei von ihnen zu drei Männern und einer Frau gebracht worden, die ihn mit folgenden Worten begrüßten: »Sherma, Yisrael, Adonai Elohenu Adonai Ehod« – »Höre, O Israel, der Herr unser Gott, der Herr ist einzig«. Sie sagten ihm, daß sie vom Stamme Ruben seien, daß der Stamm Joseph sich ganz in der Nähe aufhalte und daß »der Gott dieser Kinder Israels der wahre Gott« sei und alles, was auf ihren Gebotstafeln stehe, wahr sei. »Am Ende der Tage werden sie Herren über die ganze Erde sein.« Montezinos versprach, mit zwölf bärtigen Männern in den Urwald zurückzukehren, die die Überlieferungen dieser verlorenen Stämme niederschreiben sollten, denn sie hatten die Kunst des Schreibens vergessen; dann verließ der Portugiese Ecuador und brach nach Europa auf.[18]

Er begab sich zur Amsterdamer Gemeinde der Sephardim (der spanisch-portugiesischen Juden), wo er den ehrenwerten Rabbi Manasseh Ben Israel von dem Wahrheitsgehalt seiner Geschichte überzeugte. Dieser konnte ihm zwar keine zwölf bärtigen Schreiber zur Verfügung stellen, besaß aber eine eigene Druckerpresse und begann auf diese Weise, den Bericht über die verlorenen Rubeniten und Josephiten zu verbreiten. Ein in Holland lebender englischer Kleriker namens John Drury überbrachte die gute Nachricht einem anderen Geistlichen in England, Thomas Thorowgood. Dieser wiederum schrieb darüber ein Buch mit dem Titel *Jews in America, or Probabilities that those Indians Are Judaical.* Durch Thorowgood gelangte die neue Lehre über das Alte Testament schließlich zu Reverend John Eliot aus Roxbury in Massachusetts, der daraufhin seine Anstrengungen zur Bekehrung der Algonkin verdoppelte.

Eliot betätigte sich ebenfalls als Autor und verfaßte eine Übersetzung der Bibel in die Algonkin-Sprache, die seine Missionsbestrebungen unterstützten sollte – er und Roger Williams gehörten zu jener Gruppe von Puritanern, die immer noch an der Auffassung festhielten, daß die Indianer Menschen seien und daher die Erlösung verdienten. Damit befand er sich im Widerspruch zu der orthodoxeren Auffassung, daß sie einer niedriger stehenden Gattung von Lebewesen angehörten, die von der reinigenden Kraft der Engländer hinweggefegt werden müßten. Die menschliche Natur der Indianer war für den Theologen Cotton Mather ebenso ungewiß wie es die Menschlichkeit der Schwarzen für Jefferson war. Mather machte sich über Eliots »unter den Indianern verschollene Israeliten« und über andere »gelehrte Männer« lustig und attackierte sie, weil sie Manasseh Ben Israel ernst nahmen.[19]

Dieser war derweil nicht untätig gewesen. In seiner Schrift *Hope of Israel*, die auf lateinisch und spanisch veröffentlicht wurde, vertrat er weitgehend die gleichen Ideen wie de Acosta, jedoch mit einer Abweichung: Seiner Auffassung nach waren die jüdischen Indianer mit anderen Auswanderern über die »Meerenge von Anian« aus Asien gekommen, nachdem die verlorenen Stämme durch die assyrische Eroberung Israels versprengt worden waren. Und er fügte Montezinos Geschichte noch eine andere Legende aus den Anden hinzu: Es würden dort große, weißbärtige Patriarchen leben, die sich mit der gleichen Verachtung weigerten, ein Kanu zu benutzen, mit der ein Doge es ablehnen würde, eine Gondel vorwärtszubewegen.[20]

Hope of Israel hatte beträchtlichen Einfluß auf diejenigen Engländer, die eher dazu tendierten, die Indianer zu bekehren, als sie auszurotten. Nicht nur die Puritaner um Roger Williams glaubten, ihre Forderung nach Respekt für die Indianer damit begründen zu können, daß die ein alttestamentarisches Volk seien; die Quäker-Siedler in Pennsylvania und New Jersey waren der gleichen Überzeugung, und ähnliches galt auch für die Quäker-Händler, die die Vorteile einer Übereinstimmung mit ihren sephardischen Kollegen kennengelernt hatten. William Penn berichtete, daß die Indianer Pennsylvanias den Juden Londons ähnelten.

In den zwanziger Jahren des 19. Jahrhunderts hatte sich unter den reformierten Protestanten die Meinung verbreitet, daß man mit den Indianern vorsichtiger umgehen sollte, als es eine rein imperiale Politik erforderte. Dieses Zartgefühl wurzelte in der Auffassung, daß sie sozusagen eigentlich gar keine Indianer seien. Während andere eine Vernichtung der blutrünstigen Wilden forderten, verlangten die

Reformierten etwas Rücksicht zumindest für die verarmten Nachkommen der verlorenen Stämme, die ebenso Erlösung finden könnten wie die Juden des Neuen Testaments. Diese Spielart des Puritanismus lebte 1823 wieder auf, als Ethan Smith sein Werk *View of the Hebrews; or the Lost Tribes of Israel in America* (»Betrachtung der Hebräer oder die verlorenen Stämme Israels in Amerika«) veröffentlichte. Der Autor war in keiner Weise mit Joseph Smith verwandt, dem Gründer der »Kirche Jesu Christi der Heiligen der letzten Tage«, das heißt der Mormonensekte, doch enthält Ethan Smiths Buch Passagen über Schlachten und die Vernichtung von Stämmen, die das *Buch Mormon* vorwegnahmen.

Der konventionelle Protestantismus hatte im 19. Jahrhundert kaum Interesse an einer Bekehrung der Indianer gezeigt – *das* hatte man den Katholiken, Herrnhuter Brüdern und Quäkern überlassen. Nur wenige der Sekten, die in der Zeit zwischen 1820 und 1840 aufblühten, räumten die Möglichkeit ein, daß die Indianer religiöse Einsichten haben könnten, die die Aufmerksamkeit orthodoxerer Protestanten oder Katholiken verdienten. Die Folge war, daß die religiöse Kunst der amerikanischen Ureinwohner in großem Umfang zerstört wurde und daß sogar das wissenschaftliche Interesse an der Architektur der »Wilden« unter den orthodoxen Protestanten ebenso nachließ wie unter den Deisten und Unitariern.

All dies galt jedoch nicht für diejenigen, die an die These von den verlorenen Stämmen glaubten. Wenn die Indianer ein alttestamentliches Volk waren, dann verdienten sie es wohl auch, errettet zu werden, und ihre Kunst ebenso. So begegnen die Mormonen – die größte jener christlichen Religionsgemeinschaften, die die Herkunft der Indianer auf die verlorenen Stämme zurückführen – den amerikanischen Ureinwohnern seit jeher mit Respekt. Das heißt nicht, daß die Jünger Joseph Smiths die religiösen Lehren der Indianer besonders achteten. Im Gegensatz zu anderen Amerikanern sahen sie die amerikanischen Ureinwohner jedoch nicht als Untermenschen an, die man mit Recht vernichten durfte. Die Mormonen bemühten sich, die Indianer zu ihrem Glauben zu bekehren, und sie zeigten sich von ihrer Architektur fasziniert.

Joseph Smith, Nephiten und Jarediten

Das Mormonentum lehnte den Deismus und Szientismus der Gründerväter ab. Die Zeitgenossen Joseph Smiths, Mormonen wie Nicht-Mormonen, entdeckten das Alte Testament wieder, und nachdem die alten Schriften wieder in Umlauf gekommen waren, ergänzte man sie mit neuen Texten, von denen das Buch Mormon das berühmteste ist. Es stellt die bei weitem erfolgreichste Verschmelzung von persönlicher Offenbarung, archäologischer Beschreibung und literarischem Bekehrungswerk dar, die es in der Geschichte des Christentums jemals gegeben hat. Es ist jedoch weder das einzige noch das erste Werk seiner Art.

Die Visionen Joseph Smiths bildeten den Höhepunkt einer Reihe von Offenbarungen, die mit Duran, Garcia und Montezinos begonnen hatte und durch die Arbeit von Thorowgood und Eliot fortgesetzt worden war. Smith wurde 1805 in Vermont geboren und wuchs in dem Dorf Palmyra südlich von Rochester im Staate New York auf. In der Umgebung des Ortes gab es viele indianische Mounds, und im westlichen Teil des Staates versetzten Priester wogende, betende Menschenmengen mit Predigten in Verzückung, deren Sprache dem Rhythmus des Alten Testaments folgte und in denen sie Bibelpassagen kaum unterscheidbar mit ihren eigenen Erleuchtungen mischten. Die Luft war erfüllt von hebräischen Versen, und der Tagesablauf war durch Gebete und Gebetsversammlungen strukturiert, die so oft stattfanden, wie es die Alltagspflichten zuließen. Diese biblische Atmosphäre breitete sich über eine Landschaft aus, deren Gesicht durch prähistorische Mounds geprägt war, in der ein alter europäischer Volksglaube von magischen Steinen kündete und jüdische Erzählungen über Steintafeln kursierten, die Weisheit und göttliche Gebote vermittelten.

Smith war ein Seher, der über ein erstaunliches Gedächtnis verfügte. Er war als Geisterbeschwörer und Wünschelrutengänger aufgetreten und mit dem Gesetz in Konflikt geraten, weil er seinen Nachbarn »heilige Steine« zur Schatzsuche angeboten hatte. Smith war der Sohn leidenschaftlich religiöser Eltern, die profunde Kenntnisse der Heiligen Schrift besaßen und in einer Region lebten, in der so viele fanatische Sekten aus dem Boden schossen, daß sie als der »verbrannte Bezirk« bezeichnet wurde. Visionen und Beschwörungen häuften sich, als man das Alte Testament auf der Suche nach der Wahrheit durchforstete. Es war eine ruhelose Zeit, in der ganz Amerika haltlos nach Westen, Norden und Süden auseinanderzustreben schien und die Menschen verzweifelt nach Kontinuität suchten. Diese fanden sie zum Teil in alten religiösen Schriften, vor allem im Alten Testament, welches die Chronik eines Volkes darstellt, das trotz Zerwürfnissen und Katastrophen niemals seine Identität verlor – eine Geschichte, die für die Amerikaner des 19. Jahrhunderts besonders tröstlich war.

Eine andere Form der Kontinuität fanden die Menschen auf dem Land, auf dem sie lebten: Die Mounds, die weithin sichtbar und geheimnisvoll in Ohio und im westlichen New York aufragten, zeigten an, daß dieser Kontinent eine alte Geschichte hatte.

Das Mormonentum entsprach ebenfalls einer Sehnsucht nach Kontinuität, weil es Gemeinschaft zwischen den Menschen herstellen wollte. Dabei wurde eine Synthese aus der alten Geschichte Amerikas und der alten jüdischen Theologie geschaffen. Das Alte Testament wurde als Erklärung für die Geheimnisse der Archäologie herangezogen; die Mormonen wurden zu den legitimen Erben sowohl der Moundbuilder als auch der alttestamentlichen Juden. Die Gebotstafeln von Joseph Smith erklärten sie für verwandt.

Im Jahre 1827 verbreiteten Smiths Nachbarn das Gerücht, er habe einen Schatz gefunden, der in irgendeiner Weise die Wahrheit über die Moundbuilder offenbare. Smith hatte einigen von ihnen erzählt, daß ihm der Engel Moroni erschienen sei; er und sein Vater Mormon seien die beiden einzigen Überlebenden eines der verschollenen israelitischen Stämme, der Nephiten, gewesen. Sie hätten in dem Berg Cumorah im westlichen New York Goldtafeln oder -platten vergraben, die die Geschichte der Erdarchitekten erzählten, welche in drei Wanderungswellen mit dem Schiff aus Asien gekommen seien. Die erste Gruppe seien im Jahre 2000 v. Chr. die Jarediten gewesen, denen es eine Zeitlang wohl erging, die dann aber Unglück, Hungersnöte und einen Bürgerkrieg erlebten, der in der ersten Schlacht von Cumorah gipfelte. Es hätte jedoch einen Überlebenden gegeben, den Geschichtsschreiber Ether, der seine eigenen goldenen Tafeln in dem Hügel vergrub, den später auch Mormon und Moroni benutzten.

Vierzehn Jahrhunderte später, so Smith weiter, entkamen die Gefolgsleute des Propheten Lehi der Zerstörung Jerusalems durch die Babylonier und gelangten ebenfalls nach Amerika, wo ihnen die gleiche Tragödie widerfuhr wie den Jarediten. Erneut keimte Zwietracht; sogar die Moundbuilder-Nachfahren von Nephi, Lehis rechtschaffenem Sohn, gingen ihrer Tugend verlustig und wurden von den verderbten Lamaniten in der zweiten Schlacht am Cumorah-Berg besiegt. Die Nephiten hatten die verlorenen Tafeln Ethers wiederentdeckt, und als ihre eigene Zeit gekommen war, wußten sie, wo sie ihre eigenen goldenen Chroniken verstecken sollten. Dies taten Mormon und Moroni, deren Tafeln dann von Smith entdeckt wurden.

Im Laufe des Jahres 1827 diktierte Smith das Buch Mormon – das auch die Geschichte der Moundbuilder-Indianer enthielt – in einem sprachlichen Stil und Rhythmus, der stark an das Alte Testament erinnert. 27 000 der insgesamt 275 000 Wörter in seinem Buch lehnen sich eng an die King-James-Bibel an. Smith saß hinter einem Vorhang und las, wie er sagte, von Mormons und Moronis Tafeln, wobei er »Sehersteine« benutzte, während seine Frau seine Worte niederschrieb.[21]

Damit wurde Smith zum Stifter der einzigen Weltreligion, deren Lehren sich auf archäologische Entdeckungen in Amerika stützen. Da die Indianer niemals versuchten, Europäer oder Afrikaner zu ihren Glaubensprinzipien zu bekehren, ist das Mormonentum auch die einzige Weltreligion, in der die Geschichte der Indianer eine zentrale Rolle spielt.

1844 wurde Smith in einem Gefängnis in Illinois gelyncht. Nach seinem Tode fügte sein Nachfolger Brigham Young dem neuen Zionismus des Westens die leidenschaftliche Religiosität der an Mounds reichen Landschaft im Westen des Staates New York hinzu. Das Mormonentum hatte in den Mounds seine Wurzeln; Smith und Young hatten behauptet, daß die verlorenen Stämme Israels nach Amerika gekommen seien, und hatten damit die Existenz der Mounds erklärt. Laut Duran und Ben Israel hatten die verlorenen Stämme Zuflucht in der Neuen Welt gefunden, und es ist gewiß kein Zufall, daß sie gerade im 16. Jahrhundert »wiederentdeckt« wurden, als die Juden aus Spanien vertrieben und durch ganz Europa gehetzt wurden. Ein neues, edleres Israel mochte eines Tages aus ihren Leiden erstehen, und manche meinten, daß dieses in Gestalt von Brigham Youngs Zion geschehen sei. Die Mounds waren zu einer religiösen Angelegenheit geworden. Verschollene Gebotstafeln und verlorene Stämme spielten nun eine zentrale Rolle, während die wissenschaftliche Erkenntnis in den Hintergrund trat.

Der Auftritt der Waliser

Es gibt einige Passagen im Buch Mormon, in denen behauptet wird, daß die Lamaniten mit der typischen Hautfarbe der Indianer geschlagen waren, jener kupfernen oder rötlichen Tönung, die manche von ihnen (obwohl bei weitem nicht alle) annahmen, wenn sie der Sonne ausgesetzt waren, während die Europäer sich die Haut verbrannten oder eine rosige Farbe bekamen. Dies mag keine besonders edle Erklärung für die Hautpigmentierung von Menschen sein, aber sie war immer noch wohlwollender als eine Theorie, die zur gleichen Zeit in Umlauf kam und der zufolge die Mounds von rosahäutigen Menschen erbaut worden waren, die im Mittelalter aus Wales gekommen seien. Diese Möglichkeit erschien vielen Menschen dieser Hautfarbe naheliegend, darunter auch Thomas Jefferson. Sie erforderte nämlich kein so radikales Umdenken wie die Theorie von den verlorenen Stämmen, da die Indianer hier nicht als Abkömmlinge eines auserwählten Volkes erschienen, was sie befähigt hätte, Großes zu leisten. Statt dessen durfte man unter diesen Voraussetzungen annehmen, daß lediglich eine kurze Zeit lang einige wenige Waliser auf dem amerikanischen Kontinent durch die Konstruktion von Mounds aktiv geworden seien und daß deren Nachfahren abgeschieden am oberen Missouri lebten. Die restlichen Indianer konnten auf diese Weise immer noch als Wilde betrachtet werden, ob edel oder nicht.

Jefferson war ein keltischer Typ – wer ihn und Alexander Hamilton kannte, dem fiel ihre helle Haut, ihr rötliches Haar und ihre geröteten Wangen auf. Wer die Angehörigen des Mandan-Stammes vom Oberlauf des Missouri gesehen hatte, stellte fest, daß sie ebenfalls eine helle Haut, oftmals braunes und manchmal rotes, ins Gräuliche spielendes Haar und blaue Augen hatten. In den letzten Jahrzehnten

des 18. Jahrhunderts führten ein dünkelhaftes ethnisches Wunschdenken, imperiale Propaganda und die unerklärlichen Haut-, Augen- und Haarfarben mancher Indianer viele Menschen zu der Überzeugung, daß die Mandan die Nachfahren walisischer Moundbuilder seien. Sogar die Franzosen, die keinen Grund hatten, den Walisern unter den Europäern in Amerika eine Vorrangstellung einzuräumen, hatten die Unterschiede zwischen den Mandan und anderen Indianern bemerkt. Zu den ersten, die dessen gewahr wurden, gehörten die beiden Söhne eines adligen Pelzhändlers, des Sieur de La Verendrye, die 1738 zu den am Oberlauf des Missouri liegenden Siedlungen der Mandan vordrangen. Galant bemerkten sie, daß die Mandan-Frauen nicht wie Indianerinnen wirkten und »recht gutaussehend [seien], insbesondere die hellhäutigen; viele von ihnen haben blondes oder helles Haar«. Die Festungswerke der Mandan, so fügten die beiden jungen Männer hinzu, seien »nicht typisch indianisch«.[22]
1794 erhielten die Mandan Besuch von John Evans, einem glühenden Verfechter der Theorie, daß es eine walisische Enklave in North-Dakota gebe. Ein Jahrzehnt vor Lewis und Clark reiste Evans den Missouri stromaufwärts, der damals noch Teil des spanischen Imperiums war. Obwohl er enttäuscht feststellen mußte, daß die Mandan nicht so walisisch aussahen, wie er gehofft hatte, bestand er darauf, daß ihre Sprache walisische Wörter enthielt. Vielleicht hatte er recht. Wie könnten wir seine Behauptungen widerlegen? Evans hatte ebensoviel Grund, Waliser am Missouri zu vermuten, die »Festungen« bauten, deren Konstruktion man den Indianern damals nicht zutraute, wie Joseph Smith Anlaß hatte, nach Israeliten zu suchen, die in den Mounds im westlichen New York begraben waren.
Warum aber ausgerechnet Waliser? Nicht wegen eines besonderen Leids, das ihnen widerfahren wäre, sondern wegen ihres ethnischen Stolzes. Jefferson scheint die These, daß die verlorenen Stämme Israels die Schöpfer der Mounds im Mittleren Westen seien, nicht ernst genommen zu haben. Er war kein fanatischer Anhänger des Alten Testaments, sondern ein Kind der Renaissance, der lieber an elisabethanische Mythen glaubte, die aus den psychischen Bedürfnissen von Menschen seines Schlages hervorgegangen waren. Die Elisabethaner hatten versucht, Wissenschaft, klassischen Humanismus und den glühenden ethnischen Stolz von Walisern und Englän-

dern zu einer instabilen Mischung zu verschmelzen, die den anglo-walisischen Hof von Königin Elisabeth beherrschte – jener walisischen Prinzessin, deren Großvater einem englischen Fürsten die Krone entrungen hatte. Amerika war das nächste Königreich, das sie zu erobern hofften, indem sie es Spanien entrissen.

Die größten Teile des spanischen Imperiums in der Neuen Welt waren von Hernán Cortés erobert worden, der 1519 in Mexiko einmarschiert war. Manche Berichte über die Reaktionen der Azteken auf diese Eindringlinge ließen sich mit etwas Findigkeit im Sinne der anglo-walisischen Bestrebungen deuten. Könnte etwas Wahres an der Geschichte sein, daß Cortés bei seiner ersten Begegnung mit Montezuma von diesem auf walisisch begrüßt wurde? Und lag nicht offenbar einer der Gründe für Cortés' Erfolg darin, daß Montezuma ihm zunächst keinen Widerstand entgegenbrachte, sondern seine Ankunft im Gegenteil als Erfüllung einer Verheißung verstand, die besagte, daß einst bärtige weiße Männer übers Meer zurückkehren würden? Wenn er Cortés auf walisisch ansprach, dann mußte er erwartet haben, daß dieser als weißer Mann ebenfalls in dieser Sprache antwortete.

Die ganze Waliser-Theorie fußte auf der Annahme, daß die Azteken die Sprache vier Jahrhunderte zuvor von den Begleitern Fürst Madocs von Wales gelernt hatten, der 1170 mit zehn Schiffen aufgebrochen war, um das Meer im Westen zu erkunden, und niemals zurückkehrte. Es kam den imperialen Interessen der Briten entgegen, daß die Waliser im 12. Jahrhundert schon vor Cortés die Neue Welt erreicht haben sollten, denn auf diese Annahme konnte Elizabeth Tudor, die Königin von England, einen älteren Anspruch auf den Kontinent gründen als die Könige von Spanien.

Elisabeths Geheimdienstchef Sir Francis Walsingham zeigte sich hocherfreut über die erste schriftliche Bestätigung der vorrangigen Ansprüche des englischen Throns, die im Jahre 1538 Sir George Peckham für ihn verfaßt hatte. Peckhams Bericht über die »genauen Worte Mutuzumas, die in den spanischen Chroniken niedergelegt sind ... sprechen alle in ausreichendem Maße für den unzweifelhaften Anspruch Ihrer Majestät«, der sich von »Fürst Madocke« herleite.[23]

Ein Jahr später, 1584, veröffentlichte David Powell seine *History of*

Cambria (Wales), in der die Spekulationen jenes Mannes, von dem Peckham seine Informationen bezogen hatte, schriftlich niedergelegt wurden: John Dee. Dee hatte viel mit Joseph Smith gemeinsam. Auch er wurde oft als Zauberer bezeichnet – als »Teufelsanrufer« –, obwohl beide eher wegen ihrer »Engelsgespräche« berühmt wurden. Dee war der weltgewandtere von beiden. Während Smith nur ein armer Bauernjunge war, hatte Dee die Gelegenheit, in Prag und Löwen ein Mathematik- und Geographiestudium zu absolvieren und sich außerdem jene alchimistischen Kenntnisse anzueignen, die ihm den Namen eines »Erzzauberers von England« eintrugen. Er diente solchen elisabethanischen Unternehmen wie der Muscovy Company und der Company of Cathay als wissenschaftlicher Berater und nahm Jeffersons Forschungsvorhaben vorweg, indem er den Briten riet, selbst nach einer Nordwestpassage zum Pazifik zu suchen.[24]

Dee hatte den englischen Königshof 1578 zum ersten Mal auf die alte Legende hingewiesen, daß Fürst Madoc von Wales der erste Entdecker und Kolonisator Amerikas gewesen sei. Das Originalmanuskript jener Schrift, in der Dee für die »Königlichen Ansprüche« eintrat, ging verloren, doch erschien 1580 eine gedruckte Fassung. Verlorene Manuskripte spielen in der Geschichte der elisabethanischen Wiederentdeckung der Madoc-Legende – oder ihrer Wiederverbreitung – überhaupt eine wichtige Rolle. Richard Hakluyt, Geographieprofessor in Oxford, erklärte im Anschluß an Dee, daß sie beide ihre Aussagen auf ein verlorenes Manuskript von Humphrey Llywyd stützten, der sich wiederum auf ein anderes verschollenes Manuskript von Caradog of Llancarvan beriefe.

Als die Unsicherheit all dieser Quellen offenbar wurde, trieb Walsingham einen englischen Seemann namens David Ingram auf, der bereit war zu bezeugen, daß er 1568 an der Golfküste ausgesetzt worden sei. Dort stieß er angeblich auf Elefanten, Flamingos, Pinguine und Indianer, die walisische Wörter verwendeten, um diese Tiere zu benennen.

Später tauchte noch ein anderer unfreiwilliger Forscher und »Sprachwissenschaftler« auf: Morgan Jones behauptete, daß er 1660 von den Doeg-Indianern in South Carolina gefangengenommen worden sei; diese hätten sein Leben geschont, weil er die gleiche Sprache benutzte wie sie – Walisisch. Die Öffentlichkeit gewöhnte sich im

Laufe der Zeit an solche Geschichten, und 1770 kamen walisische Amateurforscher in London zusammen, um die Berichte über Walisisch sprechende, weiße Indianer zu sammeln. Passenderweise gab es auch einen Briten, der zum Indianer geworden war, nämlich William Augustus Bowles, der behauptete, Häuptling der Muskogee in der Mound-Region von Alabama zu sein, und eine begierige Zuhörerschaft gerne darüber informierte, daß es direkt hinter dem westlichen Horizont weiße, Walisisch sprechende Indianer gab – die Padoucah. 1784 berichtete Jonathan Carver, der eifrigste Sammler unter den Mythenbildnern, daß am Missouri Menschen lebten, die »weißer als die benachbarten Stämme [seien], den Boden kultivierten und ... in gewissem Umfang auch die Künste«. Damit kommen wir über Wales, Mexiko, die Golfküste, South Carolina, Alabama und die kurzlebigen Padoucah zurück zu den Mandan.[25]

Jefferson besaß ein Exemplar von Carvers *Travels* und war um 1803 mit den angeblichen Reisen seiner Vorfahren bestens vertraut. Morgan Jones hatte der Welt von Walisern erzählt, die mit Fürst Madoc nach Amerika gesegelt waren und Mounds errichtet hatten; Morgan Edwards, der Chronist der amerikanischen Baptisten, hatte in den achtziger Jahren des 18. Jahrhunderts verkündet, daß es zahllose Berichte über ihre Nachkommen gebe, die von so unterschiedlichen Quellen wie Daniel Boone und Simon Girty überliefert worden seien. In Tennessee suchte John Sevier sogar während eines Feldzugs gegen die Cherokee nach Hinweisen auf Madoc. Nachdem er ein Zeremonialzentrum am Hiwassee River, das er »Old Stone Fort« nannte, zum Werk von Walisern erklärt hatte, forderte er während einer Kampfpause Oconostota, den Anführer der Cherokee-Krieger, auf, er möge die Möglichkeit bestätigen, daß diese mit Steinen verstärkten Erdwerke von einer weißen Rasse erbaut worden seien, die vor den Cherokee an diesem Ort gelebt hätten. Oconostota tat ihm den Gefallen und schmückte die Geschichte mit viel Phantasie aus.

Und als ob es damit nicht genug gewesen wäre, gab John Filson (oder Daniel Boone – es steht nicht fest, welcher von beiden) zum besten, daß

> Captain Abraham Chaplain ... ein Gentleman, dessen Glaubwürdigkeit über alle Zweifel erhaben ist, dem Autor versichert hat, daß im letzten Krieg [1775 bis 1781, während er in Kaskaskia unter George Rogers Clark

> kämpfte] ... einige Indianer herbeikamen, die sich, da sie walisischen Dialekt sprachen, perfekt verständlich machen konnten und sich mit zwei Walisern in seiner Kompanie unterhielten.[26]

Auf der Suche nach der Wahrheit sollte man kein Zeugnis außer acht lassen, so unglaubwürdig es auch scheinen mag. Dies wußte auch Jefferson. Als er daher Lewis und Clark auf den Spuren von Verendrye und Evans den Missouri stromaufwärts schickte, trug er ihnen auf, Walisisch sprechende, weiße Indianer zu finden. Und zwei ihrer Leute berichteten, daß ihnen das auch gelungen sei.

Als Lewis und Clark zu den Rocky Mountains unterwegs waren, schrieb in England der Dichter Robert Southey sein endloses und einträgliches Epos *Madoc*. Viele Amerikaner walisischer Abstammung behaupten noch heute, daß die Moundbuilder eine Gruppe für sich darstellten und daß sie walisischer Abkunft seien. Noch in den achtziger Jahren unseres Jahrhunderts verkündete eine Gedenktafel, die von den »Töchtern der amerikanischen Revolution« (Daughters of the American Revolution) an der Mobile Bay angebracht worden war, daß an diesem stolzen Ort der walisische Fürst seinen Fuß auf amerikanischen Boden gesetzt hätte. Die Tafel wurde erst kürzlich entfernt.

Warum aber Waliser? Das Bestreben der walisischen Tudor-Dynastie, einen den Spaniern vorgeordneten Anspruch auf den amerikanischen Kontinent geltend zu machen, haben wir bereits erwähnt. Später trat dann für die Europäer das Erfordernis in den Vordergrund, den Indianern ihren Status als vollwertige menschliche Wesen abzusprechen, um keine Rücksicht auf sie nehmen zu müssen. Wenn die Indianer, wie Jefferson einst behauptet, später aber widerrufen hatte, einer monumentalen Architektur nicht fähig sein sollten, dann käme dieser Auffassung natürlich eines sehr gelegen: Hinweise auf walisische Moundbuilder, die nur wenige, mischblütige Nachkommen gezeugt hatten, welche überdies einer Pockenepidemie zum Opfer gefallen waren. Es ist jedoch unwahrscheinlich, daß Jefferson hoffte, Lewis und Clark würden die Madoc-Theorie bestätigen können. Auch Evans hatte die nordwestlichsten Flecken des spanischen Reiches nicht erkundet, um die amerikanischen Ureinwohner abzuwerten, sondern um die spanischen Ansprüche auf diese Gebiete durch die der angelsächsisch-keltischen Völker zu

ersetzen. Jeffersons bester Informant vor der Expedition von Lewis und Clark war Winthrop Sargent, und dieser war nicht überzeugt, daß die Mounds im Ohio-Tal das Werk von Walisern waren. Für Jefferson wäre eine solche Suche aber nur aus ernsthaftem wissenschaftlichem Interesse gerechtfertigt gewesen.[27]
Jefferson hatte aber auch, wir erinnern uns, eine imperiale Vision. Er wollte mit Hilfe von Lewis und Clark den Anspruch der Vereinigten Staaten auf das Missouri-Tal, auf die Pazifikküste und auf den Weg nach Cathay betonen. Um eine solche Route zu finden, hatten Ferdinand und Isabella von Spanien Columbus und Cortés entsandt und auch Elisabeth von England hatte die Legende von Madoc benutzt, um ihre imperialen Ziele und die Suche nach einer Nordwestpassage – den Wasserweg nach Cathay – voranzutreiben.

Zwischen Europa und Asien gab es in der Tat Völker, die für die Geschichte verloren waren: die Völker Amerikas, die Bauwerke aus Erde errichteten. Jeffersons wachsendes Erstaunen über die Leistungen der frühen Bewohner des Ohio- und Mississippi-Tals steigerte noch seine Neugier auf mögliche »Monumente«, die Lewis und Clark auf ihrem Weg nach Westen entdecken könnten. Und vielleicht stand hinter der von ihm initiierten Expedition noch ein anderes, durch seine ethnische Herkunft bedingtes wissenschaftliches Interesse: nämlich die Frage, inwieweit die von John Evans' erstellte Landkarte, die er Lewis und Clark zusandte, die tatsächlichen Verhältnisse wiedergab. Schließlich sei es Evans' ursprüngliches Vorhaben gewesen, die walisischen Indianer zu suchen, die am Oberlauf des Missouri leben sollten.[28]
Infolge der europäischen Krankheiten, die durch diese Expeditionen verbreitet wurden, insbesondere die Pocken, wurde der Stamm der Mandan bis 1840 praktisch ausgerottet. Wir werden nie erfahren, ob sie jemals Mounds errichteten und wo ihre besondere Haut-, Haar- und Augenfarbe herrührte. Und da heute keine reinblütigen Mandan (was auch immer das heißen mag) mehr leben, bestand für die Genetiker auch keine Möglichkeit, ihre biologische Herkunft mit den wissenschaftlichen Mitteln des 20. Jahrhunderts zu erforschen.

Um 1840 war der von Jefferson und Gallatin verbreitete wissenschaftliche Geist zwar immer noch lebendig, doch wurde er bereits von einer Rassenapologetik unterminiert. Die Leistungen der Indianer wurden heruntergespielt, indem alles, was an ihren Werken interessant war, Menschen anderer Herkunft – fast egal, welcher – zugeschrieben wurde. Was um 1570 mit der Propaganda der Tudor begonnen hatte, wurde ab 1840 mit der wissenschaftlichen Rechtfertigung von Rassenvorurteilen fortgesetzt.

Ein apologetisches Allerlei

Die erste Generation von archäologisch interessierten amerikanischen Politikern brauchte keine exotischen Völker, um sich die Entstehung der monumentalen Architektur zu erklären, die im Stromgebiet des Mississippi entdeckt worden war. Wie wir gesehen haben, gingen Jefferson, Gallatin und Washington schlicht davon aus, daß die Menschen, die sie im Tal antrafen, die direkten Nachfahren anderer Indianer waren, die sich günstigerer Lebensbedingungen hatten erfreuen können – »ein menschenreicheres Volk«, aber kein Volk anderer Herkunft. Die christlichen Theologen jedoch begannen schon früh, amerikanische Demonstrationsbeispiele für jene Bibeltexte zu suchen, die sie für ihre Predigten heranzogen. So ersetzte Ezra Stiles aus Yale die verlorenen Stämme durch die Kanaaniter, die von den Israeliten aus Palästina vertrieben worden waren.

Stiles unterbreitete seine Bibelexegese Benjamin Franklin, der aus Paris antwortete, er hielte eher de Soto als irgendeinen Kanaaniter für das Oberhaupt der Moundbuilder. Doch eigentlich hätte Franklin es besser wissen müssen: Zu jener Zeit hatten die Berichte über de Sotos Expedition schon breite Bekanntheit erlangt und ließen deutlich erkennen, daß die Indianer, mit denen de Sotos Truppen zusammengeprallt waren, immer noch Mounds bauten und auch benutzten. Dennoch wurden viele dieser architektonischen Werke als »Spanish Forts« bezeichnet, vor allem in Tennessee und Mississippi, wo man tatsächlich spanische Befestigungswerke hätte erwarten können. Manche dieser indianischen Bauwerke existieren heute noch, obwohl sie errichtet wurden, lange bevor es das spanische König-

reich gab. Viele standen bereits, als Rom und Karthago noch nicht existierten.
Benjamin Barton war wie die meisten Menschen lernfähig, doch begann er seine Reisen den Ohio hinab mit beträchtlichen Vorurteilen. Obwohl diese im Lesesaal der American Philosophical Society relativ wenig Schaden anrichten konnten, waren sie der praktischen wissenschaftlichen Arbeit vor Ort nicht förderlich. Barton hatte die Isländer-Sagas gelesen und konnte daher den Stolz der Skandinavier auf die Wiederentdeckung ihrer Vergangenheit vorwegnehmen: Er behauptete, daß dänische Wikinger nach Mexiko gesegelt und dort zu Tolteken geworden seien, welche als die Vorfahren der Moundbuilder anzusehen wären. De Witt Clinton, der Initiator des Erie-Kanals und Bürgermeister von New York, stimmte Barton 1811 zu, nachdem er die Mound-Bauten im Staate New York untersucht hatte – ein Jahrzehnt bevor Joseph Smith seine Mormon-These aufstellte.
Die Tolteken allein hätten schon eine passable Theorie ergeben, doch ihnen auch noch Wikingerblut zuzusprechen, rückte sie fast schon in die Nähe der Angelsachsen. Außerdem ließen diese »wikingischen« Tolteken die ansonsten nur schwerverdauliche Legende eines Toltekenkönigs namens Quetzalcoatl plausibel erscheinen, der einen Bart trug und eine helle Hautfarbe hatte. (Der Wikinger Quetzalcoatl darf indes nicht mit dem walisischen Barden oder jüdischen Dichter Montezuma verwechselt werden.)
Bischof James Madison schloß sich Bartons These von den dänischstämmigen Moundbuildern nicht an, und Thaddeus Harris und Caleb Atwater ebensowenig. Harris und vielen anderen nach ihm war die Vorstellung von fremden Völkern, die im Ohio-Tal am Werke gewesen sein könnten, durchaus sympathisch, doch mußte es sich dabei keineswegs um nicht-indianische Einflüsse handeln. Auch die Mexikaner konnten als Kulturbringer fungieren – daher hielt Harris die Tolteken-Hypothese unter Auslassung der Wikinger für einleuchtend.
Tolteken und Azteken lebten zwar weit entfernt im zentralen Hochtal von Mexiko, aber sie waren der literarischen Welt Bostons besser bekannt als die Indianer im Mississippi-Tal. Prescott, Stephens und Catherwood wirkten eher als Literaten denn als Archäo-

logen, als sie Ortsnamen ersannen wie die »Aztec ruins« in New Mexico, die »Toltec site« in Arkansas, »Montezuma's Castle« und »Montezuma's Well« in Arizona und die »Aztalan Mounds« in Wisconsin.

Die in den zwanziger Jahren des 19. Jahrhunderts am weitesten verbreitete Auffassung war die von Atwater, William Henry Harrison, Albert Gallatin und Henry Brackenridge. Obwohl sie ihre Moundbuilder in einigem Abstand zu »jedem in der Neuzeit bekannten nordamerikanischen Indianerstamm« einordneten, gingen sie nicht davon aus, daß deren Leistungen nur durch »europäisches Blut« möglich gewesen seien.[29] Atwater hielt zwar hinduistische Einflüsse auf die indianische Kunst für möglich, führte dies aber darauf zurück, daß sowohl Hindus als auch Indianer aus Asien kämen. Gallatin betonte, er habe nicht den Eindruck, daß die Moundbuilder irgend etwas von den Tolteken gelernt hätten; eher sei es umgekehrt gewesen.

Und damit könnte er recht gehabt haben. Je mehr archäologische Erkenntnisse wir gesammelt haben, desto vorsichtiger sind wir bei unseren Vermutungen geworden, und heute müssen wir einräumen, daß wir einfach zu wenig wissen. Ein solches Eingeständnis verkauft sich jedoch nicht gut; Spekulationen sind da profitabler. So schlug Josiah Priest in den dreißiger Jahren des 19. Jahrhunderts in seinem pseudowissenschaftlichen Bestseller *Antiquities and Discoveries in the West* Polynesier, Griechen, Römer und Chinesen als mögliche Moundbuilder vor – alle waren willkommener als die Indianer. Romanciers der gleichen Periode wie Sarah J. Hale und Cornelius Matthews sowie der Dichter William Cullen Bryant (*The Prairies*, 1832) und Autoren aus der Mitte des Jahrhunderts wie Daniel Pierce Thompson erzählten rührende Geschichten von Helden und Heldinnen einer nicht näher definierten Rasse, die sich durch den Bau der Mounds hervortaten.

Damals wie heute spiegelten Romane und Dichtung weit verbreitete Einstellungen wider. Die Indianer wurden ausschließlich als Störfaktor angesehen. Nachdem die Sioux und Cheyenne sich dem Vordringen der Weißen nach Westen widersetzten und 1862 ihren fast dreißig Jahre dauernden Kampf um ihr Land begannen, wurde der Krieg gegen die Indianer zur »Bürde des weißen Mannes«. Diese

Bürde wurde dadurch erleichtert, daß man dem Feind jegliche positiven Eigenschaften – wie zum Beispiel architektonisches Können – absprach.

Wissenschaft nach Jefferson

Literatur ist eine Sache, Wissenschaft eine andere. Von 1790 an bis in die siebziger Jahre des 19. Jahrhunderts unterstützte die amerikanische Wissenschaft nahezu einhellig die Überzeugung der Gründerväter, daß die Mounds von Indianern errichtet worden seien. Samuel G. Morton, der Begründer der biologischen Anthropologie in den Vereinigten Staaten, erhärtete diese Auffassung, nachdem er Skelette aus den Mounds und aus jüngeren indianischen Gräbern miteinander verglichen hatte. Und mit der Veröffentlichung der Berichte von Squier und Davis im Jahre 1848 schloß sich auch die Smithsonian Institution dieser Lehrmeinung an.

Auch John Wesley Powell von der Smithsonian Institution, der vor allem als der einarmige Held bekannt wurde, welcher als erster den Grand Canyon erkundete, förderte die ernsthafte wissenschaftliche Erforschung der indianischen Vorgeschichte. Er wollte die bestehende Ignoranz abbauen, denn, so sagte er, »die Fehler, die wir gemacht haben, und das Unrecht, das wir den Indianern angetan haben ..., waren grausam und nicht zu entschuldigen, es sei denn, mit unserem Unwissen«.[30]

1873 wandte sich J. W. Foster, der Präsident der Chicago Academy of Sciences gegen die Position der Smithsonian Institution. Der Indianer, so meinte er, »zeichnet sich durch Verrat und Grausamkeit aus. Er widersetzt sich allen Versuchen, ihn aus seiner entwürdigenden Lage herauszuführen ... Soweit bekannt, hat er niemals aus eigenem Antrieb eine Unternehmung begonnen, die methodisches Arbeiten erforderte ... Die Annahme, daß eine solche Rasse ... symmetrische Hügel aufschütten könnte ..., ist absurd.«[31]

Damit war die Schlacht eröffnet. Als Powell im Jahre 1881 Cyrus Thomas zum Leiter des Smithsonian Bureau of Ethnology ernannte, war dieser, wie er später selbst bekannte, »fest überzeugt, daß ... die Moundbuilder eine eigene Menschenrasse gewesen seien, die sich von den Indianern unterschieden« hätten. Thomas änderte jedoch schließlich seine Meinung, obwohl er sich noch 1889 schwer tat, die präzisen Abmessungen der gewaltigen geometrischen Bauten von Newark »mit der Theorie zu vereinbaren, daß diese Erdwerke von Indianern errichtet wurden«. Von der Richtigkeit oder Unrichtigkeit dieser Theorie »hingen alle anderen Probleme ab«. Wenn diese architektonischen Werke tatsächlich von den Indianern errichtet worden waren, »dann tappte man nicht länger im dunkeln ... und ... mit den unzähligen wilden Theorien und Phantastereien wäre es endgültig vorbei«.[32]

Und genau das war 1894 der Fall, als Thomas den 730 Seiten umfassenden *Twelfth Annual Report of the Bureau of Ethnology (»Zwölfter Jahresbericht des Bureau of Ethnology«)* veröffentlichte, der all seine Zweifel und die aller ernsthaften Forscher auf diesem Gebiet ausräumte. Und er ging noch weiter: Mit dem Eifer eines Konvertiten attackierte er die Ungläubigen. Sie seien, so schrieb er, »der Verfälschung und Verdrehung [schuldig], ... des blinden Eifers ... [und] schwerer Irrtümer, auch dann, wenn diese nicht auf Betrug und Fälschung zurückzuführen seien«.[33] Frederick Jackson Turner war ein besserer Schriftsteller als Thomas. Seine These, daß die *Frontier* einen überragenden Einfluß auf die Entwicklung des amerikanischen Charakters hatte, wurde 1890 veröffentlicht, zur gleichen Zeit wie der Kommentar zum *Report of the Bureau of the Census* (»Bericht des Volkszählungsamtes«). Die *Frontier*-These und die Arbeit des Bureau of the Census fanden weit mehr Beachtung als die Untersuchungen des Bureau of Ethnology. Es ist eines der Ziele dieses Buches, auch letzteren gebührende Anerkennung zu verschaffen.

In den Jahren nach 1890 traten die der dominierenden weißen Kultur angehörigen Amerikaner in die imperialistische Phase ihrer Geschichte ein, welche begleitet war von fast all den Selbstzweifeln, unter denen auch Heranwachsende leiden; genau in dem Augenblick, als sie anderen Völkern ihren Willen aufzwangen, begannen sie, ein intensives Interesse für sich selbst zu entwickeln. Vielleicht wäre es zu hart, die Ära McKinleys und Theodore Roosevelts als das Zeitalter der »Amerikanischen Tyrannei« zu bezeichnen; es war jedoch gewiß keine Phase, in der die Amerikaner bereit waren, den

Leistungen der Menschen Aufmerksamkeit zu widmen, die sie ihrer Herrschaft unterwarfen.

In einer Zeit der schimmernden Hochseeflotten, der »Politik der Stärke« und Parolen wie »Die Welt sicher machen« (für eine bestimmte Form der Demokratie) war es unwahrscheinlich, daß Cyrus Thomas aufmerksame Zuhörer finden würde, wenn er behauptete, daß die europäischstämmigen Amerikaner, die Truppen nach Kuba und auf die Philippinen entsandten, sich zuwenig für jene künstlichen Hügel interessierten, die von anderen Völkern in Ohio errichtet worden waren – vor allem, wenn diese Völker noch existierten.

Albert Gallatin hatte bereits 1840 auf den Zusammenhang zwischen Rassenapologetik und Imperialismus hingewiesen. Cyrus Thomas schrieb fünfzig Jahre später gegen das Wiederaufleben dieser Apologetik an.

Das Schicksal der indianischen Architektur

Währenddessen verschwanden Tausende von Mounds, die Opfer von Straßen, Kanälen, Eisenbahntrassen, Stadtplanern und Farmern wurden oder in den Wasserfluten versanken, die durch die Anlage von Schleusenkanälen und künstlichen Seen entstanden. Die Zeugnisse der amerikanischen Vorgeschichte wurden so rasch vernichtet, daß 1948 nur noch *10 Prozent* all der Erdbauten vorhanden waren, die ein Jahrhundert zuvor Squier und Davis zur Verfügung gestanden hatten – eine Verlustrate, die dem Bevölkerungsschwund gleichkommt, der weitere vier Jahrhunderte zuvor durch das große Sterben verursacht worden war. Der größte Teil des *Twelfth Annual Report* kam einem Nachruf gleich.[34]

Noch 1820 war von den Erdwerken von Circleville, die fünfzig Jahre zuvor von Reverend Jones (siehe Kapitel 3) untersucht worden waren, soviel erhalten, daß Caleb Atwater folgende Beschreibung liefern konnte:

> … zwei Forts [damals sprach man wieder von Forts], von denen eines einen exakten Kreis und das andere ein exaktes Quadrat darstellt. Ersteres ist von zwei Wällen umringt, zwischen denen ein tiefer Graben verläuft.

> Letzteres ist von einem Wall ohne Graben umgeben ... Die Wälle des kreisförmigen Forts *waren* [Hervorhebung von mir] vom Grunde des Grabens aus gemessen mindestens 20 Fuß hoch ...
> Was mich bei der Vermessung dieser Forts überraschte, war die exakte Ausführung des Kreises und des Quadrats; nach vielen Mühen und sorgfältigster Untersuchung, mit dem Ziel, einen Fehler in ihren Abmessungen zu finden, stellten wir fest, daß dies nicht möglich war und daß ihre Abmessungen weit korrekter waren, als sie aller Wahrscheinlichkeit nach gewesen wären, wenn die heutigen Einwohner ein solches Bauwerk errichtet hätten.[35]

Das Erstaunen hatte bereits einen elegischen Ton angenommen. Das von Atwater benutzte Imperfekt verrät, daß die Bürger Circlevilles ebenso wie die Bewohner Mariettas das Verständnis für das Bemerkenswerte und Herausragende bereits verloren hatten und auch der geheimnisvollen Vergangenheit ihrer Umgebung keinen Respekt mehr entgegenbrachten. »Entwicklung« und »Fortschritt« fegten durch Ohio.

In Marietta hatte die Historic Preservation Ordinance der Cincinnati nicht vermocht, das zentrale Quadrat zu retten; die Wälle entlang der Sacra Via wurden eingeebnet; der konische Hügel blieb aufgrund der dort befindlichen Gräber der amerikanischen Revolutionshelden von der Grundstückserschließung verschont. Zwei heilige Pfade hatten einst von den Feldern in der Flußniederung zu der Zeremonialplaza geführt. Der kleinere von beiden wurde vollständig abgetragen; bei dem größeren, der von den Cincinnati benutzt wurde, wurden die flankierenden Wälle beseitigt; statt dessen wurden zwei Asphaltstreifen angelegt, die durch einen Grünstreifen voneinander getrennt sind. Das Quadrat, zu dem der Weg einst führte, ist immer noch vorhanden. Es wurde zu einem Stadtpark mit zwei abgeflachten Pyramiden. Auf der einen ragt die Stadtbücherei auf; die andere dient als grasbewachsener Zeuge der Vergangenheit.

Das Quadrat von Newark bildete ein Hindernis für den Bau einer Eisenbahnlinie und mußte weichen; das Quadrat in Circleville wurde dem Bau des Ohio-Kanals geopfert. Die erste Generation von Europäern, die in Circleville lebten, bewahrten sich noch soviel von Thomas Jeffersons Geist, daß sie die Straßen der Stadt in Form eines Spinnennetzes anlegten und einen zentralen achteckigen Platz frei ließen, auf dem seit der Hopewell-Zeit ein Mound (vermutlich ein Grabhügel) gestanden hatte. Später trugen die Bürger Circlevilles den Mound nach und nach ab, errichteten aber – nach Jeffersons Vorbild – an dieser Stelle ein achteckiges Gerichtsgebäude, dessen Seiten jeweils einer der an dem zentralen Platz zusammenlaufenden Straßen zugewandt lagen.

Die Lehmwälle des inneren Kreises von Circleville dienten den Bewohnern der Stadt als Materialquelle zur Ziegelherstellung, und später wurden die beiden Ringe und der Graben eingeebnet. Dies geschah jedoch erst dann, als sie die Gestalt der Stadt bereits mitgeprägt hatten. Um 1840 jedoch forderte die Habgier der weißen Amerikaner bereits ihren Tribut. So schrieb ein englischer Reisender namens James S. Buckingham:

> So wenig Ehrfurcht ... haben die Amerikaner vor den Zeugnissen des Altertums ..., daß ... Circleville vermutlich bald alle seine Besonderheiten verloren haben wird ... Obwohl das achteckige Gebäude immer noch steht, werden die ringförmigen Straßen rasch durch gerade ersetzt, und auch dieses Bauwerk im Zentrum soll schon bald verschwinden, um Ladengeschäften und Wohnhäusern Platz zu machen; in einem halben Jahrhundert oder sogar noch früher wird keine Spur mehr von dem zu finden sein, was diesem Ort seinen Namen gab ...[36]

Diese Entwicklung hatte die üblichen Gründe. Der Stadtrat befand, daß der ringförmige Grundriß des Ortes die Stadtplaner behindere. Am 2. März 1838 wurde daher mit der Gründung der Circleville Squaring Company die Stadtsanierung eingeleitet. Buckingham sollte mit seinen Worten recht behalten, wie John Reps in einem Bericht gezeigt hat, der eine Reihe von Skizzen enthält, die in düsterer Weise den Verlust jeglicher Individualität und aller Spuren der indianischen Altertümer offenbaren. Heute sieht Circleville aus wie jede andere amerikanische Stadt.[37]
Anderswo wurden jedoch auch Monumente gerettet wie beispielsweise der Serpent Mound, der nicht weit von Marietta am Ohio bei dem Weiler Peebles liegt. Noch heute ist die etwa 400 Meter lange, gewundene Schlange zu sehen, die einen Weltkreis oder ein Ei in ihrem Maul hält und sich auf einem Bergsattel, im Zentrum einer

Antikline, befindet, die eine magnetische Anomalie erzeugt und vermutlich auf einen Meteoriteneinschlag zurückgeht, der lange vor der Errichtung dieses Figurenhügels durch die Indianer stattfand. Das Monument wurde Ende des 19. Jahrhunderts von Frederic Ward Putnam, dem Direktor des Peabody Museum in Cambridge, vor der Zerstörung bewahrt. Nachdem er den Mound untersucht hatte, beschwor er die Bürger Bostons, daß die Vernichtung dieses prähistorischen Zeugnisses noch schändlicher wäre als der Abriß des Bunker-Hill-Denkmals. Durch sein Engagement konnte er schließlich genug Geld auftreiben, um das Gelände zu kaufen und den Serpent Mound für die Nachwelt zu erhalten.[38]

Die Rettung dieses Monuments und die Veröffentlichung von Cyrus Thomas' Untersuchung über die Moundbuilder markierten den Höhepunkt einer Phase, die sich durch einen intelligenten und verantwortungsbewußten Umgang mit der altamerikanischen Architektur auszeichnete. Aber während ich diese Worte im Winter 1994 niederschreibe, ist das Flachland, in dem einst die Erbauer des Serpent Mound lebten, durch Raumerschließungsvorhaben bedroht. Nach den Vorstellungen des Planers sollen fünf weitere, noch nicht ausgegrabene archäologische Stätten durch einen Stausee überflutet werden, auf dem dann Rennboote über Orte hinwegrasen würden, die den Indianern heilig waren und an denen auf der Welt einzigartige Monumente stehen.

Die Menschen in Peebles sind sich uneins, ob sie das geplante Entwicklungsvorhaben gutheißen sollen. Das Angebot erscheint verlockend, und in ihrem County fehlen viele Arbeitsplätze. Andererseits sind sie sehr stolz auf das prähistorische Monument in ihrer Umgebung, und manche verweisen warnend auf das Schicksal Circlevilles, das rund 150 Kilometer entfernt im mittleren Ohio liegt.

Möglicherweise war der den Serpent Mound tragende Hügel schon seit vielen Jahren ein geheiligter Ort, als die Menschen dort jene Huldigung an die anderen Kreaturen der Erde schufen. Es ist auch denkbar, daß die Windungen der Schlange bewußt so plaziert wurden, daß sie im Verlauf des Jahres immer wieder an ganz bestimmten Punkten in Sonnenlicht getaucht waren. Der Serpent Mound war, so glaube ich, ein Versöhnungsangebot, durch das die Sonne am Himmel und die Kreaturen der Unterwelt – von denen Schlangen die auffälligsten waren – gleichzeitig angefleht wurden, die Menschen als Gefährten anzuerkennen.[39]

Wenn Menschen bewußt nach geheimnisumwitterten Orten suchen, an denen die normalen physikalischen Gesetze nicht gelten, und wenn sie dort der Sonne und der Unterwelt ein Versöhnungsangebot machen, dann versuchen sie wohl eine verloren geglaubte Harmonie mit der Erde wiederherzustellen. Durch eine große Arbeitsleistung und durch Anwendung der anspruchsvollsten wissenschaftlichen Techniken hoffen sie, die Gunst einer Welt wiederzuerlangen, der sie Gewalt angetan haben und der sie sich entfremdet fühlen.

Die Suche nach Harmonie ist kein neues Phänomen in Ohio. Sühneopfer wurden nicht im Nahen Osten erfunden. Wenn wir uns heute darum bemühen wollen, ein harmonisches Verhältnis zu den Menschen zu gewinnen, die vor uns in diesem Land lebten und die Mounds bauten, könnten wir möglicherweise im Alten und Neuen Testament Analogien zu den materiellen Zeugnissen finden, die sie uns hinterlassen haben. Analogien müssen die Dinge nicht verzerren. Sie können vielmehr eine Chance zum Verständnis bieten, indem sie verdeutlichen, daß alle Menschen angesichts der Rätsel des Universums verwirrt sind. So könnten die Indianer ebenso wie die Völker der Alten Welt, einschließlich der Juden, auf ähnliche Weise versucht haben, Harmonie mit geheimnisvollen Systemen herzustellen, die sie nicht verstehen und kontrollieren konnten.

In diesem Sinne wollen wir uns wieder den Mounds zuwenden und einige Vermutungen darüber wagen, warum und wie sie gebaut wurden.

11. Kapitel
Warum wurden die Mounds errichtet?

Damit wäre die Geschichte der Erkundungs- und Erklärungsversuche erzählt. Unsere Vorfahren sind mit dem, was sie im Great Valley vorfanden, in schlimmster wie in bester Weise umgegangen. Nun sind wir auf uns gestellt.

Von Abraham Lincoln wissen wir, was wir tun sollten und warum. Zwar war es Thomas Jefferson, der das Stromgebiet des Mississippi zum Herzland der USA gemacht hatte, aber erst Lincoln sollte all das zusammenfügen, was Jefferson über die beeindruckende Vergangenheit dieser Region in Erfahrung gebracht hatte, und daraus Maximen für die Gestaltung ihrer Zukunft entwickeln. In seiner zweiten Botschaft an den Kongreß sprach Lincoln von dem Land, in dem er aufgewachsen war, blickte zurück auf seine alte Geschichte und schilderte seine vielversprechenden Zukunftsaussichten:

> Es ist der große Rumpf der Republik. Die anderen Teile sind im Vergleich dazu nur Randgebiete ... In der Erzeugung von Nahrungsmitteln und Getreide und mit seinem Angebot an Weideland und allem, was weiter daraus entsteht, ist diese große Binnenregion natürlicherweise eine der wichtigsten der Welt ... Wir werden von den großartigen Aussichten überwältigt sein, die uns dieses Ägypten des Westens bietet.[1]

Lincoln sprach auch die notwendigen Ermahnungen aus: »Wir sind«, so pflegte er zu sagen, »Erben eines großen Besitzes, und als solche haben wir Verpflichtungen.« Seine Worte kamen mir wieder in den Sinn, als ich Ende Januar 1994 in meinem Büro in der Verwaltung des National Park Service ein Gespräch mit David Brower führte, einem leidenschaftlichen Umweltschützer. Brower äußerte die Auffassung, daß wir besser mit dem Great Valley umgehen würden, wenn wir Lincolns Vorstellung einer Treuhänderschaft neu formulierten und erweiterten: Während Lincoln zurückblickte, schaut Brower nach vorne und sagt uns, daß wir dieses Land nicht besitzen, sondern nur von unseren Kindern geliehen haben.

Browers Konzept der Treuhänderschaft ermahnt uns, aus den Erfahrungen derjenigen zu lernen, denen diese Aufgabe vor uns oblag. Möglicherweise haben sie einige Dinge verstanden, von denen wir nur eine verschwommene Vorstellung haben, während ihnen manches, was wir im Nachhinein erkannt haben, nicht deutlich geworden ist.

Die Gründerväter bemühten sich mit den ihnen zur Verfügung stehenden Mitteln, alles über die Menschen herauszufinden, die vor ihnen im Great Valley gelebt hatten. Obwohl ihre wissenschaftlichen Instrumente nicht so exakt waren wie die unseren, brachten sie doch genug in Erfahrung, um eine fundamentale Tatsache zu erkennen: Die Völker, die vor ihnen in diesem Stromgebiet gelebt hatten, hatten große Anstrengungen unternommen, um mit Erde und Himmel in Harmonie zu leben. Doch von Zeit zu Zeit vergaßen diese Menschen entweder ihr Bestreben und wurden verschwenderisch, oder sie scheiterten in ihrem Bemühen. In beiden Fällen mußten sie ebenso darunter leiden wie ihre Nachkommen; jedes Mal dauerte es viele Jahre, bis ein Gemeinwesen sich erholt hatte und einen Neuanfang machen konnte.

Die Schwankungen in der Entwicklung jener Zivilisationen waren für die Gründerväter ebenso verwunderlich, wie sie es heute für jene sind, die immer noch einer Vorstellung von Fortschritt anhängen, wie sie das 18. Jahrhundert vertrat. Es fällt nicht leicht, die Tatsache zu akzeptieren, daß es den Menschen im Mississippi-Tal trotz aller Anstrengungen nicht gelang, im Einklang mit ihrer natürlichen Umwelt zu leben. Sie kultivierten das Land, zogen Kinder groß, fertigten Skulpturen, Malereien und Stoffe an und bauten Städte. Doch weil ihr Verhältnis zu dem Land, das sie ernährte, aus dem Gleichgewicht geriet, erlebten ihre Zivilisationen einen Niedergang, verarmten ihre Nachkommen und blieben von ihren Kunstwerken nur Scherben. Ihre Städte verfielen und wurden von der Witterung so stark in Mitleidenschaft gezogen, daß sie sich schließlich kaum mehr von den natürlichen Konturen der Landschaft abhoben.

Der zyklische Verlauf der Geschichte des Great Valley vor der Ankunft der Europäer widerspricht sentimentalen Vorstellungen von

Indianern, die unbeschwert in den Tag hinein lebten. Solche Schwärmereien zeugen von Herablassung, denn sie implizieren, daß die Indianer nur Tipis bauen konnten und ihre Existenz ausschließlich durch Jagen und Sammeln sicherten. Sie leugnen, daß sie die Grasnarbe aufbrachen, Feldfrüchte anbauten, Pyramiden errichteten und ihre Siedlungen mit Stein- und Holzmauern sicherten. Manche Indianer veränderten das Gesicht des Landes; manche beuteten seine Ressourcen fast bis zur Erschöpfung aus, so daß ihre Nachkommen nur überleben konnten, indem sie sich über ein größeres Gebiet zerstreuten und sich mit einer weniger anspruchsvollen Lebensweise begnügten. Das Land mußte sich von den Menschen erholen.

Die Zeitspanne zwischen der Einstellung der Bautätigkeit in Poverty Point und dem Bau der ersten Adena/Hopewell-Erdwerke betrug knapp tausend Jahre. Nur an einigen wenigen Orten im unteren Mississippi-Tal und am Golf von Mexiko konnten die Menschen anscheinend eine ausreichend dichte Besiedelung aufrechterhalten, die es ihnen erlaubte, auch weiterhin große architektonische Werke zu schaffen. Auf die zweite Blütezeit, in der die Adena/Hopewell-Kultur ihre Leistungen vollbrachte, folgte eine weitere, diesmal nur dreihundert oder vierhundert Jahre währende Phase der Erschöpfung, die mit der Mississippi-Tradition endete. Diese Periode erlebte den Aufstieg mächtiger Städte wie Cahokia, doch noch bevor die Europäer ihre Krankheiten einschleppten, begann die große Abwanderung. Und als die Indianer um 1500 erneut bedeutende Siedlungen zu gründen begannen, brach das große Sterben über sie herein.

Dreihundert Jahre später fand die erste Generation von US-Bürgern, die die Appalachen überquerte, im Ohio-Tal den Beweis vor, daß dort vor ihnen große, nun verschwundene Völkerschaften gelebt hatten, die fähig gewesen waren, Städte zu bauen und Landwirtschaft in großem Umfang zu betreiben.[2]

Dieser Beweis stützt meiner Auffassung nach die in diesem Kapitel dargelegte Hypothese, die von einer grundsätzlichen Skepsis gegenüber jeglichen Fortschrittstheorien ausgeht, welche eine geradlinige Entwicklung von »primitiven« Moundbuildern bis hin zu uns selbst annehmen. Es handelt sich wohlgemerkt nur um eine Hypothese; ich bin weder Psychoanalytiker noch Archäologe und auch kein Anthropologe. Obwohl viel wohlwollende Kritik und Verbesserungen von

Fachleuten in diese Seiten eingeflossen sind, sollte sich der Leser bewußt sein, daß sie von einem Laien verfaßt wurden. Dennoch erscheint es nach anderthalb Jahrhunderten gerechtfertigt, über eine bloße Beschreibung der monumentalen Architektur im Great Valley hinauszugehen und eine Theorie darüber aufzustellen, warum sie erbaut wurde.

Während Thomas Jefferson einem solchen Unternehmen zunächst zurückhaltend gegenüberstand, beauftragte George Washington Richard Butler, einen entsprechenden Versuch zu wagen: Die Amateurarchäologie sei, wie Washington es ausdrückte, »sehr wertvoll und könnte zu einigen nützlichen Entdeckungen führen. Jene Erdwerke, die am Ohio gefunden wurden, ... bezeugen, daß das Land einst von einer Menschenrasse bewohnt wurde, die zumindest erfindungsreicher, wenn nicht gar zivilisierter war als jene, die gegenwärtig dort lebt ... Jeder Hinweis, ... der zu Erkenntnissen führen kann, muß dankbar aufgegriffen werden«.[3]

Später drängte dann auch Jefferson die American Antiquarian Society, alle Anstrengungen zu unternehmen, damit »die Monumente, welche vom Charakter und den Lebensbedingungen der Menschen zeugen, die vor uns in diesem großen Land lebten, vor dem Vergessen bewahrt werden, bevor sie vollkommen verschwunden sind«.[4]

Sie sind noch nicht alle verschwunden. Noch sind die Anhaltspunkte da, die vielleicht eine Antwort auf die große Frage ermöglichen: Warum bauten die amerikanischen Ureinwohner ihre Erdwerke?

Dazwischen und nicht darin

Die altamerikanische Architektur – die geometrischen Erdwerke Ohios, die Plattformen aus Stein (in Mexiko), aus Erde (in Missouri) oder aus Lehmziegeln (in Arizona) – trennt die Menschen nicht durch Mauern, Decken und Fußböden von der Natur. Sie geleitet sie vielmehr Rampen hinauf und hinunter, an Pyramiden und Kegeln vorbei oder über sie hinweg, und führt sie an Steinwällen und Mauern entlang; so gut wie nie sind diese Bauwerke jedoch so angelegt, daß die Menschen sich in sie hineinbegeben könnten. Die Behauptung, daß die monumentale Architektur Amerikas eine »äußere Kunst« sei, ist allerdings allzu stark vereinfachend. In Mexiko, Yucatán, Illinois, Tennessee, Georgia, Mississippi und Alabama wurden die Menschen durch die Architektur über abgeflachte Plätze geleitet, die von massigen Bauten eingerahmt waren. Es ging darum, sich um die Bauwerke herum, zwischen ihnen hindurch und auf ihnen zu bewegen. Fast niemals schritt man durch eine Türöffnung.[5]

Die monumentale Architektur Europas konzentrierte sich im Gefolge der großen römischen Kuppelbauten zunehmend auf die Gestaltung von Innenräumen.[6] Die Römer hatten nach dem Vorbild der griechischen Architekten in theatralischen Effekten geschwelgt, die nur in allseits eingegrenzten Räumen möglich sind. Ihre größten Bauwerke vemitteln ein »konkaves« Erlebnis. Die Menschen arbeiteten, lebten und aßen in umfriedeten Bereichen, und in den Thermen des Caracalla und im Pantheon konnten gewaltige Versammlungen abgehalten werden.

Dies war in Amerika nicht der Fall. Von Feuerland bis zur Arktis bewegte man sich *zwischen* architektonischen Konstruktionen, nicht *in* ihnen. Wenn wir Chillicothe als das Delphi des amerikanischen Altertums betrachten, was heute viele Menschen tun, dann müssen wir bedenken, daß das dortige Klima beinahe ebenso mild ist wie in Thrakien und daß viele geweihte Stätten der Griechen ebenfalls im Freien lagen. Ihr Begriff zur Bezeichnung derartiger Kultstätten – *temenos* – wird auch verwendet, um die von Achtekken, Quadraten und Ringen umgebenen Bezirke in Newark und Chillicothe zu charakterisieren.

Der Fairgrounds Circle ist das größte Monument des architektonischen Komplexes von Newark. Er hat kein direktes griechisches Gegenstück, obwohl sich auch hier mit Hilfe einer Analogie der Ursprung jenes ehrfürchtigen Schauers ermitteln läßt, von dem ein Besucher ergriffen wird, der sich in diese kreisförmige Konstruktion begibt. Auch hier haben wir es mit einem *temenos* zu tun, der eine um so intensivere Wirkung ausübt, als er die Welt durch einen fast vollständigen ringförmigen Erdwall ausschließt, anstatt den geweihten Bereich nur durch einen rechteckigen *temenos* anzudeuten, wie es beim Parthenon in Athen der Fall ist. Obwohl die Griechen gewiß kein sprachloses Volk waren, ist es praktisch unmöglich, zu rekonstruieren, von welchen Gefühlen sie bewegt wurden, als sie sich der gewaltigen, farbenprächtigen Statue der Göttin Athene näherten, die sowohl ein patriotisches als auch ein religiöses Symbol darstellte. Es ist viel leichter nachzuvollziehen, was die Hopewell innerhalb des Fairgrounds Circle empfanden, denn die Stätte war um ein Totenhaus herum angelegt, also ein Gebäude, in dem Leichname für die Bestattung oder Verbrennung vorbereitet wurden.

Ich vermag nichts darüber zu sagen, wie die Hopewell diese Rituale empfanden, aber angesichts der Abertausende von Jahren, in denen unsere Spezies sich kaum verändert hat, müssen sie moderne, uns letztlich sehr ähnliche Menschen gewesen sein. Daher müssen wir kaum Bedenken haben, uns in die von ihnen geschaffenen Räume zu begeben und ausgehend von den Gefühlen, die wir dort empfinden, zu Erklärungen zu gelangen, warum diese Räume geschaffen wurden. Anschließend können wir diese Erklärungen anhand zusätzlicher Informationen überprüfen. Der erste Teil meiner Hypothese ist demnach, daß der Fairgrounds Circle ein *temenos* war, in dem die Hopewell sich ehrfurchtsvoll um einen angemessenen Übergang des lebenden Geistes von einem Seinsbereich in einen anderen und um eine würdevolle Vereinigung zwischen dem toten Körper und der Erde bemühten.

Noch heute können wir dort, wenn der Lärm des Tages verklungen ist, die Präsenz der vor langer Zeit Verstorbenen spüren sowie jener, deren Leben diesem Ort des spirituellen Übergangs und der stofflichen Vereinigung geweiht war. Bei Einbruch der Dunkelheit wirkt der Zugang zu dem Ring noch immer so unirdisch, wie er Squier und Davis im Jahre 1848 erschienen war:

> Das Bauwerk, das hier von den gewaltigen Bäumen eines Urwaldes bedeckt ist, bietet einen wahrhaft großen und eindrucksvollen Anblick; und wenn der Besucher zum ersten Mal die alte Straße betritt, dann empfindet er ähnliche Ehrfurcht wie beim Durchschreiten der Portale eines ägyptischen Tempels.[7]

Wie ich zu Beginn dieses Buches dargelegt habe, lösen Zehntausende von heiligen Erd- und Steinringen auf dem ganzen amerikanischen Kontinent ähnliche Gefühle aus – sofern man dafür offen ist. In Ohio schufen die Hopewell einige der größten Gebilde dieser Art und führten damit eine noch weit ältere Tradition fort. Der Ring von

Watson Brake war bereits viertausend Jahre alt, als mit der Aufschüttung des Fairgrounds Circle in Newark begonnen wurde.

Kreise aus Wasser und Erde

In vielen Kulturen auf der ganzen Welt dienten Kreise zur Trennung profaner und sakraler Bereiche. C. G. Jung meinte dazu im Jahre 1935:

> [Die archetypische Idee] ... des magischen Kreises, der um etwas herum gezogen wird, das nicht entfliehen darf oder gegen feindliche Einflüsse geschützt werden muß, ... wird seit archaischen Zeiten benützt, und man findet diese Verwendung noch in der Folklore. Wenn zum Beispiel jemand nach einem Schatz gräbt, zieht er als Schutz gegen den Teufel einen magischen Kreis um das Feld ... Ein Kreis innerhalb eines Quadrats ... wird im Sanskrit Mandala genannt. Das Wort bedeutet Kreis, insbesondere magischer Kreis ... Das Symbol des Mandala hat genau diese Bedeutung eines heiligen Ortes, eines *temenos*, der die Mitte zu beschützen hat.[8]

Viele Indianer der historischen Zeit waren überzeugt, daß Ringe aus Wasser eine besonders wirkungsvolle Barriere gegen Geister darstellten. Der Anthropologe Robert Hall zeichnete entsprechende Äußerungen der Omaha und Irokesen, der Ojibwa, Blackfoot, Micmac, Potawatomie und Cherokee auf (zufälligerweise stammt keine davon aus Ohio). Halls Erkenntnisse könnten eine Erklärung dafür bieten, warum innerhalb alter kreisförmiger Erdwerke oftmals Gräben angelegt wurden.[9]

Europäer, die auf solche Bauwerke stießen, fragten sich verwundert, warum auf der *Innenseite* solcher Wälle (die sie immer noch für Festungsanlagen hielten) Gräben angelegt waren. Denn was nutzte es den Verteidigern, wenn der Wallgraben hinter ihnen und nicht zwischen ihnen und den Angreifern lag? Und wie ließ sich die Festungs-Hypothese mit der Tatsache vereinbaren, daß die Hopewell die Erde für ihre Quadrate und Achtecke, die sie neben den Ringen errichteten, aus Gruben weit *außerhalb* dieser geometrischen Anlagen holten, statt »richtige« Wallgräben an Ort und Stelle auszuheben?

Der militärische Erklärungsansatz war also eindeutig falsch. Schon in den siebziger Jahren des 19. Jahrhunderts erkannte Samuel Park, der die Mounds von Newark untersuchte:

> Beinahe alle Umfriedungen ... haben einen Graben innerhalb des Walles, und viele von ihnen sind sehr klein, mit einem Durchmesser von 100 bis 200 Fuß [30–60 Meter], und alle sind von außen an allen Stellen leicht zugänglich. Solche Bauwerke als militärische Befestigungsanlagen zu bezeichnen ist nicht nur absurd, sondern höchst lächerlich.[10]

Keineswegs absurd ist es jedoch, das Wort »Wallgraben« beizubehalten, auch wenn dieser innerhalb und nicht außerhalb der Erdumfriedung liegt und damit Parks Schlußfolgerung zweifelsfrei bestätigt. Denn »Wallgraben« assoziiert einen Ring aus Wasser, der etwas *ein*schließen oder *aus*schließen soll – und genau das tun diese Gräben, auch wenn sie trocken liegen. Jene prähistorischen Bewohner Ohios, die diese Nekropolen erbauten, hatten offenbar die gleichen Assoziationen, denn anstatt Gräben auszuheben, verlegten sie vielfach Pflastersteine, deren Form und Anordnung an fließendes Wasser erinnerte. Stephen Peet zitierte den alten Siedler Isaac Smucker, der einen »8 Fuß [2,4 m] breiten gepflasterten Kreis« beschrieb, welcher »eine Gruppe von Grabhügeln in der Nähe des alten Forts« umgab. Vermutlich handelte es sich hierbei um jenen Kreis, der entdeckt wurde, als die Schienen der Central Ohio Railroad mittendurch die Erdwerke von Newark verlegt wurden. Eine Gruppe von lokalen Altertumsforschern konnte den Fortgang des Eisenbahnbaus so lange hinauszögern, bis einer der Mounds gründlich untersucht worden war. Man stieß auf Pfostenlöcher und Schichten mit Pflastersteinen, Sand, Asche, Holzkohle, Glimmertafeln, blauem Lehm, einige unverbrannte Knochen sowie »einen etwa 8 Fuß breiten Pflastersteinweg ... Dieser längliche Kreis aus Stein muß einen ... Durchmesser von hundert Yards [ca. 91 m] besessen haben.«[11]

Als die Lehmwälle, die den Kreis von Circleville bildeten, eingeebnet wurden, wurde darunter ein symbolischer »Wallgraben« entdeckt, der ebenfalls aus »pflasterartigen Steinen mit einem Durchmesser zwischen 8 und 15 Zentimetern [bestand und] 10 bis 15 Zentimeter tief und etwa 1,4 Meter breit war«.[12]

William Romain hat zahlreiche Beispiele dafür gefunden, daß die

Mounds im Zentrum dieser Kreise mit Lehmstrich, einer Mischung aus Wasser und Flußgrund, bedeckt waren. Diese zentralen Mounds bargen häufig (vielleicht sogar in allen Fällen) Grabstätten oder Totenhäuser. Einmal mehr diente hier das Wasser als ein Medium, das die körperlichen Überreste der Toten von der irdischen Welt scheidet.[13]
Wenn Wasser und Erde ineinander übergehen – da Lehmstrich weder das eine noch das andere ist und da ein Flußbett aus Pflastersteinen für einen Fluß stehen kann –, dann können wir diese Hopewell-Kreise entweder als Wasser oder als Erde betrachten. Warum aber Kreise? Und warum in Verbindung mit Wasser? Vielleicht aus folgendem Grund: Wenn in einem Teich eine Ente wieder auftaucht oder ein Fisch in die Höhe springt, entsteht an der Oberfläche eine kleine Welle, die in einem immer größer werdenden Kreis ausläuft. Romain hat auf eine Vermutung Robert Halls hingewiesen, der zufolge die Verwendung von Erdreich, das im Wasser transportiert wurde wie zum Beispiel Lehmstrich, darauf hinweisen könnte, daß die Hopewell den Erdtaucher-Mythos kannten. Dieser beeindruckenden Legende zufolge wurde bei der Erschaffung der Welt eine Reihe von Tieren in das Urmeer geschickt, um etwas Erde von dessen Grund zu beschaffen. Keinem der Tiere gelang es jedoch, diesen Auftrag auszuführen, mit Ausnahme des letzten, das erschöpft mit einem Häufchen Erde im Schnabel oder in den Klauen an die Oberfläche zurückkehrte. Dieses Häufchen breitete sich immer weiter aus und bildete unsere Welt. (Jung würde diesen Mythos vielleicht als Instrument deuten, durch das eine unzureichend gefestigte Psyche wieder zur Realität zurückfindet, indem sie absichtlich die schwierige Rückkehr in das kollektive Unbewußte wagt und aus dessen Tiefen etwas ins Bewußtsein zurückbringt. Eine solche Interpretation würde den Wert dieser Geschichte als Parabel für andere Wahrheiten freilich nicht in Frage stellen.)
In den fünfziger Jahren sammelten die Anthropologen Belege für das Erscheinen dieser Schöpfungsgeschichte in den Überlieferungen historischer und zeitgenössischer Indianerstämme, worunter sich erstaunlicherweise so unterschiedliche Völker wie Cherokee, Delawaren, Hopi, Navajo, Omaha, Yakima, Seneca, Kansa, Shawnee und Acoma befanden. William Romain kommt unter Berücksichtigung

dieser Arbeiten zu dem Schluß, daß es sich hier »wahrscheinlich um den am weitesten verbreiteten aller nordamerikanischen Indianermythen« handelt.[14]

Der Erdtaucher ist das verbindende Element zwischen zwei Konzepten, die in dem Kreis, der ein Totenhaus umgibt, bereits implizit enthalten sind: der Übergang des Geistes von einem Reich ins andere und die Wiedervereinigung des Leibes mit der Erde. Das Heraufholen von Erde gleicht die Rückkehr des Leibes zur Erde aus. Die Schöpfung bildet das Gegengewicht zum Tod; der Wiederkehr des Lebens steht die Wiederkehr des Todes gegenüber.

Diese Geheimnisse mußten durch innere »Wallgräben« und Schichten aus Lehmstrich geschützt werden. Wollte man die Geister der Verstorbenen davon abhalten umherzuwandern, bevor sie ausreichend besänftigt waren, oder böse Geister daran hindern, einen heiligen Ort zu entweihen, dann gab es keinen besseren Weg, als einen Erdring aufzuschütten, durch den jegliche visuelle Verbindung der Welten innerhalb und außerhalb abgeschnitten wurde, und ihn dann mit einem Ring aus Wasser zu umgeben (oder aus Steinen, die von fließendem Wasser rundgeschliffen worden waren). Schöpfung und Tod finden sich in ein und demselben *temenos* vereint.

Einen solchen Ort durfte man nicht aus Laune oder Zufall betreten: Zum Fairgrounds Circle beispielsweise gab es nur einen einzigen Zugang, und dieser bildete auch die einzige Zutrittsmöglichkeit zu den drei ineinanderliegenden Kreisen. Der erste davon existiert heute nicht mehr; es handelte sich um eine niedrige Aufschüttung außerhalb des heute noch existierenden Ringwalles, dessen Höhe damals nur zwei Drittel seiner derzeitigen Höhe betrug (das letzte Drittel wurde bei seiner Rekonstruktion hinzugefügt, die etwa zu der Zeit erfolgte, als der äußere Ring zerstört wurde). Als drittes kam der innere Graben.[15] In Circleville gab es ebenfalls drei konzentrische Kreise, aber der »Wallgraben« lag *zwischen* den beiden Erdwällen. Auch hier existierte nur eine Zugangsmöglichkeit, die vermutlich durch Zauberformeln und längst zerfallene Holzskulpturen gesichert war. Auch die Holzskulpturen, die die Totenbahren auf dem kreisrunden Begräbnisteich neben dem ringförmigen »Wallgraben« in Fort Center in Florida umgaben, hatten wahrscheinlich Schutzfunktionen.[16]

Als der Grabhügel innerhalb des Fairgrounds Circle schließlich von professionellen Archäologen untersucht wurde, stellte man fest, daß das Totenhaus ein Holzgebäude mit Seitenflügeln war, in dessen Mitte »ein Steinaltar errichtet war, auf dem Asche, Holzkohle und kalzinierte Knochen gefunden wurden«.[17]

Wir werden in Kürze noch einmal auf das Fairgrounds-Totenhaus und seine schützenden Kreise zurückkommen – unter ökonomischen Gesichtspunkten. Zuvor müssen wir uns noch mit anderen Punkten befassen und unsere Arbeitshypothese durch weitere Indizien untermauern. Und diese beziehen wir nicht nur aus dem Ohio- und dem Mississippi-Tal. Die Tatsache, daß in der alt-amerikanischen Architektur über viertausend Jahre lang kreisförmige Strukturen dominierten, enthält implizit noch weitere Aussagen über die Indianer, die diese Architektur schufen – Aussagen, die wir aus den Erkenntnissen über andere prähistorische und moderne Völker entlehnen können, die ebenfalls kreisförmige Bauten errichteten. Die meisten dieser Menschen lebten (oder leben noch) in autarken dörflichen Gemeinschaften, die frühe Formen der Landwirtschaft, der Viehzucht, der Faserverarbeitung und der Keramik betrieben. Die Siedlungsdichte blieb gering, und die Gesellschaften waren nach Auffassung mancher Anthropologen kaum hierarchisch gegliedert. Wenn die Menschen sich zusammentaten, dann zum Bau von Kultstätten, aber offenbar nicht, um Krieg zu führen, wie man aufgrund der geringen Zahl von Knochenverletzungen schließen kann, die bei Skelettfunden festgestellt wurden. Vielleicht waren diese Gesellschaften von ihrer Mitgliederzahl her klein genug, daß sie von den in ihrer unmittelbaren Reichweite vorhandenen Ressourcen leben konnten. Jedenfalls fühlten sie sich offenbar nicht genötigt, einander zu bekämpfen, um ihre Ernährungsgrundlage zu sichern oder ihren Machtbereich zu erweitern.

Wollten wir diesen gesellschaftlichen Entwicklungsstand romantisieren (und viele von uns neigen dazu), dann könnten wir diese kreisförmigen architektonischen Strukturen als Symbole für menschliche Gemeinschaften werten, in denen im rousseauschen Sinne relativ friedliche Beziehungen zwischen den Menschen und (ein wahrhaft romantischer Gedanke) Gleichheit zwischen den Geschlechtern herrschten.

Gesellschaften dieser Art gibt es heute noch; sie sind eher matrilinear strukturiert (obwohl es sich nicht immer um Matriarchate im strengen Sinn handelt); in vielen Fällen (nicht immer) verrichten Frauen die gleichen Arbeiten wie die Männer und übernehmen ebenso wie sie Führungsfunktionen. In diesem Zusammenhang ist die Verwendung von rotem Ocker (Hämatit – Eisenoxid) interessant: Diesen benutzte man traditionell zur Bemalung der in den Mounds bestatteten Leichname oder trug ihn auf Knochen auf, die im Freien aufgebahrt und gereinigt wurden, bevor man sie in Ausbuchtungen oder horizontalen Schichten von rotgefärbtem Sand oder Lehm in den Mounds beerdigte. Diese Bräuche liefern einen weiteren Hinweis darauf, daß die kreisförmigen Strukturen der Mound-Komplexe von einer Kultur geschaffen wurden, in der Frauen eine große Rolle spielten: Rot ist die Farbe des Blutes, des Lebens und der Menstruation. Die Menstruation ist in jeder Kultur ein bedeutendes Ereignis, weil sie Voraussetzung für Fruchtbarkeit und Schwangerschaft ist, und ohne diese können Gesellschaften nicht überleben. Wie Thomas Jefferson beobachtete, stellen indianische Skulpturen den weiblichen Körper oftmals in schwangerem Zustand oder beim Stillen eines Kindes dar.

Hämatit war in der Bayou-Region Louisianas und Mississippis nur schwer zu finden und mußte daher über weite Strecken herbeigeschafft werden. In Grabstätten des neolithischen Europa erscheint er in Verbindung mit weiblichen Statuetten, die meist als »schwangere Venus« bezeichnet werden. Sowohl in Louisiana als auch in Sardinien wurden solche Funde gerade in den ältesten Erdwerken gemacht.

Die Psychiaterin und Anthropologin Mimi Lobell zählt die Adena-Hopewell Nordamerikas zu den kreis-bezogenen Kulturen – zusammen mit der Jomon-Kultur Japans, der Yangshao-Kultur in China, der Industal-Kultur in Indien, den präsumerischen Obeid-Formen Mesopotamiens, der prädynastischen Gerzéen-Periode in Ägypten, dem minoischen Kreta, den präindoeuropäischen Megalithkulturen und – in Amerika – den Anasazi, Hopi, Zuni und Pueblostämmen, der Mogollon-Kultur sowie den Kulturen des Chilca-Tals, Tehuacáns und Tlatilcos.[18]

Obwohl der Kreis in einigen anderen Kulturen zugegebenermaßen ein männliches oder androgynes Symbol darstellt, wollen wir im Rahmen unserer Argumentation annehmen, daß die Adena ihm eine weibliche Bedeutung zuschrieben und daß sich dies auch in der Hopewell-Zeit nicht änderte, als ringförmige Gräben und runde Pflastersteine gleichzeitig mit rotem Ocker und weiblichen Statuetten auftraten.

Als neben den großen Kreisen riesige Quadrate und Achtecke konstruiert wurden, wurde möglicherweise bewußt unterschiedliche Erde verwendet. Vielleicht machten die Hopewell einen Unterschied zwischen Erde, die aus der Tiefe stammte und bis zu ihrer Aufschüttung zu Ringen nicht vom Sonnenlicht beschienen wurde, und solcher Erde, die von der Oberfläche abgetragen wurde, Sonnenerde, mit der Quadrate und Achtecke angelegt wurden.

Die Erde aus der Tiefe könnte einen weiblichen Bereich symbolisiert haben und die Sonnenerde einen männlichen. Der weibliche Körper trägt ein Ei so lange in sich, bis es zu einem Kind werden kann; die Erde beherbergt Samen so lange, bis sie in der Lage sind, in die Welt des Lichts vorzudringen und sich durch das Zusammenwirken von Erde und Himmel, durch die Photosynthese, zu entfalten. Dieses vielsilbige Wort bezeugt die Fähigkeit der Wissenschaft, sich eine sehr alte Erkenntnis einzuverleiben, nämlich die Bedeutung der Sonne für das Wachstum, das schon jenseits ihrer Reichweite, tief in der Erde, beginnt.[19]

Aus der Erde ans Licht zu kommen ist in gewisser Weise etwas Ähnliches, wie aus dem Wasser ans Licht zu kommen. Es scheint durchaus möglich, daß Menschen, die bewußt keinen Unterschied zwischen Erde und Wasser machten, diesen Aspekt betonen wollten. Möglicherweise wollten sie mit ihren monumentalen Kreisbauten symbolisch bekräftigen, daß nach dem Erdtaucher in der Abfolge der Schöpfung der Samenpflanzer kam, der erste Bodenbauer. Viele von uns glauben, daß wir aufgefordert sind, an der Erschaffung der Welt mitzuwirken, eine Empfindung, die besonders bei Bauern angemessen wäre.

Damit kommen wir zur landwirtschaftlichen Nutzung des Bodens, und dabei werden wir den Blick zunächst auf das richten, was die Cincinnati eine Sacra Via nannten.

Heilige Pfade und Bodenbau

Die heiligen Pfade, die wir in der Region zwischen Tennessee und dem mittleren Teil Ohios gesehen haben, begannen nicht am Flußufer, sondern ein Stück weit vom Wasser entfernt, in den fruchtbaren Talauen, die jedes Frühjahr mit neuem Schlamm überflutet wurden und wo die Hopewell-Bauern ihre wichtigsten Feldfrüchte anbauten. Von diesen Gärten aus führten die gestuften und eingefriedeten Wege zu Zeremonialstätten auf den höher gelegenen Geländeterrassen, wo Erdwerke errichtet wurden, um die Regelmäßigkeit der Wachstumsphasen zu kontrollieren. Die heiligen Pfade stellten mehr dar als eine bequeme Möglichkeit, vom Fluß zum höher gelegenen Land zu gelangen. Sie waren Ausdruck einer kultischen Verbindung zwischen Schwemmland und Zeremonialbauten und betonten die Wichtigkeit beider Bereiche. Und die Tempel waren aus fruchtbarer Erde erbaut.

Auf diese Weise bewiesen die Menschen jener Zeit der Erde und dem Himmel ihre Dankbarkeit für all das, was sie dadurch gewannen, daß sie den Boden aufrissen. Ist »aufreißen« ein zu hartes Wort? Klänge »umgestalten« nicht etwas freundlicher? Gewiß nicht, wenn man einen Ackerbau beschreibt, der mit groben Steinpflügen arbeitet und Bodenflächen schändet, die zuvor, ungestört durch anmaßende menschliche Eingriffe, nur dem Rhythmus der Jahreszeiten unterworfen waren.[20]

Die Landwirtschaft verändert viel. Sie zerstört manche Pflanzen und fördert das Wachstum anderer. Sie hortet Saatgut in Töpfen und Körben, um es dann später, nachdem der Boden aufgerissen wurde, wieder in die Erde auszubringen. Bauern stören die Abläufe der Natur. Welch eine Entdeckung! Die Erde, so werden wir uns bewußt, kann Jahr für Jahr Nahrung hervorbringen, wenn ihre wilde Vegetation beseitigt wird, wenn bestimmte Samen zu den richtigen Zeitpunkten ausgebracht werden.

Nachdem die Indianer die Landwirtschaft entdeckt hatten, die eine bewußte Störung der natürlichen Flora darstellt, schufen sie eine Architektur, die sowohl durch ihre Formen als auch durch die verwendeten Materialien gleichermaßen Verehrung und Sühne ausdrückte.

Wann vertrauten die prähistorischen Bewohner Ohios zum ersten

Mal darauf, daß auch auf einen noch so kalten Winter wieder der Frühling folgen würde? Wann waren sie überzeugt, daß Sonne, Mond und Sterne nicht von ihren gewohnten Himmelsbahnen abweichen würden? In irgendeinem längst vergessenen Moment begriffen sie erstaunt und erfreut, daß sie unbeschwert die Wiederkehr des Frühlings feiern konnten, die in allen Religionen ein großes Ereignis darstellt. Wenn es hier eine Regelmäßigkeit gab, dann gab es vielleicht auch Gerechtigkeit in der Welt. Im Frühjahr danken wir für frühere Ernten und sind, voller Erstaunen über diese wundersame Kontinuität, dazu angehalten, erneut die Saat auszubringen. Trotz aller Enttäuschungen, Schrecken und Katastrophen des Lebens bestätigt uns der Frühling, daß es nicht töricht war, die Samen aufzuheben. Manche Versprechen werden doch erfüllt.

Aber nur, wenn wir es wagen, die bestehende Ordnung zu stören.

Noch heute findet man die Nahrungspflanzen, welche von den prähistorischen Einwohnern Ohios – den Erbauern der geometrischen Erdwerke – kultiviert worden waren, in der »verletzten Erde« an Straßenrändern und Eisenbahntrassen in der Nähe der Schwemmlandgebiete, wo einst die wilden Formen dieser Arten wuchsen. Sie sind auch dort zu entdecken, wo die Bauern der Adena/Hopewell-Zeit den Boden mit ihren Pflügen aufrissen und zur Erntezeit den natürlichen Wachstumskreisläufen Saatgut entzogen und in reich verzierten Gefäßen lagerten.

Obwohl, wie wir bemerkt haben, schon zweitausend Jahre vor der Entwicklung der Adena/Hopewell-Kultur Erdringe und kegelförmige Mounds im unteren Mississippi-Tal angelegt worden waren, besteht kaum ein Zweifel, daß die ersten kegelförmigen Grabhügel und geweihten Kreise im Ohio-Tal zusammen mit den ebenfalls kreisförmigen Adena-»Häusern« – oder Versammlungsstätten – errichtet wurden. Diese großen Bestattungshügel, die offenbar von einer rasch anwachsenden Bevölkerung geschaffen wurden, wurden vermutlich von mehreren Familien gemeinsam genutzt, die in Sippen zusammenlebten und Bodenbau trieben.

Die Kultivierung von Pflanzen erlaubt die Entwicklung größerer menschlicher Gemeinschaften, die wiederum größere architektonische Werke errichten können. Zunächst wurden die kreisförmigen Bauten der Adena (die zeremoniellen Zwecken gedient haben könnten wie die Kivas, die Ritualkammern der Hopi, im Südwesten und die Versammlungshäuser im Südosten der USA) zu Begräbnisstätten umfunktioniert, wobei die Leichname manchmal in hölzernen Hütten oder Grabkammern beigesetzt wurden. Diese Bestattungsanlagen, die von Erdwällen oder Doppelpfosten mit Strauch- oder Flechtwerk umgeben waren, hat man »Totencamps« genannt. Manche wurden wiederholt mit neuen Erdschichten bedeckt und immer wieder benutzt, so daß sich schließlich mehrere Schichten aus Erde und Grabkammern zu Mounds aufeinandertürmten. Sie lagen ganz in der Nähe, aber doch getrennt von den kreisförmigen Zeremonialstätten, die weiterhin in Gebrauch blieben. Sie vergrößerten sich in dem Maße, wie die Familiengruppen oder Klans wuchsen, die sie benutzten. Die Einfriedungen aus Strauchwerk wurden durch Erdwälle ersetzt, und schließlich entstanden so gewaltige Mounds wie die in Portsmouth und Marietta, die von einer Vielzahl von Kreisen umgeben waren.[21]

Natürlich war der damals betriebene Bodenbau, wie es bei der Landwirtschaft immer der Fall ist, von der Sonne abhängig, doch anders als die meisten Maiskulturen war er in hohem Maße auf die fruchtbaren Schwemmlandböden angewiesen. So errichteten die Adena/Hopewell-Bauern heilige Pfade von den nahrungsspendenden Flußauen zu ihren Zeremonialbauten. Frühe Berichte und Karten zeigen, daß solche Wege in Hopeton, Marietta, Portsmouth, Dunlap und Newark existierten. Vermutlich führte von jeder bepflanzten Fläche aus ein heiliger Pfad zu jedem Komplex aus Ringen, Quadraten und Achtecken.[22]

George Washingtons grauhaarige Veteranen, die sich in Marietta niedergelassen hatten, begriffen sofort, daß die dortige Sacra Via nicht zu Verteidigungszwecken angelegt worden war. Sie waren mit zeremoniellen Dingen vertraut und erkannten daher, daß es sich hier um eine Konstruktion handelte, die einen feierlichen Aufstieg zu einer geweihten Stätte über drei Zonen hinweg inszenieren sollte: durch das Wasser, durch die fruchttragende, kultivierte Ebene und die Geländeterrasse, wo die Cincinnati – ebenso wie die Hopewell vor ihnen – ihre Bauten errichteten. Diese breiten, gestuften Durchgangswege zwischen bis zu 6 Meter hohen Wällen konnten nicht nur als Aufstiegsmöglichkeit zum Steilufer gedacht gewesen sein. Und *was* hätte man dort auch hinauftransportieren sollen? Etwa Lastkarren? Die gab es damals noch nicht. Oder Kanus vielleicht? Kanus sind an Land kaum von Nutzen. Die Cincinnati verstanden aufgrund ihrer Exerzierplatzdisziplin und ihrer klassischen Bildung, daß diese Wege dazu dienten, auf erhabene Weise von den Feldern zu den Tempeln zu gelangen.[23]

Die Revolution der geraden Linien

Nach den kegelfömigen Heiligtümern kamen die quadratischen. Nach den Adena, die ihren Blick auf die Erde richteten, kamen, so glaube ich, die zum Himmel aufschauenden Hopewell, die eine Revolution der geraden Linien in Gang setzten. Die Kreise und Kegel wurden von einer Architektur abgelöst, die sich sowohl am Himmel als auch an der Erde orientierte. Zeitgleich vollzog sich auf einer prosaischeren Ebene ein weiterer Wandel, nämlich der verstärkte Anbau von fett- und stärkehaltigen Samenpflanzen, deren Kultivierung möglicherweise durch eine genauere Beobachtung der Jahreszeiten und damit der Mondphasen erleichtert wurde. Ihre Samen wurden in den dünnwandigen, nicht zum Transport geeigneten Keramikgefäßen der Hopewell gekocht, die sich von den robusteren Töpferwaren der Adena unterschieden. Meiner Auffassung nach kam es zu der obengenannten architektonischen Revolution, als die Hopewell ihre Kenntnisse in Astronomie, Bautechnik und Landwirtschaft zunehmend verfeinerten, wodurch sie immer mehr zur Seßhaftigkeit tendierten.

Als die Geometrieexperten der Hopewell den bereits vorhandenen Ringen ihre Quadrate und Rechtecke hinzufügten, implizierte dies zudem einen Wandel ihrer Gesellschaftsstruktur. Der Zusammenhalt der Adena-Gesellschaft war durch den Totenkult gesichert worden. Auch die Hopewell brachten ihren Toten große Ehrerbietung entgegen, und da sie über mehr Ressourcen verfügten als die Adena, konnten sie dieser Verehrung auch durch größere Prachtentfaltung Ausdruck verleihen. Doch deuten ihre architektonischen Werke meiner Meinung nach darauf hin, daß sie eine ganz neue »Liturgie« schufen, die auf einer Verbindung des natürlichen Wachstums mit einer »lunaren Bautechnik« beruhte.

Die Revolution in Bautechnik und Landwirtschaft kam zu einer Zeit, als die Hopewell durch ihre Himmelsbeobachtung den Wechsel der Jahreszeiten genauer vorhersagen konnten. Natürlich vollzog sich die landwirtschaftliche Revolution, wie einige Leser einwenden werden, nicht plötzlich in einem *einzigen* Moment. Statt dessen verlief die Entwicklung in zeitlich weit auseinanderliegenden Schüben und begann lange vor der Hopewell-Zeit. Sie ist vermutlich wie folgt zu beschreiben:
Nach 2000 v. Chr. begannen die Menschen östlich der Great Plains, auf den Überflutungsebenen Pflanzensamen zu sammeln und aufzubewahren, um sie im nächsten Frühjahr auszusäen. Es überrascht nicht, daß solche frühen Kultivierungsversuche auch an den zur Poverty-Point-Kultur gehörenden Stätten im unteren Mississippi-Tal nachgewiesen werden konnten, insbesondere dort, wo sich D-förmige Erdwerke an die Biegungen der Bayous und träge fließenden Ströme anlehnten. Auch heute noch könnten wir an solchen Orten, deren Fruchtbarkeit jedes Frühjahr durch Anschwemmungen erneuert wird, Nahrungsplanzen anbauen.
Bruce Smith, ein Wissenschaftler der Smithsonian Institution, definierte die Kultivierung von Pflanzen als »bewußtes und fortgesetztes Anpflanzen, ... als bewußtes Sammeln von Saatgut und absichtliches Ausbringen von Samen in präparierten Treibbeeten, ... was zu einer scharfen Konkurrenz zwischen den Sämlingen und zu einer strengen Selektion von schnell keimenden ... und wachsenden Pflanzen führt, ... die durch ihren Schatten ihre Nachbarn verdrängen und somit bei der Herbsternte einen größeren Teil des Samenvorrats für die Aussaat im nächsten Frühjahr liefern«.[24]
Smiths »*Floodplain Weed Theory*« wurde von einigen feministischen Anthropologinnen kritisiert, da sie die »fortgesetzte Prüfung und Selektion gewünschter Eigenschaften« nicht berücksichtige, die vermutlich eher von Frauen als von Männern geleistet wurde. Diese »*Gender-Credit Critique*« erscheint mir vereinbar mit meiner eigenen These, daß die kreisförmigen Erdwerke, die zeitgleich mit der Entwicklung des Bodenbaus in der Region entstanden, vorwiegend auf weibliche Prinzipien zurückgingen, einschließlich der weiblichen Darstellung der Erde als nährendes Element.
Smith machte aber noch eine weitere sehr wichtige Entdeckung, der

offenbar nicht nur die »*Gender-Credit*«-Theoretiker, sondern auch die überwältigende Mehrheit der Ethnobotaniker und Archäobotaniker zustimmen. Seinen Erkenntnissen zufolge ist »um etwa 250 v. Chr. eine eindeutige und drastische Zunahme von Samen, die von Kulturpflanzen stammen, ... [zu beobachten, sowie] eine wachsende Abhängigkeit großer geographischer Räume von der Nahrungsmittelproduktion«.[25]

In den Tälern von Ohio und Mississippi entstand also in der frühen Adena/Hopewell-Periode, kurz vor dem Erscheinen der Hopewell, eine neue, auf den Ackerbau angewiesene Gesellschaft. Dieser Prozeß der Agrikulturalisierung hatte sich über mehrere Jahrtausende hingezogen, bevor er jenen Punkt erreichte, an dem die Angehörigen der betroffenen Populationen mit vollem Recht als Bauern bezeichnet werden konnten. Und wie Smith uns bestätigt, waren die Hopewell in der Tat Bauern:

> Sie rodeten Wälder; legten Felder an; säten, pflanzten, ernteten und lagerten mindestens sieben verschiedene Arten von ertrag- und nährstoffreichen Körnerfrüchten. Vor der Einführung des Maisanbaus und über sieben Jahrhunderte vor dem Übergang zum Mais-zentrierten Feldbau hatten sich im östlichen Teil der Vereinigten Staaten eine Agrarwirtschaft und eine bäuerliche Lebensweise etabliert.[26]

Gesammelt und gelagert wurden insbesondere die Samen von Kürbis (*Cucurbita*), Sumpfholunder (*Iva annua*) und Gänsefuß (*Chenopodium berlandieri*), der Gemeinen Sonnenblume (*Helianthus annuus*) und des Aufrechten Knöterich (*Polygonum erectum*), des Carolina-Glanzgrases (*Phalaris caroliniana)* und der Zwerggerste (*Hordeum pusillum*). Diese Pflanzen sind auch heute noch ein schmackhaftes Nahrungsmittel. Die Samen können zwischen Daumen und Zeigefinger enthülst und bei schwacher Hitze zu einem Brei verkocht werden.

Smith und seine Kollegen können aus menschlichen Fäkalienresten herauslesen, welche Nahrungsmittel und damit auch welche Pflanzenarten vor Tausenden von Jahren konsumiert wurden. Aufgrund dieser Erkenntnisse mußten die Historiker von ihrer Fixierung auf den Mais Abschied nehmen. Zuvor war es nämlich vielen unvorstellbar erschienen, wie Menschen, die keinen Mais anbauten, in der

Lage sein konnten, großartige architektonische Werke zu schaffen. Jene Anhänger des Maiskultes sind daher für den Fehlschluß verantwortlich, daß die Indianer vor der Entwicklung des Maisanbaus nur als Wildbeuter gelebt hätten wie die steinzeitlichen Bewohner der Britischen Inseln.

Trotz ihrer Verblüffung angesichts der gewaltigen Ausmaße der geometrischen Hopewell-Erdwerke waren die Amerikaner des 19. Jahrhunderts nicht gewillt, ihren Erbauern größere landwirtschaftliche Fertigkeiten zuzuschreiben. Durch das Etikett »Jäger und Sammler« wurden sie auf eine Stufe mit den neolithischen Bewohnern Europas gestellt. Und damit konnte ihre Architektur, einschließlich der heiligen Pfade, herablassend als Ausdruck eines »Wasserkults« bezeichnet werden, wobei dieser Begriff denselben Beigeschmack hatte wie »heidnisch« oder »primitiv«. Anders als *jene* Menschen haben *wir* (die europäischstämmigen Amerikaner) keine Kulte, sondern eine Religion.

Damit wird ein großes Geheimnis zu einem Puzzlespiel degradiert. Eine unergründete Religion, die zu einem »Kult« schrumpft, ist ihrer furchteinflößenden Macht beraubt. Die prähistorische Architektur Ohios ist von so gewaltigen Ausmaßen, entzieht sich so sehr unserem Verständnis und unserem Vorstellungsvermögen, daß es nicht unbedingt verwunderlich erscheint, daß unsere Vorfahren großen Dingen einen kleinen Namen gaben.

Fische und Vögel

Wenn schon von Kulten die Rede sein soll, dann wäre ein Fischereikult eine wahrscheinlichere Erklärung für die breiten, gestuften Wege von den Wasserläufen zu den Zeremonialzentren. Aber auch das böte keine ausreichende Erklärung für die gewaltige Arbeit, die all diese Bauwerke erforderten. Zwar sind die Flüsse des Sciotobeckens bedeutende Proteinreservoire, und auch heute noch drängen sich die Sportfischer an ihren Ufern. Doch den figürlichen Darstellungen nach zu schließen, waren für die Hopewell – ebenso wie für ihre kulturellen Verwandten in Florida, auf die wir unten noch ausführlicher eingehen werden – Vögel noch wichtiger als Fische. Wenn wir uns erinnern, was George Washington und Henry Brackenridge über den Himmel verdunkelnde Schwärme berichteten, dann können wir nur versuchen, uns vorzustellen, über welchen Vogelreichtum das Ohio-Tal verfügte, als die Menschen dort lediglich Speere und noch nicht Pfeil und Bogen hatten. Auch an Säugetieren herrschte kein Mangel, und beide Gattungen stellten eine ergiebige Nahrungsquelle dar. Fische waren vermutlich nur ein Proteinlieferant unter vielen anderen.

Eine wichtige Rolle spielten in Ohio Schalentiere, die leicht zu verspeisen waren und Muschelgehäuse und Perlen lieferten, aus denen sich Schmuckgegenstände fertigen ließen. Im kultischen Bereich scheinen aber besonders exotische Meerestiere Verwendung gefunden zu haben. In Fort Center und im übrigen Florida wurden in Ohio gefertigte Klingen aus Kieselschiefer entdeckt, in Ohio wiederum sechs verschiedene Arten mariner Muschelschalen, Barrakudakiefer, Panzer von Meeresschildkröten sowie Haifisch- und Alligatorenzähne, von denen manche nur aus den atlantischen Küstengewässern entlang der Florida-Halbinsel stammen konnten.[27]

Wirtschaftsfachleute haben dies als Beweis für die Existenz von »Handelsbeziehungen« gewertet. Manche räumen sogar ein, daß es auch Anzeichen für einen geistigen Austausch gibt: so ist zum Beispiel die Größe der Ringwälle von Fairgrounds Circle und Circleville identisch mit der Größe des in die Erde eingetieften Rings von »Fort Center« bei Lakeport in Florida und des Halbkreises von Pinson in Tennessee. Dies ist ein Schritt in die richtige Richtung; schreiten wir auf diesem Weg weiter fort. Wenn wir den subtilen Charakter der Hopewellkunst und -architektur angemessen würdigen wollen, müssen wir auf banalisierende Begriffe wie »Kult« und »Handel« verzichten und durch die Halbwelt der Ideen (wie zum Beispiel deckungsgleiche Kreise und andere geometrische Abstraktionen) in das Reich des Mythos vordringen. Ein Mythos kann über die Kategorien der Wissenschaft hinaus geistig anspruchsvoll sein, und genau dies war meiner Meinung nach bei den Hopewell der Fall, weil ihre Mythen die Konzepte von Leben und Tod, von Vögeln und der Umwandlung von Elementen durch Alchimie und Geomantik zu verbinden vermochten.

Der Begriff »Geomantik« wurde von Forschern, die die Verfahren

der Wahrsagerei untersuchten, traditionell in einem sehr engen Sinn benutzt: Er bedeutete, daß Erde mit der Hand auf den Boden geworfen wurde oder daß Punkte, die demonstrativ zufällig markiert worden waren, miteinander verbunden wurden. Der Terminus beschreibt indes ebensogut die Aufschüttung von großen Erdmassen zu monumentalen architektonischen Werken, die ebenfalls zu Beschwörungszwecken dienen konnten.[28] Wir werden in Kürze auf diese Fragen wie auch auf die Alchimie zurückkommen.
Untersuchen wir zunächst die Vogelsymbolik, die in der Hopewell-Zeit in Florida und Ohio dominierte, sowie die Vogelmythen von Völkern aus verschiedensten Teilen der Welt, die einst von jenen »primitiv« genannt wurden, die kein Gespür für spirituelle Feinheiten haben.[29]
Man betrachte nur einmal die Bestattungsplattform in Fort Center, die auf hölzernen Pfählen ruht und von Tierdarstellungen aus Holz umgeben ist: mehrere Arten von Wildkatzen, ein oder zwei Otter, aber vor allem Vögel wie Adler, Falken und viele Arten von Seevögeln.
In Ohio waren diese Skulpturen kleiner und wurden zusammen mit dem Leichnam vergraben (in Florida, wo der Grundwasserspiegel dicht unter der Erdoberfläche liegt, waren Erdbestattungen nicht ratsam). Biber, Eichhörnchen, Enten und andere für diese Waldregion typische Tiere begleiteten den Verstorbenen – oder man sollte wohl besser sagen, den im Übergang Begriffenen. Aber auch hier wieder finden wir vor allem Vögel: Eulen, Enten, Krähen und insbesondere Falken sowie jene unheimlichen Vogelsteine mit hervorquellenden Augen, die in dem Gebiet nördlich des Hopewell-Herzlandes in Ohio entdeckt wurden. Vögel erscheinen als dreidimensionale figürliche Darstellungen, als Schmuck auf Töpfereiwaren und auf kupfernen Brustplatten.
Diese Vogeldarstellungen finden sich am häufigsten in Verbindung mit dem Übergang vom Leben zum Tod und möglicherweise auch dem Übergang ins Leben. Als Vögel waren auch viele Figurenpfeifen gestaltet, die bei rituellen Anlässen geraucht wurden. Sie blickten den Raucher an, während dieser durch eine in das Mundstück eingelassene Röhre inhalierte. Was in diesen Pfeifen geraucht wurde, ist uns nicht bekannt. Jedoch wurden in Hopewell-Grabstätten Reste

von Tabak gefunden – Tabak, der viel stärker war als die von den Europäern angebauten Sorten und bereits als leichtes Halluzinogen bezeichnet werden kann.
Eine Religion, die bei ihren Anhängern eine erhöhte Wahrnehmungsbereitschaft für das Unbewußte erzeugt und sie durch Vögel und Wassertiere wie Frösche und Biber in einen Zustand der Verzückung versetzt, könnte auch architektonische Konstruktionen in Tierform hervorbringen. Und genau dies war auch der Fall, denn wir finden Figurenhügel wie den in Granville, Ohio, der die Form eines Opossums aufweist, oder den berühmten Serpent Mound bei Peebles in Ohio sowie Geier und Adler in Iowa und Wisconsin. Der große Mound, der über den ineinanderliegenden Halbkreisen von Poverty Point thront, hatte nach Ansicht vieler Gelehrter ebenfalls die Gestalt eines Falken, und dies gilt auch für Motley Mound, der etwa 1,5 Kilometer weiter nördlich liegt.
Was wissen wir über die religiöse Bedeutung von Vögeln?
Werfen wir dazu erst einen Blick nach Europa und in den Nahen Osten, wo die Taube das Symbol des Heiligen Geistes ist. Sie überbringt Botschaften aus einer Welt, die gemeinhin »Himmel« genannt wird, in eine andere, die irdische Welt. Manchmal verkündet dieser Vogel die gute Nachricht von der Geburt eines Menschen, ein Ereignis, das dem Eindringen des Geistes in das Fleisch gleichkommt. Im antiken Griechenland wurde dieses Ereignis durch den Besuch einer von den Göttern gesandten Liebestaube symbolisiert; in den christlichen Vorstellungen, die nicht so stark sexuell gefärbt sind, tritt die Taube als Mittlerin auf, die die Menschen auf die Existenz einer anderen Welt hinweist. Pindar schrieb von »dem leidenschaftlichen Vogel«, durch den die Götter sich den Menschen zu erkennen gaben. Die Taube symbolisierte im antiken Griechenland also die Liebe, und für das Christentum hatte sie eine Botschafterfunktion.
Wenn wir in der menschlichen Geschichte weiter zurück gehen, dann stellen wir fest, daß Vögel, insbesondere Wasservögel, für die Ägypter ebenfalls eine Mittlerrolle spielten. In ihrer Vorstellung von der Urwelt als einem Ozean hatten sie eine wichtige Funktion. Wie jene Indianer, die an den Erdtaucher-Mythos glaubten, wie die Völker Rußlands, Finnlands und Estlands, wie die Polynesier und Indonesier, hatten die Ägypter einen Schöpfungsmythos, dem zufol-

ge ein Vogel auf die Oberfläche des Urozeans ein Ei legte, aus dem sich die Welt entwickelte.[30]

Viele indianische, kykladische, minoische und helladische Keramikgefäße, die rituellen Zwecken dienten, haben die Form von Wasservögeln. Manche stellen auch Vögel dar, die ein großes Ei in ihrem Körper tragen.

Vögel wirken also in jedem Falle als Mittler zwischen Himmel und Erde, ebenso wie die Alchimie an der Grenze zwischen dem Greifbaren und dem Ungreifbaren operierte. Edward Edinger, der wichtigste moderne Forscher in diesem Bereich, beschrieb ihre Operationen folgendermaßen:

> Die Umwandlung eines festen Stoffes in ein Gas, welche einen Prozeß darstellt, der gleichbedeutend ist mit dem Gewinn von Objektivität, mit Loslösung, Erweiterung des Gesichtskreises und Freiheit, wird durch einen Vogel symbolisiert, der hoch am Himmel fliegt ... Das umgekehrte Verfahren ... besteht darin, jeglichen gasförmigen Stoff in einen festen umzuwandeln. Ein Hin und Her zwischen diesen beiden Prozessen, das Schwanken zwischen Vergeistigung und Fleischwerdung wird eingeleitet. Beide Vorgänge werden in den Mythen offenbar und sind ein grundlegender Teil der menschlichen Erfahrung ... Hoch auffliegende Vögel stellen ... die Umwandlung des Zeitlichen in das Ewige dar, herabfliegende Vögel symbolisieren Inhalte der archetypischen Welt, die Gestalt annehmen, indem sie in den Bereich des persönlichen Ego einbrechen.[31]

Diese Passage liefert allerhand Stoff zum Nachdenken, einschließlich der Möglichkeit, daß Vögel sowohl für die Hopewell als auch für die Alchimisten eine Mittlerrolle zwischen den Lebenden und den Toten, zwischen dem Geist des Lebens und den fleischlichen Hüllen spielten. Bei ihren Bestattungspraktiken sorgten die Hopewell und wahrscheinlich auch die Menschen von Fort Center dafür, daß die Knochen der Toten vor der Beerdigung vom Fleisch befreit wurden (entweder durch Aufbahrung im Freien oder durch manuelle Säuberung). In der Erde des Nordens und in den Wassern Floridas vollendete sich die *circulatio* der Alchimisten, wie es auf der alten *Smaragdtafel des Hermes* geschrieben steht:

> Es steigt von der Erde zum Himmel auf und begibt sich wieder zur Erde hinunter und nimmt die Macht von Oben und Unten auf. Dadurch wirst du den Ruhm der ganzen Welt besitzen.[32]

Jene, die die heiligen Stätten der Hopewell betraten, hatten sich vermutlich darauf vorbereitet, indem sie Figurenpfeifen in Gestalt von Vögeln rauchten. Manche waren, begleitet von Flöten, Trommeln und Beschwörungen, 80 Kilometer weit über die Große Hopewell-Straße gezogen. Unterwegs hatten sie in einer *herradura* haltgemacht, um vorab die Götter zu besänftigen. Aus der Gestaltung der Eingänge zu den größten Umfriedungen könnte man schließen, daß sie zu einem Zeremonialzentrum nur Zugang erhielten, nachdem sie um ein letztes Hindernis geleitet worden waren: einen Plattform-Mound, der hoch genug war, um den Blick auf das dahinterliegende Gelände zu versperren. Erst dann, und vermutlich nur dann, wurden sie auf den Hauptplatz vorgelassen, um dort ihre Gaben darzubringen.

Wahrscheinlich stammten die meisten Menschen, die zu diesen Orten pilgerten, aus der Region, das heißt aus dem Stromgebiet des Ohio oder aus Illinois. Einige jedoch kamen möglicherweise direkt von den Ursprungsorten der exotischen Gaben, die sie in das Heiligtum brachten; vielleicht befanden sich darunter Grizzlybärjäger und Obsidiansammler aus Wyoming, Fischer aus Florida oder Nuggetsucher aus der Kupferregion im oberen Michigan.

Noch heute verspüren wir – obwohl unsere Augen und Ohren durch zuviel Lärm und Schund abgestumpft sind und wir den Sinn für das Symbolische durch unaufhörliche Entweihung verloren haben – die Macht dieser heiligen Stätten in Ohio. Mögen diese gewaltigen Konstrukte auch nur die leeren Hülsen eines verlorengegangenen Geheimnisses sein, so können wir immer noch nachempfinden, welches Leben dort einst herrschte, werden von dem gleichen ehrfürchtigen Schauer ergriffen wie an Orten, die unseren religiösen Traditionen näherstehen, wie beispielsweise Pecos, Tumacacori oder die Ruinen der Klosterkirche von Cluny.

Tempel und Forts

Die Revolution der geraden Linien stellte ein großes Ereignis in der amerikanischen Architekturgeschichte dar. In den ersten vier Jahrhunderten unserer Zeitrechnung wurden die Kreise quadriert, wobei manchmal Achtecke als Übergangsformen fungierten.

Viereckige Formen wurden ab etwa 150 v. Chr. geschaffen; daß vor diesem Zeitpunkt irgendwelche rechtwinkligen Wallanlagen errichtet wurden, ist mir nicht bekannt – gleichwohl ist dies nicht ausgeschlossen. Danach wurden viele Mounds errichtet, deren Grundriß quadratisch und rechteckig war, wie man aus der Luft oder auf Landkarten erkennen kann. Auch im Aufriß wurde die Entwicklung zu geraden Linien erkennbar. Zunächst waren die Mounds abgerundet gewesen, wie Heuhaufen oder natürliche Hügel. Die Adena hatten dann kegelförmige Konstruktionen geschaffen. Die Hopewell jedoch errichteten langgestreckte, geradlinige Wallanlagen, die plattformartig abgeflacht waren, und sogar Pyramiden mit abgeflachter Spitze.

Die genaue Beziehung zwischen den Adena-Kegelbauern und Hopewell-Geometern ist ein Rätsel, doch erscheint mir äußerst interessant, daß letztere ihre Monumente dicht bei den Bauwerken der Adena errichteten, wobei sie die Architektur ihrer Vorgänger in ihre eigenen Anlagen integrierten. Dies ist zum Beispiel der Fall in Chillicothe, wo die Hopewell-Bauten von Dunlap und Ginther auf der gleichen Nord-Süd-Achse errichtet wurden wie der Adena Mound. Ebenso finden sich Adena-Kegelhügel inmitten der Rechtecke und parallelen Wallanlagen von Marietta und Portsmouth.

War dies ein Zeichen von Ehrerbietung oder Ausdruck eines hämischen Triumphs über eine verdrängte Kultur? Ich würde eher ersteres bejahen und bin der Auffassung, daß wir eines Tages Belege für eine gleichzeitige zeremonielle Nutzung der Adena- und Hopewell-Erdwerke finden werden.

Diese Überzeugung prägt sicher auch meine folgenden Überlegungen über die Bedeutung jüngster Entdeckungen vom Beginn der neunziger Jahre. Beinahe fünfzig Jahre lang hielten die Archäologen an einem chronologischen Schema fest, das die Adena zeitlich an die erste Stelle, die Hopewell an die zweite und ein weiteres Volk, die sogenannte »Fort-Ancient-Kultur«, an die dritte Stelle setzt. Die letztgenannte Phase wurde etwa auf das 6. bis 10. Jahrhundert datiert, im Anschluß an den Niedergang der Hopewell und vor dem Beginn der höchsten zivilisatorischen Blüte im Mississippi-Gebiet. Fort Ancient, die Stätte, nach der diese Periode benannt wurde, ist eine große Umfriedung auf einem Hügel, die etwa 32 Kilometer südwestlich der Paint-Creek-Umfriedungen der Hopewell liegt.

Ich habe diese chronologische Einteilung bereits in meinen Ausführungen über die Monumente von Utz und Old Fort erwähnt, die entlang der Reiseroute von Lewis und Clark lagen, sowie im Zusammenhang mit den »Forts« in Kentucky und Tennessee. Im folgenden sollen die dort genannten Gründe für die zeitliche Neueinordnung dieser Stätten, die mittlerweile fünfhundert Jahre älter eingeschätzt werden, eingehender erörtert werden. Archäologische Erkenntnisse aus den frühen neunziger Jahren haben eine solche Neudatierung bei vergleichbaren Erdwerken in Ohio (einschließlich Fort Ancient selbst) erforderlich gemacht und damit ein ganz neues Szenario für ihre Entstehung gezeichnet.

Es ist nunmehr zu vermuten, daß zumindest die Ohio-Erdwerke schon während der Adena/Hopewell-Zeit errichtet wurden. Dies gilt für Fort Ancient selbst sowie für alle anderen in der gleichen Phase errichteten Monumente entlang des Miami River, wie Miami Fort, Fosters und die Pollock Works, sowie für Fort Hill und Spruce Hill, die oberhalb der geometrischen Erdwerke von Paint Creek und Chillicothe liegen.[33]

Wahrscheinlich wurde um Christi Geburt mit dem Bau all dieser Monumente begonnen, die ausschließlich zeremoniellen Zwecken dienten. Sie lagen auf Bergvorsprüngen und waren vom Hauptkamm ihrer Berg- oder Hügelkette zunächst *nur* durch einen mit einer Öffnung versehenen Wall aus Erde und Stein getrennt. Obwohl die Flanken nicht geschützt waren und auch der Wall selbst nicht befestigt war, dienten diese Mauern doch dem Zweck, die Anlage vom weltlichen Leben abzuschotten. In Miami Fort legte man Kalksteinplatten an die *Innenseite* des Walls; die Wälle von Fort Hill und Spruce Hill bestanden aus gehauenem Sandstein; in einer anderen Stätte mit dem Namen Foster deuten Aufzeichnungen und Photogra-

phien darauf hin, daß »der Kern des Walls zumindest an einigen Stellen aus einer doppelten Reihe Steine bestand«; in Fort Ancient wurden Steine zur Verkleidung der Außenseite, zur Abstützung nach innen sowie für den Kern des Erdwalles verwendet; in Pollock waren der Boden und die Bauten im Eingangsbereich mit Steinen gepflastert beziehungsweise verkleidet.[34]
Später wurden auf den Wällen Holzpalisaden errichtet, und die Bergvorsprünge wurden an exponierten Stellen (sogar an den steilen Abhängen) mit weiteren Wällen und Palisaden gesichert. Diese bestanden aus vertikal plazierten Pfosten, die in Bodenlöchern verankert waren, und Steinen, mit denen die Lücken zwischen den Pfosten geschlossen wurden. Etwa bis zur Schulterhöhe waren diese Palisaden mit Lehm verkleidet, »der auf mit den Pfosten verflochtenen Zweigen aufgetragen war«.[35]
Robert Riordan, dem wir viele dieser jüngsten archäologischen Entdeckungen verdanken, äußerte die Auffassung, daß der erste »einfache Wall« quer über den Zugang zu dem geheiligten Bereich errichtet worden war und als »formelle Umfriedung des Plateaus diente ..., wodurch dieses zu einem besonderen, geweihten und vielleicht auch tabuisierten« Ort wurde. »Eine Festungsanlage wurde dadurch aber nicht geschaffen.« Innerhalb dieses *temenos* »wurden häufig Speisen zubereitet und verzehrt ..., und die geradlinigen und kreisförmigen Steinpflaster und Steinmounds könnten auf rituelle Aktivitäten hinweisen«.[36]
Meiner Meinung nach handelte es sich dabei um rituelle Aktivitäten der himmelsbeobachtenden Hopewell. Eine Unterscheidung zwischen Adena- und Hopewell-Bräuchen wird vielleicht eines Tages hinfällig sein, doch scheint sie heute noch so überzeugend, daß auf der Grundlage von Riordans Entdeckungen folgendes Szenario möglich wäre. So schreibt er: »Die Umfriedungen auf den Bergvorsprüngen waren Orte, an denen Handlungen ausgeführt wurden, die zu denen, welche in den geometrischen, an den Flüssen gelegenen [Hopewell-]Umfriedungen ausgeführt wurden, komplementär waren, aber sich von ihnen unterschieden.«[37]
Die Umwandlung dieser rituellen Einfriedungen in Festungsanlagen erfolgte »im späten 2. Jahrhundert v. Chr. ... [als jene, die dort zusammengekommen waren], plötzlich das Bedürfnis verspürten,

eine 4 Meter hohe Palisade zu bauen ... Sie wandten ungeheure Mühe auf, um Baumstämme zu fällen, heranzuschleppen, zuzurichten und aufzustellen ..., um weitere Äste zu schneiden und zu sammeln, die zwischen die aufrecht stehenden Pfosten geflochten wurden, um Tausende Kilogramm von Steinen aus dem Bach zu holen, um die Lücken zwischen den Pfosten zu verschließen und die Palisade zu verkleiden und um sie schließlich 2 Meter hoch mit Lehm zuzustreichen«.[38]

Und dann geschah etwas noch Seltsameres. Die Palisaden wurden niedergerissen und verbrannt, und dann wurde feierlich ein neuer Erdwall darüber aufgeschüttet.

> Die Zerstörung der Palisade und die Aufschüttung des Walles müssen aufeinander abgestimmte Handlungen gewesen sein, denn die verbrannten Stämme liegen weitgehend unberührt unter der Wallaufschüttung. Dies ist sicherlich das Werk von Menschen, die die Umfriedung selbst nutzten, und nicht das Resultat eines kriegerischen Überfalls. Es bedarf schon eines Übermaßes an Phantasie, um an irgendwelche Angreifer zu denken, die eine Palisade verbrennen und sich dann die Zeit nehmen, sie beinahe einen Meter hoch mit Erde zu bedecken![39]

Das Niederbrennen von Bauwerken hatte bei den Adena und Hopewell Tradition, denn sie äscherten im Zuge ihrer Bestattungszeremonien auch ihre Totenhäuser und Zeremonialbauten ein, bevor darüber Mounds aufgeschüttet wurden. Meiner Ansicht nach stellt die Zerstörung dieser befestigten Ritualplätze, die etwa in jene Zeit fiel, als die Adena jegliche größere Bautätigkeit einstellten, einen respektvollen Abschluß einer Periode der indianischen Geschichte dar.

Die Ereignisse könnten sich folgendermaßen zugetragen haben: Die an der alten Tradition festhaltenden Adena bauten ihre kegelförmigen Mounds und bestatteten ihre Toten weiterhin auf die althergebrachte Weise und mit den überkommenen Zeremonien. Die Priester-Astronomen der Hopewell setzten auf den Anhöhen ihre astronomischen Forschungen fort und begannen in den darunterliegenden Ebenen mit dem Bau ihrer geometrischen Architektur. Diese zeugte von ihren Erkenntnissen und war Ausdruck ihrer wachsenden Macht über das Volk. Dann, irgendwann im 2. Jahrhundert, widersetzten sich die Priester der alten Glaubensrichtung den Hopewell-Astronomen und trieben sie zurück auf die Anhöhen. Dies muß

nicht unbedingt mit übermäßiger Gewaltanwendung verbunden gewesen sein, denn es handelte sich hier nicht um gewalttätige Menschen. Der einzige archäologische Hinweis auf eine Massenbestattung oder auf zerbrochene Skelette findet sich in Fort Ancient selbst, wo »menschliche Überreste entdeckt wurden, die planlos in einem Massengrab innerhalb eines Erdwalles bestattet worden waren«.[40]
Aus welchem Anlaß auch immer, die Priester-Astronomen hielten es für angebracht, ihre Umfriedungen auf den Anhöhen zu befestigen, wo sie Sonne und Mond beobachtet hatten. Als die alten Adena-Priester ausstarben und ihre noch lebenden Gefolgsleute sich in alle Winde zerstreut hatten, ließen die Hopewell noch eine angemessene Zeit verstreichen, richteten die Adena-Heiligtümer auf den Anhöhen wieder so her, wie sie in der Zeit vor den Auseinandersetzungen gewesen waren, und bereiteten ihnen als Zeichen dafür, daß sie der Vergangenheit angehörten, eine feierliche »Bestattung«.
An der Ostküste der USA wurden Grabstätten des Adena-Typs gefunden, die vermutlich später zu datieren sind als die eben geschilderten Ereignisse. Daraus ziehen manche Archäologen den Schluß, daß es sich um das Werk von geflüchteten Adena handelt: »Unsere deutlichsten Beweise für die Präsenz der Adena im Osten finden sich an der Küste der Chesapeake Bay in Maryland und auf der Delmarva-Halbinsel in Delaware.« Vielleicht überquerten manche von ihnen die Appalachen über die Pässe, die George Washington anderthalb Jahrtausende später aus der entgegengesetzten Richtung erkundete; andere könnten nach Süden entkommen sein und entlang ihrer traditionellen Florida-Handelsroute bis ins nördliche Alabama gelangt sein, »um die Copena-Kultur zu gründen«.[41]

Geomantik, Politik, Thomas Jefferson und Louis Sullivan

Wir werden ihnen später auf ihrem Weg nach Süden folgen, aber zunächst wollen wir William Romains Vorstellungen von den Hopewell-Geomanten betrachten und in einen Zusammenhang mit unseren Überlegungen zu den Ereignissen im 2. Jahrhundert stellen. Romain fand heraus, daß die Achtecke, Kreise und Quadrate der Hopewell-Zeit häufig deckungsgleich waren oder

ineinander verschachtelt werden konnten. Er entdeckte, daß das große Quadrat in Marietta vier der kleineren Ringe identischer Größe sowie vier der kongruenten Quadrate der am Paint Creek gelegenen Erdwerk-Komplexe fassen konnte. Müssen diese geometrischen Koinzidenzen vielleicht als Ausdruck politischer Auseinandersetzungen gewertet werden? Das große Quadrat von Marietta könnte zuerst angelegt worden sein und die kleineren Quadrate und Ringe im Anschluß daran, um den Anlagen von Paint Creek den Status einer »Kolonie« zuzuweisen. Vielleicht markierten die geometrischen Figuren von Paint Creek aber auch eine Gruppe von Siedlungen verschiedener Sippen, die von den Bewohnern Mariettas unterworfen worden waren; diese könnten dann als Ausdruck ihres Triumphs ein Quadrat angelegt haben, das von seinen Dimensionen her die Quadrate und Ringe am Paint Creek umschloß.
Könnten wir heute mit einem Angehörigen der Hopewell-Kultur sprechen, würde er uns aber möglicherweise erklären, daß solche Fragestellungen einen geomantischen Imperialismus implizieren, der eher von den Azteken, Inkas oder Römern zu erwarten wäre als von den Menschen im Ohio-Tal. Denn was gäbe Anlaß zu der Vermutung, daß die Hopewell ihre Nachbarn unterwerfen wollten und dabei architektonische Werke als Propagandamittel einsetzten? Verfolgen wir also diesen Aspekt nicht weiter und wenden uns wieder den architektonischen Formen selbst zu.
Ich selbst hatte hierzu Gelegenheit, als ich im Februar 1994 zur Überarbeitung der Endfassung dieses Kapitels an den Golf von Mexiko fuhr. An einem Tag machten wir einen Ausflug nach Ocean Springs, Mississippi, um drei von Eichen und Magnolien umgebene Landhäuser in Strandnähe zu besichtigen, die Ende des 19. Jahrhunderts von Louis Sullivan entworfen und gebaut worden waren. Sullivan war ein bedeutender Architekt, der von Frank Lloyd Wright als »Meister« bezeichnet wurde. Wie Thomas Jefferson und die Hopewell zeigte er großes Interesse an Achtecken in ihrer Eigenschaft als Übergangsformen zwischen Kreisen und Quadraten.
Wer an Werken von genialer Schöpferkraft interessiert ist, wird die Skizzen, die Jefferson und Sullivan zu dieser Problematik anfertigten, gleichermaßen bewundern, obwohl letzterer in der Ornamentik des 19. Jahrhunderts bewandert war und ersterer nicht. Als Sullivan

sich zu Beginn der zwanziger Jahre im Rahmen seiner *Grammar of Ornament* mit dem Thema befaßte, paßte er natürliche Blattformen an die Erfordernisse der Geometrie an, indem er Sechs- und Achtecke als Raster für Blütenornamente benutzte, so als ob die Zweige im Frühling beschnitten worden wären, um den Ansprüchen des menschlichen Intellekts zu gegnügen, und dann erst zur Blüte kommen durften. Jeffersons Entwürfe hingegen waren einfacher, und er benutzte keine pflanzlichen Motive.

Sowohl bei Sullivan als auch bei Jefferson wird aber der Einfluß der geometrischen Formgebung der Hopewell-Architektur sichtbar. Wir haben bereits erwähnt, daß Jefferson die Informationen über diese Formen, die ihm die Erforscher des Ohio-Tals hatten zukommen lassen, in seine Entwürfe einfließen ließ. Sullivan kam 1915 in die gleiche Region und erfuhr zufällig von den kreisförmigen, quadratischen und achteckigen Erdwerken. Er hatte damals den Auftrag, ein kleines Bankgebäude in Newark zu entwerfen und die Bauarbeiten zu leiten. Es heißt, daß Sullivan jeden Abend von der Baustelle aus über die Main Street zum Fairgrounds Circle lief. Und obwohl die Stätte damals bereits zerfallen und entweiht war, rief sie bei ihm immer noch dieselben Gefühle hervor, von denen Squier und Davis 1848 berichtet hatten.

Sullivan reflektierte viel über diesen Ort und über andere geometrische Erdwerke in der Umgebung. Seine Ergebnisse veröffentlichte er in *The Grammar of Ornament* und fügte ihnen den folgenden Kommentar hinzu:

> Diesen einfachen Formen, die in prähistorischer Zeit entdeckt und verwendet wurden, schrieben die Menschen jener Tage esoterische Bedeutung und magische Kräfte zu, da sie mit Hilfe von Zauberformeln und geheimen Ritualen das Schicksal des Menschen inmitten der Mächte der NATUR kontrollieren wollten.[42]

Sullivan hatte, wie auch Jefferson, schon zuvor eine Vorliebe für diese Formen gehabt. Ein Vierteljahrhundert bevor er entdeckte, daß die prähistorischen Indianer Ohios seine Neigung geteilt hatten, hatte Sullivan seine Träume von Achtecken am Strand von Ocean Springs verwirklicht – zur gleichen Zeit, als in Chicago und St. Louis seine großen Wolkenkratzer errichtet wurden. Sullivans Landhäuser weisen ebenso faszinierende, achteckige Grundrisse auf wie Jeffersons Ziegel- und Erdbauten in Poplar Forest. Sullivans eigenes Landhaus ist ein mit Schindeln verkleidetes Achteck mit zwei innenliegenden Räumen und einer Veranda, die ebenso genial in die Gesamtkonstruktion eingefügt waren, wie bei dem identisch geformten, aber größeren Landhaus Jeffersons. Das größere der Landhäuser von Ocean Springs, das er für einen Kunden entworfen hatte, wird von einem achteckigen Speisezimmer beherrscht, gewissermaßen das kristalline Zentrum des Gebäudes, an das sich die übrigen Räumlichkeiten anschmiegen.

Bevor wir uns nach Ocean Springs begaben, besuchten wir in dem nahegelegenen Fort Walton in Florida ein kleines Museum. Dieses wurde eingerichtet, um die Erinnerung an einen Komplex von Erdwerken zu bewahren, von denen nur ein Plattform-Mound erhalten geblieben ist; die anderen wurden abgetragen, asphaltiert und mit der Wegwerfarchitektur von Fast-food-Restaurants und einem Gewirr von Schnellstraßen überbaut. In dem Museum befindet sich auch ein interessanter Ausstellungsteil, der sich mit den Leistungen der Menschen befaßt, die von der Hopewell-Zeit bis zur Mitte des 18. Jahrhunderts hier lebten und Erdwerke errichteten. Sie tauschten mit den Hopewell Waren und, so wird angenommen, auch geistige Güter aus. Die Glanzstücke des Museums sind einige Exemplare der charakteristischen Keramikgefäße dieser Zeit, flache, tellerartige Schalen, die sechseckige Formen aufweisen und offenbar rituellen Zwecken dienten.[43]

Meines Wissens wurden solche Keramiken an keinem anderen Ort gefunden; sie scheinen eine Spezialität der Menschen am Golf von Mexiko gewesen zu sein, die in regelmäßigem Kontakt zu den Achteck-Architekten Ohios standen. Leider erfuhr Thomas Jefferson niemals von den Fort-Walton-Leuten, denn sonst hätte er ihre sechseckigen Gefäße vermutlich in seiner Indian Hall in Monticello ausgestellt. Zu der Zeit, als er seine Sammlung zusammenstellte, hätte man vermutlich noch viele dieser auffälligen Artefakte in der Erde Floridas entdecken können. Erst in den sechziger und siebziger Jahren unseres Jahrhunderts wurde dies durch die hastige Entwicklungs- und Bautätigkeit unmöglich gemacht.

Wie die Fort-Walton-Leute und wie Sullivan und Jefferson könnten die Hopewell die Kraft der Achtecke und Sechsecke, die ein Zwischending zwischen Kreisen und Quadraten sind, verspürt haben. Beide Erdfigurationen, die gebrannte Irdenware ebenso wie die monumentale Erdarchitektur, standen im Dienst geomantischer Beschwörung. Es besteht jedoch ein großer Unterschied zwischen der Überzeugungskraft von sechseckigen Tellern, die klein, aber unmittelbar dem Auge zugänglich sind, und Achtecken, deren Durchmesser mehrere hundert Meter beträgt und die daher nicht so leicht auf einen Blick erfaßt werden können. Jene frühen Amerikaner, die diese gewaltigen Erdanlagen bauten, achteten daher darauf, daß die Menschen, auf die sie Einfluß ausüben wollten, erst nach entsprechender Vorbereitung durch Drogen und vorangestellte architektonische Anlagen in diese Achtecke aus Erde gelangten. Auf solche Weise können Gefühle in den Dienst von Ideen gestellt werden.[44]

Die Architektur des Himmels

Wir wollen Sullivans Spuren weiterverfolgen und versuchen, seine Gedanken über den »Menschen inmitten der Mächte der Natur« nachzuvollziehen. Warum verwendeten die Schamanenbaumeister Ohios all diese »Zauberformeln und geheimen Rituale«? Meiner Meinung nach versuchten sie, Himmel und Erde, Bodenbau und Astronomie miteinander zu verbinden, um die Kräfte des Lebens zu verherrlichen. Wie die Pythagoreer konnte diese amerikanische Geomanten-Bruderschaft (oder Schwesternschaft?) die Hopewell über mehrere Jahrhunderte hinweg immer wieder dazu veranlassen, architektonische Werke zu errichten, die Ausdruck einer geistigen Revolution waren: Sie verherrlichten das Wachstum und die Ordnung der Natur und verbanden mittels der heiligen Pfade die Orte der Nahrungsproduktion mit den Stätten, an denen ihr gehuldigt wurde. Die Entdeckung der Ordnung der Natur war auch gleichzeitig die Entdeckung einer geregelten Nahrungsmittelproduktion durch Beachtung der Zyklen von Sonne und Mond. Die Rhythmen der Landwirtschaft verlaufen synchron zu den Rhythmen von Sonne und Mond. Daher haben Bauern schon immer ehrfürchtig zum Himmel aufgeschaut, denn die Regelmäßigkeit der dort ablaufenden Vorgänge linderte ihre Befürchtungen. Die Ängste der Bauern könnten zum Teil dadurch begründet sein, daß ihnen bewußt ist, wie anmaßend sie handeln, wenn sie die Erde aufreißen. Ich habe oben bereits vermutet, daß die Hopewell-Architektur der Sühne für diese Verletzung der Erde dienen sollte. Eine zweite Form der Besänftigung könnte darin bestanden haben, daß die Zyklen des Himmels als Rechtfertigung für das herangezogen wurden, was der Erde angetan wurde.

Doch haftet beiden Formen der Versöhnung mit der Natur ein Paradox an: So wird die Verletzung der Erde nicht nur damit gesühnt, daß der Erde Bauwerke aus Erde geweiht werden, während die Teilhabe an der Ordnung des Universums durch eine offensichtlich teilende und ausschließende Architektur symbolisiert wird. Es ist eine Architektur der Rechtecke und Quadrate, die nur durch Achtecke abgemildert wird. All diese geometrischen Formen teilen die Welt in Kategorien auf – eine sehr willkürliche, wenn auch nicht unbedingt hochmütige Handlung. Sie kann sogar, zumindest anfangs, eine ehrfurchtsvolle Anerkennung natürlicher Muster – »Formen«, »Ideale«, Archetypen – dargestellt haben, die das Verhalten himmlischer oder menschlicher Kreaturen oder beider steuerten.

All das mag vielleicht ein wenig abstrakt erscheinen. Verständlicher könnten diese Gedankengänge werden, wenn man in einer geraden Linie von der Stelle, an der der Observatory Mound in Newark den Observatory Circle berührt, zum südwestlichen Rand des Fairgrounds Circle läuft. Diese Linie wird für einen Beobachter auf dem Observatory Mound alle 18,61 Jahre offensichtlich, wenn der Mond von dort aus gesehen genau an jenem Rand des Fairgrounds Circle untergeht. Es ist der südlichste Punkt, an dem der Mond jemals untergegangen ist oder untergehen wird. Eine Person, die vom Observatory Mound aus den Himmel beobachtete, hätte dieses Phänomen außerdem genau 18,61 Jahre früher und 18,61 Jahre später registrieren können. Wenn diese Entdeckung im Laufe mehrerer Jahrhunderte oft genug bekannt gemacht wurde, dann war damit ein Muster offenbar geworden, das der Regelmäßigkeit entsprach, mit der Samen im Frühjahr auskeimten.

Im Laufe desselben siderischen Monats – der 27 1/3 Tage beträgt – könnte unser Beobachter auf dem Observatory Mound auch den nördlichsten Aufgangspunkt des Mondes überhaupt entdeckt haben, indem er *entweder* durch die parallelen Erdwerke sah, die den Observatory Circle mit dem Achteck und dann direkt durch dessen Achse mit seiner entferntesten Seite verbanden, *oder* indem er zum Fairgrounds Circle lief, sich exakt in der Mitte von dessen Eingang aufstellte und die Straße entlangblickte, die zum Quadrat von Newark führte.[45]

Ein Astronom der Gegenwart würde erwarten, daß die Hopewell am östlichen Horizont zwei weitere Punkte festhielten, die den Bereich markieren, in dem der Mond im Monat seiner kürzesten Himmelsbahn aufgeht, so wie sie es auch für die längste Mondbahn taten. Innerhalb des Zyklus von 18,61 Jahren schwebt die Mondsichel in einem zunehmend weiter werdenden Sektor über den Himmel, bis sie die oben beschriebenen äußersten Punkte erreicht, um sich dann nach und nach wieder auf einen engeren Bogen zurückzuziehen.

Diese vier Punkte im Osten und die dorthin weisenden Linien wurden bei den Newark-Erdwerken exakt auf dem Boden markiert. Außerdem wurden, wie der aufmerksame Leser bereits vermutet haben wird, noch vier weitere Linien gezogen, die zu vier anderen Punkten führten: Da der Mond im Westen untergeht, finden sich dort ebenfalls vier Punkte, die denen im Osten entsprechen und die durch Linien gekennzeichnet werden können. Alle acht Linien finden sich im Achteck von Newark.[46]

Und noch etwas haben Ingenieure in den letzten Jahren entdeckt: Die Erdwerke sind auf unsichtbaren Gittern aus geraden Linien plaziert, Linien, die zum Horizont führen und durch ständige, geduldige Himmelsbeobachtung ermittelt und dann auf dem Boden markiert worden sein müssen. Und da die Hopewell vermutlich in Einklang mit den Rhythmen des Mondes zu leben wünschten, richteten sie ihre Erdwerke nach diesen unsichtbaren Schablonen aus.

Das Universum hat eine Ordnung. Die Gezeiten der Ozeane wie der Großen Seen hängen von den Mondzyklen ab. Der weibliche Körper reagiert ebenso darauf wie der männliche, obwohl im letzteren Fall auf sehr viel unauffälligere Weise. Bauern sind sich dieser Regularitäten heute ebenso bewußt wie zur Hopewell-Zeit. Der Monatszyklus regelt Aussaat und Ernte wie auch die Brut- und Trächtigkeitsphasen. Obwohl der Mond keinen Anteil an der Photosynthese hat,

bestimmt er die landwirtschaftlichen Monatszyklen ebenso, wie die Sonne die Tages- und Jahreszyklen kontrolliert.
Moderne Stadtbewohner mögen den Mond lediglich als malerischen Himmelskörper betrachten, doch die Landbevölkerung weiß es besser. Auch wenn die Menschen an den Ratsfeuern eher ihresgleichen als den Mond um Rat fragten, galt ihre Weisheit niemals so viel wie die auf dem Observatory Mound gemachten Beobachtungen. Im prähistorischen Amerika war der ferne, unaufdringliche Mond den Menschen fast immer präsent.
Nachdem die Hopewell die Regelmäßigkeit der Mondzyklen entdeckt und darauf abgestimmte architektonische Werke errichtet hatten, verbanden sie diese Bauten über weite Strecken miteinander. Auf der Großen Hopewell-Straße wurden diese Verbindungen sogar für den einfachen, unwissenden Pilger ersichtlich, während andere Zusammenhänge sich nur dem Eingeweihten erschlossen. So verläuft die Hauptachse des Kreises und des Achtecks von Newark genau entlang derselben Kompaßpeilung wie die beiden parallelen Wallanlagen, die vom Scioto River zu den 80 Kilometer entfernten Hopeton-Erdwerken führen. Diese Hopeton-Linien, die ein Hopewell-Vermesser einst als Markierung für die Standorte künftiger Bauwerke gezogen haben muß, liegen genau im rechten Winkel zur Achse des Erdwerks von Highbanks, das rund anderthalb Kilometer entfernt von Hopeton am Scioto liegt. Erfahrene Archäoastronomen unserer Tage haben gezeigt, daß diese Systeme sich über das gesamte Hopewell-Gebiet in Ohio und Kentucky erstreckten.[47]
Daß all diese Übereinstimmungen Zufall sein sollen, ist recht unwahrscheinlich. Man darf vielmehr annehmen, daß sie das Resultat jahrzehntelanger astronomischer Beobachtungen sind, die um 200 n. Chr. erfolgten. Möglicherweise wurden sie durch die Pilgerbewegungen weiterverbreitet, die mit der Entstehung der architektonischen Monumente einhergingen.
Ihren Bauwerken nach zu schließen besaßen die Hopewell nicht nur astronomische Fähigkeiten, sondern sie verfügten auch über den technischen Sachverstand, um ihre Erkenntnisse zu verewigen.
Unsere hochentwickelte technische Zivilisation zeigte sich erst mit Hilfe von Digitalrechnern in der Lage, die Zusammenhänge zwischen ihren astronomischen Beobachtungen und ihren Bauwerken

zu ermitteln. Die Hopewell arbeiteten mit vier Dimensionen. Sie wußten, welchen *Durchmesser* und welche *Höhe* ihre Bauten haben sollten. Sie wußten auch, welche *Tiefe* sie aufweisen sollten, wie sie aus einer ebenen Fläche ein Objekt machen konnten, nachdem sie sich mit dessen Umfang und seinem »Aufriß«, wie wir es nennen, befaßt hatten. Und um uns zu verwirren, bezogen sie auch noch die Dimension *Zeit* mit ein – einen Zyklus von 18,61 Jahren.
Darf man da noch das Wort »primitiv« benutzen?
Betrachten wir noch einmal, wie die Hopewell mehrere architektonische Komplexe miteinander verbanden. Alle 18,61 Jahre konnte ein Eingeweihter, der vom Scioto aus zwischen den parallelen Wallanlagen zu den Hopeton-Erdwerken blickte, sehen, wie der Mond an seinem nördlichsten Extrempunkt aufging. Dasselbe konnte im gleichen Augenblick ein zweiter Beobachter tun, der vom Eingang zum Fairgrounds Circle aus entlang der Wallanlagen zum Quadrat schaute; ein dritter, der sich vom Observatory Mound aus an der Achse des Ringes und des Achtecks von Newark orientierte, und ein vierter Beobachter in Highbanks, der seinen Blick exakt 90 Grad von der Hauptachse des architektonischen Komplexes abwandte.
Nicht jedes Schulkind aus Newark und Chillicothe könnte heute die für solche Beobachtungen notwendigen Berechnungen durchführen. Die Hopewell jedoch verstanden genug von Arithmetik, um Hunderttausende von Körben Erde an exakt bestimmten, geomantischen Positionen aufzuschütten. Bis zu einem gewissen Grad das gleiche taten jene Schäfer in Palästina, die einen großen Stern am Himmel entdeckten und ihm nach Bethlehem folgten. Die Bodenbauer, die um Christi Geburt in Ohio lebten, waren jedoch bereits viel geübter darin, den Himmel nach Zeichen abzusuchen.[48]
Bevor wir uns den soziologischen und ökonomischen Aspekten zuwenden, befassen wir uns noch einmal mit der Vogelsymbolik. Für die Ägypter und möglicherweise auch für die Hopewell waren Vögel Symbole des Mondes. Die *Encyclopedia of Archetypal Symbolism* sagt, daß der Gang des Ibis einige antike Autoren an »die Bewegung des Mondes [erinnerte]. Plutarch schrieb, daß die abwechselnd schwarzen und weißen Federn des männlichen Ibis den dunklen und hellen Phasen des Mondes glichen.« Und die Ägypter stellten sich den Gott Toth in der Gestalt eines Ibis vor.

> Wie er [Toth] steht dieser Vogel mit dem Mond in Zusammenhang [und] er war nicht nur der Mondgott, sondern auch der Gott der Weisheit, der die kosmische Ordnung aufrechterhielt ... Das Gesetz, das die Ordnung des Himmels bestimmt, wird als die nährende Grundsubstanz der Kraft der Sonne und der von dieser abhängigen Spenderin des Lebens [der Landwirtschaft] betrachtet.[49]

Ein Vogel, der zwischen Erde und Himmel fliegt, ist also auch zentrales Element einer Synthese von Mythen. Er wirkt als Mittler zwischen Leben und Tod und als Schöpfer von Leben, denn er hat am Wirken des Mondes teil, der die gleichmäßigen Bewegungen der Sonne reguliert und damit die Landwirtschaft ermöglicht. Natürlich könnten Wasservögel für die Menschen von Fort Center und für die Hopewell lediglich deshalb wichtig gewesen sein, weil ihr Aufbruch nach Norden im Frühjahr das Signal für das Pflügen gab und auf die Aussaat vorauswies. Meiner Meinung nach ging es aber nicht nur darum. Doch nun wollen wir einen Blick auf die Ökonomie der Mounds werfen.

Die Vorläufer der »Jeffersonians«

Obwohl in jener Phase der Geschichte, in der Ringe konstruiert wurden, viele Menschen in kleinen häuslichen Gemeinschaften lebten, die weit über die Flußtäler verstreut lagen, so kamen außerhalb des Indus-Tales nur wenige an die architektonischen Leistungen der Adena heran. Noch weniger errichteten Bauten, die den geometrischen Konstruktionen der Hopewell vergleichbar waren. Wir haben einige Vermutungen darüber angestellt, warum diese frühen Bewohner Ohios Millionen Körbe von Erde nach minutiösen Plänen aufschütteten, warum sie diese Bemühungen über einen ausgedehnten Zeitraum hinweg aufrechterhielten und warum sie, obwohl sie offenbar nicht in einer straff organisierten Gesellschaft lebten, einige Mitglieder ihrer Gemeinschaft inmitten von Perlmutt und Glimmertafeln bestatteten, ihnen Kupfermasken aufs Gesicht legten und ihren Gräbern prächtige Skulpturen beigaben.

Sie planten und bauten große, präzise vermessene und komplexe architektonische Monumente, und dies geschah aller Wahrscheinlichkeit nach unter der Führung einer Priesterschaft aus Astronomen, Baumeistern und Architekten. Ein solcher Schluß impliziert jedoch nicht, daß es in diesen Gesellschaften erbliche Hierarchien gab. Wenn Menschen sich zusammentun, um ihre Priester beim Bau eines Tempels zu unterstützen, so heißt das noch nicht, daß sie sich einer Theokratie unterwerfen.[50] Möglicherweise hatten die Geomanten, die mit der Aufsicht über die Errichtung architektonischer Werke betraut wurden, nur diese spezielle Aufgabe und wurden in gewissen Zeitabständen aus einer größeren Gruppe von Priestern ausgewählt – ähnlich wie die Mönche von Cluny, Prémontré und die Benediktiner ihre Äbte wählten und wie auch heute noch die meisten buddhistischen Mönche einen der Ihren für einen befristeten Zeitraum zum Lama bestimmen, wodurch er sich jedoch lediglich ein feierliches Begräbnis unter Würdigung seiner Leistungen verdient.

Öffentliche, komplex strukturierte architektonische Anlagen entstehen meist nicht in verstreut siedelnden menschlichen Gemeinschaften mit nur schwach ausgeprägten Kastenunterschieden. Wie erfreut wäre Jefferson wohl gewesen, wenn ihm die Erkenntnisse zugänglich gewesen wären, die die archäologische Forschung in den siebziger und achtziger Jahren unseres Jahrhunderts gewonnen hat. So erfahren wir von Bruce Smith beispielsweise folgendes:

> Die Bevölkerung ... Ohios bewohnte kleine, isolierte Siedlungen ... [Sie lebten] in Landwirtschaft treibenden Gemeinschaften, die aus einzelnen, verstreut in den Flußtälern liegenden Gehöften bestanden.[51]

Sie waren jedoch offenbar zu großen, einem gemeinsamen Ziel dienenden Anstrengungen fähig und vermochten architektonische Werke zu schaffen, deren Durchführung jene Beharrlichkeit verlangte, die Jefferson seiner jungen Republik so sehr wünschte.

Jene Bewohner Ohios waren keine dumpfen, abgerichteten, tölpelhaften Bauern, die unter der Peitsche arbeiteten. Vielmehr können wir sie uns als Amerikas erste freie und unabhängige Kleinfarmer vorstellen, die auf ihren bescheidenen Gehöften lebten und die Wälder und die Prärie auf der Suche nach Wild durchstreiften.

Niedergang und Fall?

Das Verhalten der Menschen, die im 2. und 3. Jahrhundert im Great Valley lebten, gibt uns zwei miteinander zusammenhängende, verzwickte Rätsel auf. Sie tauschten Güter und Waren auf eine Weise aus, die sich weder nach kapitalistischen noch nach marxistischen Prinzipien erklären läßt, und sie lebten in weit verstreuten Siedlungen, taten sich aber zusammen, um große, sich über lange Zeiträume hinziehende Bauvorhaben zu verwirklichen. Diese Rätsel werden noch dadurch verkompliziert, daß ihre architektonischen Werke Eigenschaften aufweisen, die in Europa im Widerspruch zueinander stehen würden, da sie sowohl ein Zeitalter der Vernunft als auch ein Zeitalter des Glaubens repräsentieren. Ihre intellektuelle, geometrische, ja man könnte sagen »klassische« oder renaissanceähnliche Baukunst schien dem Wunsch zu entspringen, Harmonie mit der Natur herzustellen – mit den Phasen von Sonne und Mond. Die *Form* ihrer Bauwerke drückte die Suche nach einer Ordnung aus beständigen und vorhersehbaren Strukturen aus. Ihre *Ausrichtung* – ihre Lage im Verhältnis zu Erde und Himmel – könnte Ausdruck von Verehrung sein, wenn sie nicht ebenfalls in ihrer Wissenschaft begründet gewesen wäre. Strukturen von genau abgemessener Größe und Form wurden entsprechend bestimmten Himmelsphänomenen plaziert und zueinander in Bezug gesetzt. Der 18,61jährige Mondzyklus, der 28tägige Monatszyklus, die Zyklen der Sonne und der Jahreszeiten – ihnen allen wurde nach jahrzehntelanger Beobachtung eine bestimmte Regelmäßigkeit zugeschrieben, die sich in der Architektur bestätigt findet.

Warum aber wurde der Bau dieser Erdwerke *eingestellt*? Manche Autoren sehen die Ursache, ähnlich wie Joseph Smith, in kriegerischen Auseinandersetzungen. Gewalt ist eine der bevorzugten Erklärungen für die Brüche in der Geschichte.[52] Hat es einen »Sturz der Hopewell-Geomanten« gegeben? Fielen plötzlich »Barbaren« nach Art der Lamaniten über die Hopewell her? Bislang haben die Archäologen vergeblich nach Anzeichen für eine Umweltkatastrophe oder für Epidemien gesucht, oder nach Massengräbern mit zerschmetterten Skeletten, die auf große Schlachten oder Pogrome hinweisen. Vielleicht bedurfte es aber gar nicht so schwerer Katastrophen. Schon weit weniger gravierende Störungen hätten ein so zerbrechliches System aus weitgehend freiwilligen menschlichen Zusammenschlüssen zerstören können. Wiederholte Mißernten, frühe Wintereinbrüche oder regenreiche Herbstmonate konnten das Vertrauen der Menschen in ihre Priester erschüttern. Vielleicht kam es zu einer geringfügigen Klimaänderung mit gleichwohl fatalen Auswirkungen, beispielsweise einer Trockenperiode, die den Bodenbau entlang des Scioto erschwerte. Die Bewohner der weniger fruchtbaren Randgebiete könnten aus Verzweiflung Überfälle auf die Vorratsspeicher in den Flußniederungen verübt haben, aus denen die Geomanten die Nahrungsmittelversorgung der Menschen ergänzten.

Wenn diese stolzen und dennoch ehrfurchtsvollen Priestergelehrten die Menschen enttäuschten, dann wäre ein Szenario voller Verzweiflung und Elend vorstellbar, wo die unterernährten Menschen zunehmend von Krankheiten geschlagen waren und möglicherweise zusätzlich unter einer Invasion fremder Mikroben zu leiden hatten.[53]

Vor dreißig Jahren äußerten einige Archäologen – in Anlehnung an die indogermanischen Invasionen und die Völkerwanderung oder beeinflußt durch mormonische Glaubensprinzipien – die Vermutung, daß die Hopewell einer ganz anderen Ethnie angehörten als die Adena und daß ihrer Invasion aus dem Westen später eine Gegenbewegung der Algonkin folgte, die vom Norden oder Osten her ins Ohio-Tal vorstießen. Auf diese Weise, so lautete die These, seien die Irokesen in der Hopewell-Region im Staat New York von den Irokesisch sprechenden Cherokee getrennt worden, die in den Appalachen lebten. Wer Cherokee zu seinen Vorfahren zählen darf, wird diese Theorie wohl begeistert aufnehmen, da er auf diese Weise zum Nachfahren der Hopewell wird. Auch die Irokesen dürften entzückt sein, doch leider konnte diese Vermutung bisher nicht durch archäologische Erkenntnisse erhärtet werden.

Vermutlich bedurfte es gar nicht solch großer Wanderungsbewegungen, um den Niedergang der Hopewell einzuleiten. Vielleicht reichte es schon, daß der Glaube an die Lehren der Geomanten erschüttert wurde und ihre Autorität in Mißkredit geriet, damit große kollektive Vorhaben aufgegeben wurden. Die entmutigten Menschen könnten im Zuge der gesellschaftlichen Auflösung einfach ihrer Wege gegangen sein. Es scheint, daß sich ihre Sitten vergröberten, daß sie

geringere Ansprüche stellten, die nicht so leicht zu enttäuschen waren – ebenso wie es zur gleichen Zeit bei den Gesellschaften von Paris bis zur Adria und in Nordafrika der Fall war.
Das Zentrum brach also zusammen, doch an der Peripherie, insbesondere in Illinois, wo offenbar niemals geometrische Erdkomplexe errichtet worden waren, schien das Leben ohne dramatische Veränderungen weiterzugehen – ebenso wie in vielen Teilen des Römischen Reiches nach dessen »Fall«, wie ihn Edward Gibbon in seiner satirischen Prosa zelebrierte. Und da wir die britischen Pendants so lieben, könnten wir an dieser Stelle auch Mallory anführen, doch dürfen wir uns kein amerikanisches Camelot vorstellen. Zur Zeit von König Artus, als sich die römischen Legionen längst aus Britannien zurückgezogen hatten, fertigten die Menschen jenseits des Atlantik im Mississipi-Tal weiter Keramikwaren, jagten, fischten und zeugten Kinder. Die Geometer hatten ihre Instrumente allerdings niedergelegt. Der Bau von Komplexen aus Achtecken, Kreisen und Quadraten wurde eingestellt. Im Südwesten hingegen errichtete man weiterhin geometrisch geformte architektonische Anlagen – rechteckige Plazas und Ballspielplätze, D-förmige Gebäudeblöcke mit rechteckigen Räumen und runde Kivas. Und auch am Golf von Mexiko lebten immer noch Menschen, die Plattform-Mounds anlegten, obwohl sie keinen Kontakt zu ihren Handelspartnern im Mittleren Westen mehr hatten.
Nach dem 9. Jahrhundert vollzog sich im Mississippi-Tal insofern die zweite Phase der »Revolution der geraden Linien«, als ein intensiver Maisanbau betrieben und Plazas und Plattformen mit geradlinigen Grundrissen und Kanten angelegt wurden; die Menschen kämpften und jagten mit Pfeil und Bogen; vermutlich gab es in diesen Kulturen auch männliche Führer mit großer Autorität. Als die ersten europäischen Historiker dort erschienen, fanden sie fast ausschließlich Häuptlingstümer vor. In Tennessee, Florida und in der Delta-Region errichteten die Hopewell und ihre Zeitgenossen Plattform-Mounds, die entweder isoliert standen oder von anderen geometrischen Figuren umgeben waren. Vier Jahrhunderte später wurden in Ohio und im Mississippi-Tal Plattform-Pyramiden zur Einfassung geradliniger Plazas gebaut; sie waren das Produkt einer ganz anderen Gesellschaft und wiesen jene deutlich erkennbare

Hierarchie der Plattformen auf, die wir in Cahokia festgestellt haben. Diese von Rechtecken eingegrenzten Rechtecke (die von Plattform-Mounds flankierten Plazas) signalisierten die Vollendung der »Revolution der geraden Linien«.

Von dieser Zeit an verweilten die Menschen länger an einem Ort, bauten Mais an und taten sich zusammen, um Plattform- und Plazakomplexe wie Cahokia, St. Louis und Moundville zu schaffen; sie führten ein seßhaftes und beinahe städtisches Leben. Ihre Ernährung verlor an Ausgewogenheit, jedoch war die Versorgung mit Lebensmitteln gesicherter als früher. Die neuen Eßgewohnheiten schadeten den Zähnen der Menschen, und ihre Widerstandskraft gegen Krankheiten nahm ab. Blasrohre und *atlatls* waren immer noch in Gebrauch, doch die Verwendung von Bögen machte starke Lungen und Muskelkraft zunehmend überflüssig, wenn man Geschosse abfeuern wollte. Pfeile wurden gebräuchlichere Waffen als Wurfspieße und Speere.

Die Vollendung der »Revolution der geraden Linien« war das Ergebnis einer Abfolge von Ereignissen und nicht etwa einer »Weiterentwicklung«, wie es Gallatin und Jefferson erschienen sein mochte. Fassen wir noch einmal zusammen: Um etwa 4000 v. Chr. wurden die ersten kreisähnlichen Gebilde geschaffen. Es war, als ob das Konzept des Kreises präsent gewesen sei, aber in festem Material nicht richtig Gestalt annehmen konnte. Beispiele für diese Phase sind Watson Brake, Sapelo und andere Muschelringe sowie die meisten Adena-Ringe. Unvollständige, angedeutete Kreise erschienen um 1200 v. Chr. in den D-Formen des Mississippi-Deltas und den exakten, aber unvollständigen kreisähnlichen Figuren von Poverty Point (zwei miteinander verbundene Kombinationen von Ellipsen).[54]

Die »Revolution der geraden Linien« begann etwa um das Jahr 200. Später wurden dann wieder Kreise konstruiert, die bei den Hopewell sehr exakt vermessen waren. In Ohio wurden diese geometrischen Figuren offenbar nicht isoliert angelegt, sondern immer in Verbindung mit »geradlinigen« Formen. In Florida verhielt es sich anders. (Aufgrund der Zerstörung so vieler Monumente sind solche Verallgemeinerungen heikel, auch wenn sie unumgänglich sein mögen.) Dann kamen die angedeuteten Kreisformen des Paint-Creek-Kom-

plexes und möglicherweise auch die von Cincinnati. Letztere könnten unvollständig geblieben sein, weil nach Markierung der geomantischen Bezugspunkte keine Notwendigkeit zur Fertigstellung der Erdwerke mehr bestand.[55]
Danach wurde der Bau monumentaler architektonischer Werke für lange Zeit eingestellt, bis um 800, das Jahr der Krönung Karls des Großen, die Mississippi-Tradition einsetzte.

Plazas, Pyramiden und die Sonne

Die Zyklen des Mondes berechnen wir in Monaten, die der Sonne, die fast zwölfmal so lang sind, in Jahren. Als die Indianer mit der Errichtung monumentaler, auf den Sonnenzyklus ausgerichteter Bauwerke begannen, lösten die Jahreszyklen die Monatszyklen ab. Dies war sowohl in Nordamerika als auch in Mexiko und im Mayagebiet der Fall, wo gewaltige Steinbauten errichtet wurden, die nach den sich jahreszeitlich verändernden Sonnenaufgängen und -untergängen ausgerichtet waren. All diese Sonnengesellschaften, die von Montreal und Wisconsin bis Panama anzutreffen waren, basierten auf dem Maisanbau.[56]
Mais, Sonnensymbolik und Sonnenausrichtung gewannen nach 800 etwa zur gleichen Zeit an Bedeutung, obwohl vereinzelt schon in der Entstehungszeit der Hopewell-Gesellschaft Monumente mit solaren Fluchtlinien errichtet worden waren. In der vom Maisanbau geprägten, hierarchisch strukturierten Periode der Mississippi-Tradition erlebten die indianischen Kulturen eine neue Blüte, deren nördliches Zentrum die Metropole St.Louis-Cahokia war. Im Herzland der Adena/Hopewell, in Ohio und Kentucky, kam es jedoch nicht zu einer Renaissance der monumentalen Bautätigkeit. Die Menschen dieser Region scheinen ihre frühere Energie und ihren einstigen Wohlstand nicht wiedererlangt zu haben; Skelettfunde bestätigen, daß ihr gesundheitlicher Allgemeinzustand sich nach 1250 so stark verschlechterte, daß ihre durchschnittliche Körpergröße um etwa fünf Zentimeter abnahm. Die Sonne und der Mais bekamen ihnen nicht so gut wie der Mond und die stärkehaltigen Körnerfrüchte.[57]
Die umfassendste Studie über die Sonnenausrichtung der Erdwerke im unteren und mittleren Mississippi-Tal haben Clay Sherrod und

Martha Ann Rolingson geliefert, die sich vor allem mit dem Tolteken-Komplex in Arkansas befaßten.[58] Sie untersuchten die Positionierung von mehreren hundert Mounds in architektonischen Komplexen zwischen dem Zusammenfluß von Ohio und Mississippi und dem Golf von Mexiko und gelangten zu dem Schluß, »daß es in diesem Sample keinen eindeutigen Beweis für die Sonnenausrichtung von Mounds [gebe], die vor der Coles-Creek-Periode um 700 entstanden« waren. Obwohl sie keine Stätten in Ohio, Indiana und Kentucky untersuchten, ließe sich vermutlich die gleiche Aussage über fast das gesamte von uns untersuchte Gebiet machen. Aufgrund der Mondausrichtung der meisten Hopewell-Bauten darf man annehmen, daß der Mond nur so lange eine beherrschende Rolle spielte wie diese Kultur selbst.[59]

Danach wurden noch weiterhin viele abgeflachte Pyramiden errichtet, die um Plazas mit geradlinigen Abmessungen herum angeordnet wurden. Die meisten davon scheinen dem Zweck der Sonnenbeobachtung gedient zu haben. Oder – so sollte man vielleicht besser sagen – die maisanbauenden, seßhaften, rechteckige Formen bevorzugenden Indianer schütteten nach dem Jahre 1000 in Moundville, Cahokia oder Toltec abgeflachte Pyramiden auf, um den Geboten der Sonne zu genügen.[60]

In Europa hatten sich schon vor längerer Zeit hierarchisch aufgebauten Häuptlingstümer in Kastensysteme verwandelt, die zunächst von Priesterfürsten und dann von Kriegern beherrscht wurden. Die Abstammung wurde bald vornehmlich patrilinear bestimmt, und schamanische Barden sammelten ausschließlich männliche Geheimbünde um sich, in denen Epen über Raubzüge und Blutvergießen erzählt wurden. Das Privateigentum eines Mannes wurde durch Siegel und die Mitbestattung seiner Besitztümer gekennzeichnet, und die Ehefrauen der »Big Men« mußten ihrem Gemahl in den Tod folgen. Das religiöse Leben in Europa stellte bald eine Verschmelzung vieler verschiedener Traditionen dar und diente der Rechtfertigung von Eroberungszügen und der Sicherung der Gefolgschaft. Seine zentrale Figur war der »›Herr der vier Himmelsrichtungen‹ (Zeus, Indra, Thor, Brahma, Jehovah, Quetzalcoatl usw.), eine mythische Projektion der zentralen Autorität des Häuptlings einer Gesellschaft«.[61]

Diese religiösen Strukturen sind auch für die Erforschung der altamerikanischen Gesellschaften von Interesse, denn sie lassen sich möglicherweise auf diese übertragen; allem Anschein nach gab es in Altamerika nördlich des Rio Grande keine Geschichtsschreibung, weshalb europäische Analogien hilfreich sein könnten. Diese sind zudem auch deshalb interessant, weil die Herrschaftsformen, die die ersten europäischen Eroberer in Amerika vorfanden (mit Ausnahme der Kriegerprinzessin, die de Soto in Georgia antraf), offenbar große Ähnlichkeiten mit denjenigen aufwiesen, die um 1492 auf ihrem eigenen Kontinent im Niedergang begriffen waren. Sonnenanbetende Plattform-Mound-und-Plaza-Gesellschaften wurden überall im Mississippi-Tal und im Südosten entdeckt. Sie könnten degenerierte Nachfahren der Menschen der Mississippi-Tradition gewesen sein, denn ihre Sozialstruktur hatte sich während der vorangegangenen Jahrhunderte offenbar kaum verändert. Die großen Tage des Großen Mannes von Cahokia und die großen Tage Karls V. von Spanien lagen nur wenige Jahrhunderte auseinander.

Einige abschließende Gedanken

Die europäischen Chronisten haben die Szene betreten. Wir wollen nun noch einmal zu jenen Orten zurückgehen, mit denen wir uns in Erwartung ihrer Ankunft befaßt haben, und einige Schlußfolgerungen ziehen.

Jene Plätze, die mich am meisten interessieren, sind die unzähligen, von Erde und Steinen eingegrenzten Kreise, die die Indianer von Kalifornien bis Maine viele Jahrtausende lang errichteten. Einige dieser indianischen Monumente in Utah, Arizona, Neu-Mexiko und Idaho liegen in der Nähe von kreisrunden Pappelpflanzungen, die die Mormonen um ihre Häuser errichtet haben. In Kentucky und Ohio könnten die Menschen, die vor anderthalb Jahrhunderten im Innern der prähistorischen Erdkreise standen, den Gesang der Shaker gehört haben, die in ihren Versammlungshäusern im Kreis herum tanzten.

Vor einem Jahrzehnt habe ich in *American Churches* darzulegen versucht, daß die in der europäischen Tradition verwendeten Kreise als Mittel zur Sicherung des Zusammenhalts einer Glaubensgemeinschaft dienten. Die Wirkung von kreisförmigen Räumen resultiert

aus den Gefühlen, die sie bei den sich darin aufhaltenden Menschen auslösen, Gefühle, die in Archetypen wurzeln, welche allen Menschen zugänglich sind. Ich mußte mich bei meiner Untersuchung nicht auf runde europäische Kirchen beschränken: Die Verwendung von Kreisen zur Umgrenzung von sakralen Räumen ist natürlich nicht auf Europa oder die christlichen Kirchen beschränkt. Kreisförmige Archetypen sind offensichtlich auch in der Psyche der amerikanischen Ureinwohner lebendig. Wie es der weise Sioux Schwarzer Hirsch ausdrückte: »Ihr habt bemerkt, daß ein Indianer alles in einem Kreis tut, und das liegt daran, daß die Kraft der Welt immer in Kreisen wirksam ist und daß alles versucht, rund zu sein.«[62]
Aber wie wir gesehen haben, sind den Indianern auch andere Archetypen zugänglich. Die Hopewell versuchten, Kreise und Quadrate miteinander in Einklang zu bringen, indem sie Quadrate in Kreise einfügten, Kreise in Quadrate und – wie auch Thomas Jefferson – mit dem Achteck als Übergangsform experimentierten. Die Fort-Walton-Leute zeigten eine Vorliebe für sechseckige Formen, und zur Zeit der Mississipi-Tradition bauten die Menschen nicht nur eckige Erdwerke, sondern beteten auch die kreisrunde Sonne an. Die Europäer brachten etwas Neues mit, nämlich die rücksichtslose, lineare Anmaßung von Maschinen, die durch Explosionsvorgänge angetrieben wurden. Im 19. Jahrhundert konnten diese Entwurzelten aus der Alten Welt dann durch die Entwicklung von Verbrennungsmotoren eine noch größere Zerstörungskraft entfalten. Und in unserem Jahrhundert schließlich folgte die Kernspaltung.
Die Technik selbst ist moralisch neutral. Wir können sie nach Belieben zu jedem Zweck einsetzen. Wir haben entschieden, daß sie heilige Stätten schänden und heilige Kreise zerstören soll.
In Ohio reißen Bulldozer zum Zwecke der Kiesgewinnung prähistorische Erdringe ein …
In den Wüstenregionen des Westens fallen Amateur-»Archäologen« mit Lastwagen ein und entweihen die kreisförmigen Erdanlagen durch Reifenspuren …
Was muß noch geschehen?

Ein animistisches Manifest

Wir wollen versuchen, es besser zu machen. Obwohl wir das gleiche Transportmittel benutzen wie diese Amateurarchäologen, müssen wir doch nicht ihre Auffassungen teilen. Steigen wir aus unseren Autos aus, ziehen festes Schuhwerk an und gehen gemächlich zu Fuß, um uns auf die architektonischen Werke einzustimmen, die die einstigen Bewohner dieses Landes errichtet haben. Eile tut hier nicht gut. Diese Bauwerke wurden nicht mit Hast geschaffen und erschließen sich auch nicht durch aggressives Voranstürmen. Sie lassen sich nur begreifen, wenn man sich ihnen langsam und respektvoll nähert. Wenn sie am Horizont aufgetaucht sind, wirken sie mit abnehmendem Abstand immer massiver. Sie mögen völlig unzugänglich erscheinen, bis plötzlich eine Öffnung auftaucht wie die, die Squier, Davis und Louis Sullivan im Fairgrounds Circle entdeckten.

Wenn wir am frühen Morgen oder in der Abenddämmerung bedachtsam um die Hopewell-Erdwerke herumlaufen, ist der Zauber wieder da. Die alte Architektur Amerikas strahlt Stille aus. Große Erdwerke dämmen hohe Geräuschfrequenzen. Sie umschließen Orte, an denen man die erhabenen Rhythmen des Himmels wahrnehmen kann – erhabener als das dumpfe Dröhnen von Lautsprechern und die schrille Unzufriedenheit eines lärmenden Zeitalters.

Die altamerikanische Architektur strahlt jedoch eine Ruhe ganz besonderer Art aus. Wenn die Erdwerke in Ohio keine so exakten geometrischen Formen aufwiesen, könnte man sie für natürliche Bodenerhebungen halten. Die frühen Amerikaner gaben keine Aufmerksamkeit heischenden »Stellungnahmen« ab. Vielmehr bemühten sie sich, die Welt um sie herum wahrzunehmen. Ihre und unsere Welt sind voller Wunder, die hinter dem von uns errichteten Lärmwall liegen. Als sie von Mond, Sonne und Sternen erfuhren, setzten sie alle ihre mathematischen und bautechnischen Fertigkeiten ein, um sie in ihre Welt zu integrieren.

Begriffe wie »Observatory Mound« sollten wir eigentlich über Bord werfen. Die Stätten, an denen sich die amerikanischen Ureinwohner dem Himmel zuwandten, waren keine Observatorien; die Hopewell ergingen sich, so glaube ich, nicht in Beobachtungen. Aufgrund der von ihnen geschaffenen Architektur dürfen wir eher annehmen, daß sie auf Belehrung hofften. Mit diesen Bemerkungen möchte ich jedoch keine ungerechtfertigten ethnischen Stereotypen aufbauen. Nicht nur die Indianer bringen der Ordnung der Natur traditionell respektvolle Aufmerksamkeit entgegen. Auch wir, die europäischer Abstammung sind, haben eine solche Tradition. Auch wir haben einmal große Gemeinsamkeit mit Tieren und anderen Kreaturen empfunden und haben dieser mit Gebeten, Tänzen und Verbundenheit signalisierenden architektonischen Formen wie Kreisen gedacht. Auch wir haben die harmonisierenden Kräfte des Kosmos angerufen, und wir haben Geomantik betrieben, jene Suche nach einer Architektur, die mit den Gesetzen des Kosmos in Einklang steht und der sich so unterschiedliche Menschen wie Louis Sullivan, Le Corbusier, Frank Lloyd Wright und Mies van der Rohe gewidmet haben.

Im alten Europa hatte es ebenfalls schon Baumeister gegeben, die diese Gesetze berücksichtigten. Einige von ihnen, die sich selbst Pythagoreer nannten, suchten nach den mathematischen Grundlagen der kosmischen Ordnung. Andere, die am äußersten Nordwestrand des christlichen Europa lebten, bemächtigten sich des Themas mit dichterischen Mitteln. Schon bevor die skandinavischen Barden ihren Fuß auf die grüne Insel setzten, pflegten die Iren die Hilfe anderer Mächte als die irgendeines Großen Häuptlings im Himmel zu erflehen. Hier ist eine Strophe aus einem traditionellen Gebet mit dem Titel »*The Shield of St. Patrick*« (»Der Schild des heiligen Patrick«):

For my shield this day I call:
Heaven's might,
Sun's brightness,
Moon's whiteness,
Fire's glory,
Lightning's swiftness,
Wind's wildness,
Ocean's depth,
Earth's solidity,
Rock's immobility.[63]
Für meinen Schild erbitte ich heute:

Die Macht des Himmels,
den Glanz der Sonne,
das weiße Licht des Mondes,
den Ruhm des Feuers,
die Schnelligkeit des Blitzes,
die Wildheit des Windes,
die Tiefe des Ozeans,
die Festigkeit der Erde,
die Standhaftigkeit des Felsens.

Die geographische Nähe Irlands zur westlichen Hemisphäre können wir als ein Zeichen betrachten. Sie verweist uns auf die Ähnlichkeiten der religiösen Vorstellungen auf dieser Insel mit denen auf dem amerikanischen Doppelkontinent jenseits des Atlantiks. Als die Hopewell in Ohio ihre geometrischen Erdwerke errichteten, waren die Römer noch nicht nach Irland vorgedrungen. Wer auch immer dieses Gebet verfaßt haben mochte, es war bereits seit Jahrhunderten in Gebrauch, als der heilige Patrick oder Bischof Palladius oder irgend jemand anders den Iren das Christentum brachte.[64] Der alte Glaube war in Irland so tief verwurzelt, daß die ersten Kirchenväter ähnlich behutsame Bekehrungsversuche unternahmen wie 1000 Jahre später die Franziskaner in Neu-Mexiko, nach dem Pueblo-Aufstand von 1680. Vielleicht rührt Patricks Ruhm daher, daß es ihm gelang, den alten und den neuen Glauben zu versöhnen.

Infolgedessen wurde der Animismus – eine teilnehmende und respektvolle Sicht der Beziehung zwischen den Menschen und der restlichen Schöpfung – in Irland niemals ganz ausgelöscht. Die vom heiligen Patrick begründete Spielart des europäischen Christentums steht daher dem religiösen Leben der nordamerikanischen Ureinwohner, wie es sich in ihrer Architektur, insbesondere der der Hopewell, ausdrückt, besonders nahe.

Der »*Shield of St. Patrick*« hat einige engstirnige Theologen stark irritiert. Indem sie den Begriff »Animismus« sowohl auf dieses Gebet als auch auf einige Gebete der amerikanischen Ureinwohner anwenden, ermutigen sie uns, beide unter einem Blickwinkel zu betrachten, der die moderne (das heißt christliche) Theologie und einen älteren Standpunkt miteinander verschmilzt. Die geeinte Energie der beiden großen Traditionen könnte uns ein tieferes Verständnis der altamerikanischen Skulptur und Architektur ermöglichen, als es die Menschen des 19. Jahrhunderts, die diese Werke als »heidnisch« abtaten, jemals gewinnen konnten.

Die Entwicklung einer Wissenschaft für wenige war von der Ungeduld und Unaufmerksamkeit der vielen überschattet. Die Wissenschaft verlangte Objektivität, erforderte eine scharfe Trennung zwischen dem Menschen und der übrigen Schöpfung Gottes. Schroff und stolz wiesen viele Europäer und Amerikaner den versöhnlichen Animismus zurück, der bis dahin die religiöse Tradition Europas belebt hatte.

Gleichwohl sind die »Heiden« und die Vertreter des Animismus der Natur weiterhin mit Demut begegnet. Respekt vor dem Animismus ist meiner Auffassung nach eine Voraussetzung für jegliches Verständnis der altamerikanischen Architekten. Die Tradition des heiligen Patrick ist reich an einer in vorchristliche Zeiten zurückreichenden Weisheit, die sich gegenüber der Erde und den anderen Lebewesen neben uns ehrfürchtig zeigt und in einer erd-bewußten Kultur auf beiden Seiten des Atlantik wurzelt. Die frühen Amerikaner und Europäer verfügten gleichermaßen über diese Weisheit, wie uns die von ihnen angelegten Kreise und die Bestattungen mit rotem Ocker beweisen.

In Amerika lernen wir heute allmählich zu verstehen, was uns die Glaubenssynthese des heiligen Patrick über die Folgen der Verschwendungssucht lehrt. Allzu langsam beginnen wir die Bedeutung der »*Vacant Quarters*« und des unerklärlichen Verschwindens von Kulturen, die Zyklen von Überfluß und Niedergang zu begreifen.

Die archäologischen Erkenntnisse über das Great Valley erteilen uns eine eindeutige, unleugbare Lehre. Die Hopewell waren uns in vieler Hinsicht voraus: Sie verstanden, wie wichtig es ist, in einer respektvollen Beziehung zum Kosmos zu leben. Doch ebenso wie für die Menschen von Poverty Point und Cahokia entwickelten sich die Dinge für sie zum Schlechten, wie wir heute mit unseren hochentwickelten Forschungsmethoden nachweisen können.

Auf dem amerikanischen Kontinent existierten keine Kulturen, die sich stetig weiterentwickelt hätten, nichts, was man als »Fortschritt« bezeichnen könnte. Statt dessen finden sich in der Vorgeschichte

Hinweise auf immer wiederkehrende Zyklen von Aufbau, Erschöpfung und Scheitern. Einmal bewohnte Orte wurden unbewohnbar, und die Menschen gingen fort.
Heute können sie nirgendwohin mehr gehen.
Unsere Vorgänger waren Menschen, die sehr sensibel für die Veränderungen ihrer Lebensbedingungen waren und vorsichtig wirtschafteten. Wenn es nicht einmal ihnen gelungen ist, ein Gleichgewicht zwischen Bevölkerung und Ressourcen zu erhalten, was kommt dann auf uns zu?
Die Lehre ist unmißverständlich. Beten wir mit dem heiligen Patrick, daß sie rechtzeitig beherzigt werden möge.

Anhang
Henry Brackenridge kommt persönlich zu Wort

Aus Brackenridges Bericht, der Thomas Jefferson übermittelt und 1834 in seinen *Recollections* veröffentlicht wurde, hier zitiert nach der erweiterten Ausgabe von 1868:

Die Mounds von Grave Creek und Marietta sind detailliert beschrieben worden, aber von ihrer Größe her reichen sie bei weitem nicht an die anderen [in der Region von St. Louis] heran.
Um eine genauere Vorstellung von diesen zu vermitteln, muß man dem Leser ein Bild von dem Landstrich zeichnen, in dem sie liegen. Der *American Bottom* ist ein Gebiet mit fruchtbarem Schwemmland, das sich vom Kaskaskia bis zum Cahokia River entlang des Mississippi erstreckt und etwa 80 Meilen lang und 5 Meilen breit ist; mehrere ansehnliche Flüsse winden sich hindurch; der Boden ist von der fruchtbarsten Art und wird nur selten vom Mississippi überflutet. Mehrere Seen liegen über das Gebiet verstreut, mit hohen und schönen Uferböschungen; in ihnen wimmelt es von Fischen, und im Herbst sammeln sich dort Millionen von Wildvögeln.
Vermutlich gibt es keinen Fleck im Westen, der besser für einen hochentwickelten Landbau geeignet wäre oder mehr Menschen ernähren könnte als dieses Tal. Wenn es irgendwelche Spuren einer einstigen Bevölkerung geben sollte, dann müßte man hier danach suchen – demgemäß finden sich in dieser Gegend wie auch am westlichen Flußufer Hinweise auf eine dichte Besiedelung.
Würden die Stadt Philadelphia und ihre Umgebung von ihren Bewohnern verlassen, dann könnte man dort nicht mehr Spuren menschlicher Existenz finden. Die große Zahl von Mounds und die erstaunlichen Mengen menschlicher Knochen, die überall ausgegraben werden oder auf der Erdoberfläche verstreut liegen, verdeutlichen zusammen mit zahllosen anderen Zeugnissen, daß in diesem Tal einmal viele Häuser und Dörfer zu finden waren. Die ganze

Vorderseite des Steilhangs oder Hügels, der das Tal nach Osten begrenzt, scheint ständig als Friedhof genutzt worden zu sein.
Die bemerkenswertesten Erscheinungen sind jedoch zwei Gruppen von Mounds oder Pyramiden verschiedener Größe, deren eine etwa 10 Meilen oberhalb von Cahokia, die andere etwa in gleicher Entfernung unterhalb dieses Ortes liegt. Auch am westlichen Ufer befindet sich eine beträchtliche Anzahl.
Eine genauere Beschreibung der Mounds oberhalb von Cahokia, die ich im Herbst 1811 besichtigt habe, wird eine leidliche Vorstellung von all dem vermitteln.
Ich überquerte den Mississippi bei St. Louis, und nachdem ich den etwa eine halbe Meile breiten Wald am Flußufer durchschritten hatte, gelangte ich zu einer ausgedehnten, offenen Ebene. Nach 15 Minuten befand ich mich inmitten einer Gruppe zumeist kreisrunder Mounds, die aus der Entfernung wie gewaltige, über eine Wiese verstreute Heuhaufen aussahen. Einer der größten, den ich erstieg, besaß an seinem Fuß einen Umfang von 200 Schritt und wies eine beinahe quadratische Form auf, obwohl diese sich offensichtlich durch Auswaschung beträchtlich verändert hatte. Die Spitze war eben und bot Raum für mehrere hundert Männer.
Von diesem Mound aus bietet sich eine sehr schöne Aussicht; wenn ich zu den Steilhängen blickte, die verschwommen in einer Entfernung von 6 bis 8 Meilen aufragen, dann hatte ich, da das Tiefland an dieser Stelle breit ist, eine ebene Fläche vor meinen Augen, die aufgelockert wurde durch Baumgrüppchen oder einzelne Bäume; zur Rechten erstreckt sich die Prärie bis zum Horizont … Um mich herum zählte ich fünfundvierzig Mounds oder Pyramiden und dazu noch eine große Zahl kleiner künstlicher Erhebungen; diese Mounds bilden etwas mehr als einen Halbkreis, der sich über eine Meile erstreckt …
Als ich meinen Weg am Ufer des Cahokia entlang fortsetzte, kam ich an acht anderen [Mounds] vorbei, bevor ich zu der größten Gruppe gelangte. Als ich den Fuß des größten Mounds erreichte, wurde ich von einem Erstaunen ergriffen, nicht unähnlich jenem, das man bei Betrachtung der ägyptischen Pyramiden empfindet. Was für ein gewaltiger Haufen Erde! Die Aufschüttung einer solchen Masse muß Jahre gedauert und die Arbeitskraft Tausender von Menschen erfor-

dert haben. Er hat die Form eines von Norden nach Süden verlaufenden Parallelogramms; an seiner Südseite befindet sich etwa auf halber Höhe eine Vorbühne oder Stufe, von wo aus ein weiterer, etwa 15 Fuß breiter Vorsprung in die Ebene hinabführt, der vermutlich als Aufgang zu dem Mound gedacht war.

Indem ich um seinen Fuß herumlief, errechnete ich einen Umfang von mindestens 800 Yards und eine Höhe von etwa 90 Fuß. Die Stufe oder Vorbühne wurde von den nahebei siedelnden Mönchen in La Trappe als Küchengarten benutzt, und auf der Plattform an der Spitze wird Weizen angebaut. Etwas weiter westlich liegt ein anderer, kleinerer [Mound], und vierzig weitere finden sich über die Ebene verstreut. Auch auf dem 3 Meilen entfernten Steilhang sind zwei Mounds zu entdecken. Mehrere dieser Mounds sind fast kegelförmig.

Da das Gras niedergebrannt worden war, war die Erde völlig kahl, so daß ich mühelos jede Bodenunebenheit erkunden konnte, um festzustellen, ob sie natürlichen oder künstlichen Ursprungs war. Ich sah überall eine große Zahl von kleinen Erderhebungen, die nur wenige Fuß hoch waren, in regelmäßigem Abstand zueinander lagen und offenbar nach einem bestimmten Ordnungsprinzip plaziert waren. Ich entdeckte auch Feuerstein sowie Bruchstücke von Keramikgefäßen. Ich kam daher zu dem Schluß, daß hier einst eine sehr volkreiche Stadt existiert haben mußte, ähnlich jenen in Mexiko, die von den ersten Eroberern beschrieben wurden.

Die Mounds trugen einst Tempel oder Monumente für große Männer. Ganz offensichtlich hätten sie niemals von weit verstreut lebenden, kleinen Stämmen errichtet werden können. Wenn die menschliche Spezies sich in dieser Gegend jemals ungehindert vermehren konnte, und dies ist aller Wahrscheinlichkeit nach auch geschehen, dann muß sie, wie in Mexiko, erstaunlich zahlreich gewesen sein. Die gleiche Fläche Land hätte mit Leichtigkeit fünfzigmal so viele Menschen ernähren können, wie heute darauf leben, denn sie betreiben Ackerbau nur zur Sicherung ihres eigenen Auskommens.

Bei einer zahlenstarken Bevölkerung muß der Häuptling notwendigerweise größere Macht haben, und wo es keine Gesetze gibt, wird diese zum Despotismus. Dies geschah in Mexiko und bei den Völkern Südamerikas; der Häuptling hatte eine große Zahl von Men-

schen zu seiner Verfügung, die er kaum besser als Sklaven behandelte. Je kleiner eine Gesellschaft ist, desto größere Bedeutung hat das einzelne Individuum. Daher dürfte kein Mangel an einer ausreichenden Zahl von Händen bestanden haben, um Mounds oder Pyramiden zu errichten …
Ich habe schon häufig die Mounds von St. Louis erkundet; sie liegen auf der zweiten Uferböschung genau über der Stadt und sind in einzigartiger Weise angeordnet; es sind insgesamt neun, und sie bilden drei Seiten eines Parallelogramms, wobei die offene Seite dem Land zugewandt ist, aber von drei kleineren, kreisförmig angeordneten Mounds geschützt wird. Der umfriedete Raum weist eine Länge von etwa 400 Yards und eine Breite von 200 Yards auf … Unterhalb der ersten Mounds befindet sich eine merkwürdige Anlage, welche der Fallende Garten genannt wird. Hier machte man sich die zweite Uferböschung zunutze, die an diesem Ort etwa 50 Fuß hoch ist, und es wurden aus Erde, die von weit her herbeigeschafft wurde, drei regelmäßige Stufen angelegt. Diese Anlage ruft große Bewunderung hervor [im Jahre 1811 – eine Generation später wurde sie zerstört].
Wenn wir die Entstehung menschlicher Institutionen oder Erfindungen zurückverfolgen, vergessen wir nur zu leicht, daß Völker trotz ihrer unterschiedlichen Sitten und Sprachen zur gleichen Spezies gehören und daß die gleichen Institutionen bei zwanzig verschiedenen Völkern entstehen können … Die amerikanischen Stämme gehören zur menschlichen Rasse … Menschen, die keinerlei Umgang miteinander pflegen, werden bei unzähligen Gelegenheiten in gleicher Weise handeln … In allen Gesellschaften, unter allen Regierungen führt der Mensch Krieg, geht auf die Jagd, betreibt Ackerbau, liebt Tänze, Vorführungen und Ruhm.
Vielleicht besteht die naheliegendste Beschäftigung für eine große Bevölkerung, sofern sie nicht Krieg führt, in der Aufschüttung von Erdhaufen, die gröbste und am weitesten verbreitete menschliche Arbeit. Wir finden solche künstlichen Hügel in allen Teilen der Welt; im Norden Europas und in Großbritannien sind sie zahlreich und den unseren ähnlich, wenn auch kleiner. Die ägyptischen Pyramiden sind vielleicht die ältesten Zeugnisse menschlicher Arbeit in jenem Land, das der Entwicklung einer großen Bevölkerung so förderlich ist …

Es wies immer ein sehr mildes Klima auf und war von der Natur üppig mit dem ausgestattet, worin die Zivilisation ihre Ursprünge hat. Ägypten und das fruchtbare Asien wurden als erste von einer großen Bevölkerung in Besitz genommen und entwickelten als erste Kunst und Wissenschaft. In Amerika erschien die Zivilisation zuerst dort, wo ein ähnliches Klima herrscht und wo die Natur fast ohne menschliche Hilfe eine Fülle von Nahrungsmitteln hervorbringt. Sowohl in der Alten als auch in der Neuen Welt wurde der himmlische Funke, der sich in diesen glücklichen Gefilden entzündete, in weniger begünstigte Regionen getragen …
Im Geiste habe ich mir manches Mal vorgestellt, daß diese Hemisphäre ebenso wie die andere den belebenden Strahl der Zivilisation empfing und von einem großen, kultivierten und aufgeklärten Volk bewohnt wurde.

Anmerkungen

Einleitung. Ankunft im Great Valley

1 Händler aus Pennsylvania und Virginia hatten sich schon im letzten Jahrzehnt des 17. Jahrhunderts über die Appalachen hinausgewagt und waren seit 1730 in Ohio und Indiana aktiv. Meist handelte es sich um protestantische Engländer mit entsprechenden Vorurteilen. Auch wenn Daniel Boone genauer über die Geschichte seiner Heimat Virginia informiert gewesen wäre, hätte er vermutlich nur äußerst ungern eingeräumt, daß das erste Heilige Abendmahl auf dem neuen Kontinent bereits achtundsechzig Jahre vor der Gründung Jamestowns von den Jesuiten am Ufer des Chesapeake gehalten worden war; ebenso wäre es ihm sehr schwergefallen, zuzugeben, daß de Soto die ersten Europäer über die Appalachen geführt hatte.

2 Ich hoffe, daß diejenigen, die dies für eine umständliche Beschreibung der Rassenbeziehungen halten, ihre Ungeduld noch eine Weile zügeln werden. Ich empfinde die heute gebräuchlichen, voreiligen Kategorisierungen für die hier besprochenen Personengruppen als unbefriedigend. Was ist zum Beispiel ein »afrikanischer Amerikaner«? Die Vorfahren aller Menschen kamen aus Afrika. Kein Wissenschaftler würde das heute mehr bestreiten. Die Fragen, auf die unser aller Geschichte Antwort gibt, lauten folgendermaßen: »Wann bist du aus Afrika gekommen? Unter welchen Bedingungen? Und wenn du zusammen mit anderen gekommen bist, die auf anderem Wege an denselben Ort gelangt sind wie du, wie habt ihr voneinander erfahren und wie behandelt ihr einander?«

3 Diese Sätze stellen die Zusammenfassung einer Analyse dar, die ich in den ersten Kapiteln meines Buches *Greek Revival America* geliefert habe. Darin geht es um die Stimmung der Gründergeneration nach dem Ende der ersten Konföderation (1783–1789) und dem Verlust der Hoffnung auf einen neuen, besseren Anfang unter der väterlichen Führung George Washingtons.

4 Damit soll nicht suggeriert werden, daß die Europäer nur aufgrund dieser architektonischen Leistungen Respekt für die Indianer entwickelten. Die Pioniere lernten von ihnen auch viel über Landwirtschaft, darüber, welche Kleidung im Wald und auf der Prärie zweckmäßig war, über Transportmethoden, über Heilmittel und sogar über die Bildung politischer Bündnisse. Doch all das schien kein solches Erstaunen bei ihnen auszulösen wie die Mounds, die große Aufmerksamkeit erregten und Gegenstand eingehender wissenschaftlicher Untersuchungen wurden.

1. Kapitel. Die Begründer der alten Architektur Nordamerikas, ihre Kulturen und das große Sterben

1 Wer die Mississippi-Region nicht näher kennt, beschränkt den Begriff »Delta« meist recht willkürlich auf das riesige schlammige Mündungsgebiet unterhalb von New Orleans. Doch haben die Flüsse, die einst das obere Mississippi-Becken entwässerten, Kanäle gegraben, die durch die heutigen Staaten Louisiana, Arkansas und Mississippi führen. So kommt es, daß die Menschen schon wenig südlich der Vororte von Memphis in Tennessee von ihrem »Delta« sprechen und den »Delta-Blues« singen – in jenem Gebiet, durch das sich de Sotos Truppen brutal ihren Weg zum eigentlichen Mississippi gebahnt hatten.

2 Nach Auskunft von Joe Saunders von der Northeast Louisiana University wurde für sie mittels der Radiokarbonmethode ein Alter von 6530 beziehungsweise 6309 Jahren ermittelt, wobei im ersten Fall eine Abweichung von 230 Jahren und im zweiten von 140 Jahren eingeräumt wurde (persönliche Mitteilung vom 7. Oktober 1992). Saunders frühere Untersuchungen und die von Reca Jones ergaben die im Text angegebene Konfiguration (persönliche Mitteilungen Kathleen Byrds und Joe Saunders' vom Juli 1992). Die Höflichkeit würde es gebieten, die Forschungsberichte aller Wissenschaftler, die in den achtziger und neunziger Jahren zu einer besseren Kenntnis dieser Stätten beigetragen haben, detailliert aufzuführen. Diese Beiträge wurden jedoch meist in Fachzeitschriften publiziert, die nur Fachkollegen zugänglich sind. Wir müssen uns daher mit der allgemeinen Feststellung begnügen, daß die vorliegenden Ausführungen nicht möglich gewesen wären ohne die Veröffentlichungen, die Privatbriefe und fernmündlichen Informationen von Joe Saunders, Jon Gibson, Stephen Williams, Kathleen Byrd und Dennis LaBatt. Angaben zu den leichter zugänglichen Quellen finden sich in der Literaturliste.

3 In Stelly im mittleren Louisiana finden sich Mounds, deren Entstehungszeit kürzlich (im Januar 1994) auf 2700 v. Chr. datiert wurde. Die Entstehungszeit eines kleinen kegelförmigen Mounds bei Banana Bayou an der Golfküste sowie eines ebenfalls an der Golfküste gelegenen Hügels bei Avery Island konnte in beiden Fällen mit Hilfe von Artefakten und der Radiokarbonmethode auf etwa 2500 v. Chr. datiert werden.

Um das Jahr 2000 v. Chr. entstanden in Louisiana weitere Monumente von zunehmender Komplexität. Den Höhepunkt dieser Entwicklung bilden sechs Mounds und sechs konzentrische Wallanlagen in Poverty Point (siehe unten), welche die elegantesten Konstruktionen seit den zehn Monumenten von Watson Brake darstellen, von denen nicht unbedingt alle aus der Periode vor Poverty Point stammen.

Auch an der Golf- und der Atlantikküste finden sich sehr alte Monumente. In Claiborne in Mississippi beispielsweise wurde auf einem Abfallhaufen ein halbkreisförmiges Erdwerk errichtet, dessen oberste Schicht ebenfalls aus Abfällen bestand (bei den Abfällen kann es sich sowohl um den »Müll« menschlicher Siedlungen handeln als auch um eine bewußt zusammengetragene Sammlung von Gegenständen). Sein Außendurchmesser betrug 213 Meter. 335 Meter weiter östlich lag ein kleiner kegelförmiger Mound; die für die oberen Abfallschichten ermittelten Radiokarbonwerte verwiesen auf 1100 v. Chr, 1500 v. Chr. und 2000 v. Chr. Mit den Monumenten an der Atlantikküste werden wir uns unten noch ausführlicher befassen.

4 Über die Probleme der Archäoastronomie des unteren Mississippigebietes liegt eine Fülle von Literatur vor, die vom Umfang her mit der Anzahl der Arbeiten zu Stonehenge und zur Kultur der Anasazi im Südwesten der USA vergleichbar ist. Wenn wir von einer »regelmäßigen« oder »geometrischen« Architektur sprechen, dann meinen wir damit für gewöhnlich etwas, was in unsere eigenen psychischen Kategorien paßt. Wir neigen dazu, alles, was uns nicht vertraut ist, zu übergehen, weil es nicht in unsere vorgeformten Kategorien paßt; so lassen wir unter Umständen offensichtliche Informationen außer acht, weil wir nicht wissen, wohin damit. Wir müssen also vorläufig von Kreisen, Achtecken und Quadraten sprechen, obwohl wir dabei andere Formen nicht erfassen, weil wir sie nicht wahrnehmen können.

5 Bisher wurde die Radiokarbonmethode in Watson Brake nicht angewendet; die Archäologen haben dort jedoch gebrannte Keramikwürfel entdeckt, die auch bei Frenchman's Bend und anderen Fundstätten gleichen Alters entdeckt wurden.

6 Oftmals handelt es sich vermutlich um Abfallhaufen, die die Indianer nach dem Verspeisen des in den Muscheln enthaltenen Fleisches hinterließen. Manche sind von stattlicher Größe, so daß sie nicht zufällig aufgehäuft worden sein können. Einige weisen sogar einen so regelmäßigen Grundriß auf, daß man glauben könnte, sie seien auf einer vorher auf dem Boden abgesteckten Schablone errichtet worden. Viele Mounds dieses Typs finden sich auf den Inseln vor den Küsten South Carolinas, Georgias und Floridas. Auf Sapelo Island ist heute noch in einem uralten Eichen- und Zedernwald eines der größten dieser Monumente zu sehen. Es weist einen Durchmesser von knapp 95 Metern auf, sein Grundriß hat eine Seitenlänge von 11 Metern, und es ist 3 Meter hoch. Insgesamt ragt es 7 Meter über den Wasserspiegel eines schlammigen Flusses auf. Die Stätte war zwischen 100 und 1800 v. Chr. regelmäßig in Gebrauch.
Das Vorhandensein von Keramikfragmenten auf Sapelo beweist, daß die Indianer das Töpferhandwerk in jedem Fall schon fünfhundert Jahre vor der Entstehung von Poverty Point beherrschten, wo keine Keramikreste gefunden wurden.

7 Die Landschaft des Deltagebietes präsentiert sich uns heute ganz anders als den Menschen, die damals dort lebten. Um 16 000 v. Chr. hatte der letzte große Gletscher, der stellenweise über 3 Kilometer dick war, soviel Meerwasser gebunden, daß der Meeresspiegel rund 106 Meter niedriger lag als heute.

Als das Eis zu schmelzen begann, stieg der Meeresspiegel an und traf auf das Wasser, das von den schmelzenden Gletschern auf dem Kontinent herabfloß. Dies geschah nur sehr allmählich; die heutige Küstenlinie bildete sich erst im Verlauf von mehreren tausend Jahren heraus, wobei die Menschen in der Region sich dem ständigen Wandel fortlaufend anpassen mußten.
Immer wieder versanken Kunst- und Bauwerke in Wasser und Schlamm; wir vermögen daher heute nicht mehr zu beurteilen, wie viele Wohnhäuser und Kultstätten unwiderruflich zerstört wurden. Unsere Unkenntnis dieser uralten Geschichte ist unvorstellbar.
Heute kann man mit dem Boot im seichten Wasser des Deltas umherfahren, dicht über den überfluteten Monumenten. Bei niedrigem Wasserstand ragen die Mounds fast über die Wasseroberfläche hinaus; Plätze, auf denen es einst von Menschen wimmelte, liegen nun 6 bis 9 Meter unter dem Wasserspiegel von Kanälen, auf denen heute Motorboote und Fischer ihre Runden drehen. Und auch Monumente wie die von Poverty Point, die nicht im Wasser versanken, wurden durch Umpflügen und Bodenerosion abgetragen.

8 Der Gedanke, daß dieser durch die Witterung und menschliches Einwirken stark abgetragene Hügel ursprünglich das Abbild eines Falken mit ausgebreiteten Schwingen darstellte, ist nicht so abwegig, wie es zunächst klingen mag. Steinskulpturen und Muschelschnitzereien, die an der Fundstätte entdeckt wurden, wiesen ebenfalls die Gestalt dieser Vogelart auf, bis hin zur naturgetreuen Darstellung der Klauen. Falken sind in der indianischen Kunst des Mississippi-Tals, Mexikos und Mittelamerikas ein weit verbreitetes ornamentales Motiv oder Beschwörungssymbol. Skulpturale Falkendarstellungen aus Stein wurden in Georgia und entlang des oberen Mississippi gefunden.

9 Zweieinhalb Kilometer nördlich des Hügels von Poverty Point befindet sich Motley Mound, der etwas kleiner ist, aber eine ähnliche Form aufweist. Obwohl er stark verwittert ist und sein »Schwanz« zum größten Teil abgetragen und als Straßenbaumaterial verwendet wurde, ist Motley Mound immer noch 15 Meter hoch und so lang wie ein Footballfeld.

10 Das Netzwerk könnte mehrere Knotenpunkte an Orten aufgewiesen haben, die sehr weit von Poverty Point entfernt lagen, wie beispielsweise die Siedlungen in der Südostspitze Missouris, bei Titterington (auf dem American Bottom gegenüber von St. Louis), entlang der Küste des Golfs von Mexiko von Tampa bis zum Trinity River in Texas und sogar die Muschelringsiedlungen South Carolinas und Georgias.
Es existiert eine rasch wachsende Fülle von Publikationen über Poverty Point. Für den Laien am informativsten waren meiner Ansicht nach die Berichte von Jon Gibson, William Haag, Bruce Smith und Stephen Williams (siehe Literaturliste). Kathleen Byrd informierte mich brieflich über Saunders' Arbeiten, und Saunders selbst legte mir seine jüngsten Erkenntnisse fernmündlich dar. Gibson, Williams, Smith und Byrd haben mir geduldig die Zusammenhänge zwischen Poverty Point und einer Reihe von sehr

frühen architektonischen Überresten erläutert. Zu den »Außenstellen« oder Knotenpunkten siehe insbesondere Stephen Williams in Byrd et al., 1991.

11 Der Name »Monks Mound« erklärt sich dadurch, daß im 18. Jahrhundert an einer Seite des Hügels ein Trappistenkloster erbaut wurde.

12 Bei einer eingehenderen Untersuchung wurde allerdings festgestellt, daß der Ring aus Segmenten von zwei Kreisen besteht, deren Mittelpunkte leicht voneinander abweichen. So haben die nördlichen und südlichen Segmente ein gemeinsames Zentrum, nicht jedoch der westliche Abschnitt.

13 Zwei der anderen »Halbkreise« mit einem Durchmesser von 600 Metern liegen an Flußufern oder Steilhängen. Sie befinden sich im Staate Mississippi, genau westlich von Yazoo City und etwa 80 Kilometer östlich von Poverty Point. Sie werden Spanish Fort (die Archäologen klassifizieren ihn als 21-N-3) und Leist genannt. Der dritte wurde in Jaketown, weitere 48 Kilometer in nordöstlicher Richtung entdeckt.

An all diesen Fundstätten wurden Artefakte wie Geschoßspitzen und kartoffelförmige Gegenstände aus gebranntem Lehm (sogenannte »Poverty-Point-Objekte«) gefunden, die darauf hindeuten, daß diese Orte zur selben Zeit von Menschen bewohnt waren wie Poverty Point. Zwar ist es schwierig, anhand von Erdkonstruktionen auf eine Besiedelung zu schließen, doch sind diese Übereinstimmungen auffallend.

Nahe Spanish Fort liegt Little Spanish Fort, das kurioserweise das größere Objekt ist (es weist einen Durchmesser von 660 Metern auf).

Der Erdwall von Marksville in Louisiana ist wegen seiner viel später konstruierten Plattform und seiner kegelförmigen Mounds berühmt, könnte jedoch auch zur Poverty-Point-Zeit bewohnt gewesen sein und der äußere Erdring bereits damals aufgeschüttet worden sein. Anders als die oben aufgeführten Konstruktionen entsprechen seine Abmessungen nicht exakt zwei Viertelkreisen. Aus der Luft gesehen wirkt er wie »zusammengedrückt«, wenn auch die offene »D«-Seite ebenfalls etwa 595 Meter mißt.

(Die Zahlenangaben sind dem *Archaeological Survey* von Phillip Phillips entnommen, einer Harvard-Publikation, die bestimmte Konventionen für die bis dahin recht willkürliche Benennung archäologischer Stätten festlegte.)

Die D-förmigen Mauerkomplexe der Anasazi entstanden viel später (nach 800).

Neben Poverty Point existieren noch zwei weitere »Ds« im Mississippi-Delta; deren offene Seiten sind ebenfalls knapp 600 Meter lang, sie sind jedoch nicht so exakt strukturiert.

14 Im folgenden noch einige Anregungen für weitere archäologische Forschungen und Diskussionen:

1. Bei Poverty Point könnte auch Gartenbau und Landwirtschaft betrieben worden sein, denn 1978 wurden dort Kürbissamen entdeckt, und an der Fundstätte von Copes sowohl Samen von Kürbissen als auch von Gänsefußgewächsen. Doch nicht alle Kürbissamen stammten von domestizierten Pflanzen.

2. Der gesamte Poverty-Point-Komplex war exakt durchgeplant: Drei seiner wichtigsten Elemente, der »Falkenhügel«, ein kleiner Hügel namens Mound B, der rund 650 Meter nördlich der Erdwälle errichtet wurde, und ein etwas größerer Hügel, der als Mound Jackson bezeichnet wird und sich knapp einen Kilometer südlich der Wallanlage befand – sie alle waren in einer Linie entlang des 352,5. Längengrades von Nord nach Süd ausgerichtet.
Die räumliche Anordnung der verschiedenen Monumente der Anlage folgte offenbar einem komplexen Prinzip, das auf einer Grundeinheit von knapp 43 Metern aufbaute. Genaueres hierzu bei Gibson, »Earth Sitting« und »Poverty Point Earthworks«.
3. Die sichersten Radiokarbondaten entstammen den folgenden beiden Meßreihen: Die erste erfaßte diejenigen Bereiche, die vor der Aufschüttung der Mounds angelegt wurden, als das Terrain offenbar mit viel Mühe zu einer riesigen Plattform geebnet worden war, und datiert diese Schichten auf 1430 bis 1330 v. Chr. Eine zweite Meßreihe besteht aus Daten, die in den Mounds selbst ermittelt wurden und nur die kurze Zeitspanne von zwei Jahrzehnten um das Jahr 1100 v. Chr. herum anzeigen – also einen viel späteren Zeitraum (Gibson, »Poverty Point Earthworks«, S. 25f.).

15 Eine Ausnahme könnte eine isolierte kulturelle Blüte im mittleren Florida, in Fort Center, nordwestlich des Lake Okeechobee sein. Dort wurden durch Grabungen – sozusagen im »Radierungsverfahren« statt durch »Farbauftrag« – Erdwerke aus dem Boden herausgearbeitet. Dazu wurde ein Graben von nahezu perfekter Kreisform ausgehoben. Dieser war so tief (etwa 1,5 Meter), daß er den Grundwasserspiegel erreichte. Wasser war in diesem tiefliegenden Sumpfgebiet ein ebenso wichtiges architektonisches Element wie im Südwesten der Sand und die Wüste. Die Menschen von Fort Center schufen eine aquatische Kultur: Sie fertigten kunstvoll verzierte Schöpflöffel aus Muschelschalen an, die vermutlich bei Reinigungsritualen Verwendung fanden. Außerdem pflegten sie hohe Würdenträger im Wasser zu bestatten. Dazu bahrten sie die Toten zunächst auf mit Holzskulpturen geschmückten Plattformen auf, die auf Pfählen über dem Teich ruhten, in dem die Leiche dann versenkt wurde.
Die Größe und die Entstehungszeit des Kreises von Fort Center stellen ein faszinierendes architektonisches Rätsel dar, denn sie weisen genau die gleichen Maße auf wie zwei kreisförmige Wallanlagen in Ohio.

16 Ein Prisma ermöglicht durch Lichtbrechung, Phänomene wahrzunehmen, die dem menschlichen Auge normalerweise verborgen bleiben. Nach diesem Prinzip funktionieren Mikroskope oder auch Glaslinsen, die Licht aufspalten und die Spektralfarben sichtbar machen.
Zahlreiche religiöse Symbole und architektonische Monumente funktionieren in ähnlicher Weise: um Phänomene verständlich zu machen, die ansonsten dem menschlichen Wahrnehmungsvermögen entgehen würden. Prismen sind oftmals, wenn auch nicht immer, bilateral symmetrisch, wie es bei den Hopewell-Erdwerken der Fall ist.

17 Diese Zahlen wurden gegenüber früheren Schätzungen von Jon Gibson nach unten korrigiert (siehe Gibson, »Poverty Point Earthworks«).

18 Die typische, namengebende Festungsanlage dieser Art ist Fort Ancient in Ohio. Bis etwa 1990 sprachen die Archäologen von einer »Fort-Ancient-Periode« oder gar einer »Fort-Ancient-Kultur« und gingen davon aus, daß die betreffenden Monumente sehr viel später, im 7. Jahrhundert, entstanden seien. Jüngste Forschungen, die in Kapitel 11 dargelegt werden, haben jedoch ergeben, daß diese Maueranlagen ebenso alt sind wie die Kegelhügel.

19 Bis in die siebziger Jahre war es in der archäologischen Literatur gängige Auffassung, daß Adena und Hopewell unterschiedliche Kopfformen hätten. Jüngere Forschungen, und hier insbesondere die Arbeiten von Paul Sciulli von der Ohio State University, haben diese These endgültig widerlegt. (Ich danke Bruce Smith für seine briefliche Mitteilung vom Oktober 1993, in der er mich auf Dr. Sciullis Forschungsergebnisse hingewiesen hat.)
Nachdem »Fort Ancient« sich nun nicht mehr als Bezugskategorie eignet (siehe Anmerkung 18), sondern mit *Hopewell* und *Adena* zusammenfällt, ist der Weg frei für Überlegungen, wie sie in Kapitel 11 angestellt werden.

20 Die Hopewell-Kultur kannte ebenfalls abgeflachte Pyramiden, und das gleiche gilt für andere zeitgenössische Kulturen entlang der Nebenflüsse des unteren Mississippi. Das große Zeitalter der Plattform-Mounds begann jedoch erst nach 900.

21 Kein Thema ist heftiger umstritten als die Bevölkerungszahl Nordamerikas vor dem großen Sterben. Nach Lektüre vieler verschiedener Schätzungen habe ich mich entschlossen, die Angaben von Dobyns in *Their Number became Thinned* zu übernehmen.

22 Bevölkerungsschätzungen für Europa, Asien oder Amerika können für diese Zeit nur grobe Näherungen darstellen. Ich richte mich hier nach den Angaben von Dobyns in *Columbian Consequences*, Bd. 3, S. 544.

23 Dobyns, *Columbian Consequences*, S. 543, 550, 544.

2. Kapitel. Albert Gallatin und die Möglichkeit des Verstehens

1 Zitiert in Walters, *Albert Gallatin*, S. 218.

2 Stevens, *Albert Gallatin*, S. 377.

3 Zitiert in H. Adams, *Gallatin*, S. 72.

4 Gallatin, in von Walters (*Gallatin*, S. 322, Anm. 32) zitierten Briefen.

5 Walters, *Gallatin*, S. 322, Anm. 32.

6 Zitiert in Walters, *Gallatin*, S. 281.

7 Im Jahre 1800 hatten die Federalists durch ihre Militärausgaben eine gewaltige Schuldenlast angehäuft. Einer von ihnen, der eine Vorliebe für Fachbegriffe hatte, drückte seine Sorge aus, daß die Franzosen das Finanzministerium erstürmen und dessen »fundiertes Kapital« rauben könnten. Da sah Gallatin von seinen Graphiken und Tabellen auf und bemerkte: »Da unser

fundiertes Kapital unserer fundierten Schuld entspricht, ... habe ich nichts dagegen einzuwenden, sie den Franzosen oder irgendeiner anderen Nation zu übertragen, die sie übernehmen möchte.« (Walters, *Gallatin*, S. 121). Gallatin sparte sich seine Schlagfertigkeit nicht nur für öffentliche Auftritte auf. So wurde er 1794 einmal von einer Horde erzürnter Farmer mit Gewehren, Mistgabeln und Messern bedroht. Sie hatten die Scheune eines Steuereintreibers niedergebrannt und wollten nun von Gallatin hören, ob er dies richtig oder falsch fände. Daraufhin antwortete er: »Wenn ihr ihn in der Scheune verbrannt hättet, dann hätte das einen Sinn gehabt; aber die Scheune hat doch niemandem etwas getan.« (Zitiert in Walters, *Gallatin*, S. 73)

8 Dangerfield, *The Era of Good Feeling*, S. 5.

9 Gallatin hatte nur wenige Kunden, zu denen jedoch die Garnison zählte, die die Fundy-Bay gegen einen britischen Angriff verteidigen sollte, der niemals stattfand. Ab und an waren die Offiziere der Garnison mit Höherem beschäftigt, wie zum Beispiel Besuchen bei den Ladies von Portland; bei solchen Gelegenheiten wurde Gallatin, der offensichtlich ein gebildeter Mann war, das Kommando übertragen. Als seine Anhänger im Kongreß später versuchten, ihn als Kriegsheld hinzustellen, weil er seine bunt zusammengewürfelte Truppe einmal zu einer Aufklärungsmission aus dem Fort herausgeführt hatte, lehnte er diese Ehre ab und wies darauf hin, daß er niemals direkt mit dem Feind zusammengetroffen sei. Nur wenige Politiker haben sich so peinlich genau an die Wahrheit gehalten.

10 Winston Churchill brach ebenso wie Sam Houston und Henry Hastings Sibley (der Gouverneur von Minnesota, nicht der gleichnamige General der Konföderierten) in eine *Frontier*-Region auf (in seinem Fall Südafrika), um sich in ein öffentlichkeitswirksames, romantisches Abenteuer zu stürzen, bevor er sich dem nüchternen Geschäft der Politik zuwandte.

11 Gallatin und La Perouse sprachen in Maine und dann in Boston über den äußersten Nordwesten. Siehe Stevens, *Gallatin*, sowie zu Hearne die glänzende Darstellung De Votos, *Course of the Empire*, S. 252ff.

12 Jackson, *Thomas Jefferson and the Stony Mountains*, S. 129.

13 Zitiert in Silverberg, *The Mound Builders*, S. 64.

14 Unter Entwicklungsökonomie versteht man die Prozesse, mittels derer Ressourcen von jenen verteilt werden, die ein Wirtschaftssystem, das sie für »primitiv« halten, möglichst rasch in ein von ihnen als »modern« erachtetes verwandeln wollen.

15 James Gallatin, *Diary*, Count Gallatin (Hg.) (1924), S. 17, zitiert in Dangerfield, *Good Feeling*, S. 5.

16 Gallatin, *Selected Writings*, S. 488f.

17 Gallatin, *Selected Writings*, S. 488f.

18 Gallatin, *Selected Writings*, S. 488f.

19 Geinapp, *The Origins of the Republican Party*, S. 95.

20 Zitiert in Walters, *Gallatin*, S. 378ff.

21 Zitiert in Stevens, *Gallatin*, S. 365.

22 Zitiert in Walters, *Gallatin*, S. 377.
Laut der damaligen US-Verfassung hatte ein Schwarzer den »Wert« von drei Fünfteln einer Wählerstimme, und dementsprechend wurden die Wahlbezirke für die Kongreßabgeordneten eingeteilt sowie die Zahl der Wahlmänner bestimmt, die einem Bezirk für die Wahl des Präsidenten zustanden. Das heißt, wenn ein einziger Sklavenhalter wie beispielsweise Wade Hampton eine große Plantage besaß, die einem ganzen Wahlbezirk für den Kongreß entsprach und wo 5000 Sklaven arbeiteten, so verfügte er über ebenso viele Wählerstimmen wie 3000 freie Bürger in einem anderen Bezirk.
23 Die Gründe, aus denen heraus sie den Krieg ablehnten, waren natürlich nicht die gleichen.
24 Vgl. Johannsen, *To the Halls of the Montezumas*, S. 23f.
25 Johannsen, *Halls of the Montezumas*, S. 156f. Obwohl Johannsen und ich offenbar nicht ganz übereinstimmen, was die Rechtfertigungen für den Krieg betrifft, war dennoch seine Beschreibung der aus dem Konflikt resultierenden literarischen Werke wesentlich für meine Darstellung des Themas.
26 Johannsen, *Halls of the Montezumas*, S. 157.
27 Gallatin, 1845, S. 180ff.
28 Gallatin, 1845, S. 206f.
29 Gallatin, 1845, S. 208.
30 Gallatin, 1845, S. 209.

3. Kapitel. Krieg und Archäologie

1 Bouquet wurde 1719 in dem kleinen Ort Rolle bei Genf geboren. Er erlernte das Soldatenhandwerk in den Heeren Hollands und Sardiniens, bevor er Oberstleutnant eines deutschen Regiments wurde, das im Dienste des englischen Herrschers Georg III., der auch König von Hannover war, in Nordamerika kämpfte.
2 Zu diesem Zeitpunkt kündigten die Irokesen ihr Bündnis mit den Briten auf. Während des vorangegangenen Jahrhunderts hatten sie mehrmals Einfälle nach Westen unternommen, bei denen sie bis zum Mississippi vorgedrungen waren, und nach 1740 ließen sich die mit den Irokesen verwandten Mingos in Ohio nieder. 1762 sammelten die auf dem Gebiet des heutigen Staates New York lebenden Irokesen ihre Kräfte für neue Vorstöße nach Westen, nachdem sie sich durch einen Sieg über die Mohegan im Osten Rückenfreiheit verschafft hatten. Wenn die Briten zurückgeschlagen werden könnten, so die Rechnung des Irokesen-Bundes und seiner westlichen Verbündeten, zu denen vor allem die Ottawa unter Führung von Pontiac zählten, dann hätten sie eine Vormachtstellung im Ohio-Tal erringen können. Nachdem also die Macht der Franzosen gebrochen war, wandten sich viele Irokesen sowohl gegen die Briten als auch gegen die Amerikaner. Die Franzosen waren mit den Huronen verbündet, den traditionellen Feinden der Irokesen. Die Huronen stellten im Moment jedoch kaum eine Gefahr dar, während die

britischen Soldaten und die Kolonisten, die kampferprobt und gut bewaffnet waren und sich zunehmend kühner zeigten, nicht weichen wollten. Nach 1763 setzten daher die Seneca und andere Stämme des Irokesen-Bundes, unterstützt von den Mingo, ihr ganzes diplomatisches Geschick und ihren Kampfesmut gegen die Europäer ein.

3 Die Vorstellung, daß Belagerungen nicht zur militärischen Taktik der Indianer gehörten, trifft nicht zu, auch wenn sie diese Strategie nur selten einsetzten: Die Franzosen in Fort Rosalie wurden um 1720 auf diese Weise überwältigt, und Pontiac belagerte Detroit sechs Monate lang.

4 Die von Bouquet angeführte Truppe war den Indianern zahlenmäßig unterlegen und hätte möglicherweise das gleiche Schicksal erlitten wie Braddocks Soldaten, wären die Indianer nicht bereits durch die »biologischen Waffen« der Briten geschwächt gewesen: Im Fort war eine Pockenepidemie ausgebrochen; viele Engländer besaßen jedoch genug Abwehrkräfte und überlebten die Krankheit. Die Delawaren, Shawnee und Mingo hatten jedoch noch keine Antikörper gegen die Seuche entwickelt. Auf Empfehlung des britischen Oberkommandierenden Lord Jeffrey Amherst wurden den indianischen Unterhändlern Decken aus dem Pockenspital als Geschenk mitgegeben, um möglichst viele Indianer zu infizieren. Diese Strategie ging auf, und in Pennsylvania, Kentucky und Ohio starben Tausende von Menschen – nichts, was die Spanier in Mexiko oder de Soto auf seinem Weg durch den Südwesten taten, kam der Grausamkeit dieser absichtlich ausgelösten Seuche gleich.

5 Bouquet wollte die Euphorie dieses Sieges nutzen und begann noch vor Winteranbruch mit Vorbereitungen, um den Feldzug gegen die Dörfer der in Ohio lebenden Stämme fortzusetzen. Seine Werber schwärmten aus, um die Grenzsiedler, deren Familien und Farmen er vor den Indianern gerettet hatte, um Unterstützung zu bitten. Doch diese kamen seinem Ersuchen nur sehr zögernd nach. Zwar hatten diese »kühnen Pioniere« voller Tatkraft Heim und Herd verteidigt, doch waren sie meist nicht bereit, in einem Krieg zu kämpfen, der über ihren unmittelbaren Interessenbereich hinausging. Bouquet zeigte sich über ihre Trägheit äußerst erbost, und er hielt noch viel weniger von der Tapferkeit der Amerikaner, als ihn die Meldung erreichte, daß friedliche christliche Indianer, die in einem Gefängnis im mittleren Pennsylvania Zuflucht gesucht hatten, von einer Selbstschutzwehr im Paxton-Bezirk niedergemetzelt worden waren (den sogenannten »Paxton Boys«). Es gab aber auch Nachrichten, die die Ehre der Amerikaner teilweise wieder herstellten: Ein Drucker aus Philadelphia namens Benjamin Franklin hatte zusammen mit den Quäkern und einigen britischen Soldaten verhindert, daß die Selbstschutzwehren weiteres Blut vergossen. Er hatte eine Flugschrift verfaßt, in der er die Paxton Boys als das bezeichnete, was sie waren – Mörder, die aufgrund von Rassenvorurteilen töteten.

6 Möglicherweise hat die Adena/Hopewell-Kultur den Schritt vom ergänzenden Gartenbau zur Subsistenzlandwirtschaft gemacht; siehe Kapitel 11.

7 Hutchins hatte den Auftrag erhalten, die um die Großen Seen herum lebenden Indianer zum Stillhalten zu überreden, während die Briten den Franzosen ihre Territorien in Nordamerika entrissen. Hutchins brach von Pittsburgh auf, folgte einem vielbenutzten Weg durch das nördliche Ohio bis zur Gabelung des Muskingum River und weiter nach Sandusky am Erie-See und Detroit. Nachdem er die Michigan-Halbinsel umrundet hatte, begab er sich ins zentrale Wisconsin, kehrte zum Michigan-See zurück und machte sich dann über Ohio wieder auf den Weg nach Osten.

8 Nachdem er zum General in der britischen Armee befördert worden war, wurde Bouquet eine für ihn tödliche Gunst zuteil, nämlich der Befehl über die südliche Militärzone, deren Hauptquartier sich in Pensacola befand. Bald nachdem er dort im darauffolgenden Sommer eingetroffen war, erkrankte er an einem Fieber. Möglicherweise verfügte er ebenso wie die Shawnee und Mingo nicht über ausreichende Abwehrkräfte gegen bestimmte Krankheiten, denn er starb acht Tage später, am 2. September 1756, in seinem siebenundvierzigsten Lebensjahr. Eine beeindruckende Darstellung von Bouquets Geschichte liefert Dale Van Every in *Forth to the Wilderness*.

9 Johnson war mit einer Mohawk-Frau verheiratet und lebte ebenso zwischen zwei Kulturen, wie es seine Vorfahren an der anglo-irischen Grenze in Ulster getan hatten. Er war verschwägert mit einem Freund Aaron Burrs, Joseph Brant, der auch »König der Mohawk« genannt wurde.

10 Die Glaubensgemeinschaft der Herrnhuter Brüder wurde im 18. Jahrhundert gegründet. Sie war aus den Böhmischen Brüdern hervorgegangen und ging damit letztlich auf den tschechischen Reformator Jan Hus (1371–1415) zurück: Eine Gruppe von exilierten Böhmischen Brüdern ließ sich 1722 auf dem Gut des Grafen Ludwig Zinzendorf in der Oberlausitz nieder und nannte den von ihnen gegründeten Ort Herrnhut. Die Herrnhuter Brüder zeichneten sich durch eine besonders innige Jesusliebe und großen Missionseifer aus, der sie in alle Teile der Welt führte und dazu veranlaßte, auch den Schwarzen und den Indianern den christlichen Glauben zu vermitteln.

Unter Zinzendorfs Schutz brachte Augustus Gottlieb Spangenberg 1735 die ersten Herrnhuter Missionare nach Georgia, in der Hoffnung, unter den Cherokee Konvertiten zu gewinnen. Zwar konnte Spangenberg nur wenige Indianer überzeugen, dafür aber umso mehr englische Geistliche. So machte er zum Beispiel John Wesley der anglikanischen Kirche abspenstig, und George Whitefield zeigte sich von den Lehren der Herrnhuter so beeindruckt, daß er Spangenberg bat, nach Nazareth in Pennsylvania zu kommen und eine Schule für Schwarze zu eröffnen.

Als Spangenberg seine Missionstätigkeit weiter nach Norden verlagerte, kam auch Zinzendorf endgültig nach Amerika. Sein Evangelium der Liebe war den orthodoxen Lutheranern in Sachsen zu weit gegangen, denn es schuf Unruhe unter der ländlichen Bevölkerung. Bis zum Jahre 1780 hatten Zinzendorf und Spangenberg in Pennsylvania einige Kirchengemeinden gegründet. Obwohl die Herrnhuter Brüder in den USA niemals sehr zahlreich waren – 8000 im Jahre 1858; 60 000 im Jahre 1965 –, gelang es ihnen, viele Indianer wieder zur Landwirtschaft und zu dem dörflichen Leben zurückzuführen, aus dem sie durch die Konflikte des 16. und 17. Jahrhunderts herausgerissen worden waren. Die Bemühungen der Herrnhuter wurden aber letztlich durch die Paxton Boys und andere militante Indianerhasser zunichte gemacht.

11 Zeisberger, zitiert in Henderson, Jobe und Turnbow, *Indian Occupation*, S. 184f.
Durch die Cholera-Epidemien von 1818 und 1833 kamen so viele der letzten Tutelo um, daß sie damit als Volk ausgelöscht waren.

12 John Heckewelder, einer der Herrnhuter Brüder, die nach dem Massaker von 1782 weiterhin unter den Indianern Ohios missionierten, berichtete, daß die erzürnten Shawnee wie Wespen über das mittlere Ohio herfielen. Sie lagen an den toten Wassern und Sümpfen unterhalb von Portsmouth und den Tremper-Mounds auf der Lauer, versteckt zwischen den Zypressen, und überfielen Reisende, die ohne Geleitschutz entlang des Ohio unterwegs waren. Diese Süßwasserfreibeuter (man konnte sie kaum als Piraten bezeichnen, denn sie hatten es mit Menschen zu tun, die sie für Feinde hielten) hatten »zu diesem Zweck Boote [zusammengezogen]; ... zweihundertfünfzig Menschen verloren entweder ihr Leben oder wurden gefangengenommen«. (Zitiert in Henderson, Jobe und Turnbow, *Indian Occupation*, S. 137.)

13 Zitiert in T. Smith, *Mapping*, o.S.

14 Zitiert in T. Smith, *Mapping*, o.S.

15 Zitiert in T. Smith, *Mapping*, o.S.

16 Irwine muß seinerseits von jemand anderem über »Circleville« informiert worden sein, denn er »entfernte sich ein Stück weit von seiner Reiseroute durch die Wildnis, um den Ort zu besichtigen«. (Jones in Smith, *Mapping*, o.S.) Jones fügte seinem Zeitschriftenbeitrag eine Landkarte bei und bestätigte eindeutig, daß er sich in seinem Artikel mit Circleville befasse (*Royal American Magazine*, Januar 1775, S. 29f.). Seine Erinnerungen wurden 1865 in New York für Joseph Savin unter dem Titel *A Journal of Two Visits to Some Nations* neu aufgelegt, einschließlich einer biographischen Anmerkung von Horatio Gates Jones. Das Original war in noch kleinerer Auflage in Burlington, N.J. (1774) veröffentlicht worden. Ich folge hier dem Nachdruck in Smith.

17 Jones in Smith, *Mapping*, o.S.

18 Jones in Smith, *Mapping*, o.S.
Möglicherweise war es dieser Bericht, der bei seinem Erscheinen im Jahre 1775 Thomas Jeffersons Interesse für die alte Architektur der Indianer weckte.
James Marshall untersuchte den ursprünglichen Grundriß von Circleville, der im County-Gericht aufbewahrt wurde, und fand heraus, daß die Erbauer die Hauptstraße entlang der Hauptverbindungsachse zwischen dem Ring-

wall und dem Quadrat angelegt hatten. Im Gegensatz zu dem Komplex von Newark und den Monumenten von Seal (Piketon) (60 Kilometer stromabwärts von Circleville und knapp 30 Kilometer von Chillicothe – und High Banks – entfernt, etwa auf halbem Wege zwischen Chillicothe und Liberty) hatte Circleville keinen Verbindungsdamm, der diese Achse hervorhob. Der Ringwall und das Quadrat von Circleville grenzten statt dessen unmittelbar aneinander – wie jene in Hopeton und »Old Town«, einem gut erhaltenen Erdwerk bei der Ortschaft Frankfort, am nördlichen Arm des Paint Creek, 24 Kilometer flußaufwärts von Chillicothe gelegen.

19 Jones in Smith, *Mapping*, o.S.

20 Bei Jones' »alter Befestigungsanlage« handelt es sich um das Quadrat von Circleville, welches eine Seitenlänge von etwa 256 Metern aufweist und im Westen an zwei konzentrische Kreise grenzt. Das andere Monument, auf das Irwine ihn aufmerksam machte, waren vermutlich das Quadrat und der Ringwall von Hopeton, die in der gleichen Weise zueinander positioniert sind. Die Anlage von Hopeton liegt tatsächlich »am Scioto«, wenn auch weder ihre Ausrichtung noch ihre Größe genau mit den Maßen von Circleville übereinstimmen – Irwine hatte dies auch nicht behauptet. Der Hopeton-Ring weist einen Durchmesser von 292 Metern auf, und die Seitenlänge des Quadrats beträgt ebenfalls 292 Meter. Es gehört also zu derselben Serie von Konstruktionen wie ein heute zerstörtes Quadrat in Newark, welches ebenfalls eine Seitenlänge von 292 Metern aufwies.

21 Circleville und Seal sind die beiden äußersten der geometrischen Figurengruppen der Chillicothe-Region. Sie liegen 58 Kilometer voneinander entfernt. Ihre Ringwälle weisen fast identische Durchmesser auf; ihre Quadrate haben eine Fläche von etwa 256 mal 256 Metern beziehungsweise 260 mal 260 Metern.

22 William F. Romain wies als erster auf dieses Phänomen hin.

23 William F. Romain erstellte das Diagramm, das diese Beziehungen verdeutlicht, und erläuterte die Zusammenhänge zwischen diesen geometrischen Figuren noch auf andere Weise. Ihm kommt das Verdienst zu, sie zu »Familien« gruppiert zu haben, die früheren Forschern entgangen waren.

24 Bezüglich des Halbkreises von Hopewell basiert meine Darstellung auf Clinton Cowens Vermessung aus dem Jahre 1892, bei der er zu anderen Ergebnissen kommt als Squier und Davis, die leider häufig dann falsche Angaben liefern, wenn sie die Vermessungsarbeiten nicht selbst durchgeführt haben – siehe Cyrus Thomas, *1894 Report*, zu Squier, Davis und den Liberty Works, S. 482. Ich danke William Romain für seinen Hinweis, daß Cowen das Hopewell-Quadrat erneut untersuchte und daß es in die Gruppe der Quadrate mit Seitenlängen von 317–323 Metern einzuordnen sei. Siehe Greber und Ruhl, *The Hopewell Site*, S. 15.

25 Die maßgebende Arbeit zu Zane's Trace ist eine unveröffentlichte Dissertation von John Bernard Ray (*Zane's Trace*, 1796–1812). Ich danke Richard Francovilia und den Mitarbeitern der Ohio Historical Society für diesen

Literaturhinweis und für ihre hilfreichen kartographischen Darstellungen dieser Stätte.

26 Cedar Bank erscheint als Tafel XVIII in Squier und Davis, »Ancient Monuments«; auf S. 196ff. in Fowke's *Archaeological Monuments* und auf S. 474ff. in Cyrus Thomas, *1884 Report*. Hopeton erscheint in Squier und Davis als Tafel XVII, in Fowke auf S. 190–195 und in Cyrus Thomas, *1889 Report*, S. 23ff.
Cedar Bank wird im Westen von einem Steilufer, von zwei Abhängen von rund 245 Metern Länge und einem Wall von 427 Metern Länge begrenzt. Die Anlagen von Hopeton weisen jeweils eine Fläche von über 8 Hektar auf.

27 Lepper teilte mir seine Auffassungen 1992 und 1993 in einer Reihe von Briefen mit.

28 Circleville erscheint in Squier und Davis als Abbildung 10, in Fowke auf S. 208f.; Piketon, das auch unter der Bezeichnung Seal und als Barnes Farm bekannt ist, ist in Squier und Davis auf Tafel XXIV abgebildet; bei Cyrus Thomas, *1889 Report*, auf S. 14f.; im *1894 Report* auf S. 489ff.

29 Romains Arbeiten sind 1991, 1992 und 1993 in einer Reihe von Beiträgen für den *Ohio Archaeologist* erschienen. Romain hat herausragende Arbeit geleistet, indem er die Zusammenhänge zwischen den Abmessungen der einzelnen Hopewell-Erdwerke aufgezeigt und eine Standardmaßeinheit vorgeschlagen hat, durch die sich Zusammenhänge mit den Pfostenlöcherspuren noch erhaltener Hopewell-Grabkammern herstellen lassen. Seine Ansichten zur Großen Hopewell-Straße hat er großzügigerweise in einem Briefwechsel zwischen mir, ihm und Bradley Lepper ausführlich dargelegt. Ich vertraue darauf, daß seine Erkenntnisse veröffentlicht sein werden, wenn dieses Buch in Druck geht.

30 Das Zitat von Atwater ist dem *American Antiquarian* 3, Nr. 4 [Juli 1881], S. 265 entnommen. Ich danke Bradley Lepper für den Hinweis auf diese Quelle sowie Stephen Williams für seine Warnung, mich auf die Angaben von Josiah Priest zu berufen (»eine höchst unzuverlässige Quelle – er hat nicht im Gelände gearbeitet«) (private Mitteilung vom 2. April 1991).
Priest hatte behauptet, daß von Newark aus »eine Straße wegführt, die in gleicher Weise von Wällen eingefaßt ist; mehrere Meilen davon wurden vermessen, und es wird angenommen, daß sie eine Verbindung zu ähnlichen Erdwerken darstellen, die 30 Meilen entfernt am Hohocking, einige Meilen nördlich von Lancaster liegen, da von diesen Erdwerken ausgehende 10 bis 12 Meilen lange Wallanlagen gefunden wurden«. (Ich habe dieses Zitat von Priest den *American Antiquities*, Albany, N.Y. [1833], S. 158, entnommen.)
Terry Barnhart von der Ohio Historical Society lieferte mir in einem Brief wertvolle biographische Angaben zu Smucker und bezeichnete Priest ebenfalls als »Scharlatan« – eine Ansicht, die Stephen Williams in seinem heiteren Werk *Fantastic Archaeology* noch weiter ausschmückt.
Gleichwohl könnte sich Priest nicht nur auf Atwater, sondern, was er oft tat,

auf eine unbekannte Primärquelle berufen haben. Nicht umstritten hingegen ist ein Bericht von Alexander W. Bradford aus dem Jahre 1843, der von »parallelen Wällen« schrieb, welche von Newark aus »ins Land hinein führten«. »Nach einer sorgfältigen Untersuchung der umliegenden Gegend und aufgrund der Tatsache, daß in bestimmten Abständen ähnliche Wälle vorhanden waren, zog man den Schluß, daß diese Erdwerke mit anderen am Hockhocking River verbunden waren.« (Bradford, *American Antiquities*, S. 41)

Die 1848 und 1866 veröffentlichten Karten der Erdwerke von Newark zeigten nur die Anlagen in der Stadt selbst, doch auf allen sind noch 2 oder 3 Meilen von Atwaters »parallelen Wällen« zu sehen. Die Karte von 1848 findet sich in dem Werk von Squier und Davis; die Wyrick-Karte wurde 1866 in Beers *Atlas of Licking County, Ohio*, veröffentlicht.

Im Jahre 1869 oder 1870 reiste Samuel Park, ein Altertumsforscher aus Marshall in Illinois, durch die Gegend südwestlich von Newark und begegnete dort einem alten Farmer namens Jesse Thompson. Thompson erzählte ihm, daß sich sechzig Jahre früher, als er sich »am Walnut Creek niedergelassen hätte, ... dort eine gestufte Straße befunden hätte, die leicht zwischen den Bäumen zu erkennen war; daß sie 30 oder 40 Fuß zwischen den Straßengräben maß und so alt zu sein schien wie die Mounds und daß er immer gedacht hätte, diese Straße führe von den Erdwerken bei Newark zu denen von Circleville, weil sie auf der Verbindungslinie zwischen diesen Punkten lag«. (Thompson, zitiert in Park, *Notes*, S. 41)

Walnut Creek windet sich von einem 16 Kilometer nördlich von Newark gelegenen Punkt weitere 16 Kilometer weit zum Hocking (oder Hohocking) River. Die Einmündung befindet sich etwa 5,5 Kilometer nördlich von Lancaster.

1903 lieferte Reverend Stephen Peet eine ausführliche Beschreibung der Wälle und der Straße, die offensichtlich weitgehend auf den Aussagen Isaac Smuckers (1807–1894) beruhte, dessen Vater sich kurz nach 1800 in dieser Gegend niedergelassen hatte. Laut Peet glaubte Smucker, »daß ein Paar der Parallelwälle über den Licking Creek nach Lancaster geführt haben könnte ... Er sagt[e] auch, daß die Erdwerke sich vom Raccoon zum Licking erstreckten und über die Ebene führten«; Peet, *The Mound Builders*, S. 254f. Smucker selbst schien sich all dessen nicht so sicher zu sein, als er 1888 selbst zur Feder griff. »Es ist dem Verfasser allerdings nicht bekannt, ob jemals der Versuch unternommen wurde, jene parallelen Wälle weiterzuverfolgen, um festzustellen, ob sie tatsächlich als eine Verbindungsstraße zwischen diesem Ort und dem Hockhocking dienten.« (Dieses Zitat findet sich in den Unterlagen der Licking County Historical Society.)

31 Simkins Bericht wurde von Bradley Lepper in einer Zeitung entdeckt, die sich im Besitz der Licking County Historical Society befindet.

Simkins Behauptung, daß seine Karte den Wissensstand von »vor 1861« darstelle, wurde 1862 von James Salisbury und dessen Bruder Charles

bestätigt, die eine Karte von Newark zeichneten, auf der sie vermerkten, daß sie sechseinhalb Kilometer jenseits des Punktes, auf der die Karte von 1848 das Ende der alten Wege verzeichnete, noch Überreste von Straßen entdeckt hatten. (Lepper entdeckte die Karten und Aufzeichnungen der Salisbury-Brüder in den Archiven der American Antiquarian Society.)
Während die bei dem Achteck von Newark beginnende Straße den Karten von Whittlesey, Squier und Davis sowie Wyrick zufolge gekrümmt ist, zeigt die Salisbury-Karte, die auch in anderer Hinsicht korrekter ist als die übrigen Karten (das heißt archäologisch besser belegt), daß das entsprechende Straßenteilstück gerade verläuft. Zudem, so Lepper, liegen die »H«-förmigen Plätze und parallelen Wälle auf diesem knapp 10 Kilometer langen Straßenabschnitt, wie auf der Salisbury-Karte verzeichnet, auf einer geraden und nicht auf einer gekrümmten Linie, wie die anderen Karten angeben.

32 Zu Peru siehe Von Hagen, *Heerstraßen des Sonnengottes*, S. 157, der von sieben Raststationen im Abstand von etwa dreieinhalb Kilometern berichtet.

33 Bradley Lepper entdeckte einen Brief Weiants, der an Emerson F. Greenman von der Ohio Archaeological Society gerichtet war und vom 25. Juni 1931 datiert. Darin bittet er die Gesellschaft dringend, möglichst rasch den von ihm entdeckten Verlauf der Wälle aufzuzeichnen. Diese »durchzogen das Flughafengelände, verliefen weiter zum Ring und dann darüber hinaus nach Südwesten, auf gerader Strecke nach Millersport. Ich entdeckte diese Parallelwälle, als ich über zwei Felder südlich des Flughafens flog.« Dies läßt darauf schließen, daß es neben dem Ring »am Flughafen von Newark« südlich des Flughafens einen weiteren Ring gab.
Millersport liegt nicht weiter als etwa anderthalb Kilometer von dem vermutlichen Verlauf der Großen Hopewell-Straße und knapp 20 Kilometer von der Straße nach Chillicothe entfernt.

34 Brief von Weiant an Greenman, 25. Juni 1931.

35 Alle folgenden Verweise auf Lepper beziehen sich auf Privatbriefe aus den Jahren 1991, 1992 und 1993.

36 In früheren Fassungen dieses Kapitels war ich mir noch nicht schlüssig, ob die Pilgerstraße von Newark nach Chillicothe führte oder umgekehrt. William F. Romain überzeugte mich, daß ersteres wahrscheinlicher ist.
Mound City erscheint in Squier und Davis, »Ancient Monuments«, auf Tafel XIX und in Fowke, *Archaeological History of Ohio,* auf S. 198ff.; die Belege für das Vorhandensein einer Furt finden sich in Brose, 1987.
Die Umfriedung, die parallelen Wälle und der Plattform-Mound von Dunlap wurden zerstört. Sie sind abgebildet in Squier und Davis, Tafel XXIII, Nr. 1 und in Fowke, S. 199ff.

37 Works East erscheint bei Squier und Davis als Tafel XXI, Nr. 3 und in Fowke auf S. 190; Highbanks, das auch unter dem Namen High Bank bekannt ist, erscheint in Squier und Davis als Tafel XVI, in Fowke auf S. 187–190, in Cyrus Thomas, *1889 Report,* auf S. 14, 20ff. und in Cyrus Thomas, *1894 Report,* auf S. 476ff.

38 Die Newark-Erdwerke erscheinen bei Squier und Davis auf Tafel XXV, in Fowke auf S. 162ff., in Cyrus Thomas, *1894 Report*, auf S. 459ff.

39 Portsmouth erscheint bei Squier und Davis auf den Tafeln XXVII und XXVIII sowie in Fowke auf S. 173ff.

40 Die »Ancient Excavation, Big Bottom, Pike County« wird beschrieben von Whittlesey, *Descriptions of Ancient Works in Ohio*, S. 8. Whittleseys Kupferstich Nr. I stammt vom Oktober 1837.

41 Squier und Davis (S. 66f.) erwähnen eine *herradura*-ähnliche Anlage (»N«), die etwa anderthalb Kilometer nördlich des Ring- und Quadratkomplexes von Piketon lag.

42 Der Graded Way (»Gestufte Weg«) von Piketon, der eigentlich etwa anderthalb Kilometer südlich der Piketon-Erdwerke (auch Seal genannt) lag, ist auf einem Kupferstich in Squier und Davis (S. 88) abgebildet.

43 Die kartographischen Darstellungen dieser heute zerstörten Erdwerke sind nicht genau. Ich bin bei meinen Berechnungen zu anderen Ergebnissen gelangt als William Morgan, der für das äußerste Erdwerk einen Durchmesser von 485 Metern errechnet. Meiner Auffassung nach ist aus den Abbildungen XVII und XVIII bei Squier und Davis für das äußerste Erdwerk nur ein Durchmesser von 365 Metern zu ersehen; damit wäre das Monument der gleichen Gruppe zuzuordnen wie die äußeren Ringe von Circleville und Fairgrounds Circle.

Die unten beschriebenen Tremper-Grabhügel stammen eindeutig aus der Hopewell-Zeit. Der gewaltige Kegelhügel auf der Südseite des Ohio, im heutigen Kentucky, wurde zwar niemals vollständig freigelegt, gleichwohl schrieb man ihm bisher eine Form zu, die den aus der Adena-Zeit stammenden Erdwerken von Grave Creek und am oberen Ohio zugeordnet werden kann. Ich möchte jedoch die Vermutung äußern, daß die um den Kegel herum angelegten viereckigen Strukturen von den Hopewell stammen könnten und entweder geomantischen Zwecken oder zur Bekräftigung ihrer Vormachtstellung dienten, wie in Kapitel 11 nahegelegt wird.

44 Zu diesem Achteck oder Sechseck siehe unten die Ausführungen zu dem möglichen Achteck in Portsmouth selbst, auf der anderen Seite des Flusses.

45 Dieser Komplex war bereits zu weit abgetragen, als diese Erdwerke in den vierziger Jahren des 19. Jahrhunderts kartographiert wurden, weshalb seine ursprüngliche Form nicht mehr genau erkennbar war – anderthalb Jahrtausende sind eine ansehnliche Lebensdauer für Erdkonstruktionen.

Die Mondsichel-These wurde 1933 von Stansbury Hagar in *Popular Archaeology*, 42(2), S. 35–50 vorgebracht. Ich danke William F. Romain für den Hinweis auf diese Quelle.

46 1914 und 1915 wurden bei Grabungen in einer dieser unterirdischen Kammern mehrere hundert Hopewell-Pfeifen aus Stein entdeckt, von denen viele aus rituellen Gründen zerbrochen worden waren. Neunzig weitere jedoch waren sorgfältig mit Kupfer repariert worden; es handelte sich dabei um

schön gearbeitete Figurenpfeifen mit naturgetreuen Darstellungen von Bibern, Bären und Enten. In ganz Nordeuropa wurden während dieser Jahrhunderte keine besseren Kunstwerke geschaffen, und bereits viel weniger ausgereifte Arbeiten veranlaßten europäische Kunsthistoriker zu ehrfurchtsvollen Dissertationen.

1992 liegt der Tremper Mound immer noch auf Privatland und ist von Zerstörung bedroht.

47 Das vermeintliche Achteck oder Sechseck am südlichen Ufer des Ohio, in der Nähe des großen Kegels, erscheint in Hempstead, *Antiquities*, S. 12. Das Werk von Hempstead wurde von Bradley Lepper entdeckt. Eher einem Achteck ähnelt die Darstellung, die auf einer nach 1848 entstandenen Karte von Portsmouth erscheint und die auch in einem Artikel von J. H. Edwards, »Ancient Fortifications«, S. 102–104, abgebildet ist.

Das Achteck am Nordufer des Ohio-River wurde beschrieben als ein »Fort, das, soweit ich mich erinnere, eine Fläche von etwa 5 Acre [2 Hektar] bedeckte, ... ein exaktes Achteck, mit Befestigungen an den Ecken, das von einem geschickten Baumeister errichtet« worden sein mußte. Diese Schilderung stammt von J. E. Wharton, der 1876 als alter Mann Erinnerungen aus seiner Jugend in den dreißiger Jahren des 19. Jahrhunderts wiedergab. Sein Bericht (der zuerst in P. P. Cherry, *The Grave Creek Mound*, o.S., erschien) wurde sogar noch in einem Führer aus den 1980ern zitiert; E. Thomas Hemmings, der beste Kenner dieser Region, bezeichnete ihn jedoch als »mit Sicherheit falsch« (»Investigations at Grave Creek Mound«, S. 10). Doch daß diese Darstellungen »mit Sicherheit« nicht zutreffen sollen, scheint mir etwas übertrieben. Zwar ist in keiner anderen frühen Beschreibung von einem Achteck die Rede, sondern von »elliptischen Forts und ringförmigen Befestigungen« (Winthrop Sargent, 1787, veröffentlicht 1853) oder »quadratischen und kreisförmigen Befestigungen« (Jonathan Heart, 1791, posthum veröffentlicht von Imlay), und P. P. Cherry hatte wohl auch anderswo Achtecke gesehen und könnte diese Eindrücke in seiner Erinnerung mit dem vermengt haben, was er bei Portsmouth sah. Dennoch hatte er den Ort gesehen, bevor die beiden Wallanlagen zerstört wurden.

48 Wie wir noch sehen werden, hatten die Wegenetze von Newark, Scioto und Portsmouth vermutlich ähnliche Funktionen. Jedes von ihnen verband aller Wahrscheinlichkeit nach folgende Stätten miteinander: Grabhügel, Totenhäuser, Zeremonialzentren und Siedlungszonen. Jedoch unterscheiden sich diese Wegenetze von ihrer Größe her voneinander.

49 Gemäß dem Meldeformular, das dem National Registry of Historic Places (Nationales Register für historische Stätten) vorgelegt wurde, wurde dieses Erdwerk »zuerst im Jahre 1820 von Rafinesque beschrieben und dann später von Squier und Davis (1848), Collins (1874), Young (1910) sowie Webb und Funkhouser (1932). Laut der ersten Beschreibung handelte es sich um eine achteckige Plattform oder Wallanlage mit drei Zugangsrampen und kegelförmigen Mounds im Inneren, ... [die heute] weitgehend zerstört sind«. Bei den

genannten Autoren handelt es sich um Richard Collins (*History of Kentucky*, Maysville, 1874); Bennet H. Young, (*The Prehistoric Men of Kentucky*, Filson Club, Louisville, 1910) sowie William S. Webb und W. D. Funkhouser, *Archaeological Survey of Kentucky*, University of Kentucky, Lexington, 1932). Berle Clay von derselben Universität teilte uns jedoch in einem Brief vom 26. Juni 1992 mit, daß er in diesem Gebilde »nur schwerlich« ein Achteck erkennen könne. Er lehnt ebenfalls die von dem Ingenieur James Marshall geäußerte Vermutung ab, daß am nördlichen Elkhorn (nördliches Fayette County) ein weiteres großes Achteck zu finden sei, das um das Peter-Erdwerk herum angelegt worden sei: »Ich kann da nichts erkennen«. Nähere Aufschlüsse über diesen Ort ließen sich vermutlich durch verbesserte Luftaufnahmen gewinnen, die jedoch noch nicht vorliegen.

50 De Brahm selbst ist ein geheimnisumwitterter Mann. Er könnte Deutscher, Franzose oder Holländer gewesen sein (siehe dazu auch Kennedy, *Orders from France*, S. 458). Er drang auf dem beschwerlichsten Weg, den es gab, in die Region vor, über die Berge im Osten. Zuvor hatte er für Oglethorpe in Georgia die Pläne für mehrere Garnisonsstädte entworfen. An einem Ort, der sich heute am Ufer eines von der Tennessee Valley Authority (TVA) angelegten Sees befindet, baute de Brahm eine rhombenförmige Festungsanlage, die aus Palisaden bestand, welche auf einem Wall gestampfter Erde errichtet und an den Ecken mit Bastionen gesichert waren. Vorgeblich sollte die Festung die den Briten freundlich gesonnenen Cherokee vor den Franzosen schützen; gleichzeitig sollte aber auch, wie den Cherokee mit Sicherheit bewußt war, die Grundlage für eine dauerhafte militärische Präsenz der Briten am Oberlauf des Tennessee geschaffen werden.
Bei Fort Loudon, am Zusammenfluß von Holton, Little Tennessee River und Town Creek, befand sich eine andere, ältere Rhombenkonstruktion, die vermutlich zur Zeit der Mississippi-Kultur entstand. Sie hatte keine Bastionen, aber an einer Ecke einen oben abgeflachten Hügel, wobei diese ebene Fläche einen Durchmesser von etwa 30 Metern aufwies. Das gesamte Festungswerk hieß Lenoir und existiert heute nicht mehr. Siehe William Morgan, *Prehistoric Architecture*, S. 112.
Ebenfalls zerstört ist ein nahebei, unweit Dayton (Tennessee) gelegenes, interessantes Zeremonialzentrum, welches einst unter dem Namen Hiwassee bekannt war. Die Stätte befand sich auf einer Insel am Zusammenfluß von Tennessee und Hiwassee River und ist heute in dem von der TVA künstlich angelegten Lake Chicamauga versunken; vgl. Morgan, S. 105.

51 Zitiert in Lancaster, *Vestiges*, S. 7.

52 Eine Datierung des Serpent-Mound wurde im Sommer 1992 von einem Forscherteam vorgenommen, dessen Bericht bisher noch nicht veröffentlicht worden ist; ich beziehe meine Kenntnisse aus einer brieflichen Mitteilung von Bradley Lepper.

53 Haywoods Beschreibung des Pinson-Komplexes ist in seiner *Natural and Aboriginal History* (S. 136–137) enthalten; seine Schätzung der Höhe des

größten Mounds wurde von mehreren Seiten bestätigt: 1870 von Gerard Troost, einem staatlichen Geologen aus Tennessee; 1875 von E. H. Randle, dem Präsidenten des Mackenzie College, sowie von Ingenieuren der Gulf-, Mobile- und Ohio-Eisenbahn (Mainfort, 1986, S. 8). 1963 und in den frühen achtziger Jahren konnten Dan Morse beziehungsweise Robert Mainfort nur mehr eine Höhe von rund 21 Metern feststellen.

54 Nur die eine Hälfte des Ringwalles von Pinson folgt einer geometrisch exakten Kreisbahn, denn er krümmt sich an einem Abhang nach innen und umfaßt nur noch 60 Prozent der Fläche von 12 Hektar, die er als vollständiger Kreis umschlossen hätte.

55 Zitiert in Kwas und Mainfort, »The Johnston Site«.

56 Zitiert in Kwas und Mainfort, »The Johnston Site«.

57 Bauwerke zu errichten, die in keinerlei Bezug zu ihrer Umgebung stehen, ist eine Sache. Eine andere ist es, diese Bauwerke in Beziehung zu den Sternen, zum Mond und zur Sonne zu setzen. Wie die Kultstätten an den beiden Enden der Großen Hopewell-Straße in Ohio stehen die Mound-Komplexe bei Pinson und Johnston geographisch zueinander und zum magnetischen Nordpol in Bezug. Der größte Hügel des Johnston-Komplexes, der offenbar für alle anderen zentraler Bezugspunkt ist (er weist eine Grundfläche von etwa 60 Quadratmetern auf und ist immer noch 6 Meter hoch), liegt etwa 5 Grad östlich von magnetisch Nord. Dies gilt ebenso für den Hügel innerhalb des Halbkreises in Pinston. Wir werden auf diese Fragen im 11. Kapitel zurückkommen.

58 Mainfort konnte die von Oberst Jones beschriebene Wallanlage nicht finden (die indessen auch von William Myer erwähnt worden war, einem »Archäologen, der mit der Smithsonian Institution zusammenarbeitete«) und gelangte zu dem Schluß, daß »es keine Beweise dafür gibt, daß die angeblichen Wallanlagen um den Mound-Komplex jemals existiert haben«. In der Zwischenzeit war der Boden in dieser Region jedoch wieder und wieder umgepflügt worden (Mainfort, *Pinson Mounds*, S. 4).

59 Die Plattformhügel bei Marietta, Baum, Ginther und Cedar Bank in Ohio und die kleinen Plattformhügel zwischen den Erdwerken von Newark wurden auf die Hopewell-Zeit datiert (siehe Mainfort, »Pinson Mounds«, S. 82; für andere Plattformhügel aus derselben Zeit siehe Brose, *Hopewell Archaeology*).
Zwischen diesen einfachen, zweistufigen Mounds und den vier hierarchisch angeordneten Ebenen auf dem Monks Mound in Cahokia rangieren eine Reihe von interessanten, stufig angelegten Mounds mit runden Konturen, die sich in Sherman bei Osceola (Arkansas) und in Barney bei Helena (heute zerstört) befinden. Mehrere Stufen weisen auch die Mound-Konstruktionen in St. Louis, in Lenoir (Tennessee), Angel (Indiana), Kincaid (Illinois), Upper Nodena (Arkansas) und Magee (Mississippi) auf; es handelt sich hier jedoch um Mounds mit rechteckigen und quadratischen Grundrissen. Abbildungen dieser Stätten finden sich in Morgan, *Prehistoric Architecture*.

Vermutlich würden nur wenige Archäologen meine Auffassung teilen, aber es wäre sogar möglich, daß die stuhlförmigen Mounds am Ouachita und Bayou Macon, die 3500 Jahre alt sind, auf eine noch ältere Tradition des Plattform-Baus verweisen. Andererseits könnte es sein, daß auf den Plattformen keine weiteren Bauten errichtet wurden. So kann es nämlich schon recht beeindruckend sein, wenn eine Person allein auf einem erhöhten Ort steht.

60 Einer der kleineren Mound-Komplexe dieser Art befindet sich in Obion, auf Privatland. Er umfaßt sieben Hügel, die um eine rechteckige Plaza von 275 mal 60 Metern angeordnet sind. Die Anlagen wurden offenbar später als jene in Pinson, aber erheblich früher als die in Cahokia konstruiert (Garland, *The Obion Site*, bes. S. 121).
Eine glänzende Rekonstruktion der exakt aufeinander abgestimmten Ausrichtung von Mound Bottom und Obion liefert William Morgan, *Prehistoric Architecture*, S. 108f.

4. Kapitel. Die Gallatinianer: Thomas Worthington und Adena

1 Gallatin und der Architekt waren seit 1796 befreundet, und vermutlich war es Gallatin, der Worthington 1803 in Latrobes Kundenkreis einführte.

2 Zitiert aus Sears, *Thomas Worthington*, S. 29ff.

3 Der deutschstämmige Architekt Ludwig Mies van der Rohe, der die Architektur des 20. Jahrhunderts maßgeblich prägte, wurde unter anderem durch großflächige Glasfassaden bekannt. Zu seinen berühmtesten Entwürfen für Gebäude in den USA gehören das Farnsworth House in Illinois, das Seagram Building in New York und die Hochhäuser am Lake Shore Drive in Chicago.

4 Im heutigen Jefferson County in West Virginia waren Worthingtons Vorfahren zu Wohlstand gelangt und hatten inmitten der Landsitze der Washingtons und Masons ihre eigenen, etwas weniger stattlichen, aber noch recht ansehnlichen Steinhäuser gebaut. Die Washingtons, Worthingtons und Masons hatten außerdem schon in den sechziger Jahren des 18. Jahrhunderts begonnen, zu beiden Seiten des Ohio Grundbesitz zu erwerben.
George Washington war 1774 für Thomas Worthingtons Vater als Gutsverwalter tätig gewesen; später übernahm Worthington für Washingtons Erben dieselbe Aufgabe und kümmerte sich um die Besitzungen Bailey Washingtons am Paint Creek. Dieses Stück Land interessierte ihn aus mehreren Gründen, unter anderem aufgrund der steinernen Festungsanlage, die er in seinem an Jefferson gerichteten Brief vom 12. Juni 1808 beschrieb.
1784 hatte Jefferson gegenüber James Madison geäußert, daß er kein Land jenseits des Rivanna River besitze; später jedoch ließ auch er sich vom Spekulationsfieber um das Land am Ohio anstecken (Jefferson an Madison, 1. Nov. 1784, *Papers*, 4, S. 3).

5 Gilbert Imlay über Heart, *Topographical Description*, S. 289. Hearts Bericht erschien in den *Transactions of the American Philosophical Society*, Bd. 3, S. 314ff.

6 Imlay, *Topographical Description*, S. 286.

7 Zu Sargent siehe American Philosophical Society, *Transactions* von 1799, Bd. 4, S. 177f.

8 Basierend auf den archäologischen Untersuchungen von Dr. Daniel Drake aus dem ersten Jahrzehnt des 19. Jahrhunderts schrieb Charles Whittlesey 1850, daß sich dort auch ein Quadrat befunden haben könnte und mit Sicherheit ein 200 Meter langer Überrest eines heiligen Pfades. »Die parallelen Seiten ... liegen 40 bis 46 Fuß [12–14m] auseinander. Ein länglicher Mound, der bis 1843 35 Fuß [10,7m] hoch war, ... wurde nicht ganz zerstört. General Wayne, dessen Truppe 1793 in der Nähe kampierte, trug die Spitze ab, um dort ein Wachhäuschen zu errichten. In diesem Mound wurde der seltsame Stein gefunden.« (Whittlesey, *Descriptions*, S. 11f.) Whittlesey bezog sich hier auf das mysteriöse »Cincinnati Tablet«, dessen Entzifferung der Archäologie bisher noch nicht gelungen ist. Und er dachte noch weiter über die in Ohio vorhandenen prähistorischen Monumente nach: »Es ist bemerkenswert, daß die Erbauer der Mounds aus alter Zeit und die Erbauer unserer heutigen Städte in vielen Fällen dieselben Standorte wählten. Portmouth, Marietta, Circleville, Chillicothe, Alexandersville, Frankfort, Piketon und Newark liegen direkt auf dem Boden alter Städte oder in deren Nähe.« Und Whittlesey hatte nicht einmal St. Louis, Cahokia, New Madrid, Nashville, Natchez, Monroe oder Lexington gesehen.

Als Arthur St. Clair zum Gouverneur des Nordwestterritoriums ernannt worden war, ließ er sich nicht in Marietta nieder, sondern in dem Weiler Losantiville, den er in Cincinnati umbenannte. Winthrop Sargent folgte ihm und ging dort weiterhin seinen archäologischen Interessen nach. Sargents verlorene Karte der Erdwerke Cincinnatis wurde durch die von Dr. Daniel Drake ersetzt. Sie wurde 1850 von Charles Whittlesey veröffentlicht (*Descriptions*, Tafel IV).

Drake war ein in Philadelphia ausgebildeter Arzt, der als erster, kurz nach 1800, die prähistorischen Monumente Cincinnatis systematisch erforschte, kartographierte und in seinem Werk *Picture of Cincinnati* beschrieb, das 1810 und dann noch einmal 1815 veröffentlicht wurde. (Die Wiederentdeckung der Bedeutung Drakes als Archäologe ist Stephen Williams zu verdanken; er berichtet darüber in »The Ohio Valley Circle: An Early Look at Mounds and Meanings«, Beitrag zur Mid-South Conference at Pinson Mounds, Tennessee, Juni 1990.)

9 In Sears, *Thomas Worthington*, S. 19f.

10 Die Worthingtons waren von Anfang an etwas »anders«. Sie waren Quäker, die im Zuge der schottisch-irischen Migrationsströme aus Pennsylvania gekommen waren, und unterschieden sich damit von ihren anglikanischen Nachbarn, die von der Küstenregion *bergauf* gezogen waren. Um 1800

hatten sie sich bis zu einem gewissen Grad von ihrem Quäkertum entfernt, denn sie besaßen nun Sklaven und gingen Ehen mit Personen ein, die nicht zu ihrer Glaubensgemeinschaft gehörten. Die jüngeren Mitglieder der Familie wurden in ihrem Glauben jedoch erneut bestärkt, als die Witwe Paine und ihre beiden Töchter in der Worthington-Washington-Enklave eintrafen. Nach Lucy Paines Heirat mit George Steptoe Washington im Jahre 1793 ließen sich die Paines auf Harewood nieder, einem der Landgüter der Washingtons. Ein Jahr später, am 15. September 1794, gab James Madison, ein dreiundvierzigjähriger Kongreßabgeordneter, der zweiten Paine-Tochter Dolley das Jawort; die Vermählung fand vor dem grünen Marmorkamin in dem im dorischen Stil getäfelten Salon des Gutshauses von Harewood statt.

Während Dolley Paine nach ihrer Heirat mit Madison ihren Quäkerglauben aufgab, blieben andere Familienmitglieder ihrer religiösen Überzeugung treu und erinnerten die jüngeren Worthingtons daran, daß Dolleys Vater einst in Virginia gelebt und seine Sklaven freigelassen hatte, bevor er nach Norden zog. Die Tat des alten Paine war allseits bekannt und zog die Mißbilligung der meisten Washingtons und Masons in der Region auf sich. Thomas Worthington scheint sich dessen Vorbild jedoch zu Herzen genommen zu haben.

11 Sears, *Thomas Worthington*, S. 18; Worthington an seine Frau: zitiert aus S. W. K. Peter, *Private Memoirs of Thomas Worthington*, S. 24.

12 Sears, *Thomas Worthington*, S. 18.

13 Landberechtigungsscheine wurden im Unabhängigkeitskrieg oft als Belohnung an Veteranen ausgegeben.

14 Sears, *Worthington*, S. 185; Mary Ann Brown, die Kuratorin von Adena, hat mich in diesem Kapitel vor mancherlei Irrtümern bewahrt. So wies sie mich in einem Brief vom Mai 1991 darauf hin, daß wir nicht mit Sicherheit wissen, ob Worthington im Alter von neununddreißig Jahren ein »wohlbeleibter« Mann war. Das ist zwar zutreffend, doch nach den Beschreibungen von Zeitgenossen, die ihn etwas später in Washington sahen, war er korpulent; ich habe daher dieses Bild beibehalten, ohne sicher zu wissen, ob es exakt der Realität entspricht.

15 1811 hatte William Henry Harrison reichlich Gelegenheit, festzustellen, daß Tecumseh nicht untätig gewesen war, denn mit seinen indianischen Verbündeten lieferte er den Amerikanern am Tippecanoe Creek und am Thames River erbitterte Kämpfe.

16 Gilbert, *God Gave Us This Country*, S. 240ff.

17 *Unsoma* ist ein metaphysischer Begriff, der sich nach meinem Verständnis folgendermaßen erklären läßt: Bei seiner Geburt wird jedem indianischen Jungen von seinem Stamm eine von vier Geistergruppen zugeordnet. Diese muß er in Gesellschaft gegen Spöttereien verteidigen, und zwar um so heftiger, je feindseliger die Atmosphäre ist. Auch wird von ihm erwartet, daß er Scherze über die Geistergruppen seiner Freunde macht: freundliche

Scherze. Ich bin überzeugt, daß all dies eine noch sehr viel weiter reichende Bedeutung hat.

18 Gilbert, *God Gave Us This Country*, S. 240ff.

19 Johnson, der bisher einzige Vizepräsident der USA, der mit einer schwarzen Frau verheiratet war, ist eine eindrucksvolle Persönlichkeit, die sich nicht in einer Fußnote abhandeln läßt. Ich habe ihm daher in *Rediscovering America* einen eigenen Beitrag gewidmet.

20 Offenbar blieben nach dieser Episode keine Unstimmigkeiten zurück, denn Gallatin zahlte Worthington weiterhin 30 Dollar jährlich für die Verwaltung seiner Besitzungen in Ohio.

21 Zitiert in Dangerfield, *The Era of Good Feeling*, S. 335f.

22 Wäre Worthington eine Generation älter gewesen, dann hätte er vielleicht zu jenen leidenschaftlichen Federalists aus Virginia gehört, deren Bemühungen zur Abschaffung der Sklaverei in dem gewaltigen Schatten Jeffersons untergegangen sind. Bevor jene Federalists in Vergessenheit geraten und ihre Verbindungen zur Antisklaverei-Fraktion der Jefferson-Partei unter Gallatin übersehen werden, sollten wir uns ein Ereignis vom Ende der achtziger Jahre des 18. Jahrhunderts in Erinnerung rufen: Damals wurde im Parlament von Virginia über jene Drei-Fünftel-Klausel debattiert, die den virginischen Sklavenbesitzern ihre überproportionale Macht bei nationalen Wahlen verlieh. Bis auf einen Deputierten stimmten alle Federalists aus Virginia *gegen* die Klausel. Außerdem votierten sie gegen die Beschränkung des Wahlrechts auf weiße freie Bürger und erinnerten daran, daß in Virginia freie Schwarze, die über Besitz verfügten, schon in der Kolonialzeit das Wahlrecht besessen hatten (wie in den meisten Kolonien). Die erste Jim-Crow-Phase (ein Jahrhundert vor der zweiten, uns bekannteren) begann, und die Federalists unterlagen in der Abstimmung.

5. Kapitel. George Washington: Sein Land, seine Bewohner und die Cincinnatilösung

1 Die Begegnung in der Blockhütte wurde bezeugt von John Russell Bartlett, zitiert in Adams, *Life of Albert Gallatin*, S. 57ff.

2 Adams, *Life of Albert Gallatin*, S. 57ff.

3 Adams, *Life of Albert Gallatin*, S. 57ff.

4 Washingtons Selbstbeschreibung stammt aus einem Brief, den er im Jahre 1763 an seinen Schneider in London geschrieben hatte. Die angegebenen Maße dürften sich in den darauffolgenden Jahren wohl kaum geändert haben, obwohl er 1784 gewiß nicht mehr so »schlank« war. Ich danke Howard Morrison für den Hinweis auf diesen Brief, von dem sich eine Kopie in den Archiven des National Museum of American History befindet, sowie Donald Kloster für die modernen Kleidermaße.

5 Gallatins Besitzungen werden detailliert aufgeführt in Rice, *The Allegheny Frontier*, S. 139.

6 Das Old Fort wurde beim Bau der Stadt Brownsville zerstört.

7 Die Beschreibung des Mounds von Grave Creek stammt aus einem Brief vom 27. Mai 1819, der von »Rev. Dr. Doddidge« verfaßt worden war und von Caleb Atwater in den *Transactions* der American Antiquarian Society (1820), Bd. I, S. 186f., veröffentlicht wurde. Das Barton-Zitat findet sich in seinen *Observations*, S. C 2.

8 Harris, *Journal*, S. 62.

9 William N. Morgan, der mit seinem Werk *Prehistoric Architecture in the Eastern United States* eine großartige Vermessungs- und Rekonstruktionsarbeit gekrönt hat, hat eine Schätzung der relativen Größe dieser kegelförmigen Mounds geliefert. Der größte scheint Pinson in Tennessee gewesen zu sein (Durchmesser 102 m, Höhe 22,3 m), gefolgt von Grave Creek (Durchmesser 97,5 m, Höhe 21,3 m) und an dritter Stelle Portsmouth (Durchmesser 125 m, Höhe 6,7 m). Ich selbst habe noch Angaben über den Mound von Miamisburg (Durchmesser 155,7 m [heute 54,25 m], Höhe 13 m [heute 10,3 m]) hinzugefügt.

10 La Salle ließ die Nachwelt im ungewissen, ob er während seines mysteriösen Verschwindens im Winter 1669/70 tatsächlich in das Ohio-Tal vorgedrungen war, wie manche behaupten.

11 Zitiert aus Cleland, *George Washington in the Ohio Valley*, S. 260ff.

12 Solche Bestattungen werden von Archäologen als »Sekundärbestattungen« bezeichnet.

13 Die Bemerkung über die »Wilden« erscheint in den kommentierten *Diaries* (S. 416), als Fußnote zum Eintrag vom 24. Oktober 1770.

14 Dieser Name war keine respektlose Anspielung auf eine deutsche Abstammung Washingtons, sondern bezog sich auf George Van Swearingen, ein Mitglied der Grenzsiedlerfamilie, in die Thomas Worthington einheiratete.

15 Washington an Chastellux, 12. Oktober 1783, *Writings*, Bd. 27, S. 188ff.

16 Flexner, *The Forge of Experience*, S. 86.

17 Zitiert in Cleland, *George Washington in the Ohio Valley*, S. 237.

18 Die Bittsteller werden zitiert in Sturdevant, *Quest for Eden*, S. 23; Washington, *Diary*, 22. November 1770.

19 Siehe Flexner, *George Washington*, S. 292.

20 Washington an Chastellux, 12. Oktober 1783, *Writings*, Bd. 27, S. 189f.

21 Siehe Sturdevant, *Quest for Eden*, S. 54, 163, 184.

22 Sturdevant, *Quest for Eden*, S. 69.

23 Sturdevant, *Quest for Eden*, S. 34, 37.

24 Zitiert in Sturdevant, *Quest for Eden*, S. 39 sowie offenbar in unzähligen anderen Werken.

25 Der Umfang von Washingtons Besitzungen im Westen änderte sich mehrmals. Einer sorgfältigen Berechnung zufolge hatte er zwischen 1772 und 1784 im heutigen West Virginia nur 13 440 Hektar erworben. Siehe Rice, *The Allegheny Frontier*, S. 139; Washington, *Writings*, Bd. 33, S. 404.

26 Albert Gallatin geriet sechsunddreißig Jahre später in eine vergleichbare

Situation und reagierte ähnlich wie Washington. In einem Brief an seinen Sohn James schrieb er über seinen Grundbesitz im Ohio-Tal: »Es ist ein unerfreuliches und unproduktives Eigentum, das mich mein ganzes Leben lang belastet hat. Ich hätte mein Vermögen nicht unrentabler anlegen können.« (13. Januar 1827, zitiert in Adams, *Gallatin*, S. 621ff.)

27 Flexner, *The Forge of Experience*, S. 289.

28 George William Fairfax war der Sohn von William Fairfax, Sohn von Lord Thomas Fairfax' Onkel Henry von Toulston, Yorkshire.
William hatte mehrere Kinder zusammen mit einer Frau, die er vermutlich während einer Reise zu den Westindischen Inseln kennengelernt hatte. Man hatte den Eindruck, so berichtete später George Williams Ehefrau Sally Cary Fairfax, daß sie »schwarz« sei (siehe Cary, *Sally Cary*, S. 49f.). Dieser Eindruck wird bestätigt durch das einzige uns überlieferte Porträt von George William, das, wie sein Vater den englischen Verwandten schrieb (wobei er »um Nachsicht für einen armen westindischen Jungen« bat), »die Merkmale in seinem Gesicht zeigt, die immer Zeugnis von seiner Herkunft ablegen werden.« (Fairfax of Cameron Handschriften, zitiert in Brown, *Virginia Baron*, S. 59.)
Obwohl Washingtons Biographen die »Gerüchte« um Fairfax' afrikanische Abkunft meist als falsch abtaten, scheinen sie doch durch die Aussagen seiner Ehefrau, seines Vaters sowie durch das Verhalten seiner englischen Verwandten ausreichend belegt. Als weiteres Zeugnis siehe außerdem Ketchum, *World of George Washington* (S. 27), der eine exzellente Porträtdarstellung von George William bietet.

29 Flexner, *Washington: The Indispensable Man*, S. 372.

30 Flexner, *Washington: The Indispensable Man*, S. 392.

31 Flexner, *Washington: The Indispensable Man*, S. 392.

32 Diesen Plan hielt Washington so gut geheim, daß er erst in den achziger Jahren unseres Jahrhunderts (durch Flexner) ans Licht kam. Michael Zuckerman findet meine obigen Ausführungen Washington gegenüber zu generös. »Auch wenn er sich endlich entscheidet, seine Sklaven freizulassen, so tut er dies … in allergrößter Heimlichkeit, wodurch der Wandel seiner Überzeugungen ohne jede Auswirkung auf die Öffentlichkeit bleibt. George nutzte seine Position hier also keineswegs, um seine Auffassungen zu demonstrieren« (Brief vom 27. November 1992). Ich halte Washingtons Schritt aber dennoch für bedeutsam, da er Ausdruck seiner persönlichen Einstellung ist. Bis 1797 war er immer noch Präsident; hätte er seine Abneigung gegen die Sklaverei öffentlich geäußert, dann hätte dies möglicherweise das Ende des riskanten Experiments bedeutet, für das er die Verantwortung trug. Vielleicht wäre es politisch tatsächlich klüger gewesen, wenn er seine Haltung öffentlich kundgetan hätte; ein solches Argument ist jedoch nicht dazu geeignet, die Handlungen eines Privatmannes zu erörtern.

33 Ein großer Teil meiner Ausführungen über Washingtons Haltung zur Skla-

verei beruht auf Flexner, *Washington: The Indispensable Man*, S. 390ff. Die Diskussion mit Bernard erscheint in Bernard, *Retrospections*, S. 91.

34 Flexner, *The Indispensable Man*, S. 390.

35 Washington, *Diaries*, Bd. 2, S. 316ff.

36 Cyrus Thomas, *Report*, S. 414.

37 Das von Washington erworbene Land nördlich des Ohio lag auf Indianergebiet, was eine Verletzung der bestehenden Verträge darstellte. Soweit ich jedoch feststellen konnte, tätigte er diese Landkäufe vor seiner Präsidentschaft.

38 Washington, *Writings*, Bd. 18, S. 317ff.

39 Washington an Gilbert Simpson, 12. Februar 1784, *Writings*, Bd. 17, S. 329f. Diese Briefe sind im Kontext in Rick Sturdevants Dissertation enthalten, die an mehreren anderen Stellen des vorliegenden Textes zitiert ist. Sturdevants Arbeit ist ideenreich und liefert nützliche Literaturhinweise.

40 Zitiert im Entwurf einer Studie für die Mount Vernon Ladies' Association vom Mai 1991. Das Werk wurde mir großzügigerweise von Dean Norton, dem Gartenbauexperten der Gesellschaft, und von ihrer Bibliothekarin Barbara McMillan zur Verfügung gestellt.

41 Ebd.

42 Washingtons Tagebucheinträge vom 13., 16. und 18. März 1786 sowie sein oben zitierter Brief an Vaughn.

43 Washington, *Diaries*, S. 139ff.

44 Die Beschreibung des »Fasans« findet sich auf Seite 439 von Washingtons *Diaries*. Washington schätzte, daß Bull Creek an jener Stelle »mindestens 30 Meilen von seiner Mündung, aber nicht mehr als 5 Meilen von der Mündung des Muddy Creek, in ostsüdöstlicher Richtung, entfernt« war. Alles deutet darauf hin, daß Washington den heutigen Buffalo Creek meinte – mit Ausnahme der 30 Meilen. Es gibt keinen Bach von dieser Länge, der in 5 Meilen Entfernung parallel zum Ohio verläuft.

45 Zitate aus Cleland, *George Washington*, S. 260ff.

46 Washington an Lewis, 5. Mai 1773, *Writings*, Bd. 3, S. 209ff.

47 Als Washington selbst die Verantwortung für die Regierungspolitik gegenüber den Indianern und dem Indianerland oblag, nahm er, wie wir noch feststellen werden, exakt die Position ein, die er zuvor bei Dunmore heftig kritisiert hatte.

48 Washington an Butler, *Writings*, Bd. 29, S. 369f., 10. Januar 1788.

49 Washington an Butler, *Writings*, Bd. 29, S. 369f.

50 Diese Zeilen aus einem Schulheft Washingtons erscheinen auf S. 15 von Rick Sturdevants unveröffentlichter Dissertation *Quest for Eden: George Washington's Frontier Land Interests*. Sturdevant äußert, ausschließlich auf der Grundlage des Briefes an Lewis und nach seinem »Verständnis von GW's Einstellungen und Handlungen«, die Mutmaßung, daß Washington »sehnlichst den Tag erwartete, an dem er in der Lage sein würde, viel weiter in das amerikanische Binnenland vorzudringen und dabei regelmäßig an sei-

nen eigenen, gewinnträchtigen Raststationen haltzumachen« (S. 59 und Anm. 12 auf S. 83).
Ich bin nicht der Ansicht, daß Washingtons Handeln unbedingt von Gewinnstreben geleitet war. Sturdevant hat hier eine Spur entdeckt, doch geht er zu zögerlich vor. Es gibt, wie ich zu zeigen versucht habe, mehr Hinweise als diesen Brief.

51 Greenway Court ist noch aus anderen Gründen ein interessanter Ort, wie sich erst im 20. Jahrhundert herausgestellt hat. Es liegt in der Nähe von Thunderbird, einer archäologischen Fundstätte mit etwa 9000 Jahre alten Bauwerken, den ältesten, die bisher in den USA entdeckt wurden. In Thunderbird fanden die Archäologen in einem Fall die Reste eines Zentralbaus sowie, sofern dies richtig gedeutet wurde, eine Reihe von Pfostenlöchern, die eine Vorrichtung von der Art trugen, die Washington in Mount Vernon »piazza« nannte. Virginia hat damit nicht nur die berühmteste, sondern offenbar auch die älteste Veranda in Amerika vorzuweisen.
Joe Saunders teilte mir in einem Brief vom 11. August 1992 mit, daß in Monte Sano [Louisiana] eine rechteckige Anordnung von Pfostenlöchern gefunden wurde, die mit Holzkohle bedeckt war. Radiokarbonmessungen datieren die Holzkohle auf etwa 5000 v .Chr.
Im Ohio-Tal sind noch andere prähistorische Siedlungsstätten bekannt, darunter eine in Medina County (Ohio); soweit ich informiert bin, weist jedoch keine Fundstätte Spuren älterer architektonischer Strukturen auf als Thunderbird.

52 Washington an Sally Fairfax, zitiert in Sturdevant, *Quest for Eden*, S. 372.

6. Kapitel. Die Cincinnati

1 Gallatins Brief über das Abendessen mit Washington ist zitiert in Adams, *Life of Albert Gallatin*, S. 182.

2 Zitiert in Flexner, *Washington*, S. 324.

3 Zitiert in Flexner, *Washington*, S. 325.

4 Die Angehörigen der Gründergeneration um Washington können der Einfachheit halber als Cincinnati bezeichnet werden, obwohl nicht alle auch Mitglieder des Ordens waren, der nur Offizieren und ihren männlichen Nachkommen offenstand.

5 Die Worte »von entzückender Harmlosigkeit« und »Kinderspiel« stammen von Richard Hofstadter und werden zitiert von Thomas P. Slaughter, *The Whiskey Rebellion*, Anm. 5, S. 233. Ich stimme mit Slaugther in einigen Punkten, insbesondere, was George Washingtons Motivation betrifft, nicht überein, doch liefert Slaughters Buch die bisher bei weitem beste Darstellung des Themas.

6 Collot, *Journey in North America*, Bd. 1, S. 29.

7 Zitiert in Sturdevant, *Quest for Eden*, S. 153.

8 Washington an John Witherspoon, 10. März 1784, in *Writings*, Bd. 27, S. 348ff.

9 Zitiert in J. P. Dunn, Jr., *Indiana, A Redemption from Slavery*, S. 196.

10 Putnam war kein Yankee im eigentlichen Sinne; 1774–1775 hatte er eine Siedlung auf dem spanischen Territorium am unteren Mississippi gegründet, die jedoch beim Ausbruch des Unabhängigkeitskrieges wieder zerfiel. Putnam diente dann in George Washingtons Kontinentalarmee als General und gewann Parsons für die Gründung der Marietta-Siedlung.

11 Beschreibung der Erdwerke von Jonathan Heart, in Thomas Smith, *Mapping of Ohio*, o.S.

12 Marietta war nach der französischen Königin Marie Antoinette benannt worden, und zwar zu Ehren der französischen Waffengefährten der Amerikaner, die in dem gemeinsamen Kampf gegen Großbritannien gefallen waren, »unsere tapferen französischen Freunde in den ersten Anfängen ... unseres großen Werkes«.

13 Onuf, *Statehood and Union*, S. 38.

14 Michael Zuckermans Kommentar zu diesem Punkt mag sich jenen empfehlen, die meine Begeisterung für die Cincinnati nicht teilen: »Wenn sie davon sprachen, daß man richtig anfangen und falsche Gewohnheiten ablegen müsse, dann könnten damit ebensogut die Demokratie und die Laster der niedrigen Klassen gemeint sein wie die Sklaverei ... Den Siedlern von Marietta ging es vor allem darum, die Demokratie und die aufsässigen Massen fernzuhalten.« (Brief vom 27. November 1992)

15 Viele Autoren buchstabierten seinen Nachnamen, anders als Louverture selbst, wie das französische Substantiv »L'ouverture« (dt. »die Öffnung«).

16 Onuf, *Statehood and Union*, S. 43.

17 Onuf, *Statehood and Union*, S. 71.

18 Onuf, *Statehood and Union*, S. 38f.
Washington und Jefferson vertraten auch verschiedene Auffassungen bezüglich der Möglichkeit, die Interessen von Grenzsiedlern und Indianern im Westen in Einklang zu bringen. Wie wir sehen werden, war Aaron Burr der erste Politiker, der diese Differenzen offenlegte.

19 Einige Cincinnati versuchten Prinz Heinrich von Preußen oder den Herzog von York zu überzeugen, sich zum Herrscher über ein amerikanisches Königreich krönen zu lassen; keiner der beiden fand diese Aussicht jedoch verlockend. Gleichzeitig hatten aber Jeffersons Anhänger im Kongreß alle Mühe, sechsunddreißig Cincinnati davon abzuhalten, sich zu Rittern des polnischen Ordens der Göttlichen Vorsehung schlagen zu lassen.

20 Myers, *Liberty Without Anarchy*, S. 53.

21 Möglicherweise hatte Alexander Hamilton dies 1799 in Betracht gezogen und Aaron Burr 1805 zu verwirklichen versucht.

22 Sears, *Thomas Worthington*, S. 52f.

23 Myers, *Liberty*, S. 107.
Die Veteranen der Revolution schufen mehrere Systeme dieser Art, sowohl

auf dem Gebiet der Vereinigten Staaten als auch, wie wir noch sehen werden, im spanischen Louisiana. Seit dem 17. Jahrhundert waren in Amerika keine derart hierarchisch aufgebauten Kolonien mehr geplant worden. Damals hatten die britischen Gouverneure von New York militärische »Rittergüter« geschaffen, um die Bedrohung durch die Franzosen abzuwehren, und die Franzosen schufen als Reaktion darauf »Grundherrschaften«. Keine dieser Maßnahmen hatte den gewünschten Effekt, da die Gutsherren auf beiden Seiten rasch zu Kaufleuten wie die Van Rensselaers und die Livingstons wurden. Gleichwohl gab es ein ermutigendes, wenn auch weit entferntes Vorbild: Nach dem Zerfall des Römischen Reiches übernahmen die Merowinger im 7. Jahrhundert die römischen *patrocinia*, um daraus den Feudalismus zu entwickeln.

24 Onuf, *Statehood and Union*, S. 116.

25 Der Vorschlag der Kentucky Abolition Society wird erwähnt in einer exzellenten Darstellung dieses Themas in Meinig, *The Shaping of America*, Bd. 2, S. 301.

26 In James M. Varnum, *An Oration ...*, Newport (4. Juli 1788), nachgedruckt in Samuel P. Hildreth, *Pioneer History*, S. 515, außerdem zitiert in Edith Reiter, *Marietta and the Northwest Territory*, S. 29.

27 Myers, *Liberty*, S. 113.
Michael Zuckerman hält die Cincinnati für weit weniger hochherzig als ich: »Das Ohio der Cincinnati- und der Mariettakolonie ist der verdrießlichste, krautigste Garten in ganz Anglo-Amerika und nicht im geringsten schwungvoll, produktiv, ekstatisch, demokratisch ... Man schaue sich einmal zum Vergleich die Werbeschriften aus South Carolina, Virginia, Pennsylvania an, ... nichts davon klingt so verbittert.« (Brief vom 27. November 1992)

28 Constable zitiert in Myers, *Liberty*, S. 119; Varnum in *An Oration ...*, nachgedruckt in Hildreth, *Pioneer History*, S. 515.

29 Zu St. Clairs Artefakten siehe *Pennsylvania Magazine of History* 43 (1991), S. 130.

30 Sargent berichtete in der Lokalzeitung *Sentinel of the Northwestern Territory* ausführlich über eine dieser Grabstätten. Er machte seine Erkenntnisse 1795 durch das *Massachusetts Magazine* auch im Osten bekannt und berichtete 1796 der American Philosophical Society. Die Gesellschaft veröffentlichte Sargents Arbeit im Jahre 1799. (Stephen Williams in »The Ohio Valley Circle ...«)

31 Die Geschichte der Indianerterritorien und -staaten wäre noch durch neue Forschungen aufzuarbeiten. Auf die bislang besten Arbeiten über das Thema verweist Dowd, *Spirited Resistance*, Anm. 13, S. 222. Dazu gehört unter anderem auch eine Übersicht von Annie H. Abel, »Proposals for an Indian State, 1778–1878«, im *Annual Report of the American Historical Association*, 1907, S. 89–104, die weitere Sekundärliteratur zitiert, wie *Atlantic Monthly* 93, S. 809ff. und *American Historical Review* 10, S. 253.

32 Siehe den hervorragenden Kommentar des Herausgebers in Bd. 6 der *Thomas Jefferson Papers*, S. 583ff.

33 Ebd.

34 Flexner, *George Washington, Anguish and Farewell*, S. 49f.

35 Flexner, *George Washington, Anguish and Farewell*, S. 49f.

36 Flexner, *George Washington, Anguish and Farewell*, S. 49f.

37 Zitiert in Richard Norton Smith, *Patriarch*, S. 286.

7. Kapitel. Thomas Jefferson und die Hartnäckigkeit von Vorurteilen

1 Zitiert in Egnal, *A Mighty Empire*, S. 101.

2 Egnal, *A Mighty Empire*, S. 101; die Zeilen über Indien und die Kornkammer stammen aus einem Bericht eines britischen Agenten, der mit »P. Allaire« unterzeichnete, zitiert aus Slaughter, *The Whiskey Rebellion*, S. 59.

3 Der Begriff »Gutsbesitzer aus dem Hinterland« stammt von Lewis, »Jefferson und Virginia's Pioneers«, S. 553, obwohl er auch anderen Essays entnommen sein könnte; Claude Bowers hat in seinem Werk *Young Jefferson* das bekannteste Porträt Peter Jeffersons als freier Bauer gezeichnet.

4 Bowers, *The Young Jefferson*, S. 9.

5 Bowers, *The Young Jefferson*, S. 8.

6 Henry Adams, *Second Administration of Thomas Jefferson*, S. 99.

7 Manche Historiker, die sich an Jeffersons unermüdlichem Einsatz für die Belange der virginischen Bodenspekulanten und Sklavenhalter störten, trösteten sich mit einer Äußerung Jeffersons gegenüber James Madison, derzufolge er selbst kein Land jenseits des Blue Ridge besaß. Dies traf zu jenem Zeitpunkt zwar zu, doch geht, wie bereits erwähnt, aus den Grundbüchern Ohios und Jeffersons eigener Korrespondenz hervor, daß er seine »Enthaltsamkeit« bald aufgab und ebenso zum Spekulanten wurde wie sein Vater und sein Mentor Dr. Walker. Er hätte aber besser auf diese Aktivitäten verzichtet, denn ebenso wie Alexander Hamilton erzielte er mit seinem Land in Ohio keine Gewinne. Seine finanziellen Schwierigkeiten in seinen späteren Lebensjahren resultierten aus den noch umfangreicheren Spekulationen seines politischen Kampfgefährten Wilson Cary Nicholas, für den Jefferson sich verschuldete, um ihm den Kauf von knapp einer halben Million Hektar Land im Westen zu ermöglichen.

8 Lewis, »Jefferson and Virginia's Pioneers«, S. 579.

9 Adams, *Second Administration of Thomas Jefferson*, S. 99.

10 Die Statistiken für die Urwahlen im Jahr 1800 sind nur sehr schwer zu eruieren. Aufgrund der Besonderheiten des Wahlmännersystems waren sie nur von geringer Bedeutung; ich habe jedoch den Eindruck, daß Adams von den Urwählern, die tatsächlich ihre Stimme abgaben, eine Mehrheit erhielt.

11 Lewis, »Jefferson and Virginia's Pioneers«, S. 553.
Es scheint jedoch nicht, daß Jefferson eine Abneigung gegen Spekulanten

aus Virginia hatte, unter denen sein eigener Vormund die beeindruckendste Gestalt war. So schrieb Jefferson: »Amerika wurde auf Kosten von Individuen und nicht der britischen Öffentlichkeit ... erobert und besiedelt ... Sie kämpften für sich selbst, eroberten für sich selbst, und nur sie selbst haben einen Besitzanspruch ... *Jedes Individuum* der Gesellschaft darf sich solches Land, das es unbewohnt vorfindet, aneignen, *und die Inbesitznahme verleiht ihm einen Anspruch darauf* [Hervorhebung durch Jefferson].«

Jeffersons Revolutionsrhetorik war damals weit verbreitet: Im Jahre 1763 war es durchaus üblich, daß Vertreter seines Lagers so argumentierten, um die Taten herabzuwürdigen, die der heroische General Wolfe in Quebec, Forbes in Fort Pitt und all die anderen Armeen und Flotten vollbracht hatten, welche von der »britischen Öffentlichkeit« gesandt und durch ihre Steuern finanziert worden waren.

Nichts in Jeffersons Äußerungen deutet jedoch darauf hin, daß Squatter auf dem Land der Greenbrier Company, der Randolphs, Carters, Coles, Cabells oder anderer reicher Spekulanten aus Virginia willkommen gewesen wären. Die »Inbesitznahme« verlieh zur Zeit Jeffersons im westlichen Virginia, in Kentucky oder Ohio keinen »Anspruch«, wie viele Squatter erfahren mußten, die mit den Gewehren der Sheriffs konfrontiert wurden.

12 Gallatin nahm die amerikanische Staatsbürgerschaft in Virginia an. Ebenso trifft es zu, daß Jefferson (obwohl uns hier nicht genug Platz zur Verfügung steht, um den entsprechenden Beweis zu führen) weit weniger als Benjamin Franklin oder Alexander Hamilton geneigt war, seine Vorurteile gegen Schwarze und Indianer aufzugeben, und daß Aaron Burr von Anfang an ein Freund der Indianer war und für die Abschaffung der Sklaverei eintrat. Dabei nahm er um seiner Überzeugungen willen große politische Risiken auf sich.

13 Siehe Miller, *The Wolf by the Ears*, S. 65; Nash, *Red, White and Black*, S. 106.

14 Gilbert Imlay war einer der ganz wenigen Zeitgenossen Jeffersons, der eine offene, legalisierte Durchmischung von Schwarzen und Weißen befürwortete – und nicht jene unwürdigen Verhältnisse zwischen Plantagenbesitzern und schwarzen Sklavinnen. Siehe unten »Die ›Aufklärung‹ Thomas Jeffersons«.

15 Es ist unbestritten, daß Jeffersons Schwiegervater und seine Neffen allesamt Kinder mit schwarzen Sklavinnen zeugten. Bemerkenswert ist jedoch, welchen Aufruhr die Vermutung auslöste, daß Jefferson es ihnen gleichgetan haben könnte, wenn man bedenkt, wie wenig man sich damals überhaupt über die Sitten auf den Pflanzungen ausließ.

16 Jefferson, *Notes on Virginia*, Answer to Query VI, S. 182ff.

17 Jefferson, *Notes*, Query VI, S. 182ff.

18 Eine positivere Darstellung von Jeffersons Haltung gegenüber den Indianern liefert Bowers, *The Young Jefferson*, S. 294f.

19 Jefferson, *Notes*, Query VI.

20 Der genaue Wortlaut von Jeffersons Vorschlag findet sich in seinen *Notes*, S. 276f., eine kritische Wertung seiner Haltung in Levy, *Jefferson and Civil Liberties*, S. 10.

21 Levy, *Jefferson and Civil Liberties*, S. 10.

22 Jefferson, *Notes*, Query VI, S. 182ff.

23 Volney, *Tableau du climat et du sol des Etats Unis d'Amérique*, S. 413.

24 Jefferson, *Notes*, Query II, S. 133.

25 *Jefferson Papers*, 9, S. 476ff. Verwirrenderweise behaupten die Herausgeber (*Jeffersons Papers*, 17, S. XXXI), daß die von ihnen abgedruckte Karte, die ihren Angaben zufolge von Parsons an Stiles weitergegeben worden war (welcher sie wiederum Jefferson zur Verfügung stellte), »eigentlich« dieselbe sei, die Heart im *Columbian Magazine* veröffentlicht hatte. Hearts Karte wies jedoch eindeutige Unterschiede zu der von Parsons auf.
Die Karte in Jeffersons *Papers*, die er von Parsons erhalten hatte, wurde laut Stiles, einem vorsichtigen Gelehrten, »von General Parsons vor Ort« gezeichnet (*Jefferson Papers*, 9, S. 476).
Parsons Karte erschien in der Folge noch zweimal, zunächst in Stibbons, »Fortifications at Marietta«, S. 340. Stibbons schrieb, daß er die Karte »vor über einem halben Jahrhundert für Präsident Stiles [kopiert habe] ... Nach dieser langen Zeit ist mir entfallen, wer Präsident Stiles das Original vorlegte, aber es war entweder General Putnam oder Mr. Lyman.«
Stibbons meinte vermutlich General Parsons, der ebenfalls »vor Ort« war. *The American Pioneer* druckte die Karte zusammen mit Abbildungen der Mounds in Hildreth, »Pyramids at Marietta« (S. 243) ab. Daneben existieren zwei weitere, offenbar zeitgenössische Karten: Die erste soll von Putnam stammen, ist auf das Jahr 1788 datiert und wurde in Shetrone, *The Mound Builders*, S. 10, veröffentlicht. 1807 publizierte Christian Schultz einen Bericht seiner *Travels on an Inland Voyage* (New York), der ebenfalls eine Karte enthielt.

26 Jefferson an Stiles, 1. September 1786, *Jefferson Papers*, 10, S. 316; Jefferson an Thomson, 20. September 1787, *Jefferson Papers*, 12, S. 159.

27 Der andere war Hugh Brackenridges *Western Chivalry*.

28 Imlay, *Topographical Description*, S. 289.
Imlay war ein Freund der Dichter. Er machte Lord Byron mit dem literarischen Werk von Daniel Boone bekannt und tat sich mehrmals, so könnte man wohl sagen, als Schwiegervater von Percy Bysshe Shelley hervor.

29 Harris, *Journal of a Tour into the Territory Northwest*.

30 Jefferson an Isaiah Thomas und die American Antiquarian Society, 14, Oktober 1820, Archiv der Isaiah Thomas Papers in der Antiquarian Society. Ich danke Thomas Knoles, dem Kurator der Handschriftenabteilung, für den Hinweis auf diese Quelle.

31 Der Verlauf der Bautätigkeit in Poplar Forest wird ausführlich geschildert von Chambers, »Revelations from the Records« und McDonald, »Ghost Stories«, aus dem die von mir verwendeten Zitate entnommen sind.

32 Zitiert in Beebe, »The Rescue and Restoration of Jefferson's Poplar Forest«, S. 7.

33 1822 machte Jefferson Poplar Forest seinem Enkel Francis Eppes zum Geschenk, bevor er sich im darauffolgenden Jahr ein letztes Mal dorthin begab. Er bekam das Haus niemals nach seiner endgültigen Fertigstellung zu Gesicht. Zwei Jahre nach Jeffersons Tod verkaufte Eppes das Anwesen 1828 an einen Nachbarn, und für die nächsten 118 Jahre verblieb es im Besitz von dessen Familie. 1845 wurde es zum Teil durch ein Feuer zerstört, aber wieder instand gesetzt und erheblich umgebaut, um aus der Villa ein Farmhaus zu machen.

34 Die Pläne für die University of Virginia wurden später konzipiert, aber sie stammten nicht alle von Jefferson. Generationen von Gelehrten haben vergeblich versucht herauszufinden, welche Entwürfe genuin sein Werk waren und welche von Benjamin Henry Latrobe und Dr. William Thornton angeregt wurden. Poplar Forest hingegen entsprang ganz und gar seinen eigenen Vorstellungen.

35 In *Orders from France* und *Greek Revival America* habe ich versucht, das äußerst komplizierte Verhältnis Jeffersons zur »georgianischen« Tradition Großbritanniens und zum französischen Neoklassizismus zu erkunden sowie seine Einschätzung der Bemühungen von Major L'Enfant und B. H. Latrobe, eine neue amerikanische Architektur zu schaffen.

36 Ich danke C. Allan Brown für die Information über seine Forschungen über Poplar Forest, die zum Teil in »The Mathematics of an Ideal Villa« veröffentlicht wurden. Brown bemerkt, daß »Hügel« ein häufig verwendetes Element der englischen Gartenkunst der Renaissance waren. Vermutlich handelte es sich bei diesen abgeflachten Erhebungen in vielen Fällen um Burghügel (sogenannte »Motten«) aus älterer Zeit, die zu Verteidigungszwecken mit Palisaden umgeben worden waren. Manche waren zweifellos aus romantischen oder nostalgischen Anwandlungen heraus neu errichtet worden, und das auch in Amerika von englischen Siedlern. Brown verzeichnet drei Fälle von einzelnen, isolierten Hügeln, von denen Jefferson Kenntnis hatte: einer bei »Mr. Merediths Haus« in Virginia, ein anderer, bekannterer, bei Alexander Popes Villa an der Themse sowie jene von Mount Vernon.
Brown wies als erster auf Jeffersons Kenntnisse hin und auf die Beziehung zwischen der Bepflanzung der Mounds und den Abmessungen des Hauses (siehe Brown, »Poplar Forest, The Mathematics of an Ideal Villa«, S. 126).
Im Winter 1991/92 entdeckten der Archäologe Michael Strut und sein Team, die mit konventionellen Ausgrabungstechniken und bodendurchdringendem Radar arbeiteten, in Poplar Forest drei weitgehend horizontale Schichten von Kopfsteinen, die um einen der von ihnen untersuchten Mounds herum angelegt worden waren. Die Grabungen sind noch nicht abgeschlossen, weshalb bisher noch nicht ermittelt werden konnte, ob diese »Laufflächen« einen achteckigen Grundriß hatten. Doch waren jene Mounds keine »Abladeplätze« für überflüssige Erde, und sie wiesen auch keine ebenmäßi-

ge Schräge auf; die Erde ist in Schichten zusammengepreßt, die nur an ihren offenliegenden, ausgewaschenen Kanten sichtbar werden. Es handelte sich also um ein architektonisch durchdachtes Bauwerk und nicht um bloße abgerundete Erdhaufen. (Telephonische Mitteilung von Michael Strut am 1. März 1992) Die Grabungen haben bisher noch nicht den Beweis erbracht, ob die Mounds von Poplar Forest ursprünglich achteckig oder kreisförmig waren.

37 Jefferson war mit den Formen dieser Bauwerke vertraut, und als er seine *Notes* schrieb, ahnte er, daß sie von ihrer Größe her alles übertrafen, was er bisher gesehen hatte. Er hatte immer wieder Berichte über »Wälle, Schutzwehren und Hügel aus Erde« gehört, die »eine erstaunliche Größe und Abmessung aufwiesen; einige davon hatten die Form von Kreisen oder Halbkreisen, andere die von Quadraten und geraden Linien.« (Harris, *Journal of a Tour into the Territory Northwest of the Allegheny Mountains*; Schultz, *Travels on an Inland Voyage*, S. 147. Mir ist nicht bekannt, ob Jefferson den hier zitierten Bericht kannte oder nicht; die benutzten Wendungen sind jedenfalls für die Literatur zu diesem Thema sehr typisch.)

Die Mounds, die er zwischen 1806 und 1812 in Poplar Forest errichten ließ, hatten die Ausmaße von Mounds in Ohio; sie waren größer als alle, die er jemals in Virginia gesehen hatte. Jeffersons Mounds entsprachen von ihrer Größe her eher dem Erdkegel in Marietta, der Anlaß zu jenen Spekulationen gegeben hatte, die ihm in Paris zugetragen worden waren.

In Marietta gab es jedoch keine Achtecke; diese waren lediglich in den Mound-Komplexen am Scioto und Licking zu finden. Und ausgerechnet Thomas Jefferson bedurfte gewiß keiner achteckigen Vorbilder. Bereits als junger Mensch, so berichten Freunde, war er von Achtecken besessen. Im Alter zwischen zwanzig und dreißig hatte er mit einfachen graphischen Mitteln Achtecke in Kreise hineinkonstruiert und nach englischen Musterbüchern Pläne für achteckige Gartenpavillons gezeichnet.

Jefferson verwendete mehrere Methoden zur Zeichnung von Achtecken, wie wir aus Kimball's Sammlung seiner Skizzen (in *Thomas Jefferson, Architect)* schließen können (insbesondere Nr. 24 und 94). Sein theoretisches Vorgehen (Nr. 94) scheint mir, obwohl ich kein Experte auf diesem Gebiet bin, den Hopewell-Verfahren zu ähneln, wie sie von J. Marshall, R. Hively und R. Horn auf der Grundlage der vorhandenen architektonischen Überreste rekonstruiert wurden. Siehe Marshall, »American Indian Geometry«, »Geometry of the Hopewell Earthworks« und »An Atlas of American Indian Geometry«. Siehe auch Hively und Horn »Geometry and Astronomy in Prehistoric Ohio«.

Brown weist in seinem oben zitierten Artikel vorsichtig darauf hin, daß Jeffersons Absicht, ein Quadrat anzulegen (die durch seine Korrespondenz belegt ist), durch die bisherigen Grabungen noch nicht bestätigt werden konnte. Auch liegen keine Anhaltspunkte vor, daß der besagte achteckige Zaun älter als ein Jahrhundert ist. Aufgrund meiner eigenen Beobachtungen

vor Ort möchte ich jedoch auf die runde Auffahrt hinweisen, welche von Pappeln gesäumt ist, die entweder bereits vorher dort standen oder eigens gepflanzt wurden, um die Kreisform zu unterstreichen.
Meine Vermutung, daß Jefferson durch sein Wissen über die altindianische Architektur bei der Auswahl der in Poplar Forest verwendeten Formen und Materialien beeinflußt wurde, bedarf nicht noch einer weiteren Bestätigung durch einen zusätzlichen achteckigen Zaun oder durch ein weiteres Quadrat. Auch so liegt uns bereits eine ausreichende Zahl von Beispielen vor.

38 Brown, »Poplar Forest«, liefert in seiner Anmerkung 107 den Beleg für den Zaun und beschreibt die Einrichtung in Anmerkung 137.
In einem Brief vom 28. März 1991 betonte Brown, daß »die laufenden archäologischen Untersuchungen immer noch keine schlüssigen Beweise für die Existenz der ringförmigen Straße oder des quadratischen Gartens geliefert haben. Mein Beitrag versuchte Jeffersons Vision von Poplar Forest darzustellen, seinen ›geistigen Entwurf‹, doch ist noch viel Arbeit nötig, um die tatsächliche Gestaltung zu ermitteln.«
Die den Illustrationen in diesem Buch beigefügte Skizze ist daher meine eigene Weiterführung dessen, was Brown als Jeffersons Plan vermutet. Brown hält es für »entscheidend, den spekulativen Charakter des ›Kreises‹ und des ›Quadrats‹ hervorzuheben« (oben zitierter Brief).
Der Historiker Clay Lancaster hat eine Liste von Jeffersons Achtecken erstellt und zählte »über fünfzig Pläne, auf denen irgendeine achteckige Form erscheint ... Dreißig davon zeigen einen oder mehrere perfekt gestaltete achtseitige Räume oder Pavillons.« Damit machen die Achteck-Entwürfe einen stattlichen Anteil von Jeffersons Gesamtproduktion aus (Lancaster in »Some Octagonal Forms in Southern Architecture«, S. 105).

39 Jefferson an Benjamin Rush, 17. August 1811, unveröffentlichtes Manuskript, auf Mikrofilm einsehbar in der Library of Congress, zitiert in Brown, »Poplar Forest«, Anm. 133.

40 Zitiert in Malone, *The Sage of Monticello*, S. 292. Die Aussage über die in Monticello einfallenden »Massen« wird zitiert in Brown, »Poplar Forest«, S. 117. Jefferson an William Short, 24. November 1821, Massachusetts Historical Society, und an Nathaniel Macon, 12. Januar 1819, Library of Congress, beide zitiert in Brown, »Poplar Forest«, S. 139.

41 Jaffé, *Der Mensch und seine Symbole*, S. 241ff.

42 Wer den Wortlaut der Unabhängigkeitserklärung nicht genau kennt, meint oftmals, daß darin bestimmt würde, alle Menschen seien von Geburt an »frei und gleich«. Die Erklärung sprach jedoch nur von »Gleichheit« und drückte nirgends die Absicht aus, die politische Gleichheit auf die Versklavten auszudehnen.

43 In seiner Autobiographie schrieb Jefferson: »1769 wurde ich Mitglied der gesetzgebenden Versammlung ... Ich brachte in diesem Gremium den Vorschlag ein, die Befreiung von Sklaven zu erlauben, der jedoch abgelehnt wurde; tatsächlich hatte unter der königlichen Herrschaft alles Liberale

keine Aussicht auf Erfolg.« (Jefferson, *Autobiography*, S. 5) Seine Biographen haben erfolglos versucht, einen Beweis für die Richtigkeit dieser Aussage zu finden (vgl. Randall, *Jefferson*, 1, S. 58 und Malone, *Jefferson the Virginian*, S. 141).

Jefferson schrieb auch, daß er und andere 1778 oder Anfang 1779 planten, in der gesetzgebenden Versammlung Virginias einen Änderungsantrag betreffend die Sklavengesetzgebung Virginias einzubringen, der allen Sklaven, »die nach einem bestimmten Tag geboren waren, die Freiheit gewährte und ihre Abschiebung [vorsah], wenn sie im geeigneten Alter waren. Doch die öffentliche Meinung war für einen solchen Vorschlag noch nicht bereit ... Die beiden Rassen können, wenn sie beide frei sind, nicht unter derselben Regierung leben.« Für Jefferson waren Sklavenbefreiung und -abschiebung nicht voneinander zu trennen. In seinen *Notes* griff er das Thema ebenfalls auf: »Wenn er befreit ist, muß er so weit fortgebracht werden, daß eine Rassenvermischung nicht mehr möglich ist.« (Lib. of Am. *Jefferson*, S. 44, 270)

Von Dumas Mallone erfahren wir, daß Jefferson 1783 eine Verfassung für Virginia entwarf, »die vorsah, daß alle Sklaven, die nach 1800 geboren wurden, frei sein sollten«, aber auch dieser Plan wurde nicht realisiert (Malone, *Sage*, S. 317).

1814 schrieb Jefferson in einem Privatbrief an Edward Coles, daß er eine schrittweise Befreiung der Sklaven befürworte, aber nicht öffentlich dafür eintreten werde.

Nach den Auseinandersetzungen um die Einführung der Sklaverei in Missouri in den Jahren 1819/20 unterstützte Jefferson einen Plan seines Schwiegersohnes Thomas Mann Randolph, des damaligen Gouverneurs von Virginia, der seinem eigenen Vorschlag von 1779/80 nahekam und eine schrittweise Befreiung und Abschiebung der Sklaven vorsah. Doch einmal mehr weigerte sich die gesetzgebende Versammlung, sich mit dieser Angelegenheit zu befassen. 1824 machte Jefferson daher noch einmal einen eigenen Vorschlag zur Lösung des Sklavenproblems, der seine letzte Stellungnahme zu diesem Thema sein sollte: Alle schwarzen Kinder sollten im Alter von fünf Jahren von ihren Eltern getrennt und zur Zwangsarbeit verpflichtet werden, bis sie erwachsen waren. Dann sollten sie nach Haiti verschifft werden, während ihre Eltern und Großeltern bis zu ihrem Tode Sklaven bleiben würden. Dieses Konzept erschien jedoch niemandem angemessen, am wenigsten wohl den schwarzen Familien selbst.

44 Gallatin im Parlament von Pennsylvania; zitiert in Walters, *Gallatin*, S. 376.

45 1799 verabschiedeten die Federalists während des Seekrieges gegen Frankreich ein Gesetz, das den Handel mit diesem Land unterband, dafür aber Handelsmöglichkeiten mit Haiti eröffnete. Die Insel hatte sich unter der Führung Toussaint Louvertures von der Sklaverei und der französischen Herrschaft befreit und wurde von einem gemischtrassigen Bündnis regiert. Gallatin mußte, um Jefferson zu unterstützen, dieses Gesetzesvorhaben der

Federalists kritisieren und hielt aus diesem Anlaß seine »Schwarze Rede«, in der er Toussaint pries, aber gleichzeitig geschickt Befürchtungen ausnutzte, daß Toussaints Erfolg andere Schwarze dazu verleiten könnte, mit Gewalt für ihre Freiheit zu kämpfen. Das Wort »schwarz« wurde zur Litanei, und Gallatins rhetorische Verrenkungen um diesen Begriff herum sind Ausdruck seiner eigenen verzerrten Gedanken zu dieser Zeit. Sogar ihm wohlgesonnene Biographen mußten einräumen, daß er hier eine Sprache verwendete, die er in den Jahren davor und danach nur verachtet hätte. Nachdem Jefferson im Jahre 1800 zum Präsidenten gewählt worden war, stellten die USA die von den Federalists gewährte Unterstützung für Toussaint ein. Im gleichen Jahr zettelte Jefferson zusammen mit Napoleon eine Verschwörung an, um das haitianische Regime zu stürzen. Der Plan schlug zwar fehl, doch Toussaint wurde gekidnappt und starb in einem französischen Gefängnis. (Diese unglückliche Geschichte wird ausführlicher geschildert in Kennedy, *Orders from France.*)

46 Berkhofer liefert eine ausführliche Beschreibung der wechselvollen Ereignisse des Jahres 1784.

47 Diesen Franzosen war von George Rogers Clark versichert worden, daß sie ihre Sklaven behalten dürften (siehe Kapitel 8).

48 Tatsächlich verschlimmerte sich das Los der schwarzen Sklaven in Louisiana noch, denn die neuen amerikanischen Bestimmungen waren noch bedrückender und erniedrigender als jene des französischen *Code Noir.*

49 Unmittelbare Auswirkungen hatte die Diskussion nur auf jenes Gebiet des heutigen Bundesstaates Louisiana, das damals als Orleans-Territorium bezeichnet wurde. Der weit größere, restliche Teil des Gebiets war der Louisiana-Distrikt. Letztlich ging es bei dieser Diskussion darum, ob die Bestimmungen der Northwest Ordinance, die auf Ohio, Indiana und Illinois Anwendung gefunden hatten, auch unverändert für das Orleans-Territorium gelten sollten oder ob, wie im Falle des Südwest-Territoriums und Mississippis, das Verbot der Sklaverei gestrichen werden sollte.

50 Walters, *Gallatin*, S. 181.

51 Miller, *Wolf by the Ears*, S. 241.

52 Jefferson über »Menschen anderer Hautfarbe«: Brief an Banneker, *Writings*, S. 982f.

53 Jefferson über Wheatley und Grégoire: Miller, *Wolf by the Ears*, S. 75ff.

54 Jeffersons Ansichten über die Indianer sind enthalten in *Notes on the State of Virginia*, in Antwort auf Query VI, S. 182ff.; über Schwarze in der Antwort auf Query XIV, insbesondere S. 266f.

55 Jefferson an Gallatin, 2. August 1823, *The Writings of Albert Gallatin*, Bd. 1, S. 263ff.

8. Kapitel. Jeffersons Archäologen: Erster Teil

1 Jefferson an Isaiah Thomas und die American Antiquarian Society, 14. Oktober 1820, Isaiah Thomas Papers in den Archiven der Gesellschaft. Ich danke Thomas Knoles, dem Kurator der Handschriftenabteilung, für den Hinweis auf diese Quelle.

2 Alkibiades war ein Zögling des Sokrates und der Liebling der im Niedergang begriffenen athenischen Demokratie. Er war reich, atemberaubend schön, ein glänzender Athlet – und ohne jede moralische Skrupel. »Oberflächlich und opportunistisch bis zum äußersten, verdankte er [seine] ... Erfolge ausschließlich seiner persönlichen Anziehungskraft und seiner schier unglaublichen Fähigkeit zur Täuschung.« (Aus dem Artikel über Alkibiades in der *Encyclopedia Britannica*, 11. Auflage)
Im 5. Jahrhundert v. Chr. wurde dieser Egozentriker wegen seines Witzes und seines eleganten Redestils so berühmt, daß Plutarch, Platon und Xenophon später versuchten, seine Reden zu rekonstruieren. Das Volk von Athen liebte ihn und setzte ihn in ein hohes Amt ein, obwohl er mit gespielter Bescheidenheit versicherte, daß dies nur daran läge, daß seine Pferde bei den Olympischen Spielen gewonnen hätten.
Alkibiades war, gleich Wilkinson, für seine Ausschweifungen ebenso berühmt wie für seine Heuchelei. Erst als er seinen Charme nicht mehr einsetzen konnte, weil er als Führer der athenischen Sizilienexpedition außer Landes weilte, konnte er wegen Gotteslästerung und (unausgesprochen) wegen Volksverhetzung verurteilt werden. Er ging daraufhin nach Sparta ins Exil und begann später auch die anderen Feinde Athens in Griechenland und Asien (vor allem Persien) gegen den Stadtstaat aufzuwiegeln. Durch geschicktes politisches Taktieren erreichte er jedoch, daß die Athener ihm wieder das Kommando über ihre Flotte übertrugen. Er besiegte die Spartaner und kehrte zu seinen dankbaren und leichtgläubigen Mitbürgern zurück. Schließlich wurde er aber in der Schlacht besiegt, von den Athenern abgesetzt und im Exil ermordet.

3 Brackenridge, *Recollections of Persons and Places in the West*, S. 10ff.

4 Zitiert aus Kennedy, *Orders from France*, S. 309f.

5 Zu Wilkinson und zu seinen Erpressungsversuchen siehe »The Great Silver Scheme« in Kennedy, *Orders From France.*

6 Es wäre unfair, Wilkinson allein die Verantwortung für diese gescheiterten Feldzüge aufzubürden. Seinen alten Bekannten Wade Hampton aus South Carolina, mit dem zusammen er in Mississippi Spekulationsgeschäfte betrieben hatte und der nun ebenfalls General war, trifft sicherlich ein Teil der Schuld, wenn auch nicht soviel, wie Wilkinson ihm zuschob, als er forderte, Hampton vor ein Kriegsgericht zu stellen. Erinnerungen an Wilkinsons Zeit als Chef der Truppenversorgung dreiunddreißig Jahre zuvor wurden lebendig, als er seine unerfahrene Truppe bei Wintereinbruch im Stich gelassen hatte. Im Frühling fand man sie »schändlich und miserabel« gekleidet vor,

im »Schmutz ... und seit sechs bis acht Monaten ohne Sold«. Wilkinson wurde dafür einmal mehr vor Gericht gestellt und entzog sich erneut der Gerechtigkeit. (Stagg, *Mr. Madison's War*, S. 387f.)

7 Die bei weitem beste Darstellung des Verhältnisses zwischen Jefferson und Wilkinson bei der Erforschung der südwestlichen Grenzen Louisianas liefert Flores, *Jefferson and Southwestern Exploration*; ich habe Flores' hervorragende Zusammenfassung (ebd., S. 51, Anm.) als Grundlage für diesen Abschnitt verwendet, habe aber einige eigene Zwischenbemerkungen eingefügt.

8 Der Rundbrief des Ausschusses für die indianischen Mounds erscheint auf S. XXXVII ff. von Bd. 4 der *Transactions of the American Philosophical Society*.

9. Wilkinsons kleine Gefälligkeiten für Jefferson und seine wissenschaftlichen Aktivitäten im Auftrag des Präsidenten beschreibt Jackson, *Thomas Jefferson*, S. 100.

10 Die Elkhorn-Forts erschienen Innes so interessant, daß er sie auch Collot zeigte. Es ist möglich, wenn auch unwahrscheinlich, daß es sich hier um das in etwa sechseckige Erdwerk am Schnittpunkt der Town und South Forks des Elkhorn River handelt, das laut Squier und Davis (*Smithsonian Contribution*, Tafel IX, Nr. 3 und S. 26) etwas über 11 Kilometer von Lexington entfernt lag.

Dieses letztgenannte Erdwerk scheint große Ähnlichkeit mit dem »Indian Fort« aufgewiesen zu haben, das weitere 24 Kilometer in südöstlicher Richtung am Indian Fort Mountain im Madison County liegt.

Die kniende Frau: Brief von Harry Innes an Jefferson, 8. Juli 1790, *Jefferson papers*, 17, S. 20, abgebildet nach S. 217, beschrieben auf S. XXX. Antwort von Thomas Jefferson an Harry Innes am 17. März 1791, *Jefferson Papers*, 19, S. 521. Die Statuette befindet sich heute in der Sammlung des National Museum of the American Indian, Fitzhugh Collection. Eine Fußnote auf S XXXI von Bd. 17 der *Jefferson Papers* datiert den Brief Harry Innes' an Jefferson über die Elkhorn-Forts irrtümlicherweise auf den »8. Juli 1779«.

11 Browns Brief vom 1. Oktober 1799 findet sich in der Library of Congress; *Monthly Magazine*, Bd. 24, 1807, S. 74.

Die Beschreibung der beiden Büsten (»männlich und weiblich«), die in Tennessee »beim Pflügen entdeckt« oder »von Arbeitern beim Graben gefunden« worden waren (die Darstellungen schwanken hier), stammen aus einem privat veröffentlichten Bericht von John Edwards Caldwell (1808), der zum größten Teil in *Niles' Weekly Register* vom 4. Januar 1817, S. 317f. nachgedruckt wurde; dort wurde hinzugefügt, daß die Büsten angeblich »in einer indianischen Position« saßen und »beträchtlich entstellt« waren.

Browns Brief an Jefferson, in dem er die Figurinen ankündigt, wurde in Palmyra in Tennessee abgesandt. In diesem Brief wird auch ihr Gewicht angegeben und behauptet, daß sie »etwa die Größe von acht- oder zehnjährigen Kindern« hätten. Das *Monthly Magazine* enthielt eine andere Beschrei-

bung, die mit einigen geringfügigen Abänderungen im *Richmond Enquirer* vom 4. Juli 1808 nachgedruckt wurde. In dieser Version ist die Rede von »mehreren von Indianern gemeißelten Büsten; bei diesen umfaßt die menschliche Darstellung die obere Körperhälfte, und sie weisen beinahe eine natürliche Größe auf ... [Sie wurden] von einigen Arbeitern gefunden, die an einem Ort namens Palmyra gruben, der am Tennessee River liegt.« Palmyra liegt jedoch am Cumberland River, und in seiner Antwort an Brown (16. Januar 1800) schreibt Jefferson ausdrücklich von »zwei indianischen Büsten, die am Cumberland gefunden« wurden.
Der *Enquirer* berichtete, daß »die Züge sehr stark gezeichnet sind ..., unter anderem stellt eine von ihnen einen alten Wilden dar, dessen Gesicht aufgrund der Falten und seines ganzen Ausdrucks besonders expressiv« ist.

12 James Victor Miller aus Lebanon in Tennessee, ein Experte auf diesem Gebiet, berichtet, daß ein drittes Exemplar dieses Figurinen-Typs im Gebiet von Castalian Springs gefunden wurde, während andernorts solche Funde bei weitem nicht so häufig sind. Miller lieferte mir (Brief vom 2. April 1991) eine ausführliche Analyse ähnlicher Figurinen in der Smithsonian Institution, dem Peabody Museum in Harvard und dem Valentine Museum in Richmond, Virginia, und verglich diese mit einer anderen Statue im Metropolitan Museum, einer weiteren im McClung Museum der Universität von Tennessee sowie einer in Haywood entdeckten (aber heute verlorenen) Figurine (*Aboriginal History of Tennessee*, S. 120f.).

13 Jefferson an Wilkinson, 16. Januar 1800, und Wilkinson an Jefferson, 1. September und 29. November desselben Jahres, in den Bdn. 16, 17 und 18 der *Jefferson Papers*.
Es wäre interessant, einen Blick auf diese Karten zu werfen, denn ihnen waren einige meteorologische Berichte von William Dunbar beigefügt, die dieser offensichtlich für Wilkinson erstellt hatte. Es handelt sich hier um den frühesten Nachweis von Kontakten zwischen Dunbar und Wilkinson; der *letzte* hingegen ist dramatischer und, wie wir sehen werden, von sehr viel größerer politischer Bedeutung sowohl für Wilkinson als auch Jefferson.

14 Die Büffelledermalereien, die heute in der Peabody-Museum-Sammlung der Harvard-Universität ausgestellt sind, stammen laut den dortigen Angaben ursprünglich aus Poplar Forest und gelangten über das Peale Museum in das Peabody Museum, dem Jefferson am 6. Oktober 1805 noch andere Exponate – Tierhäute und Skelette – vermachte (siehe den Brief gleichen Datums von Jefferson an Peale, Library of Congress). Das Peabody Museum beruft sich hier auf die Angaben, die Charles Sellers 1980 in seinem Buch *Mr. Peale's Museum* (S. 172ff.) machte. Doch die im Monticello-Archiv aufbewahrte Korrespondenz zwischen Sellers, der auf seiner Interpretation bestand, und den damaligen Mitarbeitern des Archivs lassen erhebliche Zweifel daran aufkommen, daß die Malereien jemals in Poplar Forest waren. Siehe auch Jefferson an Meriwether Lewis, 26. Oktober 1806, in Jackson, *Letters of the Lewis and Clark Expedition*, S. 350f.

15 Jeffersons Antwort an Brown vom 16. Januar 1800 in der Library of Congress. Der Baron de Montlezun berichtete 1816 nur von »zwei Büsten, Mann und Frau«. (»A Frenchman visits Monticello, 1816«, übers. und hrsg. von J. M. Carrier und L.G. Moffatt, *Papers of the Albemarle County Historical Society*, Bd. 4 (1943–44), S. 45ff.)

16 Mound Bottom ist für die Öffentlichkeit zugänglich; er befindet sich im Besitz des Staates Tennessee und liegt im Montgomery Bell State Park bei Dickson. William N. Clark fand am Harpeth River allein im Williamson County neunundzwanzig Stätten mit Skulpturen von der Art, wie man sie Jefferson zukommen ließ.

17 Thruston, *The Antiquities of Tennessee*, S. 205.

18 Nutt wurde 1784 im Westmoreland County im östlichen Virginia geboren (von dort stammten auch George Washington, James Monroe und Robert E. Lee) und besuchte die University of Pennsylvania. Dort begann er 1801 bei Benjamin Rush Medizin und bei David Rittenhouse Mathematik zu studieren. Rush zu Ehren verkürzte er seinen Vornamen »Rushford« (der auf die Familie Rushford, seine Vorfahren, verwies) analog zum Nachnamen seines Mentors und Freundes. (Später nannte er einen seiner Söhne Rittenhouse.)

Nach dem Aufenthalt in Pennsylvania kehrte Nutt nach Virginia zurück, um zu heiraten. Doch bald nach der Heirat starb seine Frau; ihr Tod war für ihn offenbar ein schwerer Schock, der ihn in die Wildnis hinaustrieb. 1805 unternahm Nutt eine anthropologische Erkundungstour, bei der er allein den von Wegelagerern heimgesuchten Natchez-Pfad entlangzog. In seinen Reiseaufzeichnungen berichtet er von einer weiteren Mound-Gruppe im Shiloh-Gebiet (im Chickasaw County, Mississippi), die etwa anderthalb Kilometer von de Sotos Winterlager in den Jahren 1540/41 entfernt lag; außerdem liefert er die genaueste uns vorliegende Beschreibung des Old Stone Fort am Harpeth River, eine der vier indianischen Befestigungsanlagen in der näheren Umgebung von Franklin, Tennessee.

19 Nutts Bemerkungen finden sich in den Archiven des National Park Service und in Auszügen in *The Journal of Mississippi History*, 9 (Januar-Oktober 1947), S. 51f., 57f.

Overton und Jackson hatten gleich ihren indianischen Vorgängern ein gutes Auge für geeignete Siedlungsplätze. 1794 erwarben sie rund 2000 Hektar bei Chickasaw Bluffs, dem heutigen Memphis. Dreihundert Jahre zuvor hatte sich dort bereits eine große indianische Siedlung befunden. (Im Chucalissa Indian Village an der Mitchell Road in Memphis steht ein Museum mit interessanten archäologischen Schautafeln, wo auch Querschnitte von verschiedenen Mounds zu besichtigen sind.)

20 Brandau, *History of Homes and Gardens of Tennessee*, S. 150.

21 Henderson, Jobe und Turnbow warnen in *Indian Occupation* davor, dem »Mythos« zu verfallen, »daß Kentucky nur ein Jagdgebiet und niemals permanent von Indianern bewohnt gewesen sei ... Dies mag zwar teilweise

für die Zeit nach 1760 zutreffen, insgesamt aber reflektiert diese Annahme nur den unzureichenden Kenntnisstand« der vorangehenden Jahrhunderte (S. 192). Die Autoren zählen viele Siedlungen auf, die während dieser ganzen Zeit bewohnt waren, einige davon sogar noch nach 1760.

22 In Lindsley (der Ort liegt in der Nähe von Lebanon, Tennessee, an einem Zufluß des Cumberland River, 96 Kilometer östlich von Nashville) gab es einen Ringwall, auf dem aller Wahrscheinlichkeit nach eine Palisade stand, die vermutlich verputzt und in regelmäßigen Abständen mit heute noch sichtbaren Bollwerken ausgestattet war. Im Innern des Walls befanden sich kleine Hausplattformen, ein großer Plattform-Mound (der vermutlich als Untergrund für ein Bein- oder Leichenhaus diente) und ein Grabhügel mit sechzig Steinsärgen, die in drei Reihen um ein Quadrat herum angeordnet waren. Wie das Innere des Spiro Mounds in Oklahoma, der etwa um die gleiche Zeit errichtet wurde (zwischen 1000 und 1400) war dieser Raum wahrscheinlich mit Wandbehängen geschmückt und enthielt als Grabbeigaben Keramikwaren und ornamentale Arbeiten aus Kupfer, Stein und Muschelschalen (siehe Morgan, »Houses and House-life«, S. 107).

23 Mein Wissen über die unwegsame Straße und noch viele andere in diesem Textabschnitt erwähnte Fakten verdanke ich Harriet Simpson Arnows großartiger Darstellung *Seedtime on the Cumberland*. Zu den Zitaten siehe S. 20.

24 Harriet S. Arnow, *Seedtime on the Cumberland*, S. 20.
Wie das Land Kanaan ist diese Region seit mindestens 12 000 Jahren von Menschen bewohnt. Das Cumberland-Tennessee-Tal war übersät mit vorgeschichtlichen Siedlungen. 1822 forschte Constantine Rafinesque-Schmalz im Trigg County in Kentucky nach archäologischen Zeugnissen und fand ohne eine einzige Grabung vierundzwanzig indianische Monumente und fünf dörfliche Siedlungen.
Im Quellgebiet des Cumberland River hatten siebzig Jahre zuvor Thomas Walkers Nachfolger die gesamte Region kraft eines »Vertrags« für sich beansprucht, der 1775 in Sycamore Shoals geschlossen worden war. Richard Henderson erwarb fast ganz Kentucky und Tennessee von einigen willfährigen Cherokee-Häuptlingen, denen er Waren im Wert von 10 000 Pfund bot. Die Archäologen verbinden mit Sycamore Shoals keinen erpresserischen Vertrag, sondern den Verlust prähistorischer Zeugnisse durch ein Staudammprojekt. Gordon Willey und das Bureau of American Ethnology entdeckten bei Carthage auf mittlerweile überflutetem Land achtundzwanzig Dörfer, drei abgeflachte Pyramiden und drei Höhlen, die Spuren menschlicher Nutzung aufweisen, welche weit vor die Adena/Hopewell-Periode zurückreichen.

25 Baron Friedrich Wilhelm von Steuben, der Organisator der Revolutionsarmee und neben Knox Mitbegründer des Cincinnatusordens, wurde es bald müde, sein altes Pferd »Cincinnatus« um die Schlundlöcher in den Sümpfen am »Cincinnatus Creek« herumzuführen, einem Flüßchen, das sich trostlos durch das karge Land wand, das ihm der Staat New York geschenkt hatte. Er

war kein so geschickter Landbeschaffer wie sein Nachbar und alter Kamerad William Constable, der fruchtbareren Boden zu verkaufen hatte.
Nach dem gescheiterten Versuch, Prinz Heinrich von Preußen zur Annahme einer amerikanischen Königskrone zu bewegen (der Prinz lehnte das Angebot klugerweise ab), tat es Steuben Clark und Morgan nach. Auf der Suche nach einem Souverän, der seine Dienste mehr zu schätzen wußte als der Kongreß, machte er der spanischen Regierung ein Angebot: Er forderte rund 80 000 Hektar Land von den spanischen Besitzungen im Mississippi-Tal; im Gegenzug wollte er sich Spanien als Kommandeur von vier Bataillonen zur Verfügung stellen, die mittels Landzuweisungen von 93 Hektar pro Mann rekrutiert werden sollten. Mit diesen Truppen wollte Steuben die Amerikaner und die Briten fernhalten.
Der Baron starb, bevor er sein Konzept in der Praxis erproben konnte, doch war der erste Vorposten der Revolutionssoldaten im Westen Fort Steuben, eine mit Bollwerken bewehrte Palisadenfestung, die über ein Jahr früher als Marietta gebaut worden war. Wie der Campus Martius 160 Kilometer stromabwärts lag Fort Steuben inmitten von »Hügeln und Wallanlagen, die von den Ureinwohnern auf dem fruchtbaren Schwemmland errichtet« worden waren. Diese Stätte wurde aber nicht unter Denkmalschutz gestellt, so daß Fort Steuben sich zu der heute noch existierenden Industriestadt Steubenville in Ohio entwickeln konnte. Dabei wurden alle indianischen Monumente zerstört. (Ein anderes Vermächtnis des Barons, der Ort Steuben in Illinois, wurde in dem Namen einer archäologischen Periode in dieser Region verewigt, die zeitgleich mit der Hopewell-Periode in Ohio anzusetzen ist. Eine Beschreibung von Steubenville liefert Thomas Nuttall, *A Journal of Travels*, S. 32ff.)
Diese posthumen Ehren waren für den Baron natürlich kaum von praktischem Nutzen.

26 Die von Morgan angefertigte Karte der Erdwerke verschwand in den vierziger Jahren des 19. Jahrhunderts und ist bisher nicht wiederentdeckt worden. Die ersten ausführlichen Beschreibungen dieser Erdwerke wurden in den siebziger Jahren des 18. Jahrhunderts verfaßt, als die Händler sich die Zeit nahmen, die von Büschen und Bäumen überwucherten prähistorischen Zeugnisse genau zu untersuchen und zu vermessen. (Zur Geschichte von Shawneetown und seiner archäologischen Erforschung siehe Henderson, Jobe und Turnbow, *Indian Occupation*, Kapitel 5.)

27 Wie wir sehen werden, hatte das Erdbeben Auswirkungen auf die Topographie der Hopewell-Monumente von Newark in Ohio, und es veränderte den Lauf des Mississippi in der Umgebung von Poverty Point.

28 Der Ort wurde zum Ausgangspunkt für die Geheimoperationen von Thomas Power, einem irischen Abenteurer, der im Dienste der spanischen Behörden als Wilkinsons Zahlmeister tätig war; außerdem fungierte New Madrid als Zufluchtsort, an dem Power und Wilkinson Mörder verstecken konnten, deren Aussage Wilkinson vor amerikanischen Gerichten in Verlegenheit

hätte bringen können. Als ein spanischer Agent, der drei Truhen voll Silber als Zahlung an Wilkinson mit sich führte, auf dem Weg nach New Madrid ermordet wurde, entdeckten die Mörder eine für Wilkinson bestimmte Botschaft, die in den Mantel des Kuriers eingenäht war. Anstatt diese Angelegenheit ans Licht zu bringen, indem er den Mördern in Kentucky den Prozeß machte, ließ Richter Harry Innes, der Wilkinsons Partner war, die Verbrecher mit einer bewaffneten Eskorte eilends Wilkinson überstellen. Die Eskorte, die unter dem Befehl von Innes' Schwager stand, hätte um ein Haar ihren Bestimmungsort nicht erreicht, denn sie wurde auf Befehl von Anthony Wayne aufgehalten. Ein glücklicher Zufall wollte es jedoch, daß der örtliche Kommandeur, Hauptmann Zebulon Pike, ein Protegé Wilkinsons war. Pike ließ die Gefangenen mit Hilfe eines Dolmetschers in Spanisch verhören, woraufhin sie für hinreichend schuldlos befunden wurden, um den spanischen Behörden in New Madrid überstellt zu werden. Der Dolmetscher war niemand anderer als Oberst Thomas Power.

29 Stephen Williams von der Harvard-Universität hat dort eine nach seinen Worten »wundervolle, große und gut erhaltene« Stätte untersucht – zehn Mounds, von denen acht um eine zentrale Plaza gruppiert sind; die Anlage wurde um 900 errichtet und war bis nach 1500 in Gebrauch.
Lilbourn liegt auf der anderen Seite des Interstate-Highway, 88 Kilometer von New Madrid entfernt. »Beckwith's Fort« liegt innerhalb der Towosaghy State Archaeological Site, etwa 24 Kilometer östlich, an der Staatsstraße 77. Es handelte sich hier ebenfalls um eine Palisade mit Bollwerken, und die Stätte war um die gleiche Zeit bewohnt wie Lilbourn.
In der Nähe des Dorfes Hickman im Fulton County in Kentucky, von New Madrid aus gesehen auf der anderen Seite des Mississippi, liegt ein merkwürdiges Erdwerk, das heute wie eine Stimmgabel aussieht, aber ursprünglich vermutlich ein Quadrat mit einer Seitenlänge von rund 300 Metern darstellte, zu dem eine Sacra Via von ebenfalls etwa 300 Metern Länge führte; letztere wurde von zwei parallelen Wällen gesäumt, die 58 Meter auseinanderlagen.

30 Green in: *The Spanish Conspiracy*, Peter Smith, Gloucester, Mass. (1967, Neudruck der Originalausgabe von 1891), S. 40.

31 Dies war das chronische Laster der jungen USA, die zu Recht eine »alkoholsüchtige Republik« genannt wurden. Als George Washington 1792 die Offiziere musterte, die als Befehlshaber für die Truppen im Westen der USA in Frage kamen, erklärte er zwei der fünf bedeutendsten Generäle für alkoholsüchtig, und über einen dritten, Anthony Wayne, meinte er, er wisse nicht, »ob er nüchtern sei oder ein bißchen an der Flasche« hänge. (*The Alcoholic Republic* ist der Titel eines hervorragenden Buches, das W.J. Rorabaugh zu diesem Thema geschrieben hat. Washingtons Bemerkungen sind entnommen aus Flexner, *George Washington and the New Nation*, S. 302f.)

32 Die Zitate über Clark und Nourse sind Abernethy, *Western Lands,* S. 127, entnommen.

33 Zitiert in Skele, *The Great Knob*, S. 17.
Clark könnte einen kleinen, heute verschwundenen Buckel gemeint haben, der sich auf der obersten Plattform von Monks Mound befand.

34 Unter den Sklavenhaltern im Südwesten kursierte die Theorie, daß die Yankees nach ihrem gescheiterten Versuch, den Strom von Abwanderern aus den Südstaaten einzudämmen, sehr wohl einverstanden gewesen wären, wenn Spanien der Union den Westen durch seine Hartnäckigkeit und sein Gold wieder entrissen hätte. Ansonsten, so befürchteten die Yankees angeblich, würden der Westen und Süden gemeinsam ein Übergewicht gegenüber dem Osten (oder Norden – beide Begriffe wurden verwendet) gewinnen.
Genau das meinte auch James Monroe, als er behauptete, daß die Yankees nach einem Mittel suchen würden, »die Menschen und das Territorium im Westen außerhalb des Unionsverbandes zu halten und den größten Teil der Bevölkerung und die gesamte Regierungsgewalt weiterhin hier [das heißt östlich der Berge] zu belassen.«
John Jay sagte einmal, daß »das Land im Westen uns eines Tages Schwierigkeiten bereiten wird« – eine Auffassung, die, so glauben manche, seine unausgesprochene Unterstützung für die Ambitionen verriet, die Burr in den neunziger Jahren und vielleicht auch später im Westen verfolgte.
Die meisten Federalists aus dem Norden hatten die Northwest Ordinance deswegen unterstützt, weil sie ein Gebiet in die Union einband, in dem der Einfluß der Yankees aller Wahrscheinlichkeit nach zunehmen würde und daher mehr sklavenfreie Staaten mit je zwei Stimmen im Senat entstehen würden. Es ist nicht auszuschließen, daß einige kurzsichtige Nordstaatler sogar dazu bereit gewesen wären, das Kräfteverhältnis im Senat dadurch zu ihren eigenen Gunsten zu beeinflussen, daß sie die Möglichkeit der Zulassung neuer Staaten im Südwesten beschnitten und damit einen Stimmenzuwachs für die Südstaaten verhinderten.

35 Van Every, *Ark of the Empire*, S. 176.

36 Zu jener Zeit forderte Alexander Hamilton einen Abbruch der diplomatischen Beziehungen zu Frankreich, das sich des Königsmordes schuldig gemacht hatte; Jefferson schrieb an Monroe, daß Hamilton eine so starke Abneigung gegen Frankreich habe, daß er sogar bereit sei, »sich von Großbritannien alle erdenklichen Frechheiten bieten zu lassen«. Aber Genêt leistete sich gegenüber Jefferson auch einige Frechheiten (zitiert in Schachner, *Aaron Burr*, S. 318).

37 Collot, *Journey in North America*, Bd. I, S. 115.

38 Über dieses Bauwerk hatte im Jahre 1784 bereits John Filson berichtet (siehe Kapitel 3, »Alte Festungen«).

39 Collot, *Journey in North America*, Bd. I, S. 115. Wie oben in Anmerkung 10 angegeben, waren Collot und Harry Innes beide an den altamerikanischen Skulpturen und geometrischen Erdbauten interessiert.

40 Collot, *Journey*, Bd. I, S. 152.

41 Collot, *Journey*, Bd. I, S. 128f., 217.

42 Collot, *Journey*, Bd. I, S. 153, 171.
43 Collot, *Journey*, Bd. II, S. 226.
44 Collot, *Journey*, Bd. II, S. 144, 248.
45 Van Every, *Ark of Empire*, S. 289.
46 Van Every, *Ark of Empire*, S. 290.
47 Trotz häufiger gegenteiliger Behauptungen waren Lewis und Clark nicht die ersten Forscher, die den Kontinent vom Atlantik bis zum Pazifik durchquerten. Sir Alexander MacKenzie überquerte, nachdem er bei seiner Suche nach der Nordwest-Passage zunächst in die Arktis gelangt war, auf einer zweiten Reise im Jahre 1793 die Rocky Mountains und erreichte die Pazifikküste.
48 Osgood, *The Field Notes of Captain William Clark*, S. 16f. Diese Stätte liegt in der nordwestlichen Ecke des Cahokia-Komplexes, unterhalb der heutigen Stadt Mitchell in Madison County, Illinois, etwa 13 Kilometer nördlich von Cahokia. Über das Gelände wurden drei Bahntrassen verlegt, wodurch die Mounds zerstört wurden.
49 W. Clark, 12. Juli 1804; siehe Osgood, *Field Notes*, S. 76.
50 Osgood, *Field Notes*, S. 118.
Ich danke F.A. Calabreze vom National Park Service für die Information, daß diese beiden Stätten sich innerhalb des Van Meter State Park befinden. Siehe auch Wood, »Culture Sequence at the Old Fort«. Professor Gary Moulton von der University of Nebraska war mir durch seine Korrekturen an diesem Teil meiner Darstellung eine große Hilfe.
51 Generationen von Boones Nachfahren in Kentucky, die heute in Städten leben, haben daran erinnert, daß er ein begabter Memoirenschreiber und geschickter Bodenspekulant war, obwohl er wie George Rogers Clark für seine mangelnden Rechtschreibkenntnisse bekannt war. Das berühmteste Beispiel hierfür ritzte er in einen Baum: »Dan'l Boon kild a bar« (für: »Daniel Boone killed a bear« – »Daniel Boone hat einen Bären getötet«).
Man darf jedoch annehmen, daß weniger Boones orthographische Inkompetenz Grund für eine solch eigentümliche Schreibweise war als vielmehr sein Bestreben, durch solche Slogans Bekanntheit zu erlangen. Wenn dies tatsächlich sein Ziel gewesen sein sollte, dann war er damit durchaus erfolgreich, und wir können davon ausgehen, daß die archäologische Forschung entlang des Missouri nicht nur durch Lewis und Clark gefördert wurde, sondern auch durch die Neugier englischer Wissenschaftler auf die Person Boones, die von Lord Byrons Version des Boone-Mythos geweckt worden war. Byron stützte sich dabei auf eine Darstellung von Boones Person, die von Gilbert Imlay stammte, Boones Partner bei komplizierten Bodenspekulationen. Der englische Dichter verschaffte dem Grenzer internationale Berühmtheit, indem er ihn in einer Apostrophe in *Don Juan* als einsamen Pionier in Kentucky darstellte.
Boone war tatsächlich weit mehr als der unbedarfte, bärenjagende, edle weiße Wilde aus einigen trivialen historischen Schilderungen. Er war ein unerschrockener Mann, ein ausdauernder, wendiger Führer und von gesel-

liger Wesensart, obwohl er selten irgendwo der erste war, außer auf dem Grundbuchamt. Boone war sogar für einen Virginier relativ spät nach Kentucky gekommen. Er war ein *frontier gentleman*, der politisch gewieft genug war, um in das Parlament von Virginia gewählt zu werden; er war Bourgeois genug, um sich zweimal auf riesige Bodenspekulationen in Kentucky und Missouri einzulassen; und er war auch soviel Kosmopolit, um Gilbert Imlays Dienste als literarischer Agent in London in Anspruch zu nehmen.

52 Bei diesem Buch handelte es sich um den dritten Band von *Modern Chivalry*. Lediglich Gilbert Imlays *The Emigrants* konkurriert mit ihm um den Titel des ersten »Western«. Beide Bücher wurden 1793 veröffentlicht; beide wurden ausdrücklich als Romane über den Westen vorgestellt. In Europa war bereits davor eine umfangreiche fiktionale Literatur über Amerika veröffentlicht worden, die sich jedoch nicht als solche deklarierte.

Teile von Jonathan Carvers *Travels* beispielsweise haben eindeutig Romancharakter und ebenso einige spanische und französische Chroniken. Was Sachbücher im weitesten Sinne angeht, so gebührt der Titel des ersten Werkes über den Westen Gilbert Imlays *Topographical Description* aus dem Jahre 1792.

Das genaue Datum, an dem *The Emigrants* im folgenden Jahr die Druckerpresse verließ, ist nicht mehr zu ermitteln, aber da beide Werke Imlays in England veröffentlicht wurden, zeichnet sich Brackenridges Erzählung dadurch aus, daß sie das erste Werk eines amerikanischen Autors über ein amerikanisches Thema darstellte, das von einem amerikanischen Verleger publiziert wurde.

Der dritte Band von *Modern Chivalry* – und zwischen 1793 und 1815 erschienen viele – wurde auf einer nagelneuen Presse in Pittsburgh gedruckt. (Pittsburgh gehört ebenso zum Westen wie Philadelphia zum Osten, weil zwischen beiden Städten die Wasserscheide zwischen Atlantik und Mississippi verläuft.) Die ersten beiden Bände waren von einem Verlag im Osten publiziert worden.

Hugh Brackenridge hatte zuvor die erste Buchhandlung der Stadt eröffnet, ihre erste Zeitung herausgegeben sowie die Pittsburgh Academy gegründet.

53 Der General und der Dichter begegneten einander, als Washington in Warm Springs, Virginia, kurte, um sich auf seine letzte Reise ins Ohio-Tal vorzubereiten. Bei dieser Gelegenheit präsentierte Brackenridge ihm »ein Maskenspiel ... im Stile Ben Jonsons oder Miltons ... Zu den darin auftretenden Figuren gehörten unter anderem der Genius der Quellen, der Potomac, der Delaware und der Ohio.« Wir erfahren nichts darüber, ob es außerdem eine Nebenhandlung über Portage-Routen und Kanäle aufwies (siehe Brooks, *Washington Irving*, Anm. auf S. 286).

54 Ich danke George Knepper für seine klärende Darstellung der Geschichte Cincinnatis.

55 Die Ansichten des älteren Brackenridge über die Indianer finden sich in

seinen *Indian Atrocities*, Cincinnati 1782, S. 62, zitiert in Pearce, *Rot und Weiß*, S. 86.

Henry Brackenridge unterschied zwischen Indianern, die er persönlich kannte, Indianern, die in der Vergangenheit monumentale architektonische Werke errichtet hatten, und Indianern, die in die Barbarei abgeglitten waren. Er verteidigte einen indianischen Mörder mit der Begründung, daß ihm »jegliche Grundlagen unserer gesellschaftlichen Ordnung fehlten«, und bemerkte, daß andere, die er während seiner Reise den Missouri stromaufwärts gesehen hatte, so verworfen waren, daß »die Welt kaum etwas verlieren würde, wenn diese Menschen von den zivilisierten Gesellschaften verdrängt würden« (Brackenridge, *Recollections*, S. 65).

56 Brackenridge, *Recollections*, S. 29.

57 Brackenridge, *Recollections*, S. 185.

58 Brackenridge, *Recollections*, S. 40ff.

59 Wilkinson gab zu, daß er gedungene Mörder auf John Connolly angesetzt hatte. Siehe Jacobs, *Tarnished Warrior*, S. 89.

60 Brackenridge, *Recollections*, S. 11,12 und 59.

61 In Ste. Geneviève lebten damals etwa 4600, in St. Louis nur wenig mehr, nämlich 5667 Menschen.

62 Stephen Williams informierte mich darüber, daß dieser Begriff (engl. *Mississippi Basin*, Anm. d. Übers.) im 19. Jahrhundert üblich war, um die Stromgebiete von Missouri, Ohio und Mississippi zu bezeichnen (persönliche Mitteilung vom Dezember 1992).

63 Möglicherweise las er auch jene gegen die Sklaverei gerichteten Schriften Madisons, die Edward Coles und wahrscheinlich auch Thomas Worthington dazu veranlaßten, ihre Sklaven freizulassen. Vielleicht war es die Lektüre Madisons gewesen, die ihn vor seinem elften Lebensjahr ermutigt hatte, jenen entlaufenen Sklaven zu befreien, den er in Pittsburgh in einem Heuhaufen versteckt gefunden hatte. Wie wir noch sehen werden, handelte er später nicht mehr so entschieden, wenn es um die Bekämpfung der Sklaverei ging.

64 Brackenridges Skizzen wurden Jefferson von Richard Walsh aus St. Louis überbracht, eine Tatsache, die wie viele andere in diesem Buch dargelegte Fakten über Brackenridge von seinem einzigen Biographen William F. Keller entdeckt wurde (siehe *The Nation's Advocate*).

65 Brackenridge an Jefferson, 30. Mai 1814, Library of Congress.

66 Brackenridge, *Recollections*, S. 28. Brackenridge gibt kein exaktes Datum an, sondern schreibt lediglich »um diese Zeit«, was ungefähr im Jahre 1798 gewesen sein muß.

67 Diese beiden Dokumente finden sich unter den Jefferson Papers in der Library of Congress, unter den Registriernummern 35458 und 35698. Für diese und viele andere unschätzbare Funde danke ich Matthew Mulcahy.

Ich kann keinerlei Beweise für die Behauptungen mancher Historiker finden, daß Brackenridge hier tatsächlich pflichtschuldigst Bericht erstattete, nachdem er das Mississippi-Tal im Auftrag Thomas Jeffersons durchreist hatte. Auch der Ton des Briefwechsels zwischen beiden spricht nicht für eine solche Vermutung.

68 Ebd.

69 In Fowler, *The Cahokia Atlas*, S. 17. *The Great Knob* von Mikels Skele, das 1988 von der gleichen Institution veröffentlicht wurde, ist sowohl für den Historiker als auch für den interessierten Laien hilfreicher. Brackenridges Brief an Jefferson findet sich in den *Transactions* der American Philosophical Society für das Jahr 1813, Bd. 30, S. 151ff.

70 *Transactions*, Bd. 30, S. 151ff.

71 Ebd.

72 Ebd.

73 Ebd.

74 *Transactions*, Bd. 30. S. 251.

75 *Transactions*, Bd. 30, S. 288.

76 *Transactions*, Bd. 30. S. 292.

77 *Transactions*, Bd. 30, S. 322.

78 *Transactions*, Bd. 30, S. 320.

79 *Transactions*, Bd. 30, S. 363.

80 Brackenridges Brief an Jefferson wurde der American Philosophical Society am 1. Oktober 1813 vorgelesen und in den *Transactions*, 1818, Nr. 7, abgedruckt.

81 *Transactions*, 1818. Nr. 7, S. 369.

82 *Transactions*, 1818, Nr. 7, S. 372.

83 *Transactions*, 1818, Nr. 7, S. 378.

9. Kapitel. Jeffersons Archäologen: Zweiter Teil

1 Das Natchez am Fuße des Hügels zog eine andere Klientel an, denn hier gaben sich Prostituierte, Spieler, Trunkenbolde und Desperados ein Stelldichein.

2 Bei Anna, in der Nähe von Emerald, befindet sich ein weiterer Mound-Komplex mit einer Plaza, der offenbar etwas früher angelegt wurde.

3 Eine Chronik, die 1808 von dem englischen Reisenden Fortescue Coming verfaßt wurde, berichtet mit leicht fehlerhaften Zeitangaben folgendes: »1731 brachten die Indianer, die über die Tyrannei und Grausamkeit der französischen Kolonisten empört waren, die meisten von ihnen um, wofür ... die Franzosen grausame Rache nahmen und beinahe das gesamte Volk der Natchez auslöschten.«
Ein Nachfahre der Natchez erinnerte mich kürzlich daran, daß das Wort »beinahe« hier von Bedeutung ist: Die Berichte über die Ausrottung seines Volkes waren voreilig. Einige Natchez entkamen zwei Massakern und der Deportation nach Haiti und zogen sich nach Alabama zurück, wo sie eine

Zeitlang am Coosa River lebten und Nachkommen zeugten, von denen auch mein Informant abstammte. (Coming on Natchez, *Travels*, S. 125f.; bei den oben erwähnten Angaben handelt es sich um eine persönliche Mitteilung meines Informanten.)

4 Die ersten Händler und Besitzer kleiner Pflanzungen, die sich zwischen 1729 und 1800 in Natchez niederließen, bauten auf der Bodenerhebung über dem Mississippi die gleichen Häuser wie im Tiefland der Karibik, mit Balkonen und Veranden, die zuweilen auf Pfosten ruhten. In den Straßen drängten sich Amerikaner, Franzosen, spanische Kreolen, Mulatten, freie Schwarze und Sklaven.
Dies war das Natchez des Jahres 1806, wo Aaron Burr seine Truppen sammelte, um seinen letzten Angriff auf New Orleans zu unternehmen.

5 In einigen lokalgeschichtlichen Abhandlungen wird er immer noch »Sir« William Dunbar genannt; tatsächlich war er der Sohn der zweiten Frau eines Barons und hatte einen Halbbruder, der den Titel eines Barons führte.
Eine Zeitlang machte sich Dunbar einen Spaß daraus, auf seine Herkunft anzuspielen. So behauptete er, daß seine republikanischen Grundsätze von ihm verlangten, in einer Kutsche zu fahren, die lediglich ein schlichtes Monogramm schmückte anstelle eines Wappens.

6 Leider habe ich weder bei Richter Dunbar aus Mississippi noch bei Richter Innes aus Kentucky einen Hinweis auf Familienüberlieferungen gefunden, die auf diesen früheren Umgang rekurrieren.

7 Sargent zitiert in Abernethy, *South*, S. 160f.

8 Dunbar an Sargent, 10. August 1799, Rowland, *Life, Letters and Papers of William Dunbar*, S. 102.

9 Ker könnte während seiner Zeit in Edinburgh Dr. James Thornton – den Architekten, Dichter, Patentamtsleiter und Förderer von Gregor MacGregor – gekannt haben sowie Dr. James Stevens, der amerikanischer Botschafter bei Toussaint Louverture war. Siehe Kennedy, *Orders from France*.

10 Nutts hielt die Erkenntnisse seiner Erkundungsreisen auf dem Natchez Trace in Notizbüchern fest, die indes durch die Unachtsamkeit seiner Nachfahren verlorengingen. Glücklicherweise hatten diese Nachfahren zuvor einige dieser Notizbücher Mitarbeitern des National Park Service geliehen, die manche Passagen daraus kopierten. Und schon diese Bruchstücke sind als die umfassendsten und intelligentesten anthropologischen Studien zu betrachten, die bis ins 20. Jahrhundert hinein in dieser Region verfaßt wurden. So liegen uns Teile von Nutts Aufzeichnungen über die Mound-Gruppe von Chickasaw (beziehungsweise Shiloh) im Chickasaw County, Mississippi, vor, die etwa anderthalb Kilometer von de Sotos Winterlager des Jahres 1540/41 entfernt liegen; außerdem über das »*stone fort*« am Harpeth River, das bereits die Aufmerksamkeit John Seviers erregt hatte; schließlich noch über jene Monumente, die wir im Zusammenhang mit dem Dorf erwähnt haben, in dem John Overton sein Haus gebaut hatte. Nutt wandte sich gegen die Auffassung, daß diese architektonischen Werke mit

Hilfe eiserner Werkzeuge errichtet wurden. Seine Aufzeichnungen sind im Archiv des National Park Service aufbewahrt und wurden auszugsweise im *Journal of Mississippi History*, 9 (Januar-Oktober 1947), S. 51–52, 57–58 veröffentlicht.

11 Flores, *Jefferson and Southwest Exploration*, S. 39, Anm. S. 47.

12 In einer früheren Fassung dieses Textes schrieb ich an dieser Stelle: »Möglicherweise jener [Ort], der von Hernando de Sotos Soldaten als Anilco bezeichnet wurde. Die Truppen waren Anfang April 1542 in eine Region vorgestoßen, die so dicht bevölkert und so reich an Mais war, wie sie es nie zuvor in Amerika erlebt hatten. Sie begannen die männlichen Einwohner umzubringen und Frauen und Kinder zu versklaven.«
Hier würde sich eine interessante Korrelation eröffnen, die überdies durch den rekonstruierten Verlauf von de Sotos Route gestützt wird. Leider wird diese These aber widerlegt durch noch überzeugendere Gegenargumente von Hudson und vor allem Schambach, »End of the Trail«, S. 9ff., besonders S. 28.

13 Ihr Bericht fährt fort: »Nach der ungeheuren Arbeit zu urteilen, die erforderlich war, um die hier befindlichen indianischen Monumente zu errichten, muß dieser Platz einst sehr dicht besiedelt gewesen sein. Eine Verschanzung oder ein Wall erstreckt sich vom Catahoula zum Black River, der etwa 200 Acre [80 ha] fruchtbares Land umschließt, gegenwärtig ist [der Wall] etwa 10 Fuß [3m] hoch und 50 Fuß [15m] breit. Er umgibt vier große Erdhügel, die jeweils einen Bogenschuß voneinander entfernt liegen ... Cadet besitzt hier etwa 2–3000 Acre fruchtbares Schwemmland, das niemals überflutet ist, außer bei extremem Hochwasser.« (Hunter, *Western Journals*, S. 5ff.)

14 Im 19. Jahrhundert diente der »gewaltige Turm« den Bewohnern der Stadt oftmals als Zuflucht bei Überschwemmungen; in den siebziger Jahren des 19. Jahrhunderts beschrieb Mark Twain, der sich gerade während eines Hochwassers dort aufhielt, eine solche Situation.

15 Zitiert in Flores, *Southwest Exploration*, S. 60.
Peter Custis stammte wie der erste Ehemann von Martha Washington (ebenfalls ein Custis) von der Ostküste, hatte jedoch seinen College-Abschluß in Jeffersons Albemarle County absolviert.

16 Zitiert in Stuart, *Research Report*, S. 12.

17 Zu Rafinesque und den Glyphen siehe Stuart, *Research Report*, S. 12.

18 Wie schon in unseren Ausführungen zu George Rogers Clark erwähnt wurde, war der Alkohol während dieser Jahrzehnte ein nationales Laster. Die Anwerbungsbedingungen für wissenschaftliche Forschungsexpeditionen wie die von Freeman und Dunbar enthielten häufig spezielle Bestimmungen, die *nüchterne* Teilnehmer forderten.

19 Ellicott beschuldigte Freeman der Trunkenheit und einer Vorliebe für Shakespearevorstellungen während der Arbeitszeit, sowie der »Unschicklichkeit [und] ... aufrührerischer Reden«. Freeman konterte mit der Behauptung, daß Ellicott zusammen mit seinem eigenen Sohn und einer Wasch-

frau in einer Ménage à trois lebe. »Ich wurde von dem alten Sünder Ellicott sogar dazu gedrängt, nachts mit ihm und seiner Waschfrau das Bett zu teilen.«
Andere berichteten, daß Freeman »häufig betrunken und ... unerlaubt abwesend« war und daß *Falstaff* eine seiner Lieblingsrollen gewesen sei.
(Die Äußerungen zu Freeman und Ellicott stammen aus Jacobs, *Tarnished Warrior*, S. 180, und Flores, *Jefferson and Southwest Exploration*, S. 315. Wilkinson liefert in seinen Erinnerungen genüßlich eine ausführliche Darstellung von Freemans Aussage.)
20 Flores, *Southwest Exploration*, Anm. S. 49.
21 Flores, *Southwest Exploration*, S. 28.
22 3. März 1803, Dunbar, S. 159.
23 Die Louisiana Gazette, die alle diese Pläne mit wachsamem Auge verfolgte, zog 1811 den Schluß, daß »diese geheimen Expeditionen, geheimen Befehle und geheimen Pläne ... demselben philosophischen Geist [entsprängen, der] seit langem wünschte, die Menschen von *Alt- und Neu-Mexiko* zu befreien [Hervorhebung im Original].« (Zitiert in Flores, *Southwest Exploration*, S. 312.)
24 Flores, *Southwest Exploration*, S. 54, 56, 80 und 86.
25 Flores, *Southwest Exploration*, S. 323.
26 Zur Tunica-Sprache siehe Schambach, *Some New Interpretations*, S. 187. Ende der achtziger Jahre unseres Jahrhunderts gelang es den Regierungen der Bundesstaaten und der Archaeological Conservancy, mehrere der Moundkomplexe der Caddo vor der Zerstörung zu retten.
27 Flores, *Southwest Exploration*, S. 199ff.
28 Flores, *Southwest Exploration*, S. 313. Ich folge hier wiederum Flores' Darstellung.
29 Flores, *Southwest Exploration*, S. 293.
30 Dunbar an Wilkinson, 3. Mai 1807, zitiert in Flores, *Southwest Exploration*, S. 312. Flores weist außerdem in einer Fußnote auf der folgenden Seite auf das Ende des Briefwechsels zwischen Dunbar und Jefferson hin.
31 Rowland, *Life, Letters and Papers of William Dunbar*, S. 204, druckt einen auf den 20. September 1809 datierten Brief ab, wobei dieses Datum mit Fragezeichen zu versehen ist. Aus dem Inhalt des Briefes geht jedoch hervor, daß er spätestens 1805 geschrieben worden sein muß.
32 Die Schöpfungsmythen der Indianer fanden damals großes Interesse, was vor allem auf ihre Ähnlichkeiten mit den alten walisischen Mythen zurückzuführen ist; dies wurde von den Walisern als Beweis dafür angeführt, daß ihr Fürst Madoc Amerika kolonisiert habe. Jefferson nahm diese Geschichten immerhin so ernst, daß er Lewis und Clark beauftragte, am oberen Missouri nach Nachfahren der Waliser zu suchen. (Siehe auch Kapitel 10.)
33 Zitiert in Flores, *Southwest Exploration*, S. 208.
34 Die Beschreibung Lafons ist in spanischen Quellen aufgezeichnet, die von

Faye, »Privateersmen«, S. 60f., durchgesehen und ediert wurden. Die beste neuere Darstellung zu Lafon ist Bos, *Barthelemy Lafon*.

35 Bos, *Barthelemy Lafon*, S. 154.

36 Lafon an Dunbar, 19. August 1805, Rowland, *Life, Letters and Papers of William Dunbar*, S. 178ff.

37 Die Beschreibung stammt von Henry Brackenridge (siehe Anhang).
Die noch erhaltenen Überreste sind im Marksville State Commemorative Area zu besichtigen, wozu auch ein kleines Museum in der Allen Street 700 gehört. Hier ist eine Karte zu besichtigen, die die Wanderungsbewegungen im Mississippi-Tal verzeichnet. Interessant ist das Vorhandensein von Plattform-Mounds in Marksville, welches jüngste archäologische Erkenntnisse N'omi Grebers zusätzlich bestätigt, denen zufolge die Mounds von Marietta das gleiche Alter aufweisen. Möglicherweise werden die Archäologen künftig im Zusammenhang mit Marietta vom »Marksville-Stil« sprechen.

38 3 Meilen nördlich der Plaza von Marksville liegt – an der Route, die Dunbars Expedition einschlug – auf einer Insel in einem alten Flußkanal ein anderer Komplex. Er wird Greenhouse genannt und weist ebenfalls eine Plaza auf, die von Plattform-Pyramiden umgeben ist. Er ist kleiner als der Komplex von Marksville/Catahoula, aber besser erhalten. Anders als die Mounds von Catahoula ist Greenhouse auf keiner der erhaltenen Karten Lafons verzeichnet.

39 Lafon an Dunbar: Rowland, *Life, Letters and Papers of William Dunbar*, S. 178ff.

40 *WPA Guide*, S. 478.

41 *WPA Guide*, S. 478.

42 Collins, S. 200ff.

43 Die Schätzung von Lafons Vermögenswerten stammt von mir; ich bin dabei von einem Schätzwert von $ 300.000 im Jahre 1819 ausgegangen, der von Bos, *Lafon*, angegeben wird. Die Auflistung von Lafons Vermögenswerten erscheint in Bos und in den von ihr zitierten Quellen.

10. Kapitel. Das Evangelium und der Beginn des Vergessens: Die abenteuerlichen Theorien über die Moundbuilder

1 Der richtige Name des Venezianers lautete Andrea di Pietro.

2 In *Orders from France* habe ich ausführlich meine These dargelegt, daß er diese Kuppel als Erinnerung an die Zeit errichten ließ, die er mit Maria Cosway (einer Malerin und Musikerin englisch-italienischer Herkunft, in die er sich verliebt hatte) in Paris verbrachte.

3 Brief von Jefferson an Benjamin Rush, 21. April 1803, in *Writings*, 10, S. 379ff.

4 Jefferson an Cooper, 2. November 1822, *Writings*, 15, S. 404.

5 Adams an Jefferson, 14. September 1813, zitiert in Wilstach, S. 82f.

6 Ebd.
7 Adams an Jefferson, 4. November 1816, zitiert in Wilstach, S. 146f.
8 Adams an Jefferson, 23. Februar 1819, zitiert in Wilstach, S. 167.
9 Gordon Wood, *The Radicalism of the American Revolution*, S. 366, beschreibt in glänzender Weise das Wiederaufflammen des religiösen Eifers unter den Gründervätern und führt dabei auch das Zitat von Rush an.
10 Gegenwärtig wird immer noch nach diesen Skulpturen gesucht (1994). Zu den Zitaten siehe *Sketches of the Moon and Barclay Families* etc., von Anna Mary Moon (1939) aus dem Monticello-Archiv zusammengestellt.
11 Wie schon an anderer Stelle bemerkt, könnte hier eine fehlerhafte Datierung in Jeffersons Katalog vorliegen; danach wären die beiden Köpfe mit denen identisch, die er in den neunziger Jahren des 18. Jahrhunderts erhalten hatte. Letztlich bin ich jedoch zu der Auffassung gelangt, daß es vier Köpfe gab.
12 Siehe Bedini, *Thomas Jefferson, Statesman of Science*, S. 378f. und Zitate auf S. 582. Diese Köpfe sind laut Bestandsliste nur 19 Zentimeter hoch, so daß sie aller Wahrscheinlichkeit nach nicht mit den bereits erwähnten Statuetten identisch sind, die als »Büsten« von 46 Zentimeter Höhe aufgeführt sind.
13 Briefe von Dr. William C. Dabney aus Charlottesville, Virginia (29. April 1875) an Spencer F. Baird, den Sekretär der Smithsonian Institution, und von Alexander Wetmore, Stellvertretender Sekretär der Smithsonian, an Miss H. G. McCormack vom Valentine Museum (27. August 1838), beide im Archiv der Smithsonian Institution.
14 Zu Dabney und Stockton siehe Anmerkung 13.
15 Sanders, S. 338f.
16 Eine hervorragende Zusammenfassung dieser Geschichten findet sich in Stephen Williams' *Fantastic Archaeology*, S. 32f.
17 Meine Darstellung folgt der von Sanders, S. 362ff.
18 Sanders, S. 362ff.
19 Sanders, S. 368f.
20 Sanders, S. 371.
21 Smith war zwar von einem lokalen Gericht als »Betrüger« verurteilt worden, weil er vorgegeben hatte, er könne vergrabenes Geld durch solche »Sehersteine« finden. Bevor aber Skeptiker zu rasch den Schluß ziehen, daß seine religiösen Entdeckungen nur Schwindel waren, sollten sie sich daran erinnern, daß religiöse Offenbarungen nur selten Menschen widerfahren, die nicht nach ihnen streben und keine Metaphern für Entdeckungen haben, die über konventionelle wissenschaftliche und technische Erkenntnisse hinausreichen.
22 Zitiert in Gwyn Williams, *Madoc*, S. 11.
23 Gwyn Williams, *Madoc*, S. 42.
24 Ich folge in meiner Darstellung Gwyn Williams, der mit seiner feinen Ironie andere Wissenschaftler wie zum Beispiel Dean DeBolt von der University of

West Florida so verwirrte, daß man ihn als »leidenschaftlichen Anhänger der Madoc-Legende« deklarierte. (DeBolt, Anm. 4, S. 16)

25 Carver in DeBolt, S. 12.

26 Filson, *Discovery and Settlement of Kentucky*, S. 96.

27 Ich danke Stephen Williams für seinen Hinweis, daß Sargent kein Anhänger der Madoc-Theorie war und daß Henry Brackenridge später einen ähnlichen Standpunkt einnahm.

28 Jefferson über Evans vgl. DeBolt, S. 13. Stephen Williams weist darauf hin, daß Jefferson ein lebhaftes Interesse an den Tataren und an der transsibirischen Migration sowie an den Walisern hatte; er besteht jedoch darauf, daß der Begriff »Mound-Builder« irreführend sei, da er impliziert, daß es sich um ein bestimmtes Volk handele und nicht um weit verstreute Populationen, die sehr unterschiedliche Formen von Erdarchitektur schufen. Williams Mahnungen erschienen als Randbemerkungen in einer meiner letzten Fassungen dieses Kapitels und wurden im September 1993 schriftlich niedergelegt. Ich hoffe, seine Auffassungen richtig wiedergegeben zu haben.

29 Atwater in Silverberg, *The Mound Builders*, S. 51. Silverberg unterzieht die Moundbuilder-Mythen einer genauen Überprüfung.

30 Zitiert in Silverberg, *The Mound Builders*, S. 129.

31 Foster zitiert in Williams, *Fantastic Archaeology*, S. 73.

32 Zitate von Cyrus Thomas in Silverberg, *The Mound Builders*, S. 162; Thomas, *Report*, S. 21.

33 Silverberg, *The Mound Builders*, S. 129 und 132.

34 Im späten 19. Jahrhundert wurde in der Archäologie sowohl eine intensive theoretische Forschung betrieben als auch häufig im Gelände gearbeitet, wie Stephen Williams in *Fantastic Archaeology*, S. 61ff., erläutert. Die gewonnenen Erkenntnisse gelangten jedoch nicht an die Öffentlichkeit; Williams selbst hat mehr als alle anderen höflicherweise von ihm erwähnten Kollegen geleistet, um die Aufmerksamkeit eines breiteren Publikums auf diesen Bereich zu lenken.

35 Atwater, »Antiquities Discovered«, S. 141ff.

36 Buckingham ist zitiert in Reps, *The Making of Urban America*, S. 488.

37 Vgl. ebd.

38 Zu Putnam siehe Williams, *Fantastic Archaeology*, S. 30.

39 1993 wurden im Serpent Mound Karbondaten ermittelt, denen zufolge das Erdwerk erst um 1060 erbaut wurde und nicht zu der Zeit, als die in der Nähe entdeckten Adena-Objekte entstanden. Ich möchte mich jedoch nicht an dem erbitterten Streit zwischen den jeweiligen Anhängern der beiden unterschiedlichen Datierungen beteiligen. Überdies ist keine der beiden Auffassungen sicher belegt.

11. Kapitel: Warum wurden die Mounds errichtet?

1 Lincoln, *Speeches and Writings*, S. 405f.

2 Die Gründerväter konnten diese prähistorischen Zeugnisse zeitlich nur einordnen, indem sie die Höhe der auf den Mounds befindlichen Bäume vermaßen, und, sofern sie noch präzisere Jahresangaben wünschten, die Jahresringe gefällter Bäume zählten.
Die Radiokarbonmethode und die Dendrochronologie sind sehr junge Verfahren. Auch wenn Jefferson und Gallatin über die Halbwertszeit von C^{14} informiert gewesen wären und die »Schwemmungsmethode« (zur Ermittlung von Pflanzenresten, die Aussagen über die Ernährungsgewohnheiten prähistorischer Populationen erlauben, Anm. d. Übers.) gekannt hätten, auch wenn ihnen Satellitenaufnahmen und Mikroskope zur Verfügung gestanden hätten, so hätten sie ihre Entdeckungen nicht in größere erdgeschichtliche Zusammenhänge einordnen können. Zu ihrer Zeit hatte die Geologie noch nicht offengelegt, daß die Menschheitsgeschichte nur einen winzigen Teil der Erdgeschichte ausmachte; ebensowenig wußten sie von Darwins Theorien, die darlegten, über welch immense Zeiträume hinweg sich pflanzliches und tierisches Leben – einschließlich des Menschen – zu ihrer heutigen Form entwickelt haben.
Bis Mitte des 19. Jahrhunderts gab es nur wenige solide wissenschaftliche Erkenntnisse, die es erlaubt hätten, Bischof Ushers Theorie zu widerlegen, der zufolge die Erde mit allen ihren Kreaturen im Jahre 4004 v.Chr. erschaffen worden sei. Der Bischof hatte die in der Bibel aufgeführten Lebensjahre der Patriarchen Israels zusammengezählt und auf diese Weise sechstausend Jahre zurückgerechnet – in jene Zeit, in der die glasierten Keramikwürfel in den Mounds von Watson Brake vergraben worden waren. Zu Jeffersons Zeiten glaubten die meisten gebildeten Menschen nicht mehr, daß die Welt erst so jung sei; sie hatten jedoch kaum Möglichkeiten, ihr tatsächliches Alter festzustellen.

3 Washington, *Writings*, Bd. 29, S. 369f., 10. Januar 1788.

4 Jefferson an Isaiah Thomas und die American Antiquarian Society, 14. Oktober 1820, Isaiah Thomas Papers im Archiv der Gesellschaft.

5 Vielleicht aus diesem Grund bemühten sich weder die Ureinwohner Mexikos noch die Ohios, neben Kragsteinen (einander überlappende, horizontal liegende Steine) oder aufrechten, aber nach innen geneigten Steinplatten noch andere, kompliziertere Mauerbögen zu entwickeln. Sie benutzten beide Formen allerdings wohl eher aus Bequemlichkeit als aus Stolz auf ihren Erfindungsgeist.

6 Römer und Byzantiner schöpften alle Möglichkeiten einer erhabenen Innenraumgestaltung gleichzeitig aus. Sir John Vanbrugh, Louis Sullivan und Frank Lloyd Wright gingen hier raffinierter vor, indem sie niedrige Korridore konstruierten, die in hohe, große Räume mündeten, welche dadurch um so beeindruckender wirkten. Auf diese Weise hoben sie den Eingang *in einen*

konstruierten Raum hervor, jedoch schufen auch sie eine Architektur, die das betonte, was sich um den eingegrenzten Raum herum befand.
Die europäische Architektur spricht gleichermaßen das menschliche Gehör und den Gesichtssinn an, um hervorzuheben, was um den Innenraum herum liegt. Am besten lassen sich die Wirkungen einer solchen Architektur erfahren, wenn man den wechselnden Widerhall der eigenen Schritte in einem sich verengenden und wieder erweiternden Raum vernimmt – so zum Beispiel beim Durchschreiten des von Bernini erbauten Petersdoms.
Ein entsprechendes Seherlebnis verschafft der raffinierte Einsatz von Licht – Licht im Innern, das von ungewohnten Orten kommt. Das spanische und mexikanische *transpirante* sucht man ebenso wie den Widerhall von Schritten inmitten der Hopewell-Architektur vergeblich, und dies gilt auch für die von Sir John Soane und Benjamin Henry Latrobe so geliebten Spiegelspiele. Auch die gotischen Baumeister beherrschten die Kunst der Innenraumbeleuchtung, doch während Soane und Latrobe Lichteffekte spielerisch einsetzten, hatten sie in der Gotik eine instruierende Funktion.

7 Squier und Davis, *Ancient Monuments*, S. 68.

8 Jung, *Die Grundlagen der analytischen Psychologie*, S. 184f.

9 Hall, »Ghosts«, S. 360ff. Was die grabenartige Struktur in Highbanks betrifft, die erst 1972 entdeckt wurde und daher nicht über den gesamten Umkreis untersucht werden konnte, siehe Hively und Horn, »Geometry and Astronomy«, Anm. 7.

10 Parks Bemerkungen sind abgedruckt in den *American Antiquities* vom 4. Juli 1970, zu beziehen über die Licking County Historical Society, S. 47.

11 Peet, *Mound Builders*, S. 255; zu dem Kopfsteinkreis in Newark siehe Smucker, »Mound Builders«, S. 269.

12 Peet, *Mound Builders*, S. 255.

13 Romain nennt Grabhügel und/oder Totenhäuser in Seip, Liberty und Circleville sowie innerhalb des Fairgrounds Circle in Newark; Lehmstrich findet sich in Seip und Liberty sowie in Hopewell, dem Mount Vernon Mound im Posey County (Indiana) und in Mound City in Ohio. (Diese Informationen sind Romains Artikel »Hopewell Geomatric Enclosures« entnommen, den er mir Anfang 1994, noch vor seiner Veröffentlichung, zugänglich machte.)

14 Romain, »Hopewell Geometric Enclosures«.

15 Dieser war offenbar mit Wasser gefüllt, bis der Grundwasserspiegel und die Abflußwege sich durch das Erdbeben von New Madrid im Jahre 1812 änderten. Der Graben war »oft ... teilweise und manchmal ganz mit Wasser gefüllt«. Durch das Erdbeben war der Boden im Verhältnis zu der umliegenden Ebene angehoben worden, auf der ein Teich entstand, dessen Wasser oft den äußeren Umfriedungsring der Anlage umspülte. Der innere »Wallgraben« trocknete aus, weil der Wasserzufluß durch das Erdbeben verschüttet worden war. 1881 hatte er schon seit Jahren »kaum mehr Wasser« enthalten. (Siehe Smucker, »Mound Builders«, S. 256.)

16 Zu den Begräbnisriten in Fort Center siehe Kapitel 1, Anm. 15. Bezüglich

der Rekonstruktion des Fairgrounds Circle stütze ich mich auf die bisher erwähnten Autoritäten und auf die jüngsten archäologischen Untersuchungen von Bradley Lepper, dem Kastellan des Fairground-Komplexes.

17 Isaac Smucker, »Mound Builders«, S. 266.

18 Lobell, »Special Archetypes«, S. 71ff.

19 Diesen Gedanken habe ich von A. Martin Byers, »The Earthwork Enclosures in Central Ohio, etc.« übernommen. Viele Archäologen drängten mich, Byers – der kein Archäologe ist – nicht zu zitieren, um eine Kontroverse zu vermeiden. Byers' Arbeit ist jedoch äußerst interessant.

20 Durch Byers wurde ich auf die Vorstellung der absichtlich verletzten Erde aufmerksam, obwohl ich diesen Gedanken später auch in den Arbeiten Joseph Campbells wiederfand, zusammen mit vielen Spekulationen über landwirtschaftliche Neuerungen und ihre soziale Bedeutung, die ich nicht für überzeugend halte.

21 Zur Entwicklung von Gebäuden mit speziellen Funktionen bei den Adena und zum Bevölkerungswachstum als möglicher Ursache siehe Clay, »Ritual Spaces«, S. 32.

22 Über diese heiligen Pfade schrieb Reverend David Jones, daß sie geometrische Erdwerke miteinander verbanden, die auf einer Geländeterrasse »bei einem Fluß oder Wasserlauf standen ... und [deren] Wälle eine Kreisform bilden, ... [während] sie am Flußufer zusammenzulaufen scheinen und ... nur einen geschützten Weg zum Wasser freilassen«.
Der heilige Pfad von Hopeton ist aus der Luft immer noch erkennbar, obwohl Jahr um Jahr darüber hinweggepflügt wurde. 1992 schließlich konnte er nur durch eine Eilaktion des Kongresses vor der Zerstörung durch die Anlage einer Kiesgrube gerettet werden.

23 Vielleicht wurden diese heiligen Pfade auch angelegt, um exotische und wertvolle Stoffe und Güter auf würdevolle Weise zu den Hopewell-Gräbern zu transportieren, die ja geheiligte Stätten waren. Für eine solche Theorie spräche, daß viele der von den indianischen Handwerkern verwendeten Materialien – darunter Kupfer, Feuerstein, Meteoreisen, Blei, Silber und Obsidian – sehr schwer sind. Bevor die Europäer mit Rädern ausgestattete Fahrzeuge sowie Zugtiere wie Pferde und Ochsen nach Amerika brachten, muß es es sehr schwierig gewesen sein, schwere Güter über Land zu befördern. Daher wurden sie mit großer Wahrscheinlichkeit auf Wasserstraßen transportiert. Obwohl sich im Ohio-Tal viele Spuren von alten Fußpfaden finden, besaß die Region auch viele schiffbare Flüsse und große, starke Bäume, aus denen Einbäume gebaut werden konnten.
Es ist aber auch offensichtlich, daß der Bodenbau in den Überflutungsebenen für die Versorgung der Hopewell notwendig und ein konstanter Teil ihres Lebens war; das Eintreffen exotischer Mineralien hingegen war ein so seltenes und unvorhersehbares Ereignis, daß es aller Wahrscheinlichkeit nach nicht der einzige Grund für die Anlage der heiligen Pfade gewesen sein kann.

Vielleicht lassen sich auch beide Theorien in Einklang bringen; so könnten manche Mineralien zu Kultgegenständen verarbeitet worden sein, die dem Ackerbau und der Erde geweiht waren. Diese könnten dann über die heiligen Pfade zu den Tempelanlagen transportiert worden sein, begleitet von entsprechenden Zeremonien des Willkommens und der Ehrerbietung.

24 Smith, *Floodplain Weed Theory*, S. 117.

25 Smith, *Floodplain Weed Theory*, S. 120.

26 Smith, »Hopewellian Farmers«, S. 12.

27 Es existieren einige bedeutsame Unterschiede zwischen dem Fort-Center-Kreis und jenen in Ohio: ersterer ist in die Erde einer sumpfigen Savanne eingetieft, während letztere aufgeschüttet wurden und auf ihrer Innenseite ein Graben angelegt wurde. Die letzte gründliche Beschreibung der Stätte wurde 1971 von Sears (»Food Production and Village Life, etc.«) vorgenommen. Ich habe Sears dahingehend verstanden, daß der Kreis ein Maisfeld umgab und daß diese Verbindung zwischen Kreisen und Maisanbau schon um das Jahr Null etabliert war, lange bevor in Ohio Ringe gleicher Größe geschaffen worden waren, ohne daß der Anbau von Mais eingeführt worden war.

28 Jeder gute Jungianer würde die Verwandtschaft zwischen Geomantik und dem Werfen des *I Ching* erkennen und verstehen, welche Rolle Archetypen bei der Deutung von offensichtlich zufällig markierten Punkten spielen.
Einen weiteren hilfreichen Diskussionsbeitrag zu diesem Thema lieferte William Romain, der den Begriff »Geomanten« meines Wissens in einem neuen Sinne verwendete, als er damit die Schöpfer von monumentaler Erdarchitektur beschrieb (siehe Romains unveröffentlichtes Manuskript vom Januar 1994).

29 Religion und Diplomatie sind immer eng miteinander verbunden, doch sollte eine Untersuchung der prähistorischen »Tauschbedingungen« sich nicht an dem engeren Begriff »terms of trade« orientieren, wie er von Adam Smith, Malcolm Forbes und Milton Friedman verwendet wird. Es gibt keinen Hinweis darauf, daß die amerikanischen Ureinwohner vor der Ankunft der Europäer ein Gleichgewicht zwischen Geben und Nehmen als Voraussetzung für ein Tauschgeschäft ansahen. Im Zuge der ersten Handelsbeziehungen zwischen Europäern und Indianern in der Chesapeake-Region und in Neu-England kam es zu Mißverständnissen zwischen beiden Seiten, weil die Indianer denjenigen als »Gewinner« ansahen, der mehr gab. Auch heute existiert unter den Nachfahren der ersten Amerikaner der Brauch, sich in einem Wettstreit gegenseitig an Großzügigkeit zu überbieten. Ebenso wie mittelalterliche Adlige Stolz empfanden, wenn sie eine hohe Mitgift geben konnten, zeigten sich indianische Häuptlinge stolz darauf, daß sie in der Lage waren, wertvolle Geschenke zu machen.
Man darf bei dieser Art von Tauschgeschäften aber nicht an mittelalterliche Marktplätze in Europa denken, wo gehandelt wurde, um Gewinn zu erzielen. Aus dem, was wir über die Tauschpraktiken der Indianer zur Zeit der

Entdeckung Amerikas durch die Europäer wissen, können wir schließen, daß die Gegenstände, die im Fairgrounds Circle getauscht wurden, über weite Strecken transportiert worden waren und in der Hoffnung auf Gegengeschenke dargeboten wurden.

Heute werden Geschenke häufig folgendermaßen klassifiziert:

Das größte aller Geschenke ist die Erlösung.

Danach folgt das Überleben (in beträchtlichem Abstand zur Erlösung, wie die Märtyrer zeigen). Das Überleben eines ganzen Volkes von einer Jahreszeit zur anderen ist den Priestern zu verdanken, die alles Notwendige tun, um den Wächter über die Wachstumszyklen günstig zu stimmen.

Dann kommt, wiederum in großem Abstand zur Erlösung und zum Überleben, das Entzücken über Zeremonien.

Es folgt der ästhetische Genuß, der jedoch innerhalb des geheiligten *temenos* des Fairgrounds Circle wohl keine Rolle spielte.

An letzter Stelle erst rangieren die Geschenke im Sinne von Tauschobjekten und Handelsgütern.

30 Nach der Kosmogonie der Orphiker kam es in dem Augenblick zur Schöpfung, als die schwarzgeflügelte Nacht ein Ei legte, aus dem der goldgeflügelte Eros schlüpfte, und »aus den beiden Hälften der Schale Himmel und Erde wurden«. (*An Encyclopedia of Archetypal Symbolism*, S. 84.)

31 Edward Edinger, *Anatomy of the Psyche*, zitiert in *Encyclopedia of Archetypal Symbolism*, S. 216.

32 Ebd.

33 Eine umfassende und verständliche Zusammenfassung dieses Werkes liefert Robert Riordan, »Enclosed Hilltops«.

34 Riordan, »Enclosed Hilltops«, S. 10.

35 Riordan, »Enclosed Hilltops«, S. 11.

36 Riordan, »Enclosed Hilltops«, S. 14.

37 Riordan, »Enclosed Hilltops«, S. 13f.

38 Riordan, »Enclosed Hilltops«, S. 15f.

39 Riordan, »Enclosed Hilltops«, S. 11f.

40 Prufer in *Ohio Hopewell*, S. 69.

41 Dragoo, »Development of Adena Culture«, S. 31. In den fünfziger Jahren war es unter den Archäologen heftig umstritten, ob die Adena, die sich physiologisch angeblich von den Hopewell unterschieden, von Illinois aus nach Westen oder von New York aus nach Osten migriert waren. Das erstgenannte Szenario scheint immer noch überzeugend, insbesondere, wenn man bedenkt, daß die Gruppe der Umfriedungen im Fort-Ancient-Stil, die entlang des Scioto am westlichen Rand des Hopewell-Herzlandes liegt, möglicherweise zuerst von ihnen genutzt wurde. Die Hopewell könnten daher zu einer zweiten Migrationswelle aus dem Westen gehört haben, die nach Osten in das fruchtbare Ohio-Tal drängte.

42 Sullivan, *A System of Architectural Ornament*, S. 124.

43 Die Zeitgenossen der Hopewell in Florida werden der sogenannten Deptford-

Periode und zum Teil auch der Weeden-Island-Periode zugerechnet. Mit dem Bau des Plattform-Mounds von Fort Walton könnten Angehörige einer der beiden Kulturen bereits um 400 oder 500 begonnen haben; er wurde in den folgenden Jahrhunderten ununterbrochen genutzt, bis er im 18. Jahrhundert aufgegeben wurde. Die betreffende Bevölkerungsgruppe wurde damals von den Weißen als die Fort-Walton-Leute bezeichnet.
Der von mir erwähnte sechseckige Teller wurde auf einen Zeitpunkt nach der Hopewell-Periode datiert; Yulee W. Lazarus, die die wichtigsten Grabungen in diesem Gebiet durchgeführt hat, teilte mir jedoch mit, daß sie im Hause eines Sammlers in Vernon, Florida, ein anderes sechseckiges Gefäß zu Gesicht bekommen habe, das die charakteristische Ornamentik der Weeden-Island-Leute aufwies und daher zeitlich etwa in die Periode der Ohio-Hopewell einzuordnen ist (telefonische Mitteilung von Frau Lazarus vom 18. Februar 1994).

44 Auch wenn uns dieser Gedanke fremd erscheinen mag, so müssen wir uns nur die erklärten Absichten der pythagoreischen Bruderschaft vergegenwärtigen, die die Kathedrale von Chartres und andere gotische Gotteshäuser schuf. Auch sie setzten den Raum ein, um bei den Menschen bestimmte Gefühle und Gedanken auszulösen. Dabei spielte der Weihrauch, den sie einatmeten, eine ähnliche Rolle wie der Tabak bei den Besuchern der Hopewell-Erdwerke.
Neben der Wirkung des Raumes machten sich die gotischen Baumeister auch die des Lichts zunutze, indem sie farbiges Glas benutzten. Die Hopewell hatten kein Glas zu ihrer Verfügung, obwohl sie möglicherweise deshalb sehr viel mit Obsidian, einem natürlichen Glas, arbeiteten, weil auch ihnen die Zusammenhänge zwischen Licht und Gefühl bewußt waren. Die von den Hopewell-Geomanten eingesetzte Technik der Verwendung großer Mengen von Erde und Stein praktizierten vor allem die alten Ägypter in ähnlicher Weise. Wir wissen, was sie beabsichtigten, weil uns schriftliche Aufzeichnungen erhalten geblieben sind. Warum also sollten die Hopewell-Geomanten nicht ähnliche Absichten gehabt haben?

45 Ich orientiere mich hier an der hervorragenden Arbeit von Hively und Horn, »Geometry and Astronomy«.

46 Das Achteck in Newark besteht aus acht Linien, die durch geradlinig verlaufende Erdwälle markieren, welche Linien man auf die Erde zeichnen müßte, um die »Wendepunkte« des Mondes zu kennzeichnen (siehe Hively und Horn).

47 1976 zeigte David Brose folgendes: Wenn man im Jahre 200 n. Chr. an der Fluchtlinie der nach Nordosten geneigten Wälle von Hopeton entlangblickte, so lag diese »innerhalb 2 Minuten des nördlichsten Aufgangspunkts [oder Wendepunkts] des 18,6-jährigen Mondzyklus« (siehe Brose, S. 64).
Dies entspricht der Ausrichtung der Hauptachse des Achteck- und Ringkomplexes von Newark, wie Hively und Horn feststellten (siehe Hively und Horn).

William Romain hat die Arbeiten dieser früheren Beobachter fortgeführt, um die lunaren Fluchtlinien von Piketon, Circleville, Granville (der Opossum-Figurenhügel), Cedar Bank, Dunlap, Seip, Portsmouth, Shriver, Milford und Frankfort in dieses System einzuordnen. In Mound City, Hopewell, Turner, Marietta, »Junction Group«, Bull, Highbanks und Works East entdeckte Romain lunare *und* solare Fluchtlinien. Wenn seine Hypothesen überprüft werden, dann wäre es interessant zu klären, ob die Stätten mit Mond- und Sonnenfluchtlinien später errichtet wurden als jene, die nur Mondfluchtlinien aufweisen, oder ob die Sonnenfluchtlinien letztlich auch auf die Mondzyklen zurückgeführt werden können. Romain liefert auch Hinweise darauf, daß die Hopewell ihre Grabstätten nach dem Mond ausrichteten (siehe seine Titel in der Literaturliste).

48 Der Begriff »geomantisch« wurde zuerst von Romain zur Bezeichnung dieser Verfahren verwendet.

Es scheint, daß diese gewaltigen Erdwerke im Hinblick auf diese zum Himmel verlängerbaren Linien erbaut wurden, um einen Einklang mit den beobachteten Mondaufgängen und -untergängen herzustellen – einer der wenigen Aspekte unserer menschlichen Erfahrungswelt, die regelmäßig und vorhersehbar sind. Hively und Horn haben achtzehn oder mehr Mond und Sonnenentsprechungen zwischen diesen weit voneinander entfernten, aber komplementären architektonischen Komplexen festgestellt. Jede dieser Entsprechungen weist eine Fehlerspanne von weniger als einem Prozent auf.

Sonnenausrichtungen scheinen in der Hopewell-Architektur nicht so wichtig gewesen zu sein wie Mondausrichtungen; dennoch scheint es sie gegeben zu haben. N'omi Greber hat die gleichgroßen Quadrate in der Nähe von Highbanks und entlang des Paint Creek untersucht und die Vermutung geäußert, daß es dort auch eine Sonnenausrichtung gegeben haben könnte, obwohl sie mit endgültigen Schlußfolgerungen sehr zurückhaltend ist.

49 *Encyclopedia*, S. 83f.

50 Mancher mag darin den Übergang von einer weiblich orientierten zu einer von Männern beherrschten Gesellschaft sehen. Ich würde diesen Wandel nicht so früh ansetzen, sondern erst zu einer Zeit, als aufwendige Bestattungen nur noch Männern zuteil wurden. Trotz gegenteiliger Versicherungen von Archäologen bin ich nicht überzeugt, daß die Entwicklung geradliniger architektonischer Werke das Erscheinen eines neuen ethnischen Typs (»Hopewell« im Gegensatz zu »Adena«) oder den Ausschluß der Frauen von rituellen Bestattungen bedeutete.

Es käme sehr gelegen, wenn man Männern die Quadrate und Frauen die Kreise zuweisen könnte, doch wäre dies wohl nicht zutreffend. Dies gilt insbesondere für den Südwesten, wo runde Kivas (die manchmal von weiblichen Autoren als »Mutterleib-Kammern« bezeichnet werden) anscheinend vielerorts Männern vorbehalten blieben.

51 Smith, »Hopewell Farmers«, S. 65. Smith weist auf den »harten« Kontrast

zwischen den Siedlungsformen und dem kultischen Leben in der Hopewell-Zeit hin. Es gebe »Beweise für eine intensive gesellschaftliche Integration zu Gemeinschaften in Form von gemeinsamen Arbeitsanstrengungen, ... Zeremonialbauten, Mounds, geometrischen Erdwerken«, daneben aber »ein fast völliges Fehlen von Hinweisen auf räumlich zusammenhängende und gesellschaftlich integrierte Wohnsiedlungen ..., die über die Ebene von Einzelhaushalten hinausreichten ..., sowie einen Mangel von Anzeichen innerhalb des häuslichen Bereichs für Statusunterschiede oder gesellschaftliche Hierarchien« (Smith, »Hopewell Farmers«, S. 65). David Brose hingegen betont, daß »die Bestattung in Mounds sowie die Erdwerke selbst der beste Beweis für eine gesellschaftliche Integration oberhalb der Haushaltsebene [seien], während die *gewaltigen* Unterschiede zwischen den Hopewell-Grabstätten in Ohio außerdem ein überzeugender Beleg für soziale Statusunterschiede« seien (Randbemerkung Broses zu meinem Manuskript, April 1991).
Obwohl mehrere wohlwollende Anthropologen mich gedrängt haben, auf Begriffe wie »Farm«, »freie Bauern« und »Jeffersonians« zu verzichten, weil sie »äußerst unangemessen« seien, habe ich mich entschlossen, sie beizubehalten, um meine Ansichten über die Ohio-Bewohner der geometrischen Periode *und* die echten Jeffersonians zu unterstreichen. Der Hinweis auf die Jeffersonians ist meiner Meinung nach für die Amerikaner des 20. Jahrhunderts notwendig, weil sie lange nach dem Zusammenbruch des Jeffersonschen Gleichgewichts leben, das nur kurze Zeit währte und einen sehr engen Bereich betraf. Dieses Gleichgewicht währte nur so lange, bis seine Zerbrechlichkeit noch während Jeffersons Präsidentschaft und der seines Nachfolgers James Madison offenbar wurde.

52 Es herrscht die offenbar unausrottbare Vorstellung, daß es zu einem bestimmten Zeitpunkt so etwas wie den »Fall Roms« gegeben habe, der mit vergewaltigenden und plündernden Vandalen, Hunnen oder Ostgoten assoziiert wird und den einstürzenden Mauern der Caracalla-Thermen. Rom erlebte jedoch einen langsamen, unberechenbaren Niedergang voller trügerischer Hoffnungen und Teilkatastrophen.

53 Obwohl die bisherigen Skelettfunde keine Anzeichen für Seuchen aufweisen, könnte die Bevölkerung dennoch durch Krankheiten so stark dezimiert worden sein, daß die Durchführung gemeinsamer Vorhaben völlig unmöglich wurde.
Woher könnten Krankheiten gekommen sein? Möglicherweise mutierten auf dem amerikanischen Kontinent indigene Erreger zu virulenten Formen. Sicherlich schleppten auch die Skandinavier im 11. Jahrhundert Krankheiten ein, durch die einige verstreute Grüppchen von Jägern und Fischern ausgelöscht wurden; doch gerade *weil* diese so isoliert lebten, konnten sich die von den Wikingern übertragenen Krankheiten vermutlich nicht sehr weit ausbreiten.

54 Während der Überarbeitung dieser Textpassage reiste ich noch einmal in die Moundregion an der Westküste Floridas, um Erkenntnisse aus meiner bis-

herigen Lektüre zu bestätigen. Einige davon sind in meine Ausführungen über die Verbindungen der Deptford-Kultur und der Fort-Walton-Leute zum Mittleren Westen eingeflossen. Es gäbe jedoch gewiß noch mehr zu sagen über die Zusammenhänge zwischen den Halbringen und dem Falken-Mound von Poverty Point und den Hügelreihen bei den großen Mounds im Charlotte-County in Florida. An der John-Quiet-Stätte an der Turtle Bay finden sich fünf konzentrische, mit Mounds verbundene Halbkreise sowie ein Zugangs-»Kanal«, der die Ringformation unterbricht und zur zentralen Plaza führt. Dieser Kanal ist mit dem von John Gibson entdeckten Dammweg vergleichbar, der den südwestlichen Abschnitt von Poverty Point durchschneidet. In der Nähe der John-Quiet-Stätte befindet sich, östlich von Gasparilla Sound, Big Mound Key. Der größte der dortigen Mounds ist weithin sichtbar und wurde 1980 von Plünderern stark beschädigt, bevor er Teil eines Naturschutzgebietes wurde. Von diesem Erdwerk und den dazugehörigen parallelen Hügelkämmen sind jedoch noch genug Überreste vorhanden, die darauf hinweisen, daß Kontakte zur Poverty-Point-Kultur bestanden – eine Vermutung, die auch durch die rosafarbenen Löffelreiher-Knochen bestätigt wird, die in Poverty Point gefunden wurden und vermutlich aus diesem Teil Floridas stammen.
Zu erwähnen ist auch, daß Gibsons Dammweg direkt zu einem kleinen Teich außerhalb der Poverty-Point-Halbringe führt, was an ähnlich gestaltete Anlagen in Florida erinnert. In Big Mound City, östlich des Lake Okeechobee (nicht am gleichen Ort wie Big Mound Key), finden sich acht Beispiele für dieses Gestaltungsmittel, drei weitere in Big Tonys, und eines in Mount Royal am St. John's River war so beeindruckend, daß William Bartram 1771 begeistert darüber berichtete (siehe William Morgan, *Prehistoric Architecture*, S. 124ff.; Bartram, *Travels*, S. 101f.).
Außerdem erinnert der merkwürdige »Angelhaken«-Dammweg, der zu dem Plattform-Mound der Jackson-Stätte im Poverty-Point-Komplex führt und 1913 von Clarence B. Moore beschrieben wurde, in geradezu unheimlicher Weise an den in Shields bei Jacksonville, den Moore 1895 schilderte. (Siehe Moore, »Sand Mounds« und »Aboriginal Sites«; und Gibson, »Earth Sitting«, S. 225.)

55 Am Ufer des Great Miami River, etwa 10 bis 16 Kilometer südlich von Dayton in Ohio (etwa ebensoweit nordwestlich der Scioto-Erdwerke, wie Newark nordöstlich von diesen liegt), finden sich zwei gewaltige geometrische Bauten, die größer (aber auch weniger exakt vermessen) sind als alle anderen altindianischen Monumente in den Stromgebieten von Scioto und Licking-Muskingum. Das erste Bauwerk ist um einen kegelförmigen Mound herum angelegt, der ursprünglich etwa 21 Meter hoch war und einen Umfang von 275 Metern aufwies (heute im Miamisburg Mound State Memorial gelegen). Er ist den Mounds von Grave Creek, Marietta und Portsmouth vergleichbar und könnte vor den geometrischen Bauten entstanden sein. Am gleichen Flußufer liegt ganz in der Nähe ein Quadrat mit einer

Seitenlänge von 350 Metern und ein Kreis mit einem Durchmesser von gut 600 Metern.

56 Die Sonne geht ebenso im Osten auf wie der Mond, und ihr Aufgangspunkt zur Wintersonnenwende liegt etwa in der Mitte zwischen dem nördlichsten Aufgangspunkt des Mondes (seinem äußersten Aufgangspunkt bei seiner längsten Himmelsbahn) und seinem nördlichsten Aufgangspunkt während seines kürzesten Bogens. Der Sonnenaufgangspunkt zur Tagundnachtgleiche liegt im Zentrum all dieser Mond- und Sonnenpositionen am östlichen Horizont. Südlich der Tagundnachtgleiche liegen der minimale südliche Aufgangspunkt, die Sommersonnenwende und der maximale südliche Aufgangspunkt.

57 Ich danke Bruce Smith für seine Erläuterungen zu dem Werk von Wesley Cowan, der sich mit der Durchschnittsgröße der Bewohner des zentralen Ohio-Tals befaßt (briefliche Mitteilung vom Oktober 1993).

58 Siehe Sherrod und Rolingson, *Surveyors*.

59 Purrington erwog hier die Möglichkeit von Mondausrichtungen, und ich vermute, daß andere seine Arbeit bestätigen werden (Sherrod und Rolingson, *Surveyors*, S. 132, und Purrington, »Supposed Solar Alignments«).

60 Sherrod und Rolingson betonen, daß »Mounds mit abgeflachten Spitzen meist auf die Sonnwendpunkte ausgerichtet sind, soweit ihre Formen bestimmt werden können«. »Mounds mit geradlinigen Abmessungen«, so fahren sie fort, »sind im allgemeinen keine weitverbreitete Mound-Form [wie sie tatsächlich im Delta-Gebiet in den Jahren nach 1000 v. Chr. und vor 100 v. Chr. und im Ohio-Tal nach 400 n. Chr. sehr selten waren], aber die wenigen vorhandenen Mounds dieser Form sind ebenfalls auf die Sonnwendpunkte ausgerichtet [zwischen 100 v. Chr. und 400 n. Chr. waren sie in Ohio und Kentucky auf die Auf- und Untergangspunkte des Mondes ausgerichtet]. Kegelförmige Mounds sind nicht so oft auf Himmelskörper ausgerichtet« (Sherrod und Rolingson, Surveyors, S. 132).
Sherrods und Rolingsons Forschungsergebnisse wurden 1987 veröffentlicht, vor Romains Erkenntnis, daß es in der Hopewell-Zeit einige wenige Sonnenausrichtungen gab, aber nachdem Robert Purrington die Vorstellung widerlegt hatte, daß es in Poverty Point Sonnenausrichtungen gebe.

61 Wenn Menschen auf diese Weise leben, so Mimi Lobell, dann kann man zu Recht sagen, daß sie die Welt des Helden bewohnen. Ich lege hier ihre kulturübergreifenden Untersuchungen dar und füge meine eigenen Schlußfolgerungen hinzu, womit ich vermutlich den Spott einiger Anthropologen ernten werde. Siehe Lobell, »Spatial Archetypes«, S. 77. Lobell führt als Beispiele die Indo-Europäer der Bronze- und Eisenzeit an, darunter die Wessexkultur sowie die Skythen, Kelten und Wikinger und die Arier Indiens; die Perser, die Hethiter, Phryger, Etrusker, Äolier, Ionier, Achäer und Dorer; die Hsia, Shang und Chou; die Kulturen der Yayoi- und Yamatozeit; die Obeid-Kultur und die Gerzéen-Periode in Ägypten; die Israeliten vor der Zeit, als David die Bundeslade nach Jerusalem brachte; die Indianer der

Plains und der Nordwestküste. Als weitere Beispiele nennt Mimi Lobell die »vor-pyramidischen Bauperioden der Olmeken-Kultur in Mexiko und die Chavin-Kultur in Peru«.

Ich für meinen Teil würde – mit weit weniger wissenschaftlicher Autorität – vorschlagen, daß wir genauer untersuchen, wann der Mais in Mexiko eine vorherrschende Rolle für die Ernährung zu spielen begann, und vor allem, welche Bedeutung er für die Viertelung von Kreisen in den Symbolen hatte, die am Rande des Herrschaftsbereichs von Teotihuacán Verwendung fanden (siehe Hedingham, *Early Man*, S. 181). Vielleicht sind die Olmeken dieser Phase zuzuordnen, vielleicht auch nicht.

62 Claude Lévi-Strauss beschreibt die Zerstörung der spirituellen Traditionen der Bororo durch salesianische Missionare, die die Abschaffung der kreisförmigen Dorfanlage erzwangen. Ich danke Richard Paulson, der in seinem bemerkenswerten Buch *The Pure Experience of Order* (S. 117f.) auf diese Tatsache hingewiesen hat. Das Zitat von Schwarzer Hirsch stammt auch von dort.

63 Ich zitiere hier die Übersetzung und Bearbeitung N. D. O'Donoghues, die ich James P. Mackey (Hg.), *Introduction to Celtic Christianity*, S. 47, entnommen habe.

64 Die Existenz des Kirchenliedes mit dem Titel »*The Shield of St. Patrick*« läßt sich zugegebenermaßen nur bis ins 8. Jahrhundert zurückverfolgen. Das reicht gewissenhaften Mediävisten nicht aus, um es mit Sicherheit dem Heiligen selbst zuzuschreiben, der spätestens im Jahr 495 starb. Dies allein ist jedoch kein Grund, ihm die Autorschaft abzusprechen. St. Patrick war so wenig auf seinen Nachruhm bedacht, daß nicht einmal verläßliche Angaben darüber existieren, ob er tatsächlich Patrick hieß.

Manche Wissenschaftler glauben, daß es sich bei Patrick und Bischof Palladius um ein und dieselbe Person handelte. Die Berichte über die Missionstätigkeit am nördlichen Rand der christlichen Regionen Europas sind fragmentarisch und vage; möglicherweise ist das, was wir von Patrick zu wissen glauben, mit der Überlieferung von Palladius verwoben, der vor ihm versucht hatte, Irland zu missionieren. Die Gestalt von Palladius, der die Religion des christlichen Rom auf die Insel gebracht hatte, verschwand in dem Augenblick, als Patrick erschien.

Literaturverzeichnis

Abernethy, Thomas Perkins: *Western Lands and the American Revolution*. New York 1937.

Ders.: *The South and the New Nation 1819–1879. Baton Rouge 1976.*

Adams, Henry: *The Life of Albert Gallatin*. New York 1943.

Ders.: *Second Administration of Thomas Jefferson*. New York 1986.

Adams, John Quincy: *Memoirs*. Hrsg. von Charles Francis Adams. 12 Bde. Philadelphia 1874–77.

Adams, Percy G. (Hg.): *Crevecoeur's Eighteenth Century Travels in Pennsylvania and New York*. Lexington 1961.

Ders.: »Crevecoeur and Franklin«. In: *Pennsylvania History* 14 (1947) Nr. 2. S. 273–278.

Ders.: *Travellers and Travel Liars 1660–1800*. Berkeley 1962.

Agar, Herbert: *The Price of Union*. Boston 1950.

Allen, John Logan: *Passage through the Garden*. Urbana 1975.

Ambler, Charles: *George Washington and the West*. Chapel Hill 1936.

American Philosophical Society: *Documents relating to the Purchase and Exploration of Louisiana* (Zwei Berichte, einer von T. Jefferson und einer von William Dunbar). Boston 1904.

Andrews, Kenneth: *Trade, Plunder and Settlement: Maritime Enterprise and the Genesis of the British Empire 1480–1630*. New York 1984.

Atwater, Caleb: »Description of the Antiquities Discovered in the State of Ohio«. In: *Archaeologia Americana* 1 (1820). S. 105-267.

Ders.: »Description of the Antiquities Discovered in the State of Ohio and Other Western States«. In: *Transactions of the American Antiquarian Society* 1 (1820). S. 186–187. Neudruck in: *American Antiquarian* 3. Nr. 4 (July 1881).

Aubry, Octave: *Napoléon*, Paris, 1936 (engl. *Napoleon, Soldier and Emperor*. Philadelphia 1938).

Bacarisse, Charles A.: »Baron de Bastrop«. In: *The Southwestern Historical Quarterly* 43 (1955) Nr. 3.

Bareis, C. J./Porter, J. W.: »Tittering Phase of the American Bottom Sequence in Illinois«. In: *American Bottom Archaeology*. 1984.

Barnhart, Terry A.: *Of Mounds and Men. The Early Anthropological Career of Ephraim George Squier*. Dissertation. Miami 1989.

Barton, Benjamin Smith: *Observations on Some Parts of Natural History*. London 1787.

Bartram, William: *The Travels of William Bartram.* Hrsg. von Mark Van Doren. New York 1955.
Bedini, Silvio: *Thomas Jefferson: Statesman of Science.* New York 1990.
Beebe, Lynn A.: »The Rescue and Restauration of Jefferson's Poplar Forest«. In: *Lynch's Ferry* 4, Nr. 1 (1992).
Berman, Eleanor: *Thomas Jefferson Among the Arts.* New York 1947.
Bernard, John: *Retrospections of America.* New York 1887.
Berns, Walter: »The Constitution and the Migration of Slaves«. In: *The Yale Law Journal* 78 (1968) Nr. 2. S. 198–228.
Berthoff, Rowland: *An Unsettled People: Social Order and Disorder in American History.* New York 1971.
Bohannan, Paul: Introduction to *Houses and House-Life of American Aborigines* by L.H. Morgan. Chicago 1965.
Bos, Harriet P.: *Barthelemy Lafon.* Masters Thesis, Tulane University, 1977 .
Bourne, Henry E.: »The Travels of Jonathan Carver«. In: *The American Historical Review* 11 (1906) Nr. 2. S. 287–302.
Bowers, Claude: *The Young Jefferson.* Boston 1945.
Boyd, Julian P.: *Number 7.* Princeton 1965.
Brackenridge, Henry Marie: *Early Discoveries by Spaniards in New Mexico. Containing an Account of the Ruins of Cibola.* Pittsburgh 1857.
Ders.: *History of Western Insurrection, 1794.* New York 1969.
Ders.: *Recollections of Persons and Places in the West.* Philadelphia 1868.
Ders.: *Views of Louisiana.* Pittsburgh 1811; Neudruck Chicago 1962.
Brackenridge, Hugh Henry: *Modern Chivalry.* Pittsburgh 1793–1815; Neudruck New York 1937.
Bradford, Alexander W.: *American Antiquities and Researches into the Origin and History of the Red Race.* New York 1843.
Brain, Jeffrey: *La Salle at the Natchez.* Jackson 1982.
Brandau, Roberta Seawell (Hg.): *History of Homes and Gardens in Tennessee.* Nashville 1936.
Brodie, Fawn: *Thomas Jefferson. An Intimate History.* New York [9]1981.
Brooks, Van Wyck: *The World of Washington Irving.* New York 1950.
Brose, David: *A Historical and Archaeological Evaluation of the Hopeton Works, Ross County, Ohio.* Report to the National Park Service, 1976, contract No. PX-6115-6-0141.
Ders.: *Hopewell Archaeology.* Kent, Ohio 1979.
Ders.: *Yesterdays River: The Archaeology of 10 000 Years along the Tennessee-Tombigbee Waterway.* Mobile District (Alabama): U.S. Army Corps of Engineers, 1991.
Brose, David/Brown, James/Penney, David: *Ancient Art of the American Woodland Indians.* New York 1985.
Brown, C. Allan: »Poplar Forest. The Mathematics of an Ideal Villa«. In: *Journal of Garden History* 10 (1990) Nr. 2. S. 117–139.

Brown, Everett Sommerville (Hg.): *William Plumer's Memorandum of Proceedings in the United States Senate 1803–1807.* New York 1923.
Brown, Lloyd Arnold: *Early Maps of the Ohio Valley.* Pittsburgh 1959.
Brown, Stuart E.: *Virginia Baron.* Barryville, Virginia 1965.
Buley, R. Carlyle: *The Old Northwest* (2 Bde.). Bloomington 1950.
Burland, Cottie/Forman, Werner: *The Aztecs. Gods and Fate in Ancient Mexico.* London 1975.
Burrows, Edwin: »Notes on Settling America. Albert Gallatin, New England, and the American Revolution«. In: *New England Quarterly* 58 (1985) Nr. 3.
Byers, A. Martin: *The Earthwork Enclosures of the Central Ohio Valley. A Temporal and Structural Analysis of Woodland Society and Culture.* Dissertation, State University of New York at Albany, 1987.
Byrd, Kathleen M. (Hg.): »Recent Research at the Poverty Point Site«. In: *Louisiana Archaeology* 13.
Caldwell, Joseph R./Hall, Robert L. (Hgg.): *Hopewellian Studies.* Springfield 1964.
Carlson, J. B.: »Prehistoric America's Golden Age«. In: *Early Man*, Winter 1979.
Carson, Gary et al.: »Impermanent Architecture in the Southern American Colonies«. In: *Winterthur Portfolio*
Carver, Jonathan: *Travel Through the Interior Part of Northern America in the Years 1766–1768.* Minneapolis 1956.
Cary, Wilson Miles. *Sally Cary.* New York 1916.
Cherry, P. P.: *The Grave Creek-Mound. Its History and Its Inscribed Stone, with Its Vindication.* Wadsworth, Ohio 1877.
Clay, R. Berle: »Adena Ritual Spaces«. In: Farnsworth, Kenneth B. / Emerson Thomas B.: *Early Woodland Archaeology*, Bd.2. Kampsville/IL 1986. S. 581–595.
Ders.: »Adena Ritual Development«. In: Stout, Charles C. / Kenslay, Christine K.: *The Human Landscape in Kentucky's Past.* Frankfort 1991.
Cleland, Hugh: *George Washington in the Ohio Valley.* Pittsburgh 1955.
Coe, Michael/Snow, Dean/Benson, Elisabeth: *Atlas of Ancient America.* New York 1986.
Cole, Frank: »Thomas Worthington of Ohio«. In: *The Old Northwest Genealogical Quarterly*, April 1902.
Collins, Henry B.: *Archaeological Work.* Washington, D.C. 1927–1929.
Collot, George-Henri-Victor: *A Journey in North America.* 3 Bde., AMS Reprint New York 1974.
Coming, Alexander: »Travels«. In: *Tennessee Historical Magazine* 5 (1919). S. 125–26.
Corlew, Robert: *Tennessee.* Knoxville 1981.
Count, Earl W.: »The Earth-Diver and the Rival Twins«. In: *Indian Tribes of Aboriginal America.* Hrsg. von Sol Tax. Chicago 1952.
Cox, Isaac Joslin: »The Louisiana-Texas Frontier«. In: *The Southwestern Historical Quarterly* 10 (1913). S. 1–75; 17 (1913). S. 1–44.

Ders.: *The West Florida Controversy: A Study in American Diplomacy.* Gloucester/Mass. 1967.
Crane, Verner: *The Southern Frontier.* New York 1981.
Cronon, William: *Changes in the Land.* New York 1983.
Crosby, Alfred: *The Columbian Exchange: Biological and Cultural Consequences of 1492.* Westport, Connecticut 1972.
Ders.: *Ecological Imperialism and the Biological Expansion of Europe 900–1900.* New York 1986 (Dt. *Die Früchte des weißen Mannes: ökologische Expansion und Imperialismus 900–1900*, übers. von N. Kadritzke, Frankfurt/M. 1991).
Dangerfield, George: *The Era of Good Feeling.* New York 1952.
Daniel-Hartung, Ann L. »Archaeoastronomy at a Selection of Mississippian Sites in the Southeastern United States«. In: *Archaeoastronomy in the Americas.* Hrsg. von Ray A. Williamson. S. 101–110. Los Altos, Kalifornien. 1981.
Davis, Hester (Hg.): *Archaeological and Historical Resources of the Red River Basin.* (Arkansas Archaeological Survey Research Series Nr. l). Little Rock 1970.
Davis, Robert, Jr.: »Fort and Blood Mountains: Secrets of the North Georgia Indians«. In: *North Georgia Journal* 4 (1987).
Davis, William C.: *Brackenridge: Statesman, Soldier, Symbol.*
De Voto, Bernard: *The Course of Empire.* Cambridge, Massachusetts 1952.
De Witt, John: »Journal of John Sevier«. In: *Tennessee Historical Magazine* 5 (1919) Nr. 3.
Diehl, Richard: *Tula: The Toltec Capital of Ancient Mexico.* London 1983.
Dobyns, Henry F.: *Their Numbers Became Thinned.* Knoxville: 1983.
Dowd, Gregory Evans: *A Spirited Resistance.* Baltimore 1992.
Dragoo, Don W.: »The Development of Adena Culture and Its Role in the Formation of Hopewell Culture«. In: *Illinois State Museum Scientific Papers* 7, Nr. 1. S. 3–34.
Drinnon, Richard: *Facing West: The Metaphysics of Indian-Hating and Empire Building.* New York 1980.
Duel, Thorne (Hg.): *Hopewellian Communities in Illinois.* (Illinois State Museum Scientific Papers, Nr. 5). Springfield 1952.
Dunn, J. P.: Indiana: *A Redemption From Slavery.* Boston 1905.
Dye, David/Cox, Cheryl: *Towns and Temples Along the Mississippi.* Tuscaloosa 1990.
Early, James: *Romanticism in American Architecture.* New York: Barnes, 1965.
Eddy, J. A.: »Archaeoastronomy of North America: Cliffs, Mounds and Medicine Wheels«. In: Krupp, Edwin C. (Hg.): In Search of Ancient Astronomies. Garden City/New York 1978 (Deutsch: *Archäoastronomie in Nordamerika: Felsen, Hügeı und Medizinräder*, in: Eddy, J.A. (Hg.): *Astronomen, Priester, Pyramiden. Das Abenteuer der Archäoastronomie.* Übers. von Winfried Petri. München 1980.
Edwards, J. H.: »Ancient Fortifications«. In: *Ohio Archaeologist* 6 (1956) Nr. 3. S. 102–104.

Egnal, Marc: *A Mighty Empire: Origins of the American Revolution.* Ithaca 1988.

Emerson, Thomas/Lewis, Barry (Hgg.): *Cahokia and Its Hinterlands: Middle Mississippian Cultures of the Midwest.* Urbana 1991.

Encyclopedia of Archetypal Symbolism. Hrsg. von Beverly Moon. Boston 1991.

Environmental Assessment Hopewell Sites Study. Department of the Interior, National Park Service, Midwest Region, July 1987.

Faulkner, Charles: *The Old Stone Fort.* Knoxville 1968.

Fay, Bernard: *L'esprit revolutionaire en France et aux Etats-Unis à la fin du XVIIIe siècle.* o.O. o.J.

Faye, Stanley: »Privateersmen of the Gulf and Their Prizes«. In: *Louisiana Historical Quarterly* 22 (1939) Nr. 4.

Fehrenbacher, Don E.: *Slavery, Law, and Politics, The Dred Scott Case in Historical Perspective.* New York 1981.

Filson, John: *The Discovery and Settlement of Kentucky*, available from Ann Arbor: University Microfilms, 1966.

Finley, Moses (Hg.): *The Legacy of Greece.* New York 1984.

Fitzhugh, William: *Crossroads of Continents: Cultures of Siberia and Alaska.* Washington, D.C. 1988.

Flaherty, Carolyn: »The Domestic Architecture of Downing«. In: *The Old House Journal* (1974) Nr. 10.

Flexner, James: *George Washington: The Forge of Experience.* Boston 1965.

Ders.: *George Washington and the New Nation.* Boston 1969.

Ders.: *George Washington: Anguish and Farewell.* Boston 1972.

Ders.: *Washington: The Indispensible Man.* New York 1984.

Flores, Dan (Hg.): *Jefferson and Southwest Exploration: The Freeman and Curtis Accounts of the Red River Expedition.* Norman 1984.

Foote, Shelby: *The Civil War.* New York 1986.

Ford, J. A./Webb, C. A.: »Poverty Point, a Late Archaic Site in Louisiana«. In: *American Museum of Natural History* 46, Teil 1 (1956).

Ford, R. I.: »Northeastern Archaeology: Past and Future Directions«. In: *Annual Review of Anthropology* 3 (1974). S. 384–413.

Ders.: »Gathering and Gardening: Trends and Consequences of Hopewell Subsistence Strategies«. In: *Hopewell Archaeology: The Chillicothe Conference.* Hg. von D. Brose und N. Greber. Kent/Ohio 1979.

Formwalt, Lee: »Benjamin Henry Latrobe and the Revival of the Gallatin Plan of 1808«. In: *Pennsylvania History* 48 (1981) Nr. 2.

Fowke, G.: *Archaeological History of Ohio.* Columbus 1902.

Ders.: *Notes on Ohio Archaeology.* Norwalk/Ohio 1893.

Fowler, Melvin: *The Cahokia Atlas: A Historical Atlas of Cahokia Archaeology*, Nr 6. Springfield 1989.

Fox, Isaac J.: *The Louisiana-Texas Frontier.* 2 Bde. Austin 1906–1913.

Franklin, Benjamin: *The Writings.* Hrsg. von Albert Henry Smith. New York 1970.

Ders.: William B. Willcox, et al. New Haven 1966–76.
Gabriel, Kathryn: *Roads to Center Place. A Cultural Atlas of Chaco Canyon and the Anasazi.* Boulder 1991.
Gallatin, Albert: *Correspondence of Jean Badollet and Albert Gallatin.* Hrsg. von Gayle Thornbrough. Indiana (Historical Society Publication, Bd. 22). Indianapolis 1963.
Ders.: *The Papers of Albert Gallatin.* Hrsg. von Carl E. Prince und Helene W. Fineman. Philadelphia 1969; 46 reels of microfilm, with Guide by Prince, 1970.
Ders.: »Synopsis«. *Proceedings of the American Antiquarian Society* 2 (1838).
Ders.: *The Writings of Albert Gallatin.* Hrsg.von Henry Adams, 3 Bde. Philadelphia 1879. Reprint New York 1960.
Galloway, W. A.: *Old Chillicothe.* Xenia/Ohio 1934.
Garland, Elizabeth Baldwin: *The Obion Site, an Early Mississippian Center in Western Tennessee.* Mississippi State University 1992.
Garraty, John (Hg.): *Quarrels That Have Shaped the Constitution.* New York 1962.
Geinapp, William E.: *The Origins of the Republican Party.* New York 1987 .
Gibson, J. L.: »Poverty Point: The First North American Chiefdom«. In: *Archaeology* 27 (1974) Nr. 2.
Ders.: »The Earthen Face of Civilization: Mapping and Testing at Poverty Point,1983«. Report submitted to the Louisiana Division of Archaeology, Baton Rouge/Louisiana 1984.
Gibson, Jon: »Earth Sitting: Architectual Masses at Poverty Point, Northeastern Louisiana«. *Louisiana Archaeological Society.* 1986.
Ders.: »The Poverty Point Earthworks Reconsidered«. In: *Mississippi Archaeology* 22 (1987) Nr. 2. S. 14 ff.
Ders.: »The Prehistory of the Ouachita River Valley, Louisiana and Arkansas«. (*Louisiana Archaeology Society*, Nr. 10). 1983.
Gibson, Jon/Shenkel, J. Richard: Louisiana Earthworks: Middle Woodlands and Predecessors. In: *Archaeological Report* Nr. 22 (1988).
Gilbert, Bil: *God Gave Us This Country: Tekamthe and the First American Civil War.* New York 1989.
Gilman, Roger: »The Romantic Interior«. In: *Romanticism in America.* Hrsg. von George Boas. New York 1961.
Graham, James: *The Life of General Daniel Morgan.* New York 1856.
Gratz, Simon: »Thomas Rodney«. In: *The Pennsylvania Magazine of History and Biography* 43–45 (1919–1921).
Green, John: *American Science in the Age of Jefferson.* Ames 1984.
Gregory, Hiram F./Webb, Clarence: *The Caddo Indians of Louisiana.* (Department of Culture, Recreation and Tourism, Anthropological Study Nr. 2). Baton Rouge/Louisiana 1990.

Hall, Robert: »Ghosts, Water Barriers, Corn and Sacred Enclosures in the Eastern Woodlands«. In: *American Antiquity* 41 (1976) Nr. 3.

Harris, T. M.: *Journal of a Tour into the Territory Northwest of the Allegheny Mountains: Made in the Spring of the Year 1803.* Boston 1805.

Harrison, W. H.: »A Discourse on the Aborigines of the Valley of the Ohio«. In: *Transactions of the Historical and Philosophical Society of Ohio* 1 (1839). S. 217–267.

Haven, Samuel F.: Report of the Librarian. In: *Proceedings of the American Antiquarian Society*, April 29,1863. S. 19–33.

Ders.: »Archaeology of the United States«. *Smithsonian Contributions to Knowledge* 8 (1855).

Hawke, David: *Franklin.* New York 1976.

Hawkes, Jacquetta: *Atlas of Ancient Archaeology.* New York 1974.

Hay, Robert: »The Pillorying of Albert Gallatin.« In: *Western Pennsylvania Historical Magazine* 65 (1982) Nr. 3.

Hay, Thomas/Werner, M. R.: *The Admirable Trumpeter: A Biography of James Wilkinson.* Garden City/New York 1941.

Haywood, John: *The Natural and Aboriginal History of Tennessee.* Nashville 1823.

Hedingham, Evan: *Early Man and the Cosmos.* Norman 1984.

Hedrick, Basil C./Kelley, J. Charles/Riley, Carroll L.: *The Mesoamerican West: Readings in Archaeology, Ethnohistory, and Ethnology.* Carbondale 1974.

Hemmings, E. Thomas: »Investigations at Grave Creek Mound 1975–76: A Sequence of Mound and Moat Construction«. In: *West Virginia Archaeologist* 36 (1984) Nr. 2.

Hempstead, Giles: *Antiquities of Portsmouth and Vicinity.* Portsmouth/Ohio, 1875.

Henderson, Gwynn A./Jobe, Cynthia E./Turnbow, Christopher A.: *Indian Occupation and Use in Northern and Eastern Kentucky During the Contact Period (1540–1795): An Initial Investigation.* Lexington 1986.

Hesslink, George K.: *Black Neighbors: Negros in a Northern Rural Community.* Indianapolis 1968.

Higginbotham, A. Leon, Jr.: *In the Matter of Color, Race and the American Legal Process, The Colonial Period.* New York 1978.

Hildreth, S. P.: »Pyramids at Marietta«. In: *The American Pioneer* 2 (1843) Nr. 6

Hildreth, Samuel P.: *Pioneer History.* Cincinnati 1848.

Hively R./Horn, R.: »Geometry and Astronomy in Prehistoric Ohio«. In: *Journal for the History of Astronomy* 13, Supplement Archaeoastronomy (1982) 4. S. 1–20.

Holmes, W. H.: »Notes upon Some Geometric Earthworks, with Contour Maps«. In: *American Anthropologist* 5 (1892). S. 363–373.

Horsman, Reginald: *Diplomatic History*, Vol.15. 1991. S. 115–124.

Hudson, Charles: *The Southeastern Indians.* Knoxville 1976.

Hunnington, David: *Art and the Excited Spirit. America in the Romantic Period.* Ann Arbor 1972.
Hunter, George: »The Western Journals of Dr. George Hunter«. Hrsg. von J. F. McDermott. In: *Transactions of the American Philosophical Society*, New Series, 53, Teil 4 (1963).
Imlay, Gilbert: *Topographical Description of the Western Territory of North America.* London [3]1797. Neudruck New York 1968.
Jackson, Donald (Hg.): *Letters of the Lewis and Clark Expedition.* Urbana 1978.
Ders.: *Thomas Jefferson and the Stony Mountains: Exploring the West from Monticello.* Urbana 1981.
Jacobs, James: *Tarnished Warrior.* New York 1938.
Jacobs, Wilbur: *Dispossessing the American Indian.* Norman 1972.
Jaffé, Aniela: *Man and his Symbols.* New York 1974 (Dt. *Der Mensch und seine Symbole.* St. Olten. [12]1991).
James, James A.: *The Life of George Rogers Clark.* Chicago 1928. Neudruck New York 1970.
Jefferson, Thomas: *The Thomas Jefferson Papers.* Hrsg. von Julian Parks Boyd. Princeton 1950–1982.
Ders.: *Notes on the State of Virginia. The Complete Jefferson.* Hrsg. von Saul K. Padover. New York 1943.
Ders.: *Autobiography.* In Thomas Jefferson, *Writings.* (Library of America Bd. 19). New York 1984.
Ders.: *Writings.* Hg. von A. A. Lipscomb and A. E. Bergh. Washington, D. C. 1903/04.
Jenkins, Ned J.:Archaeology of the Gainesville Lake Area: Synthesis. *Archaeological Investigations in the Gainesville Lake Area of the Tennessee Tombigbee Waterway*, Bd. 5, 1982.
Jennings, Francis: *The Invasion of America: Indians, Colonialism and the Cant of Conquest.* New York 1975.
Jennings, Jesse (Hg.): *Ancient North Americans.* New York 1983.
Ders.: »Nutt's trip to the Chickasaw Country«. In: *Journal of Mississippi History* 9 (1947).
Johannsen, Robert W.: *To the Halls of the Montezumas.* New York 1985.
Johnston, Henry P.: *The Correspondence and Public Papers of John Jay 1763–1826.* New York 1971.
Jones, David: *A Journal of Two Visits to Some Nations of Indians*, Burlington/New York 1774.
Jones, R. B.: »Archaeological Investigations in the Ouachita River Valley, Bayou Bartholomew to Riverton, Louisiana«. In: *Louisiana Archaeology* 10 (1983). (Auch in: *The Prehistory of the Ouachita River Valley, Louisiana and Arkansas.* Hrsg. von Jon Gibson. Lafayette 1985).
Jung, C. G.: *Analytical Psychology; Its Theory and Practice, The Tavistock Lectures.* New York 1970 (Dt. *Über Grundlagen der analytischen Psy-*

chologie: Die Tavistock Lectures 1935. Übers. von H. Binswanger. Frankfurt/M. 1975)
Ders.: *Psychologie und Alchemie.* 2. rev. Auflage. Zürich 1952. Hrsg. von Lilly Jung-Merker und Elisabeth Rüf. (Gesammelte Werke Bd. 12). Olten/Freiburg i.Br. [6]1990.
Kelemen, Pal: *Medieval American Art.* New York 1943.
Keller, William: *The Nation's Advocate: Henry Marie Brackenridge and Young America.* Pittsburgh 1956.
Kelsay, Isabel Thompson: *Joseph Brant 1743–1807. Man of Two Worlds.* Syracuse 1984.
Kenin, Richard/Wintle, Justin (Hgg.): *The Dictionary of Biographical Quotation.* New York 1978.
Kennedy, Roger. *Greek Revival America.* New York 1989.
Ders.: *Orders from France: The Americans and French in a Revolutionary World.* Philadelphia 1990.
Ders.: *Rediscovering America; Journeys Through Our Forgotten Past.* Boston 1990.
Ders.: »Jefferson and the Indians«. In: *The Winterthur Portfolio* 27 (1992) Nr. 2/3.
Kerber, Linda K.: *Federalists in Dissent, Imagery and Ideology in Jeffersonian America.* Ithaca 1970.
Ketchum, Richard: *The World of George Washington.* New York 1974.
Kimball, Fiske: *Thomas Jefferson, Architect.* New York 1968.
King, Mary E./Gardner, Joan S.: »The Analysis of Textiles from Spiro Mound, Oklahoma«. In: *The Research Potential of Anthropological Museum Collections.* Hrsg. von A. M. Cantwell, J. B. Griffin und N. A. Rothschild. New York 1981.
Kirk, Russell: *John Randolph of Roanoke.* Indianapolis 1951.
Knepper, George W.: *Ohio and Its People.* Kent 1989.
Kongas, Elli Kaija: »The Earth-Diver«. In: *Ethnohistory* 7 (1960) Nr. 2.
Kubler, George: *The Art and Architecture of Ancient America.* New York 1962.
Kwas, Mary L./Mainfort, Robert C., Jr.: »The Johnston Site: Precursor to Pinson Mounds?« In: *Tennessee Anthropologist* 11 (1986) Nr. 1.
Lancaster, Clay: »Some Octagonal Forms in Southern Architecture«. In: *The Art Bulletin* 28 (1946) Nr. 2.
Lancaster, Clay: *Vestiges of the Venerable City. A Chronicle of Lexington,* Kentucky. Lexington 1978.
Lange, Frederick: *Cortez Crossroads: A Guide to the Anasazi Heritage and Scenic Beauty of the Four Corners Region.* Boulder 1989.
Langhorne, Elizabeth/Lang, K. E./Rieley, W. D.: *A Virginia Family and Its Plantation Houses.* Charlottesville 1987.
Latrobe, Benjamin Henry: *The Correspondence and Miscellaneous Papers of Benjamin Henry Latrobe.* 3 Bde. Hrsg. von John C. Van Horne u.a. New Haven 1984–1988.

Lepper, B. T:. »A Historical Review of Archaeological Research at the Newark Earthworks«. In: *Journal of the Steward Anthropological Society* 18 (1989) Nr. 1 und 2 (1989). S. 118–140.
Ders.: »New Discoveries at the Newark Earthworks: James H. Salisburys 1862 ›Survey & Description of the Earthworks at Newark, Ohio‹ «. Paper presented at »Vanishing Heritage: Planning for the Future of Ohio's Past«. Ohio State University. Newark/Ohio 1989.
Ders.: »The Newark Earthworks: A New Look at the Lost Grandeur«. Paper presented at the ESAF Annual Meeting, Columbus/Ohio, November 10, 1990.
Levy, Leonard: *Jefferson and Civil Liberties.* Cambridge/Mass. 1963.
Lewis, Anthony Marc: »Jefferson and Virginia's Pioneers«. In: *The Mississippi Valley Historical Review* XXXIV (1948) Nr. 4, März 1948. S. 551 ff.
Lewis, Thomas A.: *For King and Country.* New York 1993.
Lincoln, Abraham: *Speeches and Writings.* New York 1989.
Lobell, Mimi: »Spacial Archetypes«. In: *Revision* 6 (1983) Nr. 2 (Frühjahr 1983). S. 69 ff.
Logan, Marie: *Mississippi-Louisiana Border Country: A History of Rodney, Miss., St. Joseph, La., and Environs.* Baton Rouge 1970.
Lomask, Milton: *Aaron Burr: The Years from Princeton to Vice President.* New York 1979.
»Louisiana-Texas Frontier«. In: *Quarterly of the Texas State Historical Association* 10 and 17 (Juli und Oktober 1913).
Lynd, Straughton: *Class Conflict, Slavery, and the United States Constitution.* Indianapolis 1968.
Mackey, James P. (Hg.): *An Introduction to Celtic Christianity.* Edinburgh 1989.
MacLean, J. P.: *The Mound Builders: Archaeology of Butler Country, Ohio.* Cincinnati 1879.
Mainfort, Robert C., Jr.: »Pinson Mounds: A Middle Woodland Ceremonial Center«. (Tennessee Department of Conservation, Division of Archaeology Research Series Nr. 7) 1986.
Ders.: »Middle Woodland Ceremonialism at Pinson Mounds«. In: *American Antiquity* 52 Nr. 1. S. 158–173.
Ders.: »Excavations at Pinson Mounds: Ozier Mound«. In: *Midcontinental Journal of Archaeology* 17 Nr. 1. S. 112–136.
Mainfort, Robert C./Carstens, Kenneth C.: »A Middle Woodland Embankment and Mound Complex in Western Kentucky«. In: *Southeastern Archaeology* (1987). S. 57–61.
Malone, Dumas (Hg.): *The Dictionary of American Biography* Bd. 13. New York 1934.
Malone, Dumas: *Jefferson the Virginian.* Boston 1948.
Ders.: *The Sage of Monticello.* Boston 1981.
Malville, J. McKim/Putnam, Claudia: *Prehistoric Astronomy in the Southwest.* Boulder 1989.

Mannix, Richard: »Albert Gallatin and the Movement for Peace With Mexico«. In: *Social Studies* 60 (1969) Nr. 7. S. 310–318.
Marshall, J.: »American Indian Geometry«. In: *Ohio Archaeologist* 28 (1978) Nr. 1. S. 29–33.
Ders.: »Geometry of the Hopewell Earthworks«. In: *Ohio Archaeologist* 30 (1980) Nr. 2. S. 8–12.
Ders.: »An Atlas of American Indian Geometry«. In: *Ohio Archaeologist* 37 (1987) Nr. 2. S. 36–49.
Martin, Lawrence (Hg.): *The George Washington Atlas*. Washington, D. C. 1932.
McColley, Robert: *Slavery and Jeffersonian Virginia*. Urbana 1973.
McCullough, Niall/Mulvin, Valerie : *A Lost Tradition: The Nature of Architecture in Ireland*. Dublin 1987.
McDermott, John Francis (Hg.): *The French in the Mississippi Valley*. Urbana 1965.
McDonald, Jerry/Woodward, Susan: *Indian Mounds of the Atlantic Coast*. Blacksburg/West Virginia 1987.
Ders.: *Indian Mounds of the Middle Ohio Valley*. Blacksburg/West Virginia 1986.
McDonald, Travis C.: »Ghost Stories«. In: *Lynch's Ferry*, Frühjahr/Sommer 1991.
McFaul, John: »Expediency vs. Morality: Jacksonian Politics and Slavery«. In: *Journal of American History*, 62 (1975) Nr.1 (Juni).
Meggers, Betty: *Prehistoric America: An Ecological Perspective*. New York 1979.
Meinig, D. W.: *The Shaping of America. Bd. 2. Continental America, 1800–1867*. New Haven 1993.
Merck, Frederick: *History of the Westward Movement*. New York 1980.
Mereness, Newton: *Travels in the American Colonies*. New York 1961.
Miller, John Chester: *The Wolf by the Ears*. New York 1977.
Mitchell, Jeannie/Calhoun, Robert: »The Marquis de Maison Rouge, the Baron de Bastrop and Colonel Abraham Morehouse – Three Ouachita Valley Soldiers of Fortune/The Maison Rouge and Bastrop Spanish Land ›Grants‹«. In: *The Louisiana Historical Quarterly* 20 (1937) Nr. 2 (April).
Monette, John Wesley: *History of the Discovery and Settlement of the Mississippi Valley*. New York 1846.
Moore, Clarence B.: »Certain Sand Mounds of the St. John's River, Florida«. In: *Journal of the Academy of Natural Sciences of Philadelphia*. 2. Serie, Bd. 10 (1896).
Ders.: »Some Aboriginal Sites in Louisiana and in Arkansas«. In: *Journal of the Academy of Natural Sciences of Philadelphia*. 2. Serie Bd. 16 (1913).
Morgan, Lewis: »Houses and House-life of American Aborigines«. *Contributions to North American Ethnology*, Washington, D .C. 1881.
Morgan, William: *Prehistoric Architecture in the Eastern United States*. Cambridge/Mass. 1980.
Myers, Minor: *Liberty Without Anarchy*. Charlottesville 1983.
Nabokov, Peter/Easton, Robert: *Native American Architecture*. New York 1990.

Nash, Gary: *Red, White and Black: The Peoples of Early America.* Englewood Cliffs/New York 1974.
Nevins, Allan: *The Emergence of Lincoln.* New York 1950.
Neuman, Robert: *An Introduction to Louisiana Archaeology.* Baton Rouge 1984.
Ders.: *Melanges: An Archaeological Assessment of Coastal Louisiana.* Baton Rouge 1977.
Newcomb, Rexford: *Architecture in Old Kentucky.* Urbana 1953.
Noble, David: *Ancient Ruins of the Southwest.* Flagstaff/Arizona 1981 und 1991.
Ders. (Hg.): *The Hohokam: Ancient People of the Desert.* Santa Fe 1991.
Norona, Delf: »Moundsville Mammoth Mound. Moundsville«. In: *West Virginia Archaeological Society* 1954.
Norwich, John Julius. *Byzantium. The Early Centuries.* New York 1989. (Deutsch: *Byzanz.* Düsseldorf/Wien/New York/Moskau. 1994. Übers. von E. Matille).
Nuttall, Thomas: *A Journal of Travels into the Arkansas Territory During the Year 1819.* Hrsg. von Savoie Lottinville. Norman 1980.
Officer, James E.: *Hispanic Arizona: 1536–1856.* Tucson 1987.
Onuf, Peter S.: *Statehood and Union.* Bloomington 1987.
Osgood, E. S. (Hg.): *The Field Notes of Captain William Clark.* New Haven 1964.
Oszuscik, Philippe: *Louisiana's Gothic Revival Architecture.* Baton Rouge 1973.
Park, Samuel: »Notes of the Early History of Union Township«. O. J. Smith, Terra Haute, 1870. In: *American Antiquities,* 4. Juli 1970. Zu beziehen über die Licking County Historical Society.
Parkman, Francis: *LaSalle and the Discovery of the Great West.* New York 1985.
Patterson, Richard S./Dougall, Richardson: *The Eagle and the Shield.* Washington, D. C. 1976.
Paulson, Richard: *The Pure Experience of Order.* Albuquerque 1982.
Pearce, Roy Harvey: *The Savages of America: A Study of the Indian and the Idea of Civilization.* Baltimore 1953 (Dt. *Rot und Weiß – Die Erfindung des Indianers durch die Zivilisation.* Stuttgart 1991, übers. von W. Bick)
Peet, Stephen: *The Mound Builders; Their Works and Relics.* Chicago 1903.
Peter, S. W. K.: *Private Memoir of Thomas Worthington, Esq.* Cincinnati 1882.
Peterson, Jeanette F.: *Garden Frescoes of Malinalco: Utopia, Imperial Policy and the Acculturation in 16th Century Mexico.* Dissertation, University of California. Los Angeles 1985.
Pfeiffer, John: »Indian City on the Mississippi«. In: *Time/Life Nature Science Annual.* Alexandria, Virginia 1974.
Phillips, Phillip: *Archaeological Survey of the Lower Yazoo Basin, Mississippi, 1949–1955.* 2 Bde. Cambridge/Mass. 1970.
Pitt, Arthur: »Franklin and the Quaker Movement Against Slavery«. In: *Friends Historical Association Bulletin* 32 (1943) Nr.1 (Frühjahr). S. 16 f.
Porter, Eliot: *American Places.* New York 1983.
Priest, Josiah: *American Antiquities and Discoveries in the West.* Albany/New York ^{2}1933.

Proskouriakoff, Tatiana: *An Album of Maya Architecture.* Norman 1963.
Prufer, Olaf H.: »The Hopewell Complex in Ohio«. (*Illinois State Museum Scientific Papers* 12, Nr. 2. S. 35–83.
Ders.: »The Hopewell Cult«. In: Zubrow, E./Fritz, M. C./Fritz, J. M. (Hgg.): *New World Archaeology.* S. 222–230. San Francisco 1974.
Prussing, Eugene: *The Estate of George Washington, Deceased.* Boston 1927.
Purrington, Robert D.: »Supposed Solar Alignments at Poverty Point«. In: *American Antiquity* 48. S. 157–161.
Quinn, David: *North America from Earliest Discovery to First Settlements.* New York 1977.
Rafferty, Janet: »A New Map of the Ingomar Mounds Site«. In: *Mississippi Archaeology* 18 (1983) Nr. 2.
Railey, Jimmy A.: »Woodland Settlement Trends and Symbolic Architecture in the Bluegrass«. In: *Early Woodland Archaeology.* Hrsg. von Kenneth B. Farnsworth und Thomas E. Emerson. S. 581–595. Kampsville/Illinois 1991.
Randall, E. O.: »Washington's Ohio Lands.« In: *Ohio Archaeological and Historical Quarterly* 19 (Juli 1990).
Randall, Henry S.: *The Life of Thomas Jefferson.* Philadelphia 1865.
Reeves, D. M.: »A Newly Discovered Extension of the Newark Earthworks«. In: *Ohio State Archaeological and Historical Quarterly* 45 (1936). S. 187–193.
Reiter, Edith: *Marietta and the Northwest Territory 1788.* Marietta/Ohio ^{9}1986.
Reps, John: *The Making of Urban America: A History of City Planning in the United States.* Princeton/New York 1965.
Rice, Otis: *The Allegheny Frontier.* Lexington 1970.
Riley, Carroll: *The Frontier People.* Albuquerque 1987.
Riordan, Robert V.: *The Enclosed Hilltops of Southern Ohio.* Presented at Ohio Archaeological Conference, Chillicothe, Ohio, November 19, 1993. Erhältlich bei Professor Riordan, Wayne State University.
Rodney, Thomas: »Arthur St. Clair«. In: *Pennsylvania Magazine of History and Biography* 43 (1919).
Ders.: »Cincinnati and Marietta«. In: *Pennsylvania Magazine of History and Biography* 43 (1919).
Ders.: »Natchez«. In: *Pennsylvania Magazine of History and Biography* 44 (1920).
Rogers, Richard/Martin, Larry/Nicklas, T. Dale: »Ice-Age Geography and the Distribution of Native North American Languages«. In: *Journal of Biogeography* 17 (1990).
Rogin, Paul: *Fathers and Children: Andrew Jackson and the Subjugation of the American Indian.* New York 1975.
Romain, William F.: »Possible Astronomical Alignments at Hopewell Sites in Ohio«. In: *Ohio Archaeologist* 41 (1991).
Ders.: »Evidence for a Basic Hopewell Unit of Measure«. In: *Ohio Archaeologist* 41 (1991) Nr. 4. S. 28 ff.

Ders.: »Hopewellian Concepts in Geometry«. In: *Ohio Archaeologist* 42 (1992).

Ders.: »More Astronomical Alignments at Hopewell Sites in Ohio«. In: *Ohio Archaeologist* 42 (1992) Nr.1. S. 38 ff.

Ders.: »Hopewell Ceremonial Centers and Geomantic Influences«. In: *Ohio Archaeologist* 43 (1993) Nr.1. S. 35 ff.

Ders.: »Hopewell Geometric Enclosures: Symbols of an Ancient World View«. Unveröffentlichtes Manuskript, 28. Januar 1994.

Rorabaugh, W. J.: *The Alcoholic Republic: An American Tradition*. New York 1981.

Rowland, Mrs. Dunbar: *Life, Letters and Papers of William Dunbar*. Jackson/Mississippi 1930.

Sabloff, Jeremy A.: *The New Archaeology and the Ancient Maya*. New York 1990. (Deutsch: *Die Maya: Archäologie einer Hochkultur*. [Spektrum Bibliothek Bd. 29]. Heidelberg 1991. Übers. von Marion Gaida)

Salisbury, J. H./Salisbury, C. B.: *Accurate Surveys and Descriptions of the Ancient Earthworks at Newark Ohio*. American Antiquarian Society, Worcester/Mass. 1862.

Salmoral, Manuel: *America 1492: Portrait of a Continent 500 Years Ago*. New York 1990 (Dt. *Amerika 1492: Porträt eines Kontinents vor 500 Jahren*. München 1991. Übers. von A. Seling).

Sandburg, Carl: *Abraham Lincoln: The Prairie Years*. New York 1926.

Sargent, Winthrop: »Plan of an Ancient Fortification at Marietta, Ohio«. (*Memoirs of the American Academy of Arts and Sciences*. New Series 5/1853).

Sauer, Carl: *Sixteenth Century North America*. Berkeley 1971.

Saum, Lewis: *The Fur Trade and the Indian*. Seattle 1965.

Savelle, Max: *George Morgan; Colony Builder*. New York 1932.

Schachner, Nathan: *Aaron Burr*. New York 1961.

Schambach, Frank F.: »An Outline of Fourche Maline Culture in Southwest Arkansas«. (*Arkansas Archaeological Research Series*, Nr. 15). 1982.

Ders.: »The End of the Trail: The Route of Hernando De Soto's Army Through Southwest Arkansas and East Texas«. In: *Arkansas Archaeologist* (Arkansas Archaeological Society) 27 (1986).

Ders.: »Some New Interpretations of Spiroan History«. In: *Archaeology of Eastern North America: Papers in Honor of Stephen Williams*. Hrsg. von James B. Stoltman. (Jackson: Mississippi Department of Archives and History, Archaeological Report No. 25). 1993.

Schambach, Frank/Rackerby, Frank (Hgg.): »The Archaeological Background«. Aus: *Contributions to the Archaeology of the Great Bend Region*. (Arkansas Archaeological Survey Research Series, 22). Fayetteville. 1982.

Schelbert, Leo: »Albert Gallatin 1761–1899«. In: *Swiss American Historical Society Newsletter* 18 (1982) Nr.1.

Schlesinger, Arthur, Jr.: *The Age of Jackson*. Boston 1947.

Schoolcraft, Henry R.: »Observations Respecting the Grave Creek Mound«. In: *Transactions of the American Ethnological Society* 1 (1845). S. 369 ff.

Schultz, Christian: *Travels on an Inland Voyage ... in 1807 and 1808.* New York 1810.
Sears, Alfred: *Thomas Worthington: Father of Ohio Statehood.* Columbus 1958.
Sears, William: *Fort Center: An Archaeological Site in the Lake Okeechobee.* Gainesville 1982.
Ders.: »Food Production and Village Life«. In: *Archaeology* 24 (1971) Nr. 4.
Seeman, M. F.: *The Hopewell Interaction Sphere: The Evidence for Interregional Trade and Structural Complexity.* (Prehistory Research Series 5/2). Indianapolis 1979.
Ders.: »Feasting with the Dead: Ohio Hopewell Charnel House Ritual as a Context for Redistribution«. In: Brose, D. S./Gerber, N. (Hgg.): *Hopewell Archaeology: The Chillicothe Conference.* Kent/Ohio 1979. S. 39–46.
Sellers, Charles: *Mr. Peale's Museum: Charles Wilson Peale and the First Popular Museum of Natural Science and Art.* New York 1980.
Shepard, Henry: *Antiquities of the State of Ohio.* Cincinnati 1887.
Sherrod, P. Clay/Rolingson, Martha Ann: *Surveyors of the Ancient Mississippi Valley.* (Arkansas Archaeological Survey Research Series Nr. 28). Fayetteville 1987.
Shetrone, H. C.: *The Mound Builders: A Reconstruction of the Life of a Prehistoric American Race.* New York 1930.
Showalter, Joseph: »The Travels of George Washington«. In: *National Geographic* 61 (1932) Nr. 1.
Sibley, William: *The French Five Hundred.* Gallipolis/Ohio 1933. Privatdruck.
Silverberg, R.: *The Mound Builders.* Athens 1986.
Simons, M. Laird (Hg.): *Cyclopaedia of American Literature* Bd. 1. Philadelphia 1856.
Skele, Mikels: *The Great Knob: Interpretations of Monks Mound.* (Studies in Illinois Archaeology Nr. 4). Springfield/Illinois 1988.
Slaughter, Thomas: *The Whiskey Rebellion.* New York 1986.
Smith, Bruce: »The Archaeology of the Southeastern United States«. In: Wendorf, Fred/Close, Angela E. (Hgg.): *Advances in World Archaeology.* Bd. 5. Orlando 1986.
Ders.: »Harvest of Prehistory: Ancient Seeds Yield Insight into Early American Agriculture«. In: *The Sciences* May/June 1991.
Ders.: »Hopewellian Farmers of North America«. Paper presented at Plenary Session, Eleventh Congress, International Union of Prehistoric and Protohistoric Sciences, September 1987, Mainz, Germany.
Ders.: *The Mississippian Emergence.* Washington, D. C. 1990.
Ders.: »Reconciling the Gender-Credit Critique and The Floodplain Weed Theory of Plant Domestication«. In: Stoltman, James B. (Hg.): *Archaeology in Eastern North America. Papers in Honor of Stephen Williams.* Jackson 1993.
Smith, Henry: *Virgin Land: The American West as Symbol and Myth.* Cambridge 1978.

Smith, Page: *John Adams*. Garden City 1962.
Smith, Richard Norton: *Patriarch*. Boston 1993.
Smith, Thomas. *The Mapping of Ohio*. Ohio 1977.
Smucker, I.: *Isaac Smucker Scrap Book*. (Zwei Bände Zeitungsausschnitte und Notizen, auf Diskette in der Granville Public Library, Granville/Ohio.) 1875.
Ders.: »Mound Builders' Works Near Newark, Ohio«. In: *American Antiquarian* 3 (1881) Nr. 4. S. 261–270.
Sparks, William H.: *The Memories of Fifty Years*. Philadelphia 1870.
Sprague, Marshall: *So Vast, So Beautiful A Land: Louisiana and the Purchase*. Boston 1974.
Squier, E. G./Davis, E. H.: *Ancient Monuments of the Mississippi Valley*. Washington, D. C. 1848.
Stagg, J. C.: *Mr. Madison's War*. Princeton 1983.
Stanton, Phoebe B.: *Gothic Revival and American Church Architecture*. Baltimore 1962.
Stanley, Samuel: »The End of the Natchez Indians«. In: *History Today* 28 (1978).
Stegmaier, Mark: »Zachary Taylor Versus the South«. In: *Civil War History* 33 (1987) Nr. 3.
Stephens, A. Ray/Holmes, William: *Historical Atlas of Texas*. Norman 1989.
Stevens, John A.: *Albert Gallatin*. Boston 1884.
Stibbons, Daniel: »Fortifications at Marietta«. In: *The American Pioneer* 1 (1842) Nr. 2.
Stoddard, Amos: *Sketches, Historical and Descriptive, of Louisiana*. Philadelphia 1812.
Stuart, George E.: »The Beginning of Maya Hieroglyphic Study: Contributions of Constantine S. Rafinesque and James H. McCulloh, Jr.« In: *Research Reports on Ancient Maya Writing* 28 (1989).
Sturdevant, Rick: »Quest for Eden: George Washington's Frontier Land Interests«. Dissertation, University of California, Santa Barbara 1982.
Sullivan, Louis: *A System of Architectural Ornament*. (Faksimileausgabe). New York 1990 (Dt. *Ornament und Architektur*. Tübingen 1990. Übers. von W. Schmaltz).
Syrett, Herald C. (Hg.): *The Papers of Alexander Hamilton*. New York 1977.
Tanner, Helen: *Atlas of the Great Lakes Indian History*. Norman 1987.
Tavernor, Robert: *Palladio and Palladianism*. London 1991.
Thomas, Cyrus: *Report on the Mound Explorations of the Bureau of Ethnology. Twelfth Annual Report of the Bureau of Ethnology, 1890–91*. Washington, D. C. 1894. (Dies ist der große Thomas-Report, jedoch hatte das Bureau of Ethnology 1889 unter seiner Leitung einen vorläufigen Bericht veröffentlicht, der zwar zum größten Teil von dem 1890/91er Bericht ersetzt wurde, aber in einigen Fällen Informationen enthielt, die sich nur dort finden, weshalb er zitiert wird als »1889 Report«.)
Thomas, David Hurst (Hg.): *Columbian Consequences*. Washington 1990.

Thruston, Gates P.: *The Antiquities of Tennessee.* Cincinnati 1890.
Thwaites, Reuben (Hg.): *Travels and Explorations of the Jesuit Missionaries in New France: The Voyages of Marquette.* Cleveland 1966.
Truettner, William H. (Hg.): *The West as America, Reinterpreting Images of the Frontier, 1820–1920.* Washington, D. C. 1991.
Turner, Frederick Jackson: *The Frontier in American History.* Hrsg. von Ray Billington. New York 1962 (Dt.: *Die Grenze: Ihre Bedeutung in der amerikanischen Geschichte.* Bremen 1948. Übers. von Ch. v. Cossel).1. engl. Aufl. New York 1920.
Twain, Mark: *Life on the Mississippi.* Boston 1883. (Dt. *Leben auf dem Mississippi.* Übers. von A. Brachvogel und F. Stiller. Stuttgart 1888. Neuaufl. übers. von O. Wilck. Zürich 1990.)
Usner, Daniel H., Jr.: *Indians, Settlers, and Slaves in a Frontier Exchange Economy.* Chapel Hill 1990.
Van Every, Dale: *Forth to the Wilderness.* New York 1961.
Ders.: *Ark of the Empire, The American Frontier 1784–1803.* New York 1963.
Viola, Herman: *After Columbus: The Smithsonian Chronicle of North American Indians.* Washington, D. C. 1990.
Viola, Herman/Margolis, Carolyn: *Seeds of Change: Five Hundred Years Since Columbus.* Washington, D. C. 1991.
Volney, Constantin Francois Chasseboeuf: *Tableau du climat et du sol des Etats Unis d'Amérique* (Engl. *A View of the Soil and Climate of the United States of America,* Philadelphia Edition (Faksimile). Hrsg. von George W. White. New York 1968.
Von Hagen, Victor Wolfgang: *Highway of the Sun.* London 1956 (Dt. *Heerstraßen des Sonnengottes.* Mit einem Vorwort von Heinrich Harrer. Wien 1957. Übers. von Herbert und Waltraud Furreg).
Von Simson, Otto: *The Gothic Cathedral.* Princeton 1962 (Dt. *Die gotische Kathedrale. Beiträge zu ihrer Entstehung und Bedeutung.* 2. verb. Auflage Darmstadt 1972. Übers. von Elfriede R. Knauer).
Walker, Winslow M.: »The Troyville Mounds Catahoula Parish, La«. (*Smithsonian Institution Bureau of American Ethnology Bulletin* 13). Washington, D. C. 1936.
Walters, Raymond Jr.: *Albert Gallatin.* Pittsburgh 1957.
Washington, George: *The Diaries of George Washington.* Hrsg. von John Fitzpatrick. Boston 1925.
Webb, Clarence/Gregory, Hiram: *The Caddo Indians of Louisiana.* (Louisiana Archaeological Survey, Anthropological Study Nr. 2). Baton Rouge 1986.
Wellman, Paul: *The Indian Wars of the West.* New York 1956.
White, L.: »Indian Intermound Orientations in Ohio«. In: *Ohio Archaeologist* 35 (1985) Nr. 3. S. 8–10.
Whittlesey, Charles: *Descriptions of Ancient Works in Ohio.* Bd. 3. Washington, D. C. 1850.

Wicke, Charles: »Pyramids and Temple Mounds«. In: *American Antiquity* 34 (1965) Nr. 4.

Williams, Edward G.: »A Survey of Bouquet's Road, 1764«. In: *The Western Pennsylvania Historical Magazine* 66 (1983) und 67 (1984).

Williams, Gwyn: *Madoc: The Legend of the Welsh Discovery of America.* New York 1987.

Williams, Stephen: »Aboriginal Location of the Kadohadacho and Related Tribes«. In: Goodenough, Ward (Hg.): *Explorations in Cultural Anthropology,* o.O. 1965.

Ders.: *Fantastic Archaeology: The Wild Side of North American Prehistory.* Philadelphia 1991.

Ders.: »Nineteenth Century Perceptions of Cahokia and its Meaning«. Vortrag anläßlich des »Cahokia Symposium«, Society of American Archaeology, Meetings, 26. April 1991.

Williams, Stephen/Brain, Jeffrey: *Excavations at the Lake George Site, Yazoo County, Mississippi.* (Peabody Museum Papers, Bd. 74). Cambridge/Mass. 1983.

Wills, Garry: *Cincinnatus: George Washington and the Enlightenment; Images of Power in Early America.* New York 1984.

Wittkower, Rudolph: »English Neoclassicism and Palladio's ›Quatro Libri‹ «. In: *Palladio and English Palladianism,* London 1974.

Wood, Gordon S.: *The Radicalism of the American Revolution.* New York 1992. (Andere Ausgabe 1993)

Wood, Peter/Waselkov, Gregory/Hatley, M. Thomas (Hgg.): *Powhatan's Mantle: Indians in the Colonial Southeast.* Lincoln 1989.

Wood, W. Raymond: »Culture Sequence at the Old Fort, Saline County, Missouri«. In: *American Antiquity* 38 (1973) Nr. 1.

Danksagung

Als ich das Manuskript zu diesem Buch ein letztes Mal durchlas, wurde mir voller Freude bewußt, wie oft verschiedene Gelehrte mir bei bestimmten Passagen im Text mit Rat zur Seite standen. In allen Fällen, in denen mir diese Hilfe schriftlich zukam, habe ich sie in den Anmerkungen erwähnt. Michael Zuckerman, Bruce Smith und Stephen Williams lasen große Abschnitte der früheren Entwürfe des Manuskripts, und andere Wissenschaftler lasen umfangreiches Material, das schließlich nicht in dieses Buch hineingenommen wurde, sondern in anderen Werken Verwendung finden wird; dort werde ich ihnen dann meinen Dank aussprechen. Weitere Hilfe wurde mir im direkten persönlichen Gespräch oder telefonisch durch Kathleen Bird, David Brose, C. Allan Brown, Martin Byers, Berle Clay, Jon Gibson, N'omi Greber, George W. Knepper, Bradley Lepper, Ray Luce, Donald Meinig, Gerald Milanich, James L. Murphy, Ken P. Pool, Robert V. Riordan, William F. Romain, Mike Russo, Joe Saunders, Frank Schambach, Michael Taylor und meine Kollegen in der Smithsonian Institution zuteil. Naomi Glass und Joyce Ramey brachten während meiner Tätigkeit für das National Museum of American History Ordnung in meinen Zeitplan, als dieser durch die Arbeit an diesem Buch durcheinandergebracht wurde, und Matthew Mulcahey, Timothy Deal und Stephen Ostrander halfen mir während meiner Zeit in der Smithsonian Institution bei den Recherchen für dieses Buch.

Bruce Nichols und Celia Knight vom Verlag Free Press bemühten sich, meiner Arbeit kohärente Strukturen zu verleihen und viele Umständlichkeiten und Unklarheiten auszumerzen. Ihre Energie, Toleranz und Intelligenz haben wesentlich dazu beigetragen, daß mein Manuskript zu dem wurde, was es jetzt ist. Ich möchte ihnen sowie auch C. Vann Woodward danken, der mir vor Jahren sagte, daß all dies den Stoff zu einem Buch böte.

Register

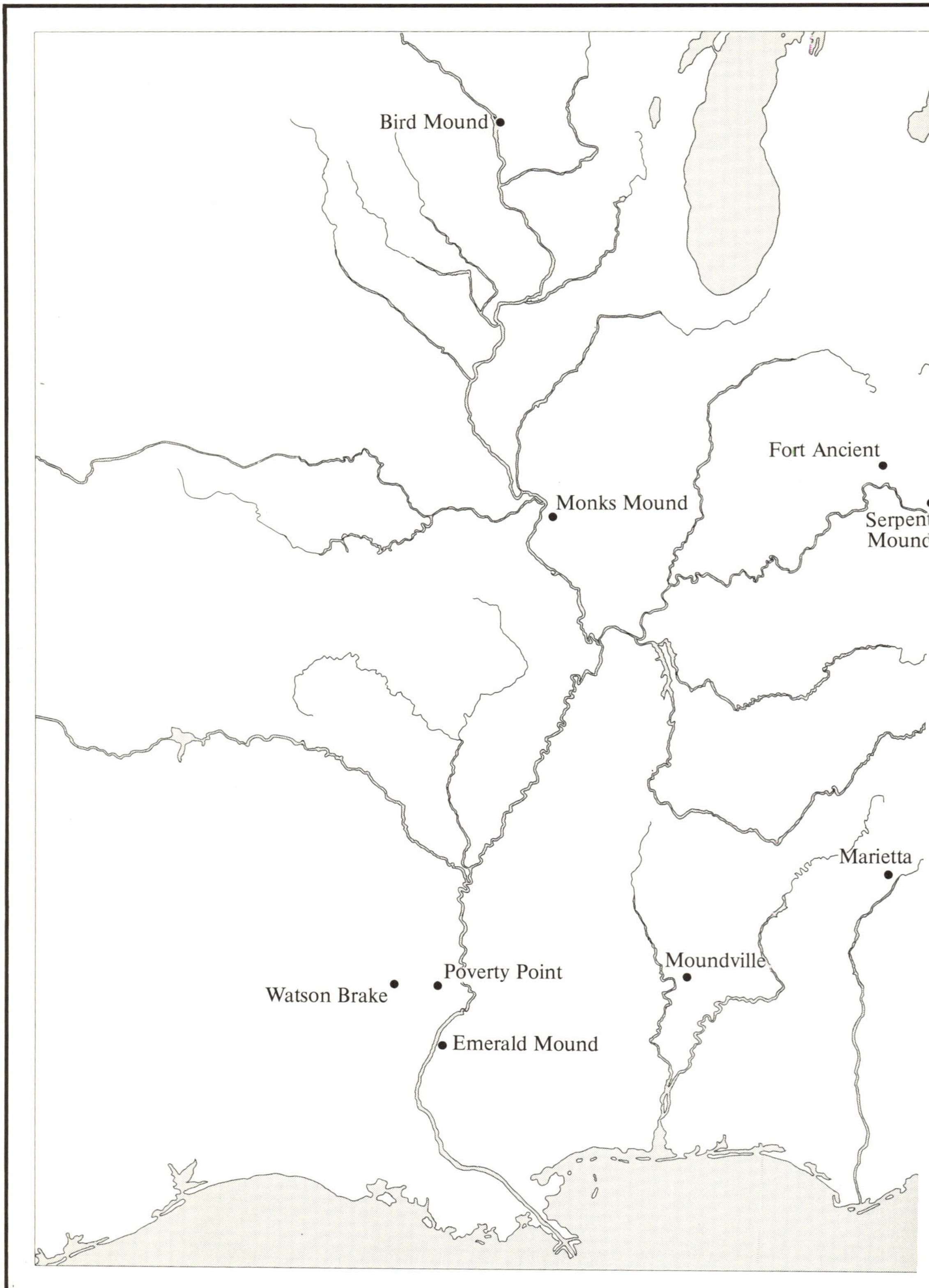

Bird Mound
Fort Ancient
Monks Mound
Serpent
Mound
Marietta
Moundville
Poverty Point
Watson Brake
Emerald Mound